Pour les écrivains et artistes du manuel de 3e figure l'indication de la séquence ou de l'atelier.

DeCarlo Emilie

	5e
	6e
	5e
	5e
3e (séq. 4)
	5e
	5e

(1585)

6e, 5e, 3e (séq. 4)

(1564-1616)

3e (séq. 8)

- Cervantès — 5e
- Pierre Corneille — 4e
- Jean de la Bruyère — 4e
- Jean de La Fontaine (1621-1695) — 6e, 5e, 4e, 3e (séq. 7, 9)
- Molière (1622-1673) — 6e, 5e, 4e, 3e (séq. 8, 9)
- Charles Perrault — 6e
- Jean Racine (1639-1699) — 4e, 3e (séq. 8)
- Mme de Sévigné — 4e

- Beaumarchais — 4e, 3e (séq. 8)
- L. A. de Bougainville — 4e
- Daniel Defoe — 4e
- Denis Diderot — 4e
- Carlo Goldoni — 4e
- Marivaux (1688-1763) — 4e
- Montesquieu — 4e
- Jean-Jacques Rousseau (1712-1778) — 3e (séq. 5)
- Friedrich Schiller — 5e
- Madame de Staël — 4e
- Jonathan Swift — 4e
- Voltaire (1694-1778) — 4e

...ècle ## XVIIe siècle ## XVIIIe siècle

	5e
(1609)	3e (séq. 3)
	6e
	6e

- Le Bernin — 6e
- Nicolas Poussin — 6e
- Rembrandt — 6e
- Pierre Paul Rubens — 6e
- Diego Velasquez — 4e

- Jean-Baptiste Chardin — 4e
- Jean-Louis David (1748-1821) — 3e (séq. 3)
- Jean-Honoré Fragonard — 4e
- Caspar David Friedrich — 5e, 4e
- Théodore Géricault — 6e
- William Hogarth — 4e

Français 3ᵉ

fleurs d'encre

Chantal BERTAGNA
Agrégée de Lettres classiques
Professeur en collège
Professeur à l'IUFM
(formation initiale)

Françoise CARRIER-NAYROLLES
Agrégée de Lettres modernes
Professeur en collège
Coordinatrice académique de Lettres
(formation continue)

Les auteurs remercient, pour leurs conseils avisés, Marielle Besnard, Dominique Bodin, Fernand Carrier, Jean Louis Brugiroux, Jean Louis Gacon, Laurence Gauthier, Anne Guibard, Karine Hurtevent, Alexis Laboucarié, Pierre Moinard, Dr Montariol, Céline Mora, Anne Rebouillat, Simone Simon ; ainsi que les enseignants qui ont dialogué avec nos délégués pédagogiques et ceux qui ont participé anonymement à une réunion organisée par un cabinet d'étude ; Charlotte Ruffault et Jacques Charpentreau pour l'utilisation du titre « Fleurs d'encre » ; enfin des remerciements tout particuliers à Cécil, Colette, Édouard, François, Héloïse, Jean-Jacques, Katia et William.

Les auteurs remercient chaleureusement leur éditrice Annick Ziani pour sa précieuse collaboration.

Maquette de couverture : Valérie Goussot

Maquette intérieure et mise en page : Delphine d'Inguimbert et Valérie Goussot

Relecture : Évelyne Brossier

Iconographie : Josselyne Chamarrat

Visuels de couverture : *Vue de Paris,* © L'Illustration ; *Boule de Suif,* voir p. 62 ; *Poilu,* voir p. 35 ; *Macbett,* voir p. 211 ; *Autobiographie,* voir p. 125 ; *Livre,* voir p. 15.

Visuels Page 3 : *Autobiographie,* Alain Boyer ; *On ne badine pas avec l'amour,* voir p. 211 ; *Le Masque,* voir p. 90 ; *La Colombe,* voir p. 177 ; **Page 5 :** *Zola,* voir p. 181 ; **Page 10 :** *La Résistible Ascension d'Arturo Ui,* voir p. 227 ; **Page 13 :** *L'École des femmes,* voir p. 393.

Illustrations : Alain Boyer (pp. 151, 365, 368, 391, 395, 397, 399, 406, 415, 423) ; Jean-Louis Goussé (pp. 307, 311, 315, 326, 343, 351) ; Jean Pascal Jauzenque (pp. 18, 55, 57, 59, 62, 153, 251, 316, 337, 349, 363, 400, 421) ; Sylvie Serprix (pp. 22, 23, 277) ; Pierre Marie Valat (pp. 66, 69, 70, 71).

© D.R. : malgré nos efforts, il nous a été impossible de joindre certains ayant droits mais nous avons réservé en notre comptabilité les droits usuels.

ISBN : 978.2.01.12.5506.8

© Hachette Livre 2008, 43, quai de Grenelle, 75905 Paris Cedex 15.   www.hachette-education.com

Pour Hachette Éducation, le principe est d'utiliser des papiers composés de fibres naturelles, renouvelables, recyclables, fabriquées à partir de bois issus de forêts qui adoptent un système d'aménagement durable. En outre, Hachette Éducation attend de ses fournisseurs de papier qu'ils s'inscrivent dans une démarche de certification environnementale reconnue.

Tous droits de traduction, de reproduction et d'adaptation réservés pour tous pays. Le Code de la propriété intellectuelle n'autorisant, aux termes des articles L. 122-4 et L. 122-5, d'une part, que les « copies ou reproductions strictement réservées à l'usage privé du copiste et non destinées à une utilisation collective », et, d'autre part, que les analyses et les courtes citations dans un but d'exemple et d'illustration, « toute représentation ou reproduction intégrale ou partielle, faite sans le consentement de l'auteur ou de ses ayants droit ou ayants cause, est illicite ».

Cette représentation ou reproduction, par quelque procédé que ce soit, sans autorisation de l'éditeur ou du Centre français de l'exploitation du droit de copie (20, rue des Grands-Augustins 75006 Paris), constituerait donc une contrefaçon sanctionnée par les articles 425 et suivants du Code pénal.

Bienvenue dans votre manuel de 3ᵉ

Vous y trouverez :

◗ **Dix séquences**
- pour vous aider à lire et étudier des textes, des livres ;
- pour vous entraîner à l'expression écrite et orale ;
- pour acquérir des méthodes en vue du brevet, puis de la 2ᵈᵉ.

◗ **Quatre ateliers**
- un atelier « cinéma » ;
- deux ateliers d'écriture ;
- un atelier pour préparer et prolonger le stage en entreprise.

◗ **Des pages pour travailler la langue** (grammaire, orthographe, conjugaison, vocabulaire) :
- dans les séquences, les pages « Vocabulaire, Orthographe, Grammaire » ;
- dans la deuxième partie du livre avec « Leçons et Exercices ».

◗ **Des aides pour retenir l'essentiel**
- un « Faisons le point » après chaque texte ;
- une page « Faire le point », récapitulative de chaque séquence.

◗ **Des images,** tout au long du manuel, choisies pour vous aider à mieux comprendre les textes et à mieux vous exprimer.

Bonne année scolaire.

Avant-propos

Un véritable manuel unique

Fleurs d'encre associe toutes les dominantes du cours de français. Vous y trouverez :

1. **Dix séquences**, au sein de **quatre pôles** :
   – L'univers romanesque
   – Expressions de soi
   – Prises de position
   – Disputes et débats

2. Près de **quatre-vingts leçons de langue**, organisées en **trois pôles progressifs**, pour travailler la langue en elle-même et en lien avec les textes et l'expression :
   – **Connaître les mots**
   – **Associer les mots**
   – **Construire un texte**

Une démarche spécifique

3. Le souci d'être à **la portée d'un élève de 3ᵉ** : présentation et choix des textes, lisibilité des consignes, refus de tout « jargon », esthétique de la mise en page.

4. Une large place faite aux **méthodes de travail**, en particulier dans les pages « S'exprimer », « Œuvre intégrale » et « Méthodes pour le brevet ».

5. Une **démarche progressive** :
   – de séquence en séquence ;
   – à l'intérieur de chaque séquence ;
   – dans la partie « Langue » ;
   – au sein des exercices de langue ;
   – pour préparer au brevet et à la 2ᵈᵉ.

6. Et, en même temps, une **liberté** laissée dans le choix et l'ordre d'utilisation des séquences, dans l'association des activités de lecture, d'écriture, d'oral et de langue.

7. Une **démarche inductive** qui part des connaissances et des compétences de l'élève pour conduire à des bilans collectifs et individuels.

8. Une familiarisation avec des exercices-types du **brevet**, tout au long de l'année.

Des contenus riches et diversifiés

9. Une volonté de **faire lire** les élèves en proposant supports et démarches variés :
   – analyse de textes, privilégiant la portée des textes et leur esthétique ;
   – démarches diversifiées et actives pour la lecture et l'étude des **œuvres intégrales** ;
   – lectures personnelles ;
   – présence d'extraits littéraires dans les pages de langue et d'expression ;
   – des propositions de **lectures cursives**.

10. Une large place faite à la **langue** :
    – des **leçons** claires, suivies de **nombreux exercices** d'application qui favorisent l'appropriation des notions, d'**exercices récapitulatifs** dont des exercices de **type « brevet »** ;
    – dans chaque séquence, des **points de langue** observés pour **comprendre les textes** ; des rubriques « Vocabulaire, Grammaire, Orthographe », en lien étroit avec la séquence, conçues pour préparer les **activités d'expression**.

11. La présence de **travaux d'écriture brefs** (à la suite des textes en prolongement de la lecture, après chaque leçon de « Langue ») ou **développés** (dans chaque séquence des activités d'écriture guidées et méthodiques, et dans deux **ateliers** consacrés à l'écriture).

12. Une approche diversifiée de l'**image** :
    – en lien avec toutes les autres activités ;
    – dans l'Atelier Cinéma, avec un **ABC de l'image** ;
    – dans l'étude de dessins d'humour et de presse ;
    – par l'éducation du regard du téléspectateur dans la dernière séquence.

13. **Une place faite à l'oral sous toutes ses formes**
    – une rubrique « Oral » dans toutes les séquences, à travers des activités individuelles et collectives ;
    – un travail sur la lecture et la mémorisation du patrimoine littéraire ;
    – des temps forts d'oral (exposés, présentation de livres, table ronde sur le stage, simulation d'un procès...).

Le socle commun

14. Le manuel *Fleurs d'encre* vise à développer la plupart des compétences du socle commun.
    - **La maîtrise de la langue** pour « lire », « écrire » et « dire » : de multiples activités d'observation, de manipulation, de réécriture ; une partie Langue organisée du plus simple (le mot) au plus complexe (le discours).
    - **La culture humaniste** :
      – une familiarisation aux genres littéraires (roman, poésie, théâtre, genres autobiographiques) ;
      – une initiation à l'histoire littéraire (écrivains français, littérature francophone et étrangère) ;
      – l'Art, l'interdisciplinarité tout au long du manuel.
    - **La maîtrise des techniques de l'information et de la communication** : activités visant à l'acquisition de compétences requises pour le B2i.
    - **Les compétences civiques et sociales** : Ateliers Stage et Argumentation (sur un sujet de société) ; activités orales collectives ; éducation aux médias.
    - **L'autonomie et l'initiative de l'élève** : acquisition de méthodes de travail, à l'écrit et à l'oral.

Les auteurs

SE PRÉPARER AU BREVET ET À LA SECONDE

▶ **La préparation au BREVET** est proposée
- dans toutes les « Séquences » :
  – exercices de réécriture et entraînement à la dictée dans la page `ORTHOGRAPHE` ;
  – dans la double page `MÉTHODES POUR LE BREVET`, sujets donnés au brevet ou sujets inédits ; développement de compétences pour la lecture des consignes et des sujets d'écriture.
- dans la partie « Langue » : exercices de type brevet, exercices de réécriture, questions extraites de sujets donnés au brevet.

▶ Une **préparation à la SECONDE** (professionnelle et générale ou technologique) est proposée à partir de la séquence 7 en association avec les `MÉTHODES POUR LE BREVET`.

	Les textes	Apprendre à lire les consignes	S'entraîner à l'expression écrite
L'UNIVERS ROMANESQUE			
1. Récits brefs et contemporains	M. Tournier, *Le Coq de bruyère* inédit	Identifier la nature des questions	Raconter avec un changement de point de vue
2. 14-18 : des récits entre Histoire et fiction	J. Rouaud, *Les Champs d'honneur* inédit	Identifier le type de questions	Rédiger une suite de texte avec dialogue
3. Romanciers du XIXe siècle	É. Zola, *Le Ventre de Paris* Brevet 2004	Comprendre les verbes de consignes	Rédiger un retour en arrière avec portrait et description
EXPRESSIONS DE SOI			
4. Chants d'amour	V. Hugo, *Vieille chanson du jeune temps* Brevet 2006	Comprendre l'implicite dans les questions	Écrire un récit autobiographique avec dialogue et description
5. Autobiographies	A. Duperey, *Le Voile noir* Brevet 2003	Comprendre les termes clés des questions	Rédiger la suite d'un récit autobiographique
PRISES DE POSITION			
6. Chants de révolte et d'espoir	P. Perret, *Lili* inédit	Comprendre la formulation des questions	Exprimer une révolte dans un récit autobiographique
7. Premiers pas dans l'argumentation	P. Biard, *La Frontière* Brevet 2006	Comprendre l'organisation des questions Définir un axe de lecture	Rédiger une lettre argumentative **Vers la 2de** Écrire un article de presse
DISPUTES ET DÉBATS			
8. Passions et conflits au théâtre	E. E. Schmitt, *Le Visiteur* inédit	Apprendre à formuler des réponses **Vers la 2de** Comparer des consignes de Brevet et de Seconde	Écrire un dialogue de théâtre argumentatif **Vers la 2de** Écrire un dialogue de théâtre argumentatif
9. Idées en débat	P. Huberlant, *Le Petit Prince et le bureaucrate* inédit	Rédiger des questions selon un axe d'étude **Vers les 2des** Comparer des axes de lecture au Brevet et en classes de Seconde	Poursuivre une fable **Vers les 2des** Écrire un article de presse Élaborer un devoir argumentatif
10. Presse écrite et télévision	A. W. du Prel, *L'Homme moderne, ce nouveau Polynésien* Brevet 2004	Repérer les axes de lecture Formuler un axe de lecture et des questions	Écrire un article de presse **Vers la 2de** Rédiger un article de presse

1 — p. 14

Nouvelles et romans contemporains
▸ Approfondir l'étude de la narration

TEXTES & IMAGES

▸ **Étudier un récit complexe**
- *Le Poisson*, J. Sternberg   TEXTE INTÉGRAL 16

▸ **Comprendre le rôle du point de vue**
- *L'Intruse*, E.-E. Schmitt 18

▸ **Travailler le point de vue**
- *Lire l'image* : *Triptyque du dragon*, J. Hélion 21

▸ **Discerner la visée argumentative d'un récit**
- *Arrêt sur image*, A. Chedid   TEXTE INTÉGRAL 22

FAIRE LE POINT
📷 La narration dans les nouvelles et les romans .. 25

LECTURES CURSIVES

▸ **Exposer une opinion personnelle sur un livre**
- Romans brefs et contemporains 26
- FICHE-MÉTHODE : Porter un jugement sur un roman

S'EXPRIMER
- **Vocabulaire** : Savoir utiliser des dictionnaires 28
- **Oral** : Exposer une prise de notes 28
- **Orthographe** : Accorder le verbe avec son sujet (1) .. 29
- **Grammaire** : Maîtriser l'emploi des temps –
  Utiliser des connecteurs temporels 30
- **Écrit** : Rédiger des récits complexes 31

MÉTHODES POUR LE BREVET
- « Que ma joie demeure », *Le Coq de bruyère*, M. Tournier .. 32

→ **Principaux points de langue**
L'organisation d'un récit • Le rythme d'un récit •
Le point de vue

---

2 — p. 34

14-18 : des récits entre Histoire et fiction
▸ Étudier différentes formes de récits de guerre

TEXTES & IMAGES

▸ **Mettre en perspective des documents**
- *L'Alsace heureuse*, Hansi 36
- *Lettre*, G. Thoumyre 37
- *Poèmes à Lou*, G. Apollinaire 38
- *Les Mots de la Grande Guerre*, T. Burollet 39

▸ **Comparer des récits**
- *Le Feu*, H. Barbusse •
  Voyage au bout de la nuit, L.-F. Céline 40
- *À l'Ouest rien de nouveau*, E. M. Remarque •
  La Main coupée, B. Cendrars 42

ŒUVRE INTÉGRALE

▸ **Étudier un roman à deux voix**
- *En attendant minuit*, C. Michelet 44
  FICHE-MÉTHODE : Acquérir des méthodes pour étudier
  une œuvre intégrale
  Lectures personnelles :
  Romans actuels sur la guerre de 14-18 45

L'ÉCHO DU DESSINATEUR
- *Le Trou d'obus*, Tardi 46

FAIRE LE POINT
📷 Les récits de la guerre de 14-18 47

S'EXPRIMER
- **Vocabulaire** : Cerner le nom *guerre* 48
- **Oral** : Dire un poème 48
- **Orthographe** : Accorder le participe passé (1) 49
- **Grammaire** : Distinguer phrases simples et complexes –
  Rapporter des paroles 50
- **Écrit** : Varier les formes de récits de guerre 51

MÉTHODES POUR LE BREVET
- *Les Champs d'honneur*, J. Rouaud 52

→ **Principaux points de langue**
Les figures de style • L'organisation d'un récit •
Le dialogue dans le récit

L'univers romanesque

ATELIER CINÉMA — p. 54

Boule de Suif
▸ Étudier récits et adaptation filmique

3 — p. 64

Romanciers du XIXᵉ siècle
▸ Aborder des univers d'écrivains

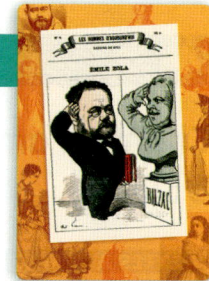

ŒUVRE INTÉGRALE

▸ **Devenir un lecteur actif**
Nantas, Émile Zola
- Incipit 66
- Portrait de Nantas 67
- Le pacte 68
- Les bureaux de Nantas 70
- Lecture intégrale de la nouvelle ... 71
- Histoire littéraire Vers la **2ᵈᵉ** .. 71

ŒUVRE INTÉGRALE

▸ **S'initier à l'univers de Balzac**
La Vendetta, Honoré de Balzac
- Un début de roman 72
- Entrevue avec Bonaparte 74
- Les mots de Balzac 75
- Un roman historique 76
- Un roman psychologique 78
- Un auteur, Honoré de Balzac 79
- Un roman de *La Comédie humaine* ... 80

Lectures personnelles : Romans du XIXᵉ siècle 82

FAIRE LE POINT

📷 Romanciers du XIXᵉ siècle 83

S'EXPRIMER
- **Vocabulaire :** Bâtir un portrait moral 84
- **Oral :** Présenter un écrivain – Prendre en notes un exposé 84
- **Orthographe :** Faire les accords dans le GN ... 85
- **Grammaire :** Varier les reprises – Utiliser des expansions du nom 86
- **Écrit :** Insérer descriptions et portraits dans un récit .. 87

MÉTHODES POUR LE BREVET
- *Le Ventre de Paris*, É. Zola 88

➜ **Principaux points de langue**
Champ lexical • Le discours indirect libre •
Les figures de style • Le rythme d'un récit

ATELIER D'ÉCRITURE — p. 90

Autour de *Vanina Vanini*, Stendhal
▸ Lire pour écrire, écrire pour lire

Expressions de soi

4 — p. 98

Chants d'amour
▶ Découvrir le lyrisme

TEXTES & IMAGES

▶ **Étudier des hymnes à l'amour**
- « Roman », A. Rimbaud 100
- « Je t'aime », P. Eluard 102
- « Le pont Mirabeau », G. Apollinaire 103
- « Parfum exotique », C. Baudelaire 104
- « Les mains d'Elsa », L. Aragon 105

▶ **Comparer des expressions de la souffrance amoureuse**
- « Ô triste, triste était mon âme », P. Verlaine •
  « Je vis, je meurs... », L. Labé •
  « Tentative de jalousie », M. Tsvetaïeva 106

▶ **Découvrir une forme de lyrisme moderne : le slam**
- « Les voyages en train », Grand Corps Malade ... 108

FAIRE LE POINT
- 📷 Le lyrisme 111

ŒUVRE INTÉGRALE
- *L'Écume des jours*, B. Vian 112

Lectures personnelles :
Romans d'amour – Littérature étrangère 113

S'EXPRIMER
- **Vocabulaire :** Exprimer ses sentiments 114
- **Oral :** Participer à un concours d'éloquence ... 114
- **Orthographe :** Orthographier les terminaisons verbales ... 115
- **Grammaire :** Identifier les types de phrases – Repérer des figures de style 116
- **Écrit :** Rédiger des textes lyriques 117

MÉTHODES POUR LE BREVET
- « Vieille chanson du jeune temps », V. Hugo 118

➜ **Principaux points de langue**
La versification • Les figures de style • Champ lexical • Les pronoms

5 — p. 120

Autobiographies
▶ Définir un genre littéraire

TEXTES & IMAGES

▶ **Entrée dans l'autobiographie**
- Textes documentaires • Journal de Marie Curie ... 122
- *Le Cri de la mouette*, E. Laborit • *L'Enfant*, J. Vallès ... 124
- *L'Écriture de soi,* Sergueï 125

▶ **Le narrateur d'autobiographie et son lecteur**
- *Enfance et Adolescence*, L. Tolstoï 126
- *Enfance*, N. Sarraute 128
- Documentaire • *Les Confessions*, J.-J. Rousseau ... 129

▶ **L'écriture de soi**
- *L'Âge d'homme*, M. Leiris 130
- *Un pedigree*, P. Modiano • *Le Père adopté*, D. Van Cauwelaert ... 132
- *Le Livre de ma mère*, A. Cohen 134

Lectures personnelles :
Autobiographies d'auteurs contemporains 135

▶ **Les mémoires**
- *Si c'est un homme*, P. Levi 136
- *L'Écriture ou la Vie*, J. Semprun 138
- *Persépolis*, M. Satrapi 140

▶ **L'autoportrait**
- F. Kahlo • T. de Lempicka • F. Nussbaum • D. Hockney • J. Montgomery Flagg • E. Boulatov ... 142

ŒUVRE INTÉGRALE
▶ **Étudier un récit autobiographique**
- *L'Africain*, J.-M. G. Le Clézio 146

L'ÉCHO DU POÈTE
- *La nuit d'octobre*, A. de Musset 148

FAIRE LE POINT
- 📷 L'autobiographie 149

S'EXPRIMER
- **Vocabulaire :** Connaître le champ lexical de la mémoire ... 150
- **Oral :** Évoquer un lieu d'enfance 150
- **Orthographe :** Accorder le participe passé (2) ... 151
- **Grammaire :** Cerner énoncé et situation d'énonciation ... 152
- **Écrit :** Raconter des autobiographies fictives ... 153

MÉTHODES POUR LE BREVET
- *Le Voile noir*, A. Duperey 154

➜ **Principaux points de langue**
Pronoms personnels • Énoncés et situation d'énonciation • Le narrateur • Les temps du récit

ATELIER D'EXPRESSION — p. 156
Le stage en entreprise ▶ Préparer le stage, en rendre compte

Prises de position

6 — p. 158
Chants de révolte et d'espoir
▶ « Entendre » la poésie engagée

TEXTES & IMAGES
▶ **Comprendre ce qu'est un poème engagé**
- A. Chedid, B. Vian, Y. Pinguilly, V. Hugo, J.-P. Siméon .. 160

▶ **Étudier des poèmes et des chansons engagés**
- « Étranges étrangers », J. Prévert 162
- « Minerai noir », R. Depestre • « Afrique », D. Diop ... 164
- « Ma France », J. Ferrat 166
- « La grande humanité », N. Hikmet 168

FLORILÈGE
▶ **Organiser un récital poétique**
- La poésie de la Résistance 169
- *Lectures personnelles* : Récits sur la période nazie 172

FAIRE LE POINT
- 📷 La poésie engagée 173

S'EXPRIMER
- **Grammaire** : Maîtriser la subordonnée relative 174
- **Orthographe** : Accorder le verbe avec son sujet (2) .. 175
- **Vocabulaire** : Connaître des préfixes d'opposition ... 176
- **Oral** : Travailler le rythme et le ton 176
- **Écrit** : Exprimer un engagement 177

MÉTHODES POUR LE BREVET
- « Lily », P. Perret 178

➜ **Principaux points de langue**
La versification • La proposition subordonnée relative • Les figures de style • Les pronoms relatifs

7 — p. 180
Premiers pas dans l'argumentation
▶ Défendre une opinion

ŒUVRE INTÉGRALE
▶ **Comprendre un conte philosophique**
- *Le Vieux qui lisait des romans d'amour*, L. Sepulveda .. 182
- FICHE-MÉTHODE : Organiser une interview

LECTURES CURSIVES
▶ **Argumenter à partir d'un roman**
- Histoires d'adolescents 185

TEXTES & IMAGES
▶ **Étudier des textes argumentatifs**
- *Le jeans : bleu mais pas vert !* P. Vennetier 186
- *Lettre à mon fils*, G. Sinoué 188
- *Jane Eyre*, C. Brontë 190
- *La Ronde*, J.-M. G. Le Clézio 192
- *Lettre à la jeunesse*, É. Zola 194
- *Le travail des enfants*, dessin d'humour • Affiche Unicef 196

L'ÉCHO DU POÈTE
- *Le Laboureur et ses enfants*, J. de La Fontaine 198

FAIRE LE POINT
- 📷 La défense d'une opinion 199

S'EXPRIMER
- **Vocabulaire** : Employer les mots de l'argumentation . 200
- **Oral** : Réaliser une campagne radiophonique 200
- **Orthographe** : Respecter les marques de l'énonciation 201
- **Grammaire** : Exprimer la cause et la conséquence – Exprimer la subjectivité 202
- **Écrit** : Exprimer une opinion 203

MÉTHODES POUR LE BREVET
- *La Frontière*, P. Bard 204

➜ **Principaux points de langue**
L'argumentation : présence de l'énonciateur et du destinataire, des connecteurs logiques pour convaincre, des procédés pour persuader • Les rapports logiques

ATELIER D'ÉCRITURE — p. 206
La planète en danger ▶ Élaborer une argumentation

8   p. 210

Passions et conflits au théâtre

▸ Étudier des textes et leurs mises en scène

TEXTES & IMAGES

▸ **Passions amoureuses**
- *Roméo et Juliette*, W. Shakespeare 212
- *L'École des femmes*, Molière 214
- *On ne badine pas avec l'amour*, A. de Musset 217
- *Andromaque*, J. Racine 220

▸ **Conflits politiques**
- *Antigone*, J. Anouilh 222
- *La Résistible Ascension d'Arturo Ui*, B. Brecht 226

ŒUVRE INTÉGRALE

▸ **Étudier une farce tragique**
- *Macbett*, E. Ionesco 230
- FICHE-MÉTHODE : Analyser un personnage de théâtre

FAIRE LE POINT

📷 **Le théâtre : un mode d'expression** 235

S'EXPRIMER

- **Vocabulaire** : Maîtriser le lexique du théâtre 236
- **Oral** : Jouer un conflit amoureux 236
- **Orthographe** : Conjuguer à l'impératif et au subjonctif 237
- **Grammaire** : Employer le subjonctif – Formuler un ordre 238
- **Écrit** : Rédiger un dialogue de théâtre, une critique dramatique 239

MÉTHODES POUR LE BREVET ET LA SECONDE

- *Le Visiteur*, E.-E. Schmitt 240

> ➜ **Principaux points de langue**
> Les types et les formes de phrases • Les figures de style • L'impératif • Le dialogue au théâtre

Disputes et débats

9 — p. 242
Idées en débat
▶ Croiser des opinions

ŒUVRE INTÉGRALE
▶ Découvrir des combats de Victor Hugo
- *Claude Gueux*, V. Hugo 244
- FICHE-MÉTHODE : Simuler un procès 251

TEXTES & IMAGES
▶ Éducation et savoir
- *Une vie*, G. de Maupassant 252
- *Les Femmes savantes*, Molière 254
- « L'avantage de la science », *Fables*, J. de La Fontaine . 256
- Dessins d'humour : « le savoir et l'éducation » 258

▶ Questions de modes
- « Le téléphone portable » :
  À toi qui n'es pas né(e), A. Jacquart
  L'Intimité surexposée, S. Tisseron 260
- Chronique radiophonique : « Soleil voilé », P. Meyer . . 262
- Publicité : Contre la « Toast Attitude » 263
- « Au soldé inconnu », F. Reynaert 264
- Dessins de presse : « Les soldes » 265

LECTURES CURSIVES
▶ Organiser une émission littéraire
- Des combats contemporains 266

FAIRE LE POINT
📷 Débats d'idées 267

S'EXPRIMER
- Vocabulaire : Connaître le vocabulaire du débat 268
- Oral : Organiser un débat 268
- Orthographe :
  Orthographier l'expression de l'opposition 269
- Grammaire : Exprimer l'opposition 270
- Écrit : Exprimer des opinions différentes 271

MÉTHODES POUR LE BREVET ET LA SECONDE
- *Le Petit Prince et le Bureaucrate*, P. Huberlant 272

➜ **Principaux points de langue**
Les paroles rapportées dans le récit • L'argumentation •
Les relations entre les mots • Les rapports logiques

10 — p. 274
Presse écrite et télévision
▶ Réfléchir aux rôles des médias

TEXTES & IMAGES
▶ Les devoirs du journaliste
- *La charte du journaliste* 276
- *L'Honneur perdu de Katharina Blum*, H. Böll 278
- De la mise en scène au traitement de l'image 280

▶ Le traitement de l'information
- Interview de M. Serres •
  Le Cauchemar médiatique, D. Schneidermann 282
- « Unes » de journal télévisé (JT) en ligne 284
- *Le docu-fiction*, B. Leboucq 286

LECTURE CURSIVE
▶ Analyser un recueil satirique
- *Leurre de vérité*, D. Daeninckx 288
- Des films sur la presse et la télévision

FAIRE LE POINT
📷 Presse écrite et télévision 289

S'EXPRIMER
- Vocabulaire : Connaître le vocabulaire de la télévision 290
- Oral : Repérer les rôles respectifs des images et du son 290
- Orthographe : Conjuguer les verbes au conditionnel . 291
- Grammaire :
  Repérer les marques de l'énonciation 292
- Écrit : Devenir un lecteur et un téléspectateur vigilant 293

MÉTHODES POUR LE BREVET ET LA SECONDE
- « L'homme moderne, ce nouveau Polynésien »,
  A. W. du Prel 294

➜ **Principaux points de langue**
La modalisation • L'argumentation (présence de l'énonciateur
et du destinataire) **• Les paroles rapportées • Le conditionnel**

LA LANGUE

CONNAÎTRE LES MOTS

NATURE ET FONCTION
- Les classes grammaticales et les fonctions 299

LE VERBE
- Généralités 300
- L'indicatif : conjugaison et orthographe
  - Le présent 302
  - L'imparfait – Le passé simple 303
  - Les temps composés du passé 304
  - Les futurs 305
  - Exercices récapitulatifs 306
- Les autres modes : conjugaison et emplois
  - Le subjonctif 308
  - Le conditionnel 310
  - L'impératif 310
  - L'infinitif 311
  - Le participe 312
  - Exercices récapitulatifs 314

LE NOM ET LES DÉTERMINANTS
- Le nom : Nature et fonctions – Orthographe 316
- Les déterminants 318

LES PRONOMS
- Les pronoms personnels 319
- Les pronoms interrogatifs 320
- Les pronoms relatifs 321
- Les pronoms démonstratifs et possessifs 322
- Les pronoms indéfinis 323

L'ADJECTIF QUALIFICATIF
- Nature et fonctions – Le groupe adjectival 324
- Les degrés de l'adjectif 325

LES MOTS INVARIABLES
- Les adverbes 326
- Les connecteurs 327

LA FORMATION DES MOTS
- Radical et famille de mots 328
- Mots composés 328
- Les préfixes 329
- Les suffixes 330
- Emprunts et néologismes 331
- Exercices récapitulatifs 331

ASSOCIER LES MOTS

LA PHRASE
- La phrase simple et la phrase complexe 332
- Les propositions subordonnées 333
- Les types et les formes de phrases 334
- La phrase à la voix passive 336
- Exercices récapitulatifs 338

LES FONCTIONS PAR RAPPORT AU VERBE
- Le sujet – L'attribut du sujet 339
- Les compléments essentiels : COD, COI, COS, temps, lieu, mesure, poids, prix 340
- Les propositions subordonnées COD 342
- Exercices récapitulatifs 344

LES FONCTIONS PAR RAPPORT À LA PHRASE
- Les compléments circonstanciels 346

LES RAPPORTS LOGIQUES
- L'expression du but et de la comparaison 347
- L'expression de la cause 348
- L'expression de la conséquence 350
- L'expression de l'opposition et de la concession 352
- L'expression de l'hypothèse (la condition) 354
- Exercices récapitulatifs 356

LES EXPANSIONS DU NOM
- L'épithète – Le complément du nom – L'apposition 358
- La proposition subordonnée relative 360

L'ORTHOGRAPHE GRAMMATICALE
- L'accord sujet – verbe 362
- Les accords avec le nom 364
- Les accords du participe passé 366
- Les homophones grammaticaux 369
- Des désinences verbales 373

LES MOTS ET LEURS SENS
- Les différents sens d'un mot 376
- Synonyme, antonyme, hyperonyme, champ lexical 378
- Les figures de style 380

CONSTRUIRE UN TEXTE

LA COHÉRENCE D'UN TEXTE
- Les niveaux de langue 382
- La ponctuation 383
- Les reprises nominales et pronominales 384
- La progression d'un texte (progression thématique) 385

L'ÉNONCIATION
- Énoncés et situation d'énonciation 386
- Objectivité et subjectivité – La modalisation 388
- Les actes de parole – L'implicite 389
- Le point de vue – Le narrateur 390
- Les emplois du présent de l'indicatif 391

LES PAROLES RAPPORTÉES
- Le dialogue au théâtre 392
- Les paroles rapportées dans le récit 394
- Du discours direct au discours indirect 396
- Le discours indirect libre – Le discours narrativisé 398

LE RECIT COMPLEXE (LE DISCOURS NARRATIF)
- L'organisation d'un récit 399
- Le rythme d'un récit 400
- Le récit au passé 401
- La concordance des temps 402
- Les valeurs d'aspect 403

LA DESCRIPTION (LE DISCOURS DESCRIPTIF)
- Rôles et insertion 404
- Construction et écriture 405

L'EXPLICATION (LE DISCOURS EXPLICATIF)
- Écriture et organisation 407

L'ARGUMENTATION (LE DISCOURS ARGUMENTATIF)
- Présence de l'énonciateur et du destinataire 408
- Des connecteurs logiques pour convaincre 410
- Des procédés pour persuader 412
- L'insertion des exemples et des citations 413
- Exercices récapitulatifs 414

LA VERSIFICATION
- Vers, rythmes, rimes, sonorités, formes de poèmes 416

TABLEAUX DE CONJUGAISON
- Les verbes *Avoir* et *Être* 418
- Les verbes du 1er groupe 419
- La voix passive 420
- La voix pronominale 420
- Les verbes du 2e groupe 421
- Les verbes du 3e groupe 422

ANNEXES
- Glossaire 426
- Index des notions 429
- Index des œuvres citées – Index des auteurs 431
- Crédits 432
- Écrivains et œuvres littéraires .... pages de garde

SÉQUENCE 1

L'UNIVERS ROMANESQUE

Nouvelles et romans contemporains

▷ Approfondir l'étude de la narration

TEXTES & IMAGES

- Nouvelle fantastique
  Le poisson, J. Sternberg   **TEXTE INTÉGRAL** 16
- Nouvelle réaliste
  L'intruse, E.-E. Schmitt 18
- Lire l'image : *Triptyque du dragon*, J. Hélion 21
- Nouvelle argumentative
  Arrêt sur image, A. Chedid   **TEXTE INTÉGRAL** 22

FAIRE LE POINT

📷 La narration dans les nouvelles et les romans 25

LECTURES CURSIVES

- Romans brefs et contemporains 26
  FICHE-MÉTHODE : Porter un jugement sur un roman

S'EXPRIMER

- Vocabulaire : Savoir utiliser des dictionnaires 28
- Oral : Exposer une prise de notes 28
- Orthographe : Accorder le verbe avec son sujet 29
- Grammaire : Maîtriser l'emploi des temps dans un récit au passé – Utiliser des connecteurs temporels 30
- Écrit : Rédiger des récits complexes 31

MÉTHODES POUR LE BREVET

- « Que ma joie demeure », *Le Coq de bruyère*, M. Tournier 32

→ **Principaux points de langue :** L'organisation d'un récit • Le rythme d'un récit • Le point de vue

OBJECTIFS

▷ Étudier un récit complexe

▷ Comprendre le rôle du point de vue

▷ Travailler le point de vue

▷ Discerner la visée argumentative d'un récit
  → ARGUMENTATION

▷ Exposer une opinion personnelle sur un livre
  → ARGUMENTATION

Killoffer, *sans titre*, ▶
paru dans *Le Monde*, juillet 2007.

Entrer par l'image

① Que le personnage tient-il à la main ? Représente-t-il donc l'écrivain ou le lecteur ?

② Où le livre est-il placé ? Pourquoi ?

Séquence 1 ▶ **Nouvelles et romans contemporains**

TEXTES & IMAGES

POUR ENTRER DANS LA SÉQUENCE

📖 À vos dictionnaires !

▸ Décomposez l'adjectif *contemporain* en préfixe, radical et suffixe. Expliquez son sens.
▸ Nommez un(e) romancier(ière) contemporain(e).

Avant de lire le texte

- Dans la mythologie antique, Narcisse est un personnage célèbre pour sa beauté. Ovide a raconté son histoire dans *Les Métamorphoses* : parce qu'il était resté insensible à toutes les jeunes filles qui l'aimaient, il fut condamné à s'aimer lui-même. Il vit son image dans le reflet de l'eau, en tomba éperdument amoureux, et mourut de ne pas pouvoir la saisir. Le narcisse est aujourd'hui une fleur du printemps.
- Dans la mythologie, Charon était le passeur qui, dans sa barque, faisait traverser l'Achéron, le fleuve des Enfers, aux personnes qui venaient de mourir.

1. Quel est l'élément naturel commun à ces deux mythes ?
2. Quel rôle commun cet élément joue-t-il dans les deux mythes ?

Franz Von Stuck (1863-1928), *Narcisse*, 1926, coll. privée.
© Akg-Images

Le poisson

texte intégral

Jacques Sternberg,
(1923-2006)
Cet écrivain d'origine polonaise et d'expression française est l'auteur de plus de mille nouvelles spécialisées dans la science-fiction et le fantastique.

Ce ne fut que vers huit heures du soir, quand la nuit allait lui sauter à la gorge, comme un chat sauvage, que le pêcheur sentit soudain le froid.

Il était arrivé devant ce plan d'eau à l'aube, il n'avait pas pris le moindre poisson. Cela lui parut inquiétant. Comme tous les pêcheurs, il n'avait que peu
5 de cervelle et peu de facultés de raisonner, mais il pensa quand même qu'il prenait toujours au moins un poisson, même dans les étangs morts que l'on prétendait peu poissonneux.

De là à penser à la poisse[1], il n'y avait qu'un pas. Il le franchit et s'obstina. Il ne voulait pas rentrer bredouille. Il accrocha un nouvel hameçon à sa ligne,
10 la lança et se mit à penser. Il se demanda pourquoi il était venu là, qui lui avait indiqué cet endroit, comment il était arrivé jusque-là, pourquoi il s'obstinait, et il ne trouva pas de réponse à ses questions relativement complexes.

Il en était là quand soudain son bouchon plongea sous l'eau. Il avait enfin accroché un poisson. Un gros poisson sans doute parce qu'il n'arrivait pas à
15 l'arracher à l'eau. Cela dura longtemps, cette lutte. Mais le poisson résistait. Et le pêcheur résistait aussi. Comme s'il avait été pris dans un bloc de glaise[2] ou de glace, relié par sa ligne à un autre bloc de glaise, l'homme se paralysait dans son geste de tirer à lui quelque chose qui ne voulait pas venir à lui et puisque le poisson ne cédait pas, il ne cédait pas non plus. Un seul fait lui importait : il avait enfin
20 pris quelque chose alors que, depuis ce matin, il n'avait rien pris. Quelque chose d'énorme puisque ça lui résistait alors qu'il tirait de toutes ses forces.

À minuit, il tirait toujours. Épuisé, glacé, essoufflé.

À l'aube du lendemain, alors qu'il respirait à peine, il vit enfin le poisson qu'il avait harponné. Il sortait en effet des eaux. C'était une chose translucide,
25 apparemment molle, qui ne semblait pas avoir de contours, mais qui pesait de tout son poids alors qu'elle ne semblait pas avoir de réalité. Et l'homme tirait toujours, alors qu'il n'avait plus de forces en lui.

1. malchance.
2. terre grasse utilisée en poterie.

Et il ne voyait jamais qu'une chose qui sortait peu de l'eau, de plus en plus irréelle, de plus en plus lourde comme sans cesse gorgée de plus en plus d'eau ou d'algues invisibles.

Jusqu'au moment où, soudain, il bascula en avant, vers l'eau.

On ne retrouva le pêcheur que quelques jours plus tard, noyé, boursouflé entre deux gerbes d'algues, toujours accroché à sa ligne.

Ce qu'il avait cru retirer des eaux, c'était la mort.

Pas un simple poisson.

Jacques Sternberg, « Le poisson », *Contes glacés*, © Groupe Luc Pire, 2006.

Paul Riley (né en 1944), *Poisson*, 1995, coll. privée. © The Bridgeman Art Library

⊙ Étudier un récit complexe

■ Une histoire banale

1. a. Qui est le héros de l'histoire ? Comment est-il désigné ?
b. Que nous apprend le texte sur le physique de ce personnage ? sur son caractère ?
c. L'auteur propose-t-il un portrait précis du personnage ?

■ Le rythme du récit

2. a. Repérez les indices de temps dans les deux premiers paragraphes. À quel temps et à quel mode les verbes « *était arrivé* » et « *avait pris* » (l. 3) sont-ils conjugués ?
b. Que représente le deuxième paragraphe dans la **chronologie du récit** ?

3. « À l'aube du lendemain » (l. 23) : cet indicateur de temps exprime-t-il une **ellipse**, un **sommaire** ou une **scène** ?

4. a. Combien de temps s'est-il écoulé entre le début de l'histoire et la ligne 32 ?
b. S'agit-il ici d'une **ellipse**, d'un **sommaire** ou d'une **scène** ?

→ L'organisation d'un récit – p. 399
→ Le rythme d'un récit – p. 400

■ Un récit codé

5. Quel rapport faites-vous entre ce récit et les deux mythes présentés dans « Avant de lire le texte » ?

6. Dans la littérature médiévale que vous avez étudiée en 5ᵉ, entre quels mondes l'eau constitue-t-elle un passage ?

7. En vous appuyant sur les réponses aux deux questions précédentes, dites à quel type de lecteur ce texte s'adresse.

■ L'hésitation entre le réel et l'irréel

8. Les repères temporels du texte permettent-ils de dater l'histoire racontée ? Pourquoi, selon vous ?

9. L. 23 à 31 :
a. Quel nom est utilisé à deux reprises pour désigner « *le poisson* » ?
b. Observez les expansions de ce nom : le lecteur peut-il facilement se représenter le poisson ?
c. À travers le **point de vue** de qui le poisson est-il décrit ?
d. Quel est l'effet produit sur le lecteur par le choix de ce point de vue ?

10. a. De quoi le poisson est-il l'allégorie (représentation concrète d'une idée abstraite) ? Citez une phrase du texte à l'appui de votre réponse.
b. Relevez le champ lexical de cette allégorie dans le texte : quel est, selon vous, le rôle de ce champ lexical dans ce texte ?

11. a. La fin de ce récit est-elle attendue ?
b. Comment nomme-t-on ce type de nouvelle ?

→ Le point de vue – p. 390

📷 Faisons le point

- Quels sont les éléments qui participent à la **complexité du récit** ?
- En vous appuyant sur vos souvenirs de 4ᵉ, expliquez en quoi cette nouvelle est une **nouvelle fantastique**.

Exercices d'écriture

1. « *Ce ne fut que vers huit heures du soir, quand la nuit allait lui sauter à la gorge, comme un chat sauvage, que le pêcheur sentit soudain le froid.* » Racontez brièvement la suite de l'histoire en la transformant en un récit réaliste.

2. Quelle autre allégorie de la mort connaissez-vous ? La préférez-vous à celle choisie par J. Sternberg ? Justifiez votre choix.

TEXTES & IMAGES

Avant de lire le texte

Quel est le sens des mots *intrus* et *réaliste* ?

Eric-Emmanuel Schmitt
(voir p. 28)

L'intruse

Extrait 1

[…] La sonnette retentit.
– Charles !
Elle ouvrit la porte et découvrit Charles sur le palier.
– Ah ! quel bonheur ! Enfin !
5 – Oui, excuse-moi, je n'ai pas pu revenir aussi vite que je te l'avais promis.
– Ce n'est pas grave, tu es pardonné.
En entrant dans l'appartement, il fit surgir une jeune femme derrière lui.
– Tu reconnais Yasmine ?
Odile n'osa pas le contrarier en avouant qu'elle ne se souvenait pas de la jolie brune
10 élancée qui le suivait. Ah, cette infirmité de n'avoir aucune mémoire des physionomies…
« Pas de panique. Ça va me revenir », pensa-t-elle.
– Bien sûr. Entrez.
Yasmine avança, embrassa Odile sur les joues et, pendant cette étreinte[1], Odile, si elle
n'arriva pas à l'identifier, sentit en tout cas qu'elle la détestait.
15 On passa au salon où l'on se mit à parler de la canicule. Odile se prêtait vaillamment
à la conversation quoique son esprit ne pût s'empêcher de vagabonder en dehors des
phrases échangées. « C'est absurde, nous devisons à propos du temps sur un ton mondain
en présence d'une inconnue alors que nous avons, Charles et moi, tant de choses à nous
dire. » Soudain, elle interrompit la discussion et fixa Charles.
20 – Dis-moi, ce qui te manque, ce sont des enfants ?
– Quoi ?
– Oui. Je me demandais ces jours-ci ce qui clochait entre nous et il m'est venu à l'esprit
que tu voulais sans doute des enfants. D'ordinaire les hommes en désirent moins facilement que les femmes… Veux-tu des enfants ?
25 – J'en ai.
Odile crut avoir mal entendu.
– Quoi ?
– J'ai des enfants. Deux. Jérôme et Hugo.
– Pardon ?
30 – Jérôme et Hugo.
– Quel âge ont-ils ?
– Deux et quatre ans.
– Avec qui les as-tu eus ?
– Avec Yasmine.
35 Odile se tourna vers Yasmine qui lui sourit. « Odile, réveille-toi, tu cauchemardes, là, ce n'est pas la réalité. »
– Vous… vous… vous avez eu deux enfants ensemble ?
– Oui, confirma l'intrigante en croisant élégamment ses jambes, comme si de rien n'était.
– Et vous venez chez moi, sans gêne, avec un sourire, pour me le dire ? Vous êtes des
40 monstres !
La suite se montra confuse. Odile était tellement secouée par le chagrin qu'entre ses
cris et ses larmes elle ne comprenait plus rien de ce qu'on proférait[2] autour d'elle. Plusieurs
fois, Charles tenta de la prendre dans ses bras ; chaque fois, elle le repoussa avec virulence[3].
– Traître ! Traître ! C'est fini, tu m'entends, c'est fini ! Pars ! Mais pars donc !

À suivre…

Eric-Emmanuel Schmitt, « L'intruse », *Odette Toulemonde et autres histoires,* © Albin Michel, 2006.

1. embrassade. **2.** disait. **3.** violemment.

Comprendre le rôle du point de vue (1)

■ Les personnages et la situation

1. Où la scène se passe-t-elle ? Nommez les personnages présents dans cette scène.

2. Selon vous, quels liens unissent les personnages entre eux ? Appuyez votre réponse sur des éléments du texte.

3. a. Au début du texte, quel sentiment Odile éprouve-t-elle vis-à-vis de Charles ? Justifiez à partir du texte.

b. Pourquoi, selon vous, Odile est-elle à la fin du texte *« secouée par le chagrin »* ?

4. Racontez avec vos propres mots la scène rapportée dans cet extrait. En quoi peut-on dire que ce passage est extrait d'une nouvelle réaliste ?

■ Le rôle du point de vue

5. a. À travers le **point de vue** de quel personnage Yasmine est-elle présentée ?

b. Relevez les reprises nominales qui la désignent : quelle image de Yasmine donnent-elles ?

6. a. De quel personnage le narrateur livre-t-il au lecteur les sentiments et les pensées ? Appuyez votre réponse sur des passages du texte.

b. De quel **type de narrateur** s'agit-il ?

7. a. Quel terme Odile utilise-t-elle à la fin du texte pour s'adresser à Charles ?

b. Quel sentiment sous-tend ce terme ?

8. Quel personnage, selon vous, a la sympathie du lecteur ? Pourquoi ?

→ Le point de vue – p. 390

📷 Faisons le point

- Quel rôle le **point de vue** joue-t-il dans ce texte ?
- Qui est, selon vous, *l'intruse* ?

Exercice d'écriture

La sonnette retentit.
– Charles !

Elle ouvrit la porte et découvrit Charles sur le palier.

Récrivez ce début de texte en insérant, à l'endroit indiqué par les pointillés, une ou deux phrases proposant une description physique d'Odile telle que vous vous la représentez après la lecture de l'extrait 1.

Extrait 2

Devant la fenêtre donnant sur les jardins du Trocadéro, Yasmine contemplait la pluie qui venait réconcilier la terre avec le ciel et suspendre l'épidémie de mort[1].

Derrière elle, la pièce n'avait pas changé, toujours chargée de livres, contenant des collections précieuses pour quiconque s'intéresse au Moyen-Orient. Ni son mari ni elle n'avaient le temps de changer le décor ou les meubles. Ils entreprendraient les travaux plus tard ; en revanche, ils n'avaient pas hésité à quitter le minuscule appartement situé sur le périphérique où ils s'entassaient avec leurs deux enfants pour emménager ici.

Justement, derrière elle, Jérôme et Hugo découvraient les plaisirs d'une télévision alimentée par satellite et ne cessaient de zapper.

– C'est génial, maman, il y a des chaînes arabes !

Ne s'attardant sur aucune émission, ils étaient plus enivrés d'avoir autant de programmes qu'attirés par l'idée d'en suivre un.

De retour, son mari se glissa dans son dos et l'embrassa à la naissance du cou. Yasmine pivota, plaqua sa poitrine contre la sienne. Ils s'enlacèrent.

– Sais-tu que j'ai feuilleté l'album de famille : c'est fou ce que tu ressembles à ton père !

– Ne dis pas ça.

– Pourquoi ? Ça te peine parce qu'il est mort en Égypte lorsque tu avais six ans…

– Non, ça me chagrine parce que cela me fait penser à maman. Souvent, elle me prenait pour lui : elle m'appelait Charles.

– N'y songe plus. Pense à ta mère lorsqu'elle était en forme, une intellectuelle brillante, pleine d'esprit et de repartie[2], qui m'a toujours beaucoup impressionnée. Oublie les deux dernières années.

– Tu as raison. Seule ici, à cause de cette maladie d'Alzeimer, elle ne se reconnaissait plus elle-même.

1. arrêter la canicule qui tue des gens.
2. réponse vive et spirituelle.

Eric-Emmanuel Schmitt, « L'intruse », *Odette Toulemonde et autres histoires*, © Albin Michel, 2006.

TEXTES & IMAGES

○ Comprendre le rôle du point de vue (2)

■ Les personnages dans l'extrait 2

1. Qui sont les personnages présents dans cet extrait ? Quels liens familiaux les unissent ? Répondez en vous appuyant sur le texte.

2. a. Quel personnage, présent dans le premier extrait, est absent du second extrait ? Quel lien familial unit ce personnage à chacun des quatre personnages présents dans l'extrait 2 ? Justifiez.
b. Qui est Charles ?

■ La situation dans l'extrait 2

3. Où la scène se situe-t-elle ? Justifiez à partir du texte.

4. a. Quelle information, au début du second extrait, permet de le situer dans le temps par rapport au premier ? Combien de temps sépare donc l'histoire racontée dans les deux extraits ?
b. Que s'est-il passé dans l'intervalle ? Justifiez votre réponse.

■ Une relecture de l'extrait 1

5. Relisez l'extrait 1 et relevez les passages qui révèlent la maladie d'Alzeimer d'Odile. En quoi consiste cette maladie ?

6. Quelle lecture pouvez-vous faire à présent de l'extrait 1 ? Expliquez.

■ Un changement de point de vue

7. De quel personnage le lecteur est-il amené à partager le **point de vue** dans l'extrait 1 ?

8. a. À travers le point de vue de quels personnages Odile est-elle présentée dans l'extrait 2 ?
b. Quel est le **type de narrateur** employé dans l'extrait 2 ?
c. En quoi ce changement de point de vue entre les deux extraits modifie-t-il le sens à donner à l'extrait 1 ?

➔ Le point de vue – p. 390

📷 Faisons le point

- Après la lecture de l'extrait 2, qui peut-on appeler *l'intruse* dans l'extrait 1 ?
- La lecture de l'extrait 2 confirme-t-elle qu'il s'agit d'une **nouvelle réaliste** ? Justifiez.

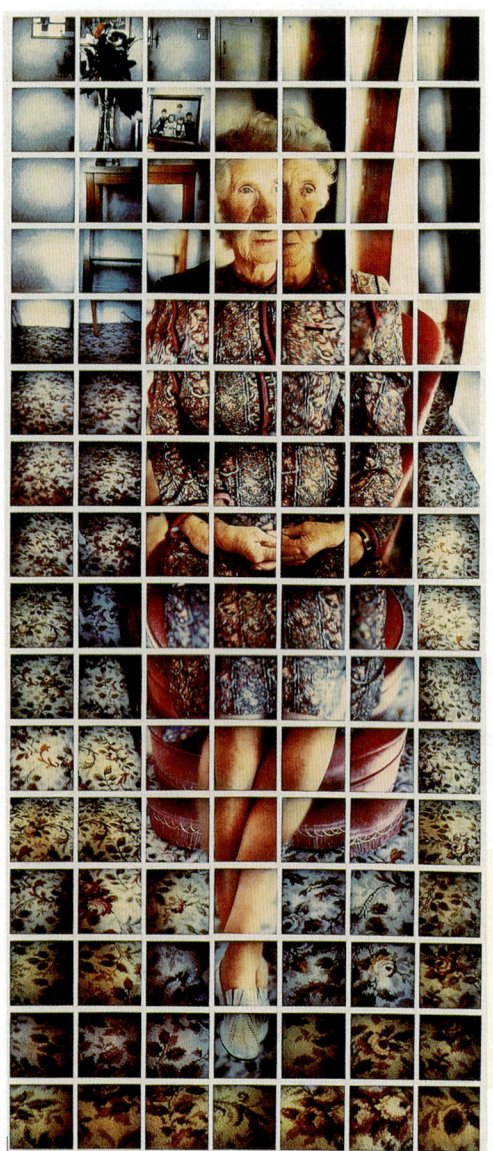

Exercices d'écriture

1. Récrivez le début de l'extrait 1 en insérant, à l'endroit indiqué par les pointillés, une ou deux phrases proposant une description physique d'Odile telle que vous vous la représentez après la lecture de l'extrait 2.

> *La sonnette retentit.*
> *– Charles !*
> *- - - - - - - - - - -*
> *Elle ouvrit la porte et découvrit Charles sur le palier.*

2. ➔ ARGUMENTATION
Pourquoi, selon vous, l'auteur n'a-t-il pas proposé de portrait physique d'Odile et de Charles ? Faites une brève réponse qui commencera par : *L'auteur n'a pas proposé de portrait physique d'Odile et de Charles, car si…*

Lire l'image

Quels liens pouvez-vous établir entre le portrait ci-contre et le personnage d'Odile dans le texte ?

David Hockney (né en 1937), *Maman, Bradford Yorkshire le 4 mai 1982*, montage Polaroïd, coll. privée. © D. Hockney

TEXTES & IMAGES

Triptyque du dragon

Jean Hélion, *Triptyque du dragon* (partie centrale), 1967, Fonds Régional d'Art Contemporain de Bretagne. © FRAC © Adagp, Paris 2008.

Jean Hélion
(1904-1987)
Ce peintre français a commencé par peindre de l'art géométrique et abstrait dans les années 1920.
À partir de 1939, sa peinture, inspirée par la vie quotidienne, devient figurative. Des objets (citrouilles, chapeaux melons, parapluies), chargés de symboles, se retrouvent dans la plupart de ses tableaux.
Vers 1960, il commence à perdre la vue et introduit des aveugles à canne blanche dans ses toiles.

▶ Travailler le point de vue

■ Observation de l'image

1. Où la scène se passe-t-elle ?
2. Désignez chaque personnage par un GN comportant une expansion du nom.
3. Quelles actions sont mises en scène ?

■ Choix d'un point de vue

4. Que peut percevoir de la scène chacun des personnages ?
5. Que peut-il penser ?

Exercice d'écriture

Choisissez un personnage du tableau. Racontez en un paragraphe sa vision de la scène en adoptant un point de vue interne.

Conseils de méthode
- Appuyez-vous sur les réponses 4 et 5.
- Quel(s) sens privilégiez-vous pour le personnage que vous avez choisi (vue, ouïe…) ?
- Prévoyez une ou deux phrase(s) initiale(s) de description pour planter le décor.

TEXTES & IMAGES

Avant de lire le texte
Quelle hypothèse de lecture faites-vous à partir de la succession de ces trois dessins ?

Andrée Chedid
(née en 1920) Écrivain et poète née au Caire, elle réside à Paris depuis 1946. Son œuvre romanesque est souvent axée sur l'évocation du Moyen-Orient :
Le Sixième Jour, *L'Enfant multiple*.

Arrêt sur image

texte intégral

— La guerre, c'est quoi maman ?
Au milieu du repas, l'enfant se leva brusquement de table, se rua vers sa mère, se hissa sur ses genoux. Se blottissant contre elle, il ferma les yeux après avoir tourné
5 le dos à l'écran.
— La guerre, c'est quoi, c'est pour quoi ? répétait-il d'une voix épouvantée.
Ces armes, ces visages meurtris, ces gestes brutaux, ces corps sans vie, qui venaient envahir cette pièce colorée, paisible,
10 bien à l'abri, prenaient soudain consistance. Il fallait qu'on lui explique ces images et la raison de tout cela.
— Retourne à ta place, Martin, gronda le père.
L'enfant se pelotonna contre la poitrine d'Agnès, lui encerclant la taille de ses deux bras.
15 Ils ne faisaient plus qu'un.
Martin n'avait aucune intention d'obéir à l'ordre de son père, aucune intention de quitter son refuge.
Cette journée de juin se prolongeait agréablement. Le soleil était encore là ; tout respirait les vacances, les proches plaisirs de l'été. Désarçonné par l'obstination
20 de son fils, Thomas n'insista pas.

Le visage blême, interrogateur, de Martin, inquiéta sa mère. L'enfant transpirait à grosses gouttes. Elle essuya son front du revers de sa main, puis le couvrit de baisers.
Depuis qu'il avait atteint ses six ans, un changement
25 s'était opéré ; Martin posait de plus en plus de questions. Des questions surprenantes, capitales.
Un matin c'était :
— Dieu est-il vraiment là-haut à s'occuper de nous ?
Une après-midi :
30 — La mort, c'est quand on s'en va et qu'on ne revient plus jamais ?
Une autre fois :
— Pourquoi les vieux ont des plis partout ? Est-ce qu'un jour tu seras comme ça, maman ? Et moi, un jour ?

35 Enfin, ce soir, soudain, cette nouvelle question, irrépressible[1], véhémente[2] ; l'arrachant à son repas. Cette question étrange, incongrue, entre deux bouchées, entre une pub et l'autre, entre sport et mode, théâtre et cinéma… Cette question qui, brutalement, le prenant
40 à la gorge, déversait dans cette pièce sereine, tranquille, l'image télévisuelle dans toute sa réalité.
Durant les repas, Thomas, lui, ne résistait pas au défilé des images. Au début, lorsqu'elles lui semblaient trop rudes, trop brutales pour l'enfant, il zappait pour
45 quelques instants.
Martin lui paraissant, chaque fois, indifférent ou distrait, il avait renoncé à ces brefs intervalles. Thomas estimait qu'il fallait se tenir au courant de ce qui agitait le vaste monde.
50 Toutes ces nouvelles finissaient par s'absorber avec impassibilité et sagesse. On ne pouvait se laisser émouvoir ou déstabiliser par les malheurs de la planète. Aucun jour n'en était dépourvu ! Thomas, comme tant d'autres, avait ses soucis personnels, ses propres inquiétudes, auxquels
55 il fallait faire face avant de se préoccuper du reste.
L'appartement, haut perché, donnait sur une superbe ville. Une cité en paix, depuis plus d'un demi-siècle. On pouvait y jouir du soleil, des étoiles, sans que des bombes s'abattent. Profiter de son logement, sans craindre que ses
60 murs ne s'écroulent.
Malgré les risques habituels, les difficultés, on pouvait – quoi que l'on dise – goûter à l'existence, à son quotidien, vivable, responsable, parfois exaltant. L'horreur d'une guerre, avec ses massacres, ses invasions, ses occupations,
65 ne s'ajoutait pas aux problèmes personnels. Ici pour se défendre, agresser, se glorifier, le sang des guerres avait cessé de couler.
Thomas avait zappé jusqu'à ce que l'écran se transforme en personnages multicolores et rondouillards d'un dessin
70 animé en vogue.

— Retourne à ta place, Martin. Finis ton dessert, reprit-il.
L'enfant ne broncha pas. Agnès fit signe à son mari de ne pas insister.
— C'était vrai, maman, ces images ?
75 — Rien que des images, dit-elle.
— C'est pas des images ! répliqua Martin.
— Mais oui, des images, comme au cinéma.
— C'est pas du cinéma ! s'obstina l'enfant.
Il se redressa, délia ses bras et, posant ses mains sur les épaules de sa mère, son regard dans le sien :
— Tu mens… Tu dis pas le vrai.
— Regarde… c'est déjà autre chose, reprit-elle d'une
80 voix rassurante.
L'enfant toujours sur ses genoux, elle l'aida à se retourner.
— Vois comme c'est beau, tu ne peux pas rater ça !
Le dessin animé venait de céder la place à une publicité qu'Agnès appréciait particulièrement. De ravissants bébés
85 nageaient sous l'eau, s'élevaient dans les airs, composaient un ballet enchanteur. Limpide, l'eau jaillissait en geysers, en cascades. Les nombreux bébés, aux corps pulpeux, aux visages épanouis, évoluaient, frétillaient joyeusement dans l'immense piscine bleue.
90 — Martin, dans quelques mois tu auras une petite sœur, dit-elle, émue. Comment veux-tu qu'on l'appelle ?

— La paix, c'est quoi maman ?
À plus d'un millier de kilomètres, un autre enfant s'agrippait aux jambes de sa mère. À bout de fatigue,
95 celle-ci le repoussa doucement.
— Plus tard. On parlera plus tard.
L'épuisement ravageait son visage encore jeune ; ses vêtements de plus en plus grisâtres ressemblaient à des haillons[3].
100 En compagnie de son fils Alyo, Samia partageait une tente avec une dizaine d'autres mères et une vingtaine d'enfants. Les maris, les pères, les frères, étaient absents ; ou disparus à jamais. La question que venait de poser l'enfant la fit trembler. Comment lui répondre ? Samia maîtrisait mal
105 ses émotions, elle ne saurait même plus décrire la paix !

Alyo revint à la charge :
— La paix… où ça se cache, maman ?
Après des jours et des nuits de bombardement, après ces trouées de cris, ces enlèvements, ces détonations ;
110 après ces récits d'hommes massacrés, enterrés en toute hâte ; les filles violées puis jetées sur la route, que restait-il à dire de la paix ?
L'enfant n'abdiquait pas. Il lui faisait pitié avec ses joues hâves[4], ses yeux d'un bleu décoloré, qui lui dévo-
115 raient la face, ses cheveux d'un blond fadasse. Sa question la désemparait ; elle passa à autre chose :
— Allons chercher de la nourriture, Alyo. Il y a une distribution tout à l'heure. Tu te souviens de ces camions venus de l'étranger ?
120 — Là-bas, est-ce qu'il y a la paix ?
Elle esquiva de nouveau :
— Il faut garder des forces. Il faut manger.
Alyo sentait qu'il ne pouvait rien en tirer, sa mère n'avait aucune explication à lui fournir. C'était comme
125 ça. C'est tout !
Du jour au lendemain, la barbarie se déchaînait ; les voisins de l'aube se transformaient en assassins du soir. La vie était cruelle, sauvage, les hommes devenaient semblables à ces fauves qui, dans les documentaires,
130 déchiraient à pleines dents leurs victimes.
— Tu ne veux pas me répondre, maman. Dis-moi au moins si, un jour, je pourrai, comme avant, jouer avec mon ami Slavi ?
Elle le prit par la main, l'entraîna. L'enfant tenait
135 à peine debout ; depuis deux mois que l'exode durait, la peur, la faim l'avaient mûri, miné. Il en avait trop vu ! Le père de Slavi, un voisin, un ami, était venu la nuit, revolver au poing, enlever son propre père. Plus tard, ils avaient entendu des coups de feu dans la basse-cour.
Ce même soir, elle s'était empressée de le rassurer :
— Tu as bien reconnu le père de ton copain Slavi, il ne faut pas t'inquiéter, il est venu chercher papa pour le mettre
140 à l'abri. Il nous rejoindra bientôt.
On ne le revit jamais plus, ce père.
Se souvenant de cette nuit atroce et du regard déchirant

Réfugiés du Kosovo, avril 1999. © Facelly / Sipa

1. qu'on ne peut réprimer.   2. passionnée.
3. vêtements en lambeaux.   4. creusées.

de son mari, pour rassurer l'enfant, Samia eut pourtant la force de murmurer :

– Tu rejoueras plus tard avec Slavi, c'est certain…

Sentant qu'elle chancelait, pâlissait à chaque question, l'enfant s'arrêta de l'interroger.

Un soleil lourd, sans pitié, pesait sur la plaine. Alyo et sa mère avançaient, main dans la main, entre les tentes, parmi la foule.

Cherchant à distraire l'enfant, elle lui fit remarquer, au loin, la présence d'un cameraman.

– Regarde, c'est pour la télévision. Il vient vers nous. Tu vas te faire photographier… On te verra sur tous les écrans du monde !

Elle héla l'homme à la caméra, qui s'approcha à grandes enjambées.

Le lendemain, rentrant de l'école, Martin jouait comme d'habitude. Après la brève interruption de la veille, tout était rentré dans l'ordre.

Enfoncé dans son canapé, Thomas ne put résister à l'envie de se brancher sur les dernières nouvelles. Agnès était dans la cuisine. Agenouillé sur la moquette, Martin s'appliquait à son jeu de Meccano.

Soudain le visage d'Alyo occupa en close-up[5] toute l'antenne.

D'un bond, lâchant ses jeux, Martin se précipita sur le poste. Il enlaça frénétiquement l'écran, frotta sa fraîche frimousse contre le visage défraîchi de l'enfant de là-bas.

Son père, affolé par la scène, ne trouvait plus le zappeur qui s'était enfoncé entre les coussins.

– Qu'est-ce que tu fais de nouveau ? hurla-t-il.

N'entendant plus que son propre souffle, Martin appliquait sa joue contre le petit visage émacié[6] aux yeux ternis.

– C'est ça la guerre, murmura-t-il. C'est ça !…

Il était à présent si près, si proche.

Malgré la vitre, sa peau touchait l'autre peau, son visage s'accolait à l'autre visage. Ses larmes mouillaient la surface polie de l'écran.

Martin et Alyo se soudaient l'un à l'autre.

Alyo et Martin ne faisaient plus qu'un.

– La paix… la guerre… c'est ça, c'est nous, ne cessait-il de répéter.

Cela dura, dura.

Une éternité…

Arrêt sur image.

Andrée Chedid, *Inventons la paix, huit écrivains racontent*, © Librio, 2002.

5. très gros plan.   **6.** amaigri.

▷ Discerner la visée argumentative d'un récit

■ Les personnages

1. a. Qui sont les deux principaux protagonistes du récit ?
b. À quelle classe d'âge appartiennent-ils ? Citez le texte à l'appui de votre réponse. Représentent-ils des héros hors du commun ou des personnages ordinaires ?

2. a. Quel est le milieu familial de chacun des deux protagonistes ?
b. Avec quel membre de la famille chacun des deux héros établit-il une relation particulière ? Pourquoi ?

3. Les deux protagonistes se rencontrent-ils dans le récit ? Expliquez.

■ La construction de la nouvelle

4. a. En combien de parties la nouvelle s'organise-t-elle ?
b. Proposez un titre pour chacune d'elles.

5. Comment la deuxième partie fait-elle écho à la première ? Répondez en citant deux phrases du texte.

6. Comment l'épisode final entre les deux héros est-il annoncé dans la deuxième partie ?

7. Proposez deux adjectifs pour qualifier l'atmosphère (le cadre) de vie de Martin, celle (celui) d'Alyo.

8. Quel élément perturbe la vie de Martin ? Pourquoi ?

9. Quelles sont les conditions de vie d'Alyo ? Répondez en vous appuyant sur le texte.

10. Quel est le comportement des deux mères vis-à-vis de leur enfant respectif ? Citez le texte à l'appui de votre réponse.

■ La leçon du texte

11. Pourquoi Andrée Chedid a-t-elle choisi de centrer sa nouvelle sur des enfants ? Expliquez.

12. a. La fin de la nouvelle vous paraît-elle réaliste ? Expliquez.
b. Quel est le but recherché par l'auteur ?

13. Qu'est-ce qu'un « *arrêt sur image* » ? Expliquez le sens de cette expression dans le titre de la nouvelle.

14. Que dénonce l'auteur de la nouvelle ?

📷 Faisons le point

- Ce récit vise-t-il à distraire ou à faire partager une opinion (à **argumenter**) ? Justifiez.
- Ce récit développe-t-il une **argumentation explicite** ou **implicite** (sous-entendue) ? Justifiez.

Exercice d'écriture

Faites le portrait de Martin, tel qu'il se dessine dans ce texte, en insistant sur le portrait moral du personnage.

FAIRE LE POINT

La narration dans les nouvelles et les romans

(voir p. 21)

1. Les composantes d'un récit

- Le récit est un texte narratif.
- Souvent, il contient des **pauses descriptives** (pour peindre des lieux ou faire le portrait de personnages).
- Il peut comporter des **passages explicatifs**, pour des précisions techniques, historiques, géographiques.
- Il peut être entrecoupé de **dialogues** qui font vivre les personnages et qui peuvent être rapportés directement ou indirectement.
- Il comporte parfois des **commentaires du narrateur**.

2. La chronologie et le rythme

- L'organisation chronologique d'un récit est soulignée par des **indicateurs de temps** (ou connecteurs temporels) qui servent à dater une action, à situer les actions les unes par rapport aux autres, à souligner la durée ou la brièveté d'une action.
- Dans un récit complexe, on trouve des **retours en arrière** qui permettent de revenir sur le passé d'un personnage ou sur l'origine d'un événement.
- Le rythme d'un récit et celui de l'histoire racontée sont parfois identiques : c'est le cas de la **scène** qui peut comporter un dialogue.
- Le rythme du récit peut aussi différer de celui de l'histoire : le **sommaire** résume des faits en une phrase ou un bref paragraphe ; l'**ellipse** passe sous silence un événement moins important.

3. Le narrateur et le point de vue

Dans un récit, on peut rencontrer :
- un **narrateur omniscient** qui sait tout des personnages et livre leurs pensées et leurs sentiments ;
- un **narrateur interne** qui est un des personnages à partir du regard duquel se font les descriptions et le récit ;
- un **narrateur externe** qui ne décrit les personnages qu'à travers leurs actions.

Un récit peut adopter le point de vue d'un narrateur extérieur aux personnages ou le point de vue d'un ou de plusieurs personnages.

Le choix d'un point de vue est déterminant pour l'effet à produire sur le lecteur.

4. La visée d'un récit

La plupart des récits sont écrits de façon **subjective**. L'auteur livre son opinion ou son jugement parfois de manière **explicite** (directe), parfois de manière **implicite** (sous-entendue), à travers une histoire qui peut avoir une visée argumentative.

Séquence 1 ▶ Nouvelles et romans contemporains

LECTURES CURSIVES

Exposer une opinion personnelle sur un livre
Romans brefs et contemporains

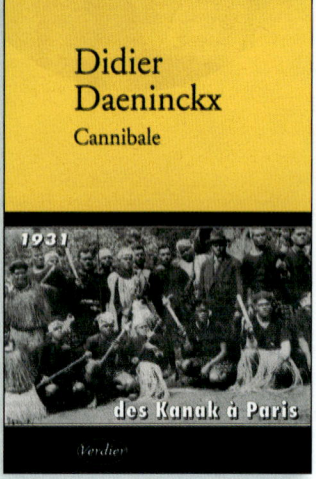

➤ **Didier Daeninckx,** *Cannibale,* © Éditions Verdier, 1998.

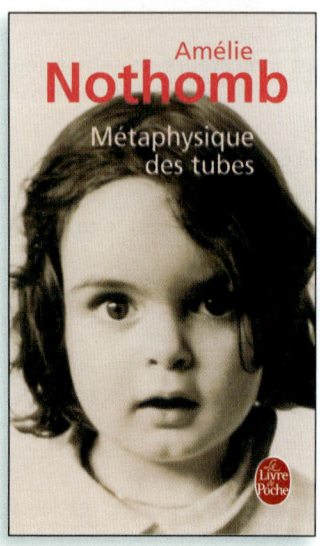

➤ **Amélie Nothomb,** *Métaphysique des tubes,* © Le Livre de Poche, 2007.

➤ **Michel Quint,** *Effroyables jardins,* Folio, © Éditions Gallimard, 2004.

A Choisir un roman

Le professeur apporte un exemplaire de chaque roman qu'il met à la disposition des élèves.

1. Préparez une fiche selon le modèle ci-dessous (prévoir autant de colonnes que de romans proposés).

Titre	
Auteur	
Mon avis d'après la couverture	
Mon avis d'après l'incipit	
Mon avis après avoir feuilleté le roman	
Thème du roman	

2. Écoutez attentivement la lecture orale de l'incipit de chaque roman que des élèves vont faire à tour de rôle.

3. Notez votre appréciation sur votre fiche, à l'aide des codes suivants :

++   J'ai très envie de le lire.
+   J'ai envie de le lire.
+ / –   J'ai moyennement envie de le lire.
–   Je n'ai pas envie de le lire.
– –   Je n'ai pas du tout envie de le lire.

4. Faites circuler les romans dans la classe. Complétez votre fiche :
• en notant votre nouvelle appréciation ;
• en indiquant le thème du roman.

5. Faites votre choix définitif.

B Lire pour le plaisir

> *Lisez à votre rythme le roman en entier.*

➤ **Fred Vargas,** *Les Jeux de l'amour et de la mort,* © Le Masque, 2006.

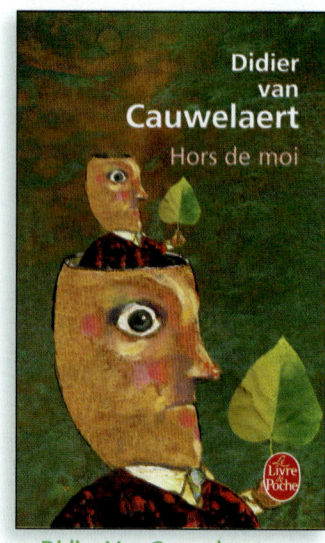

➤ **Didier Van Cauwelaert,** *Hors de moi,* © Le Livre de Poche, 2003.

C Présenter une émission « Coup de cœur, coup de griffe »

→ ARGUMENTATION

Vous êtes journaliste à la radio et vous avez trois à quatre minutes pour parler du livre que vous avez choisi, dans l'émission « Coup de cœur, coup de griffe ».

Vos devoirs	Vos droits
Vous respecterez le temps d'antenne.	Vous disposez d'une marge de manœuvre d'une minute ; vous pouvez vous entraîner en chronométrant votre temps de parole.
Vous parlerez du livre que vous avez choisi soit comme coup de cœur, soit comme coup de griffe.	Vous avez le droit d'avoir aimé ou non le livre que vous avez lu.
Vous ferez une présentation brève du contenu du livre : indiquez l'auteur, le titre, l'époque, le lieu ; faites un résumé partiel de l'intrigue ; évoquez le(s) personnage(s) essentiel(s).	Votre présentation peut être objective ou bien déjà révéler votre opinion.
Vous exposerez votre opinion en développant des arguments positifs ou négatifs. (Ne dites pas seulement « J'aime. » ou « Je n'aime pas. ») Voir fiche-méthode	Vous avez le choix de vos arguments.
Vous prévoirez la lecture d'un passage à l'appui d'un de vos arguments.	Vous pouvez vous entraîner à lire ce passage avec expressivité avant de passer à l'antenne !
Vous prononcerez une phrase de conclusion qui devra être une exhortation (incitation) à lire – ou à ne pas lire – le roman.	Vous avez le droit de dissuader vos camarades de lire le roman si vos arguments sont valables.
Tout au long de votre présentation, vous parlerez d'une voix distincte, audible, avec un ton convaincant et en vous interdisant le langage familier.	Vous pouvez vous entraîner avant votre prestation.

Votre prestation sera évaluée par la classe selon ces critères :

Critères de réussite	Points
1. Clarté et construction de la présentation	/ 4
2. Qualité des arguments avancés	/ 4
3. Aspect convaincant du discours	/ 4
4. Qualité de la langue	/ 4
5. Diction	/ 4

FICHE-MÉTHODE

Porter un jugement sur un roman

1. Repérer des arguments
- Le sujet traité : le thème du roman est-il intéressant ? original ? banal ?...
- L'intrigue : le roman développe-t-il une histoire trop simple ? simple ? complexe ? trop complexe ?...
- La langue : est-elle accessible ? recherchée ? familière ? L'écriture est-elle technique ? poétique ? difficile ?...
- Le ton : y a-t-il un ton particulier (humoristique, tragique…) ?

2. Juger des arguments
Pour chaque argument, développer soit l'aspect positif, soit l'aspect négatif selon que l'on a choisi un coup de cœur ou un coup de griffe.

● **Eric-Emmanuel Schmitt,**
Oscar et la dame rose,
© Albin Michel, 2004.

S'EXPRIMER

À vos dictionnaires !

• **Le nom *nouvelle***

1. Dans quel(s) dictionnaire(s) trouve-t-on des informations sur la classe grammaticale du mot *nouvelle* ? sur son étymologie ?

2. Quel dictionnaire propose l'évolution historique de l'emploi du mot *nouvelle* ?

3. Cherchez le sens du mot *encyclopédique* : lequel de ces trois textes propose une définition encyclopédique d'une *nouvelle* ?

4. Pour quelle raison faut-il faire preuve de précautions quand on consulte l'encyclopédie en ligne *Wikipédia* ?

VOCABULAIRE
▶ Savoir utiliser des dictionnaires

Document 1

1. Nouvelle [nuvɛl] n.f.
• Premier avis qu'on donne ou qu'on reçoit (d'un événement récent).
• *Les nouvelles*, ce que l'on apprend par la rumeur publique, par la presse, les médias.
• au plur. Renseignements concernant l'état ou la situation de qqn qu'on n'a pas vu depuis quelque temps.
Étym. Lat. pop. *novella*, de *novellus*, « nouveau ».

2. Nouvelle [nuvɛl] n.f.
• Court récit écrit présentant une unité d'action et peu de personnages. *Les nouvelles de Maupassant.*
Étym. Italien *novella*, même origine que 1 *Nouvelle*.

Dictionnaire *Le Robert Collège*, 2005.

Document 2

NOUVELLE. s.[1]f. Le premier avis qu'on reçoit d'une chose arrivée récemment.

NOUVELLES s'emploie encore particulièrement au pluriel en diverses phrases et en divers sens.

Ainsi on dit, *Ne faites rien que je ne vous ai donné de mes nouvelles*, pour dire, *Ne faites rien que je ne vous aie fait savoir quelque chose de nouveau sur l'affaire dont il s'agit.*
On dit aussi par menace, *Vous aurez de mes nouvelles*.
On appelle aussi *Nouvelles*, certains contes d'aventures extraordinaires, certaines petites histoires faites et inventées uniquement pour l'amusement du lecteur. Dans ce sens, on emploie aussi Nouvelle au singulier.

Dictionnaire de L'Académie française (1762) *(version en ligne)*.

[1]. s. = substantif, synonyme de *nom*.

Document 3

La nouvelle naît en France à la fin du Moyen Âge. Le premier recueil de nouvelles françaises, anonyme, date de 1456-1457.

On s'accorde à considérer le XIXe siècle comme l'âge de l'essor de la nouvelle. Et d'Honoré de Balzac à Gustave Flaubert *(Trois contes)*, de Victor Hugo *(Claude Gueux)* à Stendhal *(Chroniques italiennes)*, d'Alfred de Musset *(Nouvelles)* à Barbey d'Aurevilly, de George Sand à Émile Zola, il n'est guère de romancier d'importance qui n'ait écrit de nouvelles. Sans parler bien sûr des deux « spécialistes » : Prosper Mérimée et surtout Guy de Maupassant, le maître incontesté. Au reste, le prestige de la nouvelle ne se limite pas à la France : en témoignent, entre autres, Hoffmann, Edgar Poe, Henry James, Herman Melville, Pouchkine, Gogol, Tchekhov, et bien d'autres. […]
Le XXe siècle a vu de nombreux écrivains choisir la forme courte.

D'après *Wikipédia*, « projet d'encyclopédie librement réutilisable que chacun peut améliorer. »

S'EXPRIMER

ORAL
▶ Exposer une prise de notes

SUJET : Vous allez présenter oralement à la classe la biographie d'Eric-Emmanuel Schmitt en reformulant les notes ci-contre.

Méthode
• Entraînez-vous à exprimer sous forme de phrases verbales les indications fournies.
• Prévoyez des liaisons entre les différentes informations.
• Entraînez-vous à faire une pause entre les deux parties.
• Soulignez par votre intonation les informations essentielles.

BIOGRAPHIE

Eric-Emmanuel Schmitt

I – Vie
• Naissance : 28 mars 1960, Lyon.
• Nationalité : belge.
• Écrivain francophone.
• 1980-1985 : études ; agrégé de philosophie.
• Enseignant.
• Dramaturge, romancier.

II – Œuvres
• Traduites en 35 langues, pièces jouées dans plus de 40 pays.
• Récompenses : plusieurs « Molière », Grand Prix du théâtre de l'Académie française.
• Romans : *Oscar et la dame rose* (2003), *L'Enfant de Noé* (2004), *Monsieur Ibrahim et les fleurs du Coran* (2004), *Odette Toulemonde et autres histoires* (2007).
• Théâtre : *La Nuit de Valognes* (1991), *Le Visiteur* (1993).

ORTHOGRAPHE
▶ Accorder le verbe avec son sujet

S'EXPRIMER

L'essentiel à retenir Leçon détaillée ➜ p. 362

Règle générale d'accord
Le verbe s'accorde avec le sujet, en personne et en nombre ; il s'accorde même en genre quand le verbe est conjugué avec l'auxiliaire *être*. ➢ *Nous* lis**ons** des nouvelles. *Le texte* est écri**t** ; *les nouvelles* sont écri**tes**.

Cas particuliers
- Quand un verbe possède plusieurs sujets, il s'accorde au pluriel. Quand un verbe à un temps composé possède plusieurs sujets de genres différents, le participe passé s'accorde au masculin pluriel.
  ➢ *Charles et Yasmine* parl**ent** avec Odile ; *Charles et Yasmine* sont reç**us** chez Odile.
- Attention à ne pas confondre le sujet et le COD ou COI placé avant le verbe.
  ➢ Il les regarde. *Elles* le regard**ent**. *Ils* nous proposer**ont** un livre.
- Le verbe s'accorde à la 3ᵉ personne du singulier avec les pronoms indéfinis *aucun, chacun, nul, on, personne, rien*.
  ➢ *Chacun* résum**e** une nouvelle. *Personne* ne s'oppos**e** aux nouvelles lois.
- Le verbe s'accorde à la 3ᵉ personne du pluriel avec les adverbes *beaucoup, peu, la plupart, trop, combien de*.
  ➢ *Beaucoup* se tais**ent**. *La plupart* écout**ent**.

➜ Appliquer la règle

1. Recopiez le texte, soulignez le sujet de chaque verbe et accordez les verbes en les conjuguant à l'imparfait de l'indicatif.

Illettré, ne signant qu'avec son pouce maculé d'encre, le vieux Joseph *(être)* le meilleur conteur de la région. Durant les veillées d'hiver, ceux du voisinage *(se rassembler)* autour de lui. Pendant les longues soirées d'été, d'autres villageois *(traverser)* les collines pour venir l'entendre. Il *(exceller)* aussi dans le chant, dans la danse. Pour les baptêmes, les mariages, les enterrements, on *(avoir)* chaque fois recours à lui.

A. Chedid, *L'Enfant multiple*, © Flammarion, 1989.

2. a. Repérez le sujet de chaque verbe. **b.** Accordez les verbes en les conjuguant à l'imparfait de l'indicatif.

Sur la place de la gare, une foule éperdue *(tourbillonner)*. Beaucoup de gens étaient venus dans l'espoir de prendre le train, pour gagner quelque autre ville qu'ils *(penser)* épargnée par le fléau. Mais sur les portes closes, une affiche tracée à la main *(annoncer)* que rien ne *(fonctionner)*. Des hommes *(traîner)* leur famille entière, en habits du dimanche, la mère et tous les enfants encombrés de colis. Ils *(arriver)* à la gare, *(se heurter)* aux portes fermées, *(lire)* l'avis, et *(reprendre)*, effarés, le chemin de leur domicile.

R. Barjavel, *Ravage*, © Denoël, 1943.

3. a. Repérez le sujet de chaque verbe. **b.** Accordez correctement les verbes.
A. Présent de l'indicatif : Cette obligation, les miliciens l'*(imposer)* et les deux amis la *(respecter)*. Suivre cette loi ne les *(troubler)* pas. Cela les *(rassurer)* même. Les ordres du pouvoir *(arriver)* par la radio ; elle les *(divulguer)* aussitôt.
B. Futur de l'indicatif : Nos lectures d'auteurs contemporains nous *(permettre)* de découvrir de nouveaux sujets de romans. Nous les *(présenter)* à la classe et les *(comparer)* avec d'autres livres lus précédemment.

➜ S'entraîner à la réécriture [Brevet]

4. Récrivez ce texte en remplaçant « *Aurélien Rochefer* » ou « *Aurélien* » par « *Aurélien Rochefer et sa sœur jumelle* » ; **faites les accords et les transformations qui s'imposent.**

Aurélien Rochefer était devenu apiculteur par goût de l'or [...] parce que, en toute chose, il recherchait ce qu'il appelait bien singulièrement l'or de la vie. [...] En 1885, Aurélien eut vingt ans et il commença à rêver des abeilles. Il avait le projet de construire une dizaine de ruches et de faire du miel. Il savait qu'il allait devenir le seul apiculteur de Langlade et le miel qu'il vendrait serait le meilleur de toute la Provence.

M. Fermine, *L'Apiculteur*, © Albin Michel, 2000.

➜ S'entraîner en vue de la dictée [Brevet]

À cette heure encore matinale, un carrousel[1] de voitures et de motos de toutes marques et nationalités *tournait* devant les entrées. Idriss *s'arrêta*, ébahi par tant de luxe et intéressé par la variété des véhicules. Il *entrevoyait* l'amorce de la terrasse agrémentée de parasols rouges sous lesquels des couples *prenaient* gaiement leur petit déjeuner. Il y *avait* des hommes en salopette bleue, des soldats en uniforme kaki, quelques enfants qui se poursuivaient en criant autour des tables, mais surtout des femmes, dont une blonde au verbe haut qui ressemblait – sans l'égaler – à celle de la Land Rover.

M. Tournier, *La Goutte d'or*, Éditions Gallimard, 1985.
1. circulation intense.

1. Relevez le sujet de chaque verbe en italique.
2. Quel est le groupe nominal sujet dans la première phrase ? Avec quel mot de ce groupe nominal le verbe s'accorde-t-il ?
3. a. Relevez les sujets des verbes *se poursuivaient* et *ressemblait*. **b.** Quelle est la classe grammaticale de ces sujets ? **c.** Quel mot chacun d'eux représente-t-il ?
Attention ! Le texte vous sera dicté avec les verbes conjugués au présent de l'indicatif ; préparez-vous !

S'EXPRIMER

Leçons de langue à consulter
- Le récit au passé – p. 401
- Les connecteurs – p. 327

GRAMMAIRE
- Maîtriser l'emploi des temps
- Utiliser des connecteurs temporels

→ L'emploi des temps dans un récit au passé

1. a. Passé simple ou imparfait ? Lequel de ces temps utilise-t-on pour le récit ? pour la description ? **b.** Recopiez le texte en écrivant chaque verbe au temps qui convient.

> Un jour, ma mère *(arriver)* dans le salon avec un animal à long cou dont la queue mince et longue *(se terminer)* dans une prise de courant. Elle *(pousser)* un bouton et la bête *(amorcer)* une plainte régulière et ininterrompue. La tête *(se mettre)* à bouger sur le sol en un mouvement de va-et-vient qui *(entraîner)* le bras de maman derrière elle. Parfois, le corps *(avancer)* sur ses pattes qui *(être)* des roulettes.
>
> A. Nothomb, *Métaphysique des tubes*, © Albin Michel, 2000.

2. Retrouvez ce récit au passé en conjuguant chaque verbe au temps qui convient : imparfait ou passé simple.

> C'est dans l'après-midi, peu avant leur arrivée dans le bungalow qu'ils *(louer)* pour le mois d'août, à Dennis, petit village de Cape Cod, qu'Alvirah Meehan *(remarquer)* quelque chose d'étrange dans l'attitude de leur voisine, une jeune femme d'une maigreur pitoyable qui *(paraître)* à peine âgée d'une trentaine d'années.
> Après avoir jeté un rapide coup d'œil à la maison, [...] Alvirah et Willy *(ôter)* de leurs bagages Vuitton les vêtements achetés pour l'occasion. Willy *(servir)* ensuite deux bières bien fraîches qu'ils *(aller)* savourer sur la terrasse de la maison qui *(dominer)* la baie de Cape Cod.
>
> M. H. Clark, « Meurtre à Cape Cod »,
> *Le Billet gagnant et autres nouvelles*, © Magnard, 1997.

3. Transformez ce début de roman en un récit au passé. Vous commencerez par « *Un matin d'août, il se...* » et vous conjuguerez les infinitifs en italique dans le texte.

> Un matin d'août, *(se rendre)* à son travail en traversant Paris à pied. *(Découvrir)* la ville à la sortie de sa nuit [...]. *(Bénir)* le sort de faire partie de cette cité. La *(surprendre)*, parcourue par de rares passants, dans sa captivante nudité. *(Se tenir)*, parfois, au bord d'un trottoir : *(compter)* jusqu'à vingt, jusqu'à trente, quarante... sans qu'une voiture s'annonce sur la chaussée. *(Naviguer)* le long de ses avenues, *(serpenter)* au fil de ses ruelles, *(contourner)* ses places ; [...] *(Goûter)* à ce silence rythmé par tant de souffles. *(Ressentir)* ce face à face, chargé de tant de vies. *(Chanter)* en dedans. *(Savourer)*.
>
> A. Chedid, *L'Enfant multiple*, © Flammarion, 1989.

4. Récrivez le texte en conjuguant correctement les verbes. Pour vous aider, lisez d'abord le texte à haute voix.

> La nuit était tombée. Angèle *(faire)* un peu de vaisselle. Elle *(laver)* quelques tasses, puis la vieille cafetière blanche, maintenant inutile, puisque Angèle ne *(boire)* jamais de café. Elle la *(ranger)* tout en haut du bahut. Sous l'évier, elle *(prendre)* quelques vieux pots à confitures vides. À quoi bon faire des confitures, elle en *(avoir)* un plein buffet.
>
> P. Mérigeau, « Quand Angèle fut seule... »,
> *Nouvelles à chute*, © Magnard, 2004.

→ Les connecteurs temporels

5. Replacez ces connecteurs temporels dans le texte : *de nouveau, après, auparavant, ce soir-là*.

> Il avait commencé à lire le roman quelques jours ✎. Il l'abandonna à cause d'affaires urgentes et l'ouvrit ✎ dans le train, en retournant à sa propriété. Il se laissait lentement intéresser par l'intrigue et le caractère des personnages. ✎, ✎ avoir écrit une lettre [...], il reprit sa lecture dans la tranquillité du studio, d'où la vue s'étendait sur le parc planté de chênes.
>
> J. Cortazar, « Continuité des parcs », *Nouvelles à chute*,
> © Magnard, 2004.

6. Replacez ces connecteurs temporels dans le texte : *ensuite, très vite, depuis le jour, puis, tout d'abord, depuis le temps, maintenant*.

> Angèle se leva. Tout cela était bien fini ✎. Il fallait que la mort quitte la maison. Les bougies ✎. Et ✎ les chaises, serrées en rang d'oignon le long du lit. ✎, le balai. [...] Vraiment, tout s'était passé ✎, ✎ où en se réveillant, il lui avait dit que son ulcère recommençait à le taquiner. Il y était pourtant habitué, ✎.
>
> P. Mérigeau, « Quand Angèle fut seule... »,
> *Nouvelles à chute*, © Magnard, 2004.

7. Relevez chaque connecteur temporel en précisant s'il exprime : 1) l'antériorité, 2) la simultanéité, 3) la durée, 4) la date.

> Quand ils passaient sous le jet de lumière d'un bec de gaz, Édith portait lentement, avec affectation, sa main à ses beaux cheveux. [...] Alors, Langon, de son côté, se rejetait vers le fond de la voiture et s'arrêtait un instant de parler. [...] Jean-Luc revoyait son Langon, quatre ans auparavant... Comme il était gai à présent, bien portant, gras, heureux ! Admirable Langon... En ce temps-là, il avait demandé à Jean-Luc de le tutoyer. Maintenant, lorsque Jean-Luc lui disait : « Tu », le ministre avait un petit mouvement d'irritation.
>
> I. Némirovsky, *La Proie*, © Albin Michel, 1938.

8. Quelle est la classe (nature) grammaticale de chacun des connecteurs temporels que vous avez relevés dans l'exercice 7 ?

ÉCRIT
Rédiger des récits complexes

S'EXPRIMER

Marie Hugo,
Zoé à la fenêtre,
1994, coll. privée.
© Bridgeman

1 Rédiger des descriptions et un sommaire

> Fin avril, une magnifique nouveauté bouleversa mon existence : on ouvrit la fenêtre de ma chambre pendant la nuit. [...] Mon ouïe et mon odorat fonctionnaient à plein régime pendant ces fastueuses insomnies.
>
> **A. Nothomb**, *Métaphysique des tubes*, © Albin Michel, 2000.

SUJET : Vous poursuivrez cet extrait de roman en rapportant les sensations auditives et olfactives et vous conclurez votre récit par un sommaire.

Méthodes
- À partir de l'extrait, pouvez-vous répondre aux questions : qui ? où ? quand ? Quelle est la contrainte imposée par le texte ?
- Combien de sensations devez-vous décrire ? Doivent-elles être agréables ou désagréables ?

Critères de réussite
- Rédiger les descriptions à **l'imparfait de l'indicatif**.
- Prévoir deux paragraphes distincts ou bien mélanger les sensations.
- Terminer par un sommaire : une phrase qui résume ces expériences renouvelées.

2 Insérer un retour en arrière et un portrait physique

> En se dirigeant vers son manège, le **forain arborait**, depuis quelque temps, un air **morne**. Une **moue renfrognée, désabusée**, qui coïncidait mal avec sa face ronde, ses petits yeux rieurs sous des sourcils **en broussaille**, sa moustache en touffe, sa **joviale calvitie**. [1] En route, il arrivait à Maxime de croiser quelques « joggers ». [2]
>
> **A. Chedid**, *L'Enfant multiple*, © Flammarion, 1989.

SUJET : Vous recopierez cet extrait de roman et vous y insérerez en [1], un retour en arrière pour expliquer l'attitude du forain, puis en [2], le portrait physique d'un jogger.

Méthodes
- Repérez dans le texte ce que vous apprenez du forain : son nom, sa profession, son physique, son caractère. Aidez-vous d'un dictionnaire pour vérifier le sens exact des mots en gras.
- Repérez dans le texte l'indication qui vous permet de dater votre retour en arrière.

Critères de réussite
- Rédiger le retour en arrière à un temps du passé et penser à employer les **temps composés de l'indicatif**.
- Le retour en arrière doit expliquer le changement d'attitude du forain.
- Le portrait doit se centrer sur un seul jogger. Il faut donc prévoir une phrase qui introduise la description et permette de passer du groupe à l'individu. Attention aux **accords sujet/verbe**.
- Penser à varier les verbes et à éviter *avoir*, *être* et *faire*.

3 Rédiger le résumé d'un récit complexe

SUJET : Vous allez résumer la nouvelle *Arrêt sur image*, p. 21.

Préparation
- Au brouillon, de façon lisible et espacée :
  – notez les personnages importants ;
  – listez, dans l'ordre, les étapes du récit : situation initiale, élément perturbateur, péripéties, élément de résolution et situation finale.

Critères de réussite
- Résumer la nouvelle en une quinzaine de lignes maximum.
- Résumer à la 3ᵉ personne.
- Choisir **un temps pour le récit**, passé ou présent, et s'y tenir.
- Respecter les proportions des différentes étapes du récit
- Introduire chaque personnage. Utiliser ensuite des reprises nominales et pronominales adaptées.
- Indiquer la progression du récit avec des **connecteurs temporels** (*puis, ensuite, enfin...*).

Séquence 1 ▶ Nouvelles et romans contemporains

MÉTHODES POUR LE BREVET

Je vérifie mes connaissances
- Quels types de narrateurs peut-on rencontrer ?
- Qu'appelle-t-on un récit subjectif ?

→ **FAIRE LE POINT** – p. 25

Que ma joie demeure

Enfant prodige, Raphaël Bidoche était un jeune pianiste de talent. Mais à l'âge adulte, la beauté du musicien est éclipsée par sa laideur et sa gaucherie. Ne pouvant vivre de sa seule musique, Bidoche s'engage dans le cirque d'Urbino où il joue le rôle d'un artiste raté.

Coiffé d'un crâne en carton rose, affublé d'un faux nez en forme de patate rouge, nageant dans un frac[1] avec un plastron de celluloïd qui se balançait à son cou et un pantalon qui tombait en tire-bouchon sur d'énormes croquenots, Bidoche jouait un artiste raté, ignare et naïvement prétentieux, venu donner un récital de piano. Mais les pires arias[2] surgissaient de ses propres vêtements, du tabouret à vis et surtout du piano lui-même. Chaque touche effleurée déclenchait un piège ou une catastrophe, jet d'eau, crachement de fumée, bruit grotesque, pet, rot [...]. Et le rire du public déferlait en cascade, croulait de tous les gradins pour l'écraser sous sa propre bouffonnerie.

Bidoche, assourdi par ces huées joyeuses, pensait parfois au pauvre Bodruche, lequel sans doute n'était jamais descendu aussi bas. Ce qui le protégeait pourtant, c'était sa myopie, car son maquillage l'empêchait de mettre ses lunettes, et ainsi il n'y voyait presque rien, sinon de grandes taches de lumière colorées. Si des milliers de bourreaux l'abrutissaient de leurs rires bestiaux, du moins avait-il l'avantage de ne pas les voir.

Le numéro du pianiste diabolique était-il tout à fait au point ? Y eut-il ce soir-là une sorte de miracle sous le chapiteau d'Urbino ? Le final prévoyait qu'après avoir fini par exécuter cahin-caha un morceau de musique, le malheureux Bidoche assistait à l'explosion de son piano qui vomissait sur la piste un vaste déballage de jambons, tartes à la crème, chapelets de saucisses, enroulements de boudins blancs et noirs. Or ce fut tout autre chose qui se produisit.

Les rires sauvages s'étaient apaisés devant l'immobilité soudaine du clown. Puis quand le silence le plus complet avait régné, il s'était mis à jouer. Avec une douceur recueillie, méditative, fervente, il jouait *Que ma joie demeure*, le choral[3] de Jean-Sébastien Bach qui avait bercé ses années studieuses. Et le pauvre vieux piano du cirque, truqué et rafistolé, obéissait merveilleusement à ses mains, et faisait monter la divine mélodie jusque dans les hauteurs obscures du chapiteau où se devinaient des trapèzes et des échelles de corde. Après l'enfer des ricanements, c'était l'hilarité[4] du ciel, tendre et spirituelle, qui planait sur une foule en communion.

Michel Tournier, « Que ma joie demeure », *Le Coq de bruyère*, © Éditions Gallimard, 1978.

1. habit de cérémonie.
2. air accompagné d'un instrument ou d'un petit nombre d'instruments.
3. composition pour orgue, à caractère religieux.
4. mot employé ici dans son sens premier : joie douce et calme.

MÉTHODES

▶ **Apprendre à lire les consignes**

La nature des questions
En observant les couleurs, repérez s'il s'agit de questions de :
- *grammaire* ;
- *vocabulaire* ;
- *compréhension*.

Questions — 15 points

I. Une bouffonnerie — 5 points

1. a. Quel est le sujet du verbe de la proposition principale dans la première phrase du texte ? (0,5 pt)

b. Quelle est la fonction des trois groupes de mots qui le précèdent ? (0,5 pt)

c. Quelle caractéristique du personnage est ainsi soulignée ? (0,5 pt)

2. a. En quoi le numéro de cirque consiste-t-il ? Appuyez votre réponse sur des éléments du texte. (1 pt)

b. Ce numéro est-il présenté de façon objective ou subjective (positivement ? négativement ?). Justifiez en relevant des mots et expressions du texte. (1 pt)

3. a. Quelle est la figure de style employée dans la phrase « *Et le rire* [...] *bouffonnerie* » ? (0,5 pt)

b. Que révèle-t-elle du comportement du public ? (1 pt)

MÉTHODES

▸ **Savoir identifier la nature des questions**

À votre tour, identifiez la nature des questions.
Dans la marge, devant le n° de chacune de vos réponses, indiquez **G** (grammaire), **V** (vocabulaire) ou **C** (compréhension).

Questions (suite)

II. Un clown attachant .... 4 points

4. Dans le deuxième paragraphe, par quel type de narrateur le récit est-il fait ? Justifiez. (1 pt)

5. a. Expliquez « *huées* » (l. 15) et « *myopie* » (l. 18). (0,5 pt)
b. Quels sont les deux sens évoqués dans ce paragraphe ? (0,5 pt)
c. Que révèlent-ils des rapports de Bidoche face à son public ? (1 pt)

6. Quel sentiment le lecteur est-il amené à éprouver pour le clown dans le deuxième paragraphe ? (1 pt)

III. Le miracle .... 6 points

7. a. Dans la dernière phrase du deuxième paragraphe (l. 21), quels pronoms personnels désignent Bidoche ? (0,5 pt)
b. Quelle est la fonction de chacun d'eux ? (0,5 pt)
c. Quel renversement de situation ce changement de fonction annonce-t-il ? (0,5 pt)

8. a. Quel est le temps le plus utilisé dans le texte ? (0,5 pt)
b. Dans le troisième paragraphe, un nouveau temps apparaît : lequel ? (0,5 pt)
c. Justifiez l'emploi de ce temps. (0,5 pt)

9. Le verbe « *jouer* » apparaît aux lignes 6, 36 et 38 du texte. Précisez le sens de chacun de ces emplois. (1 pt)

10. a. L. 12 à 17 : à quel champ lexical les expressions « *déferlait en cascade* », « *croulait* », « *écraser* », « *descendu aussi bas* » appartiennent-elles ? (0,5 pt)
b. Quel champ lexical s'oppose au précédent dans les lignes 40 à 46 ? Citez les mots qui le constituent. (0,5 pt)

11. a. Relevez, dans le dernier paragraphe, le champ lexical de la religion. (0,5 pt)
b. Quel changement cela traduit-il dans la nature du spectacle ? (0,5 pt)

MÉTHODES

▸ **Apprendre à analyser le sujet**

Les questions vous ont aidé(e) à comprendre le texte. Le sujet se décompose en trois éléments (marqués ici par trois couleurs).
Le clown raconte le « *numéro du pianiste diabolique* » de cette soirée de cirque. Vous ferez votre récit à la 1re personne. Vous évoquerez les sensations et les sentiments du clown.

Pour en vérifier la compréhension, posez-vous ces questions.

Pour cerner les éléments à raconter
1. Pouvez-vous raconter d'autres numéros que celui du clown ?
2. a. Quelles sont les deux parties du numéro que votre récit doit bien différencier ?
b. Quels temps (imparfait ou plus-que-parfait/passé simple) emploierez-vous pour la première partie ? pour la seconde ?

Pour respecter le point de vue
1. Quel point de vue devez-vous adopter pour rédiger ce récit ?
2. Le sujet impose-t-il de rédiger à la 1re personne ou à la 3e ?

Pour évoquer sensations et sentiments
1. a. Quelle sensation physique du clown le texte révèle-t-il ?
b. Par quel(s) sens le clown capte-t-il l'atmosphère ?
2. Les sentiments du clown évoluent-ils au cours du numéro ? De quelle manière ?

Expression écrite 15 points

Sujet : Le clown raconte le « *numéro du pianiste diabolique* » de cette soirée de cirque. Vous ferez votre récit à la 1re personne. Vous évoquerez les sensations et les sentiments du clown.

Bernard Buffet, (1928-1999), *Les Clowns musiciens* (détail), 1991, Galerie Maurice Garnier, Paris.
© Adagp, Paris 2008.

Séquence 1 ▸ **Nouvelles et romans contemporains**

SÉQUENCE 2

L'UNIVERS ROMANESQUE

14-18 : des récits entre Histoire et fiction

▷ Étudier différentes formes de récits de guerre

TEXTES & IMAGES
- *L'Alsace heureuse*, Hansi 36
- *Lettre*, G. Thoumyre 37
- *Poèmes à Lou*, G. Apollinaire 38
- *Les Mots de la Grande Guerre*, T. Burollet 39
- *Le Feu*, H. Barbusse 40
- *Voyage au bout de la nuit*, L.-F. Céline 41
- *À l'Ouest rien de nouveau*, E. M. Remarque
  La Main coupée, B. Cendrars 42

ŒUVRE INTÉGRALE
- *En attendant minuit*, C. Michelet 44
- FICHE-MÉTHODE : Acquérir des méthodes pour étudier une œuvre intégrale
- *Lectures personnelles* 45

L'ÉCHO DU DESSINATEUR
- *Le Trou d'obus*, Tardi 46

FAIRE LE POINT
- 📷 Les récits de la guerre de 14-18 47

S'EXPRIMER
- **Vocabulaire** : Cerner le nom *guerre* 48
- **Oral** : Dire un poème 48
- **Orthographe** : Accorder un participe passé employé avec *être* ou *avoir* .. 49
- **Grammaire** : Distinguer phrases simples et complexes –
  Analyser le COD – Rapporter des paroles 50
- **Écrit** : Varier les formes de récits de guerre 51

MÉTHODES POUR LE BREVET
- *Les Champs d'honneur*, J. Rouaud 52

→ **Principaux points de langue** : Les figures de style • L'organisation d'un récit • Le dialogue dans le récit

OBJECTIFS
▷ Analyser une image de propagande
▷ Découvrir une lettre de poilu et ses visées
▷ Étudier une lettre-poème
▷ Comprendre les résonances du mot *obus*
▷ Analyser le style et la visée d'un récit de guerre
▷ Identifier le ton et la visée d'un récit par comparaison
▷ Comparer un récit allemand et un récit français

▷ Étudier un roman à deux voix

▷ Lire des romans actuels sur la guerre de 14-18

▶ Montage photographique : dessins des « Carnets de guerre » d'André Mare.

Entrer par l'image
1. À quoi repérez-vous qu'il s'agit de la guerre de 14-18 ?
2. Que sont, selon vous, les cahiers qui figurent sur l'image ?

Séquence 2 ▶ **14-18 : des récits entre Histoire et fiction** | 35

TEXTES & IMAGES

POUR ENTRER DANS LA SÉQUENCE

▶ Pourquoi les soldats français de 14-18 étaient-ils surnommés les « poilus » ?

Avant de lire l'image

1. Quelle était la situation de l'Alsace avant la guerre de 14-18 ? après l'armistice de 1918 ?
2. Chercher le sens du mot *allégorie*.

Hansi (1873-1951)
Ce nom est le pseudonyme d'un dessinateur alsacien, Jean Waltz, emprisonné en raison de ses dessins hostiles à l'occupant allemand. En août 1914, il s'évade d'Alsace pour rejoindre la France et s'engager dans l'armée. À partir de 1918, il publie de nombreux dessins patriotiques. Poursuivi par la Gestapo, il passera en Suisse pendant la Seconde Guerre mondiale.

Hansi, *L'Alsace heureuse*, 1919.
© Édition du Rhin, © Maison de Hansi.

▶ Analyser une image de propagande

■ Un conte

1. a. Qui sont les deux personnages présents au centre du dessin ?
b. Racontez la scène que vous voyez.
2. a. Qu'est-ce qui encadre le dessin de Hansi ? Quelle atmosphère est ainsi créée ?
b. Quel conte Hansi cite-t-il ?

■ Une planche à interpréter

3. Quels symboles de l'Alsace repérez-vous dans le décor et les vêtements de la jeune fille ?
4. Observez le poilu : quelle est son arme ? Est-ce une arme du début du XXe siècle ? Que symbolise-t-elle ?
5. Le médaillon en haut à droite représente saint Georges terrassant le dragon : pourquoi figure-t-il dans ce dessin ?
6. a. Quel rapport peut-on faire entre le conte cité et la situation de l'Alsace jusqu'en 1918 ?
b. De quoi le soldat est-il ici l'**allégorie** ?

→ Les figures de style – p. 380

📷 Faisons le point

• Une *propagande* est « *une action exercée sur l'opinion pour l'amener à avoir et à appuyer certaines idées* ». (© *Le Robert Collège*, 2005) : quelle **propagande** Hansi cherche-t-il à mener avec cette image ?

Avant de lire le texte

Artilleur, fantassin : quelles sont les fonctions de ces soldats ?

Guy Thoumyre (1894-1917) Cet étudiant, originaire de Dieppe en Normandie, est mort à Bouffignereux sur le front à 23 ans. Artilleur, devenu maréchal des logis, il a été décoré de la Croix de guerre.

1. ceux qui sont en face de nous, les ennemis.
2. je m'occupe d'un canon.
3. maréchal des logis : grade militaire, comme brigadier.
4. grande sœur de Guy et femme de Paul.
5. soldat ami de la famille de Guy.

Le 23 septembre 1915

Mon cher Paul,

Si le temps reste au beau fixe, ces Messieurs, nos vis-à-vis[1], vont voir comment les Français savent se battre et, s'il m'était possible de leur donner un conseil, ce serait de déménager en quatrième vitesse.

Mon cher Paul, cette lettre qui peut te paraître très gaie est en effet très gaie, 5 nous le sommes tous ici. Peut-être demain ou sous peu, le combat sera rude. Si j'en ai encore le temps, j'écrirai un peu, mais surtout ne soyez pas inquiets si vous restez plusieurs jours, voire même plusieurs semaines sans nouvelles.

Je ne crains pas l'ennemi, d'autant moins que je sers[2] un canon moderne, capable de lutter contre les meilleurs des leurs. Mais tout est possible et, avant 10 d'entrer dans cette lutte qui peut n'être rien, mais qui peut être unique en son genre, je tiens à te dire que fièrement je ferai mon devoir.

Aujourd'hui Brigadier, demain peut-être, je dirai mieux, probablement Logis[3], quel que soit mon grade, je ferai mon possible. À maman, je ne puis écrire ces lignes, elle en serait effrayée. Mais, à un homme comme toi, je ne crains pas de le faire ; 15 évite que Germaine[4] lise cette lettre, elle pourrait trembler un peu et elle aurait tort. Georges Quesnel[5], je crois, a trouvé une fin glorieuse à sa jeunesse sur un champ de bataille où, moi-même sous peu, je peux être couché. Je désire que l'on sache, si je n'en reviens pas, que j'aurai fait mon devoir jusqu'au bout.

Mon cher beau-frère, je compte sur toi pour embrasser toute ma famille en 20 mon nom, dans le cas où le malheur auquel je fais brutalement allusion plus haut viendrait me frapper.

C'est peut-être une corvée pénible que je te demande, mais je sais que tu ne la refuseras pas.

Tous ici, artilleurs et fantassins, sommes prêts à mourir en Français et je suis 25 de ceux-là.

Écris-moi souvent, même sans réponse de moi, ne te lasse pas, je te l'ai déjà dit : c'est un rayon de soleil dans notre prison qui est l'éloignement de tous.

Tout à toi.

Guy

▶ Découvrir une lettre de poilu et ses visées

■ La situation de communication

1. Où et quand cette lettre a-t-elle été écrite ?

2. D'après sa biographie, quel âge Guy a-t-il quand il écrit cette lettre ?

3. Quel est le lien de parenté entre Guy et le destinataire de sa lettre ?

4. Quelles informations sur la vie militaire le soldat donne-t-il ? Pourquoi, selon vous, ne donne-t-il pas davantage de renseignements ?

■ Les visées de la lettre

5. Quel ton Guy cherche-t-il à donner à sa lettre au début ? Justifiez à l'aide de mots et d'expressions.

6. Relevez des expressions de patriotisme.

7. a. Quelles informations Guy donne-t-il à propos de ses camarades du front ?
b. Dans quel but les donne-t-il ?

8. Quelle attitude Guy manifeste-t-il face à la menace de la mort ? Justifiez.

9. De quelle préoccupation Guy fait-il preuve à l'égard de sa famille ? Répondez en vous appuyant sur le texte.

10. a. Que signifient ces deux expressions : « *je peux être couché* », « *le malheur auquel je fais brutalement allusion plus haut* » ?
b. Quelles sont les **figures de style** employées ?
c. Pourquoi Guy s'exprime-t-il ainsi ?

11. Quelle mission Guy confie-t-il à Paul dans cette lettre ?

12. Expliquez en quoi les lignes 19 à 23 nuancent le ton du début de la lettre.

→ Les figures de style – p. 380

📷 Faisons le point

- Par quels(s) aspect(s) cette **lettre de poilu** peut-elle intéresser un lecteur du XXIe siècle ?

Séquence 2 ▶ 14-18 : des récits entre Histoire et fiction

TEXTES & IMAGES

Si je mourais là-bas...

Avant de lire le poème
1. Quel âge le poète a-t-il quand il écrit ce poème ?
2. Qui est le soldat dessiné par Picasso ?

Si je mourais là-bas sur le front de l'armée
Tu pleurerais un jour ô Lou ma bien-aimée
Et puis mon souvenir s'éteindrait comme meurt
Un obus éclatant sur le front de l'armée
5 Un bel obus semblable aux mimosas en fleur

Et puis ce souvenir éclaté dans l'espace
Couvrirait de mon sang le monde tout entier
La mer les monts les vals et l'étoile qui passe
Les soleils merveilleux mûrissant dans l'espace
10 Comme font les fruits d'or autour de Baratier[1] […]

Lou si je meurs là-bas souvenir qu'on oublie
– Souviens-t'en quelquefois aux instants de folie
De jeunesse et d'amour et d'éclatante ardeur –
Mon sang c'est la fontaine ardente du bonheur
15 Et sois la plus heureuse étant la plus jolie

Ô mon unique amour et ma grande folie

                  30 janvier 1915, Nîmes.

L a nuit descend
O n y pressent
20 U n long destin de sang

Guillaume Apollinaire, *Poèmes à Lou*, © Éditions Gallimard, 1947.

1. commune des Alpes du Sud.

Pablo Picasso (1881-1973), *Guillaume Kostrowitzky en artilleur*, 1914.
© Rue des Archives, © Succession Picasso, Paris 2008.

Guillaume Apollinaire (1880-1918)
D'origine étrangère et engagé volontaire, ce poète naturalisé français est affecté en 1915 dans un régiment d'artillerie à Nîmes, avant de gagner le front. Il entretient une correspondance régulière avec Lou, rencontrée en 1914. Blessé à la tête et affaibli par cette blessure, il succombe en 1918 de la grippe espagnole. Il est l'auteur des recueils *Alcools* (1913), *Calligrammes* (1918), *Poèmes à Lou* (publiés après sa mort en 1947).

▶ Étudier une lettre-poème

■ Une lettre-poème

1. Quels éléments vous permettent d'identifier ce texte comme un poème ?
2. Observez la mise en espace du dernier **tercet**.
a. Quel **procédé** reconnaissez-vous ?
b. Quelles sont les **rimes**, **allitérations** et **assonances** ? Quelle atmosphère créent-elles ?
3. Quels éléments apparentent ce texte à une lettre ?

→ La versification – p. 416

■ Entre deux feux

4. Relevez le champ lexical de la guerre, puis celui de la mort.
5. Vers 1 et 11 : à quels temps le verbe *mourir* est-il conjugué ? Que traduit ce changement de temps ?
6. Quelles sont les images (métaphores et comparaisons) qui évoquent la vie ?
7. a. Quelle évolution des sentiments de Lou le poète imagine-t-il ?
b. Quel sentiment exprime-t-il lui-même ? Par quels moyens ?
8. a. Quelles sont les deux couleurs dominantes du poème ? Relevez des mots à l'appui de votre réponse.
b. S'agit-il de couleurs chaudes ou froides ? Quels feux symbolisent-elles ici ? Justifiez.
9. De quel éclat s'agit-il aux vers 4 et 5 ? au vers 13 ?

📷 Faisons le point

- Quels sont les différents sentiments que le soldat Apollinaire a voulu faire partager à travers cette **lettre-poème** ?

> **Avant de lire le texte**
> Proposez trois mots qui pour vous évoquent la guerre de 14-18.

O
Obus

Si je mourais là-bas sur le front de l'armée
Tu pleurerais un jour ô Lou ma bien-aimée
Et puis mon souvenir s'éteindrait comme meurt
Un obus éclatant sur le front de l'armée
5 Un bel obus semblable aux mimosas en fleur

    Cette image lyrique de l'explosion d'un percutant par le poète Guillaume Apollinaire va hélas se matérialiser lorsqu'un éclat d'obus dans la tempe le conduit à l'hôpital du Val-de-Grâce pour y être trépané[1]. Son ami le peintre
10 Fernand Léger a une vision plus cruelle de la plongée d'une torpille foudroyant une tranchée : « Il n'y a pas plus cubiste qu'une guerre qui divise plus ou moins proprement un bonhomme en plusieurs morceaux et qui l'envoie aux quatre points cardinaux. » De toute façon, la mort
15 rôde autour du fracas des canons, car les trois quarts des soldats tués durant la guerre ont été terrassés ou pulvérisés par les obus. Les poilus ont appris à repérer le bruit des différents projectiles, le grondement des marmites de gros calibre qui dépassent les premières tranchées, le glapisse-
20 ment des shrapnels redoutés pour la dispersion de leurs centaines de billes de plomb, le miaulement des salves de 77 ou le chuintement des obus à gaz. Erich Maria Remarque, dans *À l'ouest rien de nouveau*[2], déplore l'ignorance si dangereuse des nouvelles recrues : « Tous ces jeu-
25 nes effectifs ne savent encore rien de tout cela. Ils sont décimés parce qu'ils distinguent à peine un fusant d'un percutant ; ils sont fauchés parce qu'ils écoutent avec angoisse le hurlement des " grosses caisses à charbon " qui sont inoffensives et qui vont tomber très loin de nous,
30 tandis qu'ils n'entendent pas le murmure léger et sifflant des petits monstres qui éclatent au ras du sol. »

Thérèse Burollet, Les Mots de la Grande Guerre, Paris-Musées,
© Actes Sud, 2005.

1. opération par laquelle on découpe la boîte crânienne pour accéder au cerveau.
2. voir p. 42.

Fernand Léger (1881-1955), *La Partie de cartes*, 1917. Otterlo, Musée Kröller-Müller. © Adagp, Paris 2008

▶ Comprendre les résonances du mot *obus*

■ Un documentaire sur les obus

1. Relevez **tous les termes** qui désignent et qualifient les obus.

2. Relevez **les noms évoquant les bruits**. Comment sont-ils classés ?

3. En vous appuyant sur la citation d'Erich Maria Remarque, quel lien établissez-vous entre l'intensité du bruit et la force de destruction des obus ?

■ Une arme fatale

4. a. Relevez les verbes à la voix passive.
b. Quel **champ lexical** constituent-ils ?
c. Pourquoi l'auteur a-t-elle employé la voix passive ?

5. D'après le texte, quelles sont les différentes manières de frapper des obus ?

6. a. Relevez le passage du texte qui prouve que l'obus a été l'arme la plus meurtrière en 14-18.
b. Qui en étaient les premières victimes ?

■ Des résonances artistiques

7. Quels sont les trois artistes cités ? À quelle forme d'art chacun d'eux est-il associé ?

8. a. D'après l'image, qu'est-ce qui caractérise la peinture « cubiste » ?
b. Quel lien Fernand Léger établit-il dans le texte entre la guerre de 14-18 et le mouvement cubiste ?

→ Le champ lexical – p. 378

📷 Faisons le point

- À quoi l'auteur **associe**-t-elle le mot « obus » ? Expliquez.

Exercice d'écriture

Choisissez dans votre manuel d'Histoire un mot-clé de la guerre de 14-18 et rédigez un bref paragraphe pour l'évoquer.

TEXTES & IMAGES

Le feu

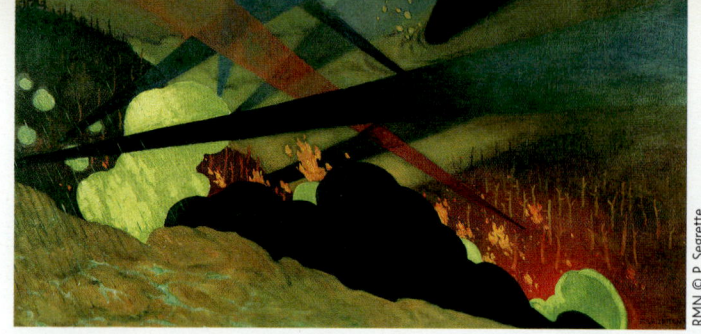

Felix Vallotton (1865-1925), *Verdun*, détail, 1917, Musée de l'Armée, Paris.

Avant de lire le texte
1. Chercher le sens des mots : *cingler*, *fauve* (la couleur), *soufre*, *stridence*.
2. Lisez la biographie. Où et quand ce récit a-t-il été écrit ?

Henri Barbusse (1873-1935) Journaliste, écrivain français pacifiste et engagé volontaire, il envoie des notes sur la vie du front à un journal. En 1915, blessé, il écrit à l'hôpital un roman, *Le Feu*. Ce roman, publié dès 1916 en feuilleton dans le journal, obtient le prix Goncourt.

1. réduit à néant.

Brusquement, devant nous, sur toute la largeur de la descente, de sombres flammes s'élancent en frappant l'air de détonations épouvantables. En ligne, de gauche à droite, des fusants sortent du ciel, des explosifs sortent de la terre. C'est un effroyable rideau qui nous sépare du monde, nous sépare du passé et de l'avenir. On s'arrête, plantés au sol, stupéfiés par la nuée soudaine qui tonne de toutes parts ; puis un effort simultané soulève notre masse et la rejette en avant, très vite. On trébuche, on se retient les uns aux autres, dans de grands flots de fumée. On voit, avec de stridents fracas et des cyclones de terre pulvérisée, vers le fond, où nous nous précipitons pêle-mêle, s'ouvrir des cratères çà et là, à côté les uns des autres, les uns dans les autres. Puis on ne sait plus où tombent les décharges. Des rafales se déchaînent si monstrueusement retentissantes qu'on se sent annihilé[1] par le seul bruit de ces averses de tonnerre, de ces grandes étoiles de débris qui se forment dans l'air. On voit, on sent passer près de sa tête des éclats avec leur cri de fer rouge dans l'eau. À un coup, je lâche mon fusil, tellement le souffle d'une explosion m'a brûlé les mains. Je le ramasse en chancelant et repars tête baissée dans la tempête à lueurs fauves, dans la pluie écrasante des laves, cinglé par des jets de poussière et de suie. Les stridences des éclats qui passent vous font mal aux oreilles, vous frappent la nuque, vous traversent les tempes, et on ne peut retenir un cri lorsqu'on les subit. On a le cœur soulevé, tordu par l'odeur soufrée. Les souffles de la mort nous poussent, nous soulèvent, nous balancent. On bondit ; on ne sait pas où on marche. Les yeux clignent, s'aveuglent et pleurent, la vue est obstruée par une avalanche, qui tient toute la place.

Henri Barbusse, *Le Feu,* 1916.

Analyser le style et la visée d'un récit de guerre

Un récit de guerre
1. Relevez au début du texte les indications de lieu. À partir de quelle ligne ces indications disparaissent-elles ? Pourquoi ?
2. Relevez en deux colonnes les verbes d'action qui ont pour sujet : 1) les soldats, 2) les explosifs. Quel est l'effet produit ?
3. Observez la **ponctuation** à l'intérieur des phrases : quel **rythme** donne-t-elle au texte ? Quel est l'effet recherché ?
→ La ponctuation – p. 383

Un témoignage
4. a. Relevez les pronoms personnels. Qui est désigné par le pronom « *on* » ?
b. Dans quel but l'auteur joue-t-il sur la variété de ces pronoms ?
5. Quel est le temps du récit ? Justifiez ce choix.

Les sensations
6. a. Relevez dans un tableau le champ lexical de la vue, de l'ouïe, du toucher et de l'odorat : que constatez-vous ?
b. Quelle place les sensations occupent-elles dans le texte ?
7. Quelles **figures de style** repérez-vous à partir de la ligne 17 ? Donnez un exemple de chacune d'elles.
8. L'évocation des sensations et les figures de style visent-elles à valoriser l'héroïsme ou à montrer l'horreur des combats ?
→ Les figures de style – p. 380

Faisons le point
- En quoi ce texte est-il **un témoignage** sur la guerre de 14-18 ?
- Le **style** de ce texte vise-t-il à susciter chez le lecteur de la compassion ou de l'admiration pour les soldats ?

Louis-Ferdinand Céline (1894-1961)
Cet écrivain français s'est engagé dès le début de la guerre. À la suite d'une blessure, il a été réformé. Son expérience du front lui a inspiré en 1932 son premier et plus célèbre roman, *Voyage au bout de la nuit*.

Avant de lire le texte
Lisez la biographie de Céline : en quoi ce récit comporte-t-il une part autobiographique ?

Sous le feu

Après ça, rien que du feu et puis du bruit avec. Mais alors un de ces bruits comme on ne croirait jamais qu'il en existe. On en a eu tellement plein les yeux, les oreilles, le nez, la bouche, tout de suite, du bruit, que je croyais bien que c'était fini, que j'étais devenu du feu et du bruit moi-même.

Et puis non, le feu est parti, le bruit est resté longtemps dans ma tête, et puis les bras, et les jambes, qui tremblaient comme si quelqu'un vous les secouait de par-derrière. Ils avaient l'air de me quitter, et puis ils me sont restés quand même dans mes membres. Dans la fumée qui piqua les yeux encore pendant longtemps, l'odeur pointue de la poudre et du soufre nous restait comme pour tuer les punaises et les puces de la terre entière.

Tout de suite après ça, j'ai pensé au maréchal des logis Barousse qui venait d'éclater comme l'autre nous l'avait appris. C'était une bonne nouvelle. Tant mieux ! que je pensais tout de suite ainsi : « C'est une bien grande charogne en moins dans le régiment. » […]

Quant au colonel, lui, je ne lui voulais pas de mal. Lui pourtant aussi il était mort. Je ne le vis plus, tout d'abord. C'est qu'il avait été déporté sur le talus, allongé sur le flanc par l'explosion et projeté jusque dans les bras du cavalier à pied, le messager, fini lui aussi. Ils s'embrassaient tous les deux pour le moment et pour toujours, mais le cavalier n'avait plus sa tête, rien qu'une ouverture au-dessus du cou, avec du sang dedans qui mijotait en glouglous comme de la confiture dans la marmite.

Louis-Ferdinand Céline, *Voyage au bout de la nuit*, © Éditions Gallimard, 1932.

Exercice d'écriture — ARGUMENTATION

Auquel des deux récits associeriez-vous de préférence le tableau de F. Valloton, celui d'O. Dix ? Justifiez votre réponse.

Identifier le ton et la visée d'un récit par comparaison

■ Le récit d'un combat

1. a. Quels sont les sens sollicités par ce récit ? Justifiez en relevant des mots et expressions du texte.
b. Les sensations sont-elles identiques à celles évoquées dans l'extrait de H. Barbusse (p. 40) ?

2. a. Relevez les pronoms personnels.
b. Comparez ce relevé à celui effectué pour l'extrait de H. Barbusse : que remarquez-vous ?

3. a. Dans les deux derniers paragraphes, sur quels personnages le récit se concentre-t-il ?
b. Ce procédé est-il présent dans l'extrait de H. Barbusse ?

■ Un ton spécifique

4. La première phrase appartient-elle à une langue orale ou écrite ? Justifiez. Relevez d'autres passages du texte conçus de la même manière.

5. À quel niveau de langue le nom « *charogne* » appartient-il ici ? Pourquoi est-il employé par le narrateur ?

6. Dans la dernière phrase, quelles **figures de style** repérez-vous ? L'auteur cherche-t-il ainsi à apitoyer le lecteur ou à tourner la guerre en dérision ?

→ Les figures de style – p. 380

📷 Faisons le point

- Après **comparaison** de cet extrait de L.-F. Céline et de celui de H. Barbusse, dégagez leurs points communs et leurs différences.

Otto Dix (1891-1969), *Signaux lumineux*, 1917, Galerie Albstadt, Coll. W. Groz. © Adagp, Paris 2008

Séquence 2 ▶ 14-18 : des récits entre Histoire et fiction

TEXTES & IMAGES

Avant de lire les textes
D'après la biographie des auteurs, lequel des deux a combattu dans les tranchées françaises ? dans les tranchées allemandes ?

Dans les tranchées

Texte 1

Les gens d'en face, occupés à courir, ne peuvent guère être dangereux avant leur arrivée à trente mètres.

Nous reconnaissons les visages crispés et les casques : ce sont des Français. Ils atteignent les débris des barbelés et ont déjà des pertes visibles. Toute une file est 5 fauchée par la mitrailleuse qui est à côté de nous ; puis nous avons une série d'enrayages[2] et les assaillants se rapprochent.

Je vois l'un d'eux tomber dans un cheval de frise[3], la figure haute. Le corps s'affaisse sur lui-même comme un sac, les mains restent croisées comme s'il voulait prier. Puis, le corps se détache tout entier et il n'y a plus que les mains coupées par 10 le coup de feu, avec des tronçons de bras, qui restent accrochées dans les barbelés.

Au moment où nous reculons, trois visages émergent du sol. Sous l'un des casques apparaît une barbe pointue, toute noire et deux yeux qui sont fixés droit sur moi. Je lève la main, mais il m'est impossible de lancer ma grenade dans la direction de ces étranges yeux. Pendant un instant de folie, toute la bataille tour-15 billonne autour de moi et de ces yeux qui, seuls, sont immobiles ; puis, en face de moi, la tête se dresse, je vois une main, un mouvement, et aussitôt ma grenade vole, vole là-dessus. […]

Nous sommes devenus des animaux dangereux : nous ne combattons pas, nous nous défendons contre la destruction. Ce n'est pas contre des humains que 20 nous lançons nos grenades, car à ce moment-là nous ne sentons qu'une chose : c'est que la mort est là qui nous traque, sous ces mains et ces casques.

Erich Maria Remarque, *À l'Ouest rien de nouveau*, 1928, traduction A. Hella et O. Bourlac, © Stock, 1993.

Erich Maria Remarque (1898-1970)
C'est le pseudonyme d'un écrivain allemand. Son roman pacifiste *À l'Ouest rien de nouveau* (*Im Westen nichts Neues*), connut un succès mondial dès sa parution en 1928 et fut brûlé lors des autodafés[1] nazis en 1933.

1. séances où l'on brûle sur la place publique les livres interdits par la censure.
2. arrêt survenant dans le fonctionnement d'une arme à feu.
3. pièce de bois traversée de pieux armés de fer, que l'on utilise comme moyen de défense ou comme barrage.

Texte 2

Le narrateur et son camarade Segouâna ont tiré le matin sur un Allemand et attendent le soir pour aller le chercher et le ramener prisonnier.

Je lui parlais allemand.
— Debout, lui dis-je, et tâche de marcher droit ! On les met[1].
— Je ne peux pas bouger, me fit-il. Je dois avoir la jambe cassée.
— Cela ne m'étonne pas, lui répondis-je en regardant en l'air pour mesurer la 5 hauteur d'où il était tombé. Tu as fait un beau plané. Il ne fallait pas y aller, mon vieux.

Merde, voilà que je devais maintenant trimbaler monsieur sur mon dos. Je le chargeai tant bien que mal. Et nous voici partis l'un portant l'autre, la monture ployée en deux, le blessé lourd comme un mort qui se laisse aller, un drôle 10 d'équipage, ahanant[2], sacrant, jurant, chutant, tombant sur les genoux, se prenant les pieds dans les taupinières, se relevant. Jamais je n'oublierai cette équipée avec ce Boche qui me pissait dans le cou un sang […] mal engagé. Je dus décharger mon blessé et me frayer une nouvelle voie à coups de cisaille, puis revenir sur mes pas, rechercher le pauvre type et repartir à la sauvette car j'avais fait beaucoup de

Blaise Cendrars (1887-1961)
Pseudonyme d'un écrivain d'origine suisse, naturalisé français en 1916. Il participe à la Première Guerre mondiale comme volontaire étranger dans l'armée française.
Le 28 septembre 1915, il perd au combat sa main droite.
Outre ce récit autobiographique, B. Cendrars a écrit des poèmes et des romans, comme *L'Or*.

bruit et je n'en revenais pas qu'avec toutes ces allées et venues, personne dans aucun camp ne nous eût encore remarqués. Enfin, je le balançai dans notre trou d'obus. J'avais eu chaud. C'était un dur. Durant tout le trajet, il n'avait pas poussé un gémissement.

— Qui est-ce ? me demanda Ségouâna en se penchant sur le blessé allongé au fond du trou et qui serrait les dents.

— Tu pourras le lui demander toi-même. En tout cas, c'est ton homme. Il a ta balle dans le ventre. D'abord on va le panser et puis on l'emportera dès qu'il fera nuit. Arrange un brancard avec nos fusils, moi je vais voir ce qu'il a.

La blessure du ventre n'était pas belle, j'y mis un tampon. Puis je lui pansai l'épaule.

— Ne t'en fais pas, pauvre vieux, ça n'est rien. On sera bientôt rendus et tu fileras à l'hôpital, veinard. Je ne te fais pas mal, non ? Comment t'appelles-tu ?

Il s'appelait Schwanenlaut. J'ai oublié son prénom. Il était de Hambourg. Il travaillait dans une banque. Il avait fait un stage en Angleterre pour apprendre l'anglais. La suite de notre conversation eut lieu en anglais. [...] Le pansement était terminé. Nous installâmes notre homme sur la civière improvisée, prenant grand soin de soutenir sa patte cassée, une fracture de la cuisse gauche, pour ne pas le faire souffrir inutilement.

Blaise Cendrars, *La Main coupée*, recueilli dans *L'Homme foudroyé*, © Denoël, 1946, 1960, 2002.

Felix Vallotton, *Les Fils de fer*, Galerie Vallotton, Lausanne, Suisse.

1. « On met les bouts ? » : expression familière pour « On s'en va ? »
2. peinant.

Comparer un récit allemand et un récit français

■ Des récits de soldats

1. Résumez en une ou deux phrases chacun des récits.

Texte 1
2. L. 11 à 17, relevez les **indicateurs de temps**. En quoi leur emploi souligne-t-il l'aspect dramatique du passage ?

Texte 2
3. a. Quel est le niveau de langue dans les passages de **dialogue** entre les soldats ? Justifiez.
b. Qu'apporte au récit la présence de ces passages de dialogue ?

4. L. 8 à 11, quelle est la figure de style employée ? Quel est l'effet créé ?

5. L. 26-27 et l. 31 à 34, qu'est-ce qui caractérise le rythme des phrases ? Que traduit-il ?

→ **Les paroles rapportées dans le récit – p. 394**
→ **L'organisation d'un récit – p. 399**

■ Des témoignages d'humanité

Texte 1
6. a. Relevez les sujets des verbes (l. 7 à 10).
b. Quelle vision de l'ennemi ce passage donne-t-il ?
c. Pourquoi le narrateur change-t-il d'attitude à l'égard de l'ennemi (l. 11 à 15) ?

7. a. Comment la cible du narrateur est-elle désignée quand il lance la grenade ?
b. En quoi le narrateur, comme les autres soldats, se sent-il transformé dans le dernier paragraphe ? Pourquoi ?

Texte 2
8. Quelles sont les langues employées par les soldats pour se parler ? Que veut montrer l'auteur en précisant ces détails ?

9. L. 7 à 19, relevez les reprises nominales qui désignent l'Allemand : quelles sont les caractéristiques qui s'en dégagent ?

10. a. Relevez les trois apostrophes par lesquelles le narrateur s'adresse au soldat ennemi.
b. Quelle relation entre les deux hommes établissent-elles ?

11. Quelle est l'attitude du narrateur à l'égard du blessé ? Justifiez avec des mots du texte.

📷 Faisons le point

- Ces **deux récits de guerre** mettent-ils en scène des armées ou des soldats pris comme individus ?
- D'après **ces deux textes**, dans quelle situation l'ennemi est-il un soldat à éliminer ? un homme à respecter ?
- La visée de **ces deux récits** est-elle belliqueuse ou pacifiste ?

ŒUVRE INTÉGRALE

Étudier un roman à deux voix

En attendant minuit — Claude Michelet

A Lecture personnelle

- Lisez le premier point de la **fiche-méthode**, avant de lire le roman.
- Lisez le roman dans son intégralité.
- Pour préparer l'analyse du roman, posez-vous les questions suivantes :
  - Quelle est l'organisation particulière des chapitres dans ce roman ? Quel en est l'intérêt ?
  - Laquelle de ces trois couvertures, selon vous, rend-elle le mieux compte de la structure de ce roman ? Pourquoi ?

B Étude d'une œuvre dans son intégralité : de l'Histoire à la fiction

Pour préparer les axes d'étude suivants, reportez-vous aux deuxième et troisième points de la **fiche-méthode**.

AXE D'ÉTUDE 1

Étudier un roman documentaire

Pour mener ce travail, on divisera la classe en deux groupes (filles / garçons, par exemple).

> La vie des poilus

Dans les chapitres racontés du point de vue de Jean, recherchez des informations concernant :

1. Les conditions matérielles de la vie dans les tranchées.
2. Les sensations et sentiments d'un poilu.
3. Les rapports avec les autres (les camarades, les gradés…).
4. Les permissions.
5. Les principales allusions aux événements historiques.

> L'évolution du rôle des femmes

Dans les chapitres racontés du point de vue de Marthe, recherchez des informations concernant :

6. Les travaux agricoles assumés traditionnellement par les hommes et repris par les femmes.
7. L'évolution du rôle de la femme dans la famille.
8. La nouvelle place des femmes dans la vie villageoise.

CONCLUSION

La construction particulière de ce roman vous a-t-elle aidé(e) à vous transporter dans la vie au front et à l'arrière lors de la Première Guerre mondiale ? Justifiez.

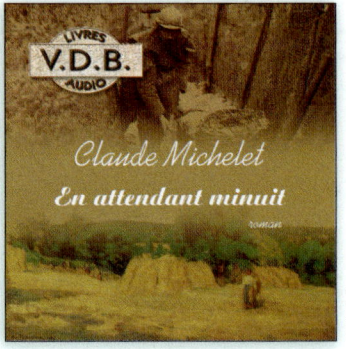

AXE D'ÉTUDE 2

Étudier la construction à deux voix

Pour mener ce travail, on s'organisera par tandems.
À l'intérieur de chaque tandem, un élève se charge de feuilleter les récits menés selon le point de vue de Marthe, l'autre élève les récits menés du point de vue de Jean. Puis les élèves se concertent pour rédiger les réponses.

> La chronologie

1. **a.** Observez, en tête des chapitres, les indications de date et d'heure : que remarquez-vous ?
b. Dans quels chapitres comprend-on pourquoi Jean d'une part, Marthe de l'autre, « *attendent minuit* » ?

2. À l'intérieur des chapitres, quelle part les retours en arrière occupent-ils ? Pourquoi ?

3. Y a-t-il une différence entre les récits du point de vue de Marthe et ceux du point de vue de Jean ? Donnez un exemple pour chaque point de vue.

> Des récits en écho

4. Repérez au moins trois sujets (thèmes) qui enchaînent les récits de Marthe et ceux de Jean.

5. Quels sentiments et sensations communs les deux personnages éprouvent-ils ? Relevez des exemples.

> Un personnage, deux points de vue

6. Quelles situations, quelles sensations viennent à l'esprit de Marthe d'une part, de Jean d'autre part, quand ils pensent au courage de la jeune femme ? Donnez des exemples.

CONCLUSION

La construction de ce roman vous a-t-elle aidé(e) à vous identifier aux personnages ? Expliquez.

FICHE-MÉTHODE

Acquérir des méthodes pour étudier une œuvre intégrale

1. La lecture personnelle
- Faire une lecture personnelle de la totalité de l'œuvre ; si celle-ci est longue ou difficile, planifier la lecture (par chapitres, groupes de chapitres…).
- À la fin de cette lecture, élaborer une fiche brève en notant :
  – les principaux personnages (nom, liens, âge, profession, caractère) ;
  – le thème (sujet) qui a paru principal après cette première lecture ;
  – une phrase de commentaire personnel.

2. La prise de notes
- Prendre connaissance de l'objectif d'étude annoncé par le professeur.
- En classe et/ou à la maison, relire l'œuvre par « morceaux » (chapitres, passages) en vue de l'objectif d'étude.
- Mettre dans le livre des marque-pages aux pages correspondant au sujet à traiter.
- Noter au brouillon les numéros de ces pages et, en face de chaque numéro, en prise de notes, quelques mots indiquant l'information trouvée à cette page.

3. L'analyse
À partir de cette relecture et de cette prise de notes :
– dégager les grandes lignes de l'analyse ;
– organiser cette analyse selon le plan indiqué par le professeur ou le manuel ;
– associer des exemples relevés dans le livre à chacun des points à étudier.

Au cinéma

Des adaptations cinématographiques

Lectures personnelles

Des romans actuels sur la guerre de 14-18

- **C. Cuenca**,
La Marraine de guerre,
© Le Livre de Poche Jeunesse.
Correspondance d'un jeune poilu avec sa marraine de guerre.

- **Y. Pinguilly**
Un tirailleur en enfer, © Nathan.
Aventures dans les tranchées d'un jeune Sénégalais recruté malgré lui.

- **A.-M. Pol**
Promenade par temps de guerre,
© Le Livre de Poche Jeunesse.
Aventures d'un jeune garçon, orphelin de mère, à la recherche de son père, parti au front.

- **P. Du Bouchet**
Le Journal d'Adèle (1914-1918),
Folio Junior, © Gallimard Jeunesse.
Roman sous forme de journal intime d'une jeune fille dont la vie est bouleversée par la guerre.

- **M. Dugain**
La Chambre des officiers, © Lattès.
La vie des « gueules cassées », après le front.

- **R. Vercel**
Capitaine Conan,
© Le Livre de Poche.
Après l'armistice, le difficile retour à la paix pour de jeunes soldats.

- **S. Japrisot**
Un long dimanche de fiançailles,
© Denoël.
Une jeune fille part à la recherche de son fiancé disparu sur le front.

Séquence 2 ▶ 14-18 : des récits entre Histoire et fiction

L'ÉCHO DU DESSINATEUR

IMAGERIE PELLERIN 1984 — TARDI PLANCHE N° 17

Tardi (né en 1946)
Auteur français de bande dessinée, il débute en 1969 dans la revue *Pilote*. Son grand-père gazé en 14-18 lui inspire son travail sur les tranchées : illustration du roman de Céline, *Voyage au bout de la nuit*, bandes dessinées comme *C'était la guerre des tranchées*, *Le Trou d'obus*.

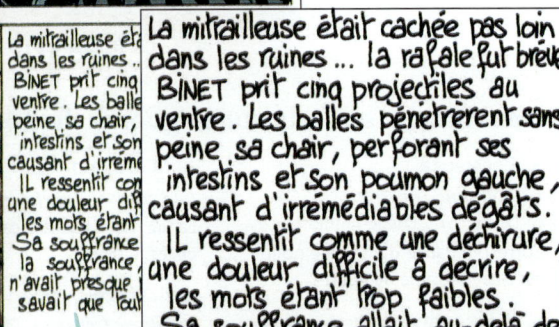

Tardi, *Le Trou d'obus*, Imagerie Pellerin, 1986, © DR.

La mitrailleuse était cachée pas loin dans les ruines… la rafale fut brève. BINET prit cinq projectiles au ventre. Les balles pénétrèrent sans peine sa chair, perforant ses intestins et son poumon gauche, causant d'irrémédiables dégâts. IL ressentit comme une déchirure, une douleur difficile à décrire, les mots étant trop faibles. Sa souffrance allait au-delà de la souffrance, ce qui fait qu'il n'avait presque pas mal… mais il savait que tout était fini pour lui.

■ Une bande dessinée en écho

1. Quel côté du front est présenté dans chacune des vignettes ?

2. Dans les vignettes 1 et 2, à quoi le visage de Faucheux ressemble-t-il ?

3. a. La bande sonore : qu'exprime le contenu de la bulle dans la première vignette ? les onomatopées des vignettes 3, 4 et 5 ?
b. Quelle est l'atmosphère ainsi créée ?

4. Comment le mouvement est-il rendu dans les vignettes 4 et 5 ? Que le dessinateur cherche-t-il à traduire ?

5. a. Que raconte le texte du récitatif final ?
b. Quels sont les champs lexicaux dominants ?

6. D'après le récitatif final, diriez-vous que la violence des dessins vise à valoriser ou à dénoncer la guerre ?

■ Une bande dessinée pour s'exprimer

Racontez cette scène en vous plaçant du côté français et en veillant à dénoncer la guerre. Pensez à évoquer les bruits, les sensations et les sentiments.

FAIRE LE POINT

Les récits de la guerre de 14-18

© Fonds A. Mare / Imec

1. Les formes de ces récits

- Les récits sur la guerre de 14-18 prennent le plus souvent la forme de **romans** à forte résonance **autobiographique**.
- Ils peuvent aussi se présenter sous forme de **lettres**, de **poèmes**, de **bandes dessinées**, d'**images** (cartes postales, affiches, tableaux, photographies), de **films**.

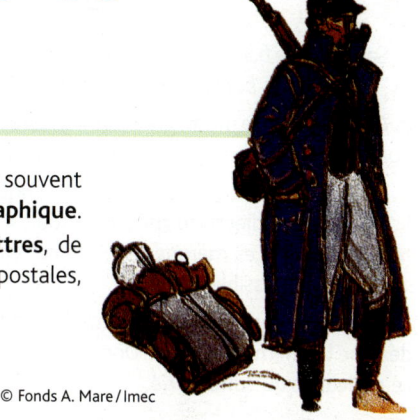

2. Les fonctions (ou visées) de ces récits : entre Histoire et fiction

- Pendant le conflit et dans les années immédiatement postérieures à cette guerre, de nombreux romanciers (**Barbusse**, **Céline**, **Cendrars**, **Dorgelès**, **Remarque**), qui avaient été mobilisés dans les tranchées, ont raconté leur expérience. Ils l'ont fait dans des romans où ils ont créé des personnages : l'écriture littéraire, la forme romanesque leur ont permis de dire l'horreur du front.
- Plus récemment, des romanciers comme **Dugain**, **Rouaud**, **Japrisot**, **Michelet**, **Pinguilly** ont écrit des romans sur cette période, souvent en souvenir de leurs grands-parents. Des films ont été adaptés de certains de ces romans.
- Tous ces récits visent à **témoigner** de l'expérience des poilus : ils **racontent** la vie des soldats dans les tranchées, lors des permissions…
- Ces récits ont aussi une visée argumentative : ils **rendent hommage** aux hommes tombés au front, ils **valorisent** leur courage, l'esprit de camaraderie, la fraternisation avec l'ennemi, mais ils **cherchent** aussi à **dénoncer** l'horreur de la guerre, à défendre des points de vue **pacifistes**.
- Des dessinateurs, comme **Hansi** ou **Tardi**, ont eux aussi raconté cette guerre, avec une visée patriotique pour le premier, pacifiste pour le second.

3. L'écriture de ces récits

Le narrateur	L'emploi des temps	Descriptions et explications	Les paroles rapportées
• Ces romans sont le plus souvent rédigés à la **1re personne**. • Le narrateur de ces récits peut être un **personnage fictif**, **narrateur interne** de l'histoire. • Cette écriture donne une force de **témoignage** aux récits.	• Ces romans sont rédigés au **passé simple** ou au **passé composé**. • Le **présent de narration** qui dramatise certaines actions est souvent utilisé.	• Les **descriptions**, qu'elles soient très réalistes ou plus poétiques, donnent à voir l'horreur du quotidien des tranchées. • Les **explications** sont d'ordre historique (les décisions politiques), militaire (les mouvements sur le front), technique (les armes) ou pratique (les rats, le ravitaillement…).	• Les **dialogues**, nombreux, sont rapportés en général au **discours direct**. Ils reproduisent le **langage des soldats**. Ils introduisent des **moments d'humanité** et de camaraderie. • Les **monologues intérieurs** expriment les pensées, les craintes, les révoltes du soldat.

Séquence 2 ▶ 14-18 : des récits entre Histoire et fiction

S'EXPRIMER

📖 À vos dictionnaires !

❶ Famille de mots

1. Donnez un nom de la même famille que *guerre* (du francique *werra*).
2. Quelle différence de sens existe-t-il entre *guerroyer* et *aguerrir* ?

❷ Étymologie et champ lexical

1. Sachant que *bellum* est le nom latin pour *guerre*, que veut dire : « C'est un héros *belliqueux* » ? « Les *belligérants* se font face » ?

2. *Polemos* est le nom grec pour *guerre* : qu'est-ce qu'une *polémique* ? Quel est le verbe formé sur ce nom ?

3. En latin, *hostis* désigne l'ennemi politique.
a. Donnez un adjectif formé sur ce radical.
b. Complétez : Les marques d'✎ de cet élève envers son voisin sont inadmissibles.

4. Le mot *ennemi* est une déformation du latin, *inimicus*, qui désigne l'ennemi personnel. Donnez un nom formé à partir de ce radical et du suffixe *-tié*.

❸ Champ sémantique

Expliquez le sens de *guerre* dans chaque phrase.
1. Ces deux élèves *se font la guerre* dans toutes les matières.
2. Ces deux entreprises se livrent une vraie *guerre économique*.
3. Les hypermarchés se font *la guerre des prix*.

VOCABULAIRE
▶ Cerner le nom *guerre*

❹ Synonymes et mots de sens proche

1. Parmi les mots de la liste, quels sont ceux qui sont synonymes de *guerre* ? ceux qui ont un sens proche ?
Liste : *Conflit, hostilité, litige, lutte, polémique.*

2. Remplacez les ✎ par le nom de la liste qui convient : 1. Le ✎ israélo-palestinien dure depuis des années. 2. La ✎ syndicale a mobilisé les ouvriers. 3. Les deux voisins règlent leur ✎ devant un tribunal. 4. Les OGM donnent lieu à une ✎ enragée dans la presse. 5. Les belligérants ont cessé les ✎.

❺ Antonymes

1. Complétez ces phrases : 1. La colombe au rameau d'olivier est l'allégorie de ✎. 2. Le 11 novembre, on commémore ✎ de 1918. 3. Les hostilités sont momentanément interrompues : il s'agit d'une t✎ ou d'un ✎-feu.

2. Qu'est-ce qu'un *couvre-feu* ?

❻ Expressions comportant le mot *guerre*

1. Complétez : 1. « Commencer une guerre » se dit aussi : p✎ une guerre, dé✎ une guerre (deux réponses), e✎ en guerre. 2. « Faire la guerre » se dit aussi : m✎ une guerre.

2. Employer chaque expression, *de bonne guerre*, *de guerre lasse* et *être sur le pied de guerre*, dans une phrase qui révèle son sens.

S'EXPRIMER

ORAL
▶ Dire un poème

Rêves et tourmente

Être là, dans un trou, blotti contre un talus
Sous la grêle effroyable et folle des obus !
Être là ! Ne pouvoir partir ! Sentir l'immense
Souffle lugubre et froid de la mort en démence
Passer sur votre tête et faire frissonner
Le corps que l'on essaie en vain de dominer !
Être là ! Écouter sous l'horrible rafale
Monter, autour de vous, rauque et profond, le râle
Des blessés appelant sans espoir au secours !
Être là ! Se baisser en attendant toujours
La fin de cette sombre et rouge boucherie,
Et s'étonner, tremblant, qu'on sente encor la vie
Circuler dans le sang qui fait bondir le cœur,
Sous la peau où ruisselle une étrange sueur !
Et puis quand le silence a recouvert la plaine,
Quand la nuit lentement s'est refaite sereine,
Aller, la gorge sèche, enlever les blessés,
Reconnaître les morts l'un sur l'autre entassés,
Et la tâche accomplie, les yeux au ciel sans voiles,
Interroger, farouche et calme, les étoiles !...
Aisne, avril 1917, en souvenir d'une nuit sanglante.

Fernand Carrier, « Rêves et tourmente », *L'Ombre étoilée*, © Imprimerie Carrère, 1919.

Critères de réussite

1. Marquez de fortes pauses à chaque signe de ponctuation.
2. Soulignez par votre intonation l'anaphore « *Être là* ».
3. Soulignez l'émotion traduite par l'énumération des infinitifs et par les points d'exclamation.

Fernand Carrier (1896-1918)
Ce jeune soldat français est mort au champ d'honneur, le 29 juillet 1918, à l'âge de 22 ans. Il a écrit son recueil de poèmes, *L'Ombre étoilée*, au front, pendant les moments de repos.

François Flameng (1856-1923), *Notre-Dame-de-Lorette, juillet 1915*, Musée de l'Armée, Paris. © RMN

ORTHOGRAPHE
Accorder un participe passé employé avec *être* ou *avoir*

S'EXPRIMER

L'essentiel à retenir Leçon détaillée ➜ p. 366

Accorder un participe passé employé avec l'auxiliaire *être*
Les participes passés employés avec l'auxiliaire *être* s'accordent en genre et en nombre **avec le sujet** du verbe.
> Des soldats sont blessés. De jeunes recrues sont arrivées.

Accorder un participe passé employé avec l'auxiliaire *avoir*
- Le participe passé employé avec l'auxiliaire *avoir* **ne s'accorde jamais** avec le **sujet** du verbe.
  > Les soldats ont défendu la tranchée.
- Le participe passé **s'accorde** seulement avec le **COD placé avant le verbe** : c'est le cas dans certaines phrases interrogatives ou lorsque le COD est un pronom personnel ou relatif.
  > Quelle tranchée ces soldats ont-ils défendue ? La tranchée que ces soldats ont défendue se trouve près de Verdun.

➜ Appliquer la règle

1. a. Avec quel auxiliaire chaque participe passé est-il employé ? **b.** Justifiez l'orthographe de chacun d'eux. **c.** Transposez au passé composé les deux propositions en italique.

> Une alerte nous avait, dans la nuit, arrachés au sommeil et au village, et on avait marché jusqu'ici. Le repos était fini ; *on changeait de secteur ; on nous lançait ailleurs*. On avait disparu de Gauchin à la faveur des ténèbres.
> H. Barbusse, *Le Feu*, 1916.

2. Accordez correctement les participes passés employés avec l'auxiliaire *être*. Justifiez les accords.

> 1. Le train est finalement (parti) à 5 heures. 2. Les soldats sont (monté) dans le train. 3. Il ne reste que le vieux Marcellin, notre maréchal-ferrant, qui ne soit pas (mobilisé). 4. Maintenant que les frères sont (parti), je dois rester à la ferme. 5. Ce matin, les enfants étaient (réuni) dans la cour de l'école. 6. En tout, cinquante-trois hommes du village sont (allé) faire la guerre.
> P. Du Bouchet, *Le Journal d'Adèle (1914-1916)*, Folio Junior, © Gallimard Jeunesse, 1995.

3. Recopiez les phrases en soulignant le COD s'il y en a un et en accordant correctement le participe passé.
1. Il sortit la photo de Pauline qu'il avait (gardé) sous sa vareuse déchirée. 2. Tierno salua les femmes, il les avait (vu) sur la photo de son groupe. 3. J'ai (aperçu) des faces étranges. 4. La relève a (commencé). 5. Ils nous ont (rejoint). 6. Aucun soldat ne nous a (adressé) un signe.

4. Accordez correctement les participes passés employés avec l'auxiliaire *avoir*. Justifiez les accords.

> Après les avoir (recopié), j'ai (mis) dans des enveloppes les lettres des condamnés, je les ai (donné) au premier vaguemestre[1] que j'ai (aperçu). Puisque vous avez (reçu) celle de Bleuet, je pense que les quatre autres sont parvenues à leur destinataire. Les copies que j'en ai (fait) sont sur vos genoux.
> S. Japrisot, *Un long dimanche de fiançailles*, © Denoël, 1991.
> 1. sous-officier affecté au service postal.

5. Recopiez les phrases en conjuguant les verbes au passé composé. Faites les accords nécessaires.
1. Nous (dépasser) les dernières maisons. 2. Nous (attacher) à ce coin de pays où le hasard nous (maintenir). 3. Il nous (rejoindre) depuis un moment. 4. Son voyage avec Élodie (continuer) ici. 5. Aucun ne nous (saluer).

➜ S'entraîner à la réécriture `Brevet`

6. Récrivez ce texte en le transposant au passé composé. Faites tous les accords qui s'imposent.

> Soudain, elle jette sa binette dans la brouette, qu'elle empoigne. Elle part à pas pressés vers le portail entrouvert, face aux ruines. Quand elle le franchit, dans le grincement monocorde de la brouette, Victor a un soupir de soulagement.
> A.-M. Pol, *Promenade par temps de guerre*, © Le Livre de Poche Jeunesse, 2002.

7. Récrivez le texte à la 1re personne du pluriel. Faites tous les accords qui s'imposent.

> Quand j'ai repris conscience, j'étais affalé au fond de la cave, il faisait encore jour mais je devinais, sans savoir l'heure, que c'était le soir, […] j'ai rampé contre un mur pour me mettre à l'abri au fond de la cave.
> S. Japrisot, *Un long dimanche de fiançailles*, © Denoël, 1991.

➜ S'entraîner en vue de la dictée `Brevet`

> Il *m'a raconté* aussi beaucoup de choses, qu'on n'*avait pas fusillé* les condamnés, qu'on les *avait jetés* aux Boches, les bras attachés, mais ça il l'*avait pas vu*, c'est son sergent qui lui *avait dit*. Ce sergent, Daniel Esperanza, s'était chargé des lettres de Nino et des quatre autres, et Prussien l'*avait vu*, au cantonnement, en prendre copie avant de les envoyer disant : « Quand je pourrai, il faudra que je regarde si elles *sont* bien *arrivées*. »
> S. Japrisot, *Un long dimanche de fiançailles*, © Denoël, 1991.

1. À quels temps et quel mode les verbes en italique sont-ils conjugués ?

2. Justifiez l'orthographe de chaque participe passé en italique.

3. Décomposez le mot *condamné* : quel est son préfixe ? Donnez un nom formé sur le même radical.

4. Sur ce modèle : *canton* → *cantonner* → *cantonnement*, donnez le verbe et le nom formés sur *condition, position, ration, station*.

Attention ! Le texte de la dictée sera un autre extrait de ce roman.

Séquence 2 ▶ 14-18 : des récits entre Histoire et fiction

S'EXPRIMER

Leçons de langue à consulter
- La phrase simple et la phrase complexe – p. 332
- Les compléments essentiels – p. 340
- Du discours direct au discours indirect – p. 396

GRAMMAIRE
▸ Distinguer phrases simples et complexes
▸ Analyser le COD
▸ Rapporter des paroles

➜ Phrase simple et phrase complexe

1. a. Copiez en bleu les phrases simples, en noir les phrases complexes. **b.** Entourez les conjonctions de coordination : comment nomme-t-on les propositions ?

> **1.** Ils étaient des bataillons d'ignorantistes[1] oui, mais ils étaient déjà des « tirailleurs sénégalais ». **2.** Le capitaine Legall se tut et avec Tierno, et quelques autres, ils écoutèrent un lointain concert d'obus. **3.** Tierno avait entendu le lointain tonnerre. **4.** Il ne savait que penser. **5.** Il souhaitait la voir enfin cette guerre et il n'était pas le seul.
> Y. Pinguilly, *Un tirailleur en enfer*, © Nathan, 2003.
> 1. ignorants.

2. Relevez : **a.** les propositions subordonnées relatives ; indiquez les noms ou pronoms qu'elles complètent (leurs antécédents). **b.** la proposition subordonnée conjonctive ; indiquez le verbe dont elle est COD.

> **1.** Ses larges godillots craquelés et racornis, qu'on dirait taillés à la serpe dans du vieux bois, portent encore à leurs talons tournés un peu de la boue glorieuse des tranchées. **2.** D'autres, qui ont déjà touché les nouvelles capotes bleu horizon, font les farauds[1]. On dirait qu'ils vont faire la guerre en habit des dimanches. **3.** Et Sulphart, qui regarde ces petits élégants avec des yeux captivés, songe déjà aux heureuses transformations qu'il fera subir à la sienne.
> R. Dorgelès, *Les Croix de bois*, 1919, © Le Livre de Poche, 2003.
> 1. font les malins.

3. a. Recopiez les phrases en encadrant les conjonctions de subordination et en entourant les pronoms relatifs. **b.** Mettez entre crochets chaque proposition subordonnée et indiquez sa nature.

> **1.** Jules se sentait tonique et reposé bien qu'il manquât continuellement de sommeil. **2.** Puis cette disposition changea alors que ses yeux distinguaient un petit enclos plein de tumulus et de croix. **3.** Ces types dont les corps gonflaient la terre étaient morts pour repousser les Boches. **4.** L'air était si léger qu'il pouvait entendre les rires des sentinelles allemandes qui veillaient dans une casemate.
> A. Ferney, *Dans la guerre*, © Actes Sud, 2003.

➜ Le COD

4. Relevez les COD et indiquez leur nature grammaticale : *groupe nominal*, *pronom personnel* ou *pronom relatif*.
1. Les hommes lancent des grenades. **2.** Le poilu a sauvé un Allemand qui l'a remercié. **3.** Les grenades qu'ils ont lancées ont tué des Allemands. **4.** Les gaz ont mutilé à vie les poilus. **5.** Cette tranchée, combien de fois l'ont-ils prise et reprise ?

5. Remplacez chaque groupe nominal COD par un pronom personnel : quelle modification se produit-il dans la phrase ?
1. Il dévisagea les « bleus ». **2.** Il saisit le brancard. **3.** Ils escaladèrent le talus. **4.** Ils lancèrent les grenades. **5.** Ils reprirent la tranchée. **6.** Ils soignèrent les blessés.

6. a. Relevez les propositions subordonnées COD. **b.** Précisez s'il s'agit d'une proposition subordonnée conjonctive, interrogative ou infinitive.
1. Il sentit qu'il était blessé. **2.** Il demanda s'il pouvait avoir des cigarettes. **3.** Il vit des rats sortir de terre. **4.** Il savait qu'il ne fallait pas toucher au pain grignoté par les rats. **5.** Il se demanda ce qu'était ce nuage verdâtre.

➜ Les paroles rapportées

7. a. Dans quel(s) extrait(s) les paroles sont-elles rapportées directement ? indirectement ? **b.** Quels signes de ponctuation permettent de repérer le discours direct ? **c.** Quels temps sont employés dans les paroles rapportées au discours direct ? au discours indirect ? **d.** Quels pronoms personnels sont employés dans le discours direct ? dans le discours indirect ?

> **1]** La voix glaciale, il demande :
> – Où vous êtes-vous sali comme ça ?
> R. Dorgelès, *Les Croix de bois*, 1919, © Le Livre de Poche, 2003.

> **2]** Jacques ébaucha un nouveau sourire :
> « Et moi, [...], je prétends, qu'un individu est libre de se désintéresser totalement des prétentions nationales au nom desquelles les États se font la guerre. »
> R. Martin du Gard, *Les Thibault IV*, « L'Été 1914 ». Folio, © Éditions Gallimard, 1940.

> **3]** Ils étaient restés presque un mois face à face avec les pierres de la carrière, quand le colonel Turpin les réunit pour leur dire que leur tour était venu, que c'était à eux d'entrer dans la guerre.
> Y. Pinguilly, *Un tirailleur en enfer*, © Nathan, 2003.

8. Comparez les paroles rapportées directement dans l'extrait de M. Genevoix et leur transposition au discours indirect : **a.** Par quelle conjonction de subordination le discours indirect est-il introduit ? **b.** Quelle est la fonction des propositions entre crochets ? **c.** Quels changements observez-vous pour les mots en italique : *pronoms personnels, déterminants possessifs, temps des verbes* ?

> Et ma guerre est finie. Je les ai tous quittés, ceux qui sont morts près de moi, ceux que j'ai laissés dans le layon[1] de la forêt. [...] Vous avez donné votre vie, et vous êtes les plus malheureux.
> M. Genevoix, *Ceux de 14*, Points, © Éditions du Seuil, 1916.
> 1. petit sentier forestier.

Le narrateur déclara [que *sa* guerre *était finie*], [qu'*il* les *avait* tous *quittés*], ceux qui *étaient* morts près de *lui*, ceux qu'*il avait laissés* dans le layon de la forêt. Il ajouta [qu'*ils avaient* donné leur vie], et [qu'*ils étaient* les plus malheureux.]

ÉCRIT — S'EXPRIMER
Varier les formes de récits de guerre

Pour l'ensemble de ces activités, aidez-vous des connaissances acquises en cours d'Histoire, du vocabulaire des armes, de celui des sensations et des sentiments, présents dans les textes de la séquence.

1 Faire un récit de guerre à partir d'images

SUJET : En vous aidant des deux images (ou de l'une d'elles), racontez une scène se déroulant sur le front de 14-18 : l'arrivée de projectiles, une attaque au gaz, la mort d'un camarade, un assaut, une veillée nocturne....

Méthodes
- Vous commencerez par planter le décor en quelques phrases.
- Vous raconterez en réutilisant le vocabulaire des sensations et des sentiments découvert dans les textes.

Critères de réussite
- Respecter l'organisation du récit indiquée dans le sujet.
- Employer le passé composé en **accordant correctement les participes passés**.
- Construire correctement des **phrases complexes**.

2 Rédiger un texte commémoratif

SUJET : À l'occasion de la commémoration de l'armistice de 1918, rédigez un texte adressé aux soldats de la Première Guerre mondiale, pour leur rendre hommage. Vous commencerez votre texte par « *Vous qui...* » et vous le terminerez par un message de paix.

Critères de réussite
- Évoquer des éléments, des scènes de la vie des poilus, les souffrances de ces derniers.
- Employer un vocabulaire précis.
- Exprimer les sentiments d'un jeune du début du XXIe siècle face à cette guerre et au sort de ces soldats.

Légendes, voir p.432.

3 Dire la guerre dans un poème-acrostiche

SUJET : À partir d'un des mots de la liste, rédigez un poème en forme d'acrostiche (voir les trois derniers vers du poème d'Apollinaire, p. 38).
Liste : *armistice, assaut, brancard, camarade, front, mitraille, obus, poilus, torpille, tranchée, trêve.*

Préparation
Constituez-vous des listes de mots à associer à celui que vous avez retenu pour l'acrostiche :
– mots désignant la réalité militaire ;
– mots évoquant des sentiments (angoisse, dégoût, désespoir, peur, révolte... ≠ courage, héroïsme, patriotisme...) ;
– mots traduisant des sensations (bruits, feu, odeurs, gaz...).

Critères de réussite
- Respecter la forme de l'acrostiche.
- Définir le mot retenu.
- Employer des phrases brèves et / ou nominales.
- Employer des termes forts et évocateurs ; faire, en particulier, appel aux sensations.

4 Raconter dans une lettre

SUJET : Dans une lettre adressée à ses parents, un soldat raconte et décrit sa vie dans les tranchées.

Critères de réussite
- Respecter la disposition et l'écriture propres à une lettre. Penser à la formule de politesse finale.
- Employer le passé composé en **accordant** correctement les **participes passés**.
- Employer un vocabulaire précis.
- Évoquer les sensations et les sentiments du soldat (en tenant compte de la censure).
- Donner des nouvelles des camarades connus de la famille.
- Prendre en compte le destinataire : chercher à rassurer la famille.

Variante
Une jeune fille écrit à son fiancé qui est sur le front.

Critères de réussite
- Respecter la présentation propre à une lettre.
- Employer le passé composé en **accordant** correctement les **participes passés**.
- Soigner la construction des **phrases complexes**.
- Prendre en compte le destinataire : le rassurer, l'encourager.
- Informer de la vie à l'arrière (à Paris, dans une ville de province ou à la campagne).

Séquence 2 ▶ 14-18 : des récits entre Histoire et fiction

MÉTHODES POUR LE BREVET

Je vérifie mes connaissances
- Quels temps peut-on trouver dans les passages narratifs d'un récit ?
- Comment reconnaît-on un dialogue rapporté au discours direct ?

→ **FAIRE LE POINT** – p. 47

Les champs d'honneur

C'est ainsi que Joseph vit se lever une aube olivâtre sur la plaine d'Ypres[1]. Dieu, ce matin-là, était avec eux[2]. Le vent complice poussait la brume verte en direction des lignes françaises, pesamment plaquée au sol, grand corps mou épousant les moindres aspérités du terrain, avalant les bosses et les frises de barbelés, mare verticale comme celle en mer Rouge qui engloutit les chars du pharaon[3].

L'officier ordonna d'ouvrir le feu. Il présumait que derrière ce leurre[4] se dissimulait une attaque d'envergure. C'était sans doute la première fois qu'on cherchait à tuer le vent. La fusillade libéra les esprits sans freiner la progression de l'immense nappe bouillonnante, méthodique, inexorable[5]. Et maintenant qu'elle était proche à les toucher, levant devant leurs yeux effarés un bras dérisoire pour s'en protéger, les hommes se demandaient quelle nouvelle cruauté on avait encore inventée pour leur malheur. Les premiers filets de gaz se déversèrent dans la tranchée.

Voilà. La Terre n'était plus cette uniforme et magnifique boule bleue que l'on admire du fond de l'univers. Au-dessus d'Ypres s'étalait une horrible tache verdâtre. […]

Maintenant, le brouillard chloré rampe dans le lacis des boyaux[6], s'infiltre dans les abris (de simples planches à cheval sur la tranchée), se niche au fond des chambres souterraines jusque-là préservées des obus, souille le ravitaillement et les réserves d'eau, occupe sans répit l'espace, si bien que la recherche frénétique d'une bouffée d'air pur est désespérément vaine, confine à la folie dans des souffrances atroces. Le premier réflexe est d'enfouir le nez dans la vareuse, mais la provision d'oxygène y est si réduite qu'elle s'épuise en trois inspirations. Il faut ressortir la tête et, après de longues secondes d'apnée, inhaler l'horrible mixture. Nous n'avons jamais vraiment écouté ces vieillards de vingt ans dont le témoignage nous aiderait à remonter les chemins de l'horreur.

Jean Rouaud, *Les Champs d'honneur*, © Éditions de Minuit, 1990.

1. Ypres : ville de Belgique ; c'est sur ce point du front qu'eut lieu la première attaque au gaz.
2. désigne ici les Allemands.
3. allusion à l'épisode biblique du franchissement de la mer Rouge par Moïse et les Hébreux : la mer s'ouvrit en deux pour les laisser passer et se referma sur les troupes du pharaon qui les poursuivaient.
4. procédé destiné à tromper l'ennemi en détournant son attention.
5. qu'on ne peut pas éviter.
6. les tranchées.

MÉTHODES

▶ **Apprendre à lire les consignes**

Les couleurs correspondent au type de questions.
- **En vert,** les questions d'observation et de relevé.
- **En orange,** les questions d'identification : repérer un nommer un fait grammatical (nature, fonction, composition d'un mot), une figure de style...
- **En violet,** les questions d'interprétation du texte.

Questions — 15 points

I. Une attaque d'un nouveau genre .... 7,5 points

1. a. Quel est le GN qui désigne la nature de cette « *nouvelle cruauté* » ? (0,5 pt)
b. À quelle ligne ce GN se trouve-t-il ? (0,5 pt)
c. Expliquez le choix de cet emplacement. (1 pt)
2. a. Relevez tous les GN employés pour désigner cette nouvelle arme. (1 pt)
b. Quelles sont les caractéristiques qui s'en dégagent ? (1 pt)
c. Quel est l'effet produit ? (0,5 pt)
3. a. Décomposez ces adjectifs : *olivâtre, verdâtre.* (0,5 pt)
b. Quel sens le suffixe leur donne-t-il ? (0,5 pt)
4. a. Relevez des expressions du texte qui montrent que les poilus ne comprennent pas ce qui se passe. (1 pt)
b. Expliquez : « *C'était sans doute la première fois qu'on cherchait à tuer le vent.* » (1 pt)

> **MÉTHODES**
>
> ▸ **Savoir identifier le type de questions**
>
> À votre tour, identifiez le type de questions ci-contre. Qu'observez-vous quant à l'ordre de ces trois types de questions ?

Questions (suite)

II. De nouvelles souffrances — 7,5 points

5. a. Relevez les verbes dont « *le brouillard chloré* » est le sujet. (0,5 pt)
b. Quelle figure de style est ici employée ? (0,5 pt)
c. Quelle autre figure de style identifiez-vous dans cette phrase ? (0,5 pt)
d. Que l'auteur cherche-t-il à exprimer par ces figures de style ? (1 pt)

6. L 30 à 37 :
a. Relevez les mots appartenant au champ lexical de la respiration. (1 pt)
b. Expliquez la présence de ce champ lexical. (1 pt)

7. a. Relevez dans le dernier paragraphe tous les mots qui expriment l'intensité de l'horreur. (1 pt)
b. Comment nomme-t-on cette figure de style ? (1 pt)

8. Quel message l'auteur veut-il délivrer au lecteur dans ce texte ? (1 pt)

> **MÉTHODES**
>
> ▸ **Pour éviter le hors-sujet**
>
> **1. Respecter les indices fournis par le sujet.**
> Commencez par compléter les réponses à ces questions.
> – **Qui ?**
> Les deux personnages qui doivent être mis en scène sont … .
> – **Quand ?**
> Pendant la première …, quelque temps après … .
> – **Où ?**
> Le lieu où se déroule la scène de rencontre est … .
> Le lieu où se déroulent les faits rapportés dans le dialogue est … .
> – **Que raconter ?**
> Le sujet impose : le récit de la scène de … et, dans le dialogue, le récit de … .
>
> **2. Chercher des idées**
> Pour nourrir votre devoir d'éléments conformes à la réalité historique, **sans anachronismes** (éléments qui ne correspondent pas à la période concernée) :
> – cherchez dans la séquence, dans votre manuel d'Histoire, des détails de la vie au front ;
> – notez-les au brouillon.
>
> ▸ **Pour construire le devoir**
>
> Avant de rédiger
> • Déterminez :
> – si vous allez faire le récit de la rencontre du point de vue de Joseph ou de son ami(e) ;
> – si vous allez faire le récit de la rencontre à la 1re ou à la 3e personne ;
> – à quel temps vous allez faire le récit de la rencontre, celui des souffrances de la vie au front.
> • Pensez à utiliser la ponctuation et les verbes de parole pour insérer le dialogue.

Expression écrite — 15 points

Sujet : Quelque temps plus tard, à l'arrière, Joseph, gazé, rencontre un(e) ami(e) qui l'interroge sur les souffrances de sa vie au front.
Racontez brièvement la scène de rencontre et rapportez le dialogue.

Magazine « Sphère », *Soldats surpris par le gaz à Ypres*, 1915. © Akg/Ullstein bild

Séquence 2 ▶ **14-18 : des récits entre Histoire et fiction**

ATELIER CINÉMA

Boule de Suif
▷ Étudier récits et adaptation filmique

📖 Des récits littéraires de Maupassant : *Boule de Suif* et *Mademoiselle Fifi*...

Guy de Maupassant (1850-1893)
Auteur français né en Normandie qui a été marqué par la guerre de 1870, il est l'auteur de trois cents contes et nouvelles et de six romans.

Résumé de *Boule de Suif*, 1880

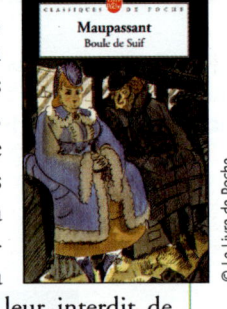

Pendant l'hiver 1870-1871, la ville de Rouen est envahie par les Prussiens. Pour fuir l'occupation, un groupe de dix personnes prend la diligence : un couple de commerçants, un couple de grands bourgeois, un couple de nobles, deux religieuses, un « démocrate »[1] et une prostituée nommée « Boule de Suif ». Le voyage s'annonce difficile. Les voyageurs ont faim et seule Boule de Suif a pensé à emporter des provisions, qu'elle partage généreusement. Les voyageurs font étape dans une auberge à Tôtes, occupée par l'ennemi. L'officier prussien leur interdit de repartir tant que Boule de Suif n'aura pas accepté ses avances. Celle-ci, patriote, refuse, approuvée par les autres voyageurs. Le soldat renouvelle sa demande chaque jour. Les trois couples perdent patience et complotent contre la jeune femme pour lui faire accepter la proposition de l'occupant. Boule de Suif finit par se sacrifier et, au cinquième jour, la diligence peut repartir. Lors de ce second trajet, les voyageurs traitent avec mépris ou indifférence celle qui les a libérés, la critiquent et refusent de partager leur repas avec elle.

1. partisan de la République.

Résumé de *Mademoiselle Fifi*, 1882

Des Prussiens ont envahi la France et cinq d'entre eux occupent le château d'Uville (en Normandie) : un commandant, un capitaine, un lieutenant et deux sous-lieutenants dont un, le marquis Wilhem d'Eyrik, un homme cruel et sadique. Ce dernier est surnommé « Mademoiselle Fifi » par ses camarades en raison de sa taille fine, de son teint pâle et de son habitude d'employer la locution française « fi donc », pour exprimer son mépris des êtres et des choses. Pour tromper son ennui, « Mademoiselle Fifi » s'amuse à détruire des œuvres d'art au château. Ces cinq officiers prussiens désœuvrés font venir des prostituées au château, pour une soirée lors de laquelle « Mademoiselle Fifi » insulte la France et maltraite l'une des femmes, Rachel. Cette prostituée, patriote, le tue d'un coup de couteau. Elle se sauve et se réfugie dans le clocher du village où elle sonnera allègrement les cloches lors des obsèques du Prussien. Elle épousera, quelque temps après, un patriote admiratif de son action héroïque.

■ Des effets de cercles (*Boule de Suif*)

1. a. Reproduisez les cercles et inscrivez à l'intérieur de chacun d'eux les quatre lieux successifs de la nouvelle que vous repérez dans le résumé.

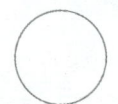

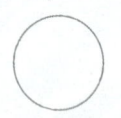

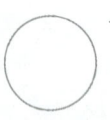

○   ○   ○   ○

b. Ces lieux sont-ils des lieux clos ou ouverts sur l'extérieur ? Justifiez.

■ Des effets de parallélismes (*Boule de Suif*)

2. a. Lors du premier trajet en diligence, que fait Boule de Suif ? Quelle autre scène de la nouvelle lui fait-elle écho ?
b. Relevez d'autres éléments (effets de parallélismes) dans la construction de la nouvelle qui se répètent ou se font écho.
3. En vous appuyant sur l'un de ces parallélismes, dites ce que Guy de Maupassant a voulu souligner à propos du personnage de Boule de Suif.

■ Des similitudes entre les deux nouvelles

4. Quelles sont les ressemblances entre ces deux nouvelles de Maupassant qui concernent :
• la situation historique ?
• les personnages ?
• la vision de la guerre donnée par ces anecdotes ?

... au récit filmique : *Boule de Suif* de Christian-Jaque et Henri Jeanson, 1945

Christian-Jaque (1904-1994)
De son vrai nom Christian Maudet, ce scénariste et réalisateur français s'engagea dans la Résistance. Il réalisa le film *Boule de Suif* en s'appuyant sur les deux nouvelles de Maupassant : *Boule de Suif* et *Mademoiselle Fifi*.

Henri Jeanson (1900-1970)
Ce journaliste français est auteur dramatique et dialoguiste de cinéma.

■ Deux nouvelles pour un film

5. a. Quels sont les différents lieux que vous identifiez dans ces **photogrammes** issus du film de Christian-Jaque ?
b. Lesquels renvoient à la nouvelle de Guy de Maupassant *Boule de Suif* ? à la nouvelle *Mademoiselle Fifi* ?

■ Des choix techniques

6. a. Quels sont les trois photogrammes qui présentent un **plan d'ensemble** ?
b. Qu'est-ce que chacun de ces plans d'ensemble cherche à mettre en valeur ?

7. Quels sont les autres **types de plans** utilisés pour les autres photogrammes.

1. 2. 3. 4.

5. 6.

L'ABC de l'analyse filmique

D comme découpage d'un film

Un film se divise en **séquences**. Chaque séquence, constituée de plusieurs **scènes**, forme une unité narrative. Chaque scène est constituée d'un ou de plusieurs **plans**, de longueur variable.
Un **photogramme** est une image extraite d'un film.

E comme échelle de plans

Pour déterminer l'échelle des plans, on prend comme référence la place occupée par le corps humain dans l'image.

✹ **Plan d'ensemble**
Ce plan très large situe le personnage dans le décor.

✹ **Plan moyen**
Dans une image en plan moyen, le personnage est vu « en pied ».

✹ **Plan rapproché**
Ce plan cadre le personnage jusqu'au nombril ou à mi-cuisse. Dans ce dernier cas, il est nommé plan américain, en référence à l'arme des westerns.

✹ **Gros plan**
Une partie du corps (jambe, visage...) suffit à remplir une image en gros plan.

✹ **Très gros plan**
Une image en très gros plan se concentre sur un détail.

▶ Boule de Suif 55

ATELIER CINÉMA

L'écriture du scénariste et dialoguiste Henri Jeanson

8. Observez les **séquences** écrites en noir dans le synopsis du film. Classez-les selon qu'elles reprennent des éléments de l'une ou de l'autre nouvelle de Maupassant.

9. D'autre part, que constituent, selon vous, les séquences écrites en couleur dans le synopsis ?

L'ABC de l'analyse filmique

S comme synopsis

Un synopsis (du grec *synopsis* : vue d'ensemble) de film est un résumé du scénario, qui décrit les grandes lignes de l'histoire et qui permet de se faire une idée globale du thème et de l'évolution des personnages. Il ne comporte pas de dialogue et il est rédigé au présent de l'indicatif.

Synopsis du film

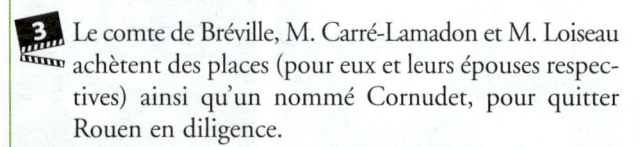

1. Rouen assiégée.

2. Boule de Suif accueille un franc-tireur[1] chez elle et décide de quitter Rouen.

3. Le comte de Bréville, M. Carré-Lamadon et M. Loiseau achètent des places (pour eux et leurs épouses respectives) ainsi qu'un nommé Cornudet, pour quitter Rouen en diligence.

4. Dans la diligence, en compagnie de deux religieuses, les trois couples méprisent Boule de Suif et Cornudet.

5. Des francs-tireurs obligent la diligence à faire un détour car ils organisent une attaque contre les Prussiens.

6. Le comte de Bréville annonce qu'il se rend au château d'Uville.

7. Mademoiselle Fifi détruit des œuvres d'art au château d'Uville, puis synchronise une fusillade et l'explosion d'un bouchon de champagne.

8. Une vieille dame vient avec le curé d'Uville demander la grâce de son mari, détenu en otage. Mais Mademoiselle Fifi fait exécuter le vieil homme.

9. Dans la diligence, Boule de suif partage son repas avec tous ses compagnons de voyage.

10. Le séjour forcé des voyageurs à l'auberge : quatre jours ponctués par les demandes de l'officier prussien pour obtenir les faveurs de Boule de Suif, les refus successifs de celle-ci, les manœuvres des trois couples pour la faire céder. Boule de Suif finit par se sacrifier.

11. Le départ de la diligence : Boule de Suif méprisée par les trois couples.

12. Au château d'Uville, les Prussiens décident d'organiser une fête et envoient des sous-officiers chercher des prostituées en diligence.

13. Dans la diligence des voyageurs, les trois couples déjeunent sans rien partager.

14. Des francs-tireurs attaquent la diligence des sous-officiers prussiens.

15. Les sous-officiers prussiens arrêtent la diligence des voyageurs, font descendre les hommes et les religieuses puis repartent avec Boule de Suif et les trois épouses en guise de prostituées. Cornudet, ayant voulu secourir Boule de Suif, est blessé par un Prussien.

16. La fête au château d'Uville entre les officiers et les quatre femmes enlevées : les trois épouses sont enivrées et Boule de Suif tue Mademoiselle Fifi.

17. Boule de Suif en fuite est cachée dans le clocher d'Uville par le curé.

18. Cornudet prend ses distances avec les trois couples à nouveau réunis.

19. Au château d'Uville, le commandant prussien ordonne au curé de sonner le glas[2] pour les obsèques de Mademoiselle Fifi.

20. Lors des obsèques du Prussien, Boule de Suif sonne joyeusement les cloches.

1. combattant qui n'appartient pas à une armée régulière.
2. sonnerie des morts.

1.

2.

3.

« Et si le château d'Uville était occupé ? »

« On n'occupe pas une œuvre d'art. »

■ La jonction des deux récits

Étape 1

10. a. À quelle nouvelle les deux premiers photogrammes correspondent-ils ? et le troisième ?

b. À quelle séquence du synopsis les deux premiers photogrammes sont-ils empruntés ? et le troisième ?

c. Comment ces deux séquences sont-elles montées ? Quel est l'effet produit sur le spectateur ?

d. Quel est le rôle de ces deux séquences dans le déroulement du récit filmique ?

Étape 2

11. a. De quelle séquence du synopsis les photogrammes 4 à 7 sont-ils extraits ?

b. Comment les quatre personnages féminins permettent-ils la réunion des deux nouvelles de Maupassant dans le film ?

12. a. Quels sont les plans utilisés par Christian-Jaque pour ces quatre couples ?

b. Quel couple le cinéaste a-t-il distingué par la position respective des deux personnages ? Pourquoi ?

13. a. Quels sont les angles de prise de vue ?

b. Justifiez le choix de l'angle de vue en plongée.

14. Selon vous, le cinéaste a-t-il cherché à rendre un effet comique ou tragique ? Expliquez.

4.

5.

6.

7.

L'ABC de l'analyse filmique

A comme angle de prise de vue

En prenant comme référence la ligne d'horizon, si :
- on regarde un personnage d'en haut, cela se nomme une plongée ;
- on se place à sa hauteur, c'est un plan frontal ;
- on le regarde d'en bas, c'est une contre-plongée.

✶ *Une plongée*    ✶ *Un plan frontal*    ✶ *Une contre-plongée*

▶ Boule de Suif | 57

ATELIER CINÉMA

📖 La galerie de portraits : de la nouvelle…

Tout au fond, aux meilleures places, sommeillaient en face l'un de l'autre, M. et Mme Loiseau, des marchands de vin en gros de la rue Grand-Pont.

Ancien commis d'un patron ruiné dans les affaires, Loiseau avait acheté le fonds et fait fortune. Il vendait à très bon marché de très mauvais vin aux petits débitants des campagnes et passait parmi ses connaissances et ses amis pour un fripon madré[1], un vrai Normand plein de ruses et de jovialité[2]. […] De taille exiguë[3], il présentait un ventre en ballon surmonté d'une face rougeaude entre deux favoris[4] grisonnants.

Sa femme, grande, forte, résolue, avec la voix haute et la décision rapide, était l'ordre et l'arithmétique de la maison de commerce qu'il animait par son activité joyeuse.

À côté d'eux se tenait, plus digne, appartenant à une caste[5] supérieure, M. Carré-Lamadon, homme considérable, posé dans les cotons, propriétaire de trois filatures[6], officier de la Légion d'honneur et membre du Conseil général. […]

Mme Carré-Lamadon, beaucoup plus jeune que son mari, demeurait la consolation des officiers de bonne famille envoyés à Rouen en garnison. Elle faisait vis-à-vis à son époux, toute petite, toute mignonne, toute jolie, pelotonnée dans ses fourrures, et regardait d'un œil navré l'intérieur lamentable de la voiture.

Ses voisins, le comte et la comtesse Hubert de Bréville, portaient un des noms les plus anciens et les plus nobles de Normandie. Le comte, vieux gentilhomme de grande tournure, s'efforçait d'accentuer, par les artifices de sa toilette, sa ressemblance naturelle avec le roy Henri IV. […] L'histoire de son mariage avec la fille d'un petit armateur de Nantes était toujours demeurée mystérieuse. Mais comme la comtesse avait grand air, recevait mieux que personne, passait même pour avoir été aimée par un des fils de Louis-Philippe, toute la noblesse lui faisait fête. […]

La comtesse avait encore pour voisines deux bonnes sœurs qui égrenaient de longs chapelets en marmottant des *Pater* et des *Ave*[7]. L'une était vieille avec une face défoncée par la petite vérole[8] comme si elle eût reçu à bout portant une bordée de mitraille en pleine figure. L'autre, très chétive, avait une tête jolie et maladive sur une poitrine de phtisique[9] rongée par cette foi dévorante qui fait les martyrs et les illuminés.

En face des deux religieuses, un homme et une femme attiraient les regards de tous.

L'homme, bien connu, était Cornudet le démoc[10], la terreur des gens respectables. Depuis vingt ans, il trempait sa grande barbe rousse dans les bocks[11] de tous les cafés démocratiques. Il avait mangé avec les frères et amis une assez belle fortune qu'il tenait de son père, ancien confiseur, et il attendait impatiemment la République pour obtenir enfin la place méritée par tant de consommations révolutionnaires. […]

La femme, une de celles appelées galantes, était célèbre par son embonpoint précoce qui lui avait valu le surnom de Boule de Suif[12]. Petite, ronde de partout, grasse à lard, avec des doigts bouffis, étranglés aux phalanges, pareils à des chapelets de courtes saucisses ; avec une peau luisante et tendue, une gorge énorme qui saillait sous sa robe, elle restait cependant appétissante et courue, tant sa fraîcheur faisait plaisir à voir. Sa figure était une pomme rouge, un bouton de pivoine prêt à fleurir ; et là-dedans s'ouvraient, en haut, deux yeux noirs magnifiques, ombragés de grands cils épais qui mettaient une ombre dedans ; en bas, une bouche charmante, étroite, humide pour le baiser, meublée de quenottes luisantes et microscopiques.

Guy de Maupassant, *Boule de Suif*, 1880.

1. rusé. 2. joie de vivre. 3. petite. 4. touffes de barbe sur les joues. 5. classe sociale. 6. fabriques de fil à tisser. 7. des prières. 8. maladie qui laisse des traces sur la peau. 9. phtisie : maladie pulmonaire. 10. abréviation de démocrate. 11. chopes de bière. 12. graisse animale.

■ Une galerie de portraits

1. À quelle classe sociale chaque couple de personnages appartient-il ?

2. Dans chaque couple de personnages, lequel l'auteur présente-t-il en premier ? Pourquoi, selon vous ?

3. Quel type de narrateur Maupassant utilise-t-il pour rédiger ces portraits ?

4. Ces portraits sont-ils mélioratifs ou péjoratifs ? Justifiez.

■ Le portrait de Boule de Suif

5. a. Où le portrait de Boule de Suif est-il situé dans la galerie de portraits de la nouvelle ?

b. Pourquoi, selon vous ?

6. Quel type de portrait, physique ou moral, Guy de Maupassant fait-il de ce personnage ?

7. Relevez les comparaisons employées par G. de Maupassant : quelle image de l'héroïne cherchent-elles à traduire ?

... au film

1. **2.** **3.** **4.** **5.** **6.** **7.** **8.**

■ Le jeu des acteurs

8. Dans quels photogrammes Boule de Suif est-elle présente dans le **champ** de l'image ? Où se trouve-t-elle dans les autres photogrammes ? Selon vous, qu'est-ce que le cinéaste a cherché à traduire par ce procédé ?

9. a. Poursuivez le codage des personnages pour les photogrammes 4, 5, 6 et 8.
• Photogramme 2 : personnage A ;
• Photogramme 3 : A + B ;
• Photogramme 4 : B + ?...

b. Selon vous, qu'est-ce que le cinéaste souligne par ce procédé ?

10. Quels sentiments les personnages éprouvent-ils vis-à-vis de Boule de Suif ? Comment cela est-il traduit par l'image ?

■ Gros plan sur Boule de Suif

11. Le personnage de Boule de Suif, interprété par Micheline Presle, correspond-il complètement à celui décrit par G. de Maupassant ? Justifiez votre réponse.

12. Selon vous, le spectateur du film est-il plus ou moins séduit par Boule de Suif que le lecteur du portrait de la nouvelle ? Justifiez.

L'ABC de l'analyse filmique

C comme champ, hors-champ, contre-champ

• On appelle **champ** l'espace qu'embrasse une image.

• Ce qui est en dehors du **champ** de vision est dit « **hors-champ** ».

• Si le **champ** d'une image A est diamétralement opposé au **champ** d'une image B, on dira alors que A est le **contre-champ** de B et réciproquement.

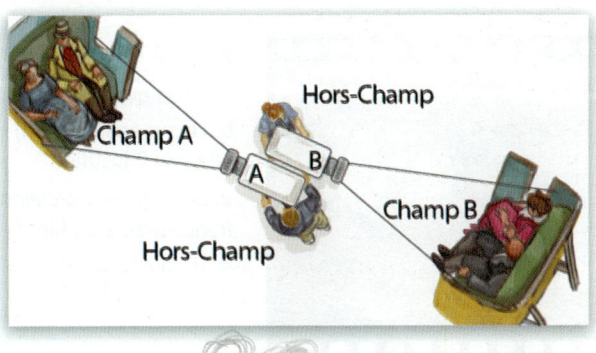

▶ Boule de Suif

ATELIER CINÉMA

📖 De l'évocation de la guerre de 1870 dans deux récits de Maupassant…

■ Les francs-tireurs

Des légions de francs-tireurs aux appellations héroïques : « les Vengeurs de la Défaite – les Citoyens de la Tombe – les Partageurs de la Mort » passaient à leur tour, avec des airs de bandits.
Leurs chefs, anciens commerçants en draps ou en graines, ex-marchands de suif ou de savon, guerriers de circonstance, nommés officiers pour leurs écus ou la longueur de leurs moustaches, couverts d'armes, de flanelle et de galons, parlaient d'une voix retentissante, discutaient plans de campagne, et prétendaient soutenir seuls la France agonisante sur leurs épaules de fanfarons.

Guy de Maupassant, *Boule de Suif*, 1880.

1. D'après l'extrait, qu'est-ce qu'un « franc-tireur » ?
2. Quelle opinion G. de Maupassant a-t-il des francs-tireurs pendant la guerre de 1870 ? Justifiez.

■ Cornudet, le « patriote »

Fort bon garçon, du reste, inoffensif et serviable, [Cornudet] s'était occupé avec une ardeur incomparable d'organiser la défense. Il avait fait creuser des trous dans les plaines, coucher tous les jeunes arbres des forêts voisines, semer des pièges sur toutes les routes, et, à l'approche de l'ennemi, satisfait de ses préparatifs, il s'était vivement replié vers la ville.

Guy de Maupassant, *Boule de Suif*, 1880.

3. D'après l'extrait, en quoi le patriotisme de Cornudet consiste-t-il ?
4. a. Quel trait de caractère de ce personnage Maupassant met-il en lumière ?
b. S'agit-il d'un défaut ou d'une qualité ?

■ Mademoiselle Fifi

La mine, c'était l'invention [de Mademoiselle Fifi], sa manière de détruire, son amusement préféré. […] Le petit marquis[1] […] rapporta une toute mignonne théière de Chine […] qu'il emplit de poudre à canon, et, par le bec, il introduisit délicatement un long morceau d'amadou[2], l'alluma, et courut reporter cette machine infernale dans l'appartement voisin. Puis il revint bien vite, en fermant la porte. Tous les Allemands attendaient debout, avec la figure souriante d'une curiosité enfantine, et, dès que l'explosion eut secoué le château, ils se précipitèrent ensemble.

Guy de Maupassant, *Mademoiselle Fifi*, 1882.

1. Mademoiselle Fifi. **2.** substance inflammable.

5. L'appellation « La mine » convient-elle bien à l'invention de Mademoiselle Fifi ? Justifiez.
6. Quel défaut du personnage Maupassant exprime-t-il ?

■ Les Loiseau, Carré-Lamadon, de Bréville

Le besoin du négoce[1] travailla de nouveau le cœur des commerçants du pays. Quelques-uns avaient de gros intérêts engagés au Havre que l'armée française occupait, et ils voulurent tenter de gagner ce port en allant par terre à Dieppe où ils s'embarqueraient. […] Deux hommes se reconnurent, un troisième les aborda, ils causèrent : « J'emmène ma femme », dit l'un. « J'en fais autant. » « Et moi aussi. » Le premier ajouta : « Nous ne reviendrons pas à Rouen, et si les Prussiens approchent du Havre nous gagnerons l'Angleterre. »

Guy de Maupassant, *Boule de Suif*, 1880.

1. commerce

7. Les trois couples donnent-ils la priorité aux intérêts personnels ou à ceux de la patrie ? Justifiez.

🎥 … à la relecture historique d'un patrimoine littéraire : un film réalisé en 1945

1.

■ Les francs-tireurs

1. a. De quelles séquences du film ce photogramme pourrait-il être extrait ?
b. Le **synopsis** (p. 56) présente-t-il les francs-tireurs de manière positive ou négative ? Justifiez.
2. a. À quelles personnes de la guerre de 1939-1945 peut-on assimiler les francs-tireurs du film ?
b. Le cinéaste a-t-il le même point de vue que Maupassant sur les francs-tireurs ? Justifiez ?

■ Cornudet, le « patriote »

3. Exprimez avec vos propres mots la scène racontée par ces photogrammes issus de la séquence 15 du synopsis.

4. a. De quel trait de caractère Cornudet fait-il preuve ?
b. Le Cornudet du film correspond-il au point de vue de Maupassant sur son personnage ?

2.   3.   4.   5.

■ Mademoiselle Fifi

5. Quel trait de caractère du personnage de Mademoiselle Fifi, interprété par Louis Salou, est mis en lumière par ces photogrammes ?

6. En quoi Mademoiselle Fifi évoque-t-il des Allemands de la période 1939-1945 ?

6.   7.   8.

« Comment s'appelle ce monsieur ?
– Bonnin, Marcel. »

« Fusillez-moi tout de suite le nommé Bonnin, vous savez, l'otage, et faites immédiatement transporter le corps à son domicile. »

« Votre mari sera chez vous ce soir, Madame. »

■ Les Loiseau, Carré-Lamadon, de Bréville

7. Quelle est l'attitude des trois hommes mise en lumière par ces photogrammes ?

8. Quels types de Français de la période 1939-1945 ces trois hommes incarnent-ils ?

9.   10.   11.

« Monsieur Loiseau, négociant en vin.
– Hubert de Bréville.
– Carré-Lamadon, conseiller général. »

« Il n'y a pas d'autres occupations importantes en temps de guerre que la guerre. Sortez ! »

« J'ai bien, Capitaine, l'honneur de vous saluer.
– Moi de même.
– Excusez-nous, je vous en prie, Monsieur le Capitaine. »

ATELIER CINÉMA

📖 De la situation finale de la nouvelle…

Quand le corps de mademoiselle Fifi, porté par des soldats, précédé, entouré, suivi de soldats qui marchaient le fusil chargé, quitta le château d'Uville, allant au cimetière, pour la première fois la cloche tinta son glas[1] funèbre avec une allure allègre[2], comme si une main amie l'eût caressée. […]

C'est qu'une pauvre fille vivait là-haut, dans l'angoisse et la solitude. […] Elle y resta jusqu'au départ des troupes allemandes. Puis, un soir, le curé ayant emprunté le char à bancs du boulanger, conduisit lui-même sa prisonnière jusqu'à la porte de Rouen. Arrivé là, le prêtre l'embrassa ; elle descendit et regagna vivement à pied le logis public, dont la patronne la croyait morte.

Elle en fut tirée quelque temps après par un patriote sans préjugés qui l'aima pour sa belle action, puis l'ayant ensuite chérie pour elle-même, l'épousa, en fit une dame qui valut autant que beaucoup d'autres.

Guy de Maupassant, *Mademoiselle Fifi*, 1882.

1. sonnerie des morts.   2. joyeuse.

Boule de Suif, 1892, Bibliothèque nationale, Paris.
© Photo Josse/Leemage

L'ABC de l'analyse filmique

M comme mouvements de la caméra

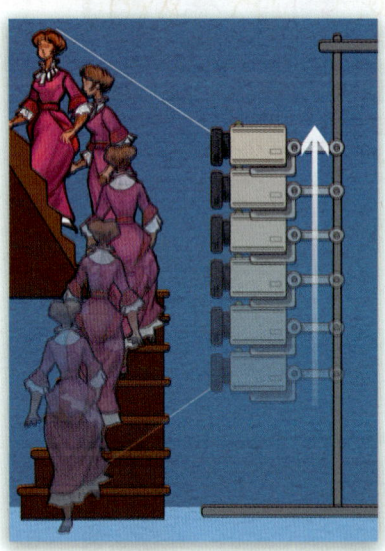

- **Plan fixe** : les éléments se déplacent devant la caméra qui reste fixe.
- **Panoramique** : la caméra fait un tour complet ou partiel sur son axe.
- **Travelling** : la caméra se déplace sur des rails :
  - de gauche à droite ou de droite à gauche, **travelling latéral** ;
  - de haut en bas ou de bas en haut, **travelling vertical** ;
  - d'arrière en avant, **travelling avant** ;
  - d'avant en arrière, **travelling arrière**.

S comme son

La bande son d'un film peut être composée :
– de **dialogues** dont l'abondance ou la rareté contribuent à créer l'atmosphère, le rythme du film ;
– d'une **voix off** : c'est la voix d'un personnage ou d'un narrateur qu'on ne voit pas à l'écran ;
– de **sons** (bruits de pas, tic-tac d'horloge…) ;
– de **musique**.
Ces deux derniers éléments contribuent grandement à la création d'une atmosphère (oppressante, gaie…).

... à la séquence finale du film

■ La séquence finale

- Lisez l'épilogue de *Mademoiselle Fifi*.
- Observez les photogrammes extraits de la séquence finale du film.

1. Quels éléments de la nouvelle de Maupassant retrouvez-vous dans les photogrammes ?

2. Comment Christian-Jaque rend-il hommage à Maupassant dans cette séquence ?

3. a. Dans les photogrammes, repérez un **gros plan**, un plan en **plongée** et un plan en **contre-plongée**.
b. Commentez l'effet de chacun d'eux.

> Visionnez la séquence

4. Comment l'image du convoi funèbre est-elle enchaînée à la précédente ? Ce **montage** crée-t-il un effet de rupture ou de continuité ? Qu'a cherché à souligner le cinéaste ?

5. Pour filmer l'arrivée du convoi, la **caméra** est-elle **fixe** ou se **déplace**-t-elle ? Que traduit l'impression d'horizontalité ainsi créée ?

6. Comment la caméra se déplace-t-elle entre Boule de suif dans le clocher et le convoi ? Que souligne ce **mouvement de caméra** ?

7. Écoutez la **bande son**.
a. Quels sons différents se succèdent ?
b. Que traduisent-ils ?

L'ABC de l'analyse filmique

M comme montage des scènes

Une séquence peut être raccordée à la suivante par :
– un **fondu au noir** : l'écran devient noir ;
– un **fondu enchaîné** : l'image disparaît et est peu à peu remplacée par la suivante, par superposition ;
– une **coupe franche** : on passe brutalement d'une image à une autre, sans transition.

▶ Boule de Suif

SÉQUENCE 3

L'UNIVERS ROMANESQUE

Romanciers du XIXᵉ siècle

▷ **Aborder des univers d'écrivains**

ŒUVRE INTÉGRALE
Nantas, Émile Zola
- Incipit 66
- Portrait de Nantas 67
- Le pacte 68
- Les bureaux de Nantas 70
- Lecture intégrale de la nouvelle 71
- Histoire littéraire *Vers la 2ᵈᵉ* 71

ŒUVRE INTÉGRALE
La Vendetta, Honoré de Balzac
- Un début de roman 72
- Entrevue avec Bonaparte 74
- Les mots de Balzac 75
- Un roman historique 76
- Un roman psychologique 78
- Un auteur, Honoré de Balzac 79
- Un roman de *La Comédie humaine* .. 80

Lectures personnelles 82

FAIRE LE POINT
📷 Romanciers du XIXᵉ siècle 83

S'EXPRIMER
- **Vocabulaire :** Bâtir un portrait moral 84
- **Oral :** Présenter un écrivain – Prendre en notes un exposé 84
- **Orthographe :** Faire les accords dans le groupe nominal 85
- **Grammaire :** Varier les reprises nominales et pronominales – Utiliser des expansions du nom 86
- **Écrit :** Insérer descriptions et portraits dans un récit 87

MÉTHODES POUR LE BREVET
- *Le Ventre de Paris*, É. Zola 88

→ **Principaux points de langue :** Champ lexical • Le discours indirect libre • Les figures de style • Le rythme d'un récit

OBJECTIFS
Devenir un lecteur actif
▷ Qui ? Où ? Quand ? Quoi ? Pourquoi ?
▷ Comment et pourquoi lire un portrait ?
▷ Pourquoi l'auteur en dit-il autant ou si peu ?
▷ Comment et pourquoi lire des descriptions ?
▷ Que raconte la nouvelle ?
▷ Qu'est-ce qui caractérise un roman de Zola ?

S'initier à l'univers de Balzac
▷ Faire connaissance avec les personnages
▷ Se familiariser avec l'écriture de Balzac
▷ Suivre le fil de l'histoire
▷ Étudier le vocabulaire
▷ Comprendre le rôle de l'Histoire dans le roman
▷ Analyser les passions
▷ Lire une biographie pour comprendre une œuvre
▷ Repérer les caractéristiques d'un roman de Balzac
▷ Lire des romans du XIXᵉ siècle

André Gill (1840-1885), ▶
Le Salut, 1878,
Musée Carnavalet, Paris.

Entrer par l'image
❶ Qui identifiez-vous sur l'image ?
❷ De quel type d'artistes s'agit-il ?
❸ D'après ce dessin, lequel des deux artistes vous semble-t-il avoir vécu avant l'autre ? Pourquoi ?

N° 4 — **LES HOMMES D'AUJOURD'HUI** — 10 c.

DESSINS DE GILL

ÉMILE ZOLA

Séquence 3 ▶ **Romanciers du XIXe siècle**

ŒUVRE INTÉGRALE

POUR ENTRER DANS LA SÉQUENCE

▸ Quelles sont les dates d'Honoré de Balzac ? d'Émile Zola ? Lequel des deux écrivains a vécu sous la Restauration monarchiste (1830-1848) ? sous le Second Empire (1852-1870) ?

▸ Quels sont les deux sens de l'adjectif *romanesque* ? Lequel des deux convient aux séquences 1 et 2 ?

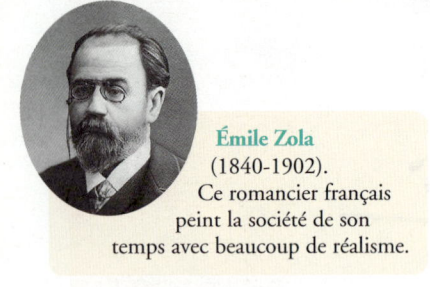

Émile Zola (1840-1902). Ce romancier français peint la société de son temps avec beaucoup de réalisme.

Nantas — Émile Zola

➤ Devenir un lecteur actif

Découvrez cette nouvelle par l'étude de quatre extraits.

Extrait 1 Incipit (début) de la nouvelle

La chambre que Nantas habitait depuis son arrivée de Marseille se trouvait au dernier étage d'une maison de la rue de Lille, à côté de l'hôtel du baron Danvilliers, membre du Conseil d'État. Cette maison appartenait au baron, qui l'avait fait construire sur d'anciens communs[1]. Nantas, en se penchant, pouvait
5 apercevoir un coin du jardin de l'hôtel, où des arbres superbes jetaient leur ombre. Au-delà, par-dessus les cimes vertes, une échappée s'ouvrait sur Paris, on voyait la trouée de la Seine, les Tuileries, le Louvre, l'enfilade des quais, toute une mer de toitures, jusqu'aux lointains perdus du Père-Lachaise[2].
  C'était une étroite chambre mansardée[3], avec une fenêtre taillée dans les
10 ardoises. Nantas l'avait simplement meublée d'un lit, d'une table et d'une chaise. Il était descendu là, cherchant le bon marché, décidé à camper tant qu'il n'aurait pas trouvé une situation quelconque. Le papier sali, le plafond noir, la misère et la nudité de ce cabinet où il n'y avait pas de cheminée, ne le blessaient point. Depuis qu'il s'endormait en face du Louvre et des Tuileries,
15 il se comparait à un général qui couche dans quelque misérable auberge, au bord d'une route, devant la ville riche et immense, qu'il doit prendre d'assaut le lendemain.
  L'histoire de Nantas était courte. Fils d'un maçon de Marseille, il avait commencé ses études au lycée de cette ville, poussé par l'ambitieuse tendresse
20 de sa mère, qui rêvait de faire de lui un monsieur. Les parents s'étaient saignés pour le mener jusqu'au baccalauréat. Puis, la mère étant morte, Nantas dut accepter un petit emploi chez un négociant[4], où il traîna pendant douze années une vie dont la monotonie l'exaspérait. Il se serait enfui vingt fois, si son devoir de fils ne l'avait cloué à Marseille, près de son père tombé d'un échafaudage et
25 devenu impotent[5]. Maintenant, il devait suffire à tous les besoins. Mais un soir, en rentrant, il trouva le maçon mort, sa pipe encore chaude à côté de lui. Trois jours plus tard, il vendait les quatre nippes du ménage, et partait pour Paris, avec deux cents francs dans sa poche.

À suivre...
Émile Zola, *Nantas*, 1880.

---

1. bâtiments réservés au service.
2. vaste cimetière de Paris.
3. située sous les toits et dont un mur est incliné.
4. marchand.
5. blessé dont les mouvements sont limités ou impossibles.
6. vêtements usagés.

Nantas

⊙ Qui ? Où ? Quand ? Quoi ? Pourquoi ?

Pour bien comprendre un texte, il faut se poser ces cinq questions essentielles.

■ Qui ?

1. a. Comment le personnage central de cet incipit se nomme-t-il ?
b. Pourquoi peut-on dire qu'il sera le héros du récit ?
c. Comment nomme-t-on ce type de héros ?
2. Quelles informations le lecteur a-t-il sur lui ? Est-ce un homme ou une femme ? Quel âge a-t-il (elle) ? Quelle est sa situation sociale ?

■ Où ?

3. Quels sont les lieux précis évoqués dans ce début de récit ?
4. Quel rapport ces lieux ont-ils entre eux ? Justifiez en relevant les deux **champs lexicaux** qui s'opposent dans la description des lieux.
→ Champ lexical – p. 378

■ Quand ?

5. Peut-on dater précisément l'histoire d'après ce passage ? Justifiez.

■ Quoi ?

6. Que fait ou que veut faire le héros d'après cet extrait ? Relevez un passage du texte à l'appui de votre réponse.

■ Pourquoi ?

7. a. Quel discours rapporté l'auteur emploie-t-il dans les lignes 23 à 25 ?
b. Pour quelle raison Zola emploie-t-il ce procédé ?
8. En quoi la situation de famille de Nantas explique-t-elle son comportement ?

📷 Faisons le point

- En vous appuyant sur vos réponses précédentes, dites quel est le **point de vue** adopté dans cet **incipit**.
- En quoi ce point de vue crée-t-il une impression de réalité ?

Exercice d'écriture

Comment imaginez-vous la suite de la vie de Nantas : comme une réussite ou comme un échec ? Présentez brièvement les péripéties que vous envisagez.

Extrait 2 — Portrait de Nantas

Il y avait, chez Nantas, une ambition entêtée de fortune, qu'il tenait de sa mère. C'était un garçon de décision prompte, de volonté froide. Tout jeune, il disait être une force. On avait souvent ri de lui, lorsqu'il s'oubliait à faire des confidences et à répéter sa phrase favorite :
5 « Je suis une force », phrase qui devenait comique, quand on le voyait avec sa mince redingote[1] noire, craquée aux épaules, et dont les manches lui remontaient au-dessus des poignets. Peu à peu, il s'était ainsi fait une religion de la force, ne voyant qu'elle dans le monde, convaincu que les forts sont quand même les victorieux. Selon lui,
10 il suffisait de vouloir et de pouvoir. Le reste n'avait pas d'importance.

Le dimanche, lorsqu'il se promenait seul dans la banlieue brûlée de Marseille, il se sentait du génie ; au fond de son être, il y avait comme une impulsion instinctive qui le jetait en avant ; et il rentrait manger quelque platée de pommes de terre avec son père infirme, en se disant
15 qu'un jour il saurait bien se tailler sa part, dans cette société où il n'était rien encore à trente ans. Ce n'était point une envie basse, un appétit des jouissances vulgaires ; c'était le sentiment très net d'une intelligence et d'une volonté qui, n'étant pas à leur place, entendaient monter tranquillement à cette place, par un besoin naturel de logique.

À suivre…

⊙ Comment et pourquoi lire un portrait ?

1. a. Relevez un nom répété plusieurs fois dans ce portrait.
b. Relevez le champ lexical correspondant à ce nom.
2. À quelle expression de l'incipit ce mot fait-il écho ?
3. Ce portrait est-il un portrait physique ? moral ? Justifiez.
4. Proposez un titre à ce portrait.

📷 Faisons le point

- En quoi ce portrait **crée-t-il une attente** chez le lecteur ? Expliquez.

---

1. ample veste d'homme croisée, à longs pans.

Séquence 3 ▶ Romanciers du XIXᵉ siècle

ŒUVRE INTÉGRALE

Exercice de lecture expressive

Afin de rendre toute la force de ce portrait, entraînez-vous à le lire de façon expressive en tenant compte des pauses liées à la ponctuation (deux barres obliques) et des pauses secondaires (une barre oblique), et en insistant sur les groupes de mots soulignés.

Il y avait, / chez Nantas, / une ambition entêtée de fortune, / qu'il tenait de sa mère. // C'était un garçon de décision prompte, / de volonté froide. // Tout jeune, / il disait être / une force. // On avait souvent ri de lui, / lorsqu'il s'oubliait à faire des confidences / et à répéter sa phrase favorite : // « Je suis une force », / phrase qui devenait comique, / quand on le voyait avec sa mince redingote noire, / craquée aux épaules, / et dont les manches lui remontaient au-dessus des poignets. // Peu à peu, / il s'était ainsi fait une religion de la force, / ne voyant qu'elle dans le monde, / convaincu que les forts sont quand même les victorieux. Selon lui, / il suffisait de vouloir et de pouvoir. // Le reste / n'avait pas d'importance.

Extrait 3 Le pacte

Nantas cherche en vain du travail à Paris. Il rentre chez lui, désespéré, prêt à se vendre ou à se tuer.

Cependant, sa fatigue était telle, qu'il s'endormit sur sa chaise. Brusquement, il fut réveillé par un bruit de voix. C'était sa concierge qui introduisait chez lui une dame.

« Monsieur, commença-t-elle, je me suis permis de faire monter… »

Et, comme elle s'aperçut qu'il n'y avait pas de lumière dans la chambre, elle redescendit vivement chercher une bougie. Elle paraissait connaître la personne qu'elle amenait, à la fois complaisante et respectueuse.

« Voilà, reprit-elle en se retirant. Vous pouvez causer, personne ne vous dérangera. »

Nantas, qui s'était réveillé en sursaut, regardait la dame avec surprise. Elle avait levé sa voilette[1]. C'était une personne de quarante-cinq ans, petite, très grasse, d'une figure poupine et blanche de vieille dévote[2]. Il ne l'avait jamais vue. Lorsqu'il lui offrit l'unique chaise, en l'interrogeant du regard, elle se nomma :

« Mlle Chuin… Je viens, monsieur, pour vous entretenir d'une affaire importante. »

Lui, avait dû s'asseoir sur le bord du lit. Le nom de Mlle Chuin ne lui apprenait rien. Il prit le parti d'attendre qu'elle voulût bien s'expliquer. Mais elle ne se pressait pas ; elle avait fait d'un coup d'œil le tour de l'étroite pièce, et semblait hésiter sur la façon dont elle entamerait l'entretien. Enfin, elle parla, d'une voix très douce, en appuyant d'un sourire les phrases délicates.

« Monsieur, je viens en amie… On m'a donné sur votre compte les renseignements les plus touchants. Certes, ne croyez pas à un espionnage. Il n'y a, dans tout ceci, que le vif désir de vous être utile. Je sais combien la vie vous a été rude jusqu'à présent, avec quel courage vous avez lutté pour trouver une situation, et quel est aujourd'hui le résultat fâcheux de tant d'efforts… Pardonnez-moi une fois encore, monsieur, de m'introduire ainsi dans votre existence. Je vous jure que la sympathie seule… »

Nantas ne l'interrompait pas, pris de curiosité, pensant que sa concierge avait dû fournir tous ces détails. Mlle Chuin pouvait continuer, et pourtant elle cherchait de plus en plus des compliments, des façons caressantes de dire les choses.

« Vous êtes un garçon d'un grand avenir, monsieur. Je me suis permis de suivre vos tentatives et j'ai été vivement frappée par votre louable fermeté dans le malheur. Enfin, il me semble que vous iriez loin, si quelqu'un vous tendait la main. »

Elle s'arrêta encore. Elle attendait un mot. Le jeune homme crut que cette dame venait lui offrir une place. Il répondit qu'il accepterait tout. Mais elle, maintenant que la glace était rompue, lui demanda carrément :

« Éprouveriez-vous quelque répugnance à vous marier ?
— Me marier ! s'écria Nantas. Eh ! bon Dieu ! qui voudrait de moi, madame ?… Quelque pauvre fille que je ne pourrais seulement pas nourrir.
— Non, une jeune fille très belle, très riche, magnifiquement apparentée[3], qui vous mettra d'un coup dans la main les moyens d'arriver à la situation la plus haute. »

Nantas ne riait plus.

« Alors, quel est le marché ? demanda-t-il, en baissant instinctivement la voix.
— Cette jeune fille est enceinte, et il faut reconnaître l'enfant », dit nettement Mlle Chuin, qui oubliait ses tournures onctueuses pour aller plus vite en affaire.

Le premier mouvement de Nantas fut de jeter l'entremetteuse à la porte.

« C'est une infamie[4] que vous me proposez là, murmura-t-il.
— Oh ! une infamie, s'écria Mlle Chuin, retrouvant sa voix mielleuse, je n'accepte pas ce vilain mot… La vérité, monsieur, est que vous sauverez une famille du désespoir. Le père ignore tout, la grossesse n'est encore que peu avancée ; et c'est moi qui ai conçu l'idée de marier le plus tôt possible la pauvre fille, en présentant le mari comme l'auteur de l'enfant. Je connais le père, il en mourrait. Ma combinaison amortira le coup, il croira à une réparation… Le malheur est que le véritable séducteur est marié. Ah ! monsieur, il y a des hommes qui manquent vraiment de sens moral… »

Elle aurait pu aller longtemps ainsi. Nantas ne l'écoutait plus. Pourquoi donc refuserait-il ? Ne demandait-il pas à se vendre tout à l'heure ? Eh bien ! on venait l'acheter. Donnant donnant. Il donnait son nom, on lui donnait une situation. C'était un contrat comme un autre. Il regarda son pantalon crotté par la boue de Paris, il sentit qu'il n'avait pas mangé depuis la veille, toute la colère de ses deux mois de recherches et d'humiliations lui revint au cœur. Enfin ! il allait donc mettre le pied sur ce monde qui le repoussait et le jetait au suicide !

« J'accepte », dit-il crûment. […]

Quand il fut seul, Nantas alla se mettre à la fenêtre. La nuit était très noire ; on ne distinguait plus que la masse des arbres, à l'épaississement de l'ombre ; une fenêtre luisait sur la façade sombre de l'hôtel. Ainsi, c'était cette grande fille blonde, qui marchait d'un pas de reine et qui ne daignait point l'apercevoir. Elle ou une autre, qu'importait d'ailleurs ! La femme n'entrait pas dans le marché. Alors, Nantas leva les yeux plus haut, sur Paris grondant dans les ténèbres, sur les quais, les rues, les carrefours de la rive gauche[5], éclairés des flammes dansantes du gaz ; et il tutoya Paris, il devint familier et supérieur.

« Maintenant, tu es à moi ! »

À suivre…

1. petit morceau de dentelle attaché à un chapeau et qui couvre le visage d'une femme.
2. personne qui montre sa religion de façon excessive.
3. d'une famille riche et puissante.
4. action honteuse.
5. rive gauche de la Seine.

Pourquoi l'auteur en dit-il autant ou si peu ?

L'entrevue (lignes 1 à 88)

1. Quel est le personnage qui parle le plus ? Pour quelles raisons l'auteur le fait-il parler autant ?

2. Quel est le personnage qui parle peu ? Pour quelle raison l'auteur le fait-il parler si peu ?

3. a. Une anagramme est un mot écrit à l'envers : de quel nom « Nantas » est-il – presque – l'anagramme ?
b. Donnez un synonyme de « nanti ».

4. a. De quel verbe peut-on rapprocher le nom de Mlle Chuin ?
b. Que signifie ce verbe ? Convient-il au personnage ?

5. a. Quelle reprise nominale est employée pour désigner Mlle Chuin (l. 57 à 64) ? Quel rôle de Mlle Chuin est ainsi évoqué ?
b. Ce terme est-il péjoratif ou mélioratif ?

6. Comparez les paroles de Mlle Chuin, l. 67 à 77, à la réponse que lui fait Nantas : « J'accepte ». Que constatez-vous ?

7. Qui représente le diable dans ce pacte entre les deux personnages : Mlle Chuin ? Nantas ? les deux ? Expliquez.

→ Les reprises nominales et pronominales – p. 384

Nantas et Paris (lignes 89 à 97)

8. Quelle est la position du personnage de Nantas par rapport au paysage dans ce passage ? Que traduit-elle ?

9. a. Relevez les expressions caractérisant Paris (l. 93 à 96).
b. Comparez-les à l'évocation de Paris dans l'incipit : quelle évolution constatez-vous ?

10. a. Dans quel état d'esprit Nantas se sent-il ?
b. L. 91 à 93 : Qui s'exprime ? Comment nomme-t-on cette façon de rapporter des paroles ou des pensées ?

11. Pourquoi l'auteur s'attarde-t-il sur le personnage et sur ses pensées à ce moment du récit ?

→ Le discours indirect libre – p. 398

📷 Faisons le point

- Comment **la place accordée au personnage de Nantas** évolue-t-elle dans ce passage ? Comment expliquez-vous cette évolution ?

Séquence 3 ▶ Romanciers du XIXe siècle

ŒUVRE INTÉGRALE

Exercices d'écriture

1. D'après les trois extraits que vous avez lus, quelle hypothèse de lecture faites-vous ?
Pensez-vous que : – le mariage de Nantas sera heureux ?
– Nantas réussira dans ses affaires ?
Justifiez vos réponses.

2. Imaginez une chute pour cette nouvelle.

Extrait 4 Les bureaux de Nantas

Ce matin-là, Nantas était accablé d'affaires. Dans les vastes bureaux qu'il avait installés au rez-de-chaussée de l'hôtel, régnait une activité prodigieuse. C'était un monde d'employés, les uns immobiles derrière des guichets, les autres allant et venant sans cesse, faisant battre les portes ; c'était un bruit d'or continu, des sacs ouverts et coulant sur les tables, la musique toujours sonnante d'une caisse dont le flot semblait devoir noyer les rues. Puis, dans l'antichambre, une cohue se pressait, des solliciteurs[1], des hommes d'affaires, des hommes politiques, tout Paris à genoux devant la puissance. Souvent, de grands personnages attendaient là patiemment pendant une heure. Et lui, assis à son bureau, en correspondance avec la province et l'étranger, pouvant de ses bras étendus étreindre le monde, réalisait enfin son ancien rêve de force, se sentait le moteur intelligent d'une colossale machine qui remuait les royaumes et les empires.

1. demandeurs.

○ Comment et pourquoi lire des descriptions ?

1. a. Identifiez et relevez plusieurs **figures de style** dans la description des bureaux de Nantas.

b. Quelle impression ces figures de style donnent-elles des lieux ?

2. Relisez la description de l'extrait 1 :
a. Relevez les adjectifs qualificatifs décrivant la chambre de Nantas.

b. Quelle impression se dégage de cette chambre ?

3. Comparez les deux descriptions : quelle évolution sociale du personnage traduisent-elles ? Expliquez.

→ Les figures de style – p. 380

Nantas

Lisez l'ensemble de la nouvelle.

Cette nouvelle est recueillie dans l'ouvrage *Vanina Vanini*, © Le Livre de Poche Jeunesse, réf. 978-2-01 322628-8

Que raconte la nouvelle ?

Bilan de lecture

1. Résumez la nouvelle en une quinzaine de lignes.

2. Le récit est-il conforme à vos hypothèses de lecture ? Expliquez.

3. a. Quel était le but de Nantas dans la vie ? L'a-t-il atteint ?
b. L'auteur présente-t-il Nantas comme un personnage qui a échoué ou qui a réussi ? Justifiez votre réponse.

4. a. En quoi la dernière phrase de la nouvelle représente-t-elle une chute ?
b. Quel sens cette phrase donne-t-elle à la nouvelle ?
c. Que pensez-vous, personnellement, de cette chute ? Justifiez votre réponse.

La structure de la nouvelle

5. Recopiez et complétez le tableau suivant :

	Au début de la nouvelle	À la fin de la nouvelle
Le désir de	se suicider	…
– Comment ?	…	…
– Quand ?	…	…
– Où ?	…	…
– Pourquoi ?	…	…
L'empêchement par	…	….

6. Que constatez-vous ?

Vers la 2de — Histoire littéraire

Qu'est-ce qui caractérise un roman de Zola ?

Zola et le Second Empire

Pour éviter tout retour de la Révolution, l'empereur Napoléon III (1851-1870) prôna la devise : « Enrichissez-vous. » Il créa des établissements de crédit, six compagnies de chemin de fer. Pour donner à Paris une allure moderne (mais aussi pour rendre impossibles les barricades), il confia au baron Haussmann d'importants travaux d'urbanisme ; ce dernier perça de majestueux grands boulevards dans la capitale. L'Exposition universelle de 1855 fut le reflet de cette période de prospérité économique et de toute-puissance de la bourgeoisie financière et industrielle.

1. Qu'est-ce qui caractérise la société du Second Empire ?
2. Quelle est la nature (le principal trait de caractère) du personnage de Nantas ?
3. Quel lien faites-vous entre le personnage éponyme du roman et la société de l'époque de Zola ?

Zola et le naturalisme

4. À quoi reconnaissez-vous Émile Zola sur cette caricature ? Que fait-il avec sa loupe et son crochet ?

5. Lisez cette définition que donne Émile Zola du mouvement littéraire qu'il a créé, le naturalisme : il vise à « *montrer l'homme vivant dans le milieu social qu'il a produit lui-même, qu'il modifie tous les jours, et au sein duquel il éprouve à son tour une transformation continue[1].* »

6. Expliquez oralement et brièvement en quoi la nouvelle *Nantas* illustre cette théorie.

1. Extrait du *Roman expérimental*, 1880.

Caricature de Zola parue dans « L'Éclipse », 1876.
© Hachette Livre

ŒUVRE INTÉGRALE

La Vendetta — Honoré de Balzac

➜ S'initier à l'univers de Balzac

Procurez-vous ce roman.
Ce roman est recueilli dans l'ouvrage *Vanina Vanini*, © Le Livre de Poche Jeunesse, réf. 978-2-01 322628-8
Vous allez le découvrir grâce à deux extraits. Puis vous le lirez au rythme qui va vous être indiqué au fil de cette étude.

Un début de roman

Extrait 1 Voici l'incipit (le début) du roman.

En 1800, vers la fin du mois d'octobre, un étranger, suivi d'une femme et d'une petite fille, arriva devant les Tuileries à Paris, et se tint assez longtemps auprès des décombres d'une maison récemment démolie, à l'endroit où s'élève aujourd'hui l'aile commencée qui devait unir le château de Catherine de Médicis au Louvre des Valois. Il resta là, debout, les bras croisés, la tête inclinée et la relevait parfois pour regarder alternativement le palais consulaire, et sa femme assise auprès de lui sur une pierre. Quoique l'inconnue parût ne s'occuper que de la petite fille âgée de neuf à dix ans dont les longs cheveux noirs étaient comme un amusement entre ses mains, elle ne perdait aucun des regards que lui adressait son compagnon. Un même sentiment, autre que l'amour, unissait ces deux êtres, et animait d'une même inquiétude leurs mouvements et leurs pensées. La misère est peut-être le plus puissant de tous les liens. Cette petite fille semblait être le dernier fruit de leur union. L'étranger avait une de ces têtes abondantes en cheveux, larges et graves, qui se sont souvent offertes au pinceau des Carraches[1]. Ces cheveux si noirs étaient mélangés d'une grande quantité de cheveux blancs. Quoique nobles et fiers, ses traits avaient un ton de dureté qui les gâtait. Malgré sa force et sa taille droite, il paraissait avoir plus de soixante ans. Ses vêtements délabrés annonçaient qu'il venait d'un pays étranger. Quoique la figure jadis belle et alors flétrie de la femme trahît une tristesse profonde, quand son mari la regardait elle s'efforçait de sourire en affectant une contenance calme. La petite fille restait debout, malgré la fatigue dont les marques frappaient son jeune visage hâlé par le soleil. Elle avait une tournure italienne, de grands yeux noirs sous des sourcils bien arqués, une noblesse native, une grâce vraie. Plus d'un passant se sentait ému au seul aspect de ce groupe dont les personnages ne faisaient aucun effort pour cacher un désespoir aussi profond que l'expression en était simple ; mais la source de cette fugitive obligeance[2] qui distingue les Parisiens se tarissait promptement. Aussitôt que l'inconnu se croyait l'objet de l'attention de quelque oisif[3], il le regardait d'un air si farouche, que le flâneur le plus intrépide hâtait le pas comme s'il eût marché sur un serpent. Après être demeuré longtemps indécis, tout à coup le grand étranger passa la main sur son front, il en chassa, pour ainsi dire, les pensées qui l'avaient sillonné de rides, et prit sans doute un parti désespéré. Après avoir jeté un regard perçant sur sa femme et sur sa fille, il tira de sa veste un long poignard, le tendit à sa compagne, et lui dit en italien : « Je vais voir si les Bonaparte se souviennent de nous. » Et il marcha d'un pas lent et assuré vers l'entrée du palais, où il fut naturellement arrêté par un soldat de la garde consulaire avec lequel il ne put longtemps discuter. En s'apercevant de l'obstination de l'inconnu, la sentinelle lui présenta sa baïonnette en manière d'*ultimatum*. Le hasard voulut que l'on vînt en ce moment relever le soldat de sa faction[4], et le caporal indiqua fort obligeamment à l'étranger l'endroit où se tenait le commandant du poste.

— Faites savoir à Bonaparte que Bartholoméo di Piombo voudrait lui parler, dit l'Italien au capitaine de service.

À suivre...

Honoré de Balzac, *La Vendetta*, 1830.

Thomas Girtin (1775-1802), *Le Palais du Louvre,* 1801, Cecil Higgins Art Gallery Bedford, UK. © Bridgeman

1. nom d'une famille de peintres italiens.
2. attention polie.
3. personne qui n'a rien à faire.
4. sa garde.

La Vendetta

◗ Faire connaissance avec les personnages

La structure du texte

1. À quoi repérez-vous que le passage **en bleu** est un passage de récit ?

2. a. Parcourez rapidement la suite du texte : en vous appuyant sur l'observation du temps des verbes, repérez à quelle ligne le récit reprend.
b. Relevez le complément circonstanciel de temps qui relie le deuxième passage de récit au passage précédent.
c. À quel **type de discours** le passage entre les deux épisodes de récit appartient-il ?

→ La description – p. 404

Le premier personnage

3. Relisez les lignes 1 à 10 et 42 à 59 :
a. Sur quel personnage le récit est-il centré ? Justifiez votre réponse.
b. Qu'est-ce que le lecteur apprend sur ce personnage à travers : sa description physique ? l'évocation de ses gestes ? ses paroles ?

4. a. En quoi ce portrait fait-il penser au tableau d'Annibal Carrache ?
b. Relevez une autre comparaison employée pour ce personnage.
c. Quelle image du personnage ces comparaisons donnent-elles ?

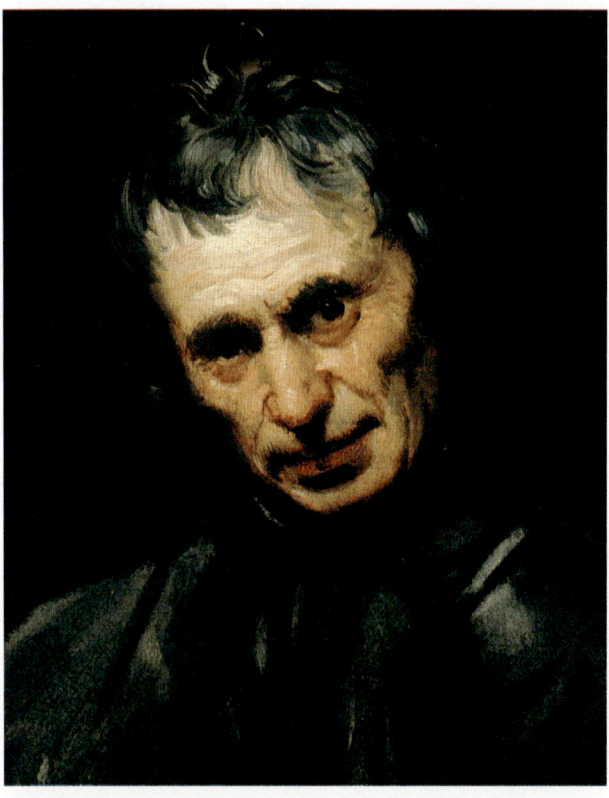

Annibal Carrache (1560-1609), *Tête d'un vieil homme*, Florence, Palais Pitti. © Archives Alinari, Florence, Dist. RMN - © Finsiel / Alinari, Galerie Palatine

Un portrait de groupe

5. Relisez l'ensemble du texte, description comprise. Sur quels autres personnages l'attention du lecteur est-elle attirée ?
6. L. 23 à 31 : relevez les **connecteurs exprimant l'opposition**.
7. a. Recopiez et complétez le tableau suivant :

Personnages	Caractéristique 1	Caractéristique opposée

b. Quelle impression se dégage de ce portrait de famille ?

→ L'expression de l'opposition – p. 352

📷 Faisons le point

• Quelle hypothèse de lecture pouvez-vous faire sur le passé des **personnages**, d'après cet incipit ?

Frontispice de *La Vendetta*, 1852.
© Lee/Leemage

Séquence 3 ▶ **Romanciers du XIXᵉ siècle** | 73

ŒUVRE INTÉGRALE

▶ Se familiariser avec l'écriture de Balzac

La construction et le rythme des phrases

En 1800, vers la fin du mois d'octobre, un étranger, suivi d'une femme et d'une petite fille, arriva devant les Tuileries à Paris, et se tint assez longtemps auprès des décombres [d'une maison récemment démolie], à l'endroit [où s'élève aujourd'hui l'aile commencée] [qui devait unir le château de Catherine de Médicis au Louvre des Valois].

1. Quel est le sujet des verbes « *arriva* » et « *se tint* » ? Où est-il placé ?

2. Quelle est la **fonction** de chacun des groupes de mots en italique ? Quel rôle ces groupes de mots jouent-ils pour le lecteur ?

3. a. Quelle est la **nature** et la **fonction** de chacun des groupes de mots entre crochets ?
b. Ces groupes de mots servent-ils à ancrer le récit dans le réel ou à créer un monde imaginaire ?

4. a. Observez la ponctuation de cette première phrase : le rythme devient-il saccadé ou ample ?
b. Entraînez-vous à lire cette phrase à voix haute en veillant à en rendre le rythme.
→ **Nature et fonction – p. 299**

Les interventions du narrateur

5. Parcourez l'incipit (p. 72) et relevez dans les lignes 14 à 19 et 34 à 39 deux verbes au présent. Quelle est la valeur de ces présents ?

📷 Faisons le point

- Par quels **procédés d'écriture** Balzac met-il en valeur son personnage et ancre-t-il son récit dans le réel ?

Exercice d'expression orale

Relisez l'incipit (p. 72) en mettant en valeur le rythme des phrases.

Entrevue avec Bonaparte

Extrait 2   *Lucien, frère de Bonaparte, reconnaît l'étranger et le conduit jusqu'à Bonaparte, alors premier consul.*

« – Eh bien, que viens-tu faire ici, mon pauvre Bartholoméo ? dit le premier consul à Piombo.
– Te demander asile et protection, si tu es un vrai Corse, répondit Bartholoméo d'un ton brusque.
5 – Quel malheur a pu te chasser du pays ? Tu en étais le plus riche, le plus…
– J'ai tué tous les Porta, répliqua le Corse d'un son de voix profond en fronçant les sourcils.
Le premier consul fit deux pas en arrière comme un homme surpris.
– Vas-tu me trahir ? s'écria Bartholoméo en jetant un regard sombre à Bonaparte.
10 Sais-tu que nous sommes encore quatre Piombo en Corse ?
Lucien prit le bras de son compatriote, et le secoua.
– Viens-tu donc ici pour menacer le sauveur de la France ? lui dit-il vivement.
Bonaparte fit un signe à Lucien, qui se tut. Puis il regarda Piombo, et lui dit :
– Pourquoi donc as-tu tué les Porta ?
15 – Nous avions fait amitié, répondit-il, les Barbanti nous avaient réconciliés. Le lendemain du jour où nous trinquâmes pour noyer nos querelles, je les quittai parce que j'avais affaire à Bastia. Ils restèrent chez moi, et mirent le feu à ma vigne de Longone. Ils ont tué mon fils Grégorio. Ma fille Ginevra et ma femme leur ont échappé ; elles avaient communié le matin, la Vierge les a protégées. Quand
20 je revins, je ne trouvai plus ma maison, je la cherchais les pieds dans ses cendres. Tout à coup je heurtai le corps de Grégorio, que je reconnus à la lueur de la lune.
– Oh ! les Porta ont fait le coup ! me dis-je. J'allai sur-le-champ dans les *Maquis*, j'y rassemblai quelques hommes auxquels j'avais rendu service, entends-tu, Bonaparte ? et nous marchâmes sur la vigne des Porta. Nous sommes arrivés à cinq heures du
25 matin, à sept ils étaient tous devant Dieu. Giacomo prétend qu'Élisa Vanni a sauvé un enfant, le petit Luigi ; mais je l'avais attaché moi-même dans son lit avant de mettre le feu à la maison. J'ai quitté l'île avec ma femme et ma fille, sans avoir pu vérifier s'il était vrai que Luigi Porta vécût encore. » […]
Quinze ans s'écoulèrent entre l'arrivée de la famille Piombo à Paris et l'aventure
30 suivante, qui, sans le récit de ces événements, eût été moins intelligible.

À suivre…

Jean-Louis David (1748-1821), *Bonaparte dans son bureau*, 1812, Coll. Kress, Washington DC.

La Vendetta

Illustration de *La Vendetta*, « Bartholoméo di Piombo ».
© Lee/Leemage

Les mots de Balzac

Voici, classés par ordre alphabétique, les mots les plus fréquents du roman, avec, entre parenthèses, le nombre de fois où ils sont employés.

- Aimer (21)
- Amour (36)
- Bonaparte (17)
- Bonheur (19)
- Cœur (30)
- (Premier) consul (10)
- Désespoir (10)
- Empereur (7)
- Époux (15)
- Fille (94)
- Ginevra di Piombo (247)
- Haine (14)
- Luigi (Louis) Porta (149)
- Malheur (13)
- Mariage (15)
- Mère (51)
- Mort (16)
- Mourir (10)
- Napoléon (15)
- Officier (21)
- Passion(s) (14)
- Paternel (9)
- Père (79)
- Sentiment(s) (34)
- Waterloo (3)

Source : Groupe international de recherches balzaciennes, Groupe ARTFL (université de Chicago), Maison de Balzac (Paris).

▶ Suivre le fil de l'histoire

La vendetta

1. Quelle est l'origine géographique de l'étranger ?

2. *Vendetta* signifie « vengeance » en italien.
a. Quelles sont les deux familles en « vendetta » ?
b. Quels sont les membres de chacune de ces familles nommés par l'étranger ?
c. Quelles sont les quatre étapes des relations entre les deux familles ?

3. Quelles caractéristiques des personnages présentés dans l'incipit ce deuxième passage explique-t-il ? Justifiez votre réponse en citant des mots de l'incipit.

La chronologie

4. a. Quel est le temps de chacun des verbes : « *avions fait, avaient réconciliés, ont tué, ont échappé, avaient communié, a protégées* » ?
b. Quelle est la **valeur de ces temps** ?

5. L. 29-30 : **a.** Combien d'années se sont écoulées entre l'arrivée à Paris de la famille Piombo et « *l'aventure suivante* » mentionnée par Balzac à la fin du passage ?
b. Comment nomme-t-on cette **façon de raconter** ?

→ Le rythme d'un récit – p. 400

Exercice d'écriture

D'après ce **début de roman**, quelle hypothèse de lecture faites-vous ? Répondez en résumant en un bref paragraphe l'intrigue que vous imaginez.

▶ Étudier le vocabulaire

Faire des hypothèses de lecture à partir du vocabulaire

1. Relevez dans la liste ci-dessus les mots appartenant au champ lexical de la famille.

2. a. Quels sont, dans la liste, les mots désignant des sentiments ?
b. Quel nom de la liste est presque synonyme de « *sentiment* » ?
c. Quelle nuance de sens faites-vous entre ces deux mots ?

3. a. Quels mots de la liste associez-vous à l'Histoire ?
b. Quelle est la période évoquée ?

4. Quels sont les deux noms de personnages fictifs que vous allez rencontrer le plus souvent ? Qu'en déduisez-vous ?

5. Que savez-vous déjà de ces personnages ?

Comprendre les différents sens du nom « âme »

6. Dans lesquelles de ces phrases du roman le nom « *âme* » signifie-t-il : courage ? esprit ? cœur ?

1] Comme toutes les femmes, elle se plut à mettre l'**âme** de l'inconnu en harmonie avec la beauté distinguée de ses traits, avec les heureuses proportions de sa taille qu'elle admirait en artiste.

2] « Je me flattais », reprit son père, que ma Ginevra me serait fidèle jusqu'à ma mort, que mes soins et ceux de sa mère seraient les seuls qu'elle aurait reçus, que notre tendresse n'aurait pas rencontré dans son **âme** de tendresse rivale.

3] Elle s'attendait à une crise, à des fureurs, elle n'avait pas armé son **âme** contre la douceur paternelle.

4] Ginevra eut la générosité d'ensevelir sa douleur au fond de son **âme**.

5] Son **âme** énergique la soutenait contre tous les maux, elle travaillait d'une main défaillante auprès de son fils mourant, expédiait les soins du ménage avec une activité miraculeuse, et suffisait à tout.

Séquence 3 ▶ Romanciers du XIXᵉ siècle

ŒUVRE INTÉGRALE

Un roman historique

Chronologie

1769	> Naissance de Napoléon Bonaparte en Corse.
1789	> Révolution française.
1795	> Arrivée de Bonaparte au pouvoir : le Directoire.
1796 1797	> La campagne d'Italie.
1799	> Bonaparte, premier consul.
1804	> Napoléon sacré empereur.
1814	> Fin de l'Empire. Napoléon exilé à l'île d'Elbe. Rétablissement de la monarchie des Bourbons : Louis XVIII, roi de France.
1815 Mars	> Retour de Napoléon au pouvoir (les Cent-Jours).
Juin	> Défaite de Napoléon à Waterloo.
Juillet	> Retour de Louis XVIII : Seconde Restauration.

Waterloo

« La Garde meurt, mais ne se rend pas. »

18 juin 1815. Il a plu toute la nuit. Napoléon attaque les positions ennemies, mais, malgré la fougue de l'infanterie et de la cavalerie emmenée par le maréchal Ney, les lignes anglaises ne sont pas percées. L'Empereur, qui s'attend à ce que le maréchal Grouchy arrive en renfort, voit en fait apparaître Blücher, qui a échappé aux Français et qui vole au secours de Wellington. La victoire change de camp. Napoléon jette alors dans la bataille ses dernières réserves : toute la cavalerie lourde et la garde impériale. Formée en carré, celle-ci reste bientôt la seule à combattre. Refusant de se rendre, les derniers survivants tombent sous le feu des Anglais et des Prussiens.

François Pernot, *De Bonaparte à Napoléon*, coll. « Voir l'Histoire », © Éditions Fleurus, 2004.

◗ Se documenter sur la période historique

1. D'après l'entrevue entre Piombo et Bonaparte (p. 74) :
a. Quel rôle Bonaparte joue-t-il dans la vie des Piombo ?
b. En vous aidant de la chronologie ci-contre, situez cette scène dans la vie politique française.
2. a. Qu'est-ce qui caractérise la bataille de Waterloo ?
b. Quel rôle la garde impériale a-t-elle joué à Waterloo ?
3. Que marque Waterloo dans la vie politique française ?

William Holmes Sullivan (1870-1908), *Bataille de Waterloo*, 1898, coll. privée. © Bridgeman

La Vendetta

À vous de lire ! Poursuivez la lecture du roman jusqu'à la scène que voici.

Extrait 3

– *Ecco la*[1], dit languissamment la jeune fille aux yeux noirs. En effet, le bruit des pas d'une personne qui montait l'escalier retentit dans la salle. Ce mot : « La voici ! » passa de bouche en bouche, et le plus profond silence régna dans l'atelier.

Pour comprendre l'importance de l'ostracisme[2] exercé par Amélie Thirion[3], il est nécessaire d'ajouter que cette scène avait lieu vers la fin du mois de juillet 1815. Le second retour des Bourbons venait de troubler bien des amitiés qui avaient résisté au mouvement de la première restauration. En ce moment les familles étaient presque toutes divisées d'opinion, et le fanatisme politique renouvelait plusieurs de ces déplorables scènes qui, aux époques de guerre civile ou religieuse, souillent l'histoire de tous les pays. Les enfants, les jeunes filles, les vieillards partageaient la fièvre monarchique à laquelle le gouvernement était en proie. La discorde se glissait sous tous les toits, et la défiance teignait de ses sombres couleurs les actions et les discours les plus intimes. Ginevra Piombo aimait Napoléon avec idolâtrie, et comment aurait-elle pu le haïr ? L'Empereur était son compatriote et le bienfaiteur de son père. Le baron de Piombo était un des serviteurs de Napoléon qui avaient coopéré le plus efficacement au retour de l'île d'Elbe. Incapable de renier sa foi politique, jaloux même de la confesser, le vieux baron de Piombo restait à Paris au milieu de ses ennemis. Ginevra di Piombo pouvait donc être d'autant mieux mise au nombre des personnes suspectes, qu'elle ne faisait pas mystère du chagrin que la seconde restauration causait à sa famille. Les seules larmes qu'elle eût peut-être versées dans sa vie lui furent arrachées par la double nouvelle de la captivité de Bonaparte sur le *Bellérophon*[4] et de l'arrestation de Labédoyère[5].

Les jeunes personnes qui composaient le groupe des nobles appartenaient aux familles royalistes les plus exaltées de Paris. Il serait difficile de donner une idée des exagérations de cette époque et de l'horreur que causaient les bonapartistes.

À suivre…

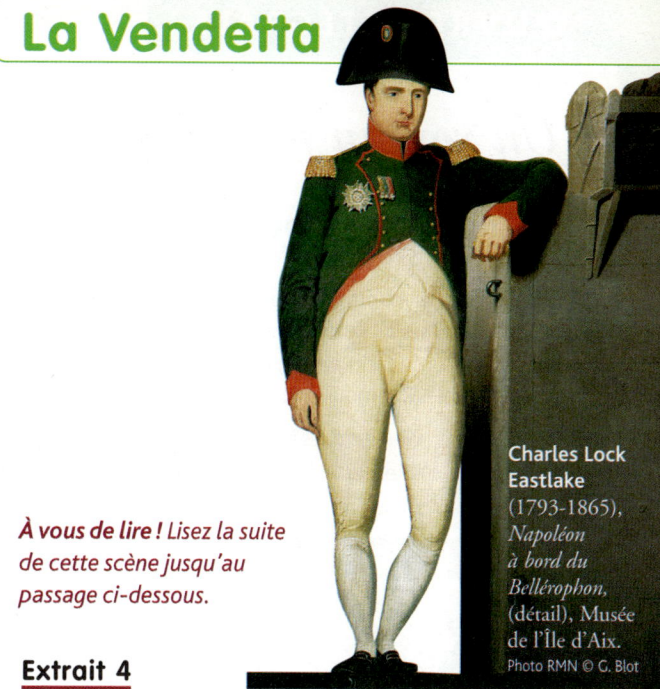

Charles Lock Eastlake (1793-1865), *Napoléon à bord du Bellérophon*, (détail), Musée de l'Île d'Aix.

À vous de lire ! Lisez la suite de cette scène jusqu'au passage ci-dessous.

Extrait 4

À cette place, elle entendit bientôt plus distinctement le léger bruit qui, la veille, avait si fortement excité sa curiosité et fait parcourir à sa jeune imagination le vaste champ des conjectures[6]. Elle reconnut facilement la respiration forte et régulière de l'homme endormi qu'elle venait de voir. Sa curiosité était satisfaite au-delà de ses souhaits, mais elle se trouvait chargée d'une immense responsabilité. À travers la crevasse[7], elle avait entrevu l'aigle[8] impériale et, sur un lit de sangles faiblement éclairé, la figure d'un officier de la Garde. Elle devina tout : Servin[9] cachait un proscrit[10]. Maintenant elle tremblait qu'une de ses compagnes ne vînt examiner son tableau, et n'entendît ou la respiration de ce malheureux ou quelque aspiration trop forte, comme celle qui était arrivée à son oreille pendant la dernière leçon. Elle résolut de rester auprès de cette porte, en se fiant à son adresse pour déjouer les chances du sort.

À suivre…

1. La voici.
2. exclusion d'un groupe, pour des raisons politiques.
3. nom d'une jeune fille de l'atelier, chef du parti aristocratique dans l'atelier.
4. bateau anglais qui emmène Napoléon en exil.
5. Labédoyère, général qui se rallia à Napoléon pendant les Cent-Jours.
6. possibilités.
7. crevasse dans la cloison de l'atelier du peintre Servin.
8. emblème de Napoléon : le mot est féminin quand il désigne un insigne ou drapeau militaire.
9. peintre, directeur de l'atelier.
10. recherché pour des raisons politiques.

Comprendre le rôle de l'Histoire dans le roman

L'année 1815 (extrait 3)

1. Repérez les deux tendances politiques représentées dans le passage et attribuez les personnages à chaque clan.

2. a. Relevez le champ lexical des sentiments liés à la politique dans ce passage : diriez-vous que les sentiments exprimés ici sont nuancés ou violents ?

b. L'atmosphère qui règne alors dans l'atelier est représentative de celle de la société française de l'époque : décrivez-la.

Le proscrit (extrait 4)

3. En quoi la découverte de Ginevra est-elle liée à l'Histoire ?

4. En quoi l'Histoire donne-t-elle un tour dramatique à la situation ?

À vous de lire ! Pour savoir si Ginevra réussira à « déjouer les chances du sort », lisez la suite du roman !

Séquence 3 ▶ Romanciers du XIXe siècle | 77

ŒUVRE INTÉGRALE

Un roman psychologique

▶ Analyser les passions

- Un **roman psychologique** peint les troubles de l'âme, les **passions** (du grec, *psychè*, « l'âme », le siège des sentiments).
- « **Passion** » (du latin *passio*, « souffrance ») : **1.** état affectif assez puissant pour dominer la vie mentale. **2.** amour intense. **3.** souffrance et supplice du Christ.

Méthodes
- Par groupes (ateliers), étudiez, au choix, une des trois passions présentes dans le roman.
- Relisez les passages concernés et aidez-vous des indications fournies ci-dessous.
- Vous rendrez compte de votre analyse par un texte rédigé ou par une présentation orale, selon les indications de votre professeur.

Illustration pour *Colomba* de Prosper Mérimée, 1913.
coll. Kharbine Tapabor

AXE D'ÉTUDE 1 — la passion amoureuse

> La rencontre

1. a. Où la rencontre des deux jeunes gens a-t-elle lieu ?
b. Quels éléments la rendent romanesque (peu banale) ?
c. Les sentiments sont-ils identiques pour Ginevra et Luigi ?

> Un parcours d'obstacles

2. a. Quels obstacles successifs s'opposent à l'amour et au mariage de Ginevra et Luigi ?
b. Quelles sont les réactions de Ginevra ? de Luigi ?

> Du bonheur au malheur

3. Après leur mariage, comment se manifeste l'amour de Luigi pour Ginevra ? celui de Ginevra pour Luigi ? Citez le texte.

> Conclusion → ARGUMENTATION

4. Quel(s) sens du mot *passion* l'amour de Ginevra et Luigi illustre-t-il ? Justifiez votre réponse en la développant en un paragraphe.

AXE D'ÉTUDE 2 — la haine entre deux familles

> Une vendetta corse

En Corse, on est assassiné par ses ennemis ; mais le motif pour lequel on a des ennemis, il est souvent fort difficile de le dire. Bien des familles se haïssent par une vieille habitude, et la tradition de la cause originelle de leur haine s'est perdue complètement. (Prosper Mérimée, *Colomba*, 1840)

1. a. Qu'apprend-on lors de l'entrevue entre Piombo et Bonaparte sur la rivalité entre les deux familles ?
b. Est-ce conforme à la définition donnée par Mérimée ?

2. a. Lors de la présentation de Luigi aux Piombo, quelle est l'attitude du père de Ginevra ?
b. Relevez une phrase qui exprime le choix auquel Ginevra est confrontée.

> Une haine fatale

3. a. La scène du dîner qui suit le départ de Luigi : quel est le champ lexical dominant ? Citez des mots du texte.
b. La scène où Ginevra demande à son père son consentement : relevez une phrase exprimant la haine.
c. Sur quels sentiments cette haine l'emporte-t-elle ?
d. Quelles sont les conséquences de cette haine ?

> Conclusion → ARGUMENTATION

4. Quel(s) sens du mot *passion* la haine entre les deux familles illustre-t-elle ? Justifiez votre réponse en la développant en un paragraphe.

AXE D'ÉTUDE 3 — l'amour paternel

> Une éducation particulière

1. a. Vers le milieu du roman, relevez des expressions définissant l'éducation reçue par Ginevra.
b. En quoi est-elle, d'après vous, inhabituelle au XIXe siècle ?

> Un amour exclusif

2. Dans la scène où Ginevra révèle à ses parents son amour pour un jeune homme :
a. Relevez une phrase qui résume la réaction de son père.
b. De quel sentiment celui-ci est-il animé ?
c. Relevez des mots et expressions qui expriment la violence des sentiments éprouvés par le père.

> Un amour cruel

3. a. Dans la scène avec le notaire, à quel animal Piombo est-il comparé ?
b. Quels châtiments Piombo inflige-t-il à sa fille ?
c. Y a-t-il place pour le pardon dans l'amour de Piombo pour sa fille ? Justifiez votre réponse.

> Conclusion → ARGUMENTATION

4. Quel(s) sens du mot *passion* l'amour de Piombo pour sa fille illustre-t-il ? Justifiez votre réponse en la développant en un paragraphe.

La Vendetta

Un auteur, Honoré de Balzac

La vie de Balzac en quelques dates

1799   Naissance d'Honoré de Balzac à Tours.
1819   Reçu bachelier, il refuse d'être notaire, s'installe à Paris, pour devenir écrivain.
1825-1828   Il se lance dans des entreprises d'édition et d'imprimerie qui échouent.
1831   Il publie son premier roman à succès, *La Peau de chagrin*.
1832   À la suite de la publication de *La Physiologie du mariage*, Mme Hanska, une comtesse polonaise, adresse à Balzac, par l'intermédiaire de son éditeur, une lettre qu'elle signe « L'Étrangère ». C'est le début d'une longue correspondance et d'un amour passionné.
1835   Publication du roman *Le Père Goriot*.
1836   Publication du roman *Le Lys dans la vallée* et mort de la maîtresse de Balzac, Mme de Berry.
1839   Il donne le nom de *La Comédie humaine* à l'ensemble de son œuvre.
1841   Il signe un contrat pour la publication de *La Comédie humaine*.
1850   Il épouse Mme Hanska quelques mois avant de mourir.

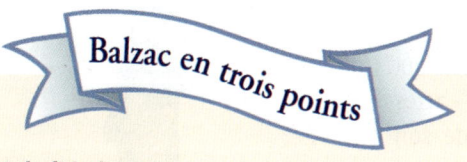

Balzac en trois points

1. Balzac, un forcené de l'écriture
Toute sa vie, Balzac connaît des difficultés financières et travaille comme un forcené. Il écrit 16 à 18 heures par jour (la nuit surtout) à grand renfort de café. Chaque matin, il doit livrer un texte à un journal quotidien qui le publie sous forme de feuilleton. Ces textes constituent la plupart de ses romans.

2. Balzac et les femmes
Balzac, prompt à s'enflammer, a de nombreuses maîtresses et une liaison très romanesque avec Mme Hanska, qui est mariée et vit en Pologne. Il la rencontre en Suisse et, vers la fin de sa vie, lui rend visite en Pologne. Par crainte que sa gouvernante ne révèle cette liaison, il brûle les lettres de Mme Hanska : il n'en reste que trois.

3. Balzac, créateur de *La Comédie humaine*
Balzac a l'idée de rassembler ses romans en un vaste ensemble qu'il nomme *La Comédie humaine* : 90 romans et 2000 personnages ! Il tisse des liens d'un roman à l'autre, en faisant intervenir plusieurs fois certains personnages.

Holz von Swogen (actif vers 1825), *Portrait de Madame Hanska*, Maison de Balzac. © Archives Charmet/Bridgeman

▶ Lire une biographie pour comprendre une œuvre

1. Quand *La Vendetta* se situe-t-elle dans la carrière littéraire de Balzac ?
2. Sous quelle forme *La Vendetta* fut-elle publiée, comme la plupart des romans de Balzac ?
3. Quel est le sentiment qui tient un rôle important dans la vie de Balzac et dans *La Vendetta* ?

ŒUVRE INTÉGRALE

La Vendetta, *un roman de* La Comédie humaine

◯ Repérer les caractéristiques d'un roman de Balzac

❶ Un univers organisé en scènes
Scènes de la vie privée – Scènes de la vie parisienne – Scènes de la vie de province – Scènes de la vie militaire et de la vie à la campagne.

1. Balzac a rangé *La Vendetta* dans les Scènes de la vie privée : pourquoi, selon vous ?

❷ Le retour des personnages
Les personnages de *La Comédie humaine* reparaissent d'un roman à l'autre – comme dans les séries télévisées modernes ! – le lecteur se sent donc dans un univers familier.

2. a. Lisez, dans l'encadré ci-dessous, les notices sur les personnages de *La Vendetta* qu'on retrouve dans d'autres romans de *La Comédie humaine*.
b. Ces personnages jouent-ils un rôle de premier ou de second plan dans *La Vendetta* ?
c. Tiennent-ils un rôle important ou secondaire dans les autres romans où ils apparaissent ?

❸ Des personnages-types dominés par leur passion
Balzac a excellé dans l'art de peindre les passions humaines et leurs ravages dans l'âme de ses personnages. Il peint des personnages si forts qu'ils en deviennent des personnages-types :
• Le jeune homme ambitieux (Rastignac, dans *Le Père Goriot*).
• Le père à l'amour exclusif (Le père Goriot, dans le roman éponyme).
• L'amoureuse vouée au sacrifice (Madame de Mortsauf, l'héroïne du *Lys dans la vallée*).
• Le personnage louche aux allures inquiétantes (Vautrin dans *Le Père Goriot*, Ferragus dans le roman éponyme).
• L'ancien soldat de Napoléon dont le dévouement aveugle à l'Empereur a fait la gloire et la misère (le colonel Chabert, dans le roman éponyme)...

3. Quels personnages-types reconnaissez-vous dans *La Vendetta* ?

– **Maître Roguin** : notaire de Ginevra Piombo, c'est lui qui vient lire à Bartholoméo di Piombo la procédure des « actes respectueux » par lesquels sa fille peut se passer de son consentement pour se marier. Il joue un rôle important dans *César Birotteau* et c'est sa faillite frauduleuse qui amène celle de Guillaume Grandet (*Eugénie Grandet*).

– **Madame Roguin** : femme du notaire. Elle n'a plus confiance dans la moralité de l'atelier Servin, en retire sa fille et conseille à la mère de Mlle Laure d'agir de même. Elle apparaît dans *Pierrette*. C'est aussi elle qui arrange le mariage d'Augustine Guillaume et du peintre Sommervieux dans *La Maison du Chat-qui-pelote*.

– **Mademoiselle Roguin** : leur fille. Élève de l'atelier Servin, elle domine le groupe des « républicaines » et défend Ginevra. Elle découvre la présence de Luigi dans l'atelier, en parle à sa mère et n'y revient plus. Son histoire est racontée dans *Pierrette* où elle est Mme Tiphaine.

– **Amélie Thirion** : autre élève de l'atelier Servin, elle est le « chef du parti aristocratique de cette petite assemblée ». Elle cherche à provoquer et à humilier Ginevra. Elle l'espionne sans relâche et découvre la présence de Luigi, qu'elle apprend à toutes ses compagnes. Son histoire est racontée dans *Le Cabinet des antiques*, où elle est devenue Mme Camusot de Marville ; et elle joue un rôle important dans *Splendeurs et Misères des courtisanes* et dans *Le Cousin Pons*.

– **Louis Vergniaud** : soldat napoléonien, il est le témoin de Luigi Porta à son mariage. On le retrouve comme logeur du colonel Chabert (*Le Colonel Chabert*).

Rastignac
© Hachette Livre

Vautrin
© Hachette Livre

Madame de Mortsauf
© Hachette Livre

Le Père Goriot
© Hachette Livre

La Vendetta

Adrienne Marie Grandpierre-Deverzy (1798-1869), *L'Atelier du peintre Abel de Pujol*, Musée Marmottan, Paris.
Photo Josse, © Leemage

4 De longues descriptions réalistes

- Dans son souci de faire sortir un monde de son imaginaire, Balzac peint longuement les lieux où évoluent ses personnages pour donner de la réalité à ses récits. La description des lieux permet au lecteur de deviner l'intrigue et / ou de connaître les personnages qui les habitent.

- De même, il pense que les traits physiques révèlent l'âme : cette théorie se nomme « la physiognomonie ». C'est pourquoi il fait des portraits très précis et des caricatures savoureuses de ses personnages.

1. personnage mythologique dont on a tué tous les enfants.
2. manque de soin.

L'atelier de Servin

Servin avait poussé le scrupule de ses précautions jusque dans l'ordonnance du local où étudiaient ses écolières. L'entrée du grenier qui régnait au-dessus de ses appartements avait été murée. Pour parvenir à cette retraite, aussi sacrée qu'un harem, il fallait monter par un escalier pratiqué dans l'intérieur de son logement. L'atelier, qui occupait tout le comble de la maison, offrait ces proportions énormes qui surprennent toujours les curieux quand, arrivés à soixante pieds du sol, ils s'attendent à voir les artistes logés dans une gouttière. Cette espèce de galerie était profusément éclairée par d'immenses châssis vitrés et garnis de ces grandes toiles vertes à l'aide desquelles les peintres disposent de la lumière. Une foule de caricatures, de têtes faites au trait, avec de la couleur ou la pointe d'un couteau, sur les murailles peintes en gris foncé, prouvaient, sauf la différence de l'expression, que les filles les plus distinguées ont dans l'esprit autant de folie que les hommes peuvent en avoir.

Un petit poêle et ses grands tuyaux, qui décrivaient un effroyable zigzag avant d'atteindre les hautes régions du toit, étaient l'infaillible ornement de cet atelier. Une planche régnait autour des murs et soutenait des modèles en plâtre qui gisaient confusément placés, la plupart couverts d'une blonde poussière. Au-dessous de ce rayon, çà et là, une tête de Niobé[1] pendue à un clou montrait sa pose de douleur, une Vénus souriait, une main se présentait brusquement aux yeux comme celle d'un pauvre demandant l'aumône, puis quelques écorchés jaunis par la fumée avaient l'air de membres arrachés la veille à des cercueils ; enfin des tableaux, des dessins, des mannequins, des cadres sans toiles et des toiles sans cadres achevaient de donner à cette pièce irrégulière la physionomie d'un atelier que distingue un singulier mélange d'ornement et de nudité, de misère et de richesse, de soin et d'incurie[2].

Une description balzacienne

1. a. Nommez les trois caractéristiques de l'atelier auxquelles renvoient les passages en couleur dans le texte.
b. Retrouvez-vous ces caractéristiques dans l'image ci-dessus ?
2. a. Cherchez le mot « *retraite* » (l. 3) dans un dictionnaire : quel sens a-t-il dans le texte ?
b. Relevez dans le texte le champ lexical correspondant.
c. En quoi cet aspect de l'atelier annonce-t-il l'intrigue ?

→ Les différents sens d'un mot – p. 376

Séquence 3 ▶ Romanciers du XIXe siècle

ŒUVRE INTÉGRALE

Ginevra

De toutes les jeunes filles venues jusqu'alors dans l'atelier de Servin, [Ginevra] était **la plus belle, la plus grande et la mieux faite**. **Sa démarche** possédait **un caractère de noblesse** et **de grâce qui commandait le respect**. **Sa figure** empreinte **d'intelligence** semblait rayonner, tant y respirait cette
5 animation particulière aux Corses et qui n'exclut point le calme. **Ses longs cheveux, ses yeux et ses cils noirs** exprimaient **la passion**. Quoique **les coins de sa bouche se dessinassent mollement** et que **ses lèvres fussent un peu trop fortes**, il s'y peignait cette **bonté que donne aux êtres forts la conscience de leur force**. Par un singulier caprice de la nature, **le charme de son visage** se
10 trouvait en quelque sorte démenti par **un front de marbre** où se peignait **une fierté presque sauvage**, où respiraient **les mœurs de la Corse**. Là était le seul lien qu'il y eût entre elle et son pays natal. […] **Elle inspirait un si vif attrait que, par prudence, son vieux père la faisait accompagner jusqu'à l'atelier**. Le seul défaut de **cette créature véritablement poétique** venait de la puissance
15 même d'**une beauté si largement développée** : elle avait l'air d'être femme. Elle s'était refusée au mariage, **par amour pour son père et sa mère**, en se sentant nécessaire à leurs vieux jours. **Son goût pour la peinture** avait remplacé les passions qui agitent ordinairement les femmes.

Ginevra à son chevalet.
© Lee/Leemage

Un portrait balzacien

3. a. À quoi les deux couleurs du texte correspondent-elles ?
b. Dégagez les principales caractéristiques de ce portrait.
c. Associez un trait de caractère à chacun des détails physiques suivants : la figure ; les cheveux, les cils et les yeux ; la bouche. En quoi ce portrait illustre-t-il la théorie de la « physiognomonie » ?

4. a. Relevez le nom exprimant un sentiment, employé à deux reprises dans le texte.
b. Expliquez en quoi l'emploi de ce nom pour présenter Ginevra annonce l'intrigue.

5 La peinture de la société de la Restauration

On peut lire *La Comédie humaine* comme un témoignage journalistique de la société française sous la Restauration (1815-1848).
• Les lieux de Paris répartis entre les classes sociales différentes : le faubourg Saint-Germain pour l'aristocratie, la Chaussée-d'Antin pour les bourgeois nouvellement enrichis, la Montagne-Sainte-Geneviève pour les étudiants ; entre ces quartiers, passent des frontières invisibles mais infranchissables !
• La vie en province, avec les particularités propres à chaque ville ou région.
• Des fortunes acquises ou perdues en fonction des événements historiques : Révolution, Empire, Restauration.

5. Pourquoi, bien que situé à Paris, le récit de *La Vendetta* peut-il être le reflet de la vie de province ?

6. En quoi la vie dans l'atelier de Servin, d'une part, le sort de la famille di Piombo et la destinée de Luigi, d'autre part, sont-ils le reflet de la société de la Restauration ?

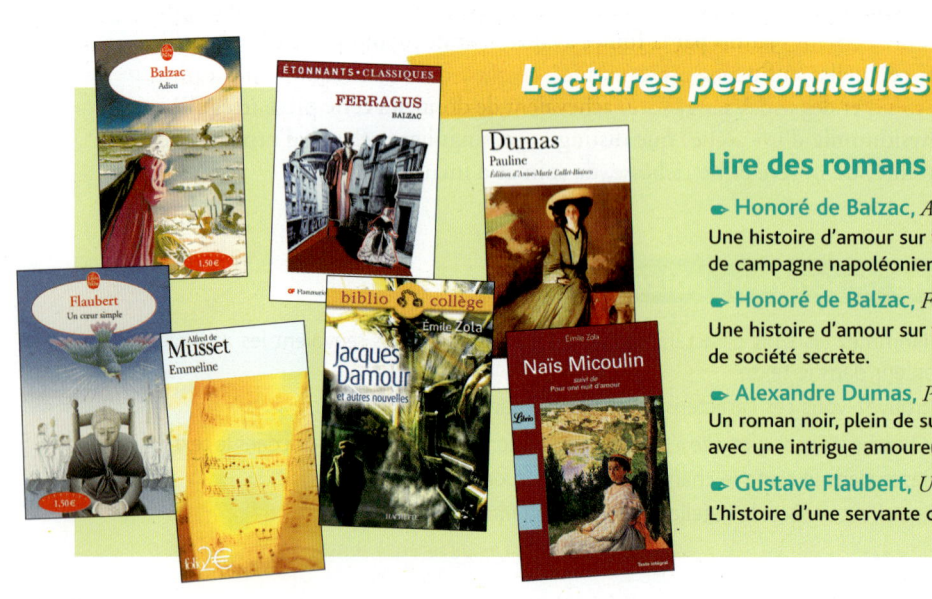

Lectures personnelles

Lire des romans du XIXe siècle

● **Honoré de Balzac**, *Adieu*
Une histoire d'amour sur fond de campagne napoléonienne.

● **Honoré de Balzac**, *Ferragus*
Une histoire d'amour sur fond de société secrète.

● **Alexandre Dumas**, *Pauline*
Un roman noir, plein de suspense, avec une intrigue amoureuse.

● **Gustave Flaubert**, *Un cœur simple*
L'histoire d'une servante de campagne.

● **Alfred de Musset**, *Emmeline*
Une histoire d'amour.

● **Émile Zola**, *Naïs Micoulin*
L'histoire d'une passion amoureuse et tragique.

● **Émile Zola**, *Jacques Damour*
Un personnage à la recherche de son passé.

FAIRE LE POINT

Romanciers du XIXᵉ siècle

1. Les romanciers du XIXᵉ siècle présents dans le manuel

Stendhal (1783-1842)
Il s'intéresse au mythe napoléonien et peint la passion amoureuse. Il se passionne pour l'Italie.

Honoré de Balzac (1799-1850)
Il peint la société de la Restauration à Paris et en province, par la création de personnages-types. Il s'intéresse aux passions, familiales ou amoureuses.

Victor Hugo (1802-1885)
Il s'engage dans la lutte politique et sociale par ses actions et dans ses œuvres. Il s'intéresse au peuple misérable dont il se fait le porte-parole et le défenseur. Il peint des personnages au caractère bien trempé.

Gustave Flaubert (1821-1880)
Il dénonce avec un détachement critique la sottise des bourgeois de son temps. Il peint les tumultes de la passion amoureuse.

Émile Zola (1840-1902)
Il peint le contexte politique du début de la IIIᵉ République et l'essor économique de la fin du XIXᵉ siècle. Il s'intéresse aux classes sociales et à l'ambition individuelle qui caractérise la société de cette époque. Il s'engage aussi politiquement lors de l'affaire Dreyfus.

Guy de Maupassant (1850-1893)
Il évoque la guerre de 1870, la Normandie et s'intéresse aux milieux sociaux dont il offre une peinture critique, à travers des personnages très représentatifs.

2. Les deux sens du mot *romanesque*

L'adjectif *romanesque* peut signifier :
– « **qui est propre au roman** » : c'est le sens qu'il a dans le titre de la première partie du manuel, « L'univers romanesque ».
– « qui est digne de figurer dans un roman par son caractère peu banal, **qui fait appel à l'imagination**, au rêve, aux sentiments violents » : « une passion romanesque ».

3. Les personnages

- Les romanciers du XIXᵉ siècle ont donné naissance à des personnages qui possèdent **une véritable carte d'identité dans le roman** (famille, physique, caractère, sentiments) et semblent ainsi issus de la réalité. Ce sont des **personnages forts** et souvent des **héros éponymes** (dont le nom sert de titre au roman).
- Ces personnages sont le plus souvent animés par des **passions fortes**, ce qui donne aux œuvres une dimension de **romans psychologiques** (qui s'intéressent à l'âme et aux sentiments des personnages).

4. L'univers des romans de Balzac et de Zola

- **Balzac**, regroupant ses romans sous le titre de *La Comédie humaine* et **Zola**, créant la série des *Rougon-Macquart*, ont pratiqué dans leurs romans le principe du **retour des personnages d'un roman à l'autre** : le lecteur a ainsi l'impression d'une **véritable peinture sociale**.
- Ces romans évoquent les **bouleversements politiques, économiques et sociaux du siècle** : la Révolution, l'Empire, la Restauration chez **Balzac**, le Second Empire et la IIIᵉ République chez **Zola**.
- **Leurs personnages** évoluent dans des **univers romanesques réalistes, qui mettent en scène la société du XIXᵉ siècle**. Dans ces **romans sociaux**, **Balzac** peint la montée de la bourgeoisie et ses rivalités avec l'aristocratie ; **Zola** peint l'essor industriel, l'exode rural, la misère sociale, la prospérité bourgeoise et l'émergence des villes.

5. L'écriture des romans

Balzac et Zola ont chacun un style spécifique ; mais l'écriture de leurs romans présente des points communs :
– de nombreuses **descriptions** qui ont pour fonction de peindre avec précision **le cadre de vie de l'époque** ;
– un riche **vocabulaire des sentiments**, pour peindre la psychologie des personnages ;
– un champ lexical spécifique, **relatif à la société du XIXᵉ siècle et aux périodes historiques évoquées**.

S'EXPRIMER

📖 À vos dictionnaires !

❶ Synonymes et antonymes

1. a. *Traître, félon, vendu, fourbe, déloyal* : ces adjectifs sont-ils synonymes ou antonymes ?
b. Quel est le niveau de langue de chacun de ces cinq adjectifs ?
2. a. *Fidèle, dévoué, réglo, correct, droit, fiable, honnête, probe* : que constitue cette liste d'adjectifs par rapport à la liste 1 ?
b. Quel est l'adjectif de niveau familier ? Quel est celui d'un niveau de langue soutenu ?

❷ Les champs lexicaux

1. a. Reproduisez ce tableau et complétez-le.

Noms	Adjectifs	Adverbes
	hardi	
résolution		
	déterminé	xxx
énergie		
		fermement

b. Nommez le champ lexical constitué par les mots du tableau.
2. a. *Indécis, timide, irrésolu, hésitant, perplexe* : quelle est la classe grammaticale de ces mots ? Proposez un nom formé sur chacun d'eux.
b. Que constitue ce nouveau champ lexical par rapport à celui du tableau ?

❸ La polysémie d'un mot

1. Dans quelle phrase l'adjectif *intéressée* a-t-il un sens péjoratif ? mélioratif ?
Cette jeune fille est **intéressée** par les sciences : elle est curieuse d'assister à des expériences. • L'attitude de Mlle Chuin est **intéressée** : elle ne propose pas un marché à Nantas par pure générosité mais pour toucher une somme d'argent.
2. *Cupide, passionné, captivé, avare, calculateur, mercenaire, curieux* : classez ces adjectifs selon qu'ils sont synonymes de l'un ou de l'autre des deux sens de l'adjectif *intéressé*.
3. Recopiez et complétez les deux phrases avec un nom de la famille de l'adjectif *intéressé*.
1] Quelqu'un qui s'intéresse aux sciences manifeste de l'✎ pour cette matière.
2] Quelqu'un qui perçoit une participation aux bénéfices d'une entreprise reçoit un ✎.

❹ La famille d'un mot

1. *Père* vient du latin *pater*. En observant le radical proposé, trouvez les noms de la famille de *père* qui correspondent aux définitions suivantes :
a. pater- : état de père : ✎.
b. patr- : vieillard respectable à la tête d'une grande famille : ✎ • chef d'une entreprise : ✎ • pays où l'on est né : ✎ • homme ou femme qui défend son pays : ✎ • bien qui vient du père ou de la mère : ✎.
c. parr- : meurtre du père ou de la mère : ✎.

❺ Les mots dérivés

1. *Mépris, irrévérence* : repérez dans chacun de ces deux noms le préfixe et le radical. Quelle est la valeur commune de ces deux préfixes ? Ces mots sont-ils antonymes ou synonymes ?
2. a. Choisissez dans la liste les synonymes de ces deux noms : *considération, arrogance, vanité, déférence, admiration, indifférence, dédain, superbe, vénération, irrespect*.
b. Que constituent les autres mots de la liste ?

VOCABULAIRE
▶ Bâtir un portrait moral

S'EXPRIMER

ORAL
▶ Présenter un écrivain
▶ Prendre en notes un exposé

Vers la 2ᵈᵉ

SUJET : À tour de rôle, un élève va présenter un bref exposé en trois points sur un romancier du XIXᵉ siècle. Pour chaque exposé, les autres élèves prennent en notes l'essentiel de ce qui est dit.

Préparation de l'exposé
- Faites des recherches sur la vie et sur l'œuvre du romancier que vous allez présenter.
- Organisez votre exposé en trois points (*cf.* « Balzac en trois points » p. 79) qui rendent compte de l'essentiel de la vie et de l'œuvre du romancier.
- Prévoyez deux ou trois images à commenter et à montrer sous forme d'affiche, de transparents, de diaporama.
- Vérifiez quelles périodes historiques le romancier a connues.

Présentation de l'exposé
- Commencez par indiquer le nom de l'auteur, ses dates, les périodes historiques qu'il a connues.
- Notez le plan au tableau.
- Notez aussi les mots clés ou mots difficiles pour aider vos camarades dans leur prise de notes.
- Indiquez clairement chaque changement de partie.
- Rythmez votre exposé et variez votre ton de façon à :
  – soutenir l'attention de vos camarades ;
  – permettre la prise de notes.

Prise de notes
- Structurez votre prise de notes : nom de l'auteur au centre, plan en trois parties, alinéa à chaque idée nouvelle.
- Notez les noms propres sans fautes d'orthographe ; soulignez les titres des œuvres.
- En classe, lisez quelques prises de notes pour les comparer et repérer si vous avez bien noté l'essentiel.
- Chez vous, relisez-vous pour corriger les fautes d'orthographe et pour mémoriser votre prise de notes.

ORTHOGRAPHE
▸ Faire les accords dans le GN

S'EXPRIMER

L'essentiel à retenir Leçon détaillée ➜ p. 364

Dans un groupe nominal, on accorde avec le nom noyau les déterminants, les adjectifs qualificatifs et les participes passés.
> *Ces élèves dociles et bien élevées venaient chaque matin à l'atelier.*

• **Accord des déterminants**
1. Les déterminants démonstratifs et possessifs
– **Cette** est employé avec un nom féminin et **cet** est employé avec un nom masculin. > *Cette fortune / cet argent.*
– **Leur**, déterminant possessif, est employé avec un nom singulier et **leurs**, déterminant possessif, est employé avec un nom pluriel. > *Les deux frères attendent leurs parents mais seule leur mère apparaît à l'horizon.*
Attention, dans bien des cas, on a le choix entre les deux. > *Les élèves ont posé leur cartable (leurs cartables).*

2. Les déterminants indéfinis
– **Aucun** et **chaque** ne s'emploient jamais au pluriel. > *Chaque élève s'activait, aucun bruit ne troublait l'atelier.*
– **Tout** s'écrit **tout** (singulier) quand il signifie « n'importe lequel » et **tous** (pluriel) quand il signifie « tous sans exception ».
> *Tout officier doit veiller sur tous ses soldats.*

3. Le déterminant exclamatif et interrogatif **quel** s'accorde en genre et en nombre. > *Quel abus ! Quelle décision as-tu prise ?*

• **Accords des adjectifs qualificatifs et participes passés employés comme adjectifs**
L'adjectif s'accorde en genre et en nombre avec le nom auquel il se rapporte.
Si un adjectif qualifie plusieurs noms, il se met au pluriel. > *Le père et la mère, effondrés, regardaient Ginevra.*
Si l'adjectif apposé est placé loin du nom, il faut chercher ce nom pour bien accorder l'adjectif. > *Chétifs, manquant de tout, mal vus des royalistes, les anciens soldats de Napoléon vivaient dans la nostalgie de la Grande Armée.*

➡ Appliquer la règle

1. Recopiez les phrases en accordant les déterminants.
1. *(Ce)* homme, nommé Nantas, ne disposait pas de *(ce)* argent qui fait le pouvoir à Paris. **2.** À *(chaque)* coin de rue, Nantas chancelait de faiblesse : *(tout)* espoir de trouver un travail s'envolait. **3.** De *(tout)* les emplois qu'il avait sollicités, aucun ne lui avait été accordé. **4.** *(Quel)* rage lui montait au cœur, quand il regardait, attristé, *(son)* souliers maculés de boue !

2. Recopiez les phrases en remplaçant les ✎ par un de ces déterminants : *cet, cette, leur, leurs*.
1. ✎ enfant si délurée que j'avais déjà croisée dirigea ses pas vers moi. **2.** Les vieilles maisons de famille gardent jalousement ✎ secrets. **3.** Pour se donner une contenance, ✎ homme et son épouse s'encombrent de quantité d'objets inutiles : ✎ lunettes de soleil, même en hiver, ✎ grosse valise de marque, ✎ bottes dernier cri, ✎ ordinateur commun. **4.** ✎ enthousiasme des supporters ne dure guère : ils adorent ✎ idoles un temps puis les négligent. **5.** ✎ honnête homme respecte les autres personnes et ✎ opinions. **6.** Où as-tu trouvé ✎ argent ?

3. Recopiez les phrases en accordant les adjectifs qualificatifs et participes passés entre parenthèses.
1. Jules voyait une femme coquettement *(enveloppé)* dans un *(élégant)* peignoir, les cheveux simplement *(tordu)* en *(gros)* tresses sur sa tête. (H. de Balzac, *Ferragus*) **2.** L'océan semblait une immense chaîne de montagnes *(mouvant)*, aux sommets *(confondu)* avec les nuages, et aux vallées *(profond)* comme des abîmes. (A. Dumas, *Pauline*)

4. Recopiez les phrases en faisant les accords.

1. La nuit, comme je l'ai déjà dit, était *(pur)*, si *(transparent)* et si *(parfumé)*, que les voyageurs, pour jouir des *(doux)* émanations de l'air, avaient abaissé la capote de la calèche. **2.** À *(chaque)* éclat de tonnerre, une lueur *(blafard)* serpentait de *(ce)* cimes à *(ce)* profondeurs, et allait s'éteindre dans des gouffres aussitôt *(fermé)* qu'*(ouvert)*, aussitôt *(ouvert)* que *(fermé)*. **A. Dumas**, *Pauline*, 1828.

➡ S'entraîner à la réécriture **Brevet**

5. Récrivez le texte en faisant tous les accords.

C'est une *(petit)* **habitation** *(situé)* sur la rive droite de la Loire. En haut de la rampe est une **porte** où commence un *(petit)* **chemin** *(pierreux)*, *(ménagé)* entre deux terrasses, **espèce** de **fortification** *(garni)* de treilles et d'espaliers, *(destiné)* à empêcher l'éboulement des terres. Ce **sentier** *(pratiqué)* au pied de la terrasse *(supérieur)*, et presque *(caché)* par les arbres de celle qu'il couronne, mène à la maison par une pente rapide. Ce **chemin** *(creux)* est *(terminé)* par une **porte** de style gothique, *(cintré)*, *(chargé)* de quelques ornements simples. D'après **Balzac**, *La Grenadière*, 1832.

6. Récrivez le texte de l'exercice 5 en mettant au pluriel tous les noms en italique : faites toutes les modifications d'accord qui s'imposent.

➡ S'entraîner en vue de la dictée **Brevet**

En bas, desservant *chaque* façade, une porte *haute* et *étroite*, sans boiserie, *taillée* dans le nu du plâtre, creusait un vestibule *lézardé*, autour duquel tournaient les marches *boueuses* d'un escalier à rampe de fer. *Salie* de flaques d'eau, *teintée* de copeaux, d'escarbilles[1] de charbon, *plantée* sur ses bords, entre ses pavés *disjoints*, la cour s'éclairait d'une clarté *crue*, comme *coupée* en deux par la ligne où le soleil s'arrêtait. **É. Zola**, *L'Assommoir*, 1877.

[1]. petits morceaux de charbon, incomplètement brûlés.

1. Quelle est la nature et la fonction des mots en italique ? Justifiez leur accord.
2. Pourquoi l'accord de *salie*, **de** *teintée*, **de** *coupée* **peut-il poser problème dans une dictée ?**
3. Mots à retenir : de**ss**ervir ; faç**a**de ; boiseri**e** ; tai**ll**er ; plâtre ; vestibule ; lé**z**arder.

S'EXPRIMER

Leçons de langue à consulter
- Les reprises nominales et pronominales – p. 384
- Les expansions du nom – pp. 358 à 361

GRAMMAIRE
▸ Varier les reprises
▸ Utiliser des expansions du nom

➜ Les reprises nominales et pronominales

1. a. Recopiez les mots en italique, soulignez les déterminants et indiquez leur nature grammaticale. **b.** Expliquez pourquoi l'auteur a changé de déterminant au fil du texte. **c.** Relevez le pronom qui reprend « l'être indéfinissable » dans la première phrase : quelle est la nature de ce pronom ?

> Alors, *une femme*, si toutefois ce nom pouvait appartenir à *l'être indéfinissable* qui se leva de dessous une touffe d'arbustes, tira la vache par sa corde. *Cette femme* portait sur la tête un mouchoir rouge d'où s'échappaient des mèches de cheveux blonds. Elle n'avait pas de fichu.
> H. de Balzac, *Adieu*, 1830.

2. a. Combien y a-t-il de personnages dans ce texte ? **b.** Relevez, pour chacun, les noms, GN ou pronoms qui les désignent.

> Au moment où d'Albon saisit son arme, le colonel l'arrêta par un geste, et lui montra du doigt l'inconnue qui avait si vivement piqué leur curiosité. Cette femme semblait ensevelie dans une méditation profonde, et venait à pas lents par une allée assez éloignée, en sorte que les deux amis eurent le temps de l'examiner. Elle était vêtue d'une robe de satin noir tout usée.
> H. de Balzac, *Adieu*, 1830.

3. a. Dans cet extrait, qui est *« Monsieur d'Albon »* : *« le conseiller »* ou *« l'ami »* ? Justifiez votre réponse. **b.** Par quels pronoms personnels le GN *« son ami »* est-il repris ?

> Monsieur d'Albon admira les longs cils de ses yeux, ses sourcils noirs bien fournis, une peau d'une blancheur éblouissante et sans la plus légère nuance de rougeur. […] Quand le conseiller se tourna vers son ami pour lui faire part de l'étonnement que lui inspirait la vue de cette femme étrange, il le trouva étendu sur l'herbe et comme mort.
> H. de Balzac, *Adieu*, 1830.

➜ Les expansions du nom : natures

4. Relevez les expansions des noms en italique : quelle est leur nature grammaticale ?

> Les deux amis se trouvèrent devant une grande **grille** et virent alors la **façade** principale de cette **habitation** mystérieuse. De ce côté, le désordre était à son comble. D'immenses **lézardes** sillonnaient les murs de trois **corps de logis**[1] bâtis en équerre. H. de Balzac, *Adieu*, 1830.
> 1. bâtiments.

5. a. Quel est le nom complété par chacun des groupes de mots en italique ? **b.** Quelle est la nature grammaticale de ces groupes de mots ? **c.** Relevez les mots employés pour les relier au nom qu'ils complètent : quelle est leur nature grammaticale ?

> 1. Elle eut sa moue de *dégoût*, son calme et heureux visage exprima une répulsion pour *ce vieil ivrogne*. 2. Félicie eut un geste de *la main*, pour écarter tout le monde. 3. D'un mouvement pénible, elle s'était mise debout et marchait vers la salle à *manger*, au fond de la boutique.
> É. Zola, *Jacques Damour*, 1880.

6. Relevez les expansions des noms en italique : quelle est leur nature grammaticale ?

> Bonaparte regarda silencieusement cet **homme**, qui lui apportait en quelque sorte l'air de sa patrie, de cette **île** où naguère il avait été sauvé si miraculeusement de la haine du parti anglais, et qu'il ne devait plus revoir.
> H. de Balzac, *La Vendetta*, 1830.

➜ Les expansions du nom : fonctions

7. Quelle est la fonction de chacun des adjectifs qualificatifs ou participes passés en italique ?

> La villa du bonnetier Gobichon, *située* à Arcueil, est une maison à un étage, toute *plate*, *bâtie* en plâtre ; devant le corps de logis, s'allonge un *étroit* jardin *enclos* d'une muraille *basse*. É. Zola, *Villégiature*, 1865.

8. Relevez les groupes de mots compléments du nom et précisez le nom qu'ils complètent.

> 1. Un jupon de laine grossière à raies alternativement noires et grises, trop court de quelques pouces, permettait de voir ses jambes. L'on pouvait croire qu'elle appartenait à une des tribus de Peaux Rouges célébrées par Cooper ; car ses jambes, son cou et ses bras nus semblaient avoir été peints en couleur de brique. 2. Elle éprouvait le besoin de voir des créatures humaines. H. de Balzac, *Adieu*, 1830.

9. Quel nom (l'antécédent) chacune des propositions subordonnées relatives en italique complète-t-elle ?

> 1. La lueur vacillante *que projetait le vitrage d'une boutique de cordonnier* illumina soudain, précisément à la chute des reins, la taille de la femme *qui se trouvait devant le jeune homme*. 2. Elle seule avait le secret de cette chaste démarche *qui met innocemment en relief les beautés des formes les plus attrayantes*. 3. À la manière *dont s'entortille une Parisienne dans son châle*, un homme d'esprit devine le secret de sa course mystérieuse.
> H. de Balzac, *Ferragus*, 1834.

10. Relevez les expansions de chaque nom et indiquez leur nature et leur fonction.

> Au fond, en plein dans le coup de clarté de la rue, Félicité occupait un haut comptoir, où des glaces la protégeaient des courants d'air. Là-dedans, dans les gais reflets, dans la lueur rose de la boutique, elle était très fraîche, de cette fraîcheur pleine et mûre des femmes qui ont dépassé la quarantaine. É. Zola, *Jacques Damour*, 1880.

ÉCRIT — S'EXPRIMER
Insérer descriptions et portraits dans un récit

Pour chacun de ces sujets, pensez à vous reporter aux leçons sur le texte descriptif, pp. 404 à 406.

1 Insérer une description dans un récit

SUJET : Rédigez la suite du texte en faisant alterner récit et description du paysage aperçu par la petite fille.

> Déjà la petite fille n'écoutait plus son oncle : par la fenêtre, elle venait d'apercevoir l'horizon immense, et elle traversa vivement la pièce…
>
> É. Zola, *La Joie de vivre*, 1884.

Critères de réussite
- Respecter les données du texte initial : les lieux et les personnages.
- Après avoir observé la date du texte, veiller à éviter les anachronismes (les éléments qui ne conviennent pas à l'époque).
- Varier les **reprises nominales** et **pronominales** pour désigner la petite fille.
- Employer le passé simple pour le récit et l'imparfait pour la description.
- Employer le champ lexical de la vue.
- Utiliser des **expansions du nom** pour décrire le paysage.
- Veiller à bien faire les **accords dans les groupes nominaux**.

2 Insérer un portrait moral dans un récit

SUJET : Rédigez la suite du texte en insérant un portrait physique et moral du comte, tel que le perçoivent la narratrice et les autres personnages.

> Tout le monde reconduisit le comte jusqu'au perron. Mme de Luciennes semblait n'avoir pas eu le temps de lui exprimer toute sa reconnaissance, et elle lui serrait les mains en le suppliant de revenir. Le comte le promit en jetant un regard rapide qui me fit baisser les yeux comme un éclair, car, je ne sais pourquoi, il me sembla qu'il m'était adressé ; lorsque je relevai la tête, le comte était à cheval, il s'inclina une dernière fois devant Mme de Luciennes, nous fit un salut général, adressa de la main un signe d'amitié à Paul, et lâchant la bride à son cheval qui l'emporta au galop, il disparut en quelques secondes au tournant du chemin. Chacun était resté à sa place, le regardant en silence ; car il y avait en cet homme quelque chose d'extraordinaire qui commandait l'attention. On sentait…
>
> A. Dumas, *Pauline*, 1828.

Critères de réussite
- Respecter les données du texte initial, notamment les informations sur le comte.
- Après avoir observé la date du texte, veiller à éviter les anachronismes (les éléments qui ne conviennent pas à l'époque).
- Varier les **reprises nominales** et **pronominales** pour désigner les personnages.
- Employer l'imparfait de l'indicatif.
- Pour décrire le personnage, utiliser des **expansions du nom** ainsi que des verbes d'action.
- Pour faire le **portrait moral**, voir la rubrique Vocabulaire, p. 84.
- Veiller à bien faire les **accords dans les groupes nominaux**.

3 Insérer un portrait physique dans un récit

SUJET : Imaginez la suite du texte en insérant un portrait physique de Mlle Adèle. Vous évoquerez les réactions de Ferdinand Sourdis.

James Lee (1873-1911), *Au chevalet*, coll. privée, Bourne Gallery. © The Bridgeman Art Library

> Tous les samedis, régulièrement, Ferdinand Sourdis venait renouveler sa provision de couleurs et de pinceaux dans la boutique du père Morand, un rez-de-chaussée noir et humide. […] Ferdinand, qui arrivait de Lille, s'occupait de peinture avec passion, s'enfermant, donnant toutes ses heures libres à des études qu'il ne montrait pas. Le plus souvent, il tombait sur Mlle Adèle, la fille du père Morand, qui peignait elle-même de fines aquarelles, dont on parlait beaucoup à Mercœur.
>
> É. Zola, *Madame Sourdis*, 1880.

Critères de réussite
- Respecter les données du texte initial ; raconter l'histoire en adoptant le point de vue de Ferdinand Sourdis.
- Après avoir observé la date du texte, veiller à éviter les anachronismes (les éléments qui ne conviennent pas à l'époque).
- Varier les **reprises nominales** et **pronominales** pour désigner Mlle Adèle et Ferdinand.
- Employer le passé simple pour le récit et l'imparfait pour la description.
- Utiliser des **expansions du nom** pour faire le portrait de Mlle Adèle.
- Veiller à bien faire les **accords dans les groupes nominaux**.

MÉTHODES POUR LE BREVET

Je vérifie mes connaissances
- Quelle époque Zola a-t-il peinte dans ses romans ?
- À quels types de personnages Zola s'est-il intéressé ?
- Quels rôles les descriptions jouent-elles dans les romans de Zola ?

→ **FAIRE LE POINT** – p. 83

Le ventre de Paris

Déporté au bagne lors du coup d'État de Napoléon III, le 2 décembre 1851, Florent revient après plusieurs années à Paris dans le quartier des Halles, où se trouvent tous les commerces de gros qui approvisionnent la capitale en nourriture. Il erre toute la nuit à la recherche de son frère Quenu. Gavard, un ancien camarade rencontré par hasard, l'accompagne devant la belle charcuterie des « Quenu-Gradelle ».

[Gavard] poussa une porte, au fond de l'allée. Mais, lorsque Florent entendit la voix de son frère, derrière cette porte, il entra d'un bond. Quenu, qui l'adorait, se jeta à son cou. Ils s'embrassaient comme des enfants.

« Ah ! saperlotte, ah ! c'est toi, balbutiait Quenu, si je m'attendais, par exemple !… Je t'ai cru mort, je le disais hier encore à Lisa : "Ce pauvre Florent…" »

Il s'arrêta, il cria, en penchant la tête dans la boutique : « Eh ! Lisa !… Lisa !… »

Puis, se tournant vers une petite fille qui s'était réfugiée dans un coin :

« Pauline, va donc chercher ta mère. »

Mais la petite ne bougea pas. C'était une superbe enfant de cinq ans, ayant une grosse figure ronde, d'une grande ressemblance avec la belle charcutière. Elle tenait, entre ses bras, un énorme chat jaune, qui s'abandonnait d'aise, les pattes pendantes ; et elle le serrait de ses petites mains, pliant sous la charge, comme si elle eût craint que ce monsieur habillé ne le lui volât. Lisa arriva lentement.

« C'est Florent, c'est mon frère », répétait Quenu.

Elle l'appela « monsieur », fut très bonne. Elle le regardait paisiblement, de la tête aux pieds, sans montrer aucune surprise malhonnête. Ses lèvres seules avaient un léger pli. Et elle resta debout, finissant par sourire des embrassades de Florent.

« Ah ! mon pauvre ami, dit-il, tu n'as pas embelli, là-bas… Moi, j'ai engraissé, que veux-tu ! »

Il était gras, en effet, trop gras pour ses trente ans. Il débordait dans sa chemise, dans son tablier, dans ses linges blancs qui l'emmaillotaient comme un énorme poupon. Sa face rasée s'était allongée, avait pris à la longue une lointaine ressemblance avec le groin de ces cochons, de cette viande, où ses mains s'enfonçaient et vivaient, la journée entière. Florent le reconnaissait à peine. Il s'était assis, il passait de son frère à la belle Lisa, à la petite Pauline. Ils suaient la santé ; ils étaient superbes, carrés, luisants ; ils le regardaient avec l'étonnement de gens très gras pris d'une vague inquiétude en face d'un maigre. Et le chat lui-même, dont la peau pétait de graisse, arrondissait ses yeux jaunes, l'examinait d'un air défiant.

« Tu attendras le déjeuner, n'est-ce pas ? demanda Quenu. Nous mangeons de bonne heure, à dix heures. »

Une odeur forte de cuisine traînait. Florent revit sa nuit terrible, son arrivée dans les légumes, son agonie au milieu des Halles, cet éboulement continu de nourriture auquel il venait d'échapper.

Alors, il dit à voix basse, avec un sourire doux : « Non, j'ai faim, vois-tu. »

Émile Zola, *Le Ventre de Paris*, 1873.

| MÉTHODES |

▶ **Comprendre les verbes de consignes**

Classez les verbes des consignes (en rouge dans les questions) selon que vous devez :
1. observer le texte et y chercher des mots ou groupes de mots ;
2. expliquer des éléments du texte ;
3. faire correspondre à des mots du texte le terme grammatical ou lexical qui le définit.

André Gill, *Florent* (ci-dessus), *Quenu* (p. 88), Édition Fasquelle, 1906.
Coll. Jonas/Kharbine-Tapabor

| Questions | **15** points |

I. Une scène de retrouvailles .... 5 points

1. Précisez les liens de parenté entre Florent, Quenu, Lisa et Pauline. (1 pt)

2. a. Dans le premier paragraphe, relevez une phrase qui montre avec évidence que l'émotion éprouvée par les deux hommes semble réciproque. Identifiez la forme du verbe. (1 pt)
b. Quel est le type de phrases dominant dans les paroles du charcutier (l. 6 à 13) ? Précisez les sentiments qu'il éprouve devant cette visite inattendue en vous appuyant sur ce passage. (1 pt)

3. a. « *Puis, se tournant vers une petite fille qui s'était réfugiée dans un coin : "Pauline, va donc chercher ta mère "* » (l. 11 à 13). En faisant toutes les transformations qui permettent d'en respecter le sens, mettez ce passage au discours indirect. Quel est l'intérêt du discours direct par rapport au discours indirect ? (1,5 pt)
b. Qu'est-ce que l'emploi du mot « *monsieur* » par Lisa nous apprend sur l'éducation de cette dernière ? (0,5 pt)

II. Le monde des gras .... 5,5 points

4. D'après vous, le commerce tenu par les Quenu-Gradelle est-il prospère ? Justifiez votre réponse, en vous appuyant sur le texte et sur la gravure représentant Quenu. (1,5 pt)

5. a. Dans la proposition « *Sa face rasée* [...] *cochons* » (l. 34 à 36), nommez la figure de style utilisée pour décrire Quenu. (0,5 pt)
b. Montrez comment la forme, la taille et l'aspect du « *cochon* » servent à décrire la famille du charcutier ainsi que le chat. Quel jugement le narrateur porte-t-il sur cette apparence physique ? Justifiez votre réponse. (2 pt)

6. a. Quel est le sens du mot « *emmailloter* » (l. 33) ? Décomposez-le en expliquant précisément sa formation. (1 pt)
b. Quelle nouvelle comparaison ce verbe introduit-il ? (0,5 pt)

III. Un maigre chez les gras .... 4,5 points

7. a. Compte tenu de la nature du commerce, à quel mot vous font penser les sonorités associées des noms « *Quenu* » et « *Gradelle* » ? (0,5 pt)
b. Dans les gravures, par quels moyens l'illustrateur a-t-il marqué les oppositions entre Quenu, le gras, et Florent, le maigre ? (1 pt)

8. Différents points de vue se succèdent dans la phrase : « *Il s'était assis,* [...] *air défiant* » (l. 38 à 45). Nommez chacun d'eux en précisant à chaque fois qui regarde et qui juge. Quel éclairage nouveau cela apporte-t-il sur les relations entre les personnages ? (2 pt)

9. Comment expliquez-vous les sentiments de crainte des « *gras* » devant un « *maigre* » ? (1 pt)

| MÉTHODES |

▶ **Analyse du sujet**

1. Répondez aux questions : qui ? où ? quand ? quoi ? pourquoi ?
2. Quel point de vue devez-vous adopter pour rédiger ce récit ?
3. Combien de types de discours sont attendus dans ce sujet ?

| Expression écrite | **15** points |

Sujet : Racontez la rencontre de Florent avec Gavard dans le quartier des Halles. Vous ferez part de leurs réactions. Vous insérerez une rapide description des étals de nourriture et un bref portrait de Gavard.

ATELIER D'ÉCRITURE

Autour de *Vanina Vanini* — Stendhal, 1829

▶ Lire pour écrire, écrire pour lire

📖 L'incipit : de la lecture...

Document 1

Qui était Stendhal ?
Stendhal est le pseudonyme d'**Henri Beyle**. Il est né en 1783 et mort en 1842. Sa famille est monarchiste mais, lui, sera favorable aux idées révolutionnaires.
En 1799, il suit Napoléon dans sa campagne militaire en Italie, puis il voyage en Europe comme fonctionnaire impérial. La capitulation de l'Empereur en 1814 met fin à sa carrière politique.
Il part en Italie retrouver sa maîtresse mais son amour sera déçu : en 1822, il écrit *De l'amour*. *Vanina Vanini* paraît en 1829. Stendhal est surtout connu pour ses deux romans à succès où la passion amoureuse joue un rôle capital, *Le Rouge et le Noir* (1830) et *La Chartreuse de Parme* (1839).

Document 2

Qu'est-ce qu'un « carbonaro » ?
En italien, *carbonaro* (au pluriel, *carbonari*) signifie « charbonnier » (dérivé de *carbone*, « charbon »).
On désigne par ce nom les membres d'une société secrète italienne qui, au XIXe siècle, combattit pour les idées révolutionnaires et la liberté nationale contre l'occupation autrichienne. Cette société secrète apparut dans les montagnes des Abruzzes et de Calabre, riches en charbon ; ses membres se réunissaient probablement dans des cabanes de charbonniers, d'où leur nom.
Une *vente* de carbonari est une section de cette société secrète et, par extension, une réunion de ces conspirateurs.

Arrestation de carbonari, 1821.
© M. Evans / Rue des Archives

■ Pour situer l'auteur et le texte

D'après ces deux documents :

1. En quel pays vous attendez-vous à situer le récit ?

2. Vous attendez-vous à lire : un récit d'aventure ? une histoire d'amour ? un récit policier ? une nouvelle fantastique ? un récit politique ? Justifiez.

J. Jenkis,
Le Masque,
1850.

Le bal

C'était un soir du printemps de 182*. Tout Rome était en mouvement : M. le duc de B***, ce fameux banquier, donnait un bal dans son nouveau palais de la place de Venise. Tout ce que les arts de l'Italie, tout ce que le luxe de Paris et de Londres peuvent pro-
5   duire de plus magnifique avait été réuni pour l'embellissement de ce palais. Le concours était immense. Les beautés blondes et réservées de la noble Angleterre avaient brigué l'honneur d'assister à ce bal ; elles arrivaient en foule. Les plus belles femmes de Rome leur disputaient le prix de la beauté. Une jeune fille que l'éclat de ses yeux et
10 ses cheveux d'ébène proclamaient Romaine entra conduite par son père ; tous les regards la suivirent. Un orgueil singulier éclatait dans chacun de ses mouvements.
   On voyait les étrangers qui entraient frappés de la magnificence de ce bal. « Les fêtes d'aucun des rois de l'Europe, disaient-ils, n'appro-
15 chent point de ceci. »

Les rois n'ont pas un palais d'architecture romaine : ils sont obligés d'inviter les grandes dames de leur cour ; M. le duc de B*** ne prie[1] que de jolies femmes. Ce soir-là il avait été heureux dans ses invitations ; les hommes semblaient éblouis. Parmi tant de femmes remarquables il fut question de décider quelle était la plus belle : le choix resta quelque temps indécis ; mais enfin la princesse Vanina Vanini, cette jeune fille aux cheveux noirs et à l'œil de feu, fut proclamée la reine du bal. Aussitôt les étrangers et les jeunes Romains, abandonnant tous les autres salons, firent foule dans celui où elle était.

Son père, le prince don Asdrubale Vanini, avait voulu qu'elle dansât d'abord avec deux ou trois souverains d'Allemagne. Elle accepta ensuite les invitations de quelques Anglais fort beaux et fort nobles ; leur air empesé[2] l'ennuya. Elle parut prendre plus de plaisir à tourmenter le jeune Livio Savelli qui semblait fort amoureux. C'était le jeune homme le plus brillant de Rome, et de plus lui aussi était prince ; mais si on lui eût donné à lire un roman, il eût jeté le volume au bout de vingt pages, disant qu'il lui donnait mal à la tête. C'était un désavantage aux yeux de Vanina.

Vers le minuit une nouvelle se répandit dans le bal, et fit assez d'effet. Un jeune carbonaro, détenu au fort Saint-Ange, venait de se sauver le soir même, à l'aide d'un déguisement, et, par un excès d'audace romanesque, arrivé au dernier corps de garde de la prison, il avait attaqué les soldats avec un poignard ; mais il avait été blessé lui-même, les sbires[3] le suivaient dans les rues à la trace de son sang, et on espérait le revoir.

Comme on racontait cette anecdote, don Livio Savelli, ébloui des grâces et des succès de Vanina, avec laquelle il venait de danser, lui disait en la reconduisant à sa place, et presque fou d'amour :

– Mais, de grâce, qui donc pourrait vous plaire ?

– Ce jeune carbonaro qui vient de s'échapper, lui répondit Vanina ; au moins celui-là a fait quelque chose de plus que de se donner la peine de naître.

À suivre…
Stendhal, *Vanina Vanini*, 1829.

Hippolyte Lecomte
(1781-1857),
Scène de bal, 1819,
Musée Carnavalet, Paris.
© Photo Josse/Leemage

1. invite.
2. qui manque de naturel.
3. hommes de main.

■ Repérer des indices dans un texte pour écrire une suite de texte

1. Répondez aux cinq questions : qui ? où ? quand ? quoi ? pourquoi ?

2. Quel est le type de narrateur dans cet incipit : un narrateur externe ? omniscient ? interne ? Justifiez.

3. Relevez des expressions caractérisant Vanina : à quel milieu social appartient-elle ? Qu'apprend-on de son caractère ? Quel regard l'auteur porte-t-il sur son personnage ?

4. Quelle est l'atmosphère générale du bal ? Quels sont les éléments qui détonent ?

ATELIER D'ÉCRITURE

... à l'écriture d'une scène à un personnage

SUJET : Imaginez une suite à l'incipit : Vanina chez elle, en s'activant, repense à la soirée de la veille.
- Vous évoquerez les pensées et les sentiments de la jeune fille, en particulier à l'égard des personnes présentes au bal.
- Vous insérerez dans votre récit de la scène chez Vanina un court passage descriptif des lieux et un portrait de la jeune fille. Pour ce portrait, vous associerez des traits moraux à des traits physiques.

1re étape

Enchaîner des scènes

Méthode

Pour relier cette nouvelle scène à celle du bal :
1. Vous résumerez la fin du bal sous la forme d'un **sommaire**.
2. Vous imaginerez une **ellipse** entre la fin du bal et la scène à imaginer.

Pour cela, choisissez un connecteur de temps qui convienne, par exemple : *ce matin-là, à son réveil, peu de temps après, au commencement de cette nouvelle journée, le lendemain, dès l'aube, le surlendemain, à peine réveillée.*

À vos plumes ou *À vos claviers !*

Rédigez au brouillon ce passage de transition entre les deux scènes.

2e étape

Rédiger une scène

Méthode

Pour raconter la **scène** chez Vanina, vous devez respecter les éléments de l'incipit :
- le milieu social et l'époque ;
- le point de vue du narrateur ;
- un récit à la 3e personne ;
- le caractère du personnage de Vanina ;
- l'emploi des temps : passé simple pour le récit, imparfait pour l'arrière-plan (sentiments, commentaires) ;
- le niveau de langue soutenu.

À vos plumes ou *À vos claviers !*

Reprenez votre brouillon et rédigez la scène chez Vanina.

Vocabulaire : boîte à outils

Le mobilier
- Dans la chambre : *un lit à baldaquin, une commode, une console, une coiffeuse, un nécessaire de toilette.*
- Dans la salle à manger : *une desserte, un buffet, une table en acajou.*
- Dans le salon : *des bergères, des fauteuils, des banquettes.*
- Dans l'une ou l'autre pièce : *un miroir, des lustres, du parquet, des tapis, des meubles à encoignures, un guéridon, des tentures.*

Baron Gérard (1770-1837), *Duchesse de Bassano*, début du XIXe siècle, Château de Versailles. © Photo RMN - G. Blot

3ᵉ étape

Insérer un portrait et une description dans un récit

Méthode

• **L'emploi des temps**

Pour faire une pause descriptive dans un récit, on emploie l'imparfait de l'indicatif.

• **La description des lieux**

– Quelle pièce décrire : la chambre, le salon, la salle à manger ?
– N'oubliez pas le milieu social de Vanina : quels meubles et objets choisir ? Voir boîte à outils ❶.
– Employez des expansions du nom méliratives pour qualifier les matériaux et l'apparence des meubles.

• **Le portrait : du physique au moral**

1. Relire pour cerner le personnage

> Une jeune fille que l'éclat de ses yeux et ses cheveux d'ébène proclamaient Romaine entra conduite par son père ; tous les regards la suivirent. Un orgueil singulier éclatait dans chacun de ses mouvements. La princesse Vanina Vanini, cette jeune fille aux cheveux noirs et à l'œil de feu, fut proclamée la reine du bal.

Dans ces phrases extraites de l'incipit :
– Quels sont les éléments de portrait physique ? de portrait moral ?
– Comment ces deux types d'éléments s'organisent-ils dans le portrait ?

2. Acquérir du vocabulaire

Parmi les éléments de la boîte à outils ❷ :
– Quels sont ceux qui peuvent convenir à Vanina ?
– Quels sont ceux qui relèvent du portrait physique ? ceux qui relèvent du portrait moral ?

3. Insérer le portrait

Choisissez parmi les phrases suivantes une phrase qui introduise le portrait de Vanina :
Vanina resta un moment dans son lit...
Vanina s'attabla, pensive...
Vanina était allongée...
Vanina s'assit et demeura songeuse face à son miroir...

✎ *À vos plumes* ou 🖱 *À vos claviers !*

Reprenez votre brouillon :
– cherchez où insérer la description et où insérer le portrait ;
– développez ces deux passages descriptifs.

Johann Friedrich Tischbein (1750-1812), *Betty Tischbein*, 1805, Neue Galerie, Kassel.
© Ute Brunzel/Bridgeman

4ᵉ étape

Se relire à l'aide d'une grille de relecture

Points à vérifier	oui	non
• **Le respect du texte initial** Mon récit respecte : – le lieu et l'époque du texte initial ; – les caractéristiques des personnages (physique, caractère, milieu social) ; – la situation d'énonciation : choix du narrateur, de la personne grammaticale du récit ; – le niveau de langue soutenu ; – les temps des verbes.		
• **La construction du récit** Mon récit comporte : – un enchaînement entre les deux scènes ; – le récit de la scène demandée ; – l'expression des sentiments du personnage ; – une brève description des lieux ; – un portrait physique et moral du personnage.		
• **L'efficacité du récit** J'ai employé : – des connecteurs de temps pour situer les scènes et l'action ; – des mots précis pour décrire les lieux (mobilier), pour faire le portrait du personnage (indications sur son physique et son caractère) ; – des expansions nominales pour caractériser les lieux et les personnages.		
• **La qualité de l'expression** Je suis passé(e) à la ligne pour créer des paragraphes à chaque nouvelle étape de mon récit. J'ai employé : – le passé simple pour le récit ; – l'imparfait pour la description et le portrait. J'ai vérifié : – la conjugaison des verbes ; – l'orthographe des mots dont je ne suis pas sûr(e), en recourant à un dictionnaire. J'ai accordé : – chaque verbe avec son sujet ; – les adjectifs avec les noms.		

✎ *À vos plumes* ou 🖱 *À vos claviers !*

Après avoir respecté les quatre étapes de la relecture, recopiez votre scène complète au propre.

Vocabulaire : boîte à outils ❷

Le portrait

Cheveux de jais, tresses brunes, chevelure couleur paille, teint mat, peau éclatante, regard sombre, regard clair, orgueil, front altier, allure noble, silhouette fragile, timbre de voix, voix assurée, fluette, décidée, résolue, hésitante, passionnée, éteinte, regard brillant.

▶ Autour de *Vanina Vanini*

ATELIER D'ÉCRITURE

... à l'écriture d'une scène de rencontre

SUJET : Imaginez la rencontre entre Vanina et le carbonaro.

1re étape

Choisir le cadre et le point de vue

Méthode
- Déterminez le cadre : lieu et temps.
- Repérez le point de vue :
  – existe-t-il un narrateur omniscient ?
  – le narrateur interne est-il : la jeune fille ou le carbonaro ?

2e étape

Évoquer le jeu des regards

Repérez dans les quatre extraits de cette double page les mots et les expressions qui :
– traduisent le regard d'un personnage sur l'autre ;
– expriment le sentiment (trouble, bonheur...) provoqué par ce regard.

Julien se retourna vivement, et, frappé du regard si rempli de grâce de Mme de Rênal, il oublia une partie de sa timidité. Bientôt, étonné de sa beauté, il oublia tout, même ce qu'il venait faire. [...]

À peine entrée sous le vestibule, elle se retourna vers Julien qui la suivait timidement. Son air étonné, à l'aspect d'une maison si belle, était une grâce de plus aux yeux de Mme de Rênal.

Stendhal, *Le Rouge et le Noir,* 1830.

H. J. Dubouchet (1883-1909), « Julien et Mme de Rênal », *Le Rouge et le Noir,* Bibliothèque nationale, Paris.
© BN / Giraudon / Bridgeman

Quoique madame de Mortsauf n'eût prononcé qu'un mot au bal, je reconnus sa voix qui pénétra mon âme et la remplit comme un rayon de soleil remplit et dore le cachot d'un prisonnier. En pensant qu'elle pouvait se rappeler ma figure, je voulus m'enfuir ; il n'était plus temps, elle apparut sur le seuil de la porte, nos yeux se rencontrèrent. Je ne sais qui d'elle ou de moi rougit le plus fortement. Assez interdite pour ne rien dire, elle revint s'asseoir à sa place devant un métier à tapisserie, après que le domestique eut approché deux fauteuils ; elle acheva de tirer son aiguille afin de donner un prétexte à son silence, compta quelques points et releva sa tête, à la fois douce et altière, vers monsieur de Chessel en lui demandant à quelle heureuse circonstance elle devait sa visite.

Honoré de Balzac, *Le Lys dans la vallée,* 1835.

(Lucien) vit la persienne vert perroquet s'entrouvrir un peu ; c'était une jeune femme blonde qui avait des cheveux magnifiques et l'air dédaigneux ; elle venait voir défiler le régiment. Toutes les idées tristes de Lucien s'envolèrent à l'aspect de cette jolie figure ; son âme en fut ranimée.

Stendhal, *Lucien Leuwen,* 1834.

E. Christian, *Mademoiselle Meyer*, 1849.
© www.antique-prints.de

3ᵉ étape

Exprimer les sentiments

Ce que les personnages ressentent peut s'exprimer par
- le champ lexical des sentiments lui-même :
– noms ou GN : *amour, coup de foudre, envoûtement, passion, sentiment confus...*
– verbes : *s'éprendre, s'enflammer, s'embraser, s'émouvoir...*
– adjectifs : *amoureux, charmé(e), épris, saisi(e) d'admiration...*
- les sensations liées à ces sentiments.

Reportez-vous aux extraits de cette double page et à la boîte à outils ❸.

Vocabulaire : boîte à outils ❸

L'expression des sentiments par des sensations
Ébloui(e), ému(e), tremblant(e), troublé(e), la gorge nouée, les joues en feu, le regard enflammé, la voix tremblante, les yeux baissés.

4ᵉ étape

Insérer quelques phrases de dialogue

Veillez à exprimer par le dialogue la curiosité et les sentiments des personnages, leur trouble.
Pensez aux verbes de parole ; listez des verbes de parole à employer :
– *demander, questionner, interroger...*
– *répondre, répartir...*
– *murmurer, susurrer...*
Pour l'insertion du dialogue dans un récit, reportez-vous p. 394.

5ᵉ étape

Rédiger la rencontre

Méthode
- Vous tiendrez compte de ce que l'incipit vous a révélé sur :
– chacun des personnages (portrait physique, âge, milieu social, caractère...) ;
– leurs relations ;
– l'époque et le lieu.
- Vous veillerez à :
– faire progresser le récit de façon cohérente (logique) ;
– exprimer les sentiments des personnages et leurs réactions ;
– insérer quelques phrases de dialogue en variant les verbes eux-mêmes et leur place (en début, en milieu ou en fin de réplique).

Frédéric, pour rejoindre sa place, dérangea deux chasseurs avec leurs chiens.

Ce fut comme une apparition :

Elle était assise, au milieu du banc, toute seule ; ou du moins il ne distingua personne, dans l'éblouissement que lui envoyèrent ses yeux. En même temps qu'il passait, elle leva la tête ; il fléchit involontairement les épaules ; et, quand il se fut mis plus loin, du même côté, il la regarda.

Elle avait un large chapeau de paille, avec des rubans roses qui palpitaient au vent derrière elle. Ses bandeaux noirs, contournant la pointe de ses grands sourcils, descendaient très bas et semblaient presser amoureusement l'ovale de sa figure. Sa robe de mousseline claire, tachetée de petits pois, se répandait à plis nombreux. Elle était en train de broder quelque chose ; et son nez droit, son menton, toute sa personne se découpait sur le fond de l'air bleu.

Comme elle gardait la même attitude, il fit plusieurs tours de droite et de gauche pour dissimuler sa manœuvre ; puis il se planta tout près de son ombrelle, posée contre le banc, et il affectait d'observer une chaloupe sur la rivière.

Jamais il n'avait vu cette splendeur de sa peau brune, la séduction de sa taille, ni cette finesse des doigts que la lumière traversait.

Gustave Flaubert, *L'Éducation sentimentale*, 1869.

✍ **À vos plumes** ou ⌨ **À vos claviers !**

Relisez votre texte en vérifiant que chacun des points listés ci-dessus est respecté et en vous aidant de la grille p. 93.

ATELIER D'ÉCRITURE

📖 Le dénouement : de la lecture...

Vanina ne revenait pas de la surprise que lui causait le changement de Missirilli. Sans être sensiblement maigri, il avait l'air d'avoir trente ans. Vanina attribua ce changement aux mauvais traitements qu'il avait soufferts en prison, elle fondit en larmes.

— Ah, lui dit-elle, les geôliers avaient tant promis qu'ils te traiteraient avec bonté.

Le fait est qu'à l'approche de la mort, tous les principes religieux qui pouvaient s'accorder avec la passion pour la liberté de l'Italie avaient reparu dans le cœur du jeune carbonaro. Peu à peu Vanina s'aperçut que le changement étonnant qu'elle remarquait chez son amant était tout moral, et nullement l'effet de mauvais traitements physiques. Sa douleur, qu'elle croyait au comble, en fut encore augmentée.

Missirilli se taisait ; Vanina semblait sur le point d'être étouffée par les sanglots. Il ajouta d'un air un peu ému lui-même :

— Si j'aimais quelque chose sur la terre, ce serait vous, Vanina ; mais grâce à Dieu, je n'ai plus qu'un seul but dans ma vie : je mourrai en prison, ou en cherchant à donner la liberté à l'Italie.

Il y eut encore un silence ; évidemment Vanina ne pouvait parler : elle l'essayait en vain. Missirilli ajouta :

— Le devoir est cruel, mon amie ; mais s'il n'y avait pas un peu de peine à l'accomplir, où serait l'héroïsme ? Donnez-moi votre parole que vous ne chercherez plus à me voir.

Autant que sa chaîne assez serrée le lui permettait, il fit un petit mouvement du poignet, et tendit les doigts à Vanina.

— Si vous permettez un conseil à un homme qui vous fut cher, mariez-vous sagement à l'homme de mérite que votre père vous destine. Ne lui faites aucune confidence fâcheuse ; mais, d'un autre côté, ne cherchez jamais à me revoir ; soyons désormais étrangers l'un à l'autre. Vous avez avancé une somme considérable pour le service de la patrie ; si jamais elle est délivrée de ses tyrans, cette somme vous sera fidèlement payée en biens nationaux.

Vanina était atterrée. En lui parlant, l'œil de Pietro n'avait brillé qu'au moment où il avait nommé la patrie.

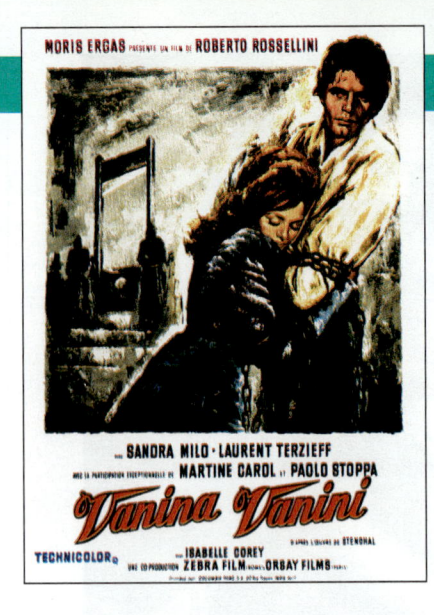

Enfin l'orgueil vint au secours de la jeune princesse ; elle s'était munie de diamants et de petites limes. Sans répondre à Missirilli, elle les lui offrit.

— J'accepte par devoir, lui dit-il, car je dois chercher à m'échapper ; mais je ne vous verrai jamais, je le jure en présence de vos nouveaux bienfaits. Adieu, Vanina ; promettez-moi de ne jamais m'écrire, de ne jamais chercher à me voir ; laissez-moi tout à la patrie, je suis mort pour vous : adieu.

— Non, reprit Vanina furieuse, je veux que tu saches ce que j'ai fait, guidée par l'amour que j'avais pour toi.

Alors elle lui raconta toutes ses démarches depuis le moment où Missirilli avait quitté le château de San Nicolò, pour aller se rendre au légat[1]. Quand ce récit fut terminé :

— Tout cela n'est rien, dit Vanina : j'ai fait plus, par amour pour toi.

Alors elle lui dit sa trahison.

— Ah ! monstre, s'écria Pietro furieux, en se jetant sur elle, et il cherchait à l'assommer avec ses chaînes.

Il y serait parvenu sans le geôlier qui accourut aux premiers cris. Il saisit Missirilli.

— Tiens, monstre, je ne veux rien te devoir, dit Missirilli à Vanina, en lui jetant, autant que ses chaînes le lui permettaient, les limes et les diamants, et il s'éloigna rapidement.

Vanina resta anéantie. Elle revint à Rome ; et le journal annonce qu'elle vient d'épouser le prince don Livio Savelli.

Stendhal, *Vanina Vanini*, 1829.

1. représentant officiel du pape.

Vanina Vanini, film de Roberto Rossellini, 1961.
Collection Christophel

... à l'écriture d'une scène d'intrigue

1re étape

Lire

1. Qu'est-ce qui indique que Pietro Missirilli est vraisemblablement le jeune carbonaro mentionné dans l'incipit ?

2. Quelles hypothèses peut-on faire sur ce qui a pu se passer auparavant ?

3. Quelle peut être la « *trahison* » dont Vanina s'accuse (l. 64) ? Collectivement, formulez des hypothèses qui seront notées au tableau.

4. Choisissez une de ces hypothèses.

2e étape

Développer un épisode, en changeant de point de vue

SUJET : Vanina dévoile sa trahison à Pietro, dans un récit à la première personne. Votre récit commencera par : « *Alors, elle lui dit sa trahison* » et se terminera par « *– Ah ! monstre, s'écria Pietro furieux, en se jetant sur elle, et il cherchait à l'assommer avec ses chaînes.* »

Méthode

- Respectez la situation d'énonciation.
Il s'agit d'un récit à la 1re personne, fait par une femme : attention aux formes verbales, aux accords au féminin singulier, aux pronoms personnels et aux déterminants possessifs !

- Comment raconter un épisode antérieur ? En employant :
  – des connecteurs de temps : *il y a huit jours*, *le mois dernier*...
  – les temps appropriés : passé composé, plus-que-parfait, imparfait.

- Choisir un ton approprié. Vanina cherche soit à s'excuser, soit à se justifier.

À vos plumes ou À vos claviers !
Rédigez le récit en respectant tous les points listés ci-dessus.

Compétences B2i

En respectant les consignes suivantes, vous mettrez en œuvre des compétences à valider pour l'obtention du B2i.

- **Savoir organiser des espaces de stockage**
Si vous rédigez votre texte dans la salle multimédia du collège :
– donnez un nom à votre fichier selon les indications du professeur (par exemple, Vanina_nomélève) ;
– enregistrez votre fichier au bon endroit, dans le dossier et sur le disque dur indiqués par votre professeur.

- **Savoir saisir et mettre en page un texte**
– Tapez votre nom en haut et à gauche de la page (indication différente du nom sous lequel vous avez enregistré votre fichier).
– Utilisez les possibilités du traitement de texte pour modifier votre texte (pour insérer, déplacer, supprimer des passages).
– Choisissez une police de caractère.
– Employez une taille de caractères pour le titre et une autre pour le texte.
– Centrez le titre et justifiez le texte (alignez la marge à droite).
– Créez des paragraphes avec la touche de tabulation.
– Utilisez le correcteur orthographique pendant la frappe et / ou lors de la relecture.

- **Consulter des bases de données**
– Recourez au dictionnaire des synonymes du traitement de texte.
– Consultez un dictionnaire en ligne (*Lexilogos*, par exemple) pour vous assurer du sens d'un mot, pour chercher synonymes et antonymes.

De l'écriture... ... à la lecture

Pour savoir quelle était la trahison imaginée par Stendhal, lisez la nouvelle !
La lecture de la nouvelle a-t-elle été conforme à vos hypothèses et à vos attentes ? Justifiez votre réponse.

→ ARGUMENTATION

SÉQUENCE 4

EXPRESSIONS DE SOI

Chants d'amour

▶ Découvrir le lyrisme

TEXTES & IMAGES
Poèmes
- « Roman », A. Rimbaud 100
- « Je t'aime », P. Eluard 102
- « Le pont Mirabeau », G. Apollinaire 103
- « Parfum exotique », C. Baudelaire • « Les mains d'Elsa », L. Aragon 104
- « Ô triste, triste était mon âme », P. Verlaine • « Je vis, je meurs… », L. Labé • « Tentative de jalousie », M. Tsvetaïeva 106

Chansons
- « Les voyages en train », Grand Corps Malade 108

FAIRE LE POINT
- Le lyrisme 111

ŒUVRE INTÉGRALE
- *L'Écume des jours*, B. Vian 112
- Lectures personnelles 113

S'EXPRIMER
- **Vocabulaire** : Exprimer ses sentiments 114
- **Oral** : Participer à un concours d'éloquence 114
- **Orthographe** : Orthographier les terminaisons verbales 115
- **Grammaire** : Identifier les types de phrases – Reconnaître des propositions subordonnées – Repérer des figures de style 116
- **Écrit** : Rédiger des textes lyriques 117

MÉTHODES POUR LE BREVET
- « Vieille chanson du jeune temps », V. Hugo 118

→ **Principaux points de langue :** La versification • Les figures de style • Champ lexical • Les pronoms

OBJECTIFS
- Découvrir l'exaltation du premier amour
- Entendre un hymne à l'amour
- Étudier une chanson d'amour
- Analyser le langage des sens
- Comparer des expressions de la souffrance amoureuse
- Découvrir une forme de lyrisme moderne : le slam

- Découvrir un roman-poème d'amour
- Lire des romans d'amour

Gaston Boulanger (1824-1888), *La Poésie*, coll. privée.

Entrer par l'image
1. Quel instrument de musique reconnaissez-vous ?
2. Quels sont les différents sens du nom *muse* ?
3. Quels sentiments associez-vous à cette image ? Justifiez.

Séquence 4 ▶ **Chants d'amour**

TEXTES & IMAGES

POUR ENTRER DANS LA SÉQUENCE

▶ Orphée, musicien et chanteur mythologique, fils de la muse Calliope, charmait même les bêtes sauvages au son de sa lyre. Par amour pour sa femme Eurydice, morte de la piqûre d'un serpent, il n'hésita pas à descendre aux Enfers où il charma les gardiens du séjour infernal mais il ne parvint pas à faire revenir Eurydice des Enfers.

Après lecture de ce texte, à quel art associeriez-vous la poésie « lyrique » ?

Arthur Rimbaud (1854-1891)
Ce poète français a écrit dans sa jeunesse, de 1870 à 1875. Son œuvre, dont *Illuminations* et *Une saison en enfer*, a influencé la poésie moderne.

Avant de lire le poème
Quel âge Arthur Rimbaud a-t-il quand il écrit ce poème ?

1. tant pis pour les chopes de bière.
2. étourdir, exalter.
3. col dur fixé sur une chemise.
4. mélodies brèves et légères d'un opéra.

Edouard Manet (1832-1883), *Au jardin*, 1880, Musée du Louvre, Paris.
© The Bridgeman Art Library

Roman

I

On n'est pas sérieux, quand on a dix-sept ans.
— Un beau soir, foin des bocks[1] et de la limonade,
Des cafés tapageurs aux lustres éclatants !
— On va sous les tilleuls verts de la promenade.

5 Les tilleuls sentent bon dans les bons soirs de juin !
L'air est parfois si doux, qu'on ferme la paupière ;
Le vent chargé de bruits, — la ville n'est pas loin, —
A des parfums de vigne et des parfums de bière…

II

— Voilà qu'on aperçoit un tout petit chiffon
10 D'azur sombre, encadré d'une petite branche,
Piqué d'une mauvaise étoile, qui se fond
Avec de doux frissons, petite et toute blanche…

Nuit de juin ! Dix-sept ans ! — On se laisse griser[2]
La sève est du champagne et vous monte à la tête…
15 On divague ; on se sent aux lèvres un baiser
Qui palpite là, comme une petite bête…

III

Le cœur fou Robinsonne à travers les romans,
— Lorsque, dans la clarté d'un pâle réverbère,
Passe une demoiselle aux petits airs charmants,
20 Sous l'ombre du faux col[3] effrayant de son père…

Et, comme elle vous trouve immensément naïf,
Tout en faisant trotter ses petites bottines,
Elle se tourne, alerte et d'un mouvement vif…
— Sur vos lèvres alors meurent les cavatines[4]…

IV

25 Vous êtes amoureux. Loué jusqu'au mois d'août.
Vous êtes amoureux. — Vos sonnets La font rire.
Tous vos amis s'en vont, vous êtes mauvais goût.
— Puis l'adorée, un soir, a daigné vous écrire…!

— Ce soir-là,… — vous rentrez aux cafés éclatants,
30 Vous demandez des bocks ou de la limonade…
— On n'est pas sérieux, quand on a dix-sept ans
Et qu'on a des tilleuls verts sur la promenade.

Arthur Rimbaud, « Roman », *29 septembre 1870*, Cahiers de Douai.

▶ Découvrir l'exaltation du premier amour

■ Une histoire d'amour

1. a. Comment les strophes sont-elles regroupées ?
b. Quel lien y a-t-il entre cette organisation et le titre du poème ?
c. Proposez un titre pour chaque partie du poème.
2. Qui est désigné par les pronoms « *elle* », « *on* », « *vous* » ? Quel lien est ainsi établi avec le lecteur ?
3. Vers 4 à 28 :
a. Où et quand la scène se passe-t-elle ? Justifiez.
b. Ce cadre est-il en accord avec l'histoire racontée ?

■ L'exaltation des sentiments

4. *Exaltation* vient du latin *altus*, « élevé ». Que signifie « exalter un sentiment » ?
5. Quels sens sont en éveil dans les parties I et II ? Répondez en citant le texte.
6. V. 7-8 et v. 14-15 : quelle sensation le jeune homme éprouve-t-il ? Quel sentiment annonce-t-elle ?
7. V. 17 : quelle **figure de style** reconnaissez-vous ? Comment comprenez-vous ce vers ?
8. a. Comment la jeune fille est-elle désignée ?
b. À travers les yeux de qui est-elle vue ?
c. V. 26 : comment expliquez-vous la graphie du pronom COD ?
9. a. V. 24 à 30 : comment les sentiments du jeune homme pour la jeune fille sont-ils évoqués ?
b. Comment comprenez-vous le retour au café ?

■ Un ton particulier

10. a. Combien d'années séparent le poète rédigeant ces vers du jeune homme du poème ?
b. Sur quel ton prononceriez-vous le vers 1 et le vers 31 ?
11. a. Que le poète décrit-il dans la troisième strophe ?
b. Quelle **figure de style** emploie-t-il ? Vous semble-t-elle correspondre à la situation ? Expliquez.
12. Vers 15-16 : quelles **allitérations** repérez-vous ? Quelle **figure de style** reconnaissez-vous ?
13. a. Quelle remarque faites-vous sur le rythme des vers 25-26 ? sur leur construction ?
b. Quel est le sens du vers 25 ?
14. En vous appuyant sur vos réponses précédentes, dites quel ton particulier Arthur Rimbaud donne à son poème. Pourquoi, selon vous ?

→ Les figures de style – p. 380
→ La versification – p. 416

📷 Faisons le point

- En quoi ce poème traduit-il une **exaltation du sentiment amoureux** ?

Pierre Auguste Renoir (1841-1919), *La Promenade*, 1870, Los Angeles.
© Photo Josse/Leemage

Exercices d'écriture

1. Imaginez cinq sensations (visuelle, auditive, olfactive, tactile, gustative) susceptibles d'évoquer l'émerveillement d'un premier sentiment amoureux.

2. Sans vous préoccuper de les faire rimer, écrivez cinq alexandrins, chacun débutant par « *Vous êtes amoureux* », et évoquant une des cinq sensations, sur le modèle :
Vous êtes amoureux. Illumination solaire
Vous êtes amoureux. Un concert de trompettes
Vous êtes amoureux. …

Séquence 4 ▶ Chants d'amour

TEXTES & IMAGES

Paul Eluard (1895-1952)
Ce poète français s'est engagé dans la Résistance pendant la Seconde Guerre mondiale (voir Séquence 6). L'amour est au cœur de sa poésie.

Valentine Hugo (1887-1968), *Portrait de Dominique Eluard*, 1951, Musée d'Art et d'Histoire, Saint-Denis. © Adagp, Paris 2008

Avant de lire le poème
On écrit des hymnes à la liberté, à la paix, à l'amour.
Un hymne est-il un chant destiné à critiquer ou à louer ?

Je t'aime

Je t'aime pour toutes les femmes que je n'ai pas connues
Je t'aime pour tous les temps où je n'ai pas vécu
Pour l'odeur du grand large et l'odeur du pain chaud
Pour la neige qui fond pour les premières fleurs
5 Pour les animaux purs que l'homme n'effraie pas
Je t'aime pour aimer
Je t'aime pour toutes les femmes que je n'aime pas

Qui me reflète sinon toi-même je me vois si peu
Sans toi je ne vois rien qu'une étendue déserte
10 Entre autrefois et aujourd'hui
Il y a eu toutes ces morts que j'ai franchies sur de la paille
Je n'ai pas pu percer le mur de mon miroir
Il m'a fallu apprendre mot par mot la vie
Comme on oublie

15 Je t'aime pour ta sagesse qui n'est pas la mienne
Pour la santé
Je t'aime contre tout ce qui n'est qu'illusion
Pour ce cœur immortel que je ne détiens pas
Tu crois être le doute et tu n'es que raison
20 Tu es le grand soleil qui me monte à la tête
Quand je suis sûr de moi.

Paul Eluard, « Je t'aime », *Le Phénix*, © Seghers, 1950.

▶ Entendre un hymne à l'amour

■ Un chant à écouter

1. a. Quel groupe de mots est présent à plusieurs reprises dans le poème ? Où est-il placé ?
b. Comment cette **figure de style** se nomme-t-elle ?
c. En quoi cette figure de style rapproche-t-elle ce poème d'un chant ?
2. Quel vers du poème s'oppose aux groupes de mots relevés dans la question 1 ? Quelle force particulière ce vers prend-il ?
3. a. Combien de phrase(s) le poème comporte-t-il ?
b. Que remarquez-vous en ce qui concerne la ponctuation ?
c. Quel **rythme** cela confère-t-il au poème ?
4. a. Le vers 1 a un **rythme ternaire**. Lisez ce vers en exprimant ce rythme. Relevez d'autres vers ayant le même rythme.
b. Observez le vers 3. Quel est son rythme ? Relevez d'autres vers ayant le même rythme.
c. Que crée cette alternance de rythmes dans le poème ?

→ La versification – p. 416

■ Une déclaration d'amour

5. a. Relevez les pronoms personnels : qui se cache derrière ces pronoms ?
b. Quel lien peut-on établir entre ces deux personnes ?
6. Quels rôles le poète attribue-t-il à la femme aimée ? Répondez en vous appuyant sur le texte.
7. Dans la 1re et la 3e strophes, à quels éléments réels le poète associe-t-il la femme aimée ? Quel est le point commun de ces éléments ?
8. Quelle **figure de style** repérez-vous dans les deux derniers vers du poème ? Qu'est-ce qui fait, selon vous, la force de ces deux vers ?

→ Les figures de style – p. 380

📷 Faisons le point

• En quoi ce poème est-il un **hymne à l'amour** ?

Guillaume Apollinaire (1880-1918)
Ce poète français est l'auteur des recueils *Alcools* et *Calligrammes* qui renouvellent le langage poétique, et des *Poèmes à Lou*.

Marie Laurencin (1883-1956),
Portrait d'Apollinaire,
Musée national d'Art moderne, Paris.
© Photo CNAC / MNAM Dist. RMN © Adagp, Paris 2008

Avant de lire le poème
Quand ce poème est publié, Guillaume Apollinaire vient d'être quitté par l'artiste peintre Marie Laurencin avec laquelle il entretenait une liaison depuis 1907.
Dans quelle situation affective le poète se trouve-t-il lorsqu'il écrit le poème ?

Le pont Mirabeau

Sous le pont Mirabeau[1] coule la Seine
     Et nos amours
  Faut-il qu'il m'en souvienne
La joie venait toujours après la peine

5   Vienne la nuit sonne l'heure
    Les jours s'en vont je demeure

Les mains dans les mains restons face à face
     Tandis que sous
  Le pont de nos bras passe
10 Des éternels regards l'onde si lasse

     Vienne la nuit sonne l'heure
    Les jours s'en vont je demeure

L'amour s'en va comme cette eau courante
     L'amour s'en va
15 Comme la vie est lente
Et comme l'Espérance est violente

     Vienne la nuit sonne l'heure
    Les jours s'en vont je demeure

Passent les jours et passent les semaines
20   Ni temps passé
  Ni les amours reviennent
Sous le pont Mirabeau coule la Seine

     Vienne la nuit sonne l'heure
    Les jours s'en vont je demeure

Guillaume Apollinaire, « Le pont Mirabeau », *Alcools*, 1913,
© Éditions Gallimard.

1. pont de Paris.

▶ Étudier une chanson d'amour

■ Une chanson à écouter

1. En quoi la construction de ce poème le rapproche-t-elle d'une chanson ? Proposez plusieurs éléments de réponse.

2. Quelles strophes sont écrites en **vers** pairs ? en vers impairs ?

3. a. Le **rythme** des vers est-il binaire ? ternaire ?
b. Quel effet cela crée-t-il dans le poème ?

4. Observez les **rimes** dans le premier et le dernier quatrain : quels mots mettent-elles en écho ?

5. Relisez oralement les vers 7 à 10 :
a. Faites-vous des pauses en fin de vers ?
b. Comment nomme-t-on ce procédé ?
c. Que traduit le rythme de ces vers ?

→ La versification – p. 416

■ Un poème lyrique

6. a. Le poète est-il présent dans le poème ? Justifiez.
b. Quelle autre personne est présente ? De quelle manière ?

7. a. Relevez les verbes de mouvement : quels sont les trois éléments qu'ils qualifient ?
b. Par opposition, que représente le « *pont Mirabeau* » pour le poète ? Quel champ lexical peut-on associer à l'idée du pont ?
c. De quel autre pont est-il question dans le deuxième quatrain ?
d. Quelle **figure de style** reconnaissez-vous ? Expliquez.

8. Observez les mots de l'avant-dernière strophe :
a. Quelle **figure de style** repérez-vous ?
b. Quelle vision du temps traduit-elle ?

9. S'agit-il d'une chanson triste ou teintée d'espoir ? Justifiez.

→ Les figures de style – p. 380

📷 Faisons le point

- En quoi ce poème est-il une **chanson d'amour** ?

Exercice d'expression orale

Par groupes de trois élèves, vous allez interpréter ce poème devant la classe. Libre à vous d'organiser votre prestation, l'essentiel étant de restituer au mieux la construction et la tonalité de ce poème lyrique.

Séquence 4 ▶ Chants d'amour

TEXTES & IMAGES

Avant de lire les poèmes
Lequel de ces deux poèmes identifiez-vous comme un sonnet ?

Parfum exotique

Charles Baudelaire (1821-1867)
Ce poète français est notamment l'auteur des *Fleurs du Mal*, du *Spleen de Paris (Petits Poèmes en prose)*.

Ce poème a été inspiré à Baudelaire par sa maîtresse, Jeanne Duval, une métisse qu'il a rencontrée peu de temps après son séjour à l'île Maurice.

Quand, les deux yeux fermés, en un soir chaud d'automne,
Je respire l'odeur de ton sein chaleureux,
Je vois se dérouler des rivages heureux
Qu'éblouissent les feux d'un soleil monotone ;

5 Une île paresseuse où la nature donne
Des arbres singuliers et des fruits savoureux ;
Des hommes dont le corps est mince et vigoureux,
Et des femmes dont l'œil par sa franchise étonne.

Guidé par ton odeur vers de charmants climats,
10 Je vois un port rempli de voiles et de mâts
Encor tout fatigués par la vague marine,

Pendant que le parfum des verts tamariniers,
Qui circule dans l'air et m'enfle la narine,
Se mêle dans mon âme au chant des mariniers.

Charles Baudelaire, « Parfum exotique », *Les Fleurs du Mal*, 1861.

▶ Analyser le langage des sens (1)

■ Les sensations

1. « *Les deux yeux fermés* » : quel sens prend le relais de la vue pour le poète ? Appuyez votre réponse sur deux passages du poème.

2. Observez le vers 1 d'une part, et les vers 3 et 10 d'autre part : comment faut-il comprendre le verbe *voir* ?

3. a. Vers 3 à 8 et 10 à 14 : à travers quels sens le poète décrit-il les deux tableaux ? Relevez-en les **champs lexicaux**.

b. Les sensations évoquées sont-elles agréables ou désagréables ? Justifiez.

4. a. Comment les vers de ce poème se nomment-ils ?

b. Qu'est-ce qui caractérise le rythme de ces vers ?

c. Ce rythme est-il en accord avec les sensations ? Expliquez.

→ Champ lexical – p. 378

■ La célébration de la femme aimée

5. Relevez les deux évocations de la femme aimée et observez les déterminants : à quelle personne sont-ils employés ? Pourquoi ?

6. Quel est le rôle de la femme aimée pour le poète ?

7. À quel type de paysage l'évocation de la femme aimée donne-t-elle naissance ? Pourquoi ?

8. En quoi le titre convient-il au contenu du poème ?

Jeanne Duval dessinée par Charles Baudelaire, 1865.
© Hachette Livre

Photographie de **Gisèle Freund**, *Elsa Triolet*.
© G. Freund

Louis Aragon (1897-1982)
Ce poète surréaliste français a participé à la Résistance et a dit son engagement dans de nombreuses poésies (voir Séquence 6). En 1928, il rencontre Elsa Triolet et chante son amour pour elle.

▶ Analyser le langage des sens (2)

■ Les sensations

1. a. Le poète décrit-il les mains d'Elsa ?
b. Par quelles images les évoque-t-il ? Quel est le point commun de ces images ?
2. a. Quelles sensations le poète éprouve-t-il ?
b. Sont-elles agréables ou désagréables ? Expliquez.
c. Quel(s) sentiment(s) traduisent-elles ?
3. De quels autres moyens de communication les mains prennent-elles le relais ?

■ La célébration de la femme aimée

4. a. Quels effets d'écho ou de parallélisme repérez-vous dans le poème ? Où sont-ils placés ? Comment cette figure de style se nomme-t-elle ?
b. Quels personnages ces passages en écho rapprochent-ils ? Pourquoi ?
5. a. Vers 4 : quel rapport logique la conjonction de subordination « *que* » exprime-t-elle ici ?
b. Citez deux autres vers formés de façon identique.
c. Qu'apportent les mains d'Elsa au poète ?
6. a. Quelle **allitération** repérez-vous dans la dernière strophe ?
b. Quelle atmosphère traduit-elle ?
7. Quel type de femme le poète célèbre-t-il dans ce poème ?

→ **La versification** – p. 416

📷 Faisons le point

- Dans chaque poème, à travers quel(s) **sens** le poète célèbre-t-il la femme aimée ?

Exercices d'écriture

1. Quelles sensations visuelles, auditives, tactiles, gustatives, olfactives pourriez-vous associer à la chevelure ou aux yeux d'une personne aimée ?
2. En vous servant de vos réponses à l'exercice 1, rédigez une strophe dans laquelle vous évoquerez les cheveux ou les yeux d'une personne aimée. Choisissez un type de vers et un système de rimes.

Les mains d'Elsa

Donne-moi tes mains pour l'inquiétude
Donne-moi tes mains dont j'ai tant rêvé
Dont j'ai tant rêvé dans ma solitude
Donne-moi tes mains que je sois sauvé

5 Lorsque je les prends à mon pauvre piège
De paume et de peur de hâte et d'émoi
Lorsque je les prends comme une eau de neige
Qui fuit de partout dans mes mains à moi

Sauras-tu jamais ce qui me traverse
10 Qui me bouleverse et qui m'envahit
Sauras-tu jamais ce qui me transperce
Ce que j'ai trahi quand j'ai tressailli

Ce que dit ainsi le profond langage
Ce parler muet des sens animaux
15 Sans bouche et sans yeux miroir sans image
Ce frémir d'aimer qui n'a pas de mots

Sauras-tu jamais ce que les doigts pensent
D'une proie entre eux un instant tenue
Sauras-tu jamais ce que leur silence
20 Un éclair aura connu d'inconnu

Donne-moi tes mains que mon cœur s'y forme
S'y taise le monde au moins un moment
Donne-moi tes mains que mon âme y dorme
Que mon âme y dorme éternellement

Louis Aragon, « Les mains d'Elsa », *Le Fou d'Elsa*,
© Éditions Gallimard, 1963.

Séquence 4 ▶ Chants d'amour

TEXTES & IMAGES

Avant de lire les poèmes
Cherchez les sens du mot *passion*.

Paul Verlaine (1844-1896)
Ce poète français est l'auteur de *Poèmes saturniens, Fêtes galantes, La Bonne Chanson, Romances sans paroles.*

Louise Labé (1524-1566)
Cette poétesse française est née à Lyon ; elle est surnommée « la belle cordière ».

Je vis, je meurs…

Je vis, je meurs ; je me brûle et me noie.
J'ai chaud extrême en endurant froidure[1] ;
La vie m'est et trop molle et trop dure.
J'ai grands ennuis entremêlés de joie.

5 Tout à un coup je ris et je larmoie[2],
Et en plaisir maint grief[3] tourment j'endure ;
Mon bien s'en va, et à jamais il dure ;
Tout en un coup, je sèche et je verdoie.

Ainsi Amour inconstamment me mène.
10 Et quand je pense avoir plus de douleur,
Sans y penser je me trouve hors de peine.

Puis, quand je crois ma joie être certaine,
Et être au haut de mon désiré heur[4],
Il me remet en mon premier malheur.

Louise Labé, « Je vis, je meurs… », *Sonnets,* pièce VIII, 1555.

1. froid. **2.** pleure. **3.** grave, lourd. **4.** bonheur

Ô triste, triste était mon âme

Ô triste, triste était mon âme
À cause, à cause d'une femme.

Je ne me suis pas consolé
Bien que mon cœur s'en soit allé,

5 Bien que mon cœur, bien que mon âme
Eussent fui loin de cette femme.

Je ne me suis pas consolé
Bien que mon cœur s'en soit allé.

Et mon cœur, mon cœur trop sensible
10 Dit à mon âme : Est-il possible,

Est-il possible, – le fût-il –
Ce fier exil, ce triste exil ?

Mon âme dit à mon cœur : Sais-je
Moi-même, que nous veut ce piège

15 D'être présents bien qu'exilés,
Encore que loin en allés ?

Paul Verlaine, « Ariettes oubliées »,
Romances sans paroles, 1873.

Camille Claudel (1864-1943),
L'implorante, 1900, Musée Rodin, Paris.
Musée Rodin – ph. A. Rzepka, © Adagp, Paris 2008

Marina Tsvetaïeva (1892-1941)
Cette poétesse russe a vécu en émigration dans de nombreuses capitales européennes, dont Paris. Elle a connu une vie amoureuse agitée. Retournée à Moscou en 1939, elle s'est suicidée lors de l'avancée allemande.

Tentative de jalousie

Comment ça va la vie avec une autre,
Plus simple, n'est-ce pas ? – Rames, claquez ! –
S'est-il vite, le profil de la côte,
Le souvenir, s'est-il vite masqué. […]

5 Comment ça va la vie près d'un produit
De pacotille ? Un peu abrupt, le prix ?
Les marbres de Carrare[1] reconduits,
Comment ça va la vie près d'un débris

De plâtre. (Taillé dans la masse même,
10 – Dieu, sa tête : presque aussitôt détruite !)
Comment ça va avec la cent-millième,
Dites, pour vous qui connûtes Lilith[2] !

L'or de pacotille vous intéresse
Encore ? Las des grâces magiciennes,
15 Comment ça va une femme sans sixième

Sens ?

Bon, la tête entre les deux mains : heureux ?
Non ? Des fonds sans profondeur étant l'hôte,
Comment ça va, l'ami ? Plus douloureux,
20 Moins douloureux pour moi près d'un autre ?

19 novembre 1924

Marina Tsvetaïeva, « Tentative de jalousie », *Le Ciel brûle*, trad. P. Léon, È. Malleret, © La Découverte, 1999.

1. célèbres carrières de marbre blanc en Italie.
2. dans la mythologie juive, nom d'un démon féminin, d'une femme particulièrement séduisante.

Exercice d'expression orale

- Choisissez le poème qui, selon vous, exprime le mieux la souffrance amoureuse et entraînez-vous à le dire devant la classe en faisant ressortir le sentiment éprouvé.
- Lisez-le plusieurs fois.
- Repérez les répétitions et anaphores qui créent le rythme ; soulignez-les par votre diction.

▶ Comparer des expressions de la souffrance amoureuse

■ Paul Verlaine

1. Quel épisode amoureux Paul Verlaine rapporte-t-il ? Relevez-en le champ lexical.

2. Quel est le sentiment ressenti par Verlaine dans ce poème ? Dans quels vers est-il exprimé ?

3. Relevez les marques de la 1re personne : sont-elles nombreuses ? Pourquoi ?

4. Relevez les systèmes d'échos et de répétitions dans le poème : donnent-ils à entendre un cri violent ? une plainte persistante (lancinante) ? Justifiez.

■ Louise Labé

5. a. Sur quelle **figure de style** le vers 1 repose-t-il ?
b. Relevez d'autres exemples de cette figure dans le poème : dans quel état d'esprit la poétesse se trouve-t-elle ?

6. a. Quel est l'adverbe central du poème ? En quoi donne-t-il une clé de lecture du poème ?
b. De quoi Louise Labé souffre-t-elle ?

7. Louise Labé exprime-t-elle des sensations ou des sentiments ? Répondez en citant le poème.

8. a. Quel type de poème reconnaissez-vous ?
b. Dans les quatrains, relevez les pronoms sujets, et dans les tercets, les pronoms personnels COD : qui représentent-ils ? Comment expliquez-vous cette évolution ?

9. Au vers 9, pourquoi « *Amour* » est-il écrit avec une majuscule ? Comment appelle-t-on cette **figure de style** ?

→ Les figures de style – p. 380

■ Marina Tsvetaïeva

10. a. Qui, selon vous, s'adresse à qui dans ce poème ?
b. Peut-on parler de dialogue ? Expliquez.

11. Quel épisode amoureux est rapporté dans le poème ?

12. Quel sentiment la poétesse éprouve-t-elle ? Appuyez votre réponse sur des extraits du poème.

13. Quelles reprises nominales correspondent à « *une autre* » ? Qu'ont-elles en commun ?

14. Quelles expressions la poétesse utilise-t-elle pour parler d'elle-même ? Qu'ont-elles en commun ?

15. a. Faites-vous une pause à la fin du vers 5 ?
b. Quel mot est ainsi mis en valeur par le **rejet** ?
c. Proposez d'autres rejets dans le poème : que traduit, selon vous, ce rythme particulier ?

16. En vous servant de vos réponses aux questions précédentes, dites quel est le ton du poème.

→ La versification – p. 416

📷 Faisons le point

- De quel sentiment chacun des poèmes rend-il compte ?
- Comment chaque poète exprime-t-il la **souffrance amoureuse** ressentie ?

TEXTES & IMAGES

à l'affiche

C'est un conteur des temps modernes...

Grand Corps Malade
Le slam dans la peau

Mi-rappeur mi-poète, il cartonne avec son album et sa tournée. Rencontre avec le roi du slam, récemment couronné de deux Victoires de la musique.

C'est l'histoire de Fabien, un ado de banlieue aux grands yeux bleus, qui aime l'écriture et rêve de devenir basketteur professionnel. En 1997, à 20 ans, sa vie bascule. Un mauvais plongeon dans une piscine de Saint-Denis, où il vit, et c'est le drame : il apprend qu'il ne remarchera pas. Mais après plusieurs années de combat et de rééducation, il arrive à se déplacer à l'aide d'une béquille.

Un soir de 2003, il accompagne un ami à une soirée slam, sans trop savoir à quoi s'attendre. Il a le coup de foudre : "j'ai tout de suite adoré l'ambiance, les textes *a cappella*, les artistes qui partagent la scène". Un mois plus tard, il se rend dans une autre soirée slam. Avec ses propres textes, cette fois-ci ! L'organisateur est séduit. Il lui demande son nom. "J'ai répondu Grand Corps Malade pour déconner", explique Fabien. Avec sa silhouette impressionnante (1,94 m et une béquille qui rythme sa claudication), sa voix grave et ses textes poétiques et inspirés, un "slammeur au nom de Sioux", tel qu'il se décrit, est né.

Le slam est un virus

Au fil des années, l'écriture prend de plus en plus de place dans sa vie. Véritable conteur moderne, il est de toutes les scènes, scandant ses récits tour à tour drôles (*Ma tête, mon cœur*) et graves (*6e sens*), captivant son auditoire quand il parle de sa ville (*Saint-Denis*), de ses potes (*Ça peut chémar*), d'amour (*Les Voyages en train*) ou de la douleur liée à son accident (*Midi 20*).
Et puis, en 2006, un pote, Petit Nico, lui propose de mettre ses textes en musique. Il accepte "pour donner quelques disques à ses copains et à sa famille". Bénéficiant d'un bouche à oreille incroyable, il vend 400 000 albums en quelques semaines, et se retrouve invité sur tous les plateaux de télévision !

"Ça m'a fait très bizarre qu'on me reconnaisse dans la rue mais je suis heureux quand quelqu'un me dit que mes textes l'ont touché." Fabien n'a pas pris la grosse tête : il continue à animer des ateliers de slam dans son quartier, notamment avec des ados, et partage ses tournées entre les grandes salles de concert et des "vraies soirées slam", dans des petits cafés. Avec toujours un même but : "je veux continuer à répandre le virus, à le diffuser". Méfiez-vous : on ne s'en débarrasse pas facilement...

BÉATRICE QUINTIN

Béatrice Quintin, « C'est un conteur des temps modernes... », © *Le Monde des ados*, n° 163, avril 2007.

Le slam, c'est quoi ?

Né à Chicago dans les années 1980, le slam a connu un rapide succès aux États-Unis avant d'arriver en France dix ans plus tard. En anglais, *slam* signifie « claquement », ce qui correspond à la façon dont ces textes sont scandés et à la manière dont ils doivent secouer l'auditoire.

Avant de découvrir la chanson

Lisez les documents et répondez aux trois questions :
1. Qu'appelle-t-on le « slam » ?
2. a. Qu'est-ce qu'un nom de Sioux ?
   b. Comment expliquez-vous « *le nom de Sioux* » que s'est choisi l'artiste ?

Les voyages en train

J'crois qu'les histoires d'amour c'est comme les voyages en train,
Et quand j'vois tous ces voyageurs parfois j'aimerais en être un,
Pourquoi tu crois que tant de gens attendent sur le quai de la gare ?
Pourquoi tu crois qu'on flippe autant d'arriver en retard ?

5 Les trains démarrent souvent au moment où l'on s'y attend le moins,
Et l'histoire d'amour t'emporte sous l'œil impuissant des témoins,
Les témoins c'est tes potes qui te disent au revoir sur le quai,
Ils regardent le train s'éloigner avec un sourire inquiet,

Toi aussi tu leur fais signe et t'imagines leurs commentaires,
10 Certains pensent que tu t'plantes et qu't'as pas les pieds sur terre,
Chacun y va d'son pronostic sur la durée du voyage,
Pour la plupart le train va dérailler dès le premier orage.

Le grand amour change forcément ton comportement,
Dès l'premier jour faut bien choisir ton compartiment,
15 Siège couloir ou contre la vitre il faut trouver la bonne place,
Tu choisis quoi une love story de première ou d'seconde classe ?

Dans les premiers kilomètres tu n'as d'yeux que pour son visage,
Tu calcules pas derrière la fenêtre le défilé des paysages,
Tu te sens vivant tu te sens léger tu ne vois pas passer l'heure,
20 T'es tellement bien que t'as presque envie d'embrasser le contrôleur.

Mais la magie ne dure qu'un temps et ton histoire bat de l'aile,
Toi tu te dis que tu n'y es pour rien et que c'est sa faute à elle,
Le ronronnement du train te saoule et chaque virage t'écœure,
Faut que tu te lèves que tu marches tu vas te dégourdir le cœur.

25 Et le train ralentit, c'est déjà la fin de ton histoire,
En plus t'es comme un con tes potes sont restés à l'autre gare,
Tu dis au revoir à celle que t'appelleras désormais ton ex,
Dans son agenda sur ton nom elle va passer un coup de tipex.

C'est vrai que les histoires d'amour c'est comme les voyages en train,
30 Et quand je vois tous ces voyageurs parfois j'aimerais en être un,
Pourquoi tu crois que tant de gens attendent sur le quai de la gare ?
Pourquoi tu crois qu'on flippe autant d'arriver en retard ?

Pour beaucoup la vie se résume à essayer de monter dans le train,
À connaître ce qu'est l'amour et se découvrir plein d'entrain,
35 Pour beaucoup l'objectif est d'arriver à la bonne heure,
Pour réussir son voyage et avoir accès au bonheur.

Il est facile de prendre un train encore faut-il prendre le bon,
Moi je suis monté dans deux trois rames mais c'était pas le bon wagon,
Car les trains sont capricieux et certains sont inaccessibles,
40 Et je ne crois pas tout le temps qu'avec la SNCF c'est possible.

Séquence 4 ▶ Chants d'amour

TEXTES & IMAGES

Il y a ceux pour qui les trains sont toujours en grève,
Et leurs histoires d'amour n'existent que dans leurs rêves,
Et y a ceux qui foncent dans le premier train sans faire attention,
Mais forcément ils descendront déçus à la prochaine station,
45 Y a celles qui flippent de s'engager parce qu'elles sont trop émotives,
Pour elles c'est trop risqué de s'accrocher à la locomotive,
Et y a les aventuriers qu'enchaînent voyage sur voyage,
Dès qu'une histoire est terminée ils attaquent une autre page.

Moi après mon seul vrai voyage j'ai souffert pendant des mois,
50 On s'est quitté d'un commun accord mais elle était plus d'accord que moi,
Depuis je traîne sur le quai je regarde les trains au départ,
Y a des portes qui s'ouvrent mais dans une gare je me sens à part.

Il paraît que les voyages en train finissent mal en général,
Si pour toi c'est le cas accroche-toi et garde le moral,
55 Car une chose est certaine y aura toujours un terminus,
Maintenant tu es prévenu la prochaine fois tu prendras le bus.

Willie Rodger (artiste contemporain), *Le Baiser*, 1995, coll. privée.
© The Bridgeman Art Library

Grand Corps Malade, *Les Voyages en train*, © Anouche Productions, 2006.

Découvrir une forme de lyrisme moderne : le slam

■ Un texte lyrique

1. a. De combien de strophes le poème est-il composé ? Comment s'appellent-elles ?
b. Comparez les strophes 1 et 8 : que remarquez-vous ? Quelle nuance repérez-vous entre ces deux strophes ?

2. Quelle **figure de style** reconnaissez-vous dans le vers 1 ? Relevez les éléments du poème qui développent cette figure.

3. a. Relevez les **pronoms personnels** de la première strophe : qui représentent-ils ? Où retrouve-t-on le pronom personnel de la 1ʳᵉ personne dans le texte ?
b. Relevez les pronoms personnels dans les strophes 2 à 7 : qui représentent-ils ? Où retrouve-t-on le pronom personnel de la 2ᵉ personne dans le texte ?
c. Dans les strophes 11 et 12, relevez les **pronoms démonstratifs**.
d. En vous appuyant sur ces relevés, dites avec qui le poète partage ses sentiments dans un texte lyrique.

4. Quels sentiments le texte exprime-t-il ? Appuyez votre réponse sur des passages du texte.

→ Les figures de style – p. 380
→ Les pronoms – p. 319

■ Une chanson moderne

5. a. Dans le vers 1, quels éléments font claquer la diction ? S'agit-il d'une marque d'écrit ou d'oralité ?
b. Relevez d'autres éléments identiques dans la suite du texte.

6. a. Observez le vers 4 : quel est le niveau de langue ? Justifiez par deux éléments.
b. Relevez d'autres éléments du texte qui relèvent du même niveau de langue.

7. À quelle époque l'histoire racontée se situe-t-elle ? Appuyez votre réponse sur des éléments du texte.

📷 Faisons le point

- En quoi ce texte est-il **lyrique** ?
- En quoi renouvelle-t-il **le lyrisme** ?

🎧 À écouter !
Pour écouter un extrait de cette chanson, rendez-vous sur le site du slameur : http://www.grandcorpsmalade.com

Exercice d'expression orale

Entraînez-vous à lire le texte en scandant les mots de manière à « *secouer l'auditoire* ».
Chaque élève peut prendre en charge une strophe, l'apprendre et la dire de manière rythmée devant la classe. Veillez à bien enchaîner la diction des strophes.

FAIRE LE POINT

Le lyrisme

1. Définition

- Le mot **lyrisme** vient du nom d'un instrument de musique, la **lyre**, dont jouait le poète et musicien Orphée dans la mythologie grecque. Dans l'Antiquité, la poésie, la musique et le chant sont intimement liés : les poèmes sont des chants rythmés, soutenus par un accompagnement musical.
- Dès l'Antiquité et ensuite à toutes les époques, les poètes ont parlé d'eux dans leur poésie ; ils expriment de manière personnelle des sentiments ressentis par tous. La poésie lyrique associe une **expression de soi transposable à chacun** à une forme de **musicalité**.

(voir p.98)

2. Le lyrisme dans l'histoire littéraire

- Au **Moyen Âge**, les troubadours et trouvères célèbrent le sentiment amoureux dans leurs poèmes chantés. À la **Renaissance**, poésie et musique deviennent deux arts séparés ; les poètes français tels Pierre de Ronsard, Joachim du Bellay ou Louise Labé expriment leurs sentiments personnels dans des poèmes aux formes fixes : sonnets, odes. Aux XVIIe et XVIIIe siècles, la poésie lyrique est très peu présente.
- Elle réapparaît fortement au XIXe siècle, à l'époque du **romantisme**. De nombreux poètes évoquent l'intimité de leurs sentiments, heureux ou malheureux. Parmi eux, on peut citer Alphonse de Lamartine, Alfred de Musset, Victor Hugo. À la fin du XIXe siècle, trois poètes ont exprimé le sentiment amoureux : Paul Verlaine, Charles Baudelaire et Arthur Rimbaud.
- Au XXe siècle, la poésie lyrique est bien représentée dans des poèmes qui s'affranchissent des formes classiques de la poésie en assouplissant les règles de versification et en supprimant la ponctuation. Des auteurs comme Guillaume Apollinaire, Robert Desnos, Paul Éluard, Louis Aragon, Jacques Prévert ont célébré la peinture de l'amour. De manière plus récente, la poésie lyrique s'incarne dans la chanson, et depuis peu dans une nouvelle forme musicale, le slam.

3. Les thèmes lyriques

On appelle lyrique une poésie dans laquelle le poète exprime ses **sentiments**, sa **vie affective**, ses **sensations**, ses **états d'âme**, qu'ils soient heureux ou malheureux. Cette poésie développe des thèmes privilégiés tels que la **peinture de l'amour** sous toutes ses formes, mais également le thème de la mort et de la fuite du temps, celui du lien de l'homme à la nature, l'univers du rêve.

4. L'écriture de la poésie lyrique

Dans la poésie lyrique, les poètes emploient :

les marques de la subjectivité	de nombreuses figures de style	des champs lexicaux particuliers	un rythme et des sonorités
– emploi de la 1re et de la 2e personne ; – emploi d'indéfinis pour généraliser l'expérience du poète.	– images, métaphores et comparaisons ; – anaphores et répétitions ; – hyperboles, mises en relief.	– l'affectivité, les sentiments ; – les sensations ; – l'univers féminin ; – le temps et la mort ; – le voyage et le rêve ; – la nature.	– balancement rythmique (rythme binaire, ternaire) ; – rimes, allitérations et assonances.

Séquence 4 ▶ **Chants d'amour**

ŒUVRE INTÉGRALE

Découvrir un roman-poème d'amour

L'Écume des jours
Boris Vian, 1947, © Fayard (voir p. 432)

> *Lisez le roman à votre rythme* et notez, au fur et à mesure de votre lecture, quelques éléments qui vous surprennent, ou vous déroutent, ou vous plaisent.

A L'auteur

Petite biographie de Boris Vian

1920	> Naissance à Ville-d'Avray, deuxième fils d'une famille (riche puis ruinée) de quatre enfants.
1932 – 1935	> Début d'un rhumatisme cardiaque qui, associé à d'autres maladies, entraînera une maladie de cœur mortelle.
1935 – 1939	> École centrale des arts et manufactures. Jazz et soirées.
1941	> Mariage avec Michelle Léglise.
1942	> Un fils, Patrick.
1943	> Trompettiste de jazz amateur.
1946	> Ingénieur à l'Office du papier. Rencontre avec l'écrivain philosophe Jean-Paul Sartre.
1948	> Une fille, Carole. Trompette au Club Saint-Germain-des-Prés. Conférencier.
1944 – 1951	> Publications.
1952	> Divorce.
1955	> Directeur artistique chez Philips.
1959	> Rôles au cinéma. Articles, radio.
23 juin 1959	> Mort.

B Un roman-poème

Des jeux avec les mots

1. Sur quel jeu de mot l'extrait suivant du roman repose-t-il ?

– Messieurs, que puis-je pour vous ?
– Exécuter cette ordonnance… suggéra Colin.
Le pharmacien saisit le papier, le plia en deux, en fit une bande longue et serrée et l'introduisit dans une petite guillotine de bureau.
– Voilà qui est fait, dit-il en pressant un bouton rouge.
Le couperet s'abattit et l'ordonnance se détendit et s'affaissa. (XXXV)

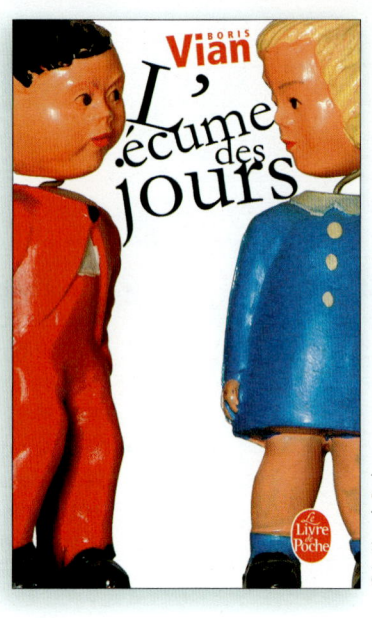

2. En quoi peut-on dire que les expressions soulignées sont prises au pied de la lettre ?

– Oui… dit Chick, il commençait à baver de convoitise. Un petit ruisseau se formait entre ses pieds et prit le chemin du bord du trottoir, contournant les menues inégalités de la poussière. (XXI)
– Écoutez, coupons la poire en deux. Deux mille cinq cents doublezons.
– Allons, dit Colin, d'accord. Mais qu'est-ce qu'on va faire des deux moitiés de cette sacrée poire ? (XLV)

3. Les expressions suivantes appartiennent-elles au domaine du réel ? Avec quelles expressions chacune d'elle a-t-elle été créée ?

Veste de velours marron à côtes d'ivoire – tabouret de bois de fer étamé – passage à tabac de contrebande.

4. Les jeux de mots suivants reposent-il sur la synonymie ? l'homonymie ? la paronymie ?

Je voudrais me retirer dans un coing. À cause de l'odeur, et puis parce que j'y serai tranquille. (XLIII)
Il y avait aussi des pépinières de moineaux et des pépiements de petits moineaux. (XIII)

Des néologismes *À vos dictionnaires !*

5. a. Qu'appelle-t-on un néologisme ?
b. À partir de quels mots le néologisme « *Agents d'armes* », dans le roman, a-t-il été créé ?
c. Citez deux autres néologismes que vous avez repérés dans le roman, par exemple dans les chapitres VI, XV et XVIII.

6. *Députodrome, pianocktail* sont des mots-valises inventés par Boris Vian.
a. À partir de quels mots chacun d'eux a-t-il été créé ?
b. Qu'appelle-t-on un mot-valise ?

Des images

7. a. Classez les extraits suivants selon qu'ils développent une comparaison ou une métaphore.
b. Dans quel univers ces images entraînent-elles le lecteur ?

> Son peigne d'ambre divisa la masse soyeuse en longs filets orange pareils aux sillons que le gai laboureur trace à l'aide d'une fourchette dans de la confiture d'abricots. (I)
> Les larges raies jaunes et violettes de l'église donnaient à la nef l'aspect de l'abdomen d'une énorme guêpe couchée, vue de l'intérieur. (XXI)
> Entre la nuit du dehors et la lumière de la lampe, les souvenirs refluaient de l'obscurité, se heurtaient à la clarté et, tantôt immergés, tantôt apparents, montraient leur ventre blanc et leur dos argenté. (XXXIII)

8. Comment comprenez-vous le titre du roman ?

C Un roman d'amour

Des personnages particuliers

1. Qui sont les personnages principaux du roman ? Qu'ont-ils en commun ?
2. a. Que sait-on de leur identité ?
b. Quel est le nom de famille d'Isis ? Que pensez-vous de ce nom ?

Une double histoire d'amour

3. a. Quelles sont les deux histoires d'amour qui traversent le roman ?
b. S'agit-il d'amour heureux ou malheureux ? Expliquez.
4. Comment les deux histoires d'amour se terminent-elles ?

Un univers métaphorique

5. a. De quelle maladie Chloé est-elle atteinte ? Comment sa maladie est-elle nommée ? Quelle maladie réelle la maladie de Chloé représente-t-elle métaphoriquement ?
b. Comment Chloé est-elle soignée ?
6. a. Qu'advient-il de l'appartement de Colin et de Chloé (LXVII) ? Comment expliquez-vous cette transformation ?
b. Relevez dans le roman une des étapes de l'évolution de l'appartement.

D Un poème d'amour

Un univers onirique (de rêve)

1. a. Que signifie l'expression « être sur un petit nuage » ?
b. Comment Boris Vian renouvelle-t-il cette expression dans cet extrait de son roman ?

> Ils marchaient, suivant le premier trottoir venu. Un petit nuage rose descendait de l'air et s'approcha d'eux.
> – J'y vais ? proposa-t-il.
> – Vas-y ! dit Colin, et le nuage les enveloppa. À l'intérieur, il faisait chaud et ça sentait le sucre à la cannelle.
> – On ne nous voit plus ! dit Colin... Mais nous on les voit.
> – C'est un peu transparent, dit Chloé, méfiez-vous.
> – Ça ne fait rien, on se sent mieux tout de même, dit Colin. (XIII)

Un rythme poétique

2. Relisez le chapitre XVI du roman : que raconte ce chapitre ?
3. Comptez les syllabes de chacune des phrases suivantes extraites du chapitre XVI : combien en comptez-vous ? Ce décompte vous fait-il penser à un rythme de poème ou de roman ?

> Colin courait dans la rue.
> – Ce sera une très belle noce... C'est demain, demain matin. Tous mes amis seront là...
> La rue menait à Chloé.

4. Le poète Paul Verlaine disait dans son *Art poétique* :
« *De la musique avant toute chose
Et pour cela préfère l'impair
Plus vague et plus soluble dans l'air
Sans rien en lui qui pèse ou qui pose.* »
a. En quoi le chapitre XVI du roman illustre-t-il ces vers de Verlaine ?
b. Pourquoi, selon vous, Boris Vian a-t-il fait ce choix ?

Lectures personnelles

Lire des romans d'amour – Littérature étrangère

● **Italo Svevo**, *Senilita*, Points, © Seuil.
Un homme faisant l'expérience de la jalousie amoureuse.

● **Stefan Zweig**, *24 heures de la vie d'une femme*, © Le Livre de Poche.
Une femme prise de passion foudroyante pour un jeune joueur de casino.

● **Daphné Du Maurier**, *Rebecca*, © Le Livre de Poche.
Une jeune mariée en proie au fantôme de la veuve de son époux.

● **Erich Segal**, *Love Story*, © J'ai lu.
Deux jeunes gens éperdument amoureux, confrontés à la maladie.

● **Ivan Sergueïevitch Tourguéniev**, *Premier amour*, © Éditions Gallimard.
Un jeune homme aux prises avec les tourments d'un premier amour.

● **Ioannis Kondylakis**, *Premier amour et autres nouvelles*, © L'Harmattan
Une jeune adolescent amoureux fou d'une jeune fille plus agée que lui.

S'EXPRIMER

📖 À vos dictionnaires !

❶ Synonymes et antonymes

1. Classez ces noms en deux groupes, selon qu'ils expriment la sympathie ou l'antipathie que l'on éprouve pour quelqu'un : *attirance, tendresse, aversion, irritation, affinité, répulsion, inimitié, attachement, hostilité, exécration, cordialité, haine, affection, ressentiment.*

2. Complétez les phrases avec des mots de la liste ci-dessus. Ces deux personnes ne peuvent s'entendre, elles n'ont aucune ✎. Le poète parle de la femme aimée avec ✎. Aragon éprouve une véritable ✎ pour les mains d'Elsa. La jalousie donne naissance à un sentiment de ✎.

❷ Un champ lexical

1. De quel sentiment les mots suivants constituent-ils le champ lexical : *inclination, passion, penchant, flamme, ardeur, ivresse, idolâtrie, feu, coup de foudre, engouement, ferveur* ?

2. Quels sont ceux qui, de façon métaphorique, évoquent une sensation ? laquelle ?

VOCABULAIRE
▶ Exprimer ses sentiments

❸ La famille d'un mot

Le nom *affection*, du latin *affectio*, « sentiment » ou « tendresse », signifie depuis le XVIIe siècle « tendresse ». À la famille d'*affection* se rattachent plusieurs mots.

Noms	affectivité : sensibilité.
	affectation : manque de naturel, attribution.
Adjectifs	affectueux : tendre, qui manifeste de l'affection.
	affectif : qui relève des sentiments.
	affectionné : dévoué.
	affecté : maniéré, qui manque de simplicité ; touché.
Verbes	affectionner : aimer, aimer faire.
	affecter : faire semblant ; attribuer ; causer de la peine.
	désaffecter : faire cesser une activité.
Adverbe	affectueusement : tendrement.

Complétez les phrases à l'aide de mots de la famille d'*affection*.
1. Les poèmes lyriques décrivent la vie ✎. **2.** Tout en ✎ de ne pas s'intéresser à la poésie, cet homme ✎ les poèmes de Baudelaire. **3.** Ce local ✎ va devenir un centre culturel. **4.** On reproche à cette dame son langage ✎ qui manque de naturel. **5.** Ce jeune homme qui fait preuve d'une grande ✎ se montre très ✎ envers ses parents.

S'EXPRIMER

Robert Desnos (1900-1945)
Poète surréaliste français passionné par la transcription des rêves.

J'ai tant rêvé de toi…

J'ai tant rêvé de toi que tu perds ta réalité.
Est-il encore temps d'atteindre ce corps vivant et de baiser sur cette bouche la naissance de la voix qui m'est chère ?
J'ai tant rêvé de toi que mes bras habitués, en étreignant ton ombre, à se croiser sur ma poitrine ne se plieraient pas au contour de ton corps, peut-être. […]
J'ai tant rêvé de toi, tant marché, parlé, couché avec ton fantôme qu'il ne me reste plus peut-être, et pourtant, qu'à être fantôme parmi les fantômes et plus ombre cent fois que l'ombre qui se promène et se promènera allègrement sur le cadran solaire de ta vie.

Robert Desnos, « À la mystérieuse », *Corps et Biens*, © Éditions Gallimard, 1968.

Jacques Prévert (1900-1977)
Écrivain français mondialement connu pour sa poésie : *Paroles, Histoires, Spectacle.*

Paris at night

Trois allumettes une à une allumées dans la nuit
La première pour voir ton visage tout entier
La seconde pour voir tes yeux
La dernière pour voir ta bouche
Et l'obscurité tout entière pour me rappeler tout cela
En te serrant dans mes bras.

Jacques Prévert, « Paris at night », *Paroles*, © Éditions Gallimard, 1945.

ORAL
▶ Participer à un concours d'éloquence

SUJET : Choisissez l'un des deux poèmes lyriques ci-contre ou un poème pp. 102, 104 ou 105… et récitez-le en faisant ressortir les sentiments éprouvés.

Préparation
- Lisez chaque poème plusieurs fois.
- Choisissez celui avec lequel vous êtes le plus en communion.
- Repérez :
  – les sentiments à exprimer ;
  – les mots les plus chargés d'émotion ;
  – les répétitions et anaphores qui créent le rythme.

Entraînement à une diction expressive
- Lisez plusieurs fois le poème, en travaillant à chaque fois un nouvel élément d'expressivité :
  – bien articuler et ne pas dire le poème trop vite ;
  – mettre en valeur les mots les plus expressifs ;
  – rythmer le poème en soulignant répétitions et anaphores ;
- Relisez avec expressivité et en ménageant des pauses, voire des silences.

Évaluation
- Pour chaque concurrent(e), la classe évalue trois points : la connaissance du poème, la diction et l'expressivité.

ORTHOGRAPHE
Orthographier les terminaisons verbales

S'EXPRIMER

L'essentiel à retenir Leçon détaillée ➡ p. 373

Décalage entre l'écriture et le son
Les verbes en -ier et -uer comportent un « e » muet. > Il crie ; il joue.

Confusions de temps
- Ne pas confondre imparfait et passé simple de l'indicatif des verbes du 1er groupe,
à la 1re personne du singulier : -ais ; -ai. > J'aimais ; il aimait / j'aimai ; il aima.
- Ne pas confondre futur (simple et antérieur) de l'indicatif et futur dans le passé ou conditionnel,
à la 1re personne du singulier : -ai ; -ais. > J'aimerai ; il aimera / j'aimerais ; il aimerait.

Confusions de modes
- Ne pas confondre les différentes terminaisons en [e] ou [ɛ] pour les verbes du 1er groupe : l'infinitif en -er, le participe passé en -é(e)(s), le présent de l'indicatif en -ez, l'imparfait de l'indicatif en -ais, -ait, -aient, le passé simple de l'indicatif en -ai.
- Ne pas confondre le participe passé avec le présent ou le passé simple de l'indicatif, pour certains verbes.
> Je dis ; un poème dit. Je finis ; un poème fini. > Je voulus, il voulut ; un amour voulu.

➡ Appliquer la règle

1. Complétez les terminaisons verbales en respectant les modes proposés entre parenthèses.

[…] Or des vergers **fleurir** (participe passé) **se figer** (indicatif imparfait) en arrière
Les pétales **tomber** (participe passé) des cerisiers de mai
Sont les ongles de celle que j'ai tant **aimer** (participe passé)
Les pétales **flétrir** (participe passé) sont comme ses paupières […]

G. Apollinaire, « Mai », Alcools, 1913, © Éditions Gallimard.

2. a. Quel est le sujet du verbe regarder ? son COD ?
b. Quel serait le sens de ces deux vers si le verbe regarder s'écrivait regardait ?

Le mai le joli mai en barque sur le Rhin
Des dames regard**aient** du haut de la montagne
[…]

G. Apollinaire, « Mai », Alcools, 1913, © Éditions Gallimard.

3. Complétez les terminaisons verbales en [e] ou [ɛ] dans le premier extrait, en [i], [y] ou [e] dans le second.

1] Il m'a dit : « Cette nuit, j'◻ rêv◻.
J'av◻ ta chevelure autour de mon cou.
J'av◻ tes cheveux comme un collier noir
Autour de ma nuque et sur ma poitrine.
Je les caress◻, et c'ét◻ les miens ; […]

P. Louÿs, « La chevelure », Les Chansons de Bilitis, 1894.

2] Puisque l'aube grand◻, puisque voici l'aurore,
Puisque, après m'avoir fu◻ longtemps, l'espoir veut bien
Revol◻ devers moi qui l'appelle et l'implore,
Puisque tout ce bonheur veut bien être le mien, […]
Je veux, guid◻ par vous, beaux yeux aux flammes douces,
Par toi condu◻, ô main où tremblera ma main,
March◻ droit, que ce soit par des sentiers de mousse
Ou que rocs et cailloux encombrent le chemin. […]

P. Verlaine, La Bonne Chanson, 1870.

4. Conjuguez les verbes au présent de l'indicatif.

Le hibou
Mon pauvre cœur est un hibou
Qu'on (clouer), qu'on (déclouer), qu'on (reclouer).
De sang, d'ardeur, il est à bout.
Tous ceux qui m'aiment, je les (louer).

G. Apollinaire, Le Bestiaire ou Cortège d'Orphée, Œuvres poétiques, 1911, © Éditions Gallimard.

➡ S'entraîner à la réécriture   **Brevet**

5. Retrouvez le texte de Tourguéniev en remplaçant « Il » par « Je ». Faites les accords et les transformations qui s'imposent.

Il dit à son domestique qu'il se déshabillerait et se coucherait lui-même et il éteignit la bougie. Mais il ne se déshabilla pas et ne se coucha pas.
Il s'assit sur le bord d'une chaise et resta longtemps ainsi, comme dans un enchantement. Ce qu'il ressentait était si nouveau et si doux…. Il restait assis, regardant à peine autour de lui, sans bouger.

I. Tourguéniev, Premier Amour, © Éditions Gallimard (voir p. 432).

➡ S'entraîner en vue de la dictée   **Brevet**

Colin et Chloé défirent les lacets de leurs chaussures, les enlevèrent et s'aperçurent que les semelles étaient parties. […] Ils sortirent, redescendirent un étage. Leurs pieds se tordaient un peu sur les tapis de caoutchouc perforé qui garnissaient les couloirs bétonnés. Au moment de se hasarder sur la piste, ils durent remonter en toute hâte les deux marches de bois pour éviter de choir.

D'après B. Vian, L'Écume des jours, 1947, © Fayard (voir p. 432).

1. À quels temps les verbes du texte sont-ils conjugués ?
2. Relevez les trois participes passés du texte. Expliquez leur accord respectif.
3. Observez les trois verbes à l'infinitif : par quel mot chacun d'eux est-il précédé ?
Attention ! Le texte vous sera dicté tel que l'a écrit Boris Vian : il n'aura pas le même sujet.

Séquence 4 ▶ **Chants d'amour**

S'EXPRIMER

Leçons de langue à consulter
- Les types et les formes de phrases – p. 334
- Les propositions subordonnées – p. 333
- Les figures de style – p. 380

→ Les types de phrases

1. a. Pour chaque extrait, classez les phrases selon leur type : déclaratif, injonctif, interrogatif.
b. Quelles phrases sont également exclamatives ?

> **1]** Mon enfant, ma sœur,
> Songe à la douceur
> D'aller là-bas vivre ensemble !
> Aimer à loisir,
> Aimer et mourir
> Au pays qui te ressemble ! […]
>
> **C. Baudelaire**, « L'invitation au voyage », *Les Fleurs du Mal*, 1857.

> **2]** Ta douleur, du Périer[1], sera donc éternelle,
> Et les tristes discours
> Que te met en l'esprit l'amitié[2] paternelle
> L'augmenteront toujours ? […]
>
> Mais elle était du monde, où les plus belles choses
> Ont le pire destin ;
> Et rose elle a vécu ce que vivent les roses,
> L'espace d'un matin. […]
>
> **F. de Malherbe**, « Consolation à Monsieur du Périer sur la mort de sa fille », *Stances*, 1598.
>
> 1. nom d'un homme dont la fillette est décédée. 2. l'amour.

2. a. Relevez les deux phrases interrogatives. **b.** Sont-elles des interrogations totales ? partielles ?

> Est-elle brune, blonde ou rousse ? – Je l'ignore.
> Son nom ? Je me souviens qu'il est doux et sonore
> Comme ceux des aimés que la Vie exila.
>
> **P. Verlaine**, « Mon rêve familier », *Poèmes saturniens*, 1866.

3. a. Recopiez cette strophe de Pierre Reverdy et ajoutez la ponctuation. **b.** Repérez les types de phrases.

> Je ne peux plus regarder ton visage
> Où te caches-tu
> La maison s'est évanouie parmi les nuages
> Et tu as quitté la dernière fenêtre
> Où tu m'apparaissais
> Reviens que vais-je devenir
> Tu me laisses seul et j'ai peur […]
>
> **P. Reverdy**, « Dans le monde étranger », *Plupart du temps*, 1915-1922, © Flammarion.

→ Les propositions subordonnées

4. Relevez, dans les extraits de l'exercice 1, trois propositions subordonnées relatives.

5. Lisez l'extrait de l'exercice 2 : **a.** Copiez les deux subordonnées introduites par *que*. **b.** Quelle est la nature de chacune d'elles ?

GRAMMAIRE
▸ Identifier les types de phrases
▸ Reconnaître des propositions subordonnées
▸ Repérer des figures de style

6. Donnez la nature des propositions subordonnées soulignées ou en italique.

> Mignonne, allons voir si la rose
> *Qui ce matin avait déclose*
> *Sa robe de pourpre au Soleil,*
> A point perdu cette vêprée[1]
> Les plis de sa robe pourprée[2],
> Et son teint au vôtre pareil.
>
> Las ! Voyez comme en peu d'espace,
> Mignonne, elle a dessus la place,
> Las ! las ! ses beautés laissé choir !
> Ô vraiment marâtre[3] Nature,
> Puisqu'une telle fleur ne dure,
> Que du matin jusques au soir !
>
> Donc, si vous m'en croyez, mignonne,
> Tandis que votre âge fleuronne[4]
> En sa plus verte nouveauté,
> Cueillez, cueillez votre jeunesse :
> Comme à cette fleur la vieillesse
> Fera ternir votre beauté.
>
> **P. de Ronsard**, *Odes*, Livre I.
>
> 1. ce soir. 2. rouge. 3. méchante mère. 4. fleurit.

→ Les figures de style

7. Relevez et nommez la figure de ressemblance.

> **1]** Elle a passé, la jeune fille
> Vive et preste comme un oiseau :
> À la main une fleur qui brille,
> À la bouche un refrain nouveau. […]
>
> **G. de Nerval**, *Odelettes rythmiques et lyriques*, 1852.

> **2]** […] à l'envi leurs chaleurs dernières,
> Nos deux cœurs seront deux vastes flambeaux,
> Qui réfléchiront leurs doubles lumières
> Dans nos deux esprits, ces miroirs jumeaux. […]
>
> **C. Baudelaire**, « La mort des amants », *Les Fleurs du Mal*, 1857.

8. Relevez les figures d'opposition.

> Ô mon cœur j'ai connu la triste et belle joie
> D'être trahi d'amour et de l'aimer encore
> Ô mon cœur mon orgueil je sais je suis le roi
> Le roi que n'aime point la belle aux cheveux d'or […]
>
> **G. Apollinaire**, *Stavelot*, *Œuvres poétiques*, 1899, © Éditions Gallimard.

9. Dans l'exercice 1, quelle figure de style reconnaissez-vous dans l'extrait de Baudelaire ? dans celui de Malherbe ?

ÉCRIT
▶ Rédiger des textes lyriques

S'EXPRIMER

1 Composer un poème collectif

SUJET : Vous allez collectivement rédiger un poème intitulé « Lyrisme ». Chaque élève écrit un distique (strophe de deux vers) sur le modèle :
Vers 1 : un nom évoquant une sensation + un adjectif + un complément du nom.
Ex. *Le cri strident d'une scie.*
Vers 2 : un sentiment + une proposition subordonnée relative.
Ex. *La haine qui m'envahit.*

Critères de réussite
- Les deux vers à rédiger doivent se correspondre : la sensation doit annoncer le sentiment.
- Penser aux cinq sens : le visuel, l'auditif, le tactile, l'olfactif, le gustatif.
- Revoir le **vocabulaire des sentiments**, p. 114.
- Varier les pronoms relatifs.
- Veiller à bien **orthographier les terminaisons verbales**.

Variante
À la demande de votre professeur, vos vers peuvent comporter un nombre précis de syllabes et/ou rimer.

Élaboration
- Quand chaque élève a lu ses deux vers, la classe décide de l'ordre à adopter pour les classer : par thématique de sentiments, par sensations, par ordre alphabétique...
- Le travail final peut être retranscrit en traitement de texte, en un long poème composé de distiques. ➡ vers le **B2i**

2 Composer un poème lyrique

SUJET : Imaginez un poème qui fasse suite à ce vers de Paul Verlaine, issu des *Poèmes saturniens* (1866), dans lequel vous exprimerez un rêve ou un désir qui vous tient à cœur.
« *Je fais souvent ce rêve étrange et pénétrant...* »
Votre poème pourra être composé en alexandrins comme le vers initial ou en vers libres.

Critères de réussite
- Le sujet du rêve ou du désir doit être nettement identifiable ; il doit constituer le fil directeur du poème.
- Employer des **types de phrases** différents et varier les **propositions**.
- Employer des **figures de style** (métaphores, comparaisons...) pour rendre l'évocation imagée.
- Employer des **anaphores** et des **répétitions** pour donner de la force à l'évocation.
- Soigner le rythme du poème (voir la page 416).
- Pour le **vocabulaire des sentiments**, se reporter à la page 114.

3 Écrire à la manière de Baudelaire

> Cheveux bleus, pavillon de ténèbres tendues,
> Vous me rendez l'azur du ciel immense et rond ;
> Sur les bords duvetés de vos mèches tordues
> Je m'enivre ardemment des senteurs confondues
> De l'huile de coco, du musc et du goudron.
>
> **C. Baudelaire**, « La chevelure », *Les Fleurs du Mal*, 1857.

Paul Gauguin, (1848-1903), *Femmes de Tahiti sur la plage*, 1891 (détail), Musée d'Orsay, Paris. © Aisa/Leemage

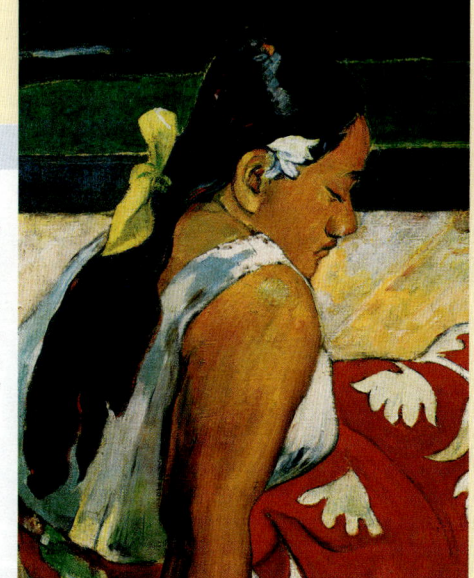

SUJET : En vous inspirant de cette strophe de Baudelaire, rédigez une strophe sur le modèle suivant :
Cheveux (blonds/ bruns/ roux), paysage de ...
Vous me rendez (l'or/ le brun/ le roux) du ... ;
Sur les ... de vos (boucles) ...
Je m'enivre ardemment des (parfums) ...
De ... , du ... et du (ou de la) ...

Variante
Vous pouvez respecter le choix de l'alexandrin et les rimes de la strophe de Baudelaire.

Critères de réussite
- Veiller, comme dans la strophe de Baudelaire, à retranscrire une émotion agréable.
- Harmoniser les différents éléments : chez Baudelaire, les éléments en italique se répondent.

Séquence 4 ▶ **Chants d'amour**

MÉTHODES POUR LE BREVET

Je vérifie mes connaissances
- Quels sont les principaux thèmes de la poésie lyrique ?
- Quelles caractéristiques de l'écriture de poèmes lyriques pouvez-vous citer ?

→ **FAIRE LE POINT** – p. 111

Vieille chanson du jeune temps

Je ne songeais[1] pas à Rose ;
Rose au bois vint avec moi ;
Nous parlions de quelque chose,
Mais je ne sais plus de quoi.

5 J'étais froid comme les marbres ;
Je marchais à pas distraits ;
Je parlais des fleurs, des arbres ;
Son œil semblait dire : « Après ? »

La rosée offrait ses perles,
10 Le taillis ses parasols ;
J'allais ; j'écoutais les merles,
Et Rose les rossignols.

Moi, seize ans, et l'air morose.
Elle vingt ; ses yeux brillaient.
15 Les rossignols chantaient Rose
Et les merles me sifflaient.

Rose, droite sur ses hanches,
Leva son beau bras tremblant
Pour prendre une mûre aux branches ;
20 Je ne vis pas son bras blanc.

Une eau courait, fraîche et creuse,
Sur les mousses de velours ;
Et la nature amoureuse
Dormait dans les grands bois sourds.

25 Rose défit sa chaussure,
Et mit, d'un air ingénu[2],
Son petit pied dans l'eau pure ;
Je ne vis pas son pied nu.

Je ne savais que lui dire ;
30 Je la suivais dans le bois,
La voyant parfois sourire
Et soupirer quelquefois.

Je ne vis qu'elle était belle
Qu'en sortant des grands bois sourds.
35 « Soit ; n'y pensons plus ! » dit-elle.
Depuis, j'y pense toujours.

Victor Hugo, « Vieille chanson du jeune temps »,
Les Contemplations, 1831.

Jean-Baptiste Corot (1796-1875), *Souvenir de Mortefontaine*, 1864 (détail), Musée du Louvre, Paris. © Photo Josse/Leemage

1. Songer signifie ici « avoir des vues sur quelqu'un ».
2. innocent, sans malice.

| MÉTHODES |

▶ **Comprendre l'implicite dans les questions**

Observez la disposition sur la page, les majuscules, les éléments de versification.

Vous devez répondre à la question posée et choisir des passages du poème qui confirment votre réponse.

Revoyez « allégorie » et « métaphore » : leçon p. 380 ; ensuite choisissez. Appuyez-vous sur les vers 15 et 16 pour répondre.

Attention ! Voici l'exemple d'une question mal posée : en effet la question laisse croire qu'il n'y a que deux sensations évoquées par le poète ; or il y en a trois : vous avez donc le choix !

▶ **À vous de répondre seul(e)**

À votre tour, repérez l'implicite des questions avant de répondre.

Questions — 15 points

I. Une promenade — 8,5 points

1. Dans quel lieu les personnages se trouvent-ils ? (0,5 pt)

2. Ce récit est-il écrit en prose ou en vers ? Justifiez votre réponse en vous appuyant sur des exemples précis. (1 pt)

3. Vers 20 à 24 :
a. Quels temps verbaux sont employés ? Relevez un exemple pour chacun d'eux. (1 pt)
b. Justifiez l'emploi de ces temps verbaux. (1 pt)

4. La nature vous semble-t-elle accueillante ? Expliquez votre réponse en citant le texte. (1 pt)

5. « *La nature amoureuse* » (vers 23) :
a. Quelle est la figure de style employée ? (0,5 pt)
b. Comment expliquez-vous que la nature soit « *amoureuse* » ? (0,5 pt)

6. Repérez les deux sensations différentes évoquées par le poète (auditives, olfactives, gustatives, visuelles, tactiles). Pour chacune d'entre elles, donnez en exemple un mot du texte. (1 pt)

7. Quelle est l'attitude du jeune homme à l'égard de Rose ? (0,5 pt)

8. Quel est l'âge des deux personnages ? Que peut-on en déduire ? (0,5 pt)

9. Selon vous, Rose et le poète ressentent-ils les mêmes émotions ? Vous développerez votre réponse en vous aidant du texte. (1 pt)

II. L'évocation d'un souvenir — 6,5 points

10. « *Depuis, j'y pense toujours* » (vers 36) :
a. À quel temps et à quel mode le verbe est-il conjugué ? (0,5 pt)
b. À quel moment se rapporte-t-il ? (0,5 pt)
c. Quelle est la valeur de ce temps ? (0,5 pt)

11. Que pouvez-vous en déduire sur l'état d'esprit du poète au moment de l'écriture ? Est-il plutôt : triste, nostalgique ou joyeux ? Vous expliquerez votre réponse. (1 pt)

12. Au vers 35 :
a. Remplacez « *y* » par une expression qui pourrait convenir dans ce contexte. (0,5 pt)
b. Quelle est la nature grammaticale du mot « *y* » ? (0,5 pt)

13. « *Vieille chanson du jeune temps* » :
a. Quelle est la figure de style employée ici ? (0,5 pt)
b. Ce titre vous semble-t-il se rapporter au contenu du texte ? Expliquez votre réponse. (0,5 pt)

14. Relevez dans le texte deux groupes verbaux (« *je* » + verbe) dans lesquels le poète fait référence à deux moments différents de son existence. (1 pt)

15. Le poète se souvient-il de la scène avec exactitude ? Justifiez votre réponse en vous appuyant sur des éléments du texte. (1 pt)

| MÉTHODES |

▶ **Apprendre à lire le sujet**

- Trois formes de discours vous sont demandées : repérez-les dans le sujet. Quelle doit être la proportion de chacune dans votre devoir ?
- Vous n'êtes pas obligé(e) de raconter une rencontre qui a réellement eu lieu ; mais vous devez vous efforcer de traduire une situation et des sentiments qui paraissent vrais.
- Devez-vous rédiger un poème ? Quel mot du sujet vous permet de répondre ?

Expression écrite — 15 points

Sujet : Vous avez rencontré une personne qui vous a marqué(e). Faites le récit de votre rencontre, en prose, en insérant un court dialogue qui rende le récit plus vivant ainsi qu'une brève description de la personne rencontrée.

Séquence 4 ▶ Chants d'amour

SÉQUENCE 5

EXPRESSIONS DE SOI

Autobiographies

▶ Définir un genre littéraire

TEXTES & IMAGES

▶ **Entrée dans l'autobiographie**
- Textes documentaires • *Journal* de Marie Curie 122
- *Le Cri de la mouette*, E. Laborit • *L'Enfant*, J. Vallès 124
- *L'Écriture de soi*, Sergueï 125

▶ **Le narrateur d'autobiographie et son lecteur**
- *Enfance et Adolescence*, L. Tolstoï 126
- *Enfance*, N. Sarraute 128
- Documentaire • *Confessions*, J.-J. Rousseau 129

▶ **L'écriture de soi**
- *L'Âge d'homme*, M. Leiris 130
- *Un pedigree*, P. Modiano • *Le Père adopté*, D. Van Cauwelaert 132
- *Le Livre de ma mère*, A. Cohen 134

Lectures personnelles
- *Le Temps des secrets*, M. Pagnol 135

▶ **Les mémoires**
- *Si c'est un homme*, P. Levi 136
- *L'Écriture ou la Vie*, J. Semprun 138
- *Persépolis*, M. Satrapi 140

▶ **L'autoportrait**
- F. Kahlo • T. de Lempicka • F. Nussbaum • D. Hockney •
  J. Montgomery Flagg • E. Boulatov 142

ŒUVRE INTÉGRALE
- *L'Africain*, J.-M. G. Le Clézio 146

L'ÉCHO DU POÈTE
- *La nuit d'octobre*, A. de Musset 148

FAIRE LE POINT
- 📷 L'autobiographie 149

S'EXPRIMER
- **Vocabulaire** : Connaître le champ lexical de la mémoire 150
- **Oral** : Évoquer un lieu d'enfance 150
- **Orthographe** : Accorder le participe passé des verbes pronominaux 151
- **Grammaire** : Les temps du récit – Énoncé et situation d'énonciation 152
- **Écrit** : Raconter des autobiographies fictives 153

MÉTHODES POUR LE BREVET
- *Le Voile noir*, A. Duperey 154

→ **Principaux points de langue :** Les pronoms personnels • Énoncés et situation d'énonciation • Le narrateur • Les temps du récit

OBJECTIFS

▶ Distinguer journal intime et blog
▶ Différencier récit et roman autobiographiques
▶ Définir l'autobiographie par l'image

▶ Découvrir le rapport du narrateur au lecteur
▶ Repérer une autre voix du narrateur
▶ Comprendre le pacte autobiographique

▶ Lire une anecdote d'enfance
▶ Comparer deux évocations du père
▶ Découvrir une évocation de la mère

▶ Des autobiographies d'auteurs contemporains

▶ Comprendre les rôles d'un témoignage
▶ Analyser un témoignage entre émotion et lucidité
▶ Lire un témoignage en image

▶ Comprendre des autobiographies en image

▶ Étudier un récit autobiographique

Daniel Maja, *Autobiographie*, paru dans *Le Magazine Littéraire*.

Entrer par l'image
Qu'est-ce qui attire spontanément votre regard dans ce dessin ?

Séquence 5 ▶ **Autobiographies**

TEXTES & IMAGES

▶ Entrée dans l'autobiographie

POUR ENTRER DANS LA SÉQUENCE

📖 *À vos dictionnaires !*

1. Quelle différence y a-t-il entre une *dictée* et une *autodictée* ? Que signifie le préfixe *auto-* ? Proposez d'autres mots formés avec *auto-*.

2. Qu'étudie-t-on en biologie : les roches ou les êtres vivants ? Que signifie le radical *bio-* ? Proposez d'autres mots formés avec *bio-*.

3. Quel est le radical commun des mots *orthographe*, *autographe*, *graphologie* ? Que signifie-t-il ?

4. En vous aidant des réponses précédentes, expliquez, d'après l'étymologie du mot, ce que signifie *autobiographie*. Expliquez la différence entre *biographie* et *autobiographie*.

▶ Distinguer journal intime et blog

■ **Qu'est-ce qu'un journal intime ?**

1. Quel nom reconnaissez-vous dans le mot *journal* ?

2. Lisez cette définition de *intime* issue du dictionnaire *Larousse Collège* : « Qui est tout à fait privé et généralement tenu caché aux autres », du latin *intimus*, superlatif de *interior*, « intérieur ».

3. Expliquez ce qu'est un *journal intime*.

■ **Qu'est-ce qu'un blog ?**

4. Expliquez en quoi le blog ressemble à un journal intime et en quoi il en diffère.

Nouveau mode d'expression en ligne, le blog est un site personnel et interactif, ouvert aux commentaires de tous. Blog est la contraction des mots « web » et « log » qui désignent un journal du web. [...] La traduction française est **bloc-notes** ou **bloc**.

Le blog est un **site personnel** qui offre à chacun la possibilité d'exprimer son point de vue personnel sur un sujet particulier et, à tous les lecteurs, de réagir à celui-ci en formulant des commentaires. [...]

L'une des clefs du succès des blogs provient de leur **simplicité**. N'importe qui peut créer son blog en quelques minutes. [...] L'interactivité est fondamentale dans la **blogosphère** car les blogs valent autant par le propos du blogueur que par ce qu'écrivent les contributeurs et les autres **blogueurs**. [...] Dans tous les cas, l'important est le « parler vrai ».

Blogs de personnes : **c'est l'essentiel de la blogosphère**. Ils sont le fait d'individus ou de petits groupes qui ont choisi de s'exprimer directement dans l'espace public. Les sujets comme les formes sont innombrables.

http://www.droitdunet.fr/telechargements/guide_blog_net.pdf

Marie Curie (1867-1934)
Cette femme de sciences, d'origine polonaise, arrivée à Paris en 1891, se marie en 1895 avec le physicien Pierre Curie, connu pour ses travaux sur la radio-activité. Après des études à l'École normale supérieure, elle obtient avec son mari le prix Nobel de physique en 1903. Pierre Curie meurt accidentellement en 1906, renversé par une voiture à cheval. En 1906, Marie Curie reçoit le prix Nobel de chimie.

Pierre et Marie Curie en 1896.
© J. Boyer/Roger Viollet

[19 avril 1906]

▶ L'horrible nouvelle m'accueille. J'entre dans le salon. On me dit : « Il est mort. » Peut-on comprendre des paroles pareilles ? Pierre est mort, lui que j'ai vu partir bien-portant ce matin, lui que je comptais serrer dans mes bras le soir, je ne le reverrai que mort et c'est fini à jamais. Je répète ton nom encore et toujours « Pierre, Pierre, Pierre, mon Pierre », hélas cela ne le fera pas venir, il est parti pour toujours ne me laissant que la désolation et le désespoir. Mon Pierre, je t'ai attendu des heures mortelles, on m'a rapporté des objets trouvés sur toi, ton stylographe, ton porte-cartes, ton porte-monnaie, tes clefs, ta montre, cette montre qui n'a cessé de marcher quand ta pauvre tête a reçu le choc terrible qui l'a écrasée. C'est tout ce qui me reste de toi avec quelques vieilles lettres et quelques papiers. C'est tout ce que j'ai en échange de l'ami tendre et aimé avec lequel je comptais passer ma vie.

Journal de Marie Curie. © Bibliothèque nationale.

Séquence 5 ▶ Autobiographies | 123

TEXTES & IMAGES

Emmanuelle Laborit (née en 1972)
Née sourde et muette, elle n'a connu la langue des signes qu'à l'âge de sept ans. Son récit autobiographique, *Le Cri de la mouette*, écrit en 1994, retrace son enfance, son adolescence, difficiles, et le début de son parcours d'adulte autonome. Elle a reçu le prix Molière de la révélation théâtrale en 1993, pour son rôle dans *Les Enfants du silence*.

Jules Vallès (1832-1885)
Ce journaliste, écrivain et homme politique français, a connu une enfance pauvre et malheureuse, entre une mère violente et un père instituteur sévère. Révolté, il est un des élus de la Commune de Paris. Condamné à mort, il a dû s'exiler à Londres de 1871 à 1880.

Texte 1

Lorsque j'ai compris, à l'aide des signes, qu'hier était derrière moi, et demain devant moi, j'ai fait un bond fantastique. Un progrès immense, que les entendants ont du mal à imaginer [...]. Puis j'ai compris que d'autres mots désignaient des personnes. Emmanuelle, c'était moi. Papa, c'était lui. Maman, c'était elle. Marie était ma sœur. J'étais Emmanuelle, j'existais, j'avais une définition, donc une existence.

Être quelqu'un, comprendre que l'on est vivant. À partir de là, j'ai pu dire « JE ». Avant, je disais « ELLE » en parlant de moi. Je cherchais où j'étais dans ce monde, qui j'étais, et pourquoi. Et je me suis trouvée. Je m'appelle Emmanuelle Laborit.

Emmanuelle Laborit, *Le Cri de la mouette*,
© Robert Lafont, 1993.

Texte 2

« Jacques, si tu es dans les trois premiers d'ici à ce que l'inspecteur vienne, je te donnerai... Regarde ! Pour toi, tout seul ; tu en feras ce qu'il te plaira. »

Elle m'a montré de *l'or* : c'est une pièce de vingt sous. Oh ! pourquoi me donner la soif des richesses ? Est-ce bien de la part d'une mère ?

Il se livre un combat en moi-même – pas très long.

« Pour moi tout seul ? J'achèterai ce qu'il me plaira avec ? Je les donnerai à un pauvre, si je veux ? »

Les donner à un pauvre ! – ma mère chancelle ; ma folie l'épouvante et pourtant elle répond à la face du ciel :

« Oui, elle sera à toi. J'espère bien que tu ne la donneras pas à un pauvre ! »

Mais c'est une révolution alors ! Jusqu'ici je n'ai rien eu qui fût à moi, pas même ma peau.

Je lui fais répéter.

Minuit

Il s'agit de bien apprendre mon histoire pour être premier, – et je pioche[1], je pioche !

Le samedi arrive.

Le proviseur entre. Les élèves se lèvent, le professeur lit.

« Thème grec.
– Premier : Jacques Vingtras »

Jules Vallès, *L'Enfant*, 1879.

1. je travaille, j'apprends.

▶ Différencier récit et roman autobiographiques

■ Deux genres autobiographiques

1. Observez les **pronoms personnels** et les **déterminants possessifs** : à quelle personne grammaticale la narration se fait-elle dans ces deux textes ?

2. Repérez les noms propres dans chaque texte et comparez-les aux noms des auteurs : qu'observez-vous ?

→ Les pronoms personnels – p. 319
→ Les déterminants possessifs – p. 318

■ Deux autobiographies

3. a. Qu'apprend-on sur le handicap d'E. Laborit dans les l. 1 à 9 ?
b. Quel verbe est répété trois fois dans son récit ?
c. Que l'auteur cherche-t-elle à expliquer à son lecteur ?

4. a. Avec qui le narrateur dialogue-t-il dans le texte 2 ?
b. Quel marché lui est proposé ?
c. Comment comprenez-vous la phrase « *Jusqu'ici [...] ma peau* » ? Que révèle-t-elle des rapports entre les deux personnages ?

📷 Faisons le point

- Dans chacun de ces textes, l'auteur raconte sa vie : quel auteur le fait-il de façon directe, dans un **récit autobiographique** ? lequel le fait-il à travers un **roman autobiographique** ? Justifiez.

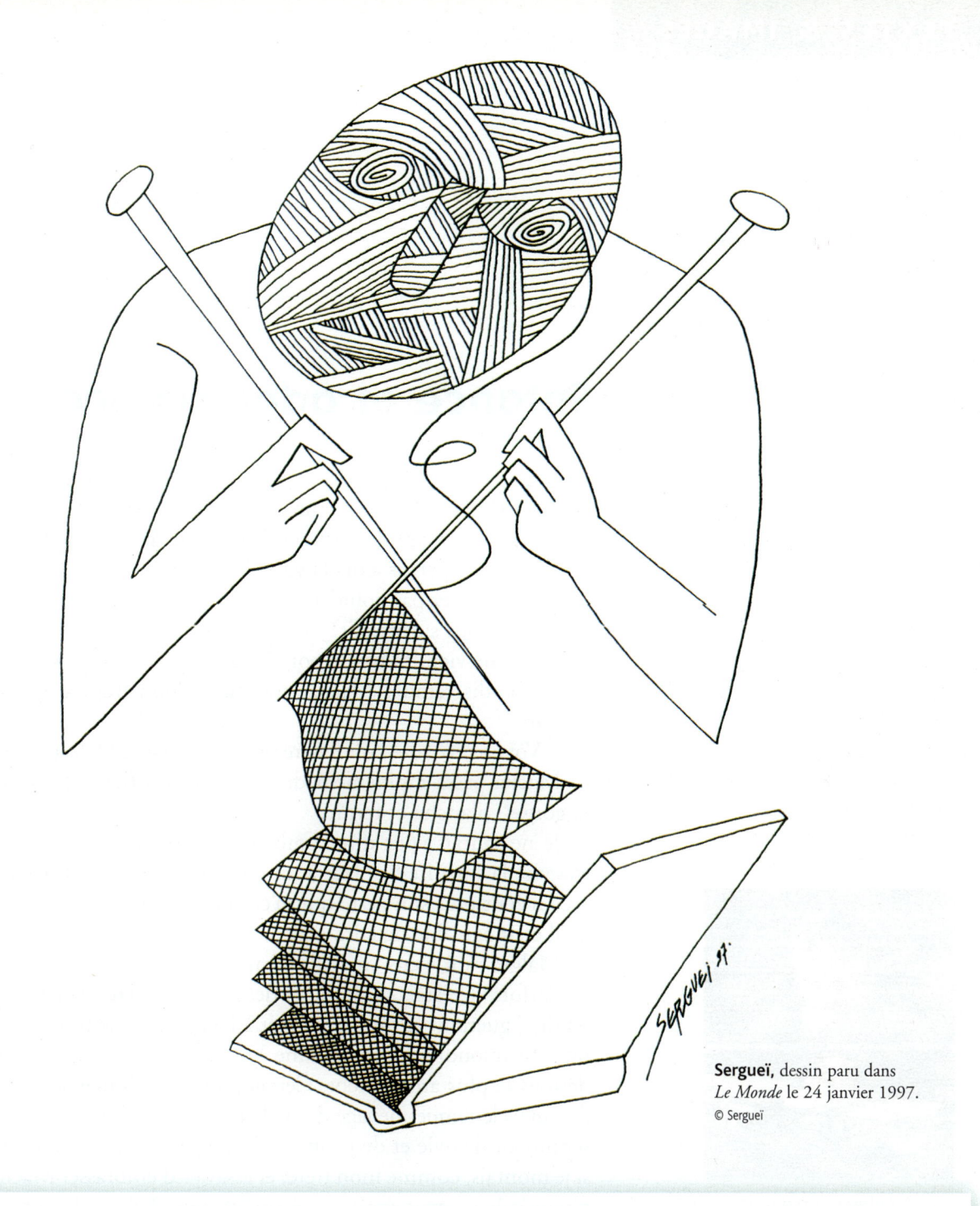

Sergueï, dessin paru dans *Le Monde* le 24 janvier 1997.
© Sergueï

▶ Définir l'autobiographie par l'image

■ Observation

1. Quels éléments voyez-vous sur l'image ?
2. Quels sont les deux éléments reliés entre eux ? comment ?
3. À quoi peut-on comparer la tête du personnage ? (deux réponses possibles)
4. Qu'est-ce qui caractérise les lignes dans la partie supérieure de l'image ? dans la partie inférieure ?
5. Que fait le personnage ?

■ Interprétation

6. En quoi ce dessin est-il une métaphore ?
7. Quel sens donnez-vous au choix des lignes dans ce dessin ?
8. Quelles caractéristiques de l'écriture autobiographique ce dessin exprime-t-il ?

📷 Faisons le point

• Proposez un titre pour ce dessin.

Exercice d'écriture

En quoi le dessin de Maja (p. 121) évoque-t-il l'autobiographie ? Expliquez.

Séquence 5 ▶ **Autobiographies**

TEXTES & IMAGES

Avant de lire le texte
1. Lisez la biographie de Léon Tolstoï.
2. Par qui l'écrivain a-t-il été élevé ?

Enfance et adolescence

Quelqu'un était en train de monter ; j'entendais le bruit de ses souliers au tournant de l'escalier. J'eus envie de savoir qui c'était, mais le bruit se tut. Je perçus alors la voix de Macha[1] :
— Vous n'avez pas honte, polisson ?... Ah, ça serait du propre si Maria Ivanovna[2] vous surprenait !
— Elle ne viendra pas, répondit tout bas la voix de Volodia.
J'entendis remuer Macha, comme si mon frère avait cherché à la retenir.
— Voyons, voyons, où fourrez-vous vos pattes ! C'est-y pas honteux !
Macha passa rapidement devant moi, son fichu défait, découvrant sa gorge[3] blanche et ferme.
Je ne saurais vous dire combien cette révélation me stupéfia ; mais très vite la surprise fit place à un sentiment de sympathie pour Volodia — ce n'était plus son geste qui m'étonnait, mais le fait qu'il eût compris qu'il était agréable de faire cela.
Malgré moi, j'eus envie de l'imiter.
Parfois, je restais sur le palier des heures entières, la tête vide, l'oreille tendue, guettant le moindre bruit à l'étage supérieur, mais jamais je ne pus me résoudre à faire comme Volodia, et pourtant c'était ce que je désirais le plus ardemment. Certains jours, dissimulé derrière une porte, j'écoutais le remue-ménage de la chambre des servantes avec un pénible sentiment d'envie et de jalousie, et une pensée me venait : que ferais-je si je montais, comme mon frère, et essayais d'embrasser Macha ? Que lui répondrais-je, avec mon nez épaté et mes cheveux hirsutes, si elle me demandait ce que je voulais ? Parfois, je l'entendais reprocher à Volodia :
— Mais qu'avez-vous donc à courir après moi, que c'en est une calamité ?... Sortez d'ici, galopin !... Voyez Nikolaï Pétrovitch, lui ne vient jamais faire l'imbécile, comme vous...
Elle ne savait pas que Nikolaï Pétrovitch était assis au bas de l'escalier, prêt à donner n'importe quoi pour se trouver à la place de ce galopin de Volodia. J'étais naturellement pudique, et ma pudeur était accrue par le sentiment que j'avais d'être une sorte de monstre. Car je suis persuadé que rien n'oriente tant un être humain que son aspect extérieur.

Léon Tolstoï, *Enfance et Adolescence*, traduction M.-R. Hofman, © Édito-Services, 1970.

Lev Nikolaïevitch Petrovitch Tolstoï, dit **Léon Tolstoï** (1828-1910)
Cet écrivain russe de famille noble perd sa mère à deux ans, son père à neuf, et est élevé, ainsi que ses frères et sœurs, par sa grand-mère.
Il commence, à vingt-deux ans, la publication de son autobiographie. Il est surtout connu pour ses romans *Guerre et Paix* et *Anna Karénine*.

1. une servante de la maison. 2. grand-mère du narrateur. 3. sa poitrine.

▶ Découvrir le rapport du narrateur au lecteur

■ Un récit autobiographique

1. À quels éléments repérez-vous qu'il s'agit d'un récit autobiographique ?

2. Relevez un passage où le narrateur s'adresse directement au lecteur.

3. Résumez brièvement l'anecdote racontée par Tolstoï.

■ Une confidence

4. Quels sentiments la conduite de son frère inspire-t-elle au narrateur ? Pourquoi ?

5. Relevez les expressions qui décrivent « l'aspect extérieur » du narrateur. Quelle image de lui donne-t-il au lecteur ?

6. Quel est le **type de phrases** employé l. 22 à 25 ? Qu'est-ce que cela traduit ?

7. Expliquez pour quelles raisons le narrateur n'ose pas se comporter comme son frère.

➔ *Les types et les formes de phrases – p. 334*

📷 Faisons le point

- En quoi ce récit se fait-il sur le mode de la **confidence** ?
- Le **narrateur** semble-t-il faire preuve de sincérité face au lecteur dans ce récit ? Justifiez.

Gregoriy Vasilievich Soroka (1823-1864), *Intérieur de maison à Ostrosski* (détail), 1844, Musée national russe, Saint-Pétersbourg. © AKG-Images

Album de famille russe, 1890, Musée d'Orsay, Paris.
(C) Photo RMN - © Patrice Schmidt

Séquence 5 ▶ **Autobiographies**

TEXTES & IMAGES

Avant de lire le texte
1. Lisez la biographie de Nathalie Sarraute.
2. Quel lien familial l'unit à Lili ?

Enfance

En entrant dans ma chambre, avant même de déposer mon cartable, je vois que mon ours Michka que j'ai laissé couché sur mon lit… il est plus mou et doux qu'il n'a jamais été, quand il fait froid je le couvre jusqu'au cou avec un carré de laine tricotée et on n'aperçoit que sa petite tête jaune et
5 soyeuse, ses oreilles amollies, les fils noirs usés de sa truffe, ses yeux brillants toujours aussi vifs… il n'est plus là… mais où est-il ? Je me précipite… « Adèle[1], mon ours a disparu – C'est Lili qui l'a pris… – Mais comment est-ce possible ? – Elle a réussi à marcher jusqu'à ta chambre… la porte était ouverte… – Où est-il ? Où l'a-t-elle mis ? – Ah elle l'a déchiré… ce n'était
10 pas difficile, il ne tenait qu'à un cheveu, ce n'était plus qu'une loque…
– Mais on peut le réparer… – Non, il n'y a rien à faire, je l'ai jeté… »

Je ne veux pas le revoir. Je ne dois pas dire un mot de plus sinon Adèle, c'est sûr, va me répondre : Des ours comme ça, on en trouve tant qu'on veut, et des tout neufs, des bien plus beaux… Je cours dans ma chambre, je
15 me jette sur mon lit, je me vide de larmes…

– Jamais il ne t'est arrivé d'en vouloir à quelqu'un comme à ce moment-là tu en as voulu à Lili.

– Après j'ai mis hors de sa portée les boîtes russes en bois gravé, la ronde et la rectangulaire, le bol en buis[2] peint, je ne sais plus quels autres trésors,
20 mes trésors à moi, personne d'autre que moi ne connaît leur valeur, il ne faut pas que vienne les toucher, que puisse s'en emparer ce petit être criard, hagard[3], insensible, malfaisant, ce diable, ce démon…

Nathalie Sarraute, *Enfance,* © Éditions Gallimard, 1983.

1. nom de la personne qui s'occupe des enfants.   2. bois dur.   3. effaré, affolé.

N. Sarraute, enfant, vers 1905.
© Rue des Archives / PVDE

Nathalie Sarraute (1900-1999)
Après le divorce de ses parents, son enfance se partage entre Paris et la Russie. À Paris, elle vit chez son père, qui s'est remarié avec Vera dont il a eu une petite fille, Lili. Devenue écrivain à partir de 1939, elle écrit des romans, des pièces de théâtre et un récit autobiographique, *Enfance*.

▶ Repérer une autre voix du narrateur

■ Un souvenir d'enfance

1. Résumez brièvement la scène racontée dans ce texte.
2. Relevez les adjectifs qualifiant l'ourson : quel sentiment de l'enfant pour son ours traduisent-ils ?
3. Observez la ponctuation l. 2 à 11 :
a. Qu'est-ce qui caractérise ce passage ?
b. Quel effet l'auteur a-t-elle cherché à créer ?
4. Quel sentiment la narratrice éprouve-t-elle à l'égard de Lili ? Faites une réponse développée en citant des mots du texte.

■ La narratrice

5. Par quel **pronom personnel** la narratrice est-elle désignée : dans les lignes 1 à 15 ? dans les lignes 16-17 ? dans les lignes 18 à 22 ?
6. Qui peut être, selon vous, le personnage qui s'adresse à la narratrice dans les lignes 16-17 : une personne étrangère ? un proche ? elle-même ? Justifiez.

➜ Les pronoms personnels – p. 319

📷 Faisons le point

• Le **dialogue entre « je » et « tu »** permet-il de relancer le récit ou d'amener une meilleure analyse de soi ? Expliquez.

Exercice d'écriture — La parole est aux lecteurs !

Relatez brièvement une anecdote de votre petite enfance. Vous rédigerez votre récit à la première personne et vous vous adresserez au lecteur à la deuxième personne.

> **Avant de lire les textes**
> 1. Qu'est-ce qu'un *pacte* ? Donnez un exemple de pacte.
> 2. Qu'est-ce qu'une *confession* ? Dans quel domaine parle-t-on de *confession* ?

Texte 1

Une œuvre est effectivement une autobiographie quand il y a identification, ensemble ou séparément, des trois instances[1] : l'auteur, le narrateur et le personnage. Le fait que l'auteur ait inséré des informations biographiques véridiques ne suffit pas : il faut qu'un accord soit passé entre l'auteur et son lecteur. Le premier s'engage à ne dire que la vérité, à être honnête en ce qui concerne sa vie. En contrepartie, le second peut décider de lui accorder sa confiance. Cet engagement dans lequel l'auteur affirme l'identité entre le narrateur, le personnage et lui-même constitue ce que Philippe Lejeune[2] a appelé le pacte autobiographique.

Karine Hurtevent, *L'Autobiographie ou l'Écriture de soi*,
© SCEREN, WebLettres, 2006.

1. éléments.
2. spécialiste de l'autobiographie, auteur de *Le Pacte autobiographique*, 1975, © Seuil.

Texte 2

Je forme une entreprise qui n'eut jamais d'exemple et dont l'exécution n'aura point d'imitateur. Je veux montrer à mes semblables un homme dans toute la vérité de la nature ; et cet homme ce sera moi. [...] Je dirai hautement : voilà ce que j'ai fait, ce que j'ai pensé, ce que je fus. J'ai dit le bien et le mal avec la même franchise. Je n'ai rien tu de mauvais, rien ajouté de bon, et s'il m'est arrivé d'employer quelque ornement indifférent, ce n'a jamais été que pour remplir un vide occasionné par mon défaut de mémoire ; j'ai pu supposer vrai ce que je savais avoir pu l'être, jamais ce que je savais être faux. Je me suis montré tel que je fus, méprisable et vil quand je l'ai été, bon, généreux, sublime, quand je l'ai été.

Jean-Jacques Rousseau, Préface, *Les Confessions* (posthume), 1781-1788.

◗ Comprendre le pacte autobiographique

■ La définition du pacte autobiographique (texte 1)

1. D'après le texte 1, quelles sont les trois conditions nécessaires pour qualifier un texte d'autobiographique ?

2. Qui sont les partenaires du pacte autobiographique ?

3. À quoi chacun d'eux s'engage-t-il ?

■ Le pacte autobiographique selon Rousseau

4. Qui s'adresse à qui dans ce texte extrait de la préface des *Confessions* ? De quoi est-il question dans cet extrait ?

5. À quoi Rousseau s'engage-t-il ? Relevez des mots du texte à l'appui de votre réponse.

6. Quelles difficultés Rousseau dit-il rencontrer pour être sincère ?

7. a. Relevez en deux colonnes les mots **antonymes**.
b. Quel engagement de Rousseau expriment-ils ?
c. Cet engagement est-il conforme au titre de l'ouvrage : *Les Confessions* ?

→ Les relations entre les mots – p. 378

📷 Faisons le point

- Le texte de Rousseau illustre-t-il la définition du **pacte autobiographique** proposée dans le texte 1 ? Justifiez.

Jean-Jacques Rousseau (1712-1778)
Écrivain et philosophe français, il est auteur de discours *(Discours sur l'origine et les fondements de l'inégalité)*, de romans *(La Nouvelle Héloïse)*, d'un essai philosophique *(L'Émile)* et de récits autobiographiques *(Les Rêveries d'un promeneur solitaire* et *Les Confessions)*.

Exercice d'écriture

En un bref paragraphe, expliquez ce qui pourrait vous engager à devenir un lecteur d'autobiographies.

TEXTES & IMAGES

Avant de lire le texte
1. Quels sont, selon vous, les souvenirs d'enfance marquants qu'on peut avoir envie de raconter?
2. Qu'est-ce qu'une *anecdote*?

Michel Leiris (1901-1990)
Cet ethnologue et écrivain français a rédigé son autobiographie, *L'Âge d'homme*, après une psychanalyse.

Francis Bacon (1909-1992), étude du portrait de *Michel Leiris*, 1978, Musée d'art moderne, Paris.

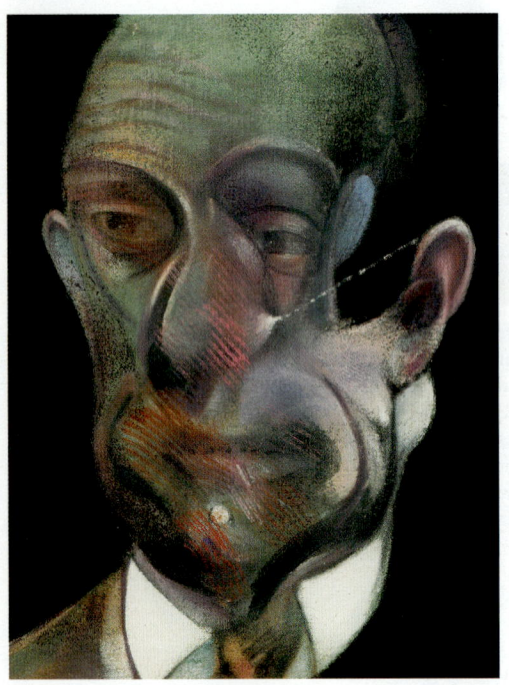

L'âge d'homme

Âgé de cinq ou six ans, je fus victime d'une agression. Je veux dire que je subis dans la gorge une opération qui consista à m'enlever des végétations; l'intervention eut lieu d'une manière très brutale, sans que je fusse anesthésié. Mes parents avaient d'abord commis la faute de m'emmener chez le chirurgien sans me dire où ils me conduisaient. Si mes souvenirs sont justes, je m'imaginais que nous allions au cirque; j'étais donc très loin de prévoir le tour sinistre que me réservaient le vieux médecin de la famille, qui assistait le chirurgien, et ce dernier lui-même. Cela se déroula, point pour point, ainsi qu'un coup monté et j'eus le sentiment qu'on m'avait attiré dans un abominable guet-apens. Voici comment les choses se passèrent: laissant mes parents dans le salon d'attente, le vieux médecin m'amena jusqu'au chirurgien, qui se tenait dans une autre pièce en grande barbe noire et blanche (telle est, du moins, l'image d'ogre que j'en ai gardée); j'aperçus des instruments tranchants et, sans doute, eus-je l'air effrayé car, me prenant sur ses genoux, le vieux médecin dit pour me rassurer: « Viens, mon petit coco. On va jouer à faire la cuisine. » À partir de ce moment je ne me souviens plus de rien, sinon de l'attaque soudaine du chirurgien qui plongea un outil dans ma gorge, de la douleur que je ressentis et du cri de bête qu'on éventre que je poussai. Ma mère, qui m'entendit d'à côté, fut effarée.

Dans le fiacre qui nous ramena je ne dis pas un mot; le choc avait été si violent que pendant vingt-quatre heures il fut impossible de m'arracher une seule parole; ma mère, complètement désorientée, se demandait si je n'étais pas devenu muet. Tout ce que je me rappelle de la période qui suivit immédiatement l'opération, c'est le retour en fiacre, les vaines tentatives de mes parents pour me faire parler puis, à la maison: ma mère me tenant dans ses bras devant la cheminée du salon, les sorbets qu'on me faisait avaler, le sang qu'à diverses reprises je dégurgitai et qui se confondait pour moi avec la couleur fraise des sorbets.

Ce souvenir est, je crois, le plus pénible de mes souvenirs d'enfance. Non seulement je ne comprenais pas que l'on m'eût fait si mal, mais j'avais la notion d'une duperie, d'un piège, d'une perfidie atroce de la part des adultes, qui ne m'avaient amadoué que pour se livrer sur ma personne à la plus sauvage agression.

Michel Leiris, *L'Âge d'homme*, © Éditions Gallimard, 1939.

▶ Lire une anecdote d'enfance

■ Pourquoi raconter une anecdote d'enfance ?

1. Résumez en une ou deux phrases ce que raconte Michel Leiris.

2. Expliquez, en citant le texte, la (les) raison(s) pour laquelle (lesquelles) Michel Leiris a raconté cette anecdote.

■ Comment écrire sur soi ?

3. « *Je veux dire* [...] *végétations* » (l. 1-2) :
a. Le verbe *subir* est-il ici conjugué au présent ou au passé simple de l'indicatif ? Justifiez.
b. Lequel des deux « *je* » désigne-t-il le narrateur adulte ? enfant ?

4. a. Par quel nom, au début et à la fin du texte, le **narrateur** qualifie-t-il le souvenir d'enfance qu'il raconte ? S'exprime-t-il comme adulte ou comme enfant ?
b. Relevez dans le texte le champ lexical qui correspond à ce nom.

5. Quel jugement le narrateur porte-t-il sur les adultes présents dans ce souvenir ? Répondez en citant cinq groupes nominaux du texte.

6. À quel univers les mots suivants appartiennent-ils : « *cirque* », « *ogre* », « *Viens, mon petit coco. On va jouer à faire la cuisine* » ? Pourquoi l'auteur a-t-il choisi de s'exprimer ainsi ?

➜ Le narrateur – p. 390

■ Quelle relation établir avec le lecteur ?

7. a. Relevez deux expressions à travers lesquelles l'auteur manifeste sa volonté d'expliquer les faits au lecteur.
b. « *Si mes souvenirs sont justes* » (l. 5) : relevez d'autres modalisateurs dans le texte. Quelle exigence de l'écriture de Leiris traduisent-ils ?

8. a. « *un abominable guet-apens* » (l. 9-10) : quelle est la figure de style employée ?
b. Relevez deux autres expressions de cette **figure de style** dans le texte.
c. Par ce procédé, Michel Leiris cherche-t-il à émouvoir ou à amuser son lecteur ?
d. Quel est le ton de ce texte ?

➜ Les figures de style – p. 380

📷 Faisons le point

- Pourquoi, selon vous, l'auteur adulte raconte-t-il cette **anecdote d'enfance** ?
- En quoi ce texte correspond-il aux caractéristiques de **l'écriture de soi** que suggère le dessin de Sergueï (p. 125) ?

Exercice d'écriture

En un bref paragraphe, racontez avec humour une bêtise commise dans votre enfance, sous forme d'un récit autobiographique.

Pierre Bonnard (1867-1947), *Les Deux Fiacres*, coll. privée. © Lefevre Fine Art Ltd, Londres, The Bridgeman Art Library © Adagp, Paris 2008

TEXTES & IMAGES

Avant de lire les textes
1. Lisez les biographies des deux écrivains.
2. Sont-ils contemporains l'un de l'autre ? de nous lecteurs ?

Patrick Modiano
Cet écrivain français né en 1945 est marqué dans son enfance par les nombreuses absences de ses parents et la mort de son frère à dix ans. Son œuvre exprime une quête d'identité entre douleur des souvenirs et tentation de tout oublier. Il obtient en 1978 le prix Goncourt pour *Rue des boutiques obscures*.

Didier Van Cauwelaert
Cet écrivain français, né en 1960 à Nice, a commencé à écrire à huit ans en publiant son premier texte dans le Courrier des lecteurs de *Télé 7 jours*. Romancier, il a eu le Prix Goncourt en 1994 pour *Un aller simple*. Il se consacra aussi au théâtre et a obtenu un Molière.

Texte 1

Un pedigree

Je suis un chien qui fait semblant d'avoir un pedigree. Ma mère et mon père ne se rattachent à aucun milieu bien défini. Si ballottés, si incertains que je dois bien m'efforcer de trouver quelques empreintes et quelques balises dans ce sable mouvant comme on s'efforce de remplir des lettres à moitié effacées, une fiche d'état civil ou un questionnaire administratif. [...]

Je vois mon père une dernière fois dans le café-glacier, au coin de la rue de Babylone et du boulevard Raspail. Puis il y a cet échange de lettres entre nous. « ALBERT RODOLPHE MODIANO, 15 QUAI DE CONTI, PARIS VIᵉ, le 3 août 1966, Cher Patrick, dans le cas où tu déciderais d'agir selon ton bon plaisir et de passer outre mes décisions, la situation serait la suivante : tu as 21 ans, tu es donc majeur, je ne suis pas responsable de toi. En conséquence, tu n'auras pas à espérer de ma part une aide quelconque, un soutien de quelque nature que ce soit, tant sur le plan matériel que sur le plan moral. Les décisions que j'ai prises te concernant sont simples, tu les acceptes ou non, sans discussion possible : tu résilies ton sursis avant le 10 août afin d'être incorporé en novembre prochain. [...] Tu as donc le choix de vivre à ta guise en renonçant entièrement et définitivement à mon appui, ou de te conformer à mes décisions. À toi de décider. Je puis t'affirmer, avec une certitude absolue, quel que soit ton choix, que la vie t'apprendra une fois de plus combien ton père avait raison. Albert MODIANO. »

« Paris le 4 août 1966. Cher Monsieur, vous savez qu'au siècle dernier, les "sergents recruteurs" saoulaient leurs victimes et leur faisaient signer leur engagement. La précipitation avec laquelle vous vouliez me traîner à la caserne de Reuilly me rappelait ce procédé. Le service militaire vous offre une excellente occasion de vous débarrasser de moi. Le "soutien moral" que vous m'aviez promis la semaine dernière, les caporaux s'en chargeront. Quant au "soutien matériel", il sera superflu puisque je trouverai gîte et nourriture à la caserne. Bref, j'ai décidé d'agir selon mon bon plaisir et de passer outre à vos décisions. Ma situation sera donc la suivante : j'ai 21 ans, je suis majeur, vous n'êtes plus responsable de moi. En conséquence, je n'ai pas à espérer de votre part une aide quelconque, un soutien de quelque nature que ce soit, tant sur le plan matériel que sur le plan moral. »

C'est une lettre que je regrette de lui avoir écrite, aujourd'hui. Mais que faire d'autre ? Je ne lui en voulais pas et, d'ailleurs, je ne lui en ai jamais voulu. Tout simplement je craignais de me retrouver prisonnier d'une caserne dans l'Est. S'il m'avait connu dix ans plus tard [...], il n'y aurait plus eu le moindre problème entre nous. Il aurait été ravi que je lui parle de littérature, et moi je lui aurais posé des questions sur ses projets de haute finance et sur son passé mystérieux. Ainsi, dans une autre vie, nous marchons bras dessus dessous, sans plus jamais cacher à personne nos rendez-vous.

Patrick Modiano, *Un pedigree*, © Éditions Gallimard, 2005.

Texte 2

Le père adopté

La première fois que tu es mort, j'avais sept ans et demi. J'étais rentré plus tôt que prévu d'un anniversaire et j'avais entendu ta voix, dans votre chambre :
— De toute façon, le jour où je ne peux plus marcher, je me tire une balle dans la tête. Vous n'allez pas me pousser dans un fauteuil roulant, non ? Je ne veux pas infliger ça à Didier.

Tu ne tenais déjà quasiment plus debout, entre tes cannes anglaises. Et pourtant j'ai souri, dans la montée des larmes. C'était bien toi, ça. Le sacrifice égoïste. Tant qu'à faire, j'aurais préféré pousser un fauteuil roulant plutôt que marcher derrière un cercueil. Mais c'était ta vie, tu avais choisi. Et je connaissais ton caractère : ce n'était pas la peine de plaider ma cause. C'était toi, l'avocat.

J'ai pris le deuil, ce jour-là, en décidant de devenir écrivain. Tu m'avais déjà passé le virus de l'imaginaire, avec les feuilletons à dormir debout que tu me racontais chaque soir au coucher. Quel plus beau métier que de construire des histoires, bien tranquille dans sa chambre ? […]

Mais là, d'un coup, il fallait que je me prépare à devenir chef de famille. Si tu te donnais la mort, il fallait que je gagne ma vie à ta place, que je te rapporte à la maison des droits d'auteur avec ce que tu m'avais d'ores et déjà légué : l'envie de secouer les gens en les faisant rêver, de marier l'humour à l'émotion, l'absurde à l'évasion, de « faire rire en donnant l'air », pour reprendre une de tes expressions favorites.

Didier Van Cauwelaert, *Le Père adopté*, © Albin Michel, 2007.

Expression écrite → **ARGUMENTATION**

Laquelle de ces deux images associeriez-vous à chacun des textes ? Justifiez en un paragraphe.

▶ Comparer deux évocations du père

■ Les relations au père

1. Quel âge chaque narrateur-auteur a-t-il au moment des faits qu'il raconte ?

2. Résumez en une ou deux phrases ce que raconte chacun des auteurs.

3. Quel rôle le père de Didier Van Cauwelaert joue-t-il dans la vie de son fils ?

4. Quels sentiments à l'égard du père chaque texte exprime-t-il ?

■ Deux mises en scène

Texte 1

5. a. Dans le premier paragraphe, qui s'exprime : le narrateur adulte ou le narrateur jeune ?
b. Relevez et nommez les **figures de style** : quel sentiment traduisent-elles ?

6. a. Dans le deuxième paragraphe, qui s'exprime : le narrateur adulte ou le narrateur jeune ?
b. Quel est le ton de la lettre du père ?

7. L. 36 à 53 : quel est le ton qui caractérise ce passage ? Quel sentiment traduit-il ? Justifiez.

8. a. Dans le dernier paragraphe, qui s'exprime : le narrateur adulte ou le narrateur jeune ?
b. « *Il n'y aurait eu* » : quels sont le mode et le temps de ce verbe ? Relevez d'autres verbes conjugués de la même façon.
c. Quel est le sentiment ainsi exprimé ?

→ Les figures de style – p. 380

Texte 2

9. Qui s'adresse à qui dans ce texte ?

10. Quel est le niveau de langue employé ? Pourquoi l'auteur a-t-il fait ce choix ?

11. L. 14 à 24, relevez les **pronoms personnels sujets** : qu'observez-vous ? Pourquoi l'auteur a-t-il procédé ainsi ?

12. Dans le dernier paragraphe : **a.** Relevez une répétition.
b. Quel rôle le narrateur se donne-t-il ? Répondez en citant un groupe nominal.

→ Énoncés et situation d'énonciation – p. 386

13. a. Pour quelles raisons, selon vous, Didier Van Cauwelaert a-t-il choisi la forme du dialogue pour ce récit autobiographique ?

b. L'écriture à plusieurs voix du texte de Patrick Modiano exprime-t-elle une souffrance ou une volonté de se reconstruire ? Justifiez.

📷 Faisons le point

- Dans les deux textes, qui **évoque la figure du père** : le narrateur enfant (jeune), le narrateur adulte ou les deux ? Expliquez.
- Lequel de ces auteurs rend-il hommage à son père ? Lequel cherche-t-il à justifier son rapport à son père ?

Séquence 5 ▶ Autobiographies

TEXTES & IMAGES

Avant de lire le texte
Lisez la biographie d'Albert Cohen : où est-il né ?

Albert Cohen (1895 en Grèce – 1981 en Suisse)
Ce fonctionnaire international d'origine juive fuit à Londres en 1940. Écrivain d'expression française, il est surtout connu pour une œuvre majeure, un roman d'amour intitulé *Belle du Seigneur*, qui lui vaut le prix de l'Académie française en 1968.

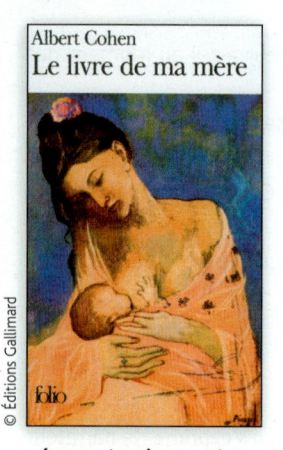

Le livre de ma mère

Pleurer sa mère, c'est pleurer son enfance. L'homme veut son enfance, veut la ravoir, et s'il aime davantage sa mère à mesure qu'il avance en âge, c'est parce que sa mère, c'est son enfance. J'ai été un enfant, je ne le suis plus et je n'en reviens pas. Soudain, je me rappelle notre arrivée à Marseille. J'avais cinq ans. En descendant du bateau, accroché à la jupe de Maman coiffée d'un canotier orné de cerises, je fus effrayé par les trams, ces voitures qui marchaient toutes seules. Je me rassurai en pensant qu'un cheval devait être caché dedans. [...]
Peu après notre débarquement, mon père m'avait déposé, épouvanté et ahuri, car je ne savais pas un mot de français, dans une petite école de sœurs catholiques. J'y restais du matin au soir, tandis que mes parents essayaient de gagner leur vie dans ce vaste monde effrayant. Parfois, ils devaient partir si tôt le matin qu'ils n'osaient pas me réveiller. Alors, lorsque le réveil sonnait à sept heures, je découvrais le café au lait entouré de flanelles par ma mère qui avait trouvé le temps, à cinq heures du matin, de me faire un petit dessin rassurant qui remplaçait son baiser et qui était posé contre la tasse. J'en revois de ces dessins : un bateau transportant le petit Albert, minuscule à côté d'un gigantesque nougat tout pour lui ; un éléphant appelé Guillaume, transportant sa petite amie, une fourmi qui répondait au doux nom de Nastrine ; un petit hippopotame qui ne voulait pas finir sa soupe ; un poussin de vague aspect rabbinique[1] qui jouait avec un lion. Ces jours-là, je déjeunais seul, devant la photographie de Maman qu'elle avait mise aussi près de la tasse pour me tenir compagnie. [...] Je me rappelle qu'en quittant l'appartement, je fermais la porte au lasso. J'avais cinq ou six ans et j'étais de très petite taille. Le pommeau de la porte étant très haut placé, je sortais une ficelle de ma poche, je visais le pommeau en fermant un œil et, lorsque j'avais attrapé la boule de porcelaine, je tirais à moi. Comme mes parents me l'avaient recommandé, je frappais ensuite plusieurs fois contre la porte pour voir si elle était bien fermée. Ce tic m'est resté.

Albert Cohen, *Le Livre de ma mère*, © Éditions Gallimard, 1954.

1. Un rabbin est un religieux juif.

▶ Découvrir une évocation de la mère

■ Le travail de la mémoire

1. Résumez en une ou deux phrases ce que raconte l'auteur.

2. a. Relevez les trois verbes qui expriment le travail de la mémoire : à quel temps sont-ils conjugués ? Quelle est la valeur de ce temps ?
b. Font-ils entendre la voix du **narrateur** adulte ou celle du **narrateur** enfant ?
c. Que cherche à exprimer l'auteur en faisant alterner les temps dans le récit ?

3. Quel sentiment le narrateur enfant éprouve-t-il au début de son séjour en France ? Justifiez en relevant des mots du texte.

→ Le narrateur – p. 390

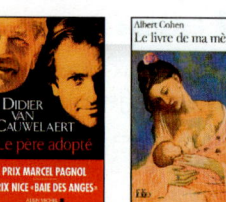

■ La figure de la mère

4. En quoi les premières lignes expliquent-elles le titre du livre ?

5. Quel adjectif est employé pour qualifier les dessins de la mère ? Quelle qualité de celle-ci cet adjectif traduit-il ?

6. L. 26 à 31 : par quel procédé d'écriture le narrateur donne-t-il la preuve de cette qualité ?

7. Quel effet l'auteur cherche-t-il à produire sur son lecteur ?

📷 Faisons le point

- Quelle image de sa **mère** l'auteur-narrateur donne-t-il dans ce texte ?
- Quel enjeu de l'écriture autobiographique ce texte met-il en valeur ?

Expression écrite → ARGUMENTATION

Laquelle de ces quatre images vous paraît-elle le mieux correspondre au texte qu'elle accompagne ? Justifiez.

Lectures personnelles

Des autobiographies d'auteurs contemporains

- **Hervé Bazin**, *Vipère au poing*, © Le Livre de Poche.
La figure de la mère, l'enfance malheureuse.

- **Jeanne Benameur**, *Ça t'apprendra à vivre*, © Actes Sud.
De l'Algérie à la France : récit d'enfance.

- **Mouloud Feraoun**, *Le Fils du pauvre*, © Seuil.
Une enfance algérienne dans les années 1960.

- **Emmanuelle Laborit**, *Le Cri de la mouette*, © Robert Laffont.
L'enfance et l'adolescence d'une sourde-muette.

- **Léon Walter Tillage**, *Léon*, Neuf, © École des Loisirs.
L'enfance d'un jeune Noir au sud des États-Unis, dans les années 1930.

L'entrée dans l'adolescence

Ainsi mes observations personnelles sur le comportement des filles ne m'avaient pas permis de formuler un jugement définitif, lorsqu'un jour mon père employa une expression qui me livra tout le secret.

En parlant de la nièce de M. Besson, qui s'était cassé un bras en tombant d'un arbre, il
5 avait dit : « Cette petite est un garçon manqué. »

Je compris cette phrase à ma façon, qui n'était sans doute pas la bonne : mais, ce n'était pas la première fois qu'une grande découverte était née d'une erreur d'interprétation.

Pour moi, ces mots « garçon manqué » signifiaient que les filles n'étaient qu'un faux pas de la nature, le résultat d'une erreur au cours de la création d'un garçon.

10 Voilà pourquoi elles rougissaient d'un rien, pleuraient pour moins encore, et vous griffaient pour un compliment ; voilà pourquoi ne sachant ni siffler ni cracher, elles tombaient des arbres, inventaient d'inutiles mensonges et se livraient en cachette à des manigances devant les miroirs…

C'étaient des « garçons manqués » […].

Moi, garçon réussi, je ne rougissais jamais, je ne riais pas sans motif, et personne (sauf ma
15 mère) n'aurait pu dire qu'on m'avait vu pleurer. Moi, j'étais fort et Clémentine m'appelait quand il fallait porter un seau plein d'eau ; je savais siffler comme un oiseau, et même en repliant ma langue sous deux doigts. Quant à cracher – je le dis sans modestie – j'égalais presque Mangiapan, qui, dans ses bons jours, lançait des étoiles de salive jusqu'à des cinq ou six mètres – et je n'étais jamais tombé d'un arbre, comme le fragile « garçon manqué ».

20 Cependant, tout le monde s'intéressait aux filles, et, sans que je pusse comprendre pourquoi, il me fallait bien reconnaître qu'elles me plaisaient.

C'est au cours d'une méditation, le soir dans mon lit, que je découvris plusieurs raisons qui justifiaient leur existence.

Tout d'abord leurs défauts faisaient valoir mes qualités, et permettaient d'en mesurer l'é-
25 tendue. […] Auprès de mon père, ou de Napoléon, je n'étais pas grand-chose, tandis que la seule existence de Clémentine me rapprochait de ces grands hommes, ce qui méritait bien quelque reconnaissance.

Et d'autre part, j'admettais loyalement que Dame Nature, comme pour déguiser son échec, avait soigné leur apparence : grands yeux, longs cils, mains délicates, cheveux de soie,
30 gestes gracieux, et petites voix musicales. Elles étaient souvent très agréables à regarder, mais tout compte fait, dans la vie quotidienne, elles ne pouvaient servir que d'admiratrices, ou de confidentes, dont il fallait d'ailleurs se méfier.

Marcel Pagnol, *Le Temps des secrets, Souvenirs d'enfance*, 1960, © Éditions de Fallois, site marcel-pagnol.com.

TEXTES & IMAGES

Avant de lire le texte
1. *Mémoires* : cherchez le genre qu'a ce nom quand il désigne un écrit témoignant d'une époque.
2. En vous aidant de l'étymologie du mot *témoignage*, expliquez ce que signifie « apporter un témoignage sur une époque ou un événement historique ».
3. Auschwitz, Buchenwald : qu'est-ce que ces noms évoquent pour vous ?
4. Cherchez le sens des mots : *infernal*, *maléfice*, *rite*.

Musique à Auschwitz

Et pour la première fois depuis que je suis au camp, la cloche du réveil me surprend dans un sommeil profond, et c'est un peu comme si je sortais du néant. Au moment de la distribution du pain, on entend au loin, dans le petit matin obscur, la fanfare qui commence à jouer : ce sont nos camarades de
5 baraque qui partent travailler au pas militaire.

Du K.B.[1] on n'entend pas très bien la musique : sur le fond sonore de la grosse caisse et des cymbales qui produisent un martèlement continu et monotone, les phrases musicales se détachent par intervalles, au gré du vent. De nos lits, nous nous entre-regardons, pénétrés du caractère infernal de cette musique.

10 Une douzaine de motifs seulement, qui se répètent tous les jours, matin et soir : des marches et des chansons populaires chères aux cœurs allemands. Elles sont gravées dans notre esprit et seront bien la dernière chose du Lager[2] que nous oublierons ; car elles sont la voix du Lager, l'expression sensible de sa folie géométrique, de la détermination avec laquelle des hommes entreprirent de nous anéantir,
15 nous détruire en tant qu'hommes avant de nous faire mourir lentement.

Quand cette musique éclate, nous savons que nos camarades, dehors dans le brouillard, se mettent en marche comme des auto-
20 mates ; leurs âmes sont mortes et c'est la musique qui les pousse en avant comme le vent les feuilles sèches, et leur tient lieu de volonté. Car ils n'ont plus de volonté :
25 chaque pulsation est un pas, une contraction automatique de leurs muscles inertes. Voilà ce qu'ont fait les Allemands. Ils sont dix mille hommes, et ils ne forment plus
30 qu'une même machine grise ; ils sont exactement déterminés ; ils ne pensent pas, ils ne veulent pas, ils marchent.

Mieczyslaw Koscielniak,
Musique au camp d'Auschwitz,
dessin réalisé entre 1941 et 1945,
Mémorial de la Shoah, Paris.
© Mémorial de la Shoah / CDJC / PMO

Jamais les SS n'ont manqué l'une de ces parades, d'entrée et de sortie. Qui pourrait leur refuser le droit d'assister à la chorégraphie qu'ils ont eux-mêmes élaborée, à la danse de ces hommes morts qui laissent, équipe par équipe, le brouillard pour le brouillard ? Quelle preuve plus tangible[3] de leur victoire ? Ceux du K.B. connaissent bien eux aussi ces départs, ces retours, l'hypnose du rythme continu qui annihile[4] la pensée et endort la douleur ; ils en ont fait l'expérience, la feront encore. Mais il fallait échapper au maléfice, il fallait entendre la musique de l'extérieur, comme nous l'entendions au K.B., comme nous l'entendons aujourd'hui dans le souvenir, maintenant que nous sommes à nouveau libres et revenus à la vie ; il fallait l'entendre, y obéir, sans la subir, pour comprendre ce qu'elle représentait, pour quelles raisons préméditées les Allemands avaient instauré ce rite monstrueux, et pourquoi aujourd'hui encore, quand une de ces innocentes chansons nous revient en mémoire, nous sentons notre sang se glacer dans nos veines et nous prenons conscience qu'être revenus d'Auschwitz tient du miracle.

Primo Levi, *Si c'est un homme*, trad. M. Schruoffeneger, © Robert Laffont, 2002.

1. infirmerie. **2.** nom allemand de « camp ». **3.** caractéristique. **4.** détruit.

Primo Levi
Né à Turin en 1919, il s'est donné la mort en 1987. Cet ingénieur chimiste italien résistant communiste a été déporté dans le camp de concentration d'Auschwitz où il a survécu jusqu'à la libération du camp. Il a écrit une douzaine d'ouvrages : *Si c'est un homme*, traduit dans de nombreuses langues, est le plus célèbre d'entre eux.

▷ Comprendre les rôles d'un témoignage

■ Témoigner pour donner à entendre et à voir

1. a. Sur lequel des cinq sens le témoignage de Primo Levi repose-t-il au début du texte ? Relevez des mots et expressions du premier paragraphe à l'appui de votre réponse.
b. Observez ce champ lexical dans la suite du texte : est-il légèrement ou fortement présent ?
2. a. De quelle « *chorégraphie* » (l. 35) s'agit-il ?
b. Relevez un autre GN qui évoque cette chorégraphie.
c. À quel autre des cinq sens la notion de chorégraphie fait-elle appel ?

■ Témoigner et juger

3. a. Quel adjectif caractérise « *la musique* » ?
b. Comment faut-il le comprendre ?
c. Dans le dernier paragraphe, quel effet de cette musique Primo Levi dénonce-t-il ? Expliquez.
4. a. Dans le quatrième paragraphe, à quoi les déportés sont-ils comparés ? Relevez tous les mots du champ lexical à l'appui de votre réponse.
b. Que Primo Levi dénonce-t-il ainsi ?
5. a. Relevez, dans le dernier paragraphe, les noms et GN qui reprennent le nom « *parade* ».
b. Le choix de ces reprises est-il neutre ? Expliquez.

■ Témoigner au nom des autres

6. Relevez, dans les deux premiers paragraphes, les **pronoms personnels** : qui chacun d'eux représente-t-il ?
Dans la suite du texte, lequel de ces pronoms retrouve-t-on ? Quelle valeur confère-t-il au texte ?
7. a. Quel autre pronom personnel apparaît dans le quatrième paragraphe ?
b. Qui représente-t-il ?
c. Quelle **figure de style** repérez-vous à la ligne 30 ? Quel est l'effet produit ?

→ Les pronoms personnels – p. 319
→ Les figures de style – p. 380

■ Témoigner pour expliquer

8. Dans le troisième paragraphe :
a. De quel effet de la musique Primo Levi témoigne-t-il ?
b. Relevez la conjonction de coordination qui exprime la cause.
c. Selon Primo Levi, dans quel but les Allemands ont-ils imposé cette musique répétitive ?
9. L. 43 à 48 : par quel moyen les déportés pouvaient-ils échapper à « *l'hypnose* » de la musique ? Expliquez.

📷 Faisons le point

- En quoi peut-on dire que ce texte est une forme particulière d'autobiographie : les **mémoires** ?
- Comment Primo Levi s'y prend-il pour que son **témoignage** soit compris par le lecteur ?

TEXTES & IMAGES

Avant de lire le texte
1. Chercher le sens des mots : *amenuisé, hardes, martial*.
2. Reportez-vous p. 100 pour connaître le mythe d'Orphée et d'Eurydice.

Jorge Semprun
(né en 1923)
Cet écrivain d'origine espagnole a quitté l'Espagne fasciste de Franco et fait ses études en France. Membre d'un réseau de résistance communiste, il a été déporté au camp de Buchenwald, puis libéré par les troupes alliées, britanniques et américaines, en 1945. Il a été un des dirigeants du parti communiste espagnol et ministre de la Culture. Parmi ses œuvres les plus connues, on peut citer *Le Grand Voyage* et *L'Écriture ou la Vie*.

Le regard

Ils sont en face de moi, l'œil rond, et je me vois soudain dans ce regard d'effroi : leur épouvante.

Depuis deux ans, je vivais sans visage. Nul miroir, à Buchenwald. Je voyais mon corps, sa maigreur croissante, une fois par semaine, aux douches. Pas de visage, sur ce corps dérisoire. De la main, parfois, je frôlais une arcade sourcilière, des pommettes saillantes, le creux d'une joue. J'aurais pu me procurer un miroir, sans doute. On trouvait n'importe quoi au marché noir du camp, en échange de pain, de tabac, de margarine. Même de la tendresse, à l'occasion.

Mais je ne m'intéressais pas à ces détails.

Je voyais mon corps, de plus en plus flou, sous la douche hebdomadaire. Amaigri mais vivant : le sang circulait encore, rien à craindre. Ça suffirait, ce corps amenuisé mais disponible, apte à une survie rêvée, bien que peu probable.

La preuve d'ailleurs, je suis là.

Ils me regardent, l'œil affolé, rempli d'horreur. […] Ça peut surprendre, intriguer, ces détails : mes cheveux ras, mes hardes disparates. Mais ils ne sont pas surpris, ni intrigués. C'est de l'épouvante que je lis dans leurs yeux. C'est l'horreur de mon regard que révèle le leur, horrifié. Si leurs yeux sont un miroir, enfin, je dois avoir un regard de fou, dévasté.

Ils sont sortis de la voiture à l'instant, il y a un instant. Ont fait quelques pas au soleil, dégourdissant les jambes. M'ont aperçu alors, se sont avancés.

Trois officiers, en uniforme britannique.

Un quatrième militaire, le chauffeur, est resté près de l'automobile, une grosse Mercédès grise qui porte encore des plaques d'immatriculation allemandes.

Ils se sont avancés vers moi. […]

Je me suis vu dans leur œil horrifié pour la première fois depuis deux ans. Ils m'ont gâché cette première matinée, ces trois zigues[1]. Je croyais en être sorti, vivant. Revenu dans la vie, du moins. Ce n'est pas évident. À deviner mon regard dans le miroir du leur, il ne semble pas que je sois au-delà de tant de mort. […]

J'ai compris soudain qu'ils avaient raison de s'effrayer, ces militaires, d'éviter mon regard. Car je n'avais pas vraiment survécu à la mort, je ne l'avais pas évitée. Je n'y avais pas échappé. Je l'avais parcourue, plutôt, d'un bout à l'autre. J'en avais parcouru les chemins, m'y étais perdu et retrouvé, contrée immense où ruisselle l'absence. J'étais un revenant, en somme.

Cela fait toujours peur, les revenants.

Jorge Semprun, *L'Écriture ou la Vie,* © Éditions Gallimard, 1991.

1. terme familier désignant les trois hommes.

▶ Analyser un témoignage entre émotion et lucidité

■ Le témoignage d'une expérience

1. a. « *Ils sont en face de moi* » : qui chacun des deux pronoms personnels représente-t-il ?
b. En quoi peut-on dire que l'auteur rapporte une expérience personnelle ?

2. a. Quel moment particulier de la vie de l'auteur cet extrait relate-t-il ? Appuyez votre réponse en citant des passages du texte.
b. Selon vous, en quoi ce texte a-t-il valeur de témoignage ?

■ Un témoignage empreint d'émotion

3. a. Relevez dans le texte le **champ lexical** de la vue.
b. Que Jorge Semprun voit-il dans le regard des trois hommes ?

4. Quel autoportrait l'auteur propose-t-il dans les lignes 3 à 12 ? Définissez-en la principale caractéristique.

5. Quel est le point commun des différents regards ? Répondez en relevant le **champ lexical** correspondant dans le texte.

6. Peut-on parler véritablement d'échange entre les personnages ? Expliquez.

7. Si vous deviez filmer cette scène de rencontre, comment traduiriez-vous l'émotion ?

→ Le champ lexical – p. 378

■ Une analyse lucide

8. L'auteur se contente-t-il de regarder ou bien interprète-t-il les regards portés sur lui ? Répondez en citant deux phrases du texte.

9. Pourquoi, selon vous, Jorge Semprun dit-il : « *Ils m'ont gâché cette première matinée, ces trois zigues* » ?

10. Comment faut-il comprendre l'expression « *un revenant* » employée par Jorge Semprun ?

11. En quoi ce passage peut-il apparaître comme une réécriture du mythe d'Orphée et d'Eurydice ?

📷 Faisons le point

- En quoi peut-on dire que ce texte est une forme particulière d'autobiographie : un **témoignage** ?
- Qu'est-ce qui rend ce témoignage à la fois **émouvant** et **lucide** ?

Expression écrite — ARGUMENTATION

En quoi cet autoportrait d'Escher peut-il illustrer ce texte ? Argumentez.

Maurits Cornelis Escher (1898-1972)
Cet artiste néerlandais est connu pour ses gravures sur bois et ses lithographies qui représentent des constructions impossibles et des combinaisons de motifs qui se transforment.

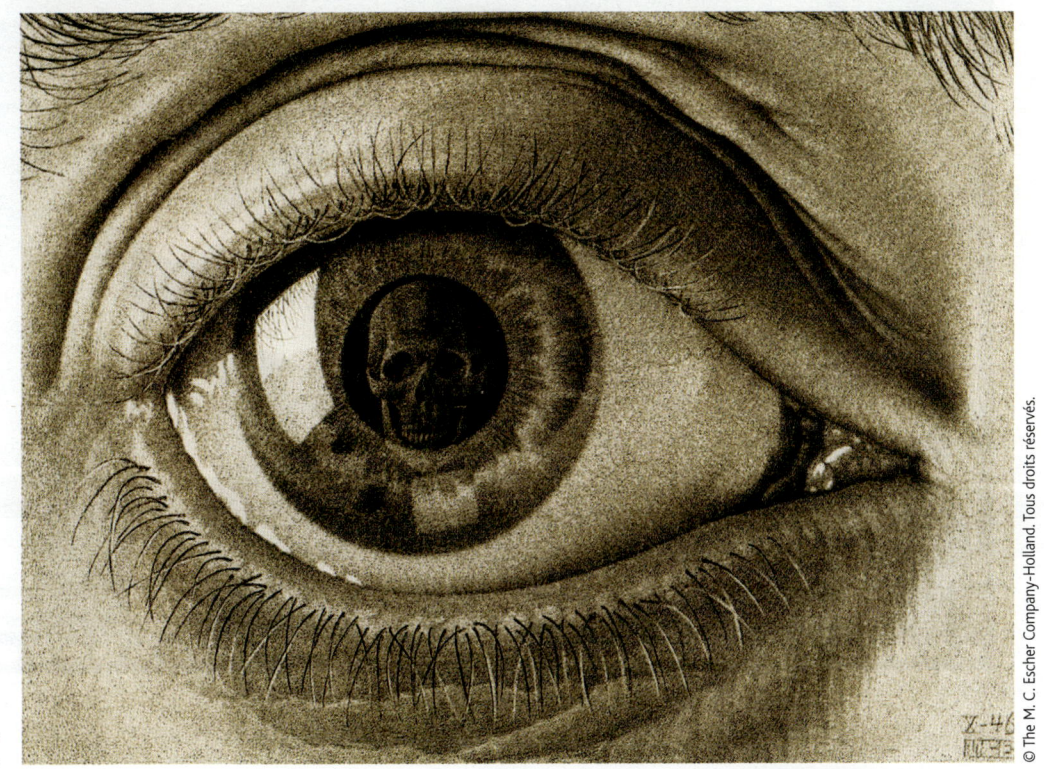

M. C. Escher, *Autoportrait*, « Œil », 1946.

TEXTES & IMAGES

Avant de lire les images

1. Lisez le texte documentaire ci-contre : qu'est-ce qui caractérise le régime politique en Iran ?
2. Lisez la biographie de l'auteur. Quelle est sa nationalité d'origine ? Pourquoi a-t-elle fait des va-et-vient entre l'Iran et l'Europe ?

En 1979, à la suite d'une révolution, l'Iran devient une république islamique. La terreur qui s'ensuit (censure, privations des libertés individuelles, torture, peine capitale) sera dénoncée par la Commission des droits de l'homme de l'ONU.
Après l'invasion du pays par l'Irak, en 1980, l'Iran connaît une guerre de dix ans. Parallèlement, son hostilité aux États-Unis et à l'Occident s'intensifie : elle se manifeste, par exemple, par l'interdiction de la musique occidentale.

Marjane Satrapi (née en 1969, en Iran)
Elle subit dans son enfance la restriction des libertés individuelles liées à la révolution islamique et à la guerre Iran-Irak. Elle étudie au lycée français de Téhéran puis, à quatorze ans, est envoyée par ses parents en Autriche, loin de la guerre et du régime. Elle revient en Iran pour étudier puis, par opposition au régime, elle rejoint la France où elle termine ses études et réside encore actuellement.
Persépolis[1], bande dessinée autobiographique, écrite en français, rencontre un vif succès dès le premier tome en 2000. Marjane Satrapi réalise avec Vincent Paronnaud l'adaptation de *Persépolis* en un long métrage d'animation, qui obtient le prix du Jury du Festival de Cannes 2007 et représente la France pour l'Oscar du meilleur film étranger 2007.

1. La ville de Persépolis, capitale de l'Empire perse de 521 à 331 avant J.-C., symbolise l'Iran et sa grandeur.

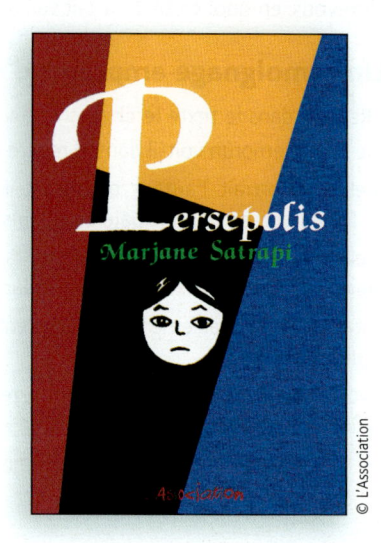

1. Marji à l'aéroport.

2. Dans un appartement à Téhéran, chez une amie de Marji.

3. Dans la rue au bas de l'immeuble.

4. À la porte de l'appartement.

▸ Lire un témoignage en image

■ Un récit en image

1. Qu'est-ce qui caractérise le graphisme de ces dessins ?

2. La scène du photogramme 1 se situe après les trois autres : comment le retour en arrière est-il visuellement indiqué ?

3. Où la scène se situe-t-elle dans le photogramme 2 ? Que montre le policier dans le photogramme 3 ?

4. Racontez l'histoire relatée par les photogrammes 2 à 4.

■ Un témoignage et sa visée

5. Confrontez les photogrammes au paratexte : quels éléments autobiographiques repérez-vous ?

6. En vous aidant du texte documentaire (p. 140), expliquez où et pourquoi les policiers interviennent.

7. a. Entre le photogramme 2 et les photogrammes 3 et 4, comparez les lignes, puis comparez les contrastes : que constatez-vous ?
b. Que l'auteur veut-elle montrer par ces choix ?

8. Cette intervention policière s'oppose-t-elle aux libertés individuelles ? Expliquez.

9. D'après vos réponses précédentes, expliquez ce que peut symboliser l'emploi de la couleur dans le photogramme 1.

📷 Faisons le point

- De quoi l'auteur **témoigne**-t-elle dans cet extrait **de film** ? Quelle est la **visée de son témoignage** ?
- Pourquoi, selon vous, a-t-elle choisi de **témoigner par un film d'animation** ?

Séquence 5 ▸ Autobiographies | 141

TEXTES & IMAGES

Le travail proposé sur ces quatre pages peut être mené sur une ou plusieurs œuvres.

▶ Observer les autoportraits

Collectivement ou par petits groupes, observez les autoportraits des pages 142 à 145 en vous attachant à la date et au titre du tableau ainsi qu'aux points suivants.

1. La composition
- Quelle place le portrait occupe-t-il dans le tableau ?
- Quelle est l'échelle des plans ?
- Quelles sont les couleurs dominantes ?
- Quelles sont les lignes dominantes ?
- Y a-t-il des contrastes ? Lesquels ?

2. Le personnage
Observez et définissez, quand c'est possible, les éléments relatifs au personnage :
- sa posture (attitude) ;
- ses gestes ;
- son regard ;
- l'expression de sa bouche ;
- ses vêtements.

3. Le décor et les objets
- Quels éléments constituent le décor ?
- Où sont-ils ?

▶ Formuler des hypothèses de lecture

1. Qu'est-ce qui vous frappe dans chaque autoportrait ? Pourquoi ?
2. Quelle activité, quel comportement social sont représentés, selon vous, dans chaque autoportrait ?
3. Quelle image l'artiste cherche-t-il (elle) à donner de lui (d'elle)-même ? Justifiez.
4. Que peuvent symboliser les éléments du décor, les accessoires, les détails physiques… ?

L'AUTOPORTRAIT POUR SE RACONTER

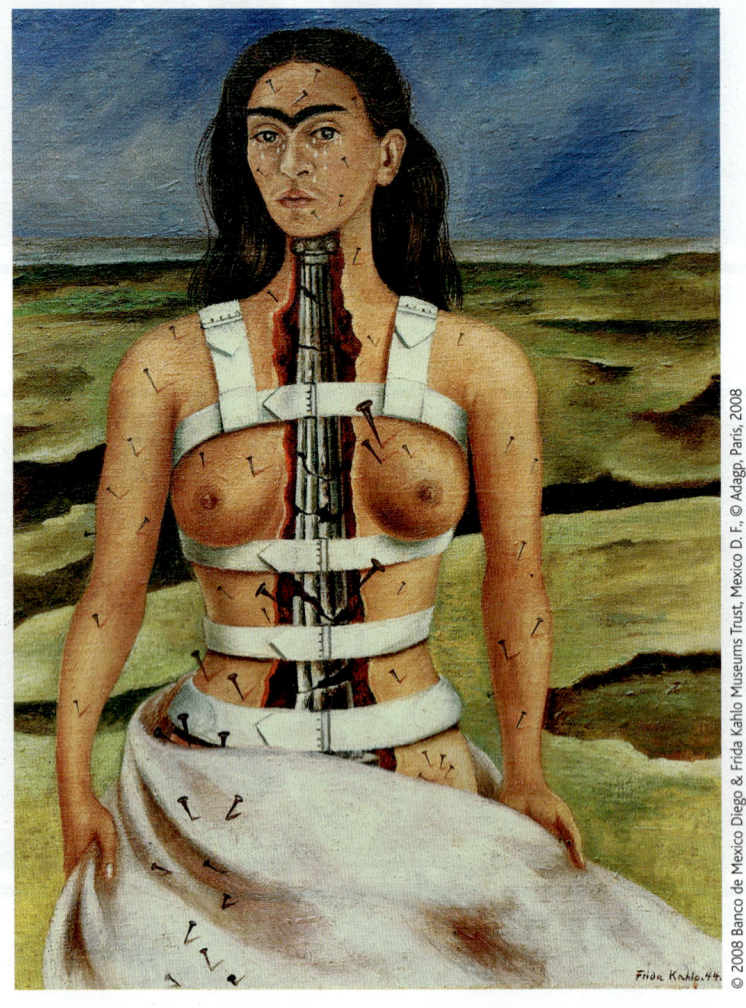

Frida Kahlo, *La Colonne brisée*, 1944, Fondation D. Olmedo Patino, Mexico.

L'AUTOPORTRAIT POUR SE DÉFINIR

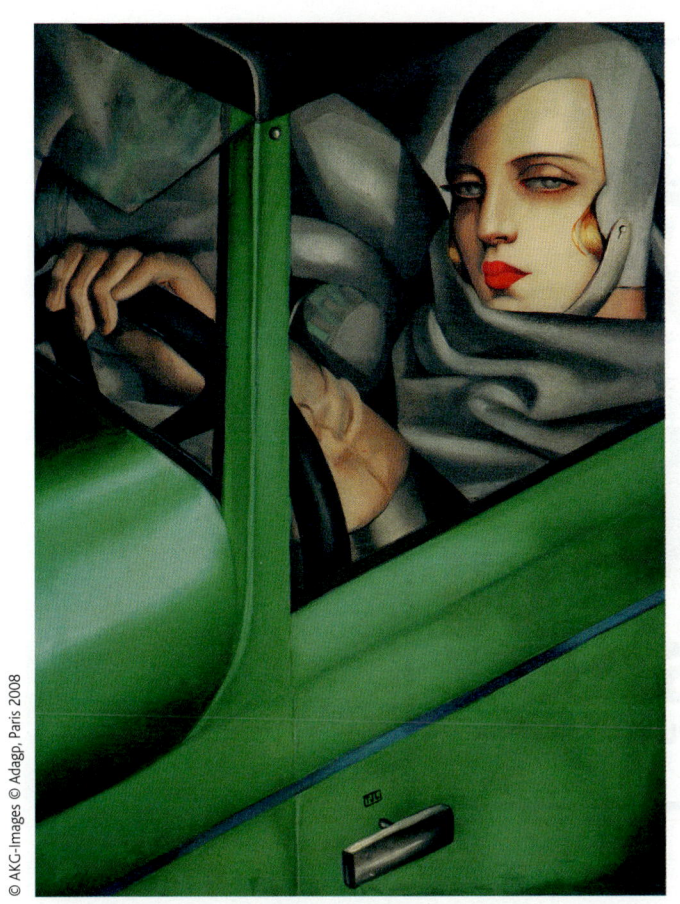

Tamara de Lempicka, *Autoportrait* ou *Tamara dans la Bugatti verte*, 1925, collection privée.

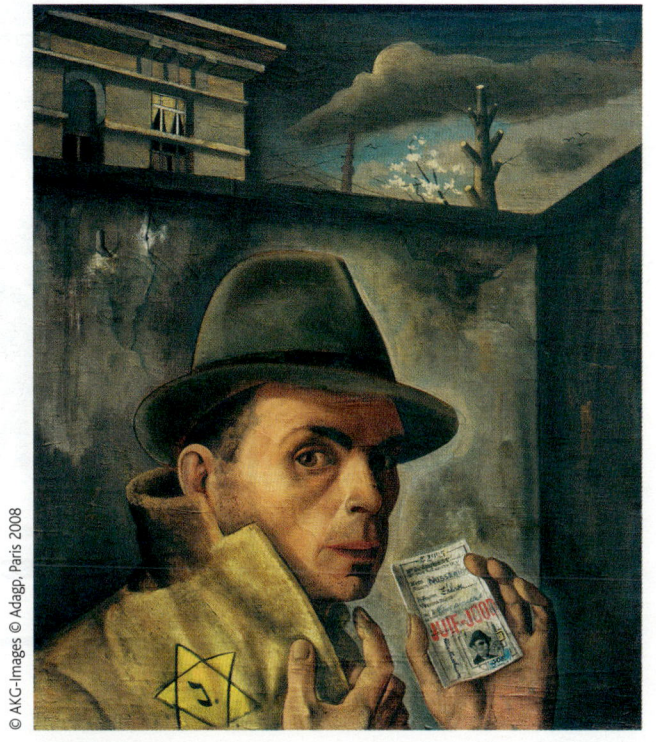

Félix Nussbaum, *Autoportrait avec passeport juif*, 1943, collection privée.

David Hockney, *Autoportrait à la guitare bleue*, 1977, Museum Moderner Kunst, Stiftung Ludwig, Vienne.

Séquence 5 ▶ Autobiographies

TEXTES & IMAGES

L'AUTOPORTRAIT POUR

James Montgomery Flagg, *I want you US Army*, 1917, Smithsonian American Art Museum.

▶ Comprendre des autobiographies en image

1. Lisez les notices biographiques.

2. En vous appuyant sur ces éléments, expliquez pour quelle(s) raison(s) l'artiste a peint son autoportrait.

3. Vos hypothèses de lecture initiales ont-elles été confirmées ?

4. Parmi ces autoportraits, lesquels visent à témoigner comme des mémoires ? Justifiez.

📷 **Faisons le point**

• D'après ces différentes œuvres, pour quelles raisons un artiste peut-il réaliser son autoportrait ?

Frida Kahlo 🖌

(1907-1954)

Cette femme peintre mexicaine, frappée de maladie dans son enfance, est très gravement blessée à dix-huit ans, à la suite d'un accident avec un tramway ; la colonne vertébrale brisée, elle doit passer de longs mois sur un lit d'hôpital, porter un corset et subir de multiples opérations qui lui permettent néanmoins de remarcher. Rendue célèbre par sa peinture, elle épouse le peintre Diego Rivera, s'engage pour la liberté des femmes et pour le parti communiste. Le tableau *La Colonne brisée* témoigne de l'une de ses opérations.

Tamara de Lempicka 🖌

(1898, Pologne -1980, Mexique)

D'un milieu très aisé, après la Révolution russe, elle s'installe à Paris où elle devient peintre. Amoureuse de voitures rapides, de tennis et de ski, elle mène une vie libre, provoquant parfois des scandales.
Fuyant la guerre, elle part s'installer aux États-Unis.
Dans la réalité, elle possédait non une Bugatti verte mais une petite Renault à la couleur criarde.

DÉLIVRER UN MESSAGE

Erik Boulatov, *Autoportrait,* 1968, Musée Maillol, Paris.

David Hockney

(né en 1937 en Angleterre)

Ce peintre s'inspire fortement de Picasso. Il utilise toutes sortes de techniques dont les photomontages, la gravure, les dessins d'enfant. Dans cet autoportrait, on reconnaît la présence de Picasso à la guitare que le peintre dessine et à la sculpture au fond à gauche.

Félix Nussbaum

(1904-1944)

Ce peintre allemand, d'origine juive, doit partir en exil en Belgique. Arrêté une première fois, il s'évade. À la fin de la guerre, à nouveau arrêté par la Gestapo, il meurt à Auschwitz.
Cet autoportrait a été réalisé en exil à Bruxelles pendant la guerre, sous l'occupation allemande.

James Montgomery Flagg

(1877-1960)

Cet artiste américain réalise cette affiche en 1917, année où l'Amérique entre en guerre contre l'Allemagne. Il prête les traits de son visage à la figure de l'Oncle Sam qui symbolise les États-Unis (comme la figure de Marianne représente la République française).

Erik Boulatov

(né en 1933 en Russie)

Il est enrôlé dans les mouvements soviétiques de jeunesse. Il commence des études artistiques, puis prend peu à peu conscience de la censure qui encadre la création artistique.
Au début des années 1960, il développe dans la clandestinité une peinture abstraite. À partir de 1967, il revient à une peinture figurative (qui représente la réalité) pour exprimer sa résistance à la dictature soviétique.

Expression écrite

Choisissez un des autoportraits (pp. 142 à 145).

Sujet : Plusieurs années après avoir réalisé son œuvre, l'artiste regarde son autoportrait et se souvient : racontez, dans un récit autobiograhique, à la première personne, une scène qui pourrait correspondre à l'image choisie.

ŒUVRE INTÉGRALE

Étudier un récit autobiographique

L'Africain J.-M. G. Le Clézio, 2004.

A Vérifier la lecture

1. Élaboration d'un questionnaire par les élèves
La classe est divisée en trois groupes, chacun chargé d'un aspect du livre : le narrateur – le père – les lieux.
Chaque groupe produit 6 à 10 questions précises qu'il vient ensuite noter au tableau.
Les réponses donnent lieu à un échange oral et à une prise de notes individuelle.

2. Synthèse
En vous appuyant sur l'échange oral et votre prise de notes, résumez en une quinzaine de lignes la vie du père telle que la raconte le narrateur.

B Connaître l'auteur

Faites des recherches sur l'auteur au CDI. ➡ vers le B2i
Sur le site du ministère des Affaires étrangères, vous pourrez lire une interview de l'auteur qui informe sur son œuvre et ses origines familiales.
http://www.diplomatie.gouv.fr/label_france/France/LETTRES/clezio/page.html

C Étudier les thèmes et les visées du récit autobiographique

Vous allez travailler sur l'un des deux thèmes suivants, au choix. L'objectif est de comprendre ce qui a marqué l'auteur-narrateur.

THÈME D'ÉTUDE 1
L'Afrique, lieu d'enfance
A. L'Afrique vue par le narrateur enfant.
B. Le narrateur et le colonialisme.

THÈME D'ÉTUDE 2
La figure du père
A. Le père et l'Afrique :
 – avant Ogoja ;
 – à Ogoja ;
 – après Ogoja.
B. Le père et le narrateur :
 – le père vu par le narrateur enfant ;
 – le père vu par le narrateur adulte.

1. Préparation en classe
- Organisez-vous en petits groupes de travail ; répartissez la tâche de relecture au sein du groupe.
- Individuellement, parcourez le livre à la recherche des passages concernés : aidez-vous des titres de chapitres, faites une lecture en diagonale, mettez des marque-pages.
- Mettez en commun les recherches : dégagez l'essentiel.
- Notez les idées essentielles et des citations à l'appui de ces idées.

2. Travail personnel à la maison
- Préparez un exposé oral de 5 à 10 minutes sur le thème choisi, en vous servant :
 – du plan indiqué ci-contre pour chacun des thèmes ;
 – des notes prises en classe ;
 – de la fiche-méthode.
- Pensez à bien sélectionner des passages où l'implication du narrateur est grande ; entraînez-vous à lire ces passages de façon expressive.

3. Exposé de l'analyse du thème autobiographique
Suivez la fiche-méthode.

D Comprendre le rôle de l'écriture autobiographique

C'est en l'écrivant que je le comprends, maintenant. Cette mémoire n'est pas seulement la mienne. Elle est aussi la mémoire du temps qui a précédé ma naissance, lorsque mon père et ma mère marchaient ensemble sur les routes du haut pays, dans les royaumes de l'ouest du Cameroun. La mémoire des espérances et des angoisses de mon père, sa solitude, sa détresse à Ogoja. La mémoire des instants de bonheur, lorsque mon père et ma mère sont unis par l'amour qu'ils croient éternel. Alors ils allaient dans la liberté des chemins, et les noms de lieux sont entrés en moi comme des noms de famille, Bali, Nkom, Bamenda, Banso, Nkon-Samba, Revi, Kwaja. Et les noms de pays, Mbembé, Kaka, Nsunbli, Bum, Fungom. Les hauts plateaux où avance lentement le troupeau de bêtes à cornes de lune à accrocher les nuages, entre Lassim et Ngonzin.

Peut-être qu'en fin de compte mon rêve ancien ne me trompait pas. Si mon père était devenu l'Africain, par la force de sa destinée, moi, je puis penser à ma mère africaine, celle qui m'a embrassé et nourri à l'instant où j'ai été conçu, à l'instant où je suis né.

Décembre 2003-janvier 2004
J.-M. G. Le Clézio, *L'Africain,* © Mercure de France, 2004.

→ ARGUMENTATION

FICHE-MÉTHODE

Exposer un thème autobiographique

1. Introduction
Faire une introduction qui :
– donne quelques indications biographiques sur l'auteur-narrateur ;
– présente le thème étudié et son rôle dans la vie de l'auteur-narrateur ;
– annonce le plan.

2. Analyse du thème autobiographique
• Présenter l'analyse de façon structurée, en deux grandes parties elles-mêmes clairement organisées.
• Expliquer en quoi et pourquoi tel aspect de la vie de l'auteur ou de la vie de ses proches a frappé le narrateur.
• Bien préciser si c'est le narrateur adulte et/ou le narrateur enfant qui s'exprime.
• Citer de brefs passages du texte (préalablement notés ou marqués dans le livre), à l'appui de l'analyse ; faire une lecture expressive de ces passages.

3. Conclusion
Conclure en soulignant le rôle du thème dans la vie de l'auteur-narrateur, son importance dans l'écriture de son récit autobiographique.

Quels rôles l'écriture du récit autobiographique joue-t-elle dans la perception que le narrateur a de son passé ?

Troupeau de « cornes de lune », Cameroun. © Sébastien Cailleux

Séquence 5 ▶ **Autobiographies**

L'ÉCHO DU POÈTE

Alfred de Musset (1810-1857)
Cet écrivain français est l'auteur de nombreux poèmes lyriques *(Les Nuits…)* et de pièces de théâtre *(On ne badine pas avec l'amour, Il ne faut jurer de rien…).*

La nuit d'octobre

[…]

C'était, il m'en souvient, par une nuit d'automne,
Triste et froide, à peu près semblable à celle-ci ;
Le murmure du vent, de son bruit monotone,
Dans mon cerveau lassé berçait mon noir souci.
5 J'étais à la fenêtre, attendant ma maîtresse ;
Et, tout en écoutant dans cette obscurité,
Je me sentais dans l'âme une telle détresse,
Qu'il me vint le soupçon d'une infidélité.
La rue où je logeais était sombre et déserte ;
10 Quelques ombres passaient, un falot[1] à la main ;
Quand la bise sifflait dans la porte entrouverte,
On entendait de loin comme un soupir humain.
Je ne sais, à vrai dire, à quel fâcheux présage[2]
Mon esprit inquiet alors s'abandonna.
15 Je rappelais en vain un reste de courage,
Et me sentis frémir lorsque l'heure sonna.
Elle ne venait pas. Seul, la tête baissée,
Je regardai longtemps les murs et le chemin,
Et je ne t'[3]ai pas dit quelle ardeur insensée
20 Cette inconstante femme allumait en mon sein ;
Je n'aimais qu'elle au monde, et vivre un jour sans elle
Me semblait un destin plus affreux que la mort.
Je me souviens pourtant qu'en cette nuit cruelle
Pour briser mon lien je fis un long effort.
25 Je la nommai cent fois perfide et déloyale,
Je comptai tous les maux qu'elle m'avait causés.
Hélas ! au souvenir de sa beauté fatale,
Quels maux et quels chagrins n'étaient pas apaisés !
Le jour parut enfin. – Las d'une vaine attente,
30 Sur le bord du balcon je m'étais assoupi ;
Je rouvris la paupière à l'aurore naissante,
Et je laissai flotter mon regard ébloui.
Tout à coup, au détour de l'étroite ruelle,
J'entends sur le gravier marcher à petit bruit…
35 Grand Dieu ! préservez-moi ! je l'aperçois, c'est elle ;
Elle entre.
[…]

Alfred de Musset, « La nuit d'octobre », *Poésies nouvelles*, 1837.

1. une lanterne.   2. un pressentiment.   3. Le poète s'adresse à sa confidente, la muse.

Arie Johannès Lamme (1812-1900), *Le Jardin de la rue Chaptal*, 1880 (détail), Musée de la vie romantique, Paris. © Roger Viollet

■ Un poème en écho

1. Relevez des indices qui soulignent la dimension autobiographique de ce poème.

2. Quel est le sentiment dominant exprimé dans ce poème ?

■ Un poème à réciter

3. Apprenez les vers 1 à 16.

4. Veillez à dire votre poème sur le ton de la confidence.

FAIRE LE POINT

L'autobiographie

(voir p. 297)

1. Définitions

Il ne faut pas confondre :
- une **biographie** : récit par un auteur de la vie d'une autre personne ;
- une **autobiographie** (*auto-* : soi-même ; *bio* : vie ; *graph-* : écrire) : expression de soi, récit que fait un auteur de sa propre vie et où l'auteur et le narrateur-personnage ne font qu'un ;
- des **mémoires** : forme particulière d'autobiographie dans laquelle l'auteur donne à son récit une dimension historique et témoigne sur son époque au nom de ses contemporains.

2. Un genre littéraire

- Au XVIIIe siècle, **Jean-Jacques Rousseau** fonde le genre autobiographique avec *Les Confessions*. Ce genre s'est poursuivi au XIXe siècle avec le mouvement romantique (**Alfred de Musset**) et largement développé au XXe siècle (**Albert Cohen**, **Jean-Marie Gustave Le Clézio**, **Michel Leiris**, **Nathalie Sarraute**).
Dans le domaine de la peinture, certains **autoportraits** se donnent à lire comme des récits autobiographiques.

- Les récits de vie que sont les autobiographies peuvent prendre la forme d'une **écriture immédiate** comme dans les **journaux intimes** ou les **blogs**, ou celle d'une **écriture différée** comme dans des **récits autobiographiques** ou des **romans autobiographiques** et des **mémoires**.

- Un auteur d'autobiographie relate ses souvenirs d'enfance et les faits marquants de sa vie, rend hommage à des personnes de son entourage ou les critique, se livre à une analyse de soi, panse ses blessures intimes par l'écriture. Il cherche à :
  – se justifier ;
  – mieux se comprendre et se connaître ;
  – mieux se faire comprendre et connaître ;
  – communiquer son expérience à autrui ;
  – témoigner de son rôle dans l'histoire.
L'auteur demande à ses lecteurs d'être à la fois ses amis et ses juges : c'est le **pacte autobiographique**.

- Un **lecteur d'autobiographie** cherche à entrer dans la vie de quelqu'un qui a réellement existé, soit parce que cette vie lui rappelle la sienne, soit parce qu'il est curieux de la différence, ces deux démarches l'aidant à se découvrir lui-même.

3. L'écriture autobiographique

- Une autobiographie s'écrit en général à la **première personne**. Mais ce « je » ne garantit pas l'identité entre l'auteur et le narrateur. C'est le paratexte (nom de l'auteur, titre de l'ouvrage, préface...) qui indique le plus souvent au lecteur qu'il s'agit d'une autobiographie.

- **L'auteur se raconte** directement en employant « je » et « nous » dans les récits autobiographiques et les mémoires, en se masquant, dans les romans autobiographiques, derrière un narrateur personnage qui dit « je » ou derrière d'autres pronoms : « tu ».

Une manière d'écrire

Un **énoncé ancré dans la situation d'énonciation** (moment de l'écriture du narrateur adulte) et un **énoncé coupé de la situation d'énonciation** (moment du souvenir du narrateur enfant).	Présence de nombreux **verbes pronominaux** (*se rappeler, se souvenir de, se remémorer...*).	**Alternance des temps verbaux** : moment de l'écriture au **présent**, moment des faits relatés au **passé** ou au **présent de narration**.	**Champs lexicaux** du **souvenir**, des **sensations** et des **sentiments**.

Séquence 5 ▶ **Autobiographies**

S'EXPRIMER

📖 À vos dictionnaires !

❶ Le champ sémantique de *mémoire*

Le mot *mémoire* vient du latin *memini*, « je me souviens ».
Ne pas confondre :
– **la mémoire** (nom féminin singulier) ;
– **le mémoire** (nom masculin singulier) : texte écrit qui fait état d'une réflexion savante sur un sujet, en vue d'un examen…
– **les mémoires** (nom masculin pluriel) : relation écrite des événements marquants d'une période par quelqu'un qui en a été le témoin ou un des acteurs.

1. Quelle différence faites-vous entre des *mémoires* et une *autobiographie* ?

2. Le général de Gaulle a-t-il écrit son mémoire ou ses mémoires ?

3. La mémoire sensorielle est la mémoire liée aux sensations : à quelle mémoire (visuelle, auditive, olfactive, gustative, tactile) chacun de ces souvenirs fait-il appel : le tube de l'été 2004, la porte de la maison de mes grands-parents, ma première chute à bicyclette, le croissant trempé dans le chocolat, les senteurs du jardin de mes grands-parents ?

❷ La famille du nom *mémoire*

Mémoriser, mémorable, se remémorer, réminiscence, un mémorial, un mémento.

1. Chercher le sens de ces mots de la famille de *mémoire*.

2. Employer chacun de ces mots dans une phrase qui en éclairera le sens.

VOCABULAIRE
▶ Connaître le champ lexical de la mémoire

3. *mnem-* est le radical grec de *mémoire*. Qu'est-ce qu'un moyen *mnémotechnique* ? De quoi un *amnésique* souffre-t-il ?

❸ Synonymes et antonymes

1. *Se rappeler* (quelque chose), *se souvenir* (de quelque chose), *se remémorer* : ces verbes sont-ils synonymes ou antonymes ?

2. Donnez un synonyme de : *en souvenir de*.

3. Quelle est la différence de sens entre *souvenir* et *réminiscence* ?

❹ Des expressions avec le mot *mémoire*

Complétez les expressions.

1. Il a eu un ✏ de mémoire pendant la récitation de son poème. Il connaît tous ses repères historiques pour le brevet : il a une mémoire d'✏.

Répondez aux questions.

2. Quel *aide-mémoire* utilisez-vous pour réviser le Brevet ?
3. Verdun est un *lieu de mémoire* : qu'est-ce que cela signifie ?
4. Citez un auteur qui appartient à la *mémoire collective* française.
5. Il faut un *devoir de mémoire* envers l'esclavage : qu'est-ce que cela signifie ?
6. Dans quel domaine parle-t-on de *carte-mémoire*, de *mémoire vive*, de *mémoire tampon*, de *mémoire virtuelle* ?
7. *Exhumer* veut dire *sortir de terre* : que signifie l'expression *exhumer de sa mémoire* ?

S'EXPRIMER

ORAL
▶ Évoquer un lieu d'enfance

SUJET : À la manière de Tahar Ben Jelloun, évoquez un lieu de votre enfance, en commençant par « *Il existe…* » et en concluant par « *Ce (cet, cette)… est dans ma mémoire.* »

Préparation
- Préparer une phrase d'introduction qui indiquera le nom de l'endroit évoqué.
- Dégager une caractéristique principale (comme l'étroitesse de la rue dans le texte), liée à une sensation (odeurs, couleurs…) ; employer un riche champ lexical des sensations.
- Employer des expansions du nom pour décrire ce lieu.
- Prévoir une formule qui indique que votre description s'intègre dans un récit autobiographique.

Il existe dans la médina[1] de Fès une rue si étroite qu'on l'appelle « la rue pour un seul ». Elle est la ligne d'entrée du labyrinthe, longue et sombre. Les murs des maisons ont l'air de se toucher vers le haut. On peut passer d'une terrasse à l'autre sans effort. Les fenêtres aussi se regardent et s'ouvrent sur des intimités. Si une seule personne peut passer à la fois, il est bien sûr exclu que les ânes, surtout chargés, puissent y trouver passage.
Cette rue est dans ma mémoire, ancrée comme un souvenir vif.

T. Ben Jelloun, *La Rue pour un seul*, © Flohic, 2003.

Rue de Fez. © Bruno Morandi

1. mot d'origine arabe, désignant la vieille ville.

ORTHOGRAPHE
▶ Accorder le participe passé des verbes pronominaux

S'EXPRIMER

L'essentiel à retenir Leçon détaillée ➜ p. 366

- Un verbe pronominal se forme à l'aide d'un pronom personnel réfléchi :
  > *Je me rappelle, tu te rappelles, il (elle) se rappelle, nous nous rappelons, vous vous rappelez, ils (elles) se rappellent.*
  Bien que conjugué avec l'auxiliaire *être*, un verbe pronominal peut avoir un COD.
  > *Il s'est lavé* (= il a lavé lui-même) ; *il s'est lavé les mains* (= il a lavé les mains à lui).
- **Règle générale d'accord**
  L'accord du participe passé des verbes pronominaux conjugués à un temps composé se fait **avec le COD, s'il y en a un et s'il est placé avant le verbe**.
  > *Elle s'est lavée.* (le pronom *se* est COD)
  > *Elle s'est lavé les mains.* (le pronom *se* est COS)
  > *Pierre et Paul se sont parlé.* (= Pierre a parlé à Paul, Paul a parlé à Pierre ; le pronom *se* est COI)
- **Cas particuliers**
  L'accord du participe passé se fait **avec le sujet** pour les verbes pronominaux qui ne s'emploient qu'à la voix pronominale ou qui sont employés de façon passive.
  > *Elle s'est évanouie ; les vendanges se sont faites en octobre.*

➜ Appliquer la règle

1. a. Recopiez chaque phrase en soulignant le COD, s'il y en a un. **b.** Remplacez les sujets masculins par des sujets féminins en faisant les accords nécessaires.
1. Il s'est marié. 2. Ils se sont souri. 3. Ils se sont réunis pour organiser une fête. 4. Ils se sont donné rendez-vous. 5. Il s'est glissé sous la porte. 6. Ils se sont frappés. 7. Ils se sont frotté les mains. 8. Il s'est blessé au genou et s'est cassé le bras. 9. Il s'est préparé pour le concours.

2. a. Repérez les COD. **b.** Conjuguez les verbes au plus-que-parfait en accordant chaque participe passé avec le COD si nécessaire.
1. Elle *(se rappeler)* son enfance. 2. Elle *(s'attacher)* à un chiot recueilli dans la rue. 3. Ils *(se disputer)* avec violence, ils *(se battre)*, ils *(s'injurier)* puis ils *(se réconcilier)*. 4. Elles *(se contempler)* sans cesse dans le miroir, elles *(se maquiller)* pendant des heures, elles *(se parer)* de bijoux, elles *(s'attacher)* des barrettes dans les cheveux. 5. Elle *(s'accorder)* une pause : elle *(s'allonger)* sur son lit, elle *(se détendre)* en écoutant de la musique, elle *(se promettre)* de profiter pleinement de ces instants.

3. Conjuguez les verbes pronominaux au passé composé en accordant chaque participe passé avec le sujet.
1. Il se tait. 2. Elle s'aventure sur ce chemin. 3. Elles s'évanouissent. 4. Elle s'aperçoit de son erreur. 5. Pauline s'immisce dans la discussion. 6. Elle s'évertue à avoir raison.

4. Recopiez ces extraits d'un récit autobiographique de J. de Romilly *(Les Roses de la solitude)* en conjuguant les verbes entre parenthèses au passé composé. Soulignez le COD s'il y en a un.
1. Nous avons bavardé, nous *(se promener)* ensemble ; grâce à lui, je ne *(se sentir)* jamais seule. 2. Vous vous demandez si je *(se précipiter)* sur le téléphone. 3. Lorsque j'ai perdu la vue, je *(s'efforcer)* toute seule, avec l'aide d'une loupe et de ma mémoire, de reconstituer des passages de *Bérénice* et de les enregistrer ; je *(se lever)* un peu étourdie, ivre d'émotions et de poésie ; je *(s'éloigner)* de la table où gisait le magnétophone à présent muet ; je *(se remémorer)* ce vers si riche de sens et si humain : « Si Titus est jaloux, Titus est amoureux. »

➜ S'entraîner à la réécriture **Brevet**

5. Faites du narrateur une narratrice et modifiez les accords comme il convient. Pour cela, cherchez le COD et soulignez-le, puis cherchez la règle d'accord qui s'applique.

> Je me suis retourné plusieurs fois. N'entendant aucun bruit suspect, je me suis enfoncé dans la forêt. Avant le départ, je m'étais attaché une corde autour des épaules, je m'étais muni d'une lampe de poche. Avec cet attirail, je m'étais convaincu que je n'avais rien à craindre. Une fois dans la forêt je me suis répété un air entraînant pour me donner du courage.

➜ S'entraîner en vue de la dictée **Brevet**

> L'inspecteur était assis entre deux assesseurs[1], un homme et une femme myope avec des chaussures roses. Moi en face. Pendant un quart d'heure, il a mélangé critiques, éloges, conseils, et j'écoutais à peine, me demandant si cela signifiait que j'étais reçue. D'un seul coup, d'un même élan, ils se sont levés, tous trois, l'air grave. Je me suis levée aussi, précipitamment. L'inspecteur m'a tendu la main. Puis, en me regardant bien en face : « Madame, je vous félicite. » Les autres ont répété « je vous félicite » et m'ont serré la main, mais la femme avec un sourire.
>
> A. Ernaux, *La Place*, © Éditions Gallimard, 1983.

[1]. assistants.

1. À quel temps le récit est-il fait ?
2. Relevez les participes passés :
  – employés avec l'auxiliaire *être* (hors verbes pronominaux) ;
  – employés avec l'auxiliaire *avoir* ;
  – des *verbes pronominaux*.
3. Justifiez l'accord de chacun d'eux.

S'EXPRIMER

Leçons de langue à consulter
- Le récit au passé – p. 401
- Les pronoms personnels – p. 319
- Énoncés et situation d'énonciation – p. 386

GRAMMAIRE

- Employer les temps du récit
- Cerner énoncé et situation d'énonciation

→ Les temps du récit

1. a. Indiquez le temps des verbes en italique. **b.** Justifiez l'emploi de chacun de ces temps.

> L'été de mes quinze ans, à la fin de l'année scolaire, *j'allai* […] canoter au Bois avec Zaza et d'autres camarades. Je *remarquai* dans une allée un jeune couple qui *marchait* devant moi ; le garçon *appuyait* légèrement sa main sur l'épaule de la femme. Émue, soudain, je me *dis* qu'il devrait être doux d'avancer à travers la vie avec sur l'épaule une main si familière.
>
> S. de Beauvoir, *Mémoires d'une jeune fille rangée*, © Éditions Gallimard, 1958.

2. a. Relevez les verbes conjugués à l'imparfait : quelle est la valeur de ce temps ici ? **b.** Quelle est la valeur du présent dans ce texte ?

> J'étais une petite fille très gaie. Pourtant, quelque chose clochait puisque des crises furieuses me jetaient sur le sol, violette et convulsée. J'ai trois ans et demi, nous déjeunons sur la terrasse ensoleillée d'un grand hôtel – c'était à Divonne-les-Bains – ; on me donne une prune rouge et je commence à la peler. « Non », dit maman ; et je tombe en hurlant sur le ciment.
>
> S. de Beauvoir, *Mémoires d'une jeune fille rangée*, © Éditions Gallimard, 1958.

3. À quel temps le récit est-il fait ? Ce temps rend-il le passé proche ou lointain ?

> Nous avons quitté Genoa en milieu de journée. […] Nous avons lâché la petite ville et pris de la distance et, quelques minutes plus tard, je me suis endormi. Comme nous avons fait une bonne moyenne horaire et que Dominick Rosa et son ami se sont relayés au volant sans s'arrêter autrement que pour faire le plein d'essence ou acheter des hamburgers que nous dévorions tout en roulant, nous avons pu rejoindre le campus le lendemain, très tôt, à l'aube.
>
> P. Labro, *L'Étudiant étranger*, © Éditions Gallimard, 1986.

4. Recopiez le texte en conjuguant les verbes au passé simple ou à l'imparfait.

> Mon grand-père avait décidé de m'inscrire au Lycée Montaigne. Un matin, il m'*(emmener)* chez le proviseur et lui *(vanter)* mes mérites : je n'*(avoir)* que le défaut d'être trop avancé pour mon âge. Le proviseur *(donner)* la main à tout : on me *(faire)* entrer en huitième et je *(pouvoir)* croire que j'*(aller)* fréquenter les enfants de mon âge. Mais non : après la première dictée, mon grand-père *(être convoqué)* en hâte par l'administration ; il *(revenir)* enragé, *(tirer)* de sa serviette un méchant papier couvert de gribouillis : c'*(être)* la copie que j'avais remise.
>
> J.-P. Sartre, *Les Mots*, © Éditions Gallimard, 1964.

→ Énoncés et situation d'énonciation

5. a. Quels sont les temps employés ? Donnez un exemple pour chacun d'eux. **b.** Quel est le temps qui renvoie au moment de l'écriture ? celui qui renvoie au moment du souvenir ?

> Je la revois se retenant presque de respirer tandis que le crétin médical gribouillait noblement le talisman de l'ordonnance, je la revois me faisant des signes de « chut » pour m'empêcher de parler quand il écrivait. […]
>
> A. Cohen, *Le Livre de ma mère*, © Éditions Gallimard, 1954.

6. Récrivez cette suite du texte précédent en respectant le système des temps.

> Je la *(revoir)*, charmée, émue, jeune fille, le raccompagnant à la porte et, rougissante, quêtant de lui la certitude que son petit garçon n'*(être)* pas malade. Et après, comme elle *(aller)* vite chez le pharmacien, divinité inférieure mais fort appréciée, pour faire préparer les philtres qui *(aller)* terriblement agir.
>
> A. Cohen, *Le Livre de ma mère*, © Éditions Gallimard, 1954.

7. L'extrait de l'exercice 3 provient-il d'un journal intime écrit le jour même ou d'un récit autobiographique écrit plus tard ? Quel indice vous permet de répondre ?

8. a. Quels sont les trois temps employés dans le texte ? **b.** Quelles sont les deux valeurs du présent dans le texte ? Citez un verbe pour chacune d'elles. **c.** À quelle personne la narration se fait-elle ? **d.** Relevez un adverbe de temps dans la dernière phrase. **e.** D'après les réponses précédentes, cet énoncé est-il ancré dans la situation d'énonciation ou en est-il coupé ?

> C'est une sensation très étrange, pour quelqu'un dans mon genre, d'écrire un journal. Non seulement je n'ai jamais écrit, mais il me semble que plus tard, ni moi ni personne ne s'intéressera aux confidences d'une écolière de treize ans. Mais à vrai dire, cela n'a guère d'importance, j'ai envie d'écrire et bien plus encore de dire vraiment ce que j'ai sur le cœur […] Pour nous quatre, tout va bien pour le moment, et j'en suis arrivée ainsi à la date d'aujourd'hui, celle de l'inauguration solennelle de mon journal, 20 juin 1942.
>
> A. Frank, *Journal*, © Calmann-Lévy (voir p. 432).

9. Récrivez le texte de l'exercice 8, à la 3ᵉ personne, et en employant les temps du passé qui conviennent.

10. Récrivez le texte de l'exercice 1 en l'adaptant pour en faire un extrait de journal intime.

ÉCRIT
▶ Raconter des autobiographies fictives

S'EXPRIMER

1 Imaginer une autobiographie à partir d'une image

SUJET : En vous aidant de certains éléments de cette image, racontez un moment de votre passé (réel ou imaginaire) où un ou plusieurs de ces objets a joué ou aurait pu jouer un rôle.

Critères de réussite
- Rédiger à la **1re personne**.
- Commencer le récit par « Je me rappelle… ».
- Raconter une anecdote liée à un ou à plusieurs de ces objets.
- Pour raconter cette anecdote, conjuguer les verbes au passé composé : attention à l'orthographe des **verbes pronominaux**.
- Terminer le récit par un **retour au présent d'énonciation**.

2 Imaginer une autobiographie à partir d'un texte

Brevet 2005

C'est cette année-là que Béatrice parut. La mixité venait d'être introduite dans les établissements scolaires français et elle fut la seule à venir dans notre classe. Notre dépit ne dura guère : elle était une eau vive et, à la voir, on pouvait croire aux champs de mimosas en plein Paris. Elle n'était pas farouche. […]
En quelques jours toute la classe lui mangeait dans la main. Elle, n'avait qu'à faire un geste et dix visages se précipitaient. C'était à qui porterait son sac, ferait ses devoirs, lui offrirait des babioles. Béatrice riait, offrait ses faveurs sans jamais les accorder. Organisait les rivalités. Le nombre des prétendants la protégeait. Je refusai d'en faire partie. Cette mascarade m'exaspérait. Je ricanais de voir ramper mes camarades pour lui complaire. En présence de Béatrice, ils se répandaient en guimauve ; mais plaisantaient grassement dès qu'ils se retrouvaient entre eux.
Je ne voulais pas faire le beau. Pas même y songer. Je préférais encore être désagréable. Un jour qu'elle me demandait de porter son sac, je rétorquai que ce n'était pas les laquais[1] qui lui manquaient. Que m'importaient ses éblouissants sourires s'ils étaient la récompense d'un avilissement de caniche[2] ? Si je n'avais pas la prétention de sortir du lot, j'avais celle de n'en pas faire partie.
De tous les prétendants, ce fut pourtant moi que Béatrice choisit.

Grégoire Bouillier, *Rapport sur moi*, © Éditions Allia, 2002.

1. serviteurs.   2. fait d'obéir comme un chien.

SUJET : Dans un texte autobiographique, Béatrice, devenue adulte, raconte son arrivée dans l'école. Elle rapporte ses impressions et fait le portrait de deux de ses admirateurs, dont l'un est le narrateur. Avec le recul des années, elle essaie d'expliquer son comportement.
Votre texte sera rédigé à la 1re personne du singulier et fera une utilisation variée des **temps du récit** (imparfait, passé simple, présent de narration).

Critères de réussite
- Un récit à la **1re personne du singulier**.
- Emploi correct des temps du passé.
- Alternance de passages narratifs, descriptifs et explicatifs.

MÉTHODES POUR LE BREVET

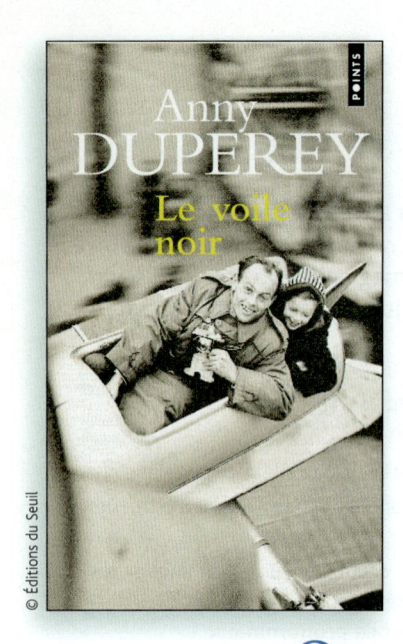

Je vérifie mes connaissances

1. Dans une autobiographie, quel est le lien entre l'auteur, le narrateur et le personnage principal ?
2. À quelle personne grammaticale une autobiographie est-elle généralement rédigée ?
3. Quelles sont les raisons qui poussent un auteur à rédiger son autobiographie ?
4. Quels sont les temps verbaux utilisés dans un récit autobiographique ?
5. Quels sont les champs lexicaux dominants dans un récit autobiographique ?

→ **FAIRE LE POINT** – p. 149

Les maillots qui grattent

En regardant des photographies, Anny Duperey cherche à retrouver les souvenirs de sa petite enfance perdus à la suite d'un grave choc émotionnel.

Oh ! Une réminiscence ! Un vague, très vague souvenir d'une sensation d'enfance : les maillots tricotés main qui grattent partout lorsqu'ils sont mouillés… Ce n'est pas le plus agréable des souvenirs mais qu'importe, c'en est au moins un.

Et je suis frappée de constater encore une fois, en regardant sur ces photos les vêtements que nous portons ma mère et moi, que tout, absolument tout, à part nos chaussures et les chapeaux de paille, était fait à la maison. Jusqu'aux maillots de bain.

Que d'attention, que d'heures de travail pour me vêtir ainsi de la tête aux pieds. Que d'amour dans les mains qui prenaient mes mesures, tricotaient sans relâche. Est-ce pour me consoler d'avoir perdu tout cela, pour me rassurer que je passai des années à fabriquer mes propres vêtements plus tard ?

Et puis qu'importe ces histoires de vêtements, de maniaquerie couturière, et qu'importe cette si vague réminiscence des maillots qui grattent, si fugitive que déjà je doute de l'avoir retrouvée un instant. Ce qui me fascine sur cette photo et m'émeut aux larmes, c'est la main de mon père sur ma jambe. La manière si tendre dont elle entoure mon genou, légère mais prête à parer toute chute, et ma petite main à moi abandonnée sur son cou. Ces deux mains, l'une qui soutient et l'autre qui se repose sur lui.

Après la photo il a dû resserrer son étreinte, m'amener à plier les genoux, j'ai dû me laisser aller contre lui, confiante, et il a dû me faire descendre du bateau en disant « hop là », comme le font tous les pères en emportant leur enfant dans leurs bras pour sauter un obstacle.

Nous avons dû gaiement rejoindre ma mère qui rangeait l'appareil photo et marcher tous les trois sur la plage. J'ai dû vivre cela. Oui.

La photo me dit qu'il faisait beau, qu'il y avait du vent dans mes cheveux, que la lumière de la côte normande devait être magnifique ce jour-là.

Et entre mes deux parents à moi, si naturellement et si complètement à moi pour quelque temps encore, j'ai dû me plaindre des coquillages qui piquent les pieds, comme le font tous les enfants ignorants de leurs richesses.

Anny Duperey, *Le Voile Noir*, © Éditions du Seuil, 1992, coll. Points, 1995.

MÉTHODES

▶ **Comprendre les termes clés des questions**

- Le **rythme** peut être régulier ou heurté, aller en s'amplifiant ou en diminuant : que choisissez-vous ?
- Ce qu'on nomme « **effet** » est l'impression que l'auteur cherche à produire. Par le choix d'un rythme, un auteur peut chercher à imiter la réalité décrite (une danse par exemple), créer une atmosphère (rassurante, inquiétante, douce, bruyante…).
- **Champ lexical** : voir p. 150. Ici, il faut comprendre « deux termes différents ».
- **Sens** : voir p. 150.
- Un **procédé** peut être :
  – une figure de style, voir p. 380 ;
  – une construction de phrase (type ou forme de phrase), voir p. 334.
- Pour répondre à la question n° 3c, cherchez dans le texte les mots qui expriment la relation père/fille.
- « **Représentation** » signifie ici « image, caractéristique ».

▶ **À vous de répondre seul(e)**

Questions — 15 points

I. L'irruption du souvenir — 4 points

1. a. L. 1 à 4 : relevez les différents signes de ponctuation. (0,5 pt)
b. Que constatez-vous dans le **rythme** de ces phrases ? (0,5 pt)
c. Quel **effet** l'auteur cherche-t-il à produire ? (1 pt)
2. a. Dans le premier paragraphe, relevez deux termes appartenant au **champ lexical** de la mémoire. (1 pt)
b. Quelle différence de **sens** faites-vous entre eux ? (1 pt)

II. Le rôle de la photographie — 3 points

3. a. À partir de la ligne 15, par quel détail de la photographie le regard d'Anny Duperey est-il arrêté ? (0,5 pt)
b. Relevez un **procédé** mettant en valeur ce détail. (0,5 pt)
c. Pourquoi Anny Duperey est-elle émue « *aux larmes* » (l. 16) ? Justifiez votre réponse à l'aide de citations. (1 pt)
4. Quelle est la **représentation** du père qui se dégage de la scène décrite ? (1 pt)

III. La recomposition du passé — 8 points

5. De la ligne 20 à la fin du texte, le verbe « *devoir* » est employé à plusieurs reprises.
a. Relevez deux expressions où on le rencontre à deux temps différents que vous nommerez. (1 pt)
b. Réécrivez les deux expressions relevées en supprimant « devoir » et en opérant les transformations grammaticales nécessaires. (1 pt)
c. Quelle modification de sens cela entraîne-t-il ? (1 pt)
6. « *Ce qui me fascine…* » (l. 15), « *comme le font tous les enfants…* » (l. 30) :
a. Quelles sont les valeurs respectives du présent dans ces deux expressions ? (1 pt)
b. Quels sont les temps verbaux utilisés pour évoquer le passé (l. 20 à la fin) ? (2 pt)
7. Que veut nous faire comprendre Anny Duperey à travers le titre de ce chapitre : « Les maillots qui grattent » ? (1 pt)
8. En vous appuyant sur vos réponses précédentes, dites à quel genre littéraire appartient ce texte. (1 pt)

MÉTHODES

- Votre devoir contiendra des **éléments narratifs**, des **éléments descriptifs** ainsi qu'une **analyse des sentiments** et des **sensations** de la narratrice.
- Vous respecterez la **situation d'énonciation**. Il sera tenu compte, dans l'évaluation, de la **correction de la langue** et de l'**orthographe**.

Expression écrite — 15 points

Sujet : Anny Duperey regarde d'autres photographies de son enfance. Elle évoque ses réactions et ses pensées dans un autre chapitre de son récit.

Variante : En commençant votre récit par « Oh… enfance », racontez un agréable souvenir d'enfance. Vous insisterez sur les sensations liées à ce souvenir. Vous rédigerez ce récit à la première personne.

Séquence 5 ▶ Autobiographies

ATELIER D'EXPRESSION

Le stage en entreprise : une expérience personnelle

▷ Préparer le stage, en rendre compte

A Préparer le stage

- Pour rechercher votre stage, adressez-vous à des personnes de votre connaissance, à des entreprises et des commerçants proches de chez vous, à des organismes (bureau de poste, mairie, écoles et crèches, associations…).
- Pour prendre contact, vous pouvez téléphoner, vous rendre sur place ou écrire.

1. S'entraîner à un entretien par des jeux de rôles

SUJET : Pour vous préparer à un entretien téléphonique ou sur place, vous allez organiser des jeux de rôle par groupes de deux. L'un jouera l'élève en quête de stage, l'autre la personne contactée, puis inversement.

Préparation

- Préparez ensemble ce que dira « l'élève » :
  – Présentez-vous (nom, prénom, âge, collège, classe).
  – Donnez le motif de votre appel ou de votre visite.
  – Expliquez votre motivation pour ce stage / ce métier.
  – Indiquez les dates du stage.
  – Si la réponse n'est pas immédiate, laissez vos coordonnées (téléphone, mél, adresse) pour qu'on vous recontacte.
  – Remerciez par avance de l'intérêt qu'on portera à votre demande.
- Préparez également ensemble ce que dira le « recruteur ».

Déroulement des jeux de rôles

- Jouez vos deux jeux de rôles en deux minutes chacun.
- Adaptez votre langage à la situation : veillez à être poli(e) et courtois(e), à ne pas employer un langage familier, à ne pas parler trop vite, à bien articuler.
- Donnez du rythme à votre dialogue, enchaînez les prises de parole.
- Pour jouer une visite sur place, les recommandations sont les mêmes que pour l'appel téléphonique. S'y ajoute le soin à apporter à votre aspect : tenue correcte, posture.

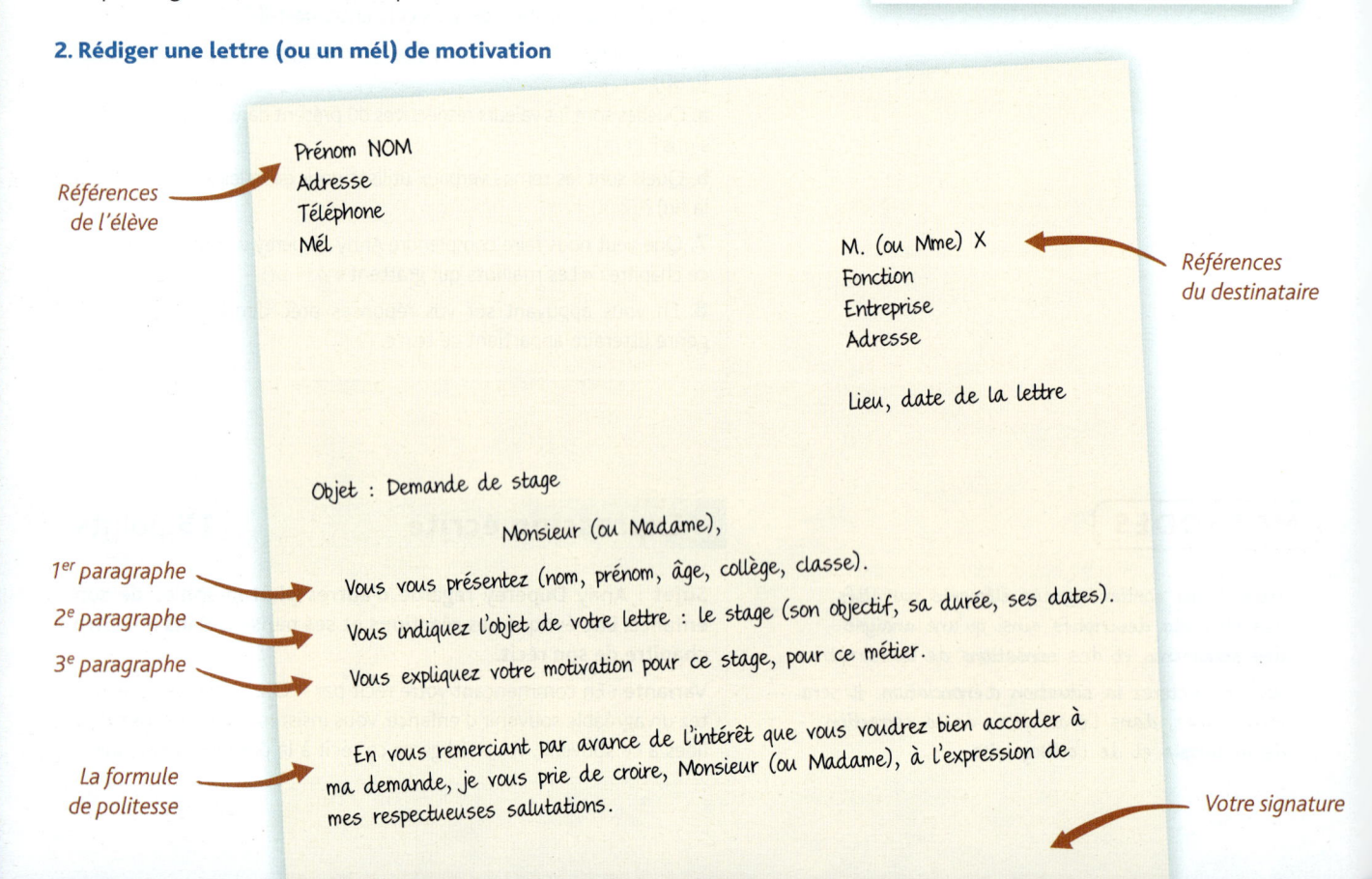

2. Rédiger une lettre (ou un mél) de motivation

Références de l'élève →

Prénom NOM
Adresse
Téléphone
Mél

M. (ou Mme) X
Fonction
Entreprise
Adresse

← *Références du destinataire*

Lieu, date de la lettre

Objet : Demande de stage

Monsieur (ou Madame),

1er paragraphe → Vous vous présentez (nom, prénom, âge, collège, classe).

2e paragraphe → Vous indiquez l'objet de votre lettre : le stage (son objectif, sa durée, ses dates).

3e paragraphe → Vous expliquez votre motivation pour ce stage, pour ce métier.

La formule de politesse → En vous remerciant par avance de l'intérêt que vous voudrez bien accorder à ma demande, je vous prie de croire, Monsieur (ou Madame), à l'expression de mes respectueuses salutations.

Votre signature →

B Tenir un carnet de bord

SUJET : Pendant le stage, tenez un carnet de bord, où vous noterez au jour le jour ce que vous aurez fait et observé, en adoptant les méthodes de la prise de notes (voir ci-contre).

C Rendre compte oralement du stage

Le compte rendu de stage peut être un rapport écrit, selon des modalités propres à chaque collège.
En cours de français, pour présenter le stage, on peut organiser :
– une présentation orale devant la classe qui joue le rôle de jury ;
– des tables rondes.

Présenter le stage devant la classe-jury

1. Le plan de votre présentation
- **Introduction**
  – Présentez globalement votre stage (entreprise, service, lieu, horaires…).
  – Expliquez pourquoi vous avez fait ce stage et comment vous l'avez trouvé.
- **Présentation de l'entreprise**
- **Le déroulement du stage**
- **Le bilan**

Indiquez :
– ce que vous avez aimé et / ou n'avez pas aimé ;
– ce que vous a apporté le stage (pour vous-même, votre orientation future…) ;
– si vos objectifs ont été atteints ; expliquez pourquoi.

- **Conclusion**

Reprenez en quelques phrases ce que vous retenez de plus important de ce stage.

2. La prestation orale
- Présentez-vous, puis suivez le plan ci-dessus.
- Adoptez une posture professionnelle : maintien, niveau de langue, diction.
- Cherchez à soutenir l'intérêt du jury en variant le ton, en présentant des documents, en racontant brièvement une anecdote…

3. L'évaluation par la classe
La classe évalue les points indiqués en **1.** et en **2.** et commente la prestation de l'élève.

Participer à des tables rondes

Lisez la **fiche-méthode** pour découvrir ce qu'est une table ronde.
Pour avoir une vision de l'ensemble des stages, on divisera la classe en plusieurs équipes, qui organiseront, chacune, une table ronde.

1. Préparation des tables rondes
Par équipes de cinq ou six élèves :
– organisez le travail de votre équipe : celui ou celle qui mènera la table ronde, le (la) secrétaire du groupe… ;
– échangez informations et impressions sur vos stages ;
– classez ce qui a été dit, pour repérer les différents points à aborder lors de la table ronde (ressemblances, différences …) ; retenez seulement ce qui a paru essentiel à l'équipe ;
– élaborez ensemble l'organisation de la table ronde en décidant des points à présenter par chacun ;
– répétez la présentation, en vous référant à la **fiche-méthode**.

2. Déroulement
Pour chaque table ronde, reportez-vous aux indications de la fiche-méthode.

Méthodes

- **La prise de notes**
  – Organisez le carnet : une nouvelle page par jour.
  – Rédigez des phrases courtes, avec des abréviations.
  – Passez à la ligne à chaque nouveau point noté.
  – Relisez-vous, en soulignant les éléments importants de la journée.
  – Notez dans la marge un mot qui résume chaque point noté, pour mieux vous repérer ensuite dans le journal de bord.

- **Les points à observer et à noter**
  – L'organisation du travail (objectifs, activité, relations clients / fournisseurs, organigramme…).
  – L'organisation des tâches de la personne que vous accompagnez, en particulier les relations qu'elle a avec d'autres personnes, dans et hors de l'entreprise.
  – Les règles de vie (horaires, tenue vestimentaire, respect de la hiérarchie…).
  – Le parcours de formation d'un ou de deux de vos interlocuteurs.

- Pensez à recueillir de la documentation.

- Notez aussi les points qui :
  – correspondent à votre caractère, à vos goûts ;
  – ne vous conviennent pas ;
  – vous ouvrent de nouvelles perspectives.

FICHE-MÉTHODE

Organiser une table ronde

Une table ronde est une forme de conférence sur un sujet, au cours de laquelle plusieurs personnes prennent successivement la parole, chacune pour présenter un point concernant ce sujet. Elle est menée par un responsable.

1. La présentation de la table ronde
Le responsable de la table ronde :
– présente le sujet et les conférenciers ;
– passe la parole à chaque conférencier, à tour de rôle ;
– fait respecter le temps de parole de chacun.

2. Les prises de parole
Chaque conférencier présente son sujet en deux à trois minutes :
– dans un langage courant ou soutenu ;
– sans lire ses notes ;
– en respectant bien le sujet qui lui a été attribué lors de la préparation ;
– en donnant un ton vivant, convaincant (par exemple, avec des commentaires ou anecdotes personnels) à son exposé.

3. L'échange avec le public
Après l'ensemble des différentes prises de paroles, on procède à un échange de questions/réponses avec le public. Le responsable de la table ronde :
– passe la parole au public ;
– retient ou refuse les questions ; les reformule éventuellement ;
– choisit le conférencier qui répondra à la question posée.

4. La conclusion
Le responsable de la table ronde conclut en faisant rapidement la synthèse de ce qui a été dit par les conférenciers et le public.

▶ Le stage en entreprise : une expérience personnelle

SÉQUENCE 6

PRISES DE POSITION

Chants de révolte et d'espoir

▷ « Entendre » la poésie engagée

TEXTES & IMAGES

- Enfants dans la guerre :
  poèmes de A. Chedid, B. Vian, Y. Pinguilly, V. Hugo, J.-P. Siméon 160
- « Étranges étrangers », J. Prévert 162
- « Minerai noir », R. Depestre • « Afrique », D. Diop 164
- « Ma France », J. Ferrat 166
- « La grande humanité », N. Hikmet 168

FLORILÈGE

- La poésie de la Résistance 169
- *Lectures personnelles* 172

FAIRE LE POINT

- 📷 La poésie engagée 173

S'EXPRIMER

- **Grammaire :** Maîtriser la proposition subordonnée relative 174
- **Orthographe :** Accorder le verbe dans la proposition subordonnée relative   175
- **Vocabulaire :** Connaître des préfixes d'opposition 176
- **Oral :** Travailler le rythme et le ton 176
- **Écrit :** Exprimer un engagement 177

MÉTHODES POUR LE BREVET

- « Lily », P. Perret 178

→ **Principaux points de langue :** La versification • La proposition subordonnée relative • Les figures de style • Les pronoms relatifs

OBJECTIFS

- ▷ Comprendre ce qu'est un poème engagé
- ▷ Comprendre l'implicite d'un poème engagé
- ▷ Étudier un chant de révolte
- ▷ Comprendre une chanson engagée
- ▷ Entendre un hymne à l'humanité

- ▷ Organiser un récital poétique
- ▷ Lire des récits sur la période nazie

▶ **Pablo Picasso** (1881-1973), *Guerre et Paix*, détail de la fresque d'entrée du temple de la Paix, 1952, Vallauris.

Entrer par l'image

1. Quel oiseau repérez-vous au centre de l'image ? De quoi est-il l'allégorie ?
2. Que symbolisent les couleurs des quatre silhouettes et le jeu de leurs bras ?
3. Comment la guerre et la paix sont-elles représentées sur les panneaux supérieurs ?
4. D'après la composition de la fresque, diriez-vous que celle-ci vise plutôt à dénoncer la guerre ou à chanter la paix ?

Séquence 6 ▶ **Chants de révolte et d'espoir**

TEXTES & IMAGES

POUR ENTRER DANS LA SÉQUENCE ▸ Selon vous, que signifie : *engager un combat, s'engager à faire quelque chose* ?

Enfants dans la guerre

L'enfant est mort

Le village s'est vidé
de tous ses combattants

Rivé à sa mitraillette
dont les rafales de feu
5 viennent d'achever l'enfant
L'ennemi tremble d'effroi
à l'abri d'un vieux mur.

Tout est propre autour :
le ciel
10 la mer
l'été rieur
les pins

L'ennemi
a lancé loin
15 par-delà les collines
ses vêtements et son arme
son histoire et ses lois

Pour se coucher en pleurs
À deux pas d'une fontaine
20 Sous l'ombre d'un oranger
Près du corps de l'enfant

Andrée Chedid (née en 1920), « L'enfant est mort », *On n'aime guère que la paix*, © Éditions du Monde, 2003.

Christophe Fey, *Enfant soldat*, 2006.
www.gdhpresse.com © cfey

À tous les enfants…

À tous les enfants qui sont partis le sac à dos
Par un brumeux matin d'avril
Je voudrais faire un monument
À tous les enfants
5 Qui ont pleuré le sac au dos
Les yeux baissés sur leurs chagrins
Je voudrais faire un monument
Pas de pierre, pas de béton
Ni de bronze qui devient vert
10 Sous la morsure aiguë du temps
Un monument de leur souffrance
Un monument de leur terreur
Aussi de leur étonnement
Voilà le monde parfumé,
15 Plein de rires, plein d'oiseaux bleus
Soudain griffé d'un coup de feu
Un monde neuf où sur un corps
qui va tomber
Grandit une tache de sang […]

Boris Vian (1920-1959), « À tous les enfants », 1954-1959, © Christian Bourgois.

🎧 **À écouter !**
Écoutez un extrait de ce poème interprété par Catherine Sauvage (musique C. Vence) sur :
http://www.borisvian.fr/

Ploc Ploc Tam Tam

Il se souvient
de l'odeur du beurre de karité[1] aussi
sur la peau de sa mère et de ses sœurs
et des pagnes bien lavés qui séchaient sur l'herbe
5 comme des drapeaux vaincus

Il a quitté le ploc ploc des femmes
pour le tam tam parleur qui l'appelait
dans la forêt sacrée
près des vieux
10 pour agrandir son âge auprès des vieux
Mais cette année le temps s'est arrêté
la saison des pluies n'est pas venue pleurer sur les mangues
la saison sèche n'est pas venue brûler les pistes

Cette année des bruits
15 Ploc ploc et tam tam sont sortis de son fusil
trop grand pour lui

À la guerre la vie des hommes peut durer longtemps
Jamais celle des soldats enfants

Yves Pinguilly (né en 1944), « Ploc Ploc Tam Tam », *Album*, © Bilboquet, 2004.

1. arbre d'Afrique tropicale dont on tire une matière grasse comestible.

Souvenir de la nuit du 4[1]

[...] – Est-ce que ce n'est pas une chose qui navre !
Cria-t-elle ; monsieur, il n'avait pas huit ans !
Ses maîtres, il allait en classe, étaient contents.
Monsieur, quand il fallait que je fisse une lettre,
5 C'est lui qui l'écrivait. Est-ce qu'on va se mettre
À tuer les enfants maintenant ? Ah ! mon Dieu !
On est donc des brigands ! Je vous demande un peu,
Il jouait ce matin, là, devant la fenêtre !
Dire qu'ils m'ont tué ce pauvre petit être
10 Il passait dans la rue, ils ont tiré dessus.
Monsieur, il était bon et doux comme un Jésus.
Moi je suis vieille, il est tout simple que je parte
Cela n'aurait rien fait à monsieur Bonaparte
De me tuer au lieu de tuer mon enfant !
15 Elle s'interrompit, les sanglots l'étouffant,
Puis elle dit, et tous pleuraient près de l'aïeule.
– Que vais-je devenir à présent toute seule ?
Expliquez-moi cela, vous autres, aujourd'hui.
Hélas ! je n'avais plus de sa mère que lui.
20 Pourquoi l'a-t-on tué ? je veux qu'on me l'explique
L'enfant n'a pas crié vive la République. –
Nous nous taisions, debout et graves, chapeau bas,
Tremblant devant ce deuil qu'on ne console pas.
[...]

2 décembre 1852, Jersey.

Victor Hugo (1802-1885), « Souvenir de la nuit du 4 », *Les Châtiments*, 1853.

1. Après le coup d'État de Louis-Bonaparte, devenu empereur avec le titre de Napoléon III, il y eut des insurrections républicaines ; V. Hugo a participé à la toilette funèbre de l'enfant dont il parle dans son poème.

Toucher terre

Ne pas
surtout pas
toucher terre
dit l'enfant
5 Quelle herbe dans ces herbes
est l'herbe qui hurle ?
où
poser le talon
sans éveiller la bête ?

10 chut
murmure la mère
ne chante ne danse pas
les gueules de feu
avalent la jambe
15 la jambe du chant
la jambe de la danse

J'irai
répond l'enfant
je chanterai je danserai
20 dans les airs et sur les eaux
et s'ils minent les rêves
je volerai au-dessus de mes rêves.

Jean-Pierre Siméon (né en 1950), « Toucher terre », 2003, © J.-P. Siméon.

▶ Comprendre ce qu'est un poème engagé

■ Dénoncer

1. De qui et de quelle situation est-il question dans ces poèmes ?

2. a. Que dénonce chacun de ces poèmes ? Quel est celui qui comporte un peu d'espoir ?
b. Classez-les en deux groupes et donnez un titre à chaque groupement.

■ Émouvoir

3. a. En quoi le vocabulaire, les **figures de style** et le **type de vers** employé dans la plupart des poèmes contribuent-ils à rendre ces textes touchants pour le lecteur ?
b. Dans le poème de V. Hugo, la grand-mère s'exprime-t-elle de façon soutenue ou avec naturel ? Justifiez.

c. Quel est le rythme de ses phrases ? Quel est l'effet visé ?

4. Auxquels des cinq sens ces poèmes font-ils appel ? Justifiez votre réponse à l'aide d'exemples.

5. Observez le dernier vers de chaque poème : quels sentiments vise-t-il à susciter chez le lecteur ? Expliquez.

→ La versification – p. 416

📷 Faisons le point

- Ces poèmes visent-ils à émouvoir et/ou à faire réfléchir ? Justifiez votre réponse.
- Proposez une première **définition** du **poème engagé** : son **rôle**, son **écriture**.

Exercice d'expression orale

Choisissez le poème qui vous a le plus marqué(e) et lisez-le de façon expressive, en mettant en valeur :
– les différentes voix qui se font entendre dans certains poèmes ;
– le rythme que créent les répétitions, les types de vers, les onomatopées ;
– certains mots-clés que vous aurez repérés dans les poèmes.

TEXTES & IMAGES

Avant de lire le poème
1. Cherchez le sens des mots :
   manœuvre, apatride, émigré, immigré.
2. Où situez-vous : l'Indochine ? la Kabylie ? la Pologne ? le Sénégal ?

Jacques Prévert
(1900-1977)
Ce poète et scénariste français, sensible à l'enfance, aime jouer avec les mots. Ses poèmes ont souvent été mis en chansons. Ses principaux recueils sont : *Paroles, La Pluie et le Beau Temps, Spectacle.* Son engagement, proche du parti communiste, l'amène à dénoncer les pouvoirs injustes.

Étranges étrangers

Kabyles de la Chapelle[1] et des quais de Javel
hommes des pays lointains
cobayes des colonies
Doux petits musiciens
soleils adolescents de la porte d'Italie
Boumians[2] de la porte de Saint-Ouen
Apatrides d'Aubervilliers
brûleurs des grandes ordures de la ville de Paris
ébouillanteurs des bêtes trouvées mortes sur pied
au beau milieu des rues
Tunisiens de Grenelle
embauchés débauchés
manœuvres désœuvrés
Polacks[3] du Marais du Temple des Rosiers
Cordonniers de Cordoue[4] soutiers[5] de Barcelone
pêcheurs des Baléares ou bien du Finisterre
rescapés de Franco[6]
et déportés de France et de Navarre
pour avoir défendu en souvenir de la vôtre
la liberté des autres

Esclaves noirs de Fréjus[7]
tiraillés et parqués
au bord d'une petite mer
où peu vous vous baignez

Esclaves noirs de Fréjus
qui évoquez chaque soir
dans les locaux disciplinaires
avec une vieille boîte à cigares
et quelques bouts de fil de fer
tous les échos de vos villages
tous les oiseaux de vos forêts
et ne venez dans la capitale
que pour fêter au pas cadencé
la prise de la Bastille le quatorze juillet

Enfants du Sénégal
dépatriés expatriés et naturalisés

Enfants indochinois
jongleurs aux innocents couteaux
qui vendiez autrefois aux terrasses des cafés
de jolis dragons d'or faits de papier plié

Enfants trop tôt grandis et si vite en allés
qui dormez aujourd'hui de retour au pays
le visage dans la terre
et des bombes incendiaires labourant vos rizières

On vous a renvoyé
la monnaie de vos papiers dorés
on vous a retourné
vos petits couteaux dans le dos

Étranges étrangers

Vous êtes de la ville
vous êtes de sa vie
même si mal en vivez
même si vous en mourez.

Jacques Prévert, « Étranges étrangers »,
Grand Bal du printemps, © Éditions Gallimard, 1955.

Bidonville de Nanterre, 1967. © Aimé / Rapho

1. porte de la Chapelle, quai de Javel, porte de Saint-Ouen, Aubervilliers, rue de Grenelle, Marais, rue du Temple, rue des Rosiers : lieux de Paris et des environs proches.
2. gitans, tziganes.
3. Polonais.
4. Cordoue, Barcelone, Baléares : lieux espagnols.
5. matelot qui travaille dans la soute à charbon d'un navire.
6. dictateur espagnol au pouvoir de 1936 à sa mort en 1975.
7. Fréjus, ville française au bord de la Méditerranée.

Baya (née en 1931), *Instruments de musique et oiseaux*, 1966, collection ADEIAO. © Baya

○ Comprendre l'implicite d'un poème engagé

■ Un discours à des « étrangers »

1. À quelle personne la plupart des verbes sont-ils conjugués ?

2. Quelle est la nature grammaticale de la plupart des groupes de mots du poème ? Quelle est leur fonction ?

3. a. De quelle région du monde proviennent les *« étrangers »* évoqués dans les vers : 1 à 13 ? 14 ? 21 à 36 ? 37 à 49 ?
b. Qu'ont en commun ces étrangers ?
c. Vers 15 à 20 : quelle est la nature de l'émigration évoquée ?

4. Quels sentiments le poète éprouve-t-il à l'égard des étrangers dans l'ensemble du poème ? Relevez des mots et groupes de mots à l'appui de votre réponse.

■ L'expression d'une révolte

5. a. De quel type de travail est-il question dans les vers 8-9 ?
b. Ce travail est-il évoqué de façon objective ou subjective ? Justifiez.

6. Vers 21 à 36 : les noms et participes passés employés pour désigner les étrangers sont-ils objectifs ou subjectifs ? Justifiez.

7. a. Quel est l'antécédent des **propositions subordonnées relatives** : « *qui évoquez [...] forêts* » (v. 26-31) ; « *et ne venez [...] quatorze juillet* » (v. 32-34) ?
b. Quelle occupation est évoquée dans la première subordonnée ?
c. Comment comprenez-vous la seconde ?

8. Expliquez les vers 41 et 44.

9. D'après les réponses aux questions 4 à 8, expliquez en quoi ce poème est un chant de révolte.

→ Les expansions du nom – p. 360

■ La langue de Prévert

10. a. Vers 12-13 : décomposez les mots.
b. Que traduisent les préfixes ?
c. V. 36 : étudiez la composition des mots ; que fait Prévert ?

11. Comparez la dernière strophe et le titre : en quoi celui-ci est-il ironique ?

12. Relevez des allitérations et des assonances dans les vers 3 à 15.

13. Pourquoi ce poème peut-il devenir une chanson ? Expliquez.

📷 Faisons le point

- Auprès de qui Jacques Prévert **s'engage**-t-il **implicitement** dans ce poème ?
- Le poète **amène**-t-il **implicitement le lecteur** à se méfier des « étranges étrangers » ou à les accepter ? Justifiez. → ARGUMENTATION

Exercice d'expression orale

Par groupes de deux, choisissez une quinzaine de vers et entraînez-vous à les lire en changeant de voix à chaque vers. Veillez à rythmer votre lecture et à bien enchaîner les vers.

Séquence 6 ▶ Chants de révolte et d'espoir

TEXTES & IMAGES

Avant de lire le poème

Au XXᵉ siècle, des écrivains francophones, d'origine africaine et antillaise, ont créé la notion de « négritude », revendication de leur identité noire.
1. Parcourez la séquence à la recherche d'autres poèmes de négritude.
2. D'après la biographie de l'auteur, pourquoi peut-on évoquer la négritude à son sujet ?

René Depestre
(né en 1926)
Ce poète haïtien, exilé de son pays pour ses prises de position politiques, puis chassé de différents pays pour son engagement contre la colonisation, vit actuellement en France. Ses principaux recueils : *Étincelles*, *Gerbes de sang*, *Minerai noir*.

Minerai noir

Quand la frénésie de l'or draina au marché la dernière goutte de sang indien
De sorte qu'il ne resta plus un seul Indien aux alentours des mines d'or
On se tourna vers le fleuve musculaire de l'Afrique
Pour assurer la relève du désespoir
5 Alors commença la ruée vers l'inépuisable
Trésorerie de la chair noire
Alors commença la bousculade échevelée
Vers le rayonnant midi du corps noir
Et toute la terre retentit du vacarme des pioches
10 Dans l'épaisseur du minerai noir […]
Peuple dévalisé peuple de fond en comble retourné
Comme une terre en labours
Peuple défriché pour l'enrichissement
Des grandes foires du monde
15 Mûris ton grisou[1] dans le secret de la nuit corporelle
Nul n'osera plus couler des canons et des pièces d'or
Dans le noir métal de ta colère en crues.

René Depestre, *Minerai noir*, © Présence africaine, 1956.

1. gaz inflammable et explosif qui se dégage de la houille ; un coup de grisou est une explosion dans une mine.

⊙ Étudier un chant de révolte

■ Un récit pour dénoncer

1. a. Quelle forme de vers est employée ?
b. À quoi repérez-vous que les premiers vers comportent un récit ?
2. Quels événements historiques évoquent-ils ?
3. a. V. 3, « le fleuve musculaire » : quelle est la **figure de style** employée ?
b. Relevez-en d'autres de même nature.
c. Quelles visions du peuple noir donnent-elles ?
d. Quel sentiment du poète traduisent-elles ?
4. Expliquez les vers 5 à 10 et le titre.
5. V. 11 à 13 : quelle figure de style reconnaissez-vous ? Que dénonce-t-elle ?
6. Relevez une **anaphore** : quel rôle joue-t-elle dans le récit ?

■ Un appel à la révolte

7. À quoi repérez-vous que les vers 11 à 17 sont un discours ?
8. a. V. 15, « *mûris ton grisou* » : à quel mode et à quelle personne ce verbe est-il conjugué ?
b. Quelle est la **figure de style** employée dans le vers 15 ? Que signifie-t-elle ?
9. Quel est le ton des vers 11 à 17 ? Justifiez.
10. Relevez les termes qui évoquent la vitalité du peuple noir.
11. Le ton de ce poème est-il : mélancolique, épique, satirique ? Justifiez.

→ Les figures de style – p. 380

📷 Faisons le point

- À quelle **révolte** ce poème appelle-t-il ?
- Par quelles figures de style le poète a-t-il traduit sa **révolte** ?

David Diop (1927-1961)
Ce poète sénégalais est mort prématurément dans un accident.

Afrique

Afrique mon Afrique
Afrique des fiers guerriers dans les savanes ancestrales
Afrique que chante ma grand-mère
Au bord de son fleuve lointain
5 Je ne t'ai jamais connue
Mais mon regard est plein de ton sang
Ton beau sang noir à travers les champs répandu
Le sang de ta sueur
La sueur de ton travail
10 Le travail de l'esclavage
L'esclavage de tes enfants
Afrique dis-moi Afrique
Est-ce donc toi ce dos qui se courbe
Et se couche sous le poids de l'humilité
15 Ce dos tremblant de zébrures rouges
Qui dit oui au fouet sur les routes de midi

David Diop, « Afrique », *Coups de pilon*, 1956, DR.

POÈME EN ÉCHO

1. En quoi ce poème fait-il écho à celui de R. Depestre :
– par le thème ?
– par les figures de style ?
– par sa visée ?
2. Auquel de ces deux poèmes avez-vous été le plus sensible ? Pourquoi ? → ARGUMENTATION

Souleymane Keita (né en 1947), *Les Esclaves*, vers 1975, coll. privée. © Keita.

TEXTES & IMAGES

Avant de lire le poème
Faites une brève recherche sur Pablo Picasso : son œuvre, son engagement politique.

Jean Ferrat (1930)
Ce chanteur, parolier et compositeur français, exprime dans ses chansons des idées proches du parti communiste français. Parmi ses albums, on peut citer *Ma France, Nuit et Brouillard*.

Fernand Léger (1881-1955), pour le poème de Paul Eluard *Liberté, j'écris ton nom*, 1953, coll. privée. © The Bridgeman Art Library, © Adagp, Paris 2008.

À écouter !
Écoutez un extrait de cette chanson sur le site officiel de l'artiste http://www.jean-ferrat.com

Ma France

De plaines en forêts de vallons en collines
Du printemps qui va naître à tes mortes saisons
De ce que j'ai vécu à ce que j'imagine
Je n'en finirai pas d'écrire ta chanson
5 Ma France

Au grand soleil d'été qui courbe la Provence
Des genêts de Bretagne aux bruyères d'Ardèche
Quelque chose dans l'air a cette transparence
Et ce goût du bonheur qui rend ma lèvre sèche
10 Ma France

Cet air de liberté au-delà des frontières
Aux peuples étrangers qui donnaient le vertige
Et dont vous usurpez aujourd'hui le prestige
Elle répond toujours du nom de Robespierre
15 Ma France

Celle du vieil Hugo tonnant de son exil
Des enfants de cinq ans travaillant dans les mines
Celle qui construisit de ses mains vos usines
Celle dont monsieur Thiers a dit qu'on la fusille[1]
20 Ma France

Picasso tient le monde au bout de sa palette
Des lèvres d'Eluard s'envolent des colombes
Ils n'en finissent pas tes artistes prophètes
De dire qu'il est temps que le malheur succombe
25 Ma France

Leurs voix se multiplient à n'en plus faire qu'une
Celle qui paie toujours vos crimes vos erreurs
En remplissant l'histoire et ses fosses communes
Que je chante à jamais celle des travailleurs
30 Ma France

Celle qui ne possède en or que ses nuits blanches
Pour la lutte obstinée de ce temps quotidien
Du journal que l'on vend le matin d'un dimanche
À l'affiche qu'on colle au mur du lendemain
35 Ma France

Qu'elle monte des mines descende des collines
Celle qui chante en moi la belle la rebelle
Elle tient l'avenir, serré dans ses mains fines
Celle de trente-six à soixante-huit chandelles[2]
40 Ma France

Jean Ferrat, *Ma France*, 1969, © Production Alleluia.

1. allusion à l'insurrection de la Commune en 1870.
2. L'auteur fait allusion aux années 1936 et 1968, deux années de révolte.

▶ Comprendre une chanson engagée

■ Une chanson-poème

1. Quel est le groupe de mots qui fait penser à une chanson ? Comment cela se nomme-t-il ?

2. a. Au vers 2, par quel type de **proposition** le nom « *printemps* » est-il complété ?
b. Combien de propositions de ce type comptez-vous dans la chanson ?
c. En quoi ces propositions contribuent-elles à donner au texte le rythme d'une chanson ?

3. Cette chanson a-t-elle la forme d'un poème classique (rimes, longueur et rythme des vers, strophes) ?

→ Les expansions du nom – p. 360

■ Des valeurs héritées du passé

4. a. Quel est le mot-clé dans la troisième strophe ?
b. À quelle période historique associez-vous Robespierre ? Que symbolise cette période ?

5. a. Qui sont V. Hugo et P. Eluard ? Quels ont été leurs combats (voir pp. 83, 244 et 102) ?

b. De quoi la colombe est-elle l'allégorie ?

6. De quelle lutte est-il question dans la strophe 4 ? dans la 5 ? Quand chacune de ces luttes a-t-elle eu lieu ?

■ Un engagement actuel

7. a. Quels procédés d'écriture témoignent de l'engagement personnel de l'auteur ?
b. Relevez des présents : 1) de vérité générale, 2) d'actualité. Que le poète veut-il démontrer ainsi ?

8. Relevez, dans la sixième strophe, le nom qui désigne les gens dont J. Ferrat prend la défense.

9. a. Dans les trois dernières strophes, relevez des mots et expressions qui traduisent l'engagement politique du poète. De quel combat se fait-il l'écho ?
b. À quels événements politiques le vers 39 fait-il allusion ?

📷 Faisons le point

• Quels sont les **thèmes d'engagement** exprimés dans cette **chanson** ?

---

① © Luider / Rapho   ② © Roy / Hoa Qui
③ © Decker / Photononstop   ④ © Look / Photononstop

Séquence 6 ▶ Chants de révolte et d'espoir

TEXTES & IMAGES

Avant de lire le poème
Un hymne est un chant, un poème lyrique à la gloire d'un personnage, d'une grande idée, d'un grand sentiment : pourquoi ce terme peut-il être employé pour un poème engagé ?

Nâzim Hikmet
(1902-1963)
Ce poète et dramaturge turc, très renommé, a passé une grande partie de sa vie en prison pour avoir proclamé son attachement à la liberté d'expression. Ses principaux recueils sont : *Paysages humains* (1950) et *C'est un dur métier que l'exil* (1957).

La grande humanité

La grande humanité voyage sur le pont des navires
    Dans les trains en troisième classe
    Sur les routes à pied
    La grande humanité
5 La grande humanité va au travail à huit ans
    Elle se marie à vingt
    Meurt à quarante
    La grande humanité
Le pain suffit à tous sauf à la grande humanité
10   Le riz aussi
    Le sucre aussi
    Le tissu aussi
    Le livre aussi
Cela suffit à tous sauf à la grande humanité.
15 Il n'y a pas d'ombre sur la terre de la grande humanité
    Pas de lanternes dans ses rues
    Pas de vivres à ses fenêtres
Mais elle a son espoir la grande humanité
    On ne peut vivre sans espoir.

Nâzim Hikmet, « La grande humanité », *Il neige dans la nuit*, traduit du turc par M. Andac, G. Dino © Éditions Gallimard, 1999.

▶ Entendre un hymne à l'humanité

■ Un chant à écouter

1. En quoi la construction de ce poème, sa mise en page, le rapprochent-elles d'un chant ?

2. Observez la longueur des vers : qu'est-ce qui caractérise le rythme du poème ?

3. Quelles autres caractéristiques du poème le rapprochent du chant ?

■ Un hymne à comprendre

4. Que désigne l'expression « *la grande humanité* » ?

5. Sur quelle **figure de style** le poème repose-t-il ? Pourquoi le poète a-t-il fait ce choix ?

6. Quelle caractéristique de « *la grande humanité* » est évoquée : dans la première strophe ? dans la deuxième ? dans la troisième ?

7. a. V. 9 : qui est représenté par le pronom indéfini « *tous* » ?
b. Quel est le ton des vers 9 et 14 ?

8. Quelle est la nature grammaticale du premier mot de l'avant-dernier vers ? Quel rapport logique exprime-t-il ? Quel est l'effet produit ?

9. Quels sentiments le poète exprime-t-il dans ce poème ?

→ **Les figures de style – p. 380**

📷 Faisons le point

- En quoi ce poème est-il un **hymne à l'humanité** ?

Exercice d'expression orale

Apprenez ce poème et récitez-le en veillant à souligner son rythme très cadencé créé par les énumérations.

FLORILÈGE

La poésie de la Résistance

Le chant des partisans

Composé à Londres en 1943 pour devenir l'indicatif de l'émission « Honneur et Patrie », largué par la Royal Air Force sur la France occupée, ce chant devient l'hymne de la lutte pour la Libération.

Ami, entends-tu le vol noir des corbeaux sur nos plaines ?
Ami, entends-tu les cris sourds du pays qu'on enchaîne ?
Ohé, partisans, ouvriers et paysans, c'est l'alarme.
Ce soir l'ennemi connaîtra le prix du sang et les larmes.
5 Montez de la mine, descendez des collines, camarades !
Sortez de la paille les fusils, la mitraille, les grenades.
Ohé, les tueurs, à la balle et au couteau, tuez vite !
Ohé, saboteur, attention à ton fardeau, dynamite !
C'est nous qui brisons les barreaux des prisons pour nos frères.
10 La haine à nos trousses et la faim qui nous pousse, la misère.
Il y a des pays où les gens au creux du lit font des rêves.
Ici, nous, vois-tu, nous on marche et nous on tue, nous on crève.
Ici, chacun sait ce qu'il veut, ce qu'il fait quand il passe ;
Ami, si tu tombes un ami sort de l'ombre à ta place ;
15 Demain, du sang noir sèchera au grand soleil sur les routes ;
Chantez, compagnons, dans la nuit la Liberté nous écoute.

Joseph Kessel, Maurice Druon, *Le Chant des partisans*, musique d'A. Marly, 1943, © Raoul Breton.

Paul Colin (1892-1985), *Libération Marianne, le 17 août 1944*, Musée d'Histoire contemporaine, B.D.I.C., Paris. © Archives Charmet/The Bridgeman Art Library, © Adagp, Paris 2008.

1. pseudonyme du poète René Char dans la Résistance où il dirigeait un réseau dans le maquis.

Feuillets d'Hypnos[1]

Les Feuillets d'Hypnos *ont été écrits entre 1943 et 1944, quand René Char était dans la Résistance. Ils peuvent être lus comme des notes du maquis et prennent des formes variées : courtes notes, 237 fragments poétiques, maximes…*

22 AUX PRUDENTS : Il neige sur le maquis et c'est contre nous chasse perpétuelle. Vous dont la maison ne pleure pas, chez qui l'avarice écrase l'amour, dans la succession des journées chaudes, votre feu n'est qu'un garde-malade. Trop tard. Votre cancer a parlé. Le pays natal n'a plus de pouvoir.

100 Nous devons surmonter notre rage et notre dégoût, nous devons les faire partager, afin d'élever et d'élargir notre action comme notre morale.

129 Nous sommes pareils à des crapauds qui dans l'austère nuit des marais s'appellent et ne se voient pas, ployant à leur cri d'amour toute la fatalité de l'univers.

131 À tous les repas pris en commun, nous invitons la liberté à s'asseoir. La place demeure vide mais le couvert reste mis.

René Char, « Feuillets d'Hypnos », *Fureur et Mystère*, © Éditions Gallimard, 1962.

Séquence 6 ▶ Chants de révolte et d'espoir

FLORILÈGE

Avis

Ce poème a été écrit en hommage à Lucien Legros, un des cinq lycéens résistants, élèves au lycée Buffon à Paris, qui ont été exécutés le 8 avril 1943 par les nazis.

La nuit qui précéda sa mort
Fut la plus courte de sa vie
L'idée qu'il existait encore
Lui brûlait le sang aux poignets
5 Le poids de son corps l'écœurait
Sa force le faisait gémir
C'est tout au fond de cette horreur
Qu'il a commencé à sourire
Il n'avait pas UN camarade
10 Mais des millions et des millions
Pour le venger il le savait
Et le jour se leva pour lui

Paul Eluard, « Avis », *Au rendez-vous allemand*, © Éditions de Minuit, 1945.

Cantiques du feu

[…] Chaque ville est une flamme tordue chaque jardin
un incendie suspendu chaque maison une flambée
[ininterrompue
chaque rue comme un cadavre qui remue
c'est le feu à vif nu
5 penche-toi vers cette immense Rougeur qui rue
mais c'est ta mère qui brûle et non les vieilles forêts
mais c'est ton frère sur le bûcher et non des saintes
[méconnues
mais c'est ton fils en cendres et non l'oiseau des Temps blessés
et cette ville hurlant dans cette poignée d'étincelles
10 c'est ton ami tes amis en fagots tes amis en copeaux
ce sont tes compagnons si pâles comme du bois coupé
encore un mort le feu va s'éteindre encore un mort
pour que le feu reprenne
il ne faut pas laisser mourir le feu qui rit
15 le feu qui éclate de santé le feu en verve

Jean Cayrol, « Cantiques du feu », *Poèmes de la nuit et du brouillard*, © Éditions du Seuil, 1995.

Strophes pour se souvenir

« L'Affiche rouge » est une affiche de propagande allemande placardée à Paris au printemps 1944. Cette affiche fait suite à l'arrestation du groupe Manouchian (du nom de son chef, d'origine arménienne). Ses membres, résistants étrangers luttant pour la libération de Paris, ont été exécutés par les nazis. Le poème a été écrit en 1955 à l'occasion de l'inauguration d'une rue « Groupe Manouchian » à Paris.

Vous n'avez réclamé ni gloire ni les larmes
Ni l'orgue ni la prière aux agonisants
Onze ans déjà que cela passe vite onze ans
Vous vous étiez servis simplement de vos armes
5 La mort n'éblouit pas les yeux des Partisans

Vous aviez vos portraits sur les murs de nos villes
Noirs de barbe et de nuit hirsutes menaçants
L'affiche qui semblait une tache de sang
Parce qu'à prononcer vos noms sont difficiles
10 Y cherchait un effet de peur sur les passants

Nul ne semblait vous voir Français de préférence
Les gens allaient sans yeux pour vous le jour durant
Mais à l'heure du couvre-feu des doigts errants
Avaient écrit sous vos photos MORTS POUR LA FRANCE
15 Et les mornes matins en étaient différents

Tout avait la couleur uniforme du givre
À la fin février pour vos derniers moments
Et c'est alors que l'un de vous dit calmement
Bonheur à tous Bonheur à ceux qui vont survivre
20 *Je meurs sans haine en moi pour le peuple allemand*

Adieu la peine et le plaisir Adieu les roses
Adieu la vie adieu la lumière et le vent
Marie-toi sois heureuse et pense à moi souvent
Toi qui vas demeurer dans la beauté des choses
25 *Quand tout sera fini plus tard en Erivan*

Un grand soleil d'hiver éclaire la colline
Que la nature est belle et que le cœur me fend
La justice viendra sur nos pas triomphants
Ma Mélinée ô mon amour mon orpheline
30 *Et je te dis de vivre et d'avoir un enfant*

Ils étaient vingt et trois quand les fusils fleurirent
Vingt et trois qui donnaient leur cœur avant le temps
Vingt et trois étrangers et nos frères pourtant
Vingt et trois amoureux de vivre à en mourir
35 Vingt et trois qui criaient la France en s'abattant

Louis Aragon, « Strophes pour se souvenir », *Le Roman inachevé*, © Éditions Gallimard, 1955.

Ce cœur qui haïssait la guerre

Ce cœur qui haïssait la guerre voilà qu'il bat pour le combat et la bataille !
Ce cœur qui ne battait qu'au rythme des marées, à celui des saisons, à celui des heures du jour et de la nuit,
Voilà qu'il se gonfle et qu'il envoie dans les veines un sang brûlant de salpêtre et de haine.
Et qu'il mène un tel bruit dans la cervelle que les oreilles en sifflent
5   Et qu'il n'est pas possible que ce bruit ne se répande pas dans la ville et la campagne
Comme le son d'une cloche appelant à l'émeute et au combat.
Écoutez, je l'entends qui me revient renvoyé par les échos.
Mais non, c'est le bruit d'autres cœurs, de millions d'autres cœurs battant comme le mien à travers la France.
Ils battent au même rythme pour la même besogne tous ces cœurs,
10 Leur bruit est celui de la mer à l'assaut des falaises
Et tout ce sang porte dans des millions de cervelles un même mot d'ordre :
Révolte contre Hitler et mort à ses partisans !
Pourtant ce cœur haïssait la guerre et battait au rythme des saisons,
Mais un seul mot : Liberté a suffi à réveiller les vieilles colères
15 Et des millions de Français se préparent dans l'ombre à la besogne que l'aube proche leur imposera.
Car ces cœurs qui haïssaient la guerre battaient pour la liberté au rythme même des saisons et des marées, du jour et de la nuit.

Robert Desnos, « Ce cœur qui haïssait la guerre », *L'Honneur des Poètes*, © Fraenkel, 1946.

Suzanne Roger (1898-1986), deux illustrations du recueil de P. Eluard « Au rendez-vous allemand » (voir aussi p. 170), Musée d'art et d'histoire, Saint-Denis.
© I. Andréani © Adagp, Paris 2008

A Comprendre les rôles de la poésie face à l'occupation et à la persécution nazies

1. Parmi les poèmes de ce florilège, quels sont ceux qui visent à : témoigner, dénoncer, exhorter au combat, résister, se donner du courage, rendre hommage ? Répondez en citant des vers à l'appui de votre réponse. Attention, certains poèmes peuvent avoir plusieurs rôles.

2. De quelle(s) valeur(s) (liberté, justice...) chacun de ces poèmes est-il porteur ? Justifiez.

3. Quel est le poème qui vous touche le plus ? Expliquez pourquoi. → ARGUMENTATION

B Écouter des poèmes mis en musique

Pour mieux comprendre ceux de ces poèmes qui ont été mis en musique, écoutez-les. Vous pouvez en entendre quelques mesures sur Internet.

Le Chant des partisans : comparez des extraits de plusieurs interprétations de ce chant devenu l'hymne de la Résistance sur : http://www.chantdespartisans.com
et http://www.paroles.net/chanson/12691.1

L'Affiche rouge : visionnez l'interprétation par Léo Ferré de ce poème mis en musique par Jean Ferrat sur :
http://www.paroles.net/chanson/10358.1

FLORILÈGE

C Organiser un récital poétique

La collecte des poèmes

1. Par groupes, élaborez un florilège (choix de poèmes) de six poèmes de la Résistance, à partir des poèmes présentés dans ces quatre pages, de documents trouvés au CDI (autres manuels, revues), de recueils ou anthologies poétiques, de sites indiqués ci-dessous :

Club des poètes de J.-P. Rosnay :
http://www.franceweb.fr/poesie/resist1.htm

Site *La Résistance en France* :
http://partisans.ifrance.com/partisans/resindx.htm

Les poèmes de la déportation :
http://www.souviens-toi.org/poeme1.html

2. Préparez une brève biographie de chacun des poètes : son rôle dans la Résistance, son œuvre poétique. Organisez l'ordre des poèmes de votre présentation ; vous pouvez les classer selon :
– leurs auteurs ;
– leurs visées ;
– leurs formes d'écriture (vers classiques ou libres, poèmes en prose...).

Répartissez-vous la mémorisation et la récitation de ces poèmes.

Le récital poétique

Pour préparer et organiser votre récital poétique, suivez la fiche-méthode.

FICHE-MÉTHODE

Préparer et organiser un récital

- Chaque groupe présente un récital d'une quinzaine de minutes maximum.
- Chaque groupe fait sa présentation dans l'ordre prévu en annonçant et en justifiant son plan.
- Chaque groupe veille à une répartition harmonieuse de la parole : les différentes prises de parole doivent s'enchaîner sans temps mort ; on peut prévoir un présentateur qui fasse les enchaînements.
- La qualité du niveau de langue, de la diction, de l'expressivité lors de la récitation des poèmes est essentielle : votre récital doit être un vrai spectacle.
- Quand c'est possible, on peut prévoir un accompagnement musical.

Lectures personnelles

Récits sur la période nazie

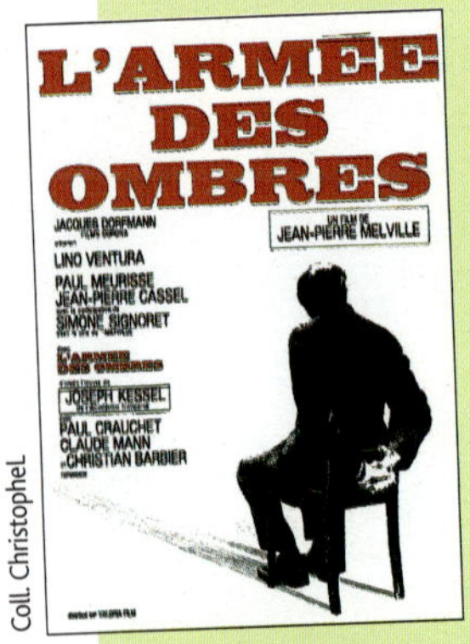

Les résistances

Louis Aragon, *Le Collaborateur,* © Éditions Gallimard.
Trois récits de trahison et de courage, publiés clandestinement pendant la guerre.

Joseph Kessel, *L'Armée des ombres,* © Pocket.
La vie d'un réseau de résistants.

Fred Uhlman, *La Lettre de Conrad,* © Stock.
Condamné à mort pour avoir participé au complot contre Hitler, Conrad écrit à Hans, son ami juif (le narrateur de *L'Ami retrouvé*).

Vercors, *Le Silence de la mer,* © Le Livre de Poche.
Les rapports entre une famille française et l'officier allemand qui loge chez elle.

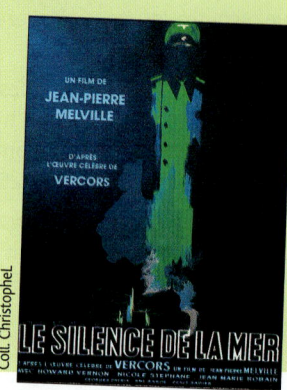

La persécution des Juifs

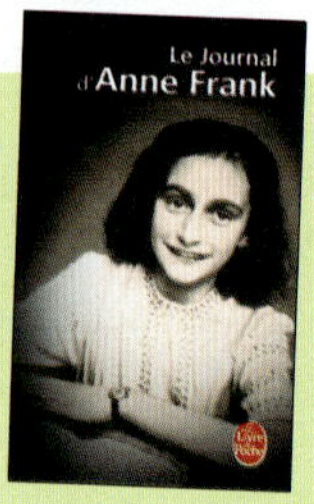

Journal d'**Anne Frank,** © Le Livre de Poche.
Journal intime d'une jeune fille juive, contrainte de vivre cachée avec sa famille, à Amsterdam.

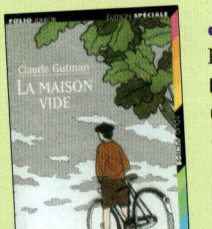

Claude Gutman, *La Maison vide,* Folio junior, © Gallimard Jeunesse.
La vie d'une famille juive racontée par un enfant, échappé par hasard à la rafle du Vel d'Hiv.

Kathrine Kressman Taylor, *Inconnu à cette adresse,* © Le Livre de Poche Jeunesse.
Correspondance dans les années 1930 entre deux amis dont l'un est juif et l'autre allemand.

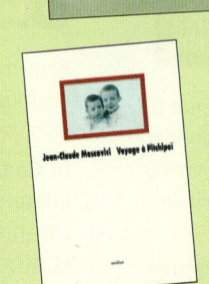

Jean-Claude Moscovici, *Voyage à Pitchipoï,* © École des loisirs.
Deux enfants juifs, envoyés au camp de Drancy après l'arrestation de toute leur famille, découvrent le pays imaginaire de Pitchipoï.

Aranka Siegal, *Sur la tête de la chèvre,* Folio junior, © Gallimard Jeunesse.
La vie d'une petite fille juive en Hongrie, sous l'occupation allemande.

📷 FAIRE LE POINT

La poésie engagée

1. Un peu d'étymologie et d'histoire littéraire

- **Étymologie et sens du verbe « engager »**
  Engager signifie étymologiquement *mettre en gage*, c'est-à-dire donner un objet en caution (garantie), en échange de sa promesse. Cela désigne donc une sorte de contrat.
  S'engager : depuis le XXe siècle, signifie *participer à la vie sociale, politique, intellectuelle ou religieuse de son temps en suivant ses convictions profondes et en assumant les risques de l'action.*
- Dès le Moyen Âge, **François Villon**, dans *La Ballade des pendus*, fait entendre la voix des déshérités.
- Au XVIe siècle, le poète **Agrippa d'Aubigné** a témoigné des guerres de Religion et des persécutions contre les protestants.
- Au XVIIIe siècle, ce n'est pas sous la forme poétique mais sous d'autres formes littéraires (textes philosophiques, théâtre) que les écrivains s'engagent contre l'absolutisme, l'intolérance, les injustices, l'esclavage...
- Au XIXe siècle, **Victor Hugo** exprime dans ses poèmes son engagement politique (son opposition à Napoléon III) et son engagement social en faveur des humbles et des déshérités. **Arthur Rimbaud** exprime, lui, son dégoût de la guerre de 1870, dans *Le Dormeur du val*.

(légende, voir ci-dessous)

2. La poésie et la chanson engagées aux XXe et XXIe siècles

- Pendant la période nazie, de nombreux poètes s'engagent dans la Résistance, écrivent des chants de révolte et d'espoir, dans le maquis ou dans les camps, pour dénoncer la barbarie nazie. On peut notamment citer **Louis Aragon**, **René Char**, **Robert Desnos**, **Paul Eluard**. *Le Chant des partisans*, de Joseph Kessel et de Maurice Druon, est devenu l'hymne de la Résistance.
- Des poètes francophones, originaires d'Afrique et des Antilles, tels **Aimé Césaire**, **René Depestre**, **David Diop** ou **Léopold Sédar Senghor**, s'insurgent contre le colonialisme et revendiquent leur identité noire qu'ils nomment la « négritude ».
- Depuis le milieu du XXe siècle, de nombreux poètes (**Andrée Chedid**, **Yves Pinguilly**, **Jacques Prévert**, **Jean-Pierre Siméon**, **Boris Vian**...), et chanteurs (**Jean Ferrat**, **Léo Ferré**) expriment leur hostilité à la guerre, à la misère, au racisme, à l'injustice sociale et défendent les valeurs de liberté, de justice, d'humanité, de paix....
- Plus récemment des formes musicales comme le **rap** ou le **slam** expriment la révolte contre différentes formes d'injustice sociale.

3. L'écriture de la poésie engagée

Pour exprimer leur révolte ou leur solidarité, les poètes emploient :

de nombreuses figures de style	des effets de rythme	un langage accessible et direct	des allusions à l'actualité et à l'Histoire
– allégories ; – comparaisons ; – métaphores ; – personnification.	– refrains ; – allitérations et assonances ; – anaphores ; – énumération.	– un vocabulaire simple ; – des phrases injonctives, interrogatives et exclamatives ; – des apostrophes ; – la 2e personne pour s'adresser aux lecteurs ou aux gens qu'on défend ; – des dialogues.	– hommes politiques ; – événements historiques ; – mouvements politiques ou sociaux ; – géographie. Ces allusions peuvent être explicites ou implicites.

Gérard Fromanger (1939), *Effets de la victoire de Valmy*, issu de la série « Atelier de la Révolution », 1988-89, coll. privée.
© Giraudon/The Bridgeman Art Library,
© Photo G. Fromanger

Séquence 6 ▶ Chants de révolte et d'espoir

S'EXPRIMER

Leçons de langue à consulter
- La proposition subordonnée relative – p. 360
- Les pronoms relatifs – p. 321

GRAMMAIRE
- Maîtriser la subordonnée relative
- Utiliser les pronoms relatifs

→ La proposition subordonnée relative

1. a. Relevez les propositions subordonnées relatives. **b.** Indiquez le nom ou le pronom qu'elles complètent (leur antécédent).

> Un homme est mort qui n'avait pour défense
> Que ses bras ouverts à la vie
> Un homme est mort qui n'avait d'autre route
> Que celle où l'on hait les fusils
> Un homme est mort qui continue la lutte
> Contre la mort contre l'oubli […]
>
> P. Eluard, « Gabriel Péri », *Au Rendez-vous allemand*, 1945, © Éditions de Minuit.

2. a. Relevez les propositions subordonnées relatives. **b.** Donnez leur fonction.

> Je suis seul dans la plaine
> Et dans la nuit
> Avec les arbres recroquevillés de froid
> Qui, coudes au corps, se serrent les uns contre les autres.
> Je suis seul dans la plaine
> Et dans la nuit
> Avec les gestes de désespoir pathétique des arbres
> Que leurs feuilles ont quittés pour des îles d'élection.
> […]
>
> L. Sédar Senghor, *Œuvre poétique*, © Éditions du Seuil, 1990 (voir p. 432).

3. a. Quels noms (antécédents) les pronoms relatifs en italique remplacent-ils ? **b.** Conjuguez correctement les verbes entre parenthèses. **c.** Donnez la fonction de chaque proposition subordonnée relative.

> J'oublie
> Les mains blanches *qui (tirer, passé simple)* les coups de fusils *qui (crouler, passé simple)* les empires
> Les mains *qui (flageller, passé simple)* les esclaves *qui* vous *(flageller, passé simple)*
> Les mains blanches poudreuses *qui* vous *(gifler, passé simple)*, les mains peintes poudrées *qui* me *(gifler, passé composé)*
> Les mains sûres *qui* me *(livrer, passé composé)* à la solitude à la haine
> Les mains blanches *qui (abattre, passé simple)* la forêt de rôniers *qui (dominer, imparfait)* l'Afrique, au centre de l'Afrique
>
> L. Sédar Senghor, *Œuvre poétique*, © Éditions du Seuil, 1990 (voir p. 432).

→ Les pronoms relatifs

4. a. Relevez les propositions subordonnées relatives. **b.** Soulignez les pronoms relatifs et donnez la fonction de chacun d'eux à l'intérieur de la subordonnée.

> Où vont tous ces enfants dont pas un seul ne rit ?
> Ces doux êtres pensifs que la fièvre maigrit ?
> Ces filles de huit ans qu'on voit cheminer seules ? […]
> Travail mauvais qui prend l'âge tendre en sa serre,
> Qui produit la richesse en créant la misère,
> Qui se sert d'un enfant ainsi que d'un outil ! […]
>
> V. Hugo, « Où vont tous ces enfants… », *Les Contemplations*, 1856.

5. Même consigne que l'exercice 4.

> Les fusillés de Chateaubriant
> Ils sont appuyés contre le ciel […]
> Ils sont plein d'étonnement pour leur épaule
> Qui est un monument d'amour
> Ils n'ont pas de recommandations à se faire
> Parce qu'ils ne se quitteront jamais plus
> L'un d'eux pense à un petit village
> Où il allait à l'école
> Un autre est assis à sa table
> Et ses amis tiennent ses mains
> Ils ne sont déjà plus du pays dont ils rêvent
> Ils sont bien au-delà de ces hommes
> Qui les regardent mourir […]
>
> R.-G. Cadou, « Les fusillés de Chateaubriant », *Poésie la vie entière*, © Seghers, 1978.

6. a. Remplacez les ✎ par le pronom relatif qui convient. **b.** Donnez la fonction de chacun d'eux.

> […] Je vous salue ma France ✎ les blés et les seigles
> Mûrissent au soleil de la diversité
> Je vous salue ma France ✎ le peuple est habile
> À ces travaux ✎ font les jours émerveillés
> Et ✎ l'on vient de loin saluer dans sa ville […]
>
> L. Aragon, *Le Musée Grévin*, © Stock, 1943.

7. Même consigne que l'exercice 6.

> Y a une étoile
> Salut, ma vieille copine la terre !
> Y a des diamants ✎ font leur nid
> En s'fichant pas mal de tes frontières
> Qu'il fasse jour, qu'il fasse nuit
> Salut, ma vieille copine la terre !
> Y a une étoile au-d'ssus d'Paris
> ✎ m'a fait d'l'œil la nuit dernière
> Ma vieille copine la terre
> Si tu voulais bien en faucher deux ou trois
> Ça pourrait faire une drôle de lumière
> Et mettre au front d'la société
> Des diamants ✎ on pourrait tailler à not' manière
> Bonjour, ma vieille copine la terre !
> Je te salue avec mes mains
> Avec ma voix
> Avec tout ce ✎ je n'ai pas.
>
> L. Ferré, *Y a une étoile*,
> © 1954, les Nouvelles Éditions Méridian,
> © 1996 assigned to Les Nouvelles Éditions Méridian - Paris et La Mémoire et la Mer - Monte-Carlo (voir p. 432).

ORTHOGRAPHE
▶ Accorder le verbe dans la subordonnée relative

S'EXPRIMER

L'essentiel à retenir Leçon détaillée ➡ p. 362

Dans la proposition subordonnée relative, le verbe suit la règle générale d'accord avec le sujet. Mais quelques difficultés se posent :

Le pronom sujet *qui*
- Le pronom *qui* peut remplacer un nom singulier ou pluriel.
  > Le poète **qui** dénonc**e** les enfants-soldats se nomme Boris Vian.
  > Les poètes **qui** dénonc**ent** les enfants-soldats se nomment Boris Vian et Yves Pinguilly.
- Le pronom *qui* peut remplacer un pronom personnel à la première ou à la deuxième personne.
  > C'est moi **qui** li**s** ce poème-ci, c'est toi **qui** li**s** ce poème-là.
  > Nous **qui** di**sons** ces poèmes, nous les savons par cœur, vous **qui** les écout**ez**, vous allez les apprécier.

Le sujet inversé
Après les autres pronoms relatifs – *que, où, dont, (à, de) quoi* – le sujet du verbe est souvent inversé.
  > Le combat que mèn**ent** ces poètes contre la misère nous touche. Le racisme dont parl**ent** ces vers est révoltant.

➔ Appliquer la règle

1. Repérez les sujets des verbes en gras et justifiez les terminaisons.

C'est un trou de verdure, où **chante** une rivière,
Accrochant follement aux herbes des haillons
D'argent ; où le soleil, de la montagne fière,
Luit : c'est un petit val[1] qui **mousse** de rayons. [...]

1. vallon.   A. Rimbaud, « Le dormeur du val », *Poésies,* 1870.

2. Justifiez l'orthographe des verbes en gras.

1] Mais quand les hommes vivront d'amour
Qu'il n'y aura plus de misère
Peut-être song'ront-ils un jour
À nous qui **serons** morts mon frère
Nous qui **aurons** aux mauvais jours
Dans la haine et puis dans la guerre
Cherché la paix, cherché l'amour
Qu'ils **connaîtront** alors mon frère

F. Leclerc, « Le rendez-vous », paroles de R. Lévesque, 1955.

2] Frères humains, qui après nous **vivez**,
N'ayez les cœurs contre nous endurcis [...]
Quant à la chair, que trop **avons nourrie**,
Elle est piéça[2] dévorée et pourrie. [...]

F. Villon (1431- ?), *La Ballade des pendus.*
2. depuis longtemps.

3. Accordez correctement les verbes conjugués au présent.

1] [...] Le cri qui *(gonfler)* la poitrine
De Lorca à Maïakovski
Des poètes qu'on *(assassiner)*
Ou qui *(se tuer)* pour quoi pour qui [...]

J. Ferrat, *Je ne chante pas pour passer le temps,* 1968, © Gérard Meys.

2] Vous qui *(vivre)* en toute quiétude
Bien au chaud dans vos maisons
Vous qui *(trouver)* le soir en rentrant
La table mise et des visages amis,
Considérez si c'est un homme
Que celui qui *(peiner)* dans la boue,
Qui *(se battre)* pour un quignon de pain,
Qui *(mourir)* pour un oui pour un non. [...]

P. Levi, *Si c'est un homme,* © Robert Laffont, 2002.

« Sur terre, il y a place pour tous », de F. Schiller, illustré par une calligraphie de H. Massoudy.

➔ S'entraîner à la réécriture   **Brevet**

4. Écrivez le texte en remplaçant *ceux* par *celui* et faites tous les accords nécessaires.

[...] J'y suis pour tout le monde [...]
Pour ceux qui meurent parce que les juifs il faut les tuer
pour ceux qui meurent parce que les jaunes cette
　　　　　　　　[race-là c'est fait pour être exterminé
pour ceux qui saignent parce que ces gens-là ça
　　　　　　　　[ne comprend que la trique
pour ceux qui triment parce que les pauvres c'est fait
　　　　　　　　[pour travailler
pour ceux qui pleurent parce que s'ils ont des yeux
　　　　　　　　[eh bien c'est pour pleurer [...]

C. Roy, « Jamais je ne pourrai », *Les Circonstances,* Poésies, © Éditions Gallimard, 1970.

➔ S'entraîner en vue de la dictée   **Brevet**

[...]
J'écris dans cette fosse où, non plus un prophète,
Mais un peuple est parmi les bêtes *descendu.*
Qu'on *somme* de ne plus oublier sa défaite
Et de livrer aux ours la chair qui leur *est due* [...]

J'écris dans la chiourme[3] énorme qui *murmure*...
J'écris dans l'oubliette, au soir, qui *retentit*
Des messages frappés du poing contre les murs,
Infligeant aux geôliers d'étranges démentis [...]

L. Aragon, *Le Musée Grévin,* © Stock, 1943.
3. terme familier pour *prison.*

1. Quels sont les sujets des verbes en italique ?
2. Justifiez l'accord des participes passés *descendu* et *due.*
3. Vocabulaire à retenir : a. Que signifie le verbe *sommer* ici ? b. *geôliers, oubliette* : où le narrateur se trouve-t-il ?

Pour vous préparer à la dictée, familiarisez-vous avec le style de Louis Aragon : relisez ceux de ses poèmes qui sont dans la séquence.

Séquence 6 ▶ **Chants de révolte et d'espoir**

S'EXPRIMER

VOCABULAIRE
▶ Connaître des préfixes d'opposition

❶ Le préfixe *ré-* ou *r-* (devant une voyelle)

> *Rebelle, rébellion, révolte, se révolter, révolution, révolutionnaire.*

1. Quels sont les deux radicaux que vous repérez ?
2. Le préfixe *re-*, qui vient du latin, indique le *retour en arrière*, la *répétition*, le *renforcement* ; le radical *bell-*, du latin *bellum*, signifie « la guerre » et le radical *volv-*, du latin *volvere*, signifie « retourner ». Expliquez les mots de la liste ci-dessus à partir de leur étymologie.

❷ Le préfixe *dé-* ou *dés-* (devant une voyelle)

Ce préfixe signifie l'action d'*ôter*, de *retirer*, de *défaire*.
> *Espoir* → *désespoir*.

En utilisant ce préfixe, formez des noms à partir des verbes suivants : *accorder, armer, avantager, avouer, équilibrer, hériter, honorer, humaniser, obéir, orienter, se solidariser, stabiliser, unir.*

❸ Le préfixe *dis-*

Ce préfixe vient du latin *dis-*, indiquant la *séparation*, la *différence*, le *défaut*.

En vous aidant du sens du préfixe, expliquez les mots suivants : *discorde, discrimination, discrédit, dislocation, dissemblable, dissocier.*

❹ Le préfixe *in-*

Ce préfixe a plusieurs orthographes : *in-, il-, im-* (devant b, m, p), *ir-*. Il peut signifier *le contraire de*.
Formez le contraire des adjectifs suivants : *adéquat, apte, admissible, compétent, compréhensible, décent, possible, légal, légitime, réductible, supportable.*

Ce préfixe signifie également *dans, vers* ; en ce sens, on le trouve aussi sous la forme *en-*. En vous aidant du sens du préfixe, expliquez : *encourager, endurer, endurcir, enragé, ensanglanter, entraver, immigration, insurrection, invasion.*

S'EXPRIMER

ORAL
▶ Travailler le rythme et le ton

Fodé Camara, *Le Vieux Nègre, la médaille et la statue*, 1988, coll. privée. © F. Camara

SUJET : Par groupes de deux, vous allez lire ou dire ces extraits de poèmes engagés.

Préparation
- Lisez silencieusement les deux poèmes.
- Échangez vos analyses. Quel est le point commun aux poèmes ? Quel est le message de chacun d'eux ? Quels sont les mots les plus chargés de sens dans chacun d'eux ? Lequel est un chant d'espoir ? un chant de révolte ?
- Recopiez les deux poèmes ; marquez par des / ou des // les pauses à respecter (p. 68) ; soulignez les répétitions, les anaphores, les mots sur lesquels insister.
- Répartissez-vous la lecture des poèmes.
- Entraînez-vous à lire avec expressivité et avec rythme ; votre camarade veillera à vous corriger.

Aimé Césaire (1911)
Ce poète antillais a contribué à créer la notion de « négritude ». Il a été maire de Fort-de-France, puis député de la Martinique.

[…]
ne faites point de moi cet homme de haine
    [pour qui je n'ai que haine
car pour me cantonner en cette unique race
vous savez pourtant mon amour tyrannique
vous savez que ce n'est point par haine des
    [autres races

que je m'exige bêcheur de cette unique race
que ce que je veux
c'est pour la faim universelle
pour la soif universelle […]

    Aimé Césaire, *Cahier d'un retour au pays natal*,
    © Présence africaine, 1939.

Léopold Sédar Senghor (1906-2001)
Ce poète d'origine sénégalaise a fait ses études en France ; il est une des figures les plus marquantes de la littérature noire de langue française. Il a été président du Sénégal de 1960 à 1980. En 1948, il publie le recueil, *Hosties noires*, en mémoire des soldats africains morts sur le champ de bataille.

Vous, tirailleurs Sénégalais, mes frères
Noirs à la main chaude
Sous la glace et la mort
Qui pourra vous chanter si ce n'est votre frère d'amour, votre
    [frère de sang ?
Je ne laisserai pas la parole aux ministres, et pas aux généraux
Je ne laisserai pas – non – les louanges de mépris vous enterrer
Furtivement
Vous n'êtes pas des pauvres aux poches vides sans honneur
Mais je déchirerai les rires Banania sur tous les murs de France.

    Léopold Sédar Senghor, *Hosties noires*, © Éditions du Seuil, 1948.

ÉCRIT
▶ Exprimer un engagement

S'EXPRIMER

1 Poursuivre un poème engagé

Raconte-moi le passé.
– Il est trop vaste.
– Raconte-moi le XXe siècle.
– Il y eut des luttes sanglantes,
puis Lénine,
puis l'espoir,
puis d'autres luttes sanglantes. […]
– Raconte-moi …
– Non, mon enfant,
c'est toi qui dois me raconter l'avenir.

   Alain Bosquet, « Raconte-moi le passé… »,
   Le Cheval applaudit, recueilli dans *Je ne suis pas
   un poète d'eau douce*, © Éditions Gallimard, 1980.

SUJET : Écrivez la suite de ce poème sous forme de dialogue, en donnant la parole à l'enfant.

Méthodes
- Lisez attentivement le poème et définissez si votre poème sera plutôt un chant de révolte ou un chant d'espoir.
- Organisez le dialogue : l'enfant raconte l'avenir avec des phrases déclaratives et exclamatives ; l'adulte pose des questions.
- Pour préciser la vision de l'avenir par l'enfant, employez des **propositions subordonnées relatives** en faisant attention à l'accord des verbes.
- Pour évoquer l'avenir, utilisez le futur simple.

2 Composer un poème engagé

SUJET : Rédigez un poème où vous exprimerez une révolte ou votre espoir en une cause qui vous tient à cœur. Vous commencerez, à la manière de cette chanson de Louis Chedid, par :
*Anne, ma sœur Anne,
Si j't'disais ce que je vois venir…*
Votre poème pourra comporter des rimes ou être écrit en vers libres. Vous donnerez un titre à votre poème.

Préparation
- Choisissez une cause qui vous intéresse.
- Expliquez au brouillon pourquoi elle vous paraît importante.
- Listez quelques exemples en lien avec cette cause.

Pablo Picasso (1881-1973), *Colombe avec des fleurs*, 1957, coll. privée. © Succession Picasso, Paris 2008, © Bridgeman

Critères de réussite
- Le thème sur lequel porte votre engagement doit être nettement perceptible.
- Employer des **propositions subordonnées relatives**, en veillant aux **accords des verbes**.
- Employer des figures de style par ressemblance (métaphores, comparaisons, personnification…) pour rendre l'évocation imagée.
- Employer des anaphores et des apostrophes pour donner de la force à votre ton.
- Soigner le **rythme** de votre poème (voir la page 416).
- Pour le **vocabulaire de la révolte**, se reporter à la page 176.

3 Exprimer son opinion sur la poésie engagée

→ ARGUMENTATION

SUJET : Attendez-vous d'un poète ou d'un chanteur que, comme Claude Roy, il s'intéresse aux problèmes de son temps et les dénonce dans ses poèmes, ou préférez-vous qu'il vous fasse rêver ? Vous répondrez en une quinzaine de lignes, en vous appuyant sur des exemples.

Méthodes
- Développez au moins deux arguments pour défendre votre opinion ; prévoyez un paragraphe par argument.
- Citez des noms de poètes, des titres de poèmes et, si possible, des vers, que vous placerez entre guillemets.
- Utilisez le vocabulaire de la révolte (voir p. 176).

Jamais jamais je ne pourrai dormir tranquille aussi longtemps
que d'autres n'auront pas le sommeil et l'abri
ni jamais vivre de bon cœur tant qu'il faudra que d'autres
meurent qui ne savent pas pourquoi
J'ai mal au cœur mal à la terre mal au présent
Le poète n'est pas celui qui dit Je n'y suis pour personne
Le poète dit J'y suis pour tout le monde […]

   Claude Roy, « Jamais je ne pourrai », *Les Circonstances*, Poésies,
   © Éditions Gallimard, 1970.

MÉTHODES POUR LE BREVET

Je vérifie mes connaissances
- Quels sont les thèmes de révolte rencontrés dans la séquence ? Parmi eux, quels sont ceux qui concernent la fin du XXe siècle et le début du XXIe siècle ?
- Quelles figures de style pouvez-vous citer ?

→ **FAIRE LE POINT** – p. 173

Lily

On la trouvait plutôt jolie, Lily
Elle arrivait des Somalies Lily
Dans un bateau plein d'émigrés
Qui venaient tous de leur plein gré
5 Vider les poubelles à Paris
Elle croyait qu'on était égaux Lily
Au pays de Voltaire et d'Hugo Lily
Mais pour Debussy en revanche
Il faut deux noires pour une blanche
10 Ça fait un sacré distinguo
Elle aimait tant la liberté Lily
Elle rêvait de fraternité Lily
Un hôtelier rue Secrétan
Lui a précisé en arrivant
15 Qu'on ne recevait que des Blancs

Elle a déchargé des cageots Lily
Elle s'est tapé les sales boulots Lily
Elle crie pour vendre des choux-fleurs
Dans la rue ses frères de couleur
20 L'accompagnent au marteau-piqueur
Et quand on l'appelait Blanche-Neige Lily
Elle se laissait plus prendre au piège Lily
Elle trouvait ça très amusant
Même s'il fallait serrer les dents
25 Ils auraient été trop contents
Elle aima un beau blond frisé Lily
Qui était tout prêt à l'épouser Lily
Mais la belle-famille lui dit nous
Ne sommes pas racistes pour deux sous
30 Mais on veut pas de ça chez nous

Elle a essayé l'Amérique Lily
Ce grand pays démocratique Lily
Elle aurait pas cru sans le voir
Que la couleur du désespoir
35 Là-bas aussi ce fût le noir
Mais dans un meeting à Memphis Lily
Elle a vu Angela Davis Lily
Qui lui dit viens ma petite sœur
En s'unissant on a moins peur
40 Des loups qui guettent le trappeur
Et c'est pour conjurer sa peur Lily
Qu'elle lève aussi un poing rageur Lily
Au milieu de tous ces gugus
Qui foutent le feu aux autobus
45 Interdits aux gens de couleur

Mais dans ton combat quotidien Lily
Tu connaîtras un type bien Lily
Et l'enfant qui naîtra un jour
Aura la couleur de l'amour
50 Contre laquelle on ne peut rien
On la trouvait plutôt jolie, Lily
Elle arrivait des Somalies Lily
Dans un bateau plein d'émigrés
Qui venaient tous de leur plein gré
55 Vider les poubelles à Paris.

Lily, paroles et musique : **Pierre Perret**, 1977, © Éditions Adèle.

Franke, *Angela Davis*, 1971, coll. privée. © Akg-Images

MÉTHODES

▶ Comprendre la formulation des consignes

1. **a.** Quelles sont les questions qui portent sur la grammaire ?
b. Quelles leçons de grammaire faut-il revoir pour répondre correctement ?
2. Indiquez les numéros des questions qui exigent d'abord un relevé, puis une interprétation.
3. Reformulez avec vos propres mots les passages en gras dans les consignes.
4. Parmi ces adjectifs qualificatifs, quels sont ceux qui peuvent qualifier le ton d'un texte qui vise : 1) à critiquer ; 2) à vanter (quelque chose ou quelqu'un) : élogieux, emphatique, ironique, satirique, véhément ?

Questions — 15 points

I. Une chanson populaire — 2,5 points

1. Quels sont les éléments qui permettent d'identifier ce texte comme une chanson ? (1 pt)

2. Quel est le niveau de langue employé à plusieurs reprises ? Justifiez votre réponse en citant quatre mots du texte et une **construction syntaxique**. (1,5 pt)

II. Un chant de révolte — 7 points

3. Que dénonce cette chanson ? Justifiez votre réponse à l'aide de mots du texte. (1 pt)

4. a. Que signifie l'expression « *de leur plein gré* » ? (0,5 pt)
b. Sur quel ton est-elle employée ici ? Expliquez la présence des allusions à Voltaire et à Hugo dans ce texte. (0,5 pt)

5. Dans la première strophe, quels sont les trois mots évoquant la République française ? Pourquoi l'auteur les a-t-il employés ? (1 pt)

6. Quelle figure de style est employée aux vers 8 et 9 ? **Dans quelle intention** est-elle utilisée ? (1 pt)

7. Dans la deuxième strophe, quels sont les deux termes utilisés pour désigner Lily ? Quel sentiment traduisent-ils chez ceux qui les emploient ? chez le poète ? (1,5 pt)

8. a. « *Elle aurait pas cru* » : à quel mode et à quel temps le verbe est-il conjugué ? (0,5 pt)
b. Quel sentiment est ainsi exprimé ? (1 pt)

III. Un chant d'espoir — 5,5 points

9. a. Dans la troisième strophe, relevez la conjonction de coordination qui fait basculer le poème. (0,5 pt)
b. Quel rapport logique exprime-t-elle ? (0,5 pt)

10. V. 38 à 40 : **a.** Rétablissez la ponctuation. (0,5 pt)
b. Qui s'exprime dans ces vers ? (0,5 pt)
c. En quoi ces vers sont-ils porteurs d'espoir ? (1 pt)

11. a. V. 47 et 50 : relevez les sujets des verbes en indiquant **leurs natures grammaticales respectives**. (0,5 pt)
b. Qui désignent-ils ? (1 pt)

12. Vers 47 à 50 : **a.** Quels sont le mode et le temps des verbes ? (0,5 pt)
b. Que traduit l'emploi de ce mode et de ce temps ? (0,5 pt)

MÉTHODES

▶ Apprendre à lire le sujet

1. Quel type de discours (de texte) attend-on ?
2. Qui sera le narrateur ? À quelle personne le récit doit-il être fait ?
3. Quels temps pouvez-vous ou devez-vous employer ?
4. Cette scène doit-elle s'être réellement passée ? Cette scène doit-elle paraître réaliste ?
5. Quels sentiments pouvez-vous être amené(e) à exprimer ?

▶ Préparation au brouillon

- Cernez la scène que vous voulez raconter : après une rapide situation initiale, développez la (les) péripétie(s) qui ont provoqué votre révolte.
- Intercalez dans votre récit vos réactions et/ou vos commentaires qui témoignent de votre révolte. Pensez à réutiliser le vocabulaire de la révolte que vous connaissez (voir p. 176).
- Terminez par une brève situation finale dans laquelle vous direz si votre révolte a eu ou non un impact sur l'issue de la scène ou sur vous-même.

Expression écrite — 15 points

Sujet : Racontez une scène qui vous a révolté(e). Vous ferez part de vos réactions et de vos sentiments.

SÉQUENCE 7

PRISES DE POSITION

Premiers pas dans l'argumentation

▸ Défendre une opinion

ŒUVRE INTÉGRALE
- *Le Vieux qui lisait des romans d'amour*, L. Sepulveda 182
FICHE-MÉTHODE : Organiser une interview

LECTURES CURSIVES
- Histoires d'adolescents 185

TEXTES & IMAGES
- *Le jeans : bleu mais pas vert !* P. Vennetier 186
- *Lettre à mon fils*, G. Sinoué 188
- *Jane Eyre*, C. Brontë 190
- *La Ronde*, J.-M. G. Le Clézio 192
- *Lettre à la jeunesse*, É. Zola 194
- *Le travail des enfants*, dessin d'humour • Affiche Unicef 196

L'ÉCHO DU POÈTE
- *Le Laboureur et ses enfants*, J. de La Fontaine 198

FAIRE LE POINT
- 📷 La défense d'une opinion 199

S'EXPRIMER
- **Vocabulaire :** Employer les mots de l'argumentation 200
- **Oral :** Réaliser une campagne radiophonique 200
- **Orthographe :** Respecter les marques de l'énonciation 201
- **Grammaire :** Exprimer la cause et la conséquence – Exprimer la subjectivité 202
- **Écrit :** Exprimer une opinion 203

MÉTHODES POUR LE BREVET
- *La Frontière*, P. Bard 204

OBJECTIFS
▸ Comprendre un conte philosophique

▸ Argumenter à partir d'un roman

▸ Définir des caractéristiques du discours argumentatif
▸ Repérer les arguments et les exemples
▸ Étudier la construction d'une argumentation
▸ Comprendre l'implicite argumentatif d'un récit
▸ S'initier aux procédés pour convaincre et persuader
▸ Lire des images argumentatives

Entrer par l'image
① Quels supports identifiez-vous sur la page ci-contre ?
② Quelles situations liez-vous à la littérature ? à la vie civique ?

➡ **Principaux points de langue :** **L'argumentation**, présence de l'énonciateur et du destinataire • **L'argumentation**, des connecteurs logiques pour convaincre • **L'argumentation**, des procédés pour persuader • **Les rapports logiques**

Défendre une opinion

par l'écriture

20 novembre
par un slogan
écoutons les enfants

par l'affiche

RENTRÉE SANS MARQUES 2007

par le dessin d'humour

par la parole

Séquence 7 ▶ Premiers pas dans l'argumentation

ŒUVRE INTÉGRALE

Comprendre un conte philosophique

Le Vieux qui lisait des romans d'amour
Luis Sepulveda, 1992

A Approche documentaire

Lisez les deux documents, puis répondez aux questions.

1. Quel est l'ancien nom des Shuars ? Pourquoi cet ancien nom est-il connu ?

2. Qu'est-il arrivé au peuple shuar ?

3. Comment ce peuple défend-il son identité ?

4. En vous aidant de la carte, établissez un rapport de proportion entre l'Amazonie et la France.

5. Quel problème touche l'Amazonie à notre époque ? Quelle est l'origine de ce problème ?

6. En quoi la situation des Shuars et celle de l'Amazonie sont-elles liées ? Expliquez.

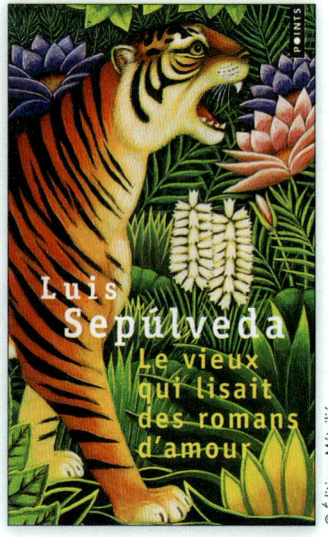

Document 1

Le Courrier de l'Unesco

Équateur : l'irréductible[1] shuar

Les Shuars (ex-Jivaros) de l'Amazonie équatorienne défendent et enseignent leur langue, principal vecteur de leur identité culturelle. Ainsi préservent-ils aussi leur autonomie.

Shuars (Jivaros) : ils sont environ 40 000. Shuar signifie « gens », par opposition avec le reste des êtres vivants de la forêt.

Qui n'a pas entendu parler des Shuars, qu'on appelait autrefois les Jivaros ? Dans leurs récits, les explorateurs et les premiers missionnaires évoquaient déjà leur caractère indomptable et leur individualisme farouche. Les mythiques « réducteurs de têtes[2] » ne se sont jamais laissé conquérir. Ce peuple qui vivait de chasse et de cueillette s'est reconverti dans l'élevage et la culture des agrumes. Ils pratiquent aussi les cultures horticoles traditionnelles dans des zones très enclavées de la forêt amazonienne. Tous ont choisi d'entrer dans la modernité sans pour autant renoncer à leur langue ni à leur culture. […] Les descendants des colons ont réquisitionné leurs terres et multiplié les mauvais traitements à leur égard. […]

Bilinguisme officiel

La mise en place du Système d'éducation radiophonique biculturel Shuar (SERBISH) a largement favorisé leur autonomie. La Fédération couvre en effet une zone difficile d'accès, où les forêts impénétrables succèdent aux sommets inaccessibles. Le programme éducatif radiophonique en shuar et en espagnol a été lancé en 1968 et s'est étendu en 1972. Il est devenu le soutien essentiel des nouvelles écoles bilingues.

Le système éducatif biculturel des Shuars a deux grands objectifs : enseigner l'espagnol pour mieux revendiquer une égalité entre tous les citoyens équatoriens et faire du shuar une langue moderne pour mieux préserver l'identité de ses locuteurs. Dès le départ, les familles shuares se sont montrées enthousiastes : leurs enfants […] n'auraient plus honte de leur langue maternelle, le bilinguisme étant officiellement en vigueur dans le nouveau système.

Shuar de retour de la chasse.

1. qu'on ne peut pas réduire ; ici, jeu de mots pour les Shuars, réducteurs de têtes.
2. Lorsque les Shuars tuaient leurs ennemis, ils leur tranchaient la tête et la réduisaient à la taille d'une pomme.

Marcos Almeid, journaliste à Quito (Équateur), © *Courrier de l'Unesco*, avril 2000.

Document 2

Environnement et ressources
Une faune et une flore en danger

La variété des climats a produit une grande diversité d'espèces animales et végétales.

Les forêts sud-américaines portent bien leur nom de « poumon vert de la planète ». Leur superficie, de plus de 6 millions de km², dépasse l'étendue mondiale des autres forêts tropicales. La variété végétale est immense : plus de 40 000 espèces recensées rien qu'au Brésil. Les forêts sont d'ailleurs une source prodigieuse de matières premières : bois précieux, caoutchouc… ou alimentaire : cœurs de palmiers, noix de cajou qu'on ne sait pas cultiver en serre et que les États-Unis importent à raison de 300 millions de dollars. On y trouve aussi des principes actifs pouvant servir de médicaments, de pesticides, de colorants alimentaires, voire de substitut du pétrole comme l'huile de palme. Mais l'exploitation intensive et anarchique est en train de tuer cette « poule aux œufs d'or », entraînant la destruction d'une véritable arche de Noé. Ainsi, on estime à près de 10 millions le nombre d'espèces vivantes présentes en Amérique du Sud. Mais au rythme de leur découverte, il faudra encore 1 000 ans pour les décrire !

Actuellement, on dénombre près de 600 mammifères, plus de 3 500 espèces d'oiseaux sur les 8 600 existant – dont une grande majorité des 350 sortes de perroquets. Avec ses 2 000 espèces de poissons d'eau douce, elle possède aussi la faune ichtyologique[1] la plus riche du monde. Mais ce patrimoine est victime des braconniers[2] : peaux de félins (ocelot, margay…) et de reptiles (caïmans) sont l'objet d'un trafic intense. Les animaux vivants sont aussi visés : perroquets, singes, grenouilles, *Dendrobates*… ont presque disparu de leur environnement.

Le jaguar est un redoutable félin qui ne vit à l'état sauvage qu'en Amérique latine.

1. de poissons. 2. chasseurs hors-la-loi.

La déforestation

Les écologistes ont du mal à se faire entendre

L'Amazonie couvre une région qui s'étend sur plus de 7 millions de km², dont la moitié sur le territoire brésilien. 15 % de la forêt ont disparu en vingt ans. Le défrichement, qui consiste à rendre cultivable un terrain sauvage, en est en grande partie responsable. Mais le commerce du bois tropical est tout aussi dommageable pour l'équilibre de la biodiversité.

548 000 km² en 30 ans

Dossier « L'Amazonie », © *Ça m'intéresse*.

ŒUVRE INTÉGRALE

B Un récit d'aventure

Une aventure
1. Quels sont les deux incidents similaires qui créent l'aventure dans le roman (chapitres 1 et 5) ?

2. a. Que sait-on de la vie du héros avant son arrivée à El Idilio (chapitre 3) ?
b. Quel élément déclenche le récit de la vie passée du héros ?
c. Par quel procédé narratif ce passé nous est-il rapporté ?

3. Quelles sont les grandes étapes de l'aventure finale dans le chapitre 8 ?

Un héros et son faire-valoir[1]
4. Qui sont les principaux protagonistes de ce roman ?

5. Comment pouvez-vous qualifier la relation entre Antonio José Bolivar et le maire d'El Idilio ? Appuyez-vous sur les chapitres 5 et 6.

6. Quelles sont les principales caractéristiques physiques, intellectuelles et morales du maire ?

7. a. De quelles qualités Antonio José Bolivar fait-il preuve ?
b. Pensez-vous que le personnage du maire serve à mettre Bolivar en valeur ? Pourquoi ?

Un titre
8. Le titre rend-il compte d'un moment-clé de l'aventure ? Que nous apprend-il du héros ?

9. Pourquoi, selon vous, l'auteur a-t-il choisi ce titre ?

L'exotisme
10. Relevez, dans le chapitre 7, des passages qui décrivent la forêt amazonienne à travers les quatre sens : la vue, l'ouïe, l'odorat, le toucher.

11. Recopiez un passage du roman qui prouve que l'auteur est bien documenté sur la forêt amazonienne.

[1]. personnage qui met en valeur le héros.

C Un conte philosophique

Une opinion (thèse) à défendre
1. Lisez le premier avant-propos de Luis Sepulveda : à qui est-il adressé ? Que sait-on de ce destinataire ?

2. Lisez le second avant-propos de L. Sepulveda : à qui est-il adressé ?

3. Quelle(s) thèse(s) L. Sepulveda s'engage-t-il à défendre à travers ces deux dédicaces ?

Un lieu particulier
4. a. Cherchez le sens de l'adjectif *idyllique*.
b. Le nom du village, El Idilio, correspond-il à cette définition ? Expliquez.
c. Pourquoi, selon vous, L. Sepulveda a-t-il choisi ce nom ?

5. La forêt amazonienne est-elle présentée comme paradisiaque ? Justifiez.

La confrontation des peuples
6. Les Shuars vivent-ils en harmonie avec la forêt ? Expliquez.

7. Racontez trois rites shuars présentés dans le roman (chapitre 3).

8. À qui les Shuars s'opposent-ils ? Pourquoi (chapitre 3) ?

9. a. Quelles sont les caractéristiques des Gringos (chapitre 6) ?
b. Leur portrait est-il positif ou négatif ?

Un héros porte-parole de l'auteur
10. Quelle position particulière Antonio José Bolivar occupe-t-il entre les Shuars et les colons ? Expliquez.

11. Relevez différents passages du roman où l'expérience de la forêt amazonienne du Vieux est mise en évidence (chapitres 2, 3, 5, 6, 7).

12. En vous appuyant sur le dernier chapitre du roman, estimez-vous que le Vieux est digne de vivre dans la forêt amazonienne ? Justifiez votre opinion.

13. a. Quel est le point de vue adopté par le narrateur dans le roman ?
b. En quoi ce choix est-il intéressant ?

D Rendre compte du roman sous forme d'interview

Vous allez, par groupes de deux, rendre compte de votre analyse du roman sous forme d'une interview de 5 minutes.

Préparation de l'interview
En vous servant de vos réponses aux questions des parties B et C, préparez des questions et des réponses autour de ces trois points :
– Le roman est-il un conte (appuyez-vous sur les différents éléments répertoriés dans la partie B) ? Pourquoi ?
– Le roman est-il un conte philosophique ? Rappelez la (ou les) thèse(s) défendue(s) ; demandez-vous comment la thèse s'inscrit dans le monde actuel.
– Le choix du conte pour défendre la thèse est-il pertinent ou non ? Pourquoi ?

Réalisation de l'interview
Voir la fiche-méthode.

E Définir un conte philosophique

À partir des interviews menées et écoutées par la classe, chacun(e) rédige une définition de ce que l'on appelle un conte philosophique.
Après la lecture des différentes définitions proposées par les élèves, on fait la synthèse et on propose une définition commune.

FICHE-MÉTHODE

Organiser une interview
1. Déterminer les rôles : journaliste, interviewé(e).
2. Respecter un temps de parole équitable.
3. Enchaîner correctement les questions et les arguments.
4. Nuancer ou compléter les propos de l'autre.
5. Utiliser un discours persuasif.
6. Soigner son élocution.
7. Prendre en compte l'auditoire (être capable de répondre aux questions du public).

LECTURES CURSIVES

Lire des romans contemporains à visée argumentative
Histoires d'adolescents

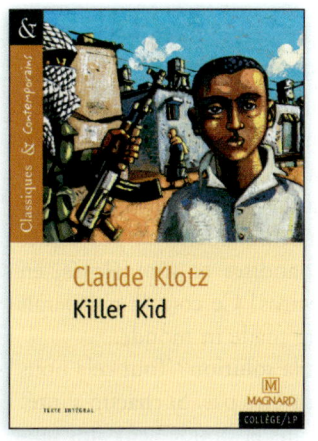

◉ **Claude Klotz,**
Killer Kid,
Classiques & contemporains,
© Magnard, 2001.
L'enrôlement des enfants dans le terrorisme.

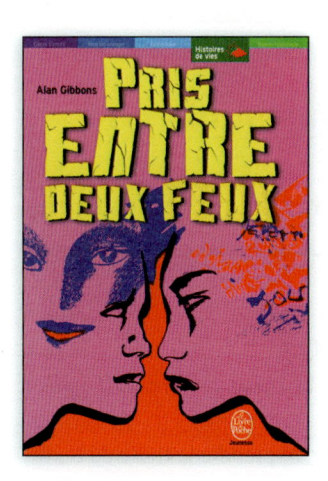

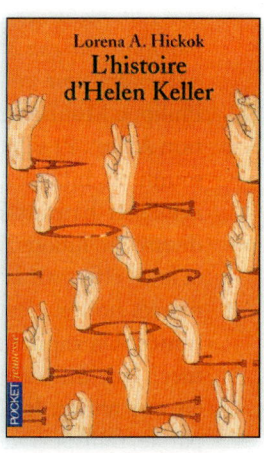

◉ **Lorena A. Hickok,**
L'Histoire d'Helen Keller,
© Pocket Jeunesse, 1998.
Un récit sur le handicap.

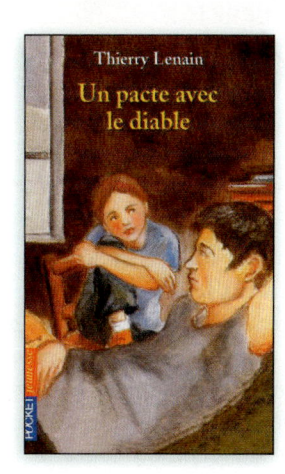

◉ **Thierry Lenain,**
Un pacte avec le diable,
© Pocket Junior, 2001.
Un récit sur la drogue.

◉ **Alan Gibbons,**
Pris entre deux feux,
Le Livre de Poche Jeunesse, 2004.
Une histoire d'amour sur fond de racisme en Angleterre.

◉ **Dai Sijie,**
Balzac et la Petite Tailleuse chinoise, Folio, © Éditions Gallimard, 2005.
Un roman sur le rôle de l'éducation.

ARGUMENTATION

> **Argumenter à partir d'un roman**

SUJET : Avez-vous été sensible au message du roman que vous avez lu ? Justifiez votre opinion en une quinzaine de lignes, à l'aide d'éléments tirés du roman.

Vous pouvez vous aider des pistes indiquées ci-dessous pour réfléchir au message du roman :

Le message
– Quel est le message (l'opinion que l'auteur veut faire partager, la thèse qu'il veut défendre) ?
– Quel rapport y a-t-il entre le message et l'histoire ?
– Comment comprenez-vous le titre ?

Les personnages et le message
– De quel(s) personnage(s) le lecteur est-il amené à partager le point de vue ?
– En quoi l'enfant (les enfants) est-il (sont-ils) impliqué(s) dans le message du roman ?

L'écriture du roman
– L'écriture du roman est-elle accessible, originale, émouvante… ?

Cherchez un ou deux extraits qui illustrent votre opinion.

Séquence 7 ▶ Premiers pas dans l'argumentation

TEXTES & IMAGES

Avant de lire la page du magazine
Rappelez ce qu'est l'odyssée d'Ulysse.

> IL N'A QUE DEUX JAMBES, MAIS IL AVALE LES KILOMÈTRES AVANT D'ATTERRIR SUR NOS FESSES. QUEL POLLUEUR !
> **LE JEANS : BLEU MAIS PAS VERT !**

Venu de là-bas, teint par ici, tissé ailleurs, cousu autre part, pour être finalement vendu chez nous ! Cette course folle du jeans s'arrêtera-t-elle ? *« Tout indique, pour la production de jeans, une accélération du mouvement en direction des pays à moindre coût, notamment la Turquie, l'Inde et la Chine »*, analyse le cabinet d'études Research and Markets[1]. La recherche du « moindre coût » : le voilà l'aiguillon[2] qui fait courir les producteurs de jeans aux quatre coins du globe.

« Le constat est vite fait, tranche Laurence Benhamou, journaliste économique et auteur du « Grand bazar économique ». *Entre nos pays et ceux où les salaires sont les plus bas, les écarts de coûts de production sont considérables. »* Exemple : un escarpin[3] revient à 26 euros s'il est fabriqué en France, seulement 4,20 euros si c'est en Chine. Dans ces pays où l'on travaille davantage, plus vite, avec une protection sociale au rabais, les économies réalisées sur la main-d'œuvre sont telles que l'on peut bien payer aux marchandises le voyage retour pour l'Europe. *« Leur transport par bateau depuis l'Asie ne représente que 5 % à 10 % de frais supplémentaires »*, précise Laurence Benhamou.

Or, c'est bien là le problème pour l'environnement : si le transport ne coûte pas cher en euros, il se paye en CO_2. *« Quand on dit : pollution, on pense "vilaine industrie". En réalité, ce sont les transports les premiers émetteurs mondiaux de gaz à effets de serre, comme le CO_2. Et ces gaz contribuent au réchauffement climatique »*, rappelle Philippe Mühlstein, responsable Transports de l'association Attac[4]. Et s'il n'y avait que le CO_2 ! Mais la liste des souillures infligées à la nature par nos poids lourds, avions et bateaux cargos, est plutôt longue. Entre les diverses pollutions atmosphériques – les particules, l'ozone et leurs effets sur la santé humaine –, les accidents et les marées noires, c'est tout un capital naturel qui part en fumée. Un capital inestimable, donc impossible à estimer ? Une université allemande s'y est collée. Résultat : en une année, les coûts environnementaux provoqués par le transport des marchandises se sont élevés, en Europe, à 217 milliards d'euros ! Ce coût-là n'apparaît pas sur la facturette de notre made in monde.

Et alors, étranger, où est la solution ? Tout cela nous dépasse tellement, non ? Peut-être pas. Si chacun s'intéresse à la provenance des jeans et boude ceux qui sentent trop le CO_2 et l'exploitation humaine, les fabricants réagiront. Les usines se rapprocheront des lieux de vente. Nos pantalons seront-ils plus chers ? C'est à craindre. Mais un jeans plus « vert » ne vaut-il pas quelques dollars de plus ?

Perrine Vennetier, *Science et Vie Junior*, hors-série n° 64, avril 2006.

1. Recherche et Marchés.   2. ce qui pousse.   3. chaussure de femme à talons hauts.   4. association qui se bat pour les plus démunis.

▶ Définir des caractéristiques du discours argumentatif

■ Les rôles de la carte

1. Étudiez la carte.
a. En quoi le voyage d'un jeans s'apparente-t-il à l'odyssée d'Ulysse ?
b. En quoi cette carte évoque-t-elle un jeans ?
c. Qu'est-ce qui frappe quand on observe les flèches ?
d. Combien de kilomètres et de pays un jeans parcourt-il ?
e. Dans quels types de pays (développés ou en voie de développement) le jeans est-il fabriqué ? vendu ? recyclé ?

2. Quelle couleur est généralement associée à l'écologie ? au jeans ?

3. a. Quel message l'auteur de ce document cherche-t-il à transmettre ?
b. Selon vous, sur quel ton, sérieux ou ironique, le terme d'« odyssée » est-il employé ici ? Justifiez.

■ Un message à délivrer à un destinataire

4. a. Dans le titre et le chapeau[1], de quelle caractéristique du jeans est-il question ?
b. Comment la journaliste laisse-t-elle **percevoir son opinion** ?
c. Expliquez le jeu de mots du titre.

5. Reformulez en une phrase la thèse annoncée (l'opinion émise) dans le chapeau.

6. En quoi la carte aide-t-elle à comprendre la thèse du texte ?

7. a. De quel journal cet article est-il extrait ?
b. Relevez des mots et expressions de niveau familier et des tournures orales.
c. Pourquoi sont-ils employés ?

8. Dans le dernier paragraphe : **a.** Quels sont les moyens employés par la journaliste pour **s'adresser à ses lecteurs** ?
b. Quel message cherche-t-elle à faire passer à ses lecteurs ?

1. petit texte de présentation, placé au-dessus ou en dessous du titre d'un article.

→ L'argumentation – p. 408

SUIVEZ L'ODYSSÉE D'UN JEANS ORDINAIRE !

7 Les jeans sont envoyés en Suisse où ils sont vendus et portés. Bilan : d'après Richard Gerster, qui a reconstitué ce voyage, c'est comme si le pantalon avait parcouru 19 000 km !

4 Le fil teint est tissé en Pologne.

2 En Chine, les balles de coton sont transformées en fil de coton sur des machines européennes.

3 Les fils sont envoyés aux Philippines où ils sont teints avec de la teinture indigo fabriquée en Allemagne.

1 C'est dans les champs du Kazakhstan ou de l'Inde que le coton est récolté.

6 Le jeans brut est envoyé en Grèce pour y être lavé et assoupli avec des pierres ponces venues de Turquie.

5 Retour de la toile aux Philippines où le jeans est assemblé. La doublure vient de France. Les boutons et les rivets d'Italie ; ils ont été fabriqués à partir de zinc d'Australie et de cuivre extrait des mines de Namibie, dans le sud de l'Afrique.

8 Après usage, les jeans portés sont en partie recyclés en Afrique (Ghana) pour y être revendus et reportés.

SUISSE — POLOGNE — GRÈCE — KAZAKHSTAN — INDE — CHINE — PHILIPPINES — GHANA

© B. Gamblin, S. Jungers / *Sciences & Vie Junior*, Hors série n° 64

○ Définir des caractéristiques du discours argumentatif (suite)

■ Des arguments

9. a. D'après les deux premiers paragraphes, expliquez pourquoi le jeans parcourt tant de kilomètres. Exprimez cet **argument** (idée) en une phrase.
b. L. 17, « *avec une protection sociale au rabais* » : expliquez cette expression.
c. La journaliste approuve-t-elle le processus économique qu'elle décrit ? Justifiez.

10. a. Quel est l'argument (l'idée) développé dans le 3ᵉ paragraphe ?
b. Par quelles preuves la journaliste démontre-t-elle son raisonnement ?
c. Par quel **connecteur logique** cet argument est-il relié au précédent ? Quel rapport logique exprime-t-il ?

➜ *L'argumentation – p. 410*

■ Des citations et des exemples

11. a. À quoi repérez-vous les **citations** ? Qui en sont les auteurs ?
b. Pourquoi la journaliste a-t-elle cité ces personnes ? Expliquez.

12. a. Relevez un **exemple** pour le premier argument (1ᵉʳ et 2ᵉ paragraphes) et un exemple pour le second argument (3ᵉ paragraphe).
b. Quel rôle les exemples jouent-ils par rapport aux arguments ?

➜ *L'argumentation – p. 413*

📷 Faisons le point

- Quels sont les **mots de l'argumentation** que vous avez découverts ?
- Quelle est la **thèse** soutenue dans ce texte ?
- Que l'auteur cherche-t-il à **obtenir de son lecteur** ? Justifiez.

Exercice d'écriture

En un paragraphe, dites si vous seriez prêt(e) à suivre les conseils donnés par la journaliste à la fin de l'article, en proposant au moins deux arguments.

Séquence 7 ▶ Premiers pas dans l'argumentation

TEXTES & IMAGES

Avant de lire le texte

1. Quel est le sens des mots : *héroïnomane, solvant, stupéfiant, coca* ?
2. À quel champ lexical commun peut-on rattacher ces quatre mots ?

Gilbert Sinoué
Né au Caire en 1947, cet écrivain français est scénariste et dialoguiste.

Lettre à mon fils

Hier soir, un adolescent avançait en titubant dans les rues de Mexico. Dans le même instant, son frère s'écroulait dans une impasse pleine de nuit, à Paris. À New York, Londres, Amsterdam, ce sont les mêmes scènes que l'on peut voir, à chaque heure du jour.

Les doses d'un héroïnomane lui coûtent environ 1 000 francs[1] par jour.

À Rio de Janeiro, les trafiquants de cocaïne ont pris le contrôle des favelas[2], appliquant leur loi à coups de rafales d'armes automatiques et tenant la police en respect.

Dans la capitale malienne, Bamako, des gamins à peine sortis des langes[3], mains tremblotantes comme celles des vieillards, reniflent des solvants, volent, brisent tout ce qui est à leur portée. Excédée, la population exerce « sa » justice, directe et barbare : un litre d'essence, une allumette qui craque, et le corps de la victime se tord dans les flammes.

À Chicago, le ghetto[4] du centre-ville, déserté par les forces de l'ordre, est devenu le terrain protégé de la drogue. Les bandes rivales, armes au poing, s'y affrontent pour le contrôle des marchés […].

Les profits tirés du trafic mondial de stupéfiants s'élèvent, selon l'ONU, à *400 milliards de dollars par an*. Ce qui représente près du double des revenus de l'industrie pharmaceutique ou environ dix fois le montant de l'aide publique au développement. 85 milliards sont « blanchis[5] » chaque année sur les marchés financiers : 2 à 5 % du produit intérieur brut mondial. La fortune accumulée par les trafiquants depuis dix ou quinze ans pourrait s'élever à plusieurs *milliers de milliards de dollars*. Et une fois encore l'environnement paie le prix fort : en Colombie, pour chaque hectare de coca, 4 hectares de forêts sont détruits. Pour 1 hectare cultivé de marijuana, 1,5 hectare de forêts est détruit. La culture de la coca au Pérou, en Bolivie et en Colombie est responsable de 90 % de la déforestation totale enregistrée par ces trois pays.

Garde ceci bien ancré dans ta tête :

La drogue n'est un bienfait que pour les assassins qui s'enrichissent. Ceux-là mêmes qui n'en consomment jamais, pour conserver l'esprit clair et pouvoir mieux t'inoculer[6] leur poison. Leurs enfants, quant à eux, dorment bien au chaud, à l'abri dans des cocons éloignés des cités-ghettos et de la désespérance.

La drogue est un faux refuge, une béquille de papier. Elle transforme la vie de ses victimes en un cauchemar sans fin. Elle enlève à l'homme ce qui lui appartient de plus sacré : sa dignité. Elle l'entraîne à tuer, à dévaster tout sur son passage, à briser les siens, pour la seule satisfaction d'une sensation éphémère qu'il faut sans cesse, encore, toujours renouveler. À chaque prise, ton cœur, ta tête, ta mémoire, ta chair s'appauvrissent, tandis qu'inversement le pourvoyeur[7] s'enrichit. La drogue est un enchantement mortel que des malfrats[8] qui n'ont jamais connu l'espoir, ni la beauté, ni la noblesse du cœur, ni la générosité et encore moins l'amour, distillent[9] à de malheureux bambins en mal de mirages.

La drogue tue. Chaque année plus de 200 000 personnes dans le monde en sont victimes.

Gilbert Sinoué, *À mon fils à l'aube du troisième millénaire*, © Éditions Gallimard, 2000.

---

1. 150 euros.
2. bidonvilles au Brésil.
3. Les langes sont des linges dans lesquels on emmaillote les bébés.
4. lieu où une minorité vit séparée du reste de la société.
5. Cet argent, issu de trafics malhonnêtes, est réinvesti dans des circuits économiques normaux.
6. transmettre.
7. fournisseur.
8. malfaiteurs.
9. répandent.

◉ Repérer les arguments et les exemples

■ La thèse

1. Observez le paratexte et la ligne 28.
a. De quel type de texte s'agit-il ?
b. Qui est l'émetteur ? le destinataire ?
2. Résumez en une phrase la thèse du texte.

■ L'argumentation par l'exemple

3. a. Relevez les différents lieux géographiques (l. 1 à 16).
b. Sur quels continents se situent-ils ?
c. Qu'ont en commun les faits exposés dans les différents exemples ?
4. a. À partir de ces exemples, exprimez avec vos propres mots l'argument (l'idée) défendu(e) par l'auteur.
b. Diriez-vous que cet argument est exprimé explicitement dans le texte ou implicitement à travers des exemples ?
5. a. Quel est l'argument développé dans les lignes 17 à 23 ? Exprimez-le en une phrase.
b. Est-il d'ordre économique ? politique ? social ?
c. Par combien d'exemples cet argument est-il illustré ? Quelle est la caractéristique commune de ces exemples ?
d. Pourquoi l'adjectif *« blanchis »* (l. 20) est-il écrit entre guillemets ? Pourquoi les montants sont-ils écrits en italique ?
6. a. L. 23 à 27 : exprimez l'argument proposé avec vos propres mots.
b. Quel **rapport logique** relie ce nouvel argument au précédent ?

→ L'argumentation – p. 410

■ L'argumentation par le raisonnement

7. L. 28 : à quels mode et temps le verbe est-il conjugué ? Pourquoi ?
8. Relevez la phrase qui exprime l'argument défendu dans chacun des trois derniers paragraphes.
9. Lequel de ces arguments est-il développé par un exemple ? par un commentaire du narrateur ? par une démonstration ? Expliquez.
10. a. *« La drogue est [...] une béquille de papier »* : que signifie cette expression ? Quelle est la **figure de style** employée ?
b. Quelle autre **figure de style** est employée à plusieurs reprises dans ce paragraphe ? Donnez un exemple.
c. Quel effet l'auteur cherche-t-il à produire en s'exprimant ainsi ?

→ L'argumentation – p. 412

📷 Faisons le point

- Quelle est la fonction des **arguments** par rapport à une **thèse** ?
- Quelles sont les deux fonctions possibles des **exemples** dans une argumentation ?
- Qui sont les **destinataires** explicite et implicite de ce texte ?
- Que l'auteur cherche-t-il à obtenir de son lecteur ?

Exercice d'écriture

Préparation
Associez à chacune des deux thèses proposées les exemples qui les illustrent.
Thèse n° 1 : Le jeu est une activité de socialisation.
Thèse n° 2 : Le jeu peut être une activité négative.
a. Certaines personnes veulent tellement gagner aux *jeux* de société qu'elles ne peuvent s'empêcher de tricher.
b. Les *jeux* de société fonctionnent selon une règle du *jeu* qu'il convient de respecter.
c. Dès la maternelle, les enfants apprennent à tenir compte de leurs camarades dans des jeux de balle.
d. Certains adolescents passent trop de temps devant leur console de *jeu*.
e. Certaines personnes sont interdites d'entrée dans les salles de *jeux*.
f. Grâce à des *jeux* de rôles, des personnes parviennent à surmonter leur timidité.

Écriture
– Choisissez une des deux thèses ; trouvez l'argument qui correspond à chaque exemple.
– Rédigez un paragraphe pour chaque argument que vous développerez rapidement en y associant l'exemple qui lui correspond.

Plan de lutte antidrogue en Colombie. © A. Quesada / Matrix / Cosmos

Séquence 7 ▶ **Premiers pas dans l'argumentation**

TEXTES & IMAGES

Avant de lire le texte

1. L'adjectif qualificatif *juvénile* vient du latin *juvenis*, « le jeune homme » : proposez un synonyme de cet adjectif.
2. *antagoniste*, *antipathie*. **a.** Quel est le préfixe commun à ces deux noms ? **b.** Que signifie-t-il ?
3. Parmi les verbes suivants, quels sont les synonymes et les antonymes de critiquer : *louer, blâmer, vanter, médire, vilipender, faire l'éloge* ?

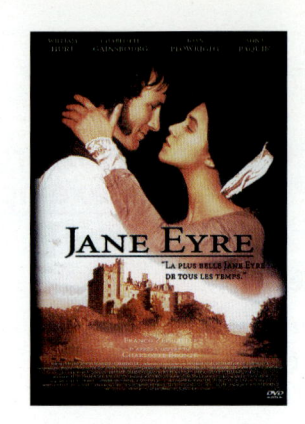

Jane Eyre

Charlotte Brontë
(1816-1855)
Cette romancière anglaise, qui a perdu sa mère à huit ans, est placée dans une pension où elle sera très malheureuse, avant de devenir institutrice, puis professeur d'anglais. Son roman, *Jane Eyre*, qui connut un vif succès dès sa publication, a de forts accents autobiographiques.

Jane Eyre, orpheline de ses deux parents, est recueillie par son oncle, M. Reed, et par la femme de celui-ci. À la mort de ce dernier, Jane doit affronter l'hostilité de Mme Reed et de ses enfants, Eliza, Georgiana et John. Pour leur échapper, Jane demande à être placée en pension ; mais lors du rendez-vous avec le directeur de cet établissement, Mme Reed brosse un effroyable portrait de Jane, en soulignant son goût pour le mensonge.

Il *fallait* que je parle. J'avais été durement piétinée, j'avais besoin de me retourner contre ceux qui m'avaient blessée, mais comment ? Quelle force avais-je pour me venger de mon antagoniste[1] ? Je rassemblai toute mon énergie pour dire cette phrase brusque :

5 « Je ne suis pas dissimulée[2] : si je l'étais, je dirais que je vous aime, mais je déclare que je ne vous aime pas ; c'est vous que je déteste le plus au monde excepté John Reed ; et ce livre sur la Menteuse, c'est à votre fille Georgiana qu'il faut le donner, car c'est elle qui ment et pas moi. »

Les mains de Mrs Reed étaient inactives sur son ouvrage, mais ses yeux de 10 glace me regardaient toujours.

« Qu'avez-vous encore à dire ? » demanda-t-elle, plutôt du ton qu'on prend avec un adversaire d'âge égal que celui qu'on emploie avec un enfant.

Ces yeux, cette voix remuèrent en moi toute mon antipathie[3]. Secouée des pieds à la tête par une agitation indomptable, je continuai :

15 « Je suis bien contente que vous ne soyez pas ma parente : je ne vous appellerai plus ma tante aussi longtemps que je vivrai, et, quand je serai grande, je ne viendrai jamais vous voir, et si quelqu'un me demande si je vous aime et comment vous m'avez traitée, je dirai que cela me rend malade de penser à vous et que vous m'avez traitée avec la plus grande cruauté.

20 – Comment osez-vous affirmer cela, Jane Eyre ?

– Comment j'ose, madame Reed ? Parce que *c'est la vérité*. Vous croyez que je ne sens rien et que je peux me passer d'un petit peu d'affection, mais je ne peux pas vivre ainsi et vous êtes sans pitié. Je me rappellerai comme vous m'avez repoussée, violemment, dans la chambre rouge pour m'enfermer. Je m'en rappel-25 lerai jusqu'au jour de ma mort. Je suffoquais et je criais : « Pitié, tante, pitié ! » et vous m'avez punie comme cela parce que votre méchant garçon m'avait frappée, m'avait jetée par terre pour rien. Je le dirai à tous ceux qui me poseront des questions. On croit que vous êtes bonne, mais vous êtes méchante, vous avez un cœur dur. C'est *vous* qui êtes dissimulée ! »

30 Avant que j'eusse terminé cette réplique, je sentis en moi le plus étrange, le plus aigre des sentiments de liberté, de triomphe que j'aie jamais ressenti. Il me semblait qu'un lien invisible venait d'éclater et que j'avais conquis une liberté inespérée.

Charlotte Brontë, *Jane Eyre*, 1847, trad. M. Gilbert, M. Duvivier, © GF Flammarion, 1990.

1. adversaire.
2. menteuse.
3. sentiment de haine.

Jane Eyre de Franco Zeffirelli. © Flach Film, Rochester Films Limited 1996
Disponible en DVD auprès de CDISCOUNT et VOD auprès de CANALPLAY.

▶ Étudier la construction d'une argumentation

■ Le contexte de l'argumentation

1. À quel genre littéraire appartient le texte dont ce passage est extrait ?

2. a. Quels sont les personnages en présence ?
b. Quels rapports familiaux et affectifs entretiennent-ils ? Répondez en citant le texte.

3. a. Quel est le point de vue adopté dans ce récit ? Justifiez.
b. Qui s'exprime dans les lignes 1 à 4 ?
c. Pour quelle raison le personnage prend-il la parole ? Dans quel but ?

4. Relevez le champ lexical de l'opposition (l. 1 à 13).

■ La construction de l'argumentation

Le premier argument (l. 5 à 8)

5. a. Quel est le premier argument ?
b. Est-il démontré ou seulement affirmé ?
c. Relevez les **connecteurs logiques** : quel effet visent-ils à produire ?

6. Relevez une phrase qui révèle que cet argument a produit un effet sur son destinataire.

Le deuxième argument (l. 15 à 19)

7. Quel est le deuxième argument ?

8. a. À quel mode et à quel temps la plupart des verbes de ce paragraphe sont-ils conjugués ?
b. La narratrice évoque-t-elle les **causes** ou les **conséquences** de son argument ?

9. Fait-elle appel ici à la raison ou aux sentiments de son destinataire ? Justifiez.

Le troisième argument (l. 21 à 29)

10. a. Quel est l'argument développé dans ce passage ?
b. Par quels moyens la narratrice développe-t-elle cet argument ? Justifiez en citant le texte.

→ L'argumentation – p. 410
→ Les rapports logiques – pp. 348-350

■ Les effets de l'argumentation

11. a. Observez la longueur des répliques des deux personnages : que constatez-vous ?
b. Observez les répliques de la narratrice : quelle évolution constatez-vous ?
c. Que pouvez-vous dire de l'évolution du rapport de force entre les personnages ? Justifiez.

12. a. Quel effet ce discours a-t-il sur la narratrice elle-même ? sur son interlocutrice ?
b. Le but initial recherché par la narratrice a-t-il été atteint ? Justifiez.

13. Parmi les verbes suivants, quels sont ceux qui peuvent s'appliquer à ce discours argumenté : *s'affirmer, s'humilier, faire un éloge, critiquer, blâmer, accuser* ? Justifiez vos réponses.

📷 Faisons le point

- La **construction de l'argumentation** (la force des arguments, la qualité de leur développement) gagne-t-elle en qualité au fil du discours ? Justifiez.
- En quoi **l'argumentation** joue-t-elle **sur le comportement des personnages** ?

Exercice d'oral

Lisez les répliques de la narratrice en veillant à souligner l'évolution du personnage par l'assurance grandissante de votre ton.

Séquence 7 ▶ **Premiers pas dans l'argumentation**

TEXTES & IMAGES

Avant de lire le texte
1. Quelle est la métaphore commune à ces expressions : *un cercle vicieux, encercler, tourner en rond, être rond* (fam.), *avoir la tête qui tourne* ?
2. Sont-elles positives ou négatives ?

Jean-Marie Gustave Le Clézio (né en 1940)
Cet écrivain français, dont la famille est originaire de l'île Maurice, s'est consacré très tôt à l'écriture. Il devient célèbre à vingt-trois ans avec un prix littéraire pour son roman *Procès-Verbal*. Les thèmes de l'enfance, des minorités, du voyage, de l'Amazonie, parcourent ses livres. Auteur de nombreux romans (*Étoile errante*, 1992) et de nouvelles (*La Ronde et autres faits divers*, 1982), il a aussi écrit des ouvrages autobiographiques comme *L'Africain* (voir séquence 5).

La ronde

Martine roule devant Titi, elle fonce à travers les rues vides, elle penche tellement son vélomoteur dans les virages que le pédalier racle le sol en envoyant des gerbes d'étincelles. L'air chaud met des larmes dans ses yeux, appuie
5 sur sa bouche et sur ses narines, et elle doit tourner un peu la tête pour respirer. Titi suit à quelques mètres, ses cheveux rouges tirés par le vent, ivre, elle aussi, de vitesse et de l'odeur des gaz. […] C'est le mouvement circulaire qui les enivre aussi, le mouvement qui se fait contre le vide des rues, contre le silence des immeubles blancs, contre la lumière
10 cruelle qui les éblouit. La ronde des vélomoteurs creuse un sillon dans le sol indifférent, creuse un appel. […]

Dans les immeubles neufs, de l'autre côté des fenêtres pareilles à des yeux éteints, les gens inconnus vivent à peine, cachés par les membranes de leurs rideaux, aveuglés par l'écran perlé de leurs postes de télévision. Ils ne voient pas
15 la lumière cruelle, ni le ciel, ils n'entendent pas l'appel strident des vélomoteurs qui font comme un cri. Peut-être qu'ils ignorent même que ce sont leurs enfants qui tournent ainsi dans cette ronde, leurs filles au visage encore doux de l'enfance, aux cheveux emmêlés par le vent.

Dans les cellules de leurs appartements fermés, les adultes ne savent pas ce
20 qui se passe au-dehors, ils ne veulent pas savoir qui tourne dans les rues vides, sur les vélomoteurs fous. Comment pourraient-ils le savoir ? Ils sont prisonniers du plâtre et de la pierre, le ciment a envahi leur chair, a obstrué leurs artères. Sur le gris de l'écran de télévision, il y a des visages, des paysages, des personnages. Les images s'allument, s'éteignent, font vaciller la lueur bleue sur les visages
25 immobiles.

Jean-Marie Gustave Le Clézio, *La Ronde et autres faits divers*,
© Éditions Gallimard, 1982.

○ Comprendre l'implicite argumentatif d'un récit

■ La ronde des vélomoteurs

1. a. Quels sont les personnages du récit dont les noms sont mentionnés ?
b. Ces personnages sont-ils des enfants, des adolescentes ou des adultes ? Justifiez en vous appuyant sur le deuxième paragraphe.
2. Qu'est-ce qui caractérise leur ronde ? Répondez en citant des mots du texte, en relevant le champ lexical des sensations.
3. a. Nommez la figure de style dans les lignes 8 à 11 et citez les mots du texte.
b. Quel est l'effet produit ?

■ Le monde des adultes

4. a. L. 12 à 20, relevez les reprises nominales et pronominales désignant les adultes.
b. Ces reprises désignent-elles des personnages précis ?
c. En quoi donnent-elles une dimension argumentative à cette description ?
5. a. L. 12 à 14 et 19 à 21 : relevez et nommez les figures de style.
b. L. 14 à 16 et 19 à 21 : quelle est la **forme des phrases** ?
c. D'après les relevés précédents, l'auteur donne-t-il une vision **méliorative** ou **péjorative** de l'univers des adultes ? Justifiez votre réponse.

→ L'argumentation – p. 408

■ L'implicite du récit

6. a. Recopiez et complétez le tableau suivant à l'aide de mots du texte.

	Jeunes	Adultes
Couleurs		
Vie / mort		
Extérieur / intérieur		
Immobilité / mouvement		

b. Qu'est-ce qui caractérise le monde des jeunes ? celui des adultes ? que constatez-vous ?
7. a. Qui lance un « *appel* » ?
b. Par quels GN cet appel est-il repris dans le texte ?
c. Cet appel est-il entendu ? Justifiez.
8. Dans ce passage, quel jugement l'auteur porte-t-il sur les adultes ?
9. Que représente la ronde pour les jeunes ? pour les adultes ?

📷 Faisons le point

- Que ce récit dénonce-t-il ?
- En quoi ce récit est-il une **dénonciation implicite** ?

Exercice d'écriture

Imaginez ce que Titi a pu dire à Martine pour la convaincre de faire cette ronde. Vous rédigerez un dialogue dans lequel vous reprendrez comme arguments les éléments de dénonciation contenus dans le récit. Vous pourrez mentionner les réactions de Martine aux arguments de Titi.

Bobigny, 2004. © D. Darzacq / Agence VU

TEXTES & IMAGES

Avant de lire le texte
1. Quel est le sens des mots : *équité, tyrannie, fanatique* ?
2. Observez l'allégorie (représentation concrète d'une idée abstraite) de la Justice.
   - Par quel personnage la Justice est-elle représentée ?
   - Quels sont ses attributs ?
   - Quelles sont les valeurs implicites de la Justice ainsi représentées ?

École française, *Allégorie de la Justice*, 1792, Musée Carnavalet, Paris.
© The Bridgeman Art Library

L'affaire Dreyfus (1894-1906)
En 1894, Alfred Dreyfus, en formation d'officier à l'École polytechnique, est accusé d'avoir transmis dans un «bordereau» (une lettre) des secrets militaires aux Allemands. Dreyfus est arrêté et condamné à la déportation au bagne de Cayenne, en Guyane française.
En 1897, le frère d'Alfred, Mathieu Dreyfus, découvre le véritable auteur du bordereau : le commandant Esterházy. Émile Zola s'engage dans la défense de Dreyfus et publie en janvier 1898 un article, «J'accuse», dans le journal *L'Aurore*. Zola est condamné à un an de prison et à 3 000 francs d'amende. En 1899, lors d'un procès en révision devant le Conseil de guerre de Rennes, Dreyfus est condamné à dix ans de détention. Lors d'une seconde demande en révision, en 1906, il sera réhabilité et nommé chevalier de la Légion d'honneur.

Émile Zola (1840-1902) Romancier français dont les romans constituent une grande fresque sociale, les *Rougon-Macquart*, il s'intéresse aux problèmes de la société de son temps et aux gens opprimés.

Lettre à la jeunesse

Ce texte constitue la dernière partie d'une brochure écrite par Zola pour réagir à des manifestations d'étudiants opposés à Dreyfus.

Ô jeunesse, jeunesse ! je t'en supplie, songe à la grande besogne qui t'attend. Tu es l'ouvrière[1] future, tu vas jeter les assises[2] de ce siècle prochain, qui, nous en avons la foi profonde, résoudra les problèmes de vérité et d'équité, posés par le siècle finissant. [...]

5 Jeunesse, jeunesse ! souviens-toi des souffrances que tes pères ont endurées, des terribles batailles où ils ont dû vaincre, pour conquérir la liberté dont tu jouis à cette heure. Si tu te sens indépendante, si tu peux aller et venir à ton gré, dire dans la presse ce que tu penses, avoir une opinion et l'exprimer publiquement, c'est que tes pères ont donné de leur intelligence et de leur sang. Tu n'es
10 pas née sous la tyrannie, tu ignores ce que c'est que de se réveiller chaque matin avec la botte d'un maître sur la poitrine, tu ne t'es pas battue pour échapper au sabre du dictateur, aux poids faux[3] du mauvais juge. Remercie tes pères, et ne commets pas le crime d'acclamer le mensonge, de faire campagne avec la force brutale, l'intolérance des fanatiques et la voracité des ambitieux. La dictature est
15 au bout. [...]

Jeunesse, jeunesse ! sois humaine, sois généreuse. Si même nous nous trompons, sois avec nous, lorsque nous disons qu'un innocent subit une peine effroyable, et que notre cœur révolté s'en brise d'angoisse. [...] Certes, les gardes-chiourme[4] restent insensibles. Mais toi, toi, qui pleures encore, qui dois
20 être acquise à toutes les misères, à toutes les pitiés ! Comment ne fais-tu pas ce rêve chevaleresque, s'il est quelque part un martyr succombant sous la haine de défendre sa cause et de le délivrer ? Qui donc, si ce n'est toi, tentera la sublime

1. celle qui doit œuvrer, réaliser.
2. fondements.
3. erreur judiciaire (la balance est un des symboles de la justice).
4. surveillants des forçats, surveillants brutaux.

aventure, se lancera dans une cause dangereuse et superbe, tiendra tête à un peuple, au nom de l'idéale justice ? Et n'es-tu pas honteuse, enfin, que ce soient des aînés, des vieux, qui se passionnent, qui fassent aujourd'hui ta besogne de généreuse folie ?

Où allez-vous, jeunes gens, où allez-vous, étudiants, qui battez les rues, manifestant, jetant au milieu de nos discordes la bravoure et l'espoir de vos vingt ans ?

« Nous allons à l'humanité, à la vérité, à la justice ! »

Émile Zola, *Lettre à la jeunesse*, 1897.

▶ S'initier aux procédés pour convaincre et persuader

■ La thèse

1. À quelle occasion ce texte a-t-il été écrit ?

2. a. Qui en est le destinataire ? Répondez en citant des passages du texte.
b. Par quelles reprises pronominales le destinataire est-il majoritairement désigné ? Pourquoi ?

3. a. Résumez en une phrase l'argument contenu dans chacun des trois premiers paragraphes.
b. Quel appel Zola lance-t-il ?

■ L'art de convaincre

4. Quel est le rôle réservé à la jeunesse, selon Émile Zola, dans le premier paragraphe ?

5. a. L. 5 à 12 : quels sont les droits dont jouit la jeunesse ?
b. Quel est, en contrepartie, le double devoir qui lui incombe ?
c. Comment comprenez-vous la dernière phrase de ce paragraphe ?

6. Qui le **pronom « nous »** représente-t-il (l. 16-17) ?

7. a. Quel mot de liaison fait écho à « *Certes* » (l. 18) ?
b. Quel **rapport logique** ce deuxième **connecteur** instaure-t-il ?

8. a. L. 20 à 26 : quel est l'argument contenu dans chacune des trois phrases interrogatives ?
b. La force de ces arguments est-elle croissante ou décroissante ?

9. En fonction de vos réponses précédentes, diriez-vous que l'art de convaincre s'adresse plutôt à la raison ou à la sensibilité du destinataire ?

→ L'argumentation – p. 410

■ L'art de persuader

10. a. Quelle **figure de style** repérez-vous au début des trois premiers paragraphes ?
b. Quels sont les **types de phrases** fréquents dans ce texte ? Proposez un exemple de chaque.

11. a. L. 7 à 9 : repérez des effets de rythme binaire (à deux temps) et ternaire (à trois temps) dans cette phrase.
b. Trouvez d'autres effets de rythme similaires dans le texte.
c. Quel effet Émile Zola cherche-t-il à produire sur son lecteur ?

12. a. L. 19 à 24 : relevez les déterminants indéfinis et les adjectifs qualificatifs.
b. Quelle **figure de style** leur emploi crée-t-il ? Dans quelle intention Zola les emploie-t-il ?

13. a. À qui Zola donne-t-il la parole dans la dernière phrase ? Pourquoi ?
b. Quelle certitude Zola exprime-t-il ainsi ? Expliquez.

14. En fonction de vos réponses précédentes, diriez-vous que l'art de persuader s'adresse plutôt à la raison ou à la sensibilité du destinataire ?

→ L'argumentation – p. 412

📷 Faisons le point

- Qu'est-ce qui, dans un texte argumentatif, relève de **l'art de convaincre** ? de **l'art de persuader** ?
- Quelle est la **visée de ce texte argumentatif** : dénoncer, défendre un point de vue, faire adhérer à une idée, modifier un comportement ?

Exercice d'oral

Mémorisez un paragraphe de cet appel à la jeunesse et dites-le à la classe en cherchant à persuader.
Critères de réussite
- Vous ne devez pas hésiter sur des passages du texte.
- Respectez les variations de rythme (binaire et ternaire).
- Traduisez par votre intonation l'art de persuader.
- Vous pouvez joindre les gestes à la parole si cela vous aide à être plus convaincant(e).

Exercice d'écriture

Choisissez un aspect de notre société qui vous choque ou vous révolte. Rédigez un discours d'une vingtaine de lignes, dans lequel vous prendrez à parti les adultes qui ont laissé s'instaurer cet état de fait.
Vous chercherez à convaincre et à persuader.

TEXTES & IMAGES

Avant de découvrir les deux documents
1. Parcourez *L'Atelier Cinéma* (pp. 54 à 63) et relisez le vocabulaire de l'image.
2. Qu'est-ce que l'Unicef ?

Le travail des enfants

Document 1

Plantu (né en 1951)
Ce dessinateur de presse français collabore au *Monde* et à *L'Express*.

▶ Lire des images argumentatives

■ **Document 1**

1. De quel type d'image s'agit-il ?
2. Sur quelle **figure de style** l'image est-elle construite ? Justifiez.
3. Comparez les deux parties de l'image : quels points communs et différences observez-vous ? Quels éléments composent ce document ? Nommez-les.

■ **Document 2**

4. Quel est l'émetteur de ce document ? Qui en est le destinataire ?
5. Quelle est la particularité grammaticale de la phrase d'accroche ? Quel **type de phrases** reconnaissez-vous ?
6. Comparez les différentes photographies et relevez : 1) les points communs, 2) les éléments de variété.
7. a. Quel est le type de plan le plus utilisé ? Pourquoi ?
b. Observez et commentez les regards des enfants.
c. Observez les couleurs : quel rapport notez-vous entre les photographies et leur encadrement ? Que cela symbolise-t-il ?
8. Quels liens établissez-vous entre l'image et la phrase d'accroche ?

➔ L'argumentation – p. 412

📷 **Faisons le point**

• En quoi peut-on dire que ces **images** sont **argumentatives** ?

Document 2

DES MILLIONS D'ENFANTS EXPLOITES

unicef
Fonds des Nations Unies pour l'enfance

© Unicef

Exercice d'écriture

Rédigez une brève lettre ouverte, adressée au journal de votre collège, pour dénoncer le travail des enfants et dissuader vos camarades d'acheter des produits fabriqués par des enfants.

– Appuyez-vous sur ces deux documents, sur le texte p. 186, sur des recherches au CDI pour trouver des arguments.
– Employez des procédés pour persuader (voir p. 412).

Séquence 7 ▶ **Premiers pas dans l'argumentation** | 197

L'ÉCHO DU POÈTE

Julien Yèmadjè,
Le Laboureur et ses enfants, issu de
Fables choisies de La Fontaine, 1994.
© Éditions SÉPIA

Le Laboureur et ses enfants

Travaillez, prenez de la peine :
C'est le fonds[1] qui manque le moins.

Un riche Laboureur, sentant sa mort prochaine,
Fit venir ses enfants, leur parla sans témoins.
5 « Gardez-vous, leur dit-il, de vendre l'héritage
   Que nous ont laissé nos parents.
   Un trésor est caché dedans.
Je ne sais pas l'endroit ; mais un peu de courage
Vous le fera trouver, vous en viendrez à bout.
10 Remuez votre champ dès qu'on aura fait l'août[2].
Creusez, fouillez, bêchez[3], ne laissez nulle place
   Où la main ne passe et repasse. »
Le Père mort, les fils vous retournent le champ
Deçà, delà, partout ; si bien qu'au bout de l'an
15   Il en rapporta davantage.
D'argent, point de caché. Mais le Père fut sage
   De leur montrer avant sa mort
   Que le travail est un trésor.

Jean de La Fontaine, « Le Laboureur et ses enfants », *Fables*, V, 9, 1678.

Jean de La Fontaine
(1621-1695)
Écrivain français du
XVIIᵉ siècle, il est l'auteur
des *Fables* dans lesquelles
il donne des leçons de vie.

1. capital, fortune de départ.
2. les récoltes.
3. remuez la terre.

■ Un poème en écho

1. a. Quelles sont les deux parties de cette fable ?
b. Quelle est la fonction argumentative de chacune d'elles ?
2. Qui sont les destinataires explicites de cette fable ? les destinataires implicites ?

■ Un poème à réciter

3. Adoptez un ton différent pour les deux parties de la fable.
4. À l'intérieur du récit, mettez en valeur les paroles du laboureur.

FAIRE LE POINT

La défense d'une opinion

(voir p. 181)

1. Qu'est-ce qu'argumenter ?

- **L'argumentation** consiste à **défendre une opinion et à vouloir la faire partager**. En cela, elle se distingue de la **démonstration scientifique** qui vise à la vérité universelle, sans tenir compte d'un destinataire.
- Un discours argumentatif peut prendre la forme d'un **texte** destiné à être lu et/ou dit, ou d'une **image**. Il a un **message** à transmettre, exprimé par un **énonciateur** le plus souvent fortement impliqué, qui s'adresse à un **destinataire**, explicite ou implicite, parfois aux deux à la fois. Pour être efficace, un discours argumentatif, en texte ou en image, se doit d'**être adapté au(x) destinataire(s) qu'il vise** ; il doit prendre en compte l'âge, la culture, le milieu social... de ce(s) dernier(s).
- Un discours argumentatif obéit à des **objectifs** ou **visées**, que se fixe l'énonciateur :
  – défendre un point de vue, une idée ;
  – dénoncer une situation, une manière de penser ;
  – modifier le jugement ou le comportement du destinataire ;
  – agir sur le destinataire pour obtenir quelque chose de lui, lui faire partager une émotion, le faire adhérer à un point de vue, une opinion.
- On trouve des discours argumentatifs dans des **textes littéraires** et **fictionnels (fables, pièces de théâtre, romans, contes philosophiques, poésie engagée)** et dans des **textes non littéraires**, qui ne racontent généralement pas une histoire : **articles de presse, lettres ouvertes, discours politiques, judiciaires. La publicité** et **les dessins de presse** sont d'autres formes de discours argumentatifs.

2. Les composantes d'une argumentation

- Une argumentation développe une **thèse** qui est la réponse à une question explicite ou implicite. La thèse constitue l'idée principale du texte ; les **arguments** sont des idées au service de la thèse à soutenir (d'ordre économique, politique, social, juridique, artistique...).
- Un argument est le plus souvent illustré d'**exemples** (anecdotes personnelles, comparaisons, références historiques, littéraires, artistiques, données chiffrées, citations d'auteurs...). Les exemples peuvent précéder ou suivre l'argument. Parfois, l'argument n'est pas exprimé, il est implicite et doit être déduit des exemples proposés. L'exemple est alors argumentatif.
- Un argument peut aussi être développé par un **raisonnement**, par des **commentaires enchaînés à l'aide de connecteurs logiques**.
- Le **paragraphe** constitue une unité : il est composé d'**un argument** et d'**un exemple** qui illustre cet argument.

3. L'art de convaincre et de persuader

Convaincre	Persuader
Un discours argumentatif cherche à **convaincre** en faisant appel à la **raison**. Pour cela, il s'efforce d'avoir une portée générale, de faire un raisonnement sérieux et logique. Pour **convaincre** : – on choisit bien ses arguments ; – on **organise** leur succession en allant du plus faible au plus fort ; – on les **enchaîne** à l'aide de **connecteurs logiques** ; – on les **renforce** à l'aide d'**exemples** et de **citations** qu'on insère correctement : emploi de deux points, de guillemets, de corrélatifs (*comme, tels que, selon, suivant*).	Un discours argumentatif cherche aussi à **persuader** en faisant appel aux **sentiments du destinataire**. Pour cela, il recourt à des procédés d'écriture (pour un texte écrit), des effets de la voix (pour un texte dit), une mise en page (si c'est une image). Pour **persuader** : – on **s'implique** avec des termes qui révèlent explicitement ou implicitement la **présence** et le **jugement** de l'**énonciateur** ; – on agit sur la **sensibilité** du destinataire et on utilise des procédés oratoires, à l'écrit comme à l'oral.

S'EXPRIMER

📖 À vos dictionnaires !

➜ **Des synonymes pour juger une argumentation**

1. Choisissez le bon synonyme.
• Une argumentation décousue est-elle : *fondée, incohérente, pertinente, dénuée de sens* ?
• Un argument probant est-il un argument : *compliqué, probable, convaincant* ?
• Une thèse plausible est-elle une thèse : *douteuse, croyable, fausse, juste* ?

➜ **Des antonymes pour qualifier une argumentation**

2. Choisissez, dans la liste proposée, l'antonyme de chaque adjectif en italique.
Liste : *subjectif, véhément, caustique, explicite, inapproprié, modéré, concis.*
Un point de vue *excessif* • Un argument *prolixe* • Un propos *bienveillant* • Un exemple *pertinent* • Un ton *posé* • Une démonstration *implicite* • Un avis *objectif*.

➜ **Des verbes pour préparer une argumentation**

3. Complétez les expressions en utilisant le verbe qui convient : *rassembler, élaborer, étayer, se documenter, insérer, illustrer.*
✏ un plan. • ✏ un argument par des éléments probants (statistiques, preuves scientifiques…). • ✏ sur un thème choisi. • ✏ un argument par des exemples. • ✏ les matériaux qui vont servir à l'argumentation. • ✏ une citation dans un paragraphe argumentatif.

VOCABULAIRE
▶ **Employer les mots de l'argumentation**

➜ **Les verbes de doute ou de certitude**

4. Classez les verbes et expressions selon qu'ils expriment le doute ou la certitude.
Avoir la conviction que • *craindre que* • *affirmer* • *certifier* • *supposer* • *ne pas être sûr* • *s'exprimer avec autorité* • *assurer* • *soupçonner* • *estimer.*

5. Complétez les débuts de phrases suivants.
J'ai la conviction que ✏ • Je crains que ✏ • Qu'on ne me rétorque pas que ✏ • Sûr de ce que j'avance, je certifie que ✏ • Que m'importe si ✏.

➜ **Du vocabulaire pour donner une opinion favorable ou défavorable**

6. Classez les mots suivants selon qu'ils sont mélioratifs ou péjoratifs. *Apprécier, estimer, admirable, harmonieux, incohérent, inefficace, injuste, équitable, médiocre, chef-d'œuvre, sublime, insigne, défaillance, désillusion.*

7. Utilisez au moins trois mots de l'exercice 6 pour évoquer, en un paragraphe : **a.** votre équipe sportive préférée ; **b.** un film que vous avez détesté.

S'EXPRIMER

ORAL
▶ **Réaliser une campagne radiophonique**

SUJET : Par groupes de trois ou quatre élèves, après avoir cherché des informations au CDI ou sur des sites Internet, vous allez organiser une campagne radiophonique, composée de spots de quelques minutes chacun, pour la défense du « sport propre ».

1. Préparation
• Pistes de recherche
  – Définir la notion de « sport propre » dans son rapport au dopage, à l'argent, à la violence.
  – Chercher des documents au CDI ou sur Internet
• Dégager et organiser les informations en vue de convaincre
  – Retenez un argument par spot.
  – Choisissez des éléments chiffrés qui soient parlants pour vos camarades.
  – Relevez des exemples dans plusieurs sports.
  – Pensez à citer vos sources pour donner du poids à votre argumentation.

2. Présentation des spots
• Présentez votre spot en trois minutes maximum, seul(e) ou à plusieurs, en employant un langage de niveau courant.
• Ne lisez pas votre texte : comme à la radio, préparez une fiche.
• Prévoyez des connecteurs logiques pour enchaîner vos arguments et rendre votre texte convaincant ; veillez à varier les manières d'introduire vos exemples.
• Adoptez un ton persuasif, afin de faire partager votre point de vue à votre auditoire.
• Terminez par une phrase adressée à votre auditoire.

ORTHOGRAPHE
▶ Respecter les marques de l'énonciation

S'EXPRIMER

L'essentiel à retenir Leçon détaillée ➡ p. 362

Faire les bons accords avec le sujet dans le discours signifie **accorder correctement le sujet et le verbe** ainsi que **le sujet et l'attribut du sujet, le sujet et ses épithètes ou apposés**. Il convient donc de repérer le genre et le nombre du sujet.

- Si le **sujet** est **« je »**, il faut déterminer s'il est masculin ou féminin et penser à accorder les participes passés et les adjectifs en conséquence.
  > *Décidé à faire éclater la vérité, je suis sûr que j'obtiendrai les bonnes informations.* (un journaliste)
  > *Décidée à faire éclater la vérité, je suis sûre que j'obtiendrai les bonnes informations.* (une journaliste)

- Si le **sujet** est **« vous »**, il faut déterminer s'il représente un masculin ou un féminin, un singulier ou un pluriel.
  > *Vous serez bientôt informé (informée, informés, informées) de la suite des événements.*
  (Selon que *« vous »* représente *un homme* ou *une femme*, *des hommes* – *des hommes et des femmes* – ou *des femmes*.)

- Si le **sujet** est **le pronom relatif « qui »**, il faut faire les accords avec l'antécédent, en respectant la personne, le genre et le nombre.
  > *Moi qui étais intéressé (intéressée) par ces tribus, j'avais fait ce reportage en Afrique.*
  (Selon que *« moi »* est *un homme* ou *une femme*.)
  > *Vous qui étiez intéressé (intéressée, intéressés, intéressées) par ces tribus, vous aviez fait ce reportage en Afrique.*
  (Selon que *« vous »* représente *un homme* ou *une femme*, *des hommes* – *des hommes et des femmes* – ou *des femmes*.)

➡ Appliquer la règle

1. Écrivez correctement les terminaisons en tenant compte du sujet qui s'exprime.

Arts Magazine : Comment êtes-vous pass▱ du rugby à la sculpture ?
Jean-Pierre Rives : Le hasard, c'est plutôt d'être deven▱ joueur de rugby ! J'ai toujours été attir▱ par les formes et les couleurs. Un jour, un ami m'a montré une sculpture d'Albert Féraud qu'il possédait. La semaine suivante, je me suis rend▱ dans son atelier : une révélation ! […]
Arts Magazine : Après avoir travaillé dans votre atelier, vous sentez-vous vid▱ comme lorsque vous sortiez d'un match ?

Arts Magazine, septembre 2007, interview.

2. Conjuguez les verbes entre parenthèses au présent de l'indicatif et orthographiez correctement les participes passés en tenant compte du sujet qui s'exprime.

Moi qui *(être)* passionn▱ par l'art, qui *(vouloir)* transmettre ce plaisir à mes enfants, je *(prendre)* la décision de leur faire découvrir les musées. Convainc▱ qu'il ne faut pas les saturer, je *(limiter)* la visite à trois quarts d'heure, moi qui *(pouvoir)* passer une après-midi entière devant des tableaux.

Une mère de famille.

3. Lequel de ces deux extraits du courrier des lecteurs est-il écrit par une fille ? par un garçon ? Relevez les indices qui vous ont permis de répondre.

A) Ce DVD est amusant et instructif. Comme ce n'est pas très long, je ne me suis pas ennuyé. Je le conseille à tout le monde, même si c'est parfois compliqué.
B) Ce DVD m'a beaucoup intéressée parce qu'on y apprend les bons gestes pour moins polluer la Terre. Les exemples sont concrets et vraiment bien expliqués.

Mon Quotidien, 13 septembre 2007, © Pay Bac Presse.

➡ S'entraîner à la réécriture [Brevet]

4. Récrivez l'exercice 1 en remplaçant « *Jean-Pierre Rives* » par « *Une lycéenne* », puis par « *Les lycéennes* ». Faites toutes les modifications nécessaires.

5. Récrivez l'exercice 2 en remplaçant « *Une mère de famille* » par « *Des parents* ». Faites toutes les modifications nécessaires.

➡ S'entraîner en vue de la dictée [Brevet]

Okapi : Qu'on fasse de vous le porte-drapeau de l'athlétisme français, ça vous encourage ou ça vous pèse ?
M. Hurtis : Ni l'un ni l'autre car je ne me considère pas comme telle. J'essaie juste de courir le mieux possible et de rester disponible pour les autres.
Okapi : Quand vous a-t-on découverte ?
M. Hurtis : J'étais au collège, et mon professeur d'EPS m'a repérée en cours. Il m'a incitée à m'inscrire en athlétisme. Je ne m'intéressais pas au sport à l'époque. Mais j'y suis allée et j'y ai pris goût.

J.-Y. Dana, *Okapi*, août 2003, © Bayard jeunesse.

1. Relevez tous les indices qui permettent de savoir si l'athlète interviewé par le magazine *Okapi* est un garçon ou une fille.
2. Comment expliquez-vous l'infinitif du verbe *rester* ?
3. Conjuguez le verbe *essayer* au présent de l'indicatif à toutes les personnes.
Attention ! Un autre texte vous sera proposé en dictée mais il présentera des difficultés similaires.

Séquence 7 ▶ Premiers pas dans l'argumentation | 201

S'EXPRIMER

Leçons de langue à consulter
- Les compléments circonstanciels de cause – p. 348
- Les compléments circonstanciels de conséquence – p. 350
- L'argumentation – p. 408

GRAMMAIRE
- Exprimer la cause et la conséquence
- Exprimer la subjectivité

→ Cause et conséquence

1. a. Relevez les groupes de mots ou propositions exprimant la cause en soulignant le mot ou la locution qui introduit la cause. **b.** Quels sont ceux qui sont compléments circonstanciels de cause ?
1. Si vous achetez des meubles, privilégiez les bois européens car la forêt tropicale est en danger. 2. À cause de la surconsommation de papier, la forêt amazonienne est en péril. 3. Étant donné que les gâteaux en portions individuelles sont emballés deux fois, il est préférable d'acheter des gâteaux entiers pour éviter le gaspillage de papier. 4. Les consommateurs doivent être vigilants, étant donné l'ampleur du problème.

2. a. Relevez les groupes de mots ou propositions exprimant la conséquence en soulignant le mot ou la locution qui introduit la conséquence. **b.** Quels sont ceux qui sont compléments circonstanciels de conséquence ?
1. Les bois d'acajou et de teck sont si recherchés aujourd'hui qu'ils sont menacés d'extinction. 2. L'huile de palme est devenue populaire au point de provoquer une déforestation massive. 3. Les camions qui transportent les troncs, en Amazonie, tassent le sol à tel point que la terre n'absorbe plus l'eau et que les jeunes plants poussent de plus en plus mal. 4. Les arbres et les végétaux sont un des « climatiseurs » de la planète ; par conséquent il faut les respecter.

3. Récrivez les phrases en employant une proposition subordonnée de conséquence.
1. Le corps a besoin d'activité physique ; on ne peut vivre bien en restant totalement inactif. 2. Les sportifs de haut niveau montrent un grand courage à l'entraînement ; ils sont admirés par de nombreuses personnes. 3. Beaucoup de supporters se déplacent pour encourager leur équipe favorite ; les joueurs se surpassent pour ne pas décevoir leur public. 4. Lors de grands championnats, les enjeux sont très importants ; il faut des arbitres chevronnés.

4. Récrivez les phrases de l'exercice 3 en employant une proposition subordonnée de cause.

→ L'expression de la subjectivité

5. a. Relevez les reprises nominales et pronominales qui désignent l'émetteur, les récepteurs. **b.** Pourquoi ces reprises figurent-elles en nombre dans ce discours ? **c.** Sur quoi les passages en italique renseignent-ils ?

Je commence par dire ce que je voudrais, je dirai tout à l'heure ce que je ne veux pas.
Messieurs, à mon sens, le but, difficile à atteindre, et lointain sans doute, mais auquel il faut tendre dans cette grave question de l'enseignement, le voici. *(Plus haut ! plus haut !)*
Messieurs, toute question a son idéal. Pour moi, l'idéal de cette question de l'enseignement, le voici : l'instruction gratuite et obligatoire. *(Très bien ! très bien !)* Obligatoire au premier degré, gratuite à tous les degrés. *(Applaudissements à gauche.)* L'instruction primaire obligatoire, c'est le droit de l'enfant *(mouvement)* qui, ne vous trompez pas, est plus sacré encore que le droit du père et qui se confond avec le droit de l'État.
Je reprends. Voici donc, selon moi, l'idéal de la question : l'instruction gratuite et obligatoire dans la mesure que je viens de marquer.

V. Hugo, *Discours à l'Assemblée nationale sur l'enseignement*, 15 janvier 1850.

6. a. Quel type de phrases Victor Hugo utilise-t-il ? Pourquoi ? **b.** Relevez les répétitions : quel effet Victor Hugo cherche-t-il à produire ?

Les portes de la science toutes grandes ouvertes à toutes les intelligences ; partout où il y a un champ, partout où il y a un esprit, qu'il y ait un livre. Pas une commune sans une école, pas une ville sans un collège, pas un chef-lieu sans une faculté. *(Bravos prolongés)* Un vaste ensemble, ou, pour mieux dire, un vaste réseau d'ateliers intellectuels, lycées, gymnases, collèges, chaires, bibliothèques, mêlant leur rayonnement sur la surface du pays, éveillant partout les aptitudes et échauffant partout les vocations ; en un mot, l'échelle de la connaissance humaine dressée fermement par la main de l'État, posée dans l'ombre des masses les plus profondes et les plus obscures, et aboutissant à la lumière.

V. Hugo, *Discours à l'Assemblée nationale sur l'enseignement*, 15 janvier 1850.

7. a. Relevez le vocabulaire péjoratif. **b.** Relevez dans les deux premières phrases le vocabulaire employé par antiphrase. **c.** L'auteur est-il favorable à cette forme d'imagination humaine ? Quel ton emploie-t-il ? Justifiez.

Les hommes ont toujours eu une imagination sans limite pour s'entre-tuer, pour inventer des armes sans cesse plus perfectionnées, plus efficaces. Avec la bombe atomique, l'homme a franchi gaillardement un nouveau pas : celui de se détruire à tout jamais. Chaque pays, dit civilisé comme, par exemple, les États-Unis, la Russie, et aussi la France, possesseur de la bombe atomique, s'est acharné à en construire beaucoup d'exemplaires. Au point d'avoir de quoi pulvériser notre planète plusieurs centaines de fois. Les ravages de la bombe d'Hiroshima – une « bombinette » en regard de celles existant aujourd'hui – ont été effroyables.

D'après **A. Grousset**, *Dix façons d'assassiner notre planète*, Tribal © Flammarion.

ÉCRIT
▶ Exprimer une opinion

S'EXPRIMER

1 Argumenter à partir d'une publicité

SUJET : Pour vous personnellement, cette publicité est-elle persuasive ? Défendez votre point de vue dans un texte argumenté.

Méthodes
Pour trouver des arguments, répondez à ces questions :
- Sur quelle figure de style l'image repose-t-elle ? Est-ce un bon choix ?
- Le choix des couleurs vous paraît-il pertinent ? Justifiez.
- La phrase d'accroche : sur la polysémie de quel mot joue-t-elle ? Quel est le type de phrases employé ?

Critères de réussite
- Votre argumentation doit répondre à la question posée : juger de l'efficacité ou non de cette publicité pour vous.
- Que vous soyez ou non persuadé(e) par cette publicité, vous devez étayer votre point de vue par des arguments.
- Vous consacrerez un paragraphe à chaque argument.
- Pensez à classer les arguments du moins fort au plus fort.
- Utilisez des **connecteurs logiques** pour enchaîner les arguments.

Les Arts décoratifs, Musée de la publicité, Paris.
© Les Arts décoratifs / L. Sully Jaulmes

2 Rédiger un argumentaire publicitaire

SUJET : Rédigez, en une quinzaine de lignes, un argumentaire publicitaire pour un libraire en ligne, pour une librairie de quartier ou pour le rayon livres d'une grande surface.

Critères de réussite
- Lister des arguments à l'appui de la thèse à défendre : libraire en ligne, ou de quartier, ou rayon de grande surface ; les arguments ne seront pas les mêmes selon la thèse retenue.
- Choisir un destinataire : un grand lecteur que l'on veut persuader d'un mode d'achat de livres, un non-lecteur que l'on veut convaincre d'acheter des livres.
- Penser à convaincre les lecteurs en utilisant des **connecteurs logiques**.
- Persuader les lecteurs en employant des **marques de l'énonciation** et des **procédés oratoires**.

3 Défendre une thèse en plusieurs paragraphes

SUJET : Qu'est-ce qu'un bon livre pour vous ? Présentez votre point de vue dans un devoir argumenté.

Critères de réussite
- Déterminer deux ou trois arguments différents qui définissent, pour vous, un bon livre (voir fiche-méthode page 27).
- Prévoir au moins deux exemples de livres à l'appui de chacun de vos arguments.
- Utiliser des **connecteurs logiques** pour enchaîner vos arguments.
- Insérer vos exemples de manière variée.

Présentation
- Un paragraphe d'introduction et un paragraphe de conclusion.
- Un développement en deux ou trois paragraphes, chaque paragraphe correspondant à un argument étayé par des exemples.
- Vous classerez vos arguments en les présentant du moins important au plus important à vos yeux.

Variante
SUJET : Qu'est-ce qu'un bon film pour vous ? Présentez votre point de vue dans un devoir argumenté.

Séquence 7 ▶ Premiers pas dans l'argumentation | 203

MÉTHODES POUR LE BREVET

Je vérifie mes connaissances
- Quelles figures de style par ressemblance suis-je capable de citer ?
- Qu'est-ce qu'une phrase nominale ?
- Qu'appelle-t-on vocabulaire mélioratif ? péjoratif ?

→ **FAIRE LE POINT** – p. 199

La frontière

Le journaliste Toni Zambudio se rend à Ciudad Juarez, ville frontalière entre le Texas et le Mexique pour une enquête. Il découvre alors les « colonias », bidonvilles qui fleurissent en périphérie des grandes villes.

Toni conduisait lentement. Après avoir dépassé le marché central, il avait emprunté *l'avenida 16 de Septiembre*[1], qui s'enfonçait comme un coup de fusil vers les faubourgs, à l'ouest de la ville.

5 Bientôt, il n'y avait plus eu que des maisons basses, des marchands de pièces de voitures d'occasion, de jantes dépareillées et des réparateurs de pneus, de pots d'échappement. Il avait longé des *taquerias*[2] où l'on vendait du *menudo*[3], avait cher-
10 ché en vain à se rappeler à quoi ce plat pouvait bien ressembler, et, pour finir, il avait tourné dans la *calle*[4] Chiapas qui s'élevait en direction d'un belvédère[5] pouilleux. Le bitume, d'abord truffé de nids-de-poule, avait bientôt disparu pour faire face à une
15 piste défoncée. [...]

Il s'était bientôt retrouvé entouré de cabanes de bric et de broc. Les constructions de parpaings bruts et de palettes de déchargement d'occasion s'étalaient sur la colline en un paysage de désolation.
20 Du linge rapiécé séchait sur des fils. Les eaux usées des habitations ruisselaient en cascade, sur les terrasses étayées par des murettes de pneus lisses, empilés.

Vers les hauteurs, les masures avaient pris un
25 aspect plus primitif encore, uniquement construites avec des cartons d'emballage et du papier goudronné en guise de toiture. Des milliers de sacs plastique jonchaient le sol, s'accrochaient aux buissons de *mesquite*[6] rabougris comme des pendus. La
30 fumée des feux de camp montait vers le ciel et le soleil descendait déjà sur *El Paso* et le Texas. À dix kilomètres au nord-ouest s'allumaient les premières lumières des États-Unis. Des gamins sales et nus jouaient, assis dans la boue d'une flaque d'eau
35 savonneuse. Zambudio s'était arrêté pour leur demander où vivait la famille Cruz. Le cadavre gonflé d'un chien gisait sur le bas-côté.

Aussi loin que portait le regard, le bidonville avait grignoté l'espace. Le journaliste avait essayé
40 d'imaginer ces territoires immenses, vierges encore, peuplés uniquement d'Apaches et de Tarahumaras[7]. Une éternité s'était écoulée, depuis.

Ne restait que l'odeur un peu âcre d'égout en plein air, mêlée au fumet des *frijoles*[8] qui cuisaient
45 au fond des cabanes. Une odeur de misère.

Patrick Bard, *La Frontière*, © Seuil, 2002.

1. avenue du 16 Septembre.
2. mot espagnol (du Mexique) ; petites boutiques où l'on vend des tacos (galettes de maïs garnies de viande).
3. abats, viande de basse qualité.
4. rue.
5. endroit depuis lequel on jouit d'une belle vue.
6. arbuste typique du Mexique.
7. peuple indien d'Amérique.
8. haricots mexicains.

MÉTHODES

▶ **Apprendre à lire les consignes**

L'organisation des questions

Pour répondre à la question 4, observez le vocabulaire que vous avez relevé : dans quel ordre apparaissent les mots mélioratifs et/ou péjoratifs ?

➥ vers le **Brevet**

Questions — 15 points

I. La découverte du bidonville .... 5 points

1. L. 17 à 37 : quel est le temps dominant dans ce passage ? Justifiez son emploi. (1 pt)

2. a. Relevez dans les lignes 16 à 27 les synonymes du mot « *maisons* » et les termes désignant les matériaux utilisés pour la construction des maisons. (1 pt)

b. Quelle évolution constatez-vous dans cette description du bidonville ? (1 pt)

3. Décomposez le mot « *bidonville* » (ligne 38) et expliquez-le. (1 pt)

4. En conclusion, montrez en quelques lignes que la découverte du bidonville par le journaliste se fait de manière progressive. (1 pt)

MÉTHODES

Les questions 5 et 6 sont-elles indépendantes ou bien dépendent-elles l'une de l'autre ?

▶ **Quel axe de lecture ?**

Voici trois titres possibles : en vous appuyant sur les questions, dites lequel convient.

L'homme et le bidonville
Une dénonciation de la misère
Une histoire mexicaine

Des trois parties du questionnaire, laquelle est argumentative ? Justifiez.

Questions (suite)

II. L'homme et la nature .... 4 points

5. Relevez les termes appartenant au champ lexical de la nature à partir de la ligne 16. (0,5 pt)

6. Dites en quelques lignes quelle place occupe la nature dans le bidonville. (1,5 pt)

7. Quelle figure de style est utilisée dans les lignes 38-39 ? Quel est son effet ? (1 pt)

8. a. L. 39 à 42 : reliez ces deux phrases simples par une conjonction de coordination appropriée. (0,5 pt)
b. Pourquoi l'auteur n'a-t-il pas choisi cette solution ? (0,5 pt)

III. Titre à déterminer .... 6 points

9. a. Citez l'unique phrase du texte où est mentionnée une présence humaine dans le bidonville. Pourquoi est-elle particulièrement évocatrice ? (1 pt)
b. « Le cadavre gonflé d'un chien gisait sur le bas-côté » (l. 36) : quel effet cette évocation produit-elle sur le lecteur ? Justifiez votre réponse. (1 pt)
c. Relevez deux comparaisons qui évoquent aussi la mort violente. (0,5 pt)

10. « La fumée des feux de camp montait vers le ciel **et** le soleil descendait déjà sur El Paso et le Texas » (l. 29). Remplacez « et » par une conjonction de subordination dont vous préciserez la valeur. (1 pt)

11. « À dix kilomètres [...] États-Unis » (l. 31 à 33) : comment le sujet du verbe est-il mis en valeur ? dans quelle intention ? (0,5 pt)

12. Quelle est la particularité syntaxique de la phrase finale ? Quel effet produit-elle ? (1 pt)

13. Montrez en quelques lignes comment le texte dénonce la misère. (1 pt)

MÉTHODES

▶ **Comprendre le sujet et ses consignes**

1. Relevez les mots qui vous demandent de rendre le ton persuasif.
2. Que devez-vous faire pour convaincre ?

▶ **Repérer le lien entre le travail de 3ᵉ et celui de 2ᵈᵉ.**

1. Laquelle des questions de Brevet se rapproche-t-elle du travail demandé en 2ᵈᵉ ?
2. Quelle est la principale différence entre cette question de Brevet et le travail demandé en 2ᵈᵉ ?
3. Pour pouvoir réaliser le travail demandé en 2ᵈᵉ, quelle étude implicite faut-il mener ?

Expression écrite   15 points

Sujet : Toni Zambudio écrit une lettre au maire de Ciudad Juarez pour exprimer son indignation et demander de meilleures conditions de vie pour les habitants du bidonville. En tant que journaliste, il fera publier cette lettre dans son journal.

Consignes
Le journaliste commence par exprimer ses sentiments : il emploie des procédés d'écriture propres à émouvoir ses lecteurs (le maire et les lecteurs du journal). Puis, il cherche à convaincre le maire de mettre en œuvre les mesures concrètes qu'il propose.
Vous respecterez la situation d'énonciation propre à une lettre et vous vous appuierez sur les informations contenues dans le texte.
Il sera tenu compte, dans l'évaluation, de la correction de la langue et de l'orthographe.

ÉCRITURE ➡ **vers la Seconde** (générale, technologique ou professionnelle)
Rédigez un article de presse d'une vingtaine de lignes dans lequel vous développerez la thèse de ce texte, la dénonciation de la misère. Vous reprendrez des arguments du texte et vous en ajouterez d'autres que vous étayerez d'exemples.

Séquence 7 ▶ Premiers pas dans l'argumentation

ATELIER D'ÉCRITURE

La planète en danger

▷ **Élaborer une argumentation**

Ours polaire mâle couché sur la glace au Spitzberg.
© J. L. Klein, M. L. Hubert, Biosphoto

Déforestation en Amazonie. © L. Gerd / Cosmos

Lectures personnelles

➤ *Dix façons d'assassiner notre planète*, coll. Tribal © Flammarion, 2007.
Recueil par Alain Grousset de dix nouvelles qui imaginent le pire.

➤ **René Barjavel**,
Ravage, © Denoël, 1943.
Roman sur le sort d'un monde privé d'électricité.

➤ **Danielle Martinigol**,
Les Oubliés de Vulcain,
© Le Livre de Poche Jeunesse, 2001.
Roman qui se situe sur une planète poubelle.

➤ **Arthur C. Clarke**,
Terre, planète impériale, © J'ai lu, 1993.
En 2276, dans un monde hautement technologique, un habitant de la planète Titan découvre la Terre.

Méthode pour rédiger un paragraphe argumentatif

Préparation
Voici trois éléments à faire figurer dans un paragraphe argumentatif :
1. L'**argument** ;
2. Le ou les **exemple**(s) ;
3. Les **connecteurs logiques**.

Les exercices ci-dessous vont vous familiariser avec l'emploi de ces trois éléments et vous permettre de rédiger le paragraphe demandé.

Au secours de Gaïa[1]

Au-delà des efforts industriels et des avancées technologiques, la grande question philosophique du XXIe siècle, selon George Monbiot[2] et bien d'autres, sera notre capacité à réformer notre mode de vie. À changer nos manières de consommer, de penser notre confort, de vivre dans l'abondance et le gaspillage. À accepter une possible « décroissance ». Cette technologie ne pourra nous en dispenser. [...] Par exemple, nous pourrions imaginer que tous les produits ménagers, des lessives aux détergents, tous les matériaux de construction, des briques aux peintures, soient fabriqués pour que leurs résidus soient recyclables, afin de faire tourner des entreprises de transformation. Pareillement pour les ordures familiales et les déchets industriels : ceux-ci seraient considérés comme faisant partie d'une « chaîne écologique » comparable à la chaîne alimentaire, où tout est retraité. Même stratégie pour la construction de maisons et d'immeubles, à l'image de certains « bâtiments vivants » construits par l'architecte américain William Mc Donough : les toits et les terrasses, plantés, absorbent le gaz carbonique et filtrent l'eau de pluie, l'aération remplace l'air conditionné, le solaire fournit l'électricité, etc. Ainsi, de proche en proche, nous pourrions réaménager l'activité d'une ville entière, nous inspirant de la « symbiose industrielle » développée entre sept entreprises et la municipalité de la ville de Kalundborg, au Danemark, pour réduire leur impact environnemental.

Frédéric Joignot, *Le Monde 2*, hors-série juillet/août 2007.

1. Dans la mythologie grecque, Gaïa est une déesse, la Terre-Mère.
2. enquêteur écologique du quotidien britannique *The Guardian*.

1. Les arguments

• **Repérer des arguments**
Parmi les arguments suivants, quel est celui qui est développé dans ce texte ?
– Nous ne devrons pas nous préoccuper de nos déchets.
– Notre mode de vie devra évoluer.
– Nous devrons limiter la croissance économique.
– La technologie nous apportera de l'abondance.

• **Classer des arguments**
Classez ces arguments, selon qu'ils présentent des dangers ou des espoirs pour la planète.
– L'industrie chimique crée de nouveaux médicaments qui sauvent des vies.
– L'industrie chimique pollue l'eau et l'air.
– Les transports sont grandement responsables du réchauffement climatique.
– Le développement des transports facilite les contacts humains.

2. Les exemples

• **Associer des exemples à des arguments**
a. Dans le texte, quels sont les trois exemples associés à l'argument : Nous devons avoir la « *capacité à réformer notre mode de vie* » ?
b. Proposez deux autres exemples susceptibles d'illustrer cet argument.

• **Développer un argument par l'exemple**
a. Repérez les différents moyens employés ci-dessous pour insérer des exemples : par quels mots, groupes de mots, signes de ponctuation ces exemples sont-ils introduits ?
– Il faut développer l'habitat économe en CO_2, par exemple en plaçant des panneaux solaires sur les toits.
– Il faut développer l'habitat économe en CO_2 : on pourrait développer la pose de panneaux solaires sur les toits.
– Comme le suggère Jean-Louis Étienne (voir texte p. 209), on pourrait développer l'habitat économe en CO_2.
– Il faut développer l'habitat économe en CO_2 ; ainsi, la pose de panneaux solaires permet de réduire les dépenses en chauffage.

b. Comment sont insérés les exemples que vous avez relevés dans l'article de F. Joignot ?

3. Les connecteurs logiques

• Repérez dans le paragraphe suivant tous les termes qui expriment l'enchaînement des faits et permettent de développer, par le raisonnement, l'argument contenu dans la première phrase.

> L'évolution climatique est préoccupante. En effet, les émissions de dioxyde de carbone sont responsables du réchauffement climatique. Ce réchauffement a de nombreuses conséquences sur l'environnement. Ainsi, la montée de la température de quelques degrés provoque la fonte des glaces, ce qui a un impact sur la vie des populations et de la faune. Par ailleurs, on déplore de plus en plus de catastrophes naturelles, très dévastatrices. Cependant, il est encore temps de réagir.

• Classez ces connecteurs selon qu'ils expriment : l'addition, la cause, la conséquence, l'opposition ou qu'ils introduisent un exemple.
Liste : *c'est pourquoi, donc, toutefois, effectivement, car, parce que, en outre, mais, de plus*.

SUJET : En vous aidant des photographies, développez en un paragraphe l'argument « *L'évolution climatique est préoccupante* », en l'illustrant d'un exemple que vous insérerez à l'aide d'un terme approprié et en employant des connecteurs logiques parmi ceux de la liste.

▶ La planète en danger

ATELIER D'ÉCRITURE

> **Méthode pour rédiger un devoir argumentatif**

SUJET : Selon vous, la planète est-elle en danger mortel ou peut-elle être sauvée ?

Voici cinq étapes à respecter pour rédiger un devoir argumentatif.
1. Se documenter pour trouver des arguments.
2. Élaborer le plan du devoir argumentatif.
3. Classer les arguments dans chaque partie.
4. Associer des exemples aux arguments.
5. Rédiger le devoir.

Document 1

Piles & batteries, ça rime avec tri !

Montre, réveil, calculette, portable, télécommande, MP3... Dans la vie de tous les jours, nous utilisons de plus en plus d'appareils électriques et électroniques qui fonctionnent avec des piles et des batteries.

Déposez vos piles et vos batteries usagées dans les points de collecte Batribox

Les piles et batteries usagées ne sont pas des déchets comme les autres. Leurs composants peuvent être réutilisés et valorisés.

Ayez l'éco-réflexe ! Triez-les et donnez leur une seconde vie.

Liste des points de collecte Batribox sur : www.batribox.fr

batribox – l'éco-réflexe
© Batribox

1re étape

Se documenter pour trouver des arguments

Prenez connaissance des documents de cette double page et, de façon orale et collective, faites la préparation suivante.
- Classez ces quatre documents selon qu'ils présentent :
  – des menaces qui pèsent sur la planète ;
  – des possibilités de contribuer à la préservation de la planète.
- Notez en deux colonnes (menace/préservation), au tableau et au brouillon, les arguments et les exemples présents dans ces documents en employant deux couleurs différentes pour les **arguments** et pour les **exemples**.
- Pour enrichir votre recherche d'arguments et d'exemples, vous pouvez :
  – lire les romans ou nouvelles de science-fiction suggérés en lectures personnelles, p. 206 ;
  – vous reporter au roman de L. Sepulveda, *Le Vieux qui lisait des romans d'amour*, p. 182 ;
  – consulter des ouvrages au CDI, des magazines ou des revues (par ex. *Textes et documents pour la classe*, *Science et Vie Junior*...) ;
  – consulter Internet, en vérifiant le sérieux de vos sources (noter l'adresse du site). ➜ vers le **B2i**
- Notez les arguments et les exemples fournis par vos lectures et/ou par l'échange en classe ; respectez le système des deux couleurs.

2e étape

Élaborer le plan du devoir argumentatif

- Votre devoir comportera une introduction, un développement en deux parties et une conclusion (voir **fiche-méthode**).
- Pour organiser votre développement, vous procéderez différemment selon la thèse que vous soutenez :
  – si vous êtes pessimiste et considérez que la planète est mortellement menacée, dans la première partie vous évoquerez les efforts qui peuvent être faits, dans la seconde les menaces qui subsistent malgré tous ces efforts ;
  – si vous êtes optimiste et pensez qu'il y a des solutions à ces menaces, dans la première partie vous évoquerez les menaces et dans la seconde les solutions.
- La règle à suivre est de terminer par ce qui vous paraît, à vous personnellement, le plus important pour soutenir votre thèse.

3e étape

Classer des arguments dans une partie

- La règle d'organisation est la même que pour le plan : commencez par l'argument le moins important à vos yeux et terminez par celui qui, pour vous, est essentiel.
- Pour cela, numérotez chaque argument dans la marge de votre brouillon.

4e étape

Associer des exemples aux arguments

- Dans vos deux colonnes, donnez à chaque exemple le numéro de l'argument auquel il correspond.

5e étape

Rédiger le devoir

- Vous allez rédiger votre devoir en suivant scrupuleusement votre plan et votre préparation.
- Avant de rédiger, lisez attentivement la **fiche-méthode**.

Document 2

Les boulettes

Sur une plage échouent des bouses de goudron.
Personne aux riverains ne demande pardon.
Nous trouverons, se jurent-ils, le responsable
De cette pollution des plus abominables !
Un pétrolier a fait naufrage ;
    Faut-il accuser l'équipage ?
    Marins recrutés n'importe où,
    Histoire d'abaisser les coûts.
« Pas nous ! Voyez plutôt, prétend le capitaine,
Et l'âge du rafiot et le manque de veine.
Il circule d'ailleurs sur tous les océans
    Des navires pas plus vaillants. »
Masqué derrière un pavillon de complaisance,
L'armateur se défend de toute négligence :
« Pour la coque rouillée, quelqu'un a délivré
Un certificat de navigabilité. »
    Une compagnie pétrolière,
Ayant trouvé de l'autre côté de la terre
Cent mille tonnes de fioul lourd,
Affrète le bateau. Pendant qu'il fait le tour
De l'Afrique, une bonne occasion se présente :
Une autre compagnie, un accord, une vente…
– La cargaison change de main.
Qu'en dites-vous, Perrin Dandin[1] ?
– Les éleveurs d'huîtres, qui les dédommage ?
Et qui va nettoyer la plage ?

          Jean-Jacques Greif, *La Cigale et la Télé*,
          © École des loisirs, 2004.

1. personnage de juge corrompu dans une fable de La Fontaine, « L'Huître et les Plaideurs ».

Document 3

La planète bleue voit rouge

À force de prendre notre atmosphère pour une poubelle, nous risquons de provoquer un réchauffement global de la Terre. Au cours du XXe siècle, la température moyenne a déjà augmenté de 0,6 °C. Cela n'a l'air de rien, et pourtant ! Il suffit de savoir que lors de la dernière glaciation, il y a 20 000 ans, la température moyenne n'était que de 4 °C plus basse qu'actuellement. La calotte glaciaire descendait alors jusqu'à Lyon ! Quelques degrés de plus ou de moins, et le visage de notre Terre change. Aujourd'hui, les pays industrialisés, États-Unis, Japon et Europe, sont responsables de 80 % des émissions de gaz à effet de serre. Mais les conséquences sont planétaires : phénomènes climatiques inhabituels et catastrophes écologiques. Et ce ne serait qu'un début ! Les experts du climat prévoient pour 2 100, à l'échelle mondiale, une hausse de température de 1,4 à 5,8 degrés. Ça va chauffer !

        Okapi, hors-série environnement, mai 2006.

Document 4

Interview de Jean-Louis Étienne

Le médecin et explorateur des pôles, Jean-Louis Étienne, est interviewé à l'occasion de sa dernière expédition.

Vous avez foi dans l'avenir ?
Je crois dans les capacités de l'homme à trouver de nouvelles ressources. C'est un projet colossal, puisqu'il est mondial. Des pays comme la France doivent jouer le rôle de laboratoires : le territoire est petit, les gens sont informés. Pourquoi ne pas se doter d'une politique fiscale très incitative dans le domaine de l'habitat économe en CO_2 ? Pourquoi ne pas généraliser le solaire thermique ? Dans ce pays, on laisse le soleil chauffer les toits pour rien, alors que l'Autriche ou l'Allemagne sont à la pointe dans ce domaine. Créons une vignette indexée sur les émissions de CO_2 des véhicules. Si on n'impose rien, les fabricants continueront à aller dans le sens du marché. Il faudra recréer des forêts, planter des arbres, séquestrer[1] le carbone à la sortie des grosses centrales thermiques. Et puis arrêtons de manger des fraises à Noël. Chacun peut agir, à son niveau. Je crois aux cercles vertueux[2].

        L'Express, mars 2007.

1. enfermer.
2. par opposition à l'expression « un cercle vicieux », qui désigne un phénomène dont on ne peut pas sortir ; pour l'auteur, chaque bonne action en entraînera une autre.

FICHE-MÉTHODE

Rédiger un devoir argumentatif

Un devoir argumentatif comporte :

- **une introduction** de quatre à six lignes qui :
  – présente le problème posé par le sujet, en une ou deux phrases ;
  – annonce le plan du devoir, c'est-à-dire les grandes parties.

  Sauter deux lignes entre l'introduction et le développement.

- **un développement** avec un plan en deux parties (parfois trois) de longueur semblable.
  Veiller à terminer par la partie qui vous paraît la plus importante.

  Sauter une ligne entre les deux parties.

  Dans chaque partie :
  – classer les **arguments** en commençant par celui qui vous semble le moins important et en terminant par celui qui vous paraît le plus important ;
  – consacrer un paragraphe à chaque argument en développant celui-ci par un raisonnement et/ou des **exemples** ;
  – enchaîner les arguments à l'aide de **connecteurs logiques**.

  Sauter deux lignes entre le développement et la conclusion.

- **une conclusion** de quatre à cinq lignes qui dégage votre point de vue personnel, qu'il soit catégorique ou nuancé.

SÉQUENCE 8

DISPUTES ET DÉBATS

Passions et conflits au théâtre

▷ **Étudier des textes et leurs mises en scène**

TEXTES & IMAGES

▸ **Passions amoureuses**
- *Roméo et Juliette*, W. Shakespeare 212
- *L'École des femmes*, Molière 214
- *On ne badine pas avec l'amour*, A. de Musset 217
- *Andromaque*, J. Racine 220

▸ **Conflits politiques**
- *Antigone*, J. Anouilh 222

- *La Résistible Ascension d'Arturo Ui*, B. Brecht 226

ŒUVRE INTÉGRALE
- *Macbett*, E. Ionesco 230
- FICHE-MÉTHODE : Analyser un personnage de théâtre

FAIRE LE POINT
- 📷 **Le théâtre : un mode d'expression** 235

S'EXPRIMER
- **Vocabulaire** : Maîtriser le lexique du théâtre ... 236
- **Oral** : Jouer un conflit amoureux 236
- **Orthographe** :
  Conjuguer les verbes au présent de l'impératif et du subjonctif 237
- **Grammaire** : Employer le subjonctif – Formuler un ordre 238
- **Écrit** : Rédiger un dialogue de théâtre, une critique dramatique 239

MÉTHODES POUR LE BREVET ET LA SECONDE
- *Le Visiteur*, E.-E. Schmitt 240

→ **Principaux points de langue** : Les types et les formes de phrases • Les figures de style • L'impératif • Le dialogue au théâtre

OBJECTIFS

▷ Découvrir la représentation d'une passion
▷ Étudier la passion dans une comédie
▷ Comprendre la comédie du jeu amoureux
▷ Analyser des passions tragiques

▷ Étudier un conflit de valeurs → ARGUMENTATION
▷ Comparer des mises en scène avant de jouer
▷ Aborder le théâtre engagé

▷ Étudier une farce tragique

→ ARGUMENTATION

Entrer par l'image
1. Décrivez chaque image.
2. En quoi, selon vous, illustrent-elles le titre de la séquence ?

210

A. de Musset, *On ne badine pas avec l'amour*, Perdican (R. Carteaux), Camille (O. Cote), Théâtre Jean Vilar, Suresnes, 2003. © R. Senera / Agence Bernand
E. Ionesco, *Macbett*, Macbett (M. Aumont), Lady Macbett (I. Karajan), Théâtre de la Colline, Paris, 1992. © Agence Enguerand/Bernand

Séquence 8 ▶ **Passions et conflits au théâtre**

TEXTES & IMAGES

POUR ENTRER DANS LA SÉQUENCE
- Dans quelle autre séquence du manuel a-t-il été question de *passion* ?
- Rappelez les sens du mot *passion*.
- *Conflit* vient du latin *confligere*, « heurter » ; que signifie le nom *conflit* ?

Passions amoureuses

Avant de lire le texte
Le mot *drame* désigne :
– toute œuvre théâtrale ;
– plus spécifiquement, une pièce complexe, au sujet grave, à l'intrigue nourrie de risques et de rebondissements ;
– un événement terrible, une catastrophe.
Auquel de ces sens rattachez-vous les mots et expressions : *dramaturge, dramaturgie, œuvre dramatique* ?

William Shakespeare (1564-1616)
Poète et dramaturge anglais, auteur de pièces de théâtre parmi lesquelles : *Roméo et Juliette* (v. 1595), *Hamlet* (1600), *Macbeth* (v. 1606).

1. arbre fruitier.
2. ornent en forme de broderie.
3. nuages.
4. se séparent.
5. ici, envoie.
6. dans la mythologie grecque, autre nom pour désigner la lune.

Roméo et Juliette

Roméo Montaigu et Juliette Capulet, deux enfants issus de familles ennemies de Vérone, en Italie du Nord, tombent réciproquement amoureux et se marient en secret. Roméo rejoint Juliette, de nuit, dans la chambre de la jeune fille.

Scène 5
[Entrent Roméo et Juliette, dans la chambre au-dessus.]

JULIETTE
Tu veux déjà partir ? Le jour n'est pas encore levé.
C'était le rossignol et non l'alouette
Qui perçait ainsi ton oreille craintive.
La nuit, il chante là-bas sur ce grenadier[1].
5 Crois-moi, mon amour, c'était le rossignol.

ROMÉO
C'était l'alouette, la messagère du matin,
Et non le rossignol : vois quelles lueurs envieuses
Festonnent[2] les nues[3] qui là-bas se scindent[4] à l'est.
Les bougies de la nuit sont éteintes et le joyeux matin
10 Avance à petits pas sur les crêtes vaporeuses.
Je dois partir et vivre, ou rester et mourir.

JULIETTE
Cette lumière là-bas, ce n'est pas l'aube, je le sais, moi :
C'est quelque météore que le soleil exhale[5]
Pour être cette nuit ton porteur de flambeau,
15 Et éclairer tes pas sur la route de Mantoue.
Oui, reste encore un peu. Nul besoin de partir.

ROMÉO
Qu'on me prenne et qu'on me mette à mort,
Cela m'est égal si c'est ton désir.
Je dirai que ce gris là-bas n'est pas l'œil du matin,
20 Mais le reflet du croissant de Cynthia[6] au front pâle.
Et je ne dirai pas que c'est une alouette dont les notes frappent
La voûte du ciel là-haut au-dessus de nos têtes.
Je préfère rester, je ne veux plus partir.
Mort, sois la bienvenue ! c'est le vœu de Juliette.
25 Comment vas-tu, mon âme ? Parlons, il ne fait pas encore jour.

Mise en scène S. Verrue, Roméo (A. Pavloff), Juliette (A. Drovne), Théâtre Jean Vilar, Suresnes, 1994.
© R. Senera / Agence Enguerand/Bernand

Juliette

Si, si, le jour se lève, pars, va-t-en, disparais !
Oui, c'est bien l'alouette qui chante aussi faux
Avec ses trilles[7] rauques et ses aigus discordants.
On dit que l'alouette sait faire de doux accords,
30 Ce n'est pas vrai car elle sépare nos corps.
On dit que l'alouette et l'affreux crapaud ont échangé leurs yeux
Oh ! que n'ont-ils aussi échangé leurs voix, puisque cette voix
Qui nous alarme nous arrache aux bras l'un de l'autre :
Et te chasse d'ici avec cette fanfare pour chasseurs[8].
35 Il fait de plus en plus clair, va-t-en à présent.

Roméo

Plus le jour apparaît, plus notre peine semble noire. […]

William Shakespeare, *Roméo et Juliette*, III, 5, 1595.
trad. F. Laroque, J.-P. Villquin, © Le Livre de Poche, 2005.

Mise en scène B. Lavigne,
Roméo (X. Gallais),
Juliette (T. Krcunovic),
Théâtre 13, Paris, 2005.
© R. Senera / Agence Enguerand/Bernand

7. battement prolongé d'une note musicale.
8. Shakespeare superpose deux traditions, celle des sonneries de cors au début de la chasse et l'aubade traditionnelle offerte aux jeunes mariés au matin de leurs noces.

▶ Découvrir la représentation d'une passion

■ Espace scénique et mise en scène

1. Où et quand la scène se passe-t-elle ? Citez le texte à l'appui de votre réponse.

2. Relevez des éléments : 1) qui donnent à voir au spectateur le monde extérieur ; 2) qui le lui donnent à entendre.

3. a. Quel(s) rôle(s) cette évocation joue-t-elle : représenter le cadre de l'action ? créer une atmosphère poétique ? Justifiez.
b. Selon vous, ces éléments doivent-ils figurer dans la mise en scène ?

■ La mise en place du drame

4. a. Quel drame est évoqué dans cet extrait ?
b. En quoi le lieu et le moment créent-ils le drame ?

5. a. Quelles **figures de style** reconnaissez-vous au vers 11 ?
b. Quel danger Roméo court-il ? Relevez dans cet extrait le champ lexical qui correspond à ce danger.

6. a. Quelles **figures de style** reconnaissez-vous au vers 36 ?
b. Selon vous, de quoi cette réplique est-elle annonciatrice ?

■ L'expression de la passion

7. Relevez les pronoms personnels et les reprises nominales qui désignent les deux protagonistes : quel lien soulignent-ils ?

8. a. À quel animal Juliette fait-elle référence (v. 2 à 5) ? Pourquoi ?
b. V. 12 à 16 : quelle explication propose-t-elle pour refuser l'aube ? Est-elle vraisemblable ?
c. Que souhaite Juliette ?

9. a. Comment Roméo évoque-t-il l'aube (v. 6 à 11) ?
b. Quelles **figures de style** reconnaissez-vous ? Donnez un exemple pour chacune d'elle.

10. V. 17 à 25 : quels gages de sa passion Roméo offre-t-il à Juliette ?

11. a. Quelle est la nouvelle position de Juliette (v. 26) ? Comment ce revirement s'explique-t-il ?
b. V. 26 à 35 : quelle caractéristique de l'amour Juliette exprime-t-elle ? Répondez en citant le texte.

12. a. Quelle **figure de style** reconnaissez-vous (v. 34) ?
b. Quel est le double sens de cette fanfare ?
c. En quoi correspond-elle au double sens du mot *passion* ?

→ Les figures de style - p. 380

📷 Faisons le point

- Comment le texte fait-il naître l'**espace scénique** ?
- Pourquoi cette **passion** est-elle source de **drame** ?

Exercice d'expression théâtrale

Par binômes, répartissez-vous les rôles et jouez ce passage en vous efforçant de traduire le drame de la passion amoureuse.

Critères de réussite
– Traduisez les revirements et hésitations des deux personnages.
– Par vos gestes et votre ton, évoquez l'amour fou et la souffrance.

Lire l'image

Comment la passion exprimée dans le texte est-elle traduite dans chaque mise en scène ?

TEXTES & IMAGES

Jean-Baptiste Poquelin, dit **Molière** (1622-1673). Molière est un dramaturge français qui a écrit de nombreuses pièces de théâtre, dont des comédies-ballets. Il a une expérience complète du théâtre puisqu'il est à la fois auteur, metteur en scène, directeur de troupe, acteur et gestionnaire. En 1662, l'année où il écrit *L'École des femmes*, il épouse Armande Béjart, de vingt ans plus jeune que lui.

Avant de lire le texte
1. Quel est le préfixe commun des verbes *désarmer*, *dénicher* ? Quel est le sens de ce préfixe ?
2. Quel est le premier sens du verbe *dénicher* ?
3. Observez la disposition du texte sur la page : quelle particularité d'écriture repérez-vous ?

L'École des femmes

Arnolphe, 42 ans, a séquestré une jeune fille de 17 ans, Agnès, dont il veut faire sa femme, et l'a élevée à l'écart de tout. Mais la jeune fille, lors d'une absence d'Arnolphe, fait la connaissance d'Horace, un jeune homme, et découvre le sentiment amoureux. Arnolphe fait alors des reproches à Agnès qui ne se laisse pas faire.

ARNOLPHE
[…] J'enrage quand je vois sa piquante[1] froideur,
Et quelques coups de poing satisferaient mon cœur.

AGNÈS
    Hélas, vous le pouvez, si cela vous peut plaire.

ARNOLPHE
    Ce mot, et ce regard désarme[2] ma colère,
5 Et produit un retour de tendresse et de cœur,
Qui de son action m'efface la noirceur.
Chose étrange d'aimer, et que pour ces traîtresses
Les hommes soient sujets à de telles faiblesses,
Tout le monde connaît leur imperfection.
10 Ce n'est qu'extravagance, et qu'indiscrétion ;
Leur esprit est méchant, et leur âme fragile,
Il n'est rien de plus faible et de plus imbécile,
Rien de plus infidèle, et malgré tout cela
Dans le monde on fait tout pour ces animaux-là.
15 Hé bien, faisons la paix, va petite traîtresse,
Je te pardonne tout, et te rends ma tendresse ;
Considère par là l'amour que j'ai pour toi,
Et me voyant si bon, en revanche aime-moi.

AGNÈS
Du meilleur de mon cœur, je voudrais vous complaire,
20 Que me coûterait-il, si je le pouvais faire ?

ARNOLPHE
Mon pauvre petit bec[3], tu le peux si tu veux.
(Il fait un soupir.)
Écoute seulement ce soupir amoureux,
Vois ce regard mourant, contemple ma personne,
Et quitte ce morveux[4], et l'amour qu'il te donne ;
25 C'est quelque sort qu'il faut qu'il ait jeté sur toi,

---

1. vexante.
2. L'accord se fait au singulier, car il faut comprendre : « Ce mot ainsi que ce regard. »
3. petit minois, visage ravissant.
4. gamin.

Mise en scène E. Vigner, Arnolphe (B. Raffaelli), Agnès (J. Korthals Altes), Comédie-Française, Paris, 1999. © B. Enguerand / Agence Enguerand/Bernand

Mise en scène J.-P. Vincent, Arnolphe (D. Auteuil), Agnès (L. Thibault), Théâtre de l'Odéon, Paris, 2008.
© P. Poirier / Cit'en scène

   Et tu seras cent fois plus heureuse avec moi.
   Ta forte passion est d'être brave[5] et leste[6],
   Tu le seras toujours, va, je te le proteste[7] ;
   Sans cesse nuit et jour je te caresserai,
30 Je te bouchonnerai[8], baiserai, mangerai ;
   Tout comme tu voudras, tu pourras te conduire,
   Je ne m'explique point, et cela c'est tout dire.
   (À part.)
   Jusqu'où la passion peut-elle faire aller ?
   (Haut.)
   Enfin à mon amour rien ne peut s'égaler
35 Quelle preuve veux-tu que je t'en donne, ingrate ?
   Me veux-tu voir pleurer ? Veux-tu que je me batte ?
   Veux-tu que je m'arrache un côté de cheveux ?
   Veux-tu que je me tue ? Oui, dis si tu le veux,
   Je suis tout prêt, cruelle, à te prouver ma flamme.

AGNÈS

40 Tenez, tous vos discours ne me touchent point l'âme.
   Horace avec deux mots en ferait plus que vous.

ARNOLPHE

   Ah ! c'est trop me braver, trop pousser mon courroux[9] ;
   Je suivrai mon dessein[10], bête trop indocile,
   Et vous dénicherez à l'instant de la ville ;
45 Vous rebutez[11] mes vœux, et me mettez à bout ;
   Mais un cul de couvent[12] me vengera de tout.

Molière, *L'École des femmes*, V, 4, 1662.

Mise en scène C. Roumanoff, Arnolphe (D. Berner), Agnès (V. Roumanoff), Théâtre Fontaine, Paris, 2007.
© Roumanoff

5. bien vêtue (sens du XVIIᵉ siècle).
6. élégante.
7. je te l'assure.
8. cajolerai.
9. colère.
10. but, entreprise.
11. repoussez durement.
12. lieu le plus gardé du couvent.

Séquence 8 ▶ **Passions et conflits au théâtre**

TEXTES & IMAGES

◉ Étudier la passion dans une comédie

■ Le rapport de force

1. a. Observez la longueur des répliques : qui paraît en position de supériorité ?
b. La réponse d'Agnès (v. 40-41) confirme-t-elle cette impression ? Expliquez.

2. a. Quelle est la solution envisagée par Arnolphe (v. 2) ?
b. Selon vous, est-ce une solution de force ou de faiblesse ? Expliquez.

3. Quelle est la décision d'Arnolphe (v. 42 à 46) ? Est-il victorieux ou vaincu ? Justifiez.

■ La passion d'Arnolphe

4. a. Vers 1 à 6 et 15-16 : quels sentiments successifs Arnolphe éprouve-t-il ?
b. Vers 7-8 et 33 : quel jugement Arnolphe porte-t-il sur le sentiment qu'il éprouve ?

5. a. Relevez les mots et expressions qui qualifient les femmes (v. 7 à 14). Ce relevé donne-t-il une vision méliorative ou péjorative des femmes ?
b. Ce discours est-il capable de séduire Agnès ? Justifiez.

6. a. Que fait Arnolphe (v. 22 à 39) ?
b. Quelle image offre-t-il de lui-même ?
c. Son discours vous semble-t-il sincère ? habile ? Justifiez vos réponses.
d. Quel est le **type de phrases** employé dans les vers 35 à 38 ? Quel effet cela produit-il sur le spectateur ?

7. a. Expliquez les vers 31 et 32 avec vos propres mots.
b. Qu'en est-il de l'amour-propre d'Arnolphe ?

8. Quels sentiments Arnolphe suscite-t-il chez Agnès ? chez le spectateur ?

→ Les types et les formes de phrases – p. 334

■ La leçon du passage

9. Relisez les vers 19 à 21 :
a. Que représente le pronom personnel « *le* » ?
b. À quels modes et temps les verbes « *vouloir* » et « *pouvoir* » sont-ils conjugués aux vers 19-20 ? au vers 21 ? Qu'exprime ce choix de conjugaison ?

10. a. Quel élément de la biographie de Molière peut éclairer cet extrait théâtral ?
b. Molière brosse-t-il un portrait positif ou négatif d'Arnolphe ? Justifiez.

11. Relisez les répliques d'Agnès : est-elle dépeinte en victime ou en bourreau ? Justifiez.

📷 Faisons le point

- En quoi Arnolphe éprouve-t-il la **passion amoureuse** aux deux sens du terme ?
- Cette passion vous paraît-elle **risible** ou **pitoyable** ?

Mise en scène L. Jouvet, Arnolphe (L. Jouvet), Agnès (M. Ozeray), Théâtre de l'Athénée, Paris, 1936.
© Studio Lipnitzki / Roger-Viollet

Mise en scène J.-L. Boutté, Arnolphe (J. Weber), Agnès (I. Carré), Théâtre des Célestins, Paris, 1992.
© M. Enguerand / Agence Enguerand/Bernand

Exercice d'expression théâtrale

Apprenez par cœur les vers 22 à 39 et interprétez-les devant la classe. Vous pouvez choisir de jouer un Arnolphe passionné pour lequel le spectateur peut éprouver de la compassion ou bien un Arnolphe ridicule.

Critères de réussite
– Inspirez-vous des mises en scène proposées pour camper votre personnage.
– Choisissez des gestes susceptibles d'amuser ou au contraire d'apitoyer.
– Variez vos intonations.

Lire l'image

1. Dans laquelle (lesquelles) de ces cinq mises en scène l'interprétation montre-t-elle un Arnolphe ridicule ? amoureux ? dominateur ? Justifiez.

2. Quel rapport de force entre les personnages chaque mise en scène traduit-elle ? Comment ?

Avant de lire le texte

1. Lequel de ces verbes est synonyme de *badiner* : punir ? plaisanter ? consoler ?
2. Que signifie le nom *dépit*, l'adjectif *dépité* ? l'adjectif *dupe* ?

Alfred de Musset
(1810-1857)
Écrivain français, il est auteur de pièces de théâtre et de poèmes : *Les Nuits*. Ses pièces de théâtre ont été rassemblées sous le titre général de *Comédies et Proverbes*.

On ne badine pas avec l'amour

Perdican, le fils du baron, est amoureux de Camille, sa cousine, mais celle-ci le décourage en lui annonçant qu'elle retourne dans son couvent. Perdican jette alors dans une fontaine la bague que Camille lui avait donnée. Il décide de faire, à cette même fontaine, une déclaration d'amour à Rosette, une jeune paysanne, en sachant que Camille est présente, mais cachée. Camille tend alors un piège à Perdican : après avoir ouvert les yeux de Rosette, elle la dissimule dans sa chambre et fait venir Perdican.

CAMILLE. – […] *Entre Perdican.* Bonjour, cousin, asseyez-vous.

PERDICAN. – Quelle toilette, Camille ! À qui en voulez-vous ?

CAMILLE. – À vous, peut-être ; je suis fâchée de n'avoir pu me rendre au rendez-vous que vous m'avez demandé ; vous aviez quelque chose à me dire ?

PERDICAN. – *(À part.)* Voilà, sur ma vie, un petit mensonge assez gros, pour un agneau sans tache ; je l'ai vue derrière un arbre écouter la conversation. *(Haut.)* Je n'ai rien à vous dire, qu'un adieu, Camille ; je croyais que vous partiez ; cependant votre cheval est à l'écurie, et vous n'avez pas l'air d'être en robe de voyage.

CAMILLE. – J'aime la discussion ; je ne suis pas bien sûre de ne pas avoir eu envie de me quereller encore avec vous.

PERDICAN. – À quoi sert de se quereller, quand le raccommodement est impossible ? Le plaisir des disputes, c'est de faire la paix.

CAMILLE. – Êtes-vous convaincu que je ne veuille pas la faire ?

PERDICAN. – Ne raillez pas[1] ; je ne suis pas de force à vous répondre.

CAMILLE. – Je voudrais qu'on me fît la cour ; je ne sais si c'est que j'ai une robe neuve, mais j'ai envie de m'amuser. Vous m'avez proposé d'aller au village, allons-y, je veux bien ; mettons-nous en bateau ; j'ai envie d'aller dîner sur l'herbe, ou de faire une promenade dans la forêt. Fera-t-il clair de lune, ce soir ? Cela est singulier, vous n'avez plus au doigt la bague que je vous ai donnée.

PERDICAN. – Je l'ai perdue.

CAMILLE. – C'est donc pour cela que je l'ai trouvée ; tenez, Perdican, la voilà.

1. Ne vous moquez pas.

Mise en scène I. Ronayette, Perdican (R. Carteaux), Camille (O. Cote), Théâtre Jean Vilar, Suresnes, 2003.
© R. Senera / Agence Enguerand/Bernand

Séquence 8 ▶ Passions et conflits au théâtre

PERDICAN. – Est-ce possible ? Où l'avez-vous trouvée ?
CAMILLE. – Vous regardez si mes mains sont mouillées, n'est-ce pas ? En vérité, j'ai gâté ma robe de couvent pour retirer ce petit hochet d'enfant de la fontaine. Voilà pourquoi j'en ai mis une autre, et, je vous dis, cela m'a changée ; mettez donc cela à votre doigt.
PERDICAN. – Tu as retiré cette bague de l'eau, Camille, au risque de te précipiter ? Est-ce un songe ? La voilà ; c'est toi qui me la mets au doigt ! Ah ! Camille, pourquoi me le rends-tu, ce triste gage d'un bonheur qui n'est plus ? Parle, coquette et imprudente fille, pourquoi pars-tu ? pourquoi restes-tu ? Pourquoi d'une heure à l'autre, changes-tu d'apparence et de couleur, comme la pierre de cette bague à chaque rayon de soleil ?
CAMILLE. – Connaissez-vous le cœur des femmes, Perdican ? Êtes-vous sûr de leur inconstance, et savez-vous si elles changent réellement de pensée en changeant quelquefois de langage ? Il y en a qui disent que non. Sans doute, il nous faut souvent jouer un rôle, souvent mentir ; vous voyez que je suis franche ; mais êtes-vous sûr que tout mente dans une femme, lorsque sa langue ment ? Avez-vous bien réfléchi à la nature de cet être faible et violent, à la rigueur avec laquelle on le juge, aux principes qu'on lui impose ? Et qui sait si, forcée à tromper par le monde, la tête de ce petit être sans cervelle ne peut pas y prendre plaisir, et mentir quelquefois par passe-temps, par folie, comme elle ment par nécessité ?
PERDICAN. – Je n'entends rien à tout cela, et je ne mens jamais. Je t'aime Camille, voilà tout ce que je sais.
CAMILLE. – Vous dites que vous m'aimez, et vous ne mentez jamais ?
PERDICAN. – Jamais.
CAMILLE. – En voilà une qui dit pourtant que cela vous arrive quelquefois.
(Elle lève la tapisserie, Rosette paraît dans le fond, évanouie sur une chaise.)
Que répondrez-vous à cette enfant, Perdican, lorsqu'elle vous demandera compte de vos paroles ? Si vous ne mentez jamais, d'où vient donc qu'elle s'est évanouie en vous entendant me dire que vous m'aimez ? Je vous laisse avec elle ; tâchez de la faire revenir. *(Elle veut sortir.)*
PERDICAN. – Un instant, Camille, écoute-moi.
CAMILLE. – Que voulez-vous me dire ? C'est à Rosette qu'il faut parler. Je ne vous aime pas, moi ; je n'ai pas été chercher par dépit cette malheureuse enfant au fond de sa chaumière, pour en faire un appât, un jouet ; je n'ai pas répété imprudemment devant elle des paroles brûlantes adressées à une autre ; je n'ai pas feint de jeter au vent pour elle le souvenir d'une amitié chérie ; je ne lui ai pas mis ma chaîne au cou ; je ne lui ai pas dit que je l'épouserais.
PERDICAN. – Écoute-moi, écoute-moi !

Alfred de Musset, *On ne badine pas avec l'amour,* III, 6, 1834.

Mise en scène J.-P. Vincent, Perdican (E. Lefoulon), Camille (V. Dreville) Théâtre de la Ville, Paris, 1989.
© M. Enguerand / Agence Enguerand/Bernand

▶ Comprendre la comédie du jeu amoureux

■ Sur le mode du jeu

1. a. L. 1 à 19 : quel jeu Camille joue-t-elle face à Perdican ?
b. Perdican est-il dupe de ce jeu ? Justifiez.
2. a. Relevez le champ lexical du jeu et du double jeu dans ce passage.
b. Comment le jeu théâtral des comédiens peut-il rendre perceptible le double jeu ?
3. Qui, selon vous, fixe les règles du jeu dans cette scène ? Justifiez.
4. En quoi la phrase « *il nous faut souvent jouer un rôle* » (l. 36) peut-elle s'appliquer aux personnages de cette scène ? Justifiez.

■ Le dépit amoureux

5. Quels sont les sentiments de Perdican pour Camille (l. 11 à 14) ?
6. a. Pourquoi, selon vous, Camille met-elle la bague au doigt de Perdican ?
b. Quel changement s'opère à ce moment-là dans la façon dont Perdican s'adresse à Camille ?
c. Quel **type de phrases** emploie-t-il ? Pourquoi ?
d. Que reproche Perdican à Camille ?
7. a. L. 33 à 42 : quel argument Camille avance-t-elle pour se défendre ? Expliquez avec vos propres mots.
b. Quels **types de phrases** emploie-t-elle ? Pourquoi ?

■ La vengeance

8. a. Quelle phrase Camille cherche-t-elle à faire prononcer à Perdican dans le piège qu'elle lui tend ? Dans quel but ?
b. Quelle phrase, dans la dernière réplique de Camille, fait échec à une phrase prononcée par Perdican ?
9. En quoi consiste le coup de théâtre pour Perdican ? pour le spectateur ?
10. a. À partir du coup de théâtre, quel personnage mène la conversation ?
b. Quel **type de phrases** Camille emploie-t-elle dans les lignes 33 à 42 ? Pourquoi ?
c. Quelle **forme de phrases** Camille utilise-t-elle dans les lignes 54 à 61 ? Qu'exprime ce choix ?
11. Que reproche Camille à Perdican ? Par quel sentiment est-elle animée ?

→ Les types et les formes de phrases – p. 334

📷 Faisons le point

- En quoi cet extrait met-il en scène **une comédie du jeu amoureux** ?
- Comment le titre de la pièce prend-il sens dans cet extrait ?

Exercice d'expression orale et scénique

Entraînez-vous à jouer le début du passage jusqu'à la ligne 32.

Critères de réussite
– Apprenez par cœur le texte pour pouvoir vous consacrer au jeu.
– Traduisez le double jeu de Perdican et de Camille par l'intonation, les gestes et les attitudes.

Mise en scène C. Huppert, Perdican (D. Haudepin), Camille (I. Huppert), Théâtre des Bouffes du Nord, Paris, 1977.
© Agence Enguerand/Bernand

Mise en scène P. Sireuil, Perdican (P. Grand Henri), Camille (V. Lemaître), Théâtre Varia, Bruxelles, 1995.
© M. Enguerand / Agence Enguerand/Bernand

Lire l'image

1. Dans chacune des quatre mises en scène, quels éléments du texte identifiez-vous dans le décor ? dans les costumes ? dans le jeu des acteurs ?
2. Quelle est votre mise en scène préférée ? Pourquoi ?

TEXTES & IMAGES

Avant de lire le texte

1. Lisez ce résumé de la situation.

   La scène se passe en Épire, chez un roi grec, Pyrrhus. Hermione, une princesse grecque, est venue dans ce royaume pour épouser ce roi qu'elle aime ; mais le mariage tarde car Pyrrhus s'est épris de sa captive troyenne[1], Andromaque, qui, elle, reste fidèle à son défunt mari, Hector. Oreste, qui est amoureux d'Hermione, a été chargé par les Grecs de la ramener chez elle pour lui éviter l'affront d'être délaissée par Pyrrhus.

2. Recopiez et complétez ce schéma des rapports amoureux entre les quatre personnages principaux de la pièce :

   Oreste ---------> ? ---------> ? ---------> ? ---------> (Hector)

Jean Racine (1639-1699)
Dramaturge français, il est auteur de tragédies, *Andromaque*, *Iphigénie*, *Phèdre*, dans lesquelles il dépeint la passion amoureuse.

Andromaque

1. La ville de Troie fut détruite par les Grecs et ses habitants emmenés comme prisonniers.
2. comprends.
3. triste, défavorable.
4. souhaits.
5. un amour.
6. en ma faveur.
7. fournissez des arguments.
8. n'éprouve pas d'amour.
9. une passion.

ORESTE
Je vous entends[2]. Tel est mon partage funeste[3] :
Le cœur est pour Pyrrhus, et les vœux[4] pour Oreste.

HERMIONE
Ah ! Ne souhaitez pas le destin de Pyrrhus ;
Je vous haïrais trop.

ORESTE
        Vous m'en aimeriez plus.
5 Ah ! Que vous me verriez d'un regard bien contraire !
Vous me voulez aimer, et je ne puis vous plaire ;
Et, l'amour seul alors se faisant obéir,
Vous m'aimeriez, Madame, en me voulant haïr :
Ô Dieux ! Tant de respects, une amitié[5] si tendre…
10 Que de raisons pour moi[6], si vous pouviez m'entendre !
Vous seule pour Pyrrhus disputez[7] aujourd'hui,
Peut-être malgré vous, sans doute malgré lui.
Car enfin il vous hait ; son âme ailleurs éprise
N'a plus…

HERMIONE
        Qui vous l'a dit, Seigneur, qu'il me méprise[8] ?
15 Ses regards, ses discours vous l'ont-ils donc appris ?
Jugez-vous que ma vue inspire des mépris,
Qu'elle allume en un cœur des feux[9] si peu durables ?
Peut-être d'autres yeux me sont plus favorables.

ORESTE
Poursuivez : il est beau de m'insulter ainsi.
20 Cruelle, c'est donc moi qui vous méprise ici ?

Mise en scène P. Adrien, Oreste (B. Ouzeau), Hermione (C. Braconnier), Théâtre de la Tempête, Paris, 2005.
© P. Gely / Agence Enguerand/Bernand

Vos yeux n'ont pas assez éprouvé ma constance[10] ?
Je suis donc un témoin[11] de leur peu de puissance ?
Je les ai méprisés ? Ah ! Qu'ils voudraient bien voir
Mon rival, comme moi, mépriser leur pouvoir !

HERMIONE

25 Que m'importe, Seigneur, sa haine ou sa tendresse ?
Allez contre un rebelle armer toute la Grèce ;
Rapportez-lui le prix de sa rébellion ;
Qu'on fasse de l'Épire un second Ilion[12].
Allez. Après cela direz-vous que je l'aime ?

Jean Racine, *Andromaque*, II, 2, 1668.

Mise en scène M. Zammit, Oreste (D. Sandre), Hermione (S. Haudepin), Théâtre national de Chaillot, Paris, 1992.
© M. Enguerand / Agence Enguerand/Bernand

10. persévérance.   **11.** une preuve.   **12.** Ilion est un autre nom pour Troie.

▷ Analyser des passions tragiques

■ La passion d'Oreste

1. a. Quel sentiment Oreste exprime-t-il dans sa première réplique ?
b. Par quelle **figure de style** le vers 2 renforce-t-il ce sentiment ?
c. Relevez d'autres vers construits de manière identique dans la deuxième réplique d'Oreste.
2. V. 8 : Oreste fait-il preuve d'aveuglement ou de lucidité ? Expliquez.
3. a. Quel type de phrases Oreste emploie-t-il dans les vers 5 à 10 ?
b. Quel sentiment cela traduit-il ?
4. Pourquoi, selon vous, Oreste prononce-t-il le vers 13 ?
5. a. V. 19 à 24 : quel est le type de phrases employé ? Pourquoi ?
b. Par quel adjectif Oreste qualifie-t-il Hermione ? Pourquoi ?
c. Quels sont les sentiments d'Oreste ?

■ La passion d'Hermione

6. Relevez les deux vers dans lesquels Hermione dévoile sa passion pour Pyrrhus.
7. À quelle attitude de Pyrrhus les vers 16 et 17 font-ils allusion ? Quel sentiment anime Hermione dans ces vers ?

8. a. Qui l'expression « *d'autres yeux* » (v. 18) représente-t-elle ?
b. Comment nomme-t-on cette **figure de style** ?
9. Hermione est-elle sincère (v. 3 et 4) ? Expliquez.
10. a. V. 26 à 29 : à quels modes et temps les verbes sont-ils conjugués ? Pourquoi ?
b. Qu'attend Hermione d'Oreste ?
c. Quels motifs Hermione invoque-t-elle ?
d. Quel autre sentiment, selon vous, anime Hermione ?
11. Le dernier vers d'Hermione est-il de nature à rassurer Oreste ? Expliquez.

→ **Les figures de style – p. 380**

📷 Faisons le point

- Comment chacun des deux personnages fait-il souffrir l'autre sous l'emprise de la passion ?
- Lisez l'encadré et dites en quoi ces **passions** sont **tragiques**.

> Le **tragique au théâtre** est un conflit intérieur où un personnage est tiraillé entre des valeurs nobles : l'amour contre le devoir filial ou la raison d'État. Chez Racine, la passion amoureuse est source de souffrance car elle est rarement réciproque.

Exercice de mise en scène théâtrale

Si vous étiez metteur en scène, quels conseils de jeu scénique donneriez-vous aux deux acteurs ? Rédigez une fiche de conseils techniques par personnage. Vous pouvez vous inspirer des deux mises en scène proposées.

Critères de réussite
Pensez aux intonations, aux gestes, aux attitudes, aux éventuels déplacements, au jeu des regards…

TEXTES & IMAGES

▶ Conflits politiques

Antigone

Avant de lire le texte
1. De qui Antigone est-elle la fille ?
2. Renseignez-vous sur l'histoire de son père.

Jean Anouilh (1910-1987)
Cet écrivain français est l'auteur de nombreuses pièces de théâtre dont *Le Voyageur sans bagage* et *Antigone*, ainsi que d'un recueil de fables.

Après le départ de leur père, les deux frères d'Antigone, Étéocle et Polynice, décident de se partager le trône et de régner, chacun à leur tour pendant une année. À la suite du refus d'Étéocle de rendre le pouvoir annuel, Polynice vient assiéger Thèbes avec six autres chefs, et les deux frères s'entretuent. C'est alors que Créon, leur oncle, s'empare du pouvoir. Il fait offrir de somptueuses funérailles à Étéocle et prive Polynice de sépulture, ce qui, chez les Grecs, empêche la personne d'accéder au paradis des champs Élysées. Antigone enfreint la loi établie par Créon en recouvrant de terre son frère Polynice : elle risque la mort.

CRÉON
Un matin, je me suis réveillé roi de Thèbes. Et Dieu sait si j'aimais autre chose dans la vie que d'être puissant…

ANTIGONE
Il fallait dire non, alors !

CRÉON
Je le pouvais. Seulement, je me suis senti tout d'un coup comme un ouvrier qui
5 refusait un ouvrage. Cela ne m'a pas paru honnête. J'ai dit oui.

ANTIGONE
Eh bien, tant pis pour vous. Moi, je n'ai pas dit « oui » ! Qu'est-ce que vous voulez que cela me fasse, à moi, votre politique, votre nécessité, vos pauvres histoires ? Moi, je peux dire « non » encore à tout ce que je n'aime pas et je suis seul juge. Et vous, avec votre couronne, avec vos gardes, avec votre attirail, vous
10 pouvez seulement me faire mourir parce que vous avez dit « oui ».

CRÉON
Écoute-moi.

ANTIGONE
Si je veux, moi, je peux ne pas vous écouter. Vous avez dit « oui ». Je n'ai plus rien à apprendre de vous. Pas vous. Vous êtes là à boire mes paroles. Et si vous n'appelez pas vos gardes, c'est pour m'écouter jusqu'au bout.

CRÉON
15 Tu m'amuses !

ANTIGONE
Non. Je vous fais peur. C'est pour cela que vous essayez de me sauver. Ce serait tout de même plus commode de garder une petite Antigone vivante et muette dans ce palais. Vous êtes trop sensible pour faire un bon tyran, voilà tout. Mais vous allez tout de même me faire mourir tout à l'heure, vous le savez, et c'est
20 pour cela que vous avez peur. C'est laid un homme qui a peur.

CRÉON, *sourdement.*
Eh bien, oui, j'ai peur d'être obligé de te tuer si tu t'obstines. Et je ne le voudrais pas.

ANTIGONE
Moi, je ne suis pas obligée de faire ce que je ne voudrais pas ! Vous n'auriez pas voulu non plus, peut-être, refuser une tombe à mon frère ? Dites-le donc, que
25 vous ne l'auriez pas voulu ?

CRÉON

Je te l'ai dit.

ANTIGONE

Et vous l'avez fait tout de même. Et maintenant, vous allez me faire tuer sans le vouloir. Et c'est cela, être roi !

CRÉON

Oui, c'est cela !

ANTIGONE

30 Pauvre Créon ! Avec mes ongles cassés et pleins de terre et les bleus que tes gardes m'ont faits aux bras, avec ma peur qui me tord le ventre, moi je suis reine.

CRÉON

Alors, aie pitié de moi, vis. Le cadavre de ton frère qui pourrit sous mes fenêtres, c'est assez payé pour que l'ordre règne dans Thèbes. Mon fils t'aime. Ne m'oblige pas à payer avec toi encore. J'ai assez payé.

ANTIGONE

35 Non. Vous avez dit « oui ». Vous ne vous arrêterez jamais de payer maintenant !

CRÉON, *la secoue soudain, hors de lui.*

Mais, bon Dieu ! Essaie de comprendre une minute, toi aussi, petite idiote ! J'ai bien essayé de te comprendre, moi. Il faut pourtant qu'il y en ait qui disent oui. Il faut pourtant qu'il y en ait qui mènent la barque. Cela prend l'eau de toutes parts, c'est plein de crimes, de bêtise, de misère… Et le gouvernail est là 40 qui ballotte. L'équipage ne veut plus rien faire, il ne pense qu'à piller la cale et les officiers sont déjà en train de se construire un petit radeau confortable, rien que pour eux, avec toute la provision d'eau douce pour tirer au moins leurs os de là. Et le mât craque, et le vent siffle, et les voiles vont se déchirer, et toutes ces brutes vont crever toutes ensemble, parce qu'elles ne pensent qu'à leur peau, 45 à leur précieuse peau et à leurs petites affaires. Crois-tu, alors, qu'on a le temps de faire le raffiné, de savoir s'il faut dire « oui » ou « non », de se demander s'il ne faudra pas payer trop cher un jour et si on pourra encore être un homme après ? On prend le bout de bois, on redresse 50 devant la montagne d'eau, on gueule un ordre et on tire dans le tas, sur le premier qui s'avance. Dans le tas ! Cela n'a pas de nom. C'est comme la vague qui vient de s'abattre sur le pont devant vous ; le vent 55 qui vous gifle, et la chose qui tombe dans le groupe n'a pas de nom. C'était peut-être celui qui t'avait donné du feu en souriant la veille. Il n'a plus de nom. Et toi non plus, tu[1] n'as plus de nom, 60 cramponné à la barre. Il n'y a plus que le bateau qui ait un nom et la tempête. Est-ce que tu le comprends, cela ?

ANTIGONE, *secoue la tête.*

Je ne veux pas comprendre. C'est bon pour vous. Moi je suis là pour autre chose 65 que pour comprendre. Je suis là pour vous dire non et pour mourir.

Jean Anouilh, *Antigone*, © Éditions de la Table Ronde, 1946.

1. La 2ᵉ personne a ici la valeur d'un « on ».

Mise en scène E. Civanyan, Créon (G. Tréjean), Antigone (D. Torres), Palais des Papes, Avignon, 1988.
© P. Gely / Agence Enguerand/Bernand

TEXTES & IMAGES

▶ Étudier un conflit de valeurs

ARGUMENTATION

■ Une scène conflictuelle

1. a. Quels liens familiaux et sociaux unissent les deux protagonistes ?
b. Quel différend les oppose ?

2. Observez la longueur des répliques : qui semble en position de supériorité dans la majeure partie du passage ? à la fin du passage ? Expliquez.

3. a. Quelle expression, dans la 2ᵉ réplique de Créon, fait écho à la 1ʳᵉ réplique d'Antigone ?
b. Relevez d'autres passages du texte qui fonctionnent de manière identique.
c. Sur quelle **figure de style** ces passages reposent-ils ? Qu'expriment-ils dans le rapport des deux protagonistes ?

4. Relisez les didascalies : que mettent-elles en lumière ?

5. Lequel des deux personnages refuse la discussion ? Justifiez.

■ Une opposition de valeurs

6. À quoi Créon a-t-il dit « oui » (l. 5) ? Comment justifie-t-il sa réponse ? Expliquez.

7. a. L. 36 à 62 : quelle **figure de style** sous-tend le discours de Créon ? Relevez le champ lexical qui la développe.
b. Créon cherche-t-il à expliquer ou à argumenter ? Justifiez.
c. Exprimez avec vos propres mots la position de Créon.

8. Que revendique Antigone en disant « non » ?

9. Quel est le ton des répliques d'Antigone ? de Créon ? Lequel des deux personnages vous paraît en position de force ? Justifiez.

10. La pièce d'Anouilh a été écrite en 1944 : en quoi cet extrait peut-il présenter un lien avec le contexte historique ?

11. En quoi les valeurs en jeu dans cet extrait ont-elles une portée universelle ?

→ Les figures de style – p. 380

📷 Faisons le point

- En quoi ce texte est-il une scène de **conflit** ?
- Quelles **valeurs** le dramaturge oppose-t-il dans cette scène ?

Mise en scène N. Briancon, Créon (R. Hossein), Antigone (B. Schulz), Théâtre Marigny, Paris, 2003.
© P. Gely / Agence Enguerand/Bernand

Mise en scène A. Barsacq, Créon (J. Davy), Antigone (E. Hardy), Théâtre de l'Atelier, Paris, 1947.
© Studio Lipnitzki / Roger-Viollet

▶ Comparer des mises en scène avant de jouer

1. a. Une de ces mises en scène est-elle susceptible d'évoquer l'époque grecque ? Justifiez.
b. Les mises en scène situent-elles la scène à une époque précise ?
c. Comment ces choix peuvent-ils s'expliquer ?
2. Le jeu théâtral des acteurs rend-il le conflit perceptible dans chacune de ces mises en scène ? Comment ? Justifiez vos réponses.

Mise en scène E. Civanyan, Créon (G. Tréjean), Antigone (D. Torres), TBB, Boulogne, 1987.
© P. Gely / Agence Enguerand/Bernand

Mise en scène J. Menaud, Créon (M. Derville), Antigone (C. Vignes), Vingtième Théâtre, Paris, 1998.
© P. Gely, Agence Bernand

Exercice d'expression théâtrale

Par binômes, apprenez par cœur les lignes 1 à 35 et interprétez-les devant la classe. Soulignez le rapport de force entre les deux personnages.

Critères de réussite
– Mémorisez parfaitement votre texte pour pouvoir vous consacrer à l'interprétation.
– Mettez-vous d'accord pour accentuer les qualités et les défauts de chaque personnage.
– Travaillez votre intonation et vos gestes et attitudes sur scène.

Séquence 8 ▶ Passions et conflits au théâtre

TEXTES & IMAGES

Avant de lire le texte

Le chancelier Dolfuss, à la tête de l'Autriche à partir de 1932. Il est assassiné par des représentants de groupes nazis en 1934.

Joseph Paul Goebbels, ministre de l'Information et de la Propagande, théoricien du nazisme. Il s'empoisonne avec sa femme et ses enfants après la mort d'Hitler.

Hermann Goering, chef des sections d'assaut, maréchal du Reich, chef de l'économie de guerre. Il amasse une fortune considérable par le pillage des œuvres d'art dans les pays occupés. Condamné à mort par le tribunal de Nuremberg, il s'empoisonne dans sa prison.

1. À quelle période historique les personnes présentées ci-dessus appartiennent-elles ? Qui était Hitler ?

2. Lequel de ces sens du nom *engagement* correspond à l'expression « un théâtre engagé » ?
– action d'embaucher quelqu'un ;
– fait de s'engager à faire quelque chose par une promesse, un contrat ;
– fait de prendre parti et d'intervenir publiquement sur les problèmes sociaux, politiques... de son époque ;
– fait de mettre le ballon en jeu en début de match.

Bertolt Brecht (1898-1956)
C'est un poète, metteur en scène allemand, et, surtout, l'auteur de nombreuses pièces de théâtre dont *Maître Puntila et son valet Matti*, *La Résistible Ascension d'Arturo Ui*. Il a voulu rompre avec l'illusion théâtrale et pousser le spectateur à la réflexion en le conduisant à avoir un regard critique.

Mise en scène J. Vilar, Arturo Ui (J. Vilar), TNP, Paris, 1960. © Roger Viollet

La Résistible Ascension d'Arturo Ui

En raison de la crise économique de 1929, les producteurs de légumes, qui ne peuvent plus écouler leur marchandise, demandent de l'aide à Arturo Ui pour obliger, par la force, les marchands à acheter leur production.

La city. L'assemblée des marchands de légumes de Chicago. Ils sont blancs comme linge. [...] Entrent les marchands de légumes de Cicero[1], blancs comme linge.

CEUX DE CICERO
    Ho, hello ! Chicago !

CEUX DE CHICAGO
Ho, hello Cicero ! Quel bon vent vous amène ?

CEUX DE CICERO
On nous a convoqués.

CEUX DE CHICAGO
    Qui ça ?

CEUX DE CICERO
    Lui ?

PREMIER MARCHAND DE CHICAGO
    Mais comment
Peut-il vous convoquer et vous donner des ordres,
5 Parler en maître à Cicero ?

PREMIER MARCHAND DE CICERO
    Par le browning[2].

DEUXIÈME MARCHAND DE CICERO
On cède à la violence.

PREMIER MARCHAND DE CHICAGO
    Oh, lâcheté maudite ! [...]

1. ville imaginaire.   2. arme à feu automatique.

TROISIÈME MARCHAND DE CHICAGO

Il faut, les gars,
Vous défendre. Écoutez : vous devez mettre un terme
À cette peste noire ! Ou le pays doit-il
10 Se laisser dévorer par cette maladie ?

PREMIER MARCHAND DE CHICAGO
Une ville d'abord, ensuite une autre ville.
La bataille au couteau, c'est un devoir civique.

DEUXIÈME MARCHAND DE CICERO
Pourquoi nous justement ? Nous nous lavons les mains.

QUATRIÈME MARCHAND DE CHICAGO
Et, si Dieu le permet, nous avons l'espérance
15 Que ce cochon un jour sur des gens tombera
Qui montreront les crocs.
Font leur entrée au milieu des fanfares Arturo Ui et Betty Dollfoot, celle-ci en deuil, suivis de Clark, Gori, Gobolla et de gardes du corps. Ui se fraie un passage entre eux. Les gardes du corps prennent position à l'arrière-plan.

GORI

Hé ! Bonjour, les enfants !
Tous ceux de Cicero sont-ils arrivés ?

PREMIER MARCHAND DE CICERO

Certes.

GORI
Et ceux de Chicago ?

PREMIER MARCHAND DE CHICAGO

Tous.

GORI, *à Ui*

Tout le monde est là. [...]

GOBBOLA

Écoutez Arturo Ui !

UI *s'avance vers le microphone.*
20 Hommes de Chicago et Cicero ! Amis ! [...]
La ville est libre entièrement de me choisir.
Pas de « Soit ! » ronchonnant, de grinçant « À votre aise ! »
Je hais l'acquiescement quand le cœur n'y est pas.
Ce que j'exige ? Un « Oui » donné dans l'enthousiasme [...].
25 Qui est pour moi ? Je dois incidemment le dire :
Celui qui par hasard ne serait pas pour moi
Est contre moi, et il n'aura de sa conduite,
Alors qu'à s'imputer à lui-même les suites.
Maintenant vous pouvez choisir. [...]

GOBBOLA
30 Au vote maintenant.

GORI

Tous ceux qui sont pour Arturo Ui

Légende, voir p. 229.

TEXTES & IMAGES

Les mains en l'air !
Quelques-uns lèvent aussitôt la main.

UN MARCHAND DE CICERO
Peut-on aussi quitter la salle ?

GOBBOLA
Chacun a liberté de faire ce qu'il veut.
Le marchand sort d'un pas hésitant. Deux gardes du corps le suivent. Puis éclate un coup de feu.

GORI
Alors, à vous ! Quelle est votre décision libre ?
Tous lèvent les mains à la fois. […]

Apparition d'un écriteau :

> Le 11 mars 1938 Hitler fit son entrée en Autriche. Des élections organisées sous la terreur des nazis donnèrent 98 % des voix à Hitler.

Bertolt Brecht, *La Résistible Ascension d'Arturo Ui*, 1941, trad. A. Jacob, © L'Arche, 1983.

▶ Aborder le théâtre engagé

■ Une pièce à « clé »

1. a. À quels personnages de la pièce les personnes nommées dans « Avant de lire le texte » correspondent-elles ?
b. Qui Arturo Ui représente-t-il ? Justifiez.

2. a. Quel est le rapport entre l'écriteau à la fin du passage et l'extrait de la pièce ?
b. À quelle lecture de la scène convie-t-il le spectateur ?

3. a. Dans quel pays l'action se passe-t-elle ?
b. Lisez le document 1 : comment Bertolt Brecht justifie-t-il le choix de ce lieu ?

■ Un avertissement / une leçon à transmettre

4. a. L. 1 à 16 : qui sont les personnages présents ? Pourquoi, selon vous, sont-ils réunis ?
b. Relevez les groupes nominaux qui désignent Arturo Ui et son système : quels sentiments les marchands expriment-ils à travers ces expressions ?

5. a. Quelle est l'attitude commune des marchands des deux villes face à Arturo Ui ? Répondez en vous appuyant sur les didascalies et les répliques.
b. Que dénonce B. Brecht à travers eux ?

6. À travers la didascalie (entre les lignes 16 et 17), quelle impression (sensation) la mise en scène doit-elle donner pour être conforme à l'idée de B. Brecht ?

7. Quel est le rôle de ceux qui accompagnent Arturo Ui ? Expliquez.

8. Tirade d'Arturo Ui (l. 20 à 29) :
a. Quelles sont les deux **apostrophes** ? la seconde est-elle sincère ? Justifiez.
b. Relevez la phrase qui prône la démocratie.
c. La suite de la **tirade** confirme-t-elle cette idée ? Justifiez.
d. Que signifie l'adverbe « *incidemment* » ? Sur quel ton l'acteur doit-il le prononcer ?

9. a. Quel est le double sens de la réplique de Gori : « *Les mains en l'air !* » ?
b. Qu'annonce-t-elle ?

10. En quoi l'épisode du marchand de Cicero est-il intéressant ? Que B. Brecht veut-il dénoncer ?

11. a. Lisez le document 2 : de quel type de « *comique* » s'agit-il dans l'épisode du marchand de Cicero ?
b. Sur quel ton faut-il prononcer les **répliques** finales de Gobbola et de Gori ?

→ le dialogue au théâtre – p. 392

Document 1

C'est dans la période finlandaise de ses années d'exil que Brecht écrivit *La Résistible Ascension d'Arturo Ui*. La pièce, achevée le 29 avril 1941, ne fut ni publiée ni jouée de son vivant. Brecht la définissait comme une tentative d'expliquer l'ascension d'Hitler au monde capitaliste en la transposant dans un milieu qui lui est familier. C'est pourquoi *La Résistible Ascension d'Arturo Ui* transpose dans les milieux de la pègre[1] et du commerce la lutte d'Hitler pour le pouvoir et l'hégémonie[2].

Armand Jacob, préface à la traduction de *La Résistible Acension d'Arturo Ui*.

1. milieu des voleurs, des escrocs.
2. pouvoir dominateur d'un État ou d'un groupe social sur d'autres.

📷 Faisons le point

- Pourquoi les connaissances historiques sont-elles une clé de lecture pour cette pièce ?
- Quel est le message de Bertolt Brecht dans cet extrait ?
- En quoi peut-on dire que cet extrait relève du **théâtre engagé** ?

Document 2

Il est nécessaire, pour que l'action prenne toute la signification qui malheureusement est la sienne, de jouer la pièce dans le grand style [...]. Par exemple la jouer devant des tentures de grosse toile, blanchies au lait de chaux et aspergées de taches sang-de-bœuf. On peut aussi utiliser des vues panoramiques peintes sur des toiles de fond ; des effets d'orgue, de trompettes et de tambours sont également légitimes. Il serait bon d'utiliser les physionomies, intonations et gestes caractéristiques des originaux réels, mais il faut éviter l'imitation pure et simple, et le comique ne doit jamais aller sans l'horreur. L'indispensable est un style accusant l'élément plastique, avec un rythme rapide et des groupes clairement ordonnés, dans le goût des drames qu'on joue dans les foires.

Bertolt Brecht, 1941.

Mise en scène J. Savary, Arturo Ui (G. Bedos), Théâtre national de Chaillot, Paris, 1994.
© B. Enguerand / Agence Enguerand/Bernand

Exercice d'expression théâtrale

Vous allez mettre en scène ce passage et le jouer. Pour cela, partagez la classe en deux groupes d'élèves et, au sein de chaque groupe, répartissez-vous les rôles d'acteurs de premier plan et de figurants.

Critères de réussite
Relisez le document 2 et efforcez-vous de proposer une interprétation fidèle aux principes de Brecht.

Lire l'image

Les mises en scène proposées (pp. 226 à 229) correspondent-elles aux idées de Brecht dans les documents 1 et 2 ? Justifiez.

Exercice d'écriture — ARGUMENTATION

Lisez le document 3 : en tant que « jeunes gens », dites si ce texte théâtral vous a aidé(e) à réfléchir sur une réalité que vous avez étudiée en Histoire. Vous rédigerez un paragraphe argumenté.

Document 3

Guy Bedos a interprété le personnage d'Arturo Ui dans une mise en scène de Jérôme Savary, en 1994, au Théâtre national de Chaillot à Paris.

Pour moi, c'est très excitant et aussi – autant l'avouer – un peu vertigineux de revenir au théâtre dans un rôle pareil [...] *Arturo Ui*, j'en ai un souvenir de spectateur ; à l'époque j'étais évidemment loin d'imaginer qu'un jour je le jouerais. [...] Nous voulons surtout parler à des jeunes gens, à des enfants qui ont eu la chance de ne pas connaître les années noires, et leur montrer avec nos outils de théâtre jusqu'où peuvent aller l'intolérance, la barbarie, la violence, à partir du personnage emblématique[1] qui est le père de tous les dictateurs, Hitler, mais qui a fait des petits depuis que Brecht a écrit la pièce.

Guy Bedos, 1993.

1. qui sert de référence.

Légende, voir ci-dessus.

ŒUVRE INTÉGRALE

Étudier une farce tragique

Macbett — Eugène Ionesco, 1972

A Découvrir un mythe et sa relecture : de *Macbeth* à *Macbett*

Macbeth de Shakespeare (1623)
Résumé

À la fin d'une bataille, Macbeth, cousin et fidèle chef des armées du roi d'Écosse, Duncan, s'illustre par son courage et mène son armée à la victoire. Sur le chemin du retour, Macbeth, duc de Glamis, rencontre trois sorcières qui lui prédisent qu'il deviendra bientôt duc de Cawdor, puis roi d'Écosse et que son ami Banquo engendrera des rois bien que lui-même n'en soit pas un.

Peu de temps après, deux seigneurs envoyés par Duncan viennent annoncer à Macbeth que le roi le nomme duc de Cawdor en guise de récompense.

Ce sont probablement les prédictions des sorcières qui éveillent en Macbeth le désir de se faire couronner. Il fait part de sa rencontre insolite à son épouse, qui l'amène à tuer Duncan dans leur propre château.

Les enfants de Duncan fuient en Angleterre, laissant le trône libre à Macbeth.

Dès lors, les peurs de Macbeth le conduisent à ordonner plus de meurtres et à revoir les trois sorcières ; celles-ci, par leurs réponses ambiguës, le mènent droit à sa chute. Ainsi Macbeth tuera son ami Banquo, pour éviter que la prédiction des sorcières ne se réalise.

Une rébellion naît des atrocités du règne de Macbeth qui se fait assassiner par Macduff, dont il avait exterminé la famille.

À la fin de la pièce, Malcolm, le fils de Duncan, reprend le pouvoir.

Macbett de Ionesco (1972)
Personnages

Macbett
Duncan
Lady Duncan
Lady Macbett
Première sorcière
Deuxième sorcière
La suivante
La servante
Glamiss
Candor
Banco
Le moine
L'évêque
Macol

Soldats, généraux. Chasseur de papillons. Convives. Femmes du peuple, hommes du peuple. Limonadier, etc.

W. Shakespeare, *Macbeth*, mise en scène J.-P. Vincent, costumes T. Mugler, Macbeth (P. Clévenot), Lady Macbeth (C. Ferran), Palais des Papes, Avignon, 1985.

E. Ionesco, *Macbett,* mise en scène G. Lavelli, Macbett (M. Aumont), Lady Macbett (I. Karajan), Théâtre de la Colline, Paris, 1992. © Agence Enguerand/Bernand

1. Observez les noms propres des personnages des deux pièces : que constatez-vous ?
2. Diriez-vous que la pièce de Shakespeare est un drame ou une farce ?
3. Quels sont les personnages qui détonnent dans la liste des personnages de la pièce de Ionesco ? Pourquoi ?
4. Comparez les costumes et les accessoires des deux mises en scène : que constatez-vous ?

Eugène Ionesco
(1909-1994)
C'est un écrivain français d'origine roumaine, auteur de nombreuses pièces de théâtre, dont *La Cantatrice chauve* et *La Leçon*. Élu à l'Académie française en 1970, il est un représentant du théâtre de l'absurde.

Interview d'Eugène Ionesco (19 mars 1972)

Journaliste : Supposons que, un soir prochain, Shakespeare vienne incognito au théâtre de la Rive Gauche et voie votre *Macbett*. À votre avis, qu'est-ce qu'il en penserait ?

Ionesco : Il penserait d'abord que j'ai bien lu *Macbeth*…

Journaliste : Que vous l'avez relu aussi…

Ionesco : Et que je l'ai relu ; et il s'apercevrait aussi que le monde a changé. C'est-à-dire, le Macbeth de Shakespeare est un monstre et un fantoche à la fois. Lady Macbeth est une monstrueuse personne mais mon Macbett – je ne me compare pas à Shakespeare mais je compare notre monde au monde shakespearien – mon Macbett n'est pas un monstre. Il est aussi lâche, aussi…, aussi vil, aussi assoiffé de pouvoir que Duncan, que Banquo, que Glamis, que Cawdor. Il n'y a pas le sentiment de la faute dans cette pièce. Macbett n'est plus un monstre, je le disais tout à l'heure, mais il est quoi ? Il est monsieur tout le monde ; en effet, maintenant on ne tue plus un roi ou deux rois, trois rois mais on tue des centaines et des milliers de personnes et des dizaines de milliers et des centaines de milliers de personnes. Et tout le monde tue tout le monde. C'est pour cela qu'il y a les guillotines au début de *Macbett*. Ce n'est donc plus des meurtres pour le pouvoir maintenant, ou pas seulement cela ; c'est aussi le Pakistan, c'est aussi le Nigeria, c'est aussi le Biafra, c'est l'Irlande. Nous sommes à l'époque, non pas des meurtres mais des génocides. Et c'est pour cela que le sentiment de la faute a disparu parce que le crime s'est tellement généralisé qu'il est devenu un élément – normal – dans lequel nous vivons. Shakespeare, l'ancêtre du théâtre de l'absurde, a dit : « *Le monde est une histoire de fous racontée par un idiot, dénuée de sens et de signification, pleine de bruit et de fureur.* » Il fait dire cela par Macbeth justement dans le vrai *Macbeth*. Et, tout ça, c'est la définition même du théâtre de l'absurde, c'est pour ça que je disais que Shakespeare est notre grand ancêtre à tous. Mais il n'y a pas seulement le bruit et la fureur, il y a le fait que tout disparaît, que tout s'en va et qu'il ne reste rien. Le monde, malgré sa violence, sa cruauté, sa dureté, sa laideur, sa force, n'est rien puisqu'il va disparaître. Il ne restera rien qu'un ange qui chassera des papillons sur la terre.

INA, http://ina.fr/archivespourtous

5. Pour Ionesco, son personnage de Macbett est-il plus ou moins atroce que le personnage de Macbeth chez Shakespeare ? Justifiez.
6. Quelles sont, selon Ionesco, les différences entre la pièce de Shakespeare et la sienne ?

ŒUVRE INTÉGRALE

*Lisez la pièce d'Eugène Ionesco, Macbett.
Les indications de pages font référence à cette édition.*

B Étudier la farce

Les axes d'étude, centrés chacun sur une scène, seront répartis en trois groupes d'élèves.

- Avant la présentation de son étude, chaque scène sera lue avec expressivité par des élèves qui l'auront étudiée.
- Chaque axe sera présenté par un élève et complété par ceux qui l'auront étudié.
- Chaque présentation donnera lieu à une prise de notes.
- Après les trois présentations, les élèves expliqueront en quoi consiste la farce dans cette pièce.

AXE D'ÉTUDE 1
Le comique de répétition

Scène à étudier : scène d'exposition (« *Décor : un champ* [...] *Aussi contre moi-même* » pp. 9 à 11).

1. Que révèlent les didascalies :
– sur la position des personnages en scène ?
– sur leurs sentiments ?

2. a. Comment le dialogue progresse-t-il ?
b. Quel est l'effet produit ?

3. Qu'est-ce qui caractérise les phrases de ce dialogue ? Quelle image des personnages cela donne-t-il ?

4. Comment doit-on faire évoluer la voix et le ton du dialogue pour jouer cette scène ?

AXE D'ÉTUDE 2
La violence tournée en dérision

Scène à étudier : la tirade de Macbett (« *La lame de mon épée* [...] *apporte-moi à boire* », pp. 28-29).

1. Quelles figures de style repérez-vous dans cette tirade ? Quel est l'effet produit ?

2. Quel est le passage qui est en décalage avec le reste de la tirade ? Pourquoi ?

3. Dans cette tirade, la violence est-elle présentée de façon banale ? absurde ? héroïque ? Justifiez.

AXE D'ÉTUDE 3
Le comique de caractère

Scène à étudier : Duncan sur le champ de bataille (« *L'officier, portant une sorte de fauteuil ou trône ambulant* [...] *Je n'ai jamais vu monseigneur sur le champ de bataille* », pp. 33 à 36).

1. Quels sont les traits de caractère du roi Duncan qui se manifestent dans cette scène ?

2. Sont-ils révélés par les répliques de Duncan et/ou par celles des autres personnages ?

3. En quoi est-ce source de comique ?

C Étudier la mise en scène selon Ionesco

Didascalie à étudier (« *Ils rengainent leurs épées* [...] *Par la droite entre le limonadier* », pp. 23-24)

1. Quels sont, selon Ionesco, les moyens techniques essentiels pour la mise en scène de cette scène ?

2. Si vous étiez metteur en scène, feriez-vous durer cette scène sans dialogue ? Justifiez.

3. Combien de personnages évoluent sur le plateau dans cette scène muette ? Que sont-ils censés représenter ?

4. En quoi ces indications de mise en scène soulignent-elles le tragique ? Justifiez.

Glamiss et Candor sur le champ de bataille.

Pour les quatre images, La compagnie des Dramaticules : mise en scène J. Le Louet, décor V. Destine, costumes S. Volcker, Lady Macbett (N. Guedj), Duncan (J. Le Louet), Glamiss (A. Courret), Macbett (J. Buchy), Macol (J. Le Louet), Théâtre 13, Paris, 2005.
© Les Dramaticules, © Ramon SENERA Agence Bernand

Duncan sur le trône.

D Étudier une mise en scène de la pièce

1. Observez les légendes : qui occupe successivement le trône ? Quel effet Ionesco cherche-t-il à produire sur le spectateur par cette succession ?

2. a. Quels symboles traditionnels de la royauté repérez-vous ?
b. Comment ces symboles sont-ils tournés en dérision ?

3. Comment le pouvoir est-il représenté dans chaque image (personnages présents, attitudes des comédiens) ?

4. Comment cette mise en scène traduit-elle la farce tragique ?

Macbett sur le trône.

Macol sur le trône.

Séquence 8 ▶ Passions et conflits au théâtre

ŒUVRE INTÉGRALE

E Comprendre le tragique dans la pièce

Ces deux axes d'étude portent sur l'ensemble de la pièce. Ils peuvent être menés, au choix, en groupes ou individuellement, par écrit ou par oral.

AXE D'ÉTUDE 1

Les rapports des personnages au pouvoir

1. Qui veut renverser Duncan ? Pourquoi ?

2. a. Quel est le comportement de Macbett à l'égard de Duncan, au début de la pièce ?
b. Qu'est-ce qui fait changer Macbett de comportement à l'égard de Duncan ?
c. Comment le comportement de Macbett à l'égard de Duncan évolue-t-il ?
d. Qu'advient-il à Macbett à la fin de la pièce ?

3. En quoi peut-on parler, pour cette pièce, de « mécanique du pouvoir » ?

4. En quoi le rapport des personnages au pouvoir est-il tragique ?

AXE D'ÉTUDE 2

Macbett, un monstre et/ou un pantin pitoyable ?

Pour répondre à la question « Macbett est-il un monstre ou un pantin pitoyable ? », faites d'abord l'analyse du personnage de Macbett, en vous aidant de la **fiche-méthode**.

Puis, en fonction de cette préparation, rédigez votre analyse selon le plan suivant :
– une introduction qui présente rapidement la place de Macbett dans la pièce et annonce les deux parties ;
– un développement en deux parties ;
– une conclusion qui dégage l'essentiel du personnage et donne donc une réponse à la question.

FICHE-MÉTHODE

Analyser un personnage de théâtre

Pour analyser un personnage de théâtre, il faut observer :

1. Son importance (décompte des scènes où le personnage est présent).
2. Son rôle et son évolution dans l'intrigue.
3. Son comportement sur scène (d'après les didascalies) : gestes, déplacements, ton(s) employé(s).
4. Ses répliques :
– écoute-t-il les autres ou leur coupe-t-il la parole ?
– quels sont les types de phrases dominants dans ses propos ?
5. Ses idées, ses sentiments, ses projets.
6. Ses rapports avec les autres : conflits, amour, alliance, dépendance...
7. L'opinion que les autres personnages expriment sur lui.

Lectures personnelles

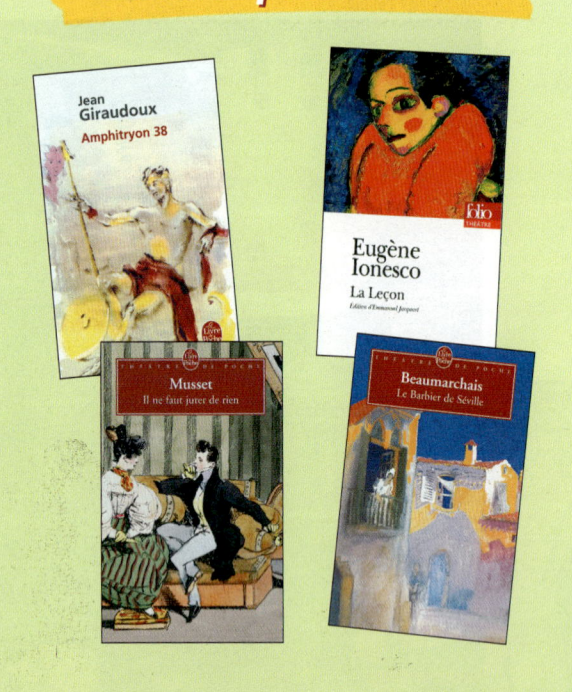

● **Jean Giraudoux**
Amphitryon 38, © Le Livre de Poche.

● **Eugène Ionesco**
La Leçon, © Éditions Gallimard.

● **Alfred de Musset**
Il ne faut jurer de rien, © Le Livre de Poche.

● **Beaumarchais**
Le Barbier de Séville, © Le Livre de Poche.

Œuvre intégrale : suggestions

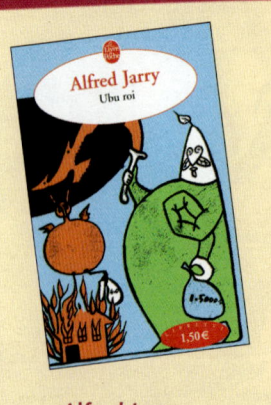

● **Alfred Jarry**
Ubu Roi, © Le Livre de Poche.

● **Aimé Césaire**
Une tempête, Points © Éditions du Seuil.

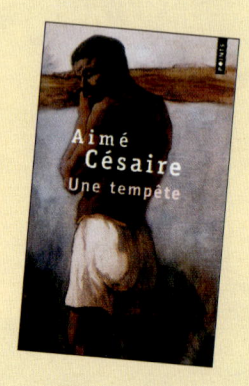

FAIRE LE POINT

Le théâtre : un mode d'expression

(voir p. 229)

1. Quelques repères d'histoire du théâtre

- Antiquité :   le théâtre gréco-latin.
- Moyen Âge :   la farce (Ex. : *La Farce du cuvier*, *La Farce de Maître Pathelin*...).
- XVIᵉ siècle :   le drame (**William Shakespeare**).
- XVIIᵉ siècle :   la comédie (**Molière**) ;
                          la tragédie classique (**Pierre Corneille**, **Jean Racine**).
- XVIIIᵉ siècle : la comédie (**Beaumarchais**, **Marivaux**).
- XIXᵉ siècle :   le drame et la comédie (**Alfred de Musset**, **Victor Hugo**).
- XXᵉ siècle :   le drame et la tragédie souvent hérités de l'Antiquité (**Jean Anouilh**), mais aussi la farce (**Alfred Jarry**) ;
                         le théâtre engagé (**Bertolt Brecht**, **Aimé Césaire**) ;
                         le théâtre de l'absurde (**Eugène Ionesco**).

À partir de la fin du XXᵉ siècle : importance des metteurs en scène et des festivals de théâtre comme celui d'Avignon.

2. Les fonctions du théâtre

- Une pièce de théâtre peut avoir une ou plusieurs fonctions parmi lesquelles :
  – **amuser** le spectateur ;
  – faire partager des **émotions**, des **sentiments**, dont la **passion** amoureuse ;
  – **faire réfléchir** sur des problèmes personnels ou de société, sur des valeurs humaines (le pouvoir, l'honneur...) ;
  – **délivrer un message** (théâtre engagé).

3. Les conflits au théâtre

- Au théâtre, la parole est action. Les **moteurs de l'action** sont généralement des **conflits**. Ceux-ci portent soit sur des sentiments, soit sur des idées.
- Ces conflits sont **d'ordre privé** (ils se déroulent au sein d'une famille) ou **d'ordre public** (ils ont un enjeu politique ou historique). Parfois, la pièce de théâtre mélange ces deux types de conflits.
- Ces conflits se manifestent à travers des **dialogues** argumentés, par un art de monopoliser la parole ou de la couper et par des **éléments de jeu** (intonation, attitudes, gestes, déplacements...).

4. L'expression théâtrale

L'expression théâtrale est un mode d'expression complexe, qui présente plusieurs caractéristiques

des **scènes** sous forme de **dialogues**, de **monologues**, de **tirades** (longues répliques) ;	une **double énonciation** : les personnages s'adressent explicitement les uns aux autres, mais également implicitement aux spectateurs ; ces derniers sont parfois directement pris en considération dans les **apartés** ;	un travail de **mise en scène** (décor et jeu des comédiens), qui est indiqué le plus souvent dans les **didascalies**, parfois dans le texte lui-même, parfois laissé à l'initiative du metteur en scène.

Séquence 8 ▶ Passions et conflits au théâtre | 235

S'EXPRIMER

📖 À vos dictionnaires !

❶ Polysémie d'un mot

1. Reportez-vous à l'article « théâtre » dans un dictionnaire, et relevez la définition qui correspond au mot *théâtre* pour chaque expression : *aller au théâtre, lire du théâtre, faire du théâtre*.

2. Auquel des trois sens du mot *théâtre* : *lieu, activité, production littéraire*, reliez-vous chacun des mots suivants ? *Amphithéâtre, jouer, dramaturge, costumier, didascalie, côté cour, coulisse, metteur en scène, comédie*.

3. a. Cherchez dans un dictionnaire le sens des mots en italique dans le vocabulaire du théâtre. Puis répondez aux quatre énigmes.

> **Énigme 1.** Une jeune fermière souhaite se rendre au théâtre, mais pourra-t-elle s'offrir un *poulailler* ?
> **Énigme 2.** Robert a sa *baignoire* au théâtre ; doit-il se munir de son savon ?
> **Énigme 3.** Les comédiens se préparent dans leur *loge*, mais un spectateur souhaite s'installer dans une *loge* : ne va-t-il pas gêner les comédiens ?
> **Énigme 4.** Paul et Louis ont acheté des places en *matinée*, mais le théâtre est fermé de 9 h à 12 h : est-ce un problème ?

b. Sur quelle relation entre les mots ces énigmes sont-elles fondées ?

VOCABULAIRE
▶ Maîtriser le lexique du théâtre

4. a. En vous aidant d'un dictionnaire, cherchez la définition du mot *scène* dans ces expressions :
1. Nous avons observé de la fenêtre une incroyable *scène* de rue.
2. En arrivant sur la *scène*, Arnolphe parle avec Chrysalde.
3. Le dernier acte comporte sept *scènes*.
4. Si je n'obtiens pas de bons résultats scolaires, mes parents me feront une *scène*.
5. Il est aussi sympathique à la *scène* qu'à la ville.

b. Dans quelles phrases le mot *scène* a-t-il un lien avec le théâtre ?

❷ Champ lexical

Associez chaque mot de la colonne A à sa définition dans la colonne B.

A	B
1. rampe	a. rangée de lumières sur le devant de la scène d'un théâtre
2. coulisse	b. grande toile qu'on lève ou qu'on abaisse devant la scène
3. paradis	c. galerie supérieure d'une salle de théâtre
4. parterre	d. partie d'un théâtre située au rez-de-chaussée
5. rideau	e. partie cachée située sur les côtés ou derrière les décors

S'EXPRIMER

SUJET : Par binômes, répartissez-vous les deux rôles et jouez ce conflit amoureux devant la classe.

Critères de réussite
- Apprenez votre texte par cœur, de façon à pouvoir ensuite vous centrer sur le jeu.
- Veillez à rendre par votre intonation, vos attitudes et vos expressions, le niveau social des deux personnages.
- Votre jeu doit traduire un conflit amoureux, mais traité sur un mode comique.
- Vous pouvez prévoir accessoires et éléments de costumes.

ORAL
▶ Jouer un conflit amoureux

Molière, *Dom Juan*, mise en scène C. Roumanoff, Pierrot (P. Delestre), Charlotte (C. Montag), Théâtre Fontaine, Paris, 2007. © Roumanoff

> PIERROT. – Ô ! acoute un peu auparavant, Charlotte, j'ai queuque autre chose à te dire, moi.
> CHARLOTTE. – Eh bian ! dis, qu'est-ce que c'est ?
> PIERROT. – Vois-tu, Charlotte, il faut, comme dit l'autre, que je débonde mon cœur. Je t'aime, tu le sais bian, et je sommes pour être mariés ensemble ; mais marquenne[1] je ne suis point satisfait de toi.
> CHARLOTTE. – Quement ? qu'est-ce que c'est dons qu'iglia ?
> PIERROT. – Iglia que tu me chagraignes l'esprit, franchement.
> CHARLOTTE. – Et quement donc ?
> PIERROT. – Testiguienne[2] ! tu ne m'aimes point.
> CHARLOTTE. – Ah ! ah ! n'est-ce que ça ?
> PIERROT. – Oui, ce n'est que ça, et c'est bian assez.
> CHARLOTTE. – Mon quieu, Piarrot, tu me viens toujou dire la même chose.
> PIERROT. – Je te dis toujou la même chose, parce que c'est toujou la même chose ; et si ce n'était pas toujou la même chose, je ne te dirois pas toujou la même chose.
> CHARLOTTE. – Mais qu'est-ce qu'il te faut ? Que veux-tu ?
> PIERROT. – Jerquienne[3] ! je veux que tu m'aimes.
>
> Molière, *Dom Juan*, II, 1.

1. mort de Dieu.   2. tête de Dieu.   3. Je renie Dieu.

ORTHOGRAPHE
▶ Conjuguer les verbes au présent de l'impératif et du subjonctif

S'EXPRIMER

L'essentiel à retenir Leçons détaillées ➜ pp. 308 à 310

Le présent de l'impératif
- Les verbes du premier groupe, les verbes en *-vrir*, *-llir* et *-ffrir*, le verbe *avoir*, se terminent par : **-e, -ons, -ez**.
  > Parl**e**, ouvr**e**, ai**e**, promèn**e**-toi ; parl**ons**, ouvr**ons**, ay**ons** ; parl**ez**, ouvr**ez**, ay**ez**.
- Les autres verbes se terminent par : **-s, -ons, -ez**. > Prend**s**, pren**ons**, pren**ez**.
- Les verbes *aller, dire, faire, savoir, voir* ont des formes particulières. (Voir tableaux de conjugaisons, pp. 418 à 425.)

Le présent du subjonctif
- Les verbes des trois groupes se terminent par : **-e, -es, -e, -ions, -iez, -ent**.
  > Que je parl**e**, que tu parl**es**, qu'il parl**e**, que nous parl**ions**, que vous parl**iez**, qu'ils parl**ent**.
- *Être* et *avoir* sont irréguliers : > que je sois, que tu sois, qu'il soit...
   que j'aie, que tu aies, qu'il ait...
- Le radical des verbes du 3ᵉ groupe est souvent modifié. > *Faire* : que je **fasse**.

➜ Appliquer la règle

1. Conjuguez les verbes entre parenthèses au présent de l'impératif, à la 2ᵉ personne du singulier, puis du pluriel.

Arnolphe ordonne à Agnès : *(continuer)* à broder dans la chambre, ne *(répondre)* pas à des importuns qui voudraient entrer en contact, ne *(recevoir)* pas de visite, *(se préparer)* à devenir mon épouse, *(lire)* les Maximes du mariage, ne *(sortir)* qu'avec ma permission, *(faire)* ce que je demande, *(obéir)* à mes ordres.

D'après **Molière**, *L'École des femmes*.

2. Conjuguez les verbes entre parenthèses au présent du subjonctif.

Arnolphe ordonne à Agnès qu'elle *(continuer)* à broder dans la chambre, qu'elle ne *(répondre)* pas à des importuns qui voudraient entrer en contact, qu'elle ne *(recevoir)* pas de visite, qu'elle *(se préparer)* à devenir son épouse, qu'elle *(lire)* les Maximes du mariage, qu'elle ne *(sortir)* qu'avec sa permission, qu'elle *(faire)* ce qu'il demande, qu'elle *(obéir)* à ses ordres.

D'après **Molière**, *L'École des femmes*.

3. Conjuguez les verbes entre parenthèses au présent de l'impératif ou du subjonctif.

ANDROMAQUE : Alors je vous en supplie, Hélène. [...] *(Aimer)* Pâris ! Ou *(dire)*-moi que je me trompe ! *(Dire)*-moi que vous vous tuerez s'il mourait ! Que vous accepterez qu'on vous *(défigurer)* pour qu'il *(vivre)*.

J. Giraudoux, *La Guerre de Troie n'aura pas lieu*, II, 8, © Larousse.

PROSPERO : Oui, quelque grands que *(être)* leurs crimes, s'ils s'en repentent, *(assurer)*-les de mon pardon. [...] J'ai une fille. Alonso a un fils. Qu'ils *(s'aimer)*, j'y consens. Que Ferdinand *(épouser)* Miranda, et que ce mariage *(ramener)* parmi nous la concorde et la paix. Tel est mon plan. Je veux qu'on l'*(exécuter)*.

A. Césaire, *Une tempête*, scène 2, © Le Seuil.

➜ S'entraîner à la réécriture [Brevet]

4. a. Transposez cette réplique à la 2ᵉ personne du singulier de l'impératif. **b.** Écrivez cette réplique au subjonctif en commençant par : « Que Perdican... ». Faites toutes les transformations nécessaires.

CAMILLE : Ne souriez pas Perdican ! [...] Écoutez-moi ; retournez à la vie, et tant que vous serez heureux, tant que vous aimerez comme on peut aimer sur la terre, oubliez votre sœur Camille ; mais, [...] lorsque vous serez seul avec le vide dans le cœur, pensez à moi qui prierai pour vous.

A. de Musset, *On ne badine pas avec l'amour*, II, 5.

5. a. Transposez cette réplique à la 2ᵉ personne du pluriel de l'impératif. **b.** Écrivez cette réplique au subjonctif en commençant par : « Qu'Antigone se... ». Faites toutes les transformations nécessaires.

CRÉON : Marie-toi vite, Antigone, sois heureuse. La vie n'est pas ce que tu crois. C'est une eau que les jeunes gens laissent couler sans le savoir, entre leurs doigts ouverts. Ferme tes mains, ferme tes mains, vite. Retiens-la.

J. Anouilh, *Antigone*, © La Table ronde.

➜ S'entraîner en vue de la dictée [Brevet]

ANGÉLIQUE : Ah ! Cléante, ne parlons plus de rien. Laissons là toutes les pensées du mariage. Après la perte de mon père, je ne veux plus être du monde, et j'y renonce pour jamais. Oui, mon père, si j'ai résisté tantôt à vos volontés, je veux suivre du moins une de vos intentions et réparer par là le chagrin que je m'accuse de vous avoir donné. Souffrez, mon père, que je vous en donne ici ma parole, et que je vous embrasse pour vous témoigner mon ressentiment[1].

Molière, *Le Malade imaginaire*, III, 14.

1. ma reconnaissance.

1. Relevez, en deux colonnes, les verbes conjugués à l'impératif et au subjonctif.
2. Repérez les verbes à l'infinitif. Quels sont ceux précédés : **a.** d'une préposition ? **b.** d'un verbe conjugué ?

Attention ! C'est un autre texte qui vous sera proposé en dictée mais qui présentera des difficultés similaires.

S'EXPRIMER

Leçons de langue à consulter
- Le subjonctif – p. 308
- L'impératif – p. 310
- Les types et les formes de phrases – p. 334

GRAMMAIRE
- Employer le subjonctif
- Formuler un ordre

→ Les emplois du subjonctif

1. a. Relevez les subjonctifs : dans quel type de proposition se trouvent-ils ? **b.** Indiquez ce qu'ils expriment.

LE MOINE : Seigneur, écoutez-nous. Que la haine et la colère se dissipent comme la fumée dans le vent, que l'ordre humain renverse l'ordre naturel où sévissent la souffrance et l'esprit de destruction. Que l'amour et la paix soient délivrés de leurs chaînes et que soient enchaînées les forces négatives, que la joie resplendisse dans la lumière céleste, que la lumière nous inonde et que nous baignions en elle.

E. Ionesco, *Macbett*, Folio, © Éditions Gallimard.

2. a. Relevez les subjonctifs. **b.** Précisez dans quel type de proposition ils se trouvent. **c.** Indiquez ce que chacun d'eux exprime.

LE LIMONADIER : [...] Je souhaite que les autres gagnent et qu'ils te coupent en petits morceaux.
LADY DUNCAN : [...] Une tache de sang indélébile marquera cette lame pour que tu te souviennes de ton succès et pour que cela t'encourage dans l'accomplissement d'autres exploits plus grands encore, que nous réaliserons, dans une même gloire.
L'OFFICIER : Monseigneur, comme le premier de chaque mois, c'est le jour où les scrofuleux, les phlegmoneux, les phtisiques, les hystériques viennent pour que vous les guérissiez de leur mal par le don et la grâce que vous tenez de Dieu.

E. Ionesco, *Macbett*, Folio, © Éditions Gallimard.

3. a. Relevez les subjonctifs. **b.** Précisez dans quel type de proposition ils se trouvent. **c.** Indiquez ce qu'ils expriment.

ARNOLPHE : [...] Ce soir, je vous invite à souper avec elle :
Je veux que vous puissiez un peu l'examiner (I, 1).
ARNOLPHE : [...] Et quant au monsieur Là, je prétends[1],
   [s'il vous plaît,
[...] Qu'avec lui désormais vous rompiez tout commerce ;
Que, venant au logis, pour votre compliment
Vous lui fermiez au nez la porte honnêtement (II, 5).
ARNOLPHE : [...] Quelle preuve veux-tu que je t'en
   [donne, ingrate ?
Me veux-tu voir pleurer ? Veux-tu que je me batte ?
Veux-tu que je m'arrache un côté de cheveux ?
Veux-tu que je me tue ? Oui, dis si tu le veux. (V, 4)

Molière, *L'École des Femmes*, 1662.

1. je veux.

→ L'expression de l'ordre

4. a. Relevez un verbe de volonté qui exprime l'ordre. **b.** Recopiez un passage qui exprime l'ordre au subjonctif, un autre à l'impératif.

PROSPERO : Alors, Ariel ! Où sont les dieux et les déesses ? Qu'ils se hâtent ! Oui, toute ta bande d'ailleurs ! Je veux que tous ils jouent leur rôle dans le divertissement que j'ai imaginé pour nos chers enfants. [...] À mon âge, hélas, il faut songer non plus à faire, mais à transmettre. Allons, entrez.

A. Césaire, *Une tempête,* scène 3, © Le Seuil.

5. À quels temps et mode les verbes en italique sont-ils conjugués ? À quelle personne ? Pourquoi les ordres ne sont-ils pas formulés à l'impératif ?

DUNCAN : Que Dieu *soit* avec toi.
LE MOINE : Dieu vous *garde*. [...]
DUNCAN : Que Notre-Seigneur *fasse* que j'en sois digne.
LE MOINE : Que le Seigneur te *couvre* de sa protection, et que rien ne t'*atteigne* tant que tu gardes sur toi ce manteau.

E. Ionesco, *Macbett*, Folio, © Éditions Gallimard.

6. Relevez quatre manières différentes d'exprimer l'ordre.

PROSPERO : Ne vous affligez pas. Antonio, gardez [...] mes biens et usez-en comme un procurateur[1], jusqu'à ce que Ferdinand et Miranda puissent en prendre effective possession, les cumulant avec le royaume de Naples. Rien ne doit être différé de ce qui a été arrêté les concernant : que leurs noces soient célébrées avec tout l'éclat royal à Naples. Honnête Gonzalo, je me fie à votre foi. À cette cérémonie, vous tiendrez lieu de père à notre princesse !

A. Césaire, *Une tempête*, III, 5, © Le Seuil.

1. magistrat.

7. Imaginez que Lady Duncan passe par un intermédiaire pour donner ses ordres à Macbett. Transposez le passage à la 3e personne du subjonctif présent. Vous commencerez par : « *Voici l'instrument de son ambition…* » et ferez toutes les transformations nécessaires.

LADY DUNCAN, *à Macbett, lui tendant le poignard* : [...] Voici l'instrument de ton ambition et de notre ascension. *(Avec une voix de sirène)* Prends-le si tu le veux, si tu me veux. Mais agis résolument. Aide-toi, l'enfer t'aidera. Regarde en toi-même comme le désir monte et comme l'ambition cachée se dévoile et t'enflamme.

E. Ionesco, *Macbett*, Folio, © Éditions Gallimard.

ÉCRIT — S'EXPRIMER

▶ Rédiger un dialogue de théâtre, une critique dramatique

1 Rédiger un dialogue de théâtre

→ ARGUMENTATION

SUJET : Poursuivez le dialogue de la bande dessinée (d'après *Ubu Roi*, d'Alfred Jarry, publiée dans *Virgule*), en imaginant un dialogue argumentatif qui oppose le père Ubu et sa femme.

Critères de réussite
- Écrire un dialogue de théâtre.
- Développer des arguments.
- Varier les **types de phrases** en fonction des personnages et de leurs propos.
- Employer des modalisateurs.
- Exprimer des **ordres** par des verbes à l'**impératif** ou au **subjonctif** et par d'autres tournures.

> « ...BIEN SÛR ! TOI, PÈRE UBU, CAPITAINE DE DRAGONS, OFFICIER DE CONFIANCE DU ROI VENCESLAS, DÉCORÉ DE L'ORDRE DE L'AIGLE ROUGE DE POLOGNE ET ANCIEN ROI D'ARAGON !... »
>
> « ...SI TU ASSASSINAIS LE ROI, TU POURRAIS ÊTRE ROI À SA PLACE, NON ? »
>
> « HEU ?... »

Illustration **C. Goux**, Revue *Virgule*, © Éditions Faton.

2 Rédiger une critique dramatique

→ ARGUMENTATION

SUJET : En vous inspirant de la critique dramatique ci-dessous, rédigez la critique d'un spectacle théâtral que vous êtes allé(e) voir (ou d'un enregistrement théâtral qui vous a été projeté). Il s'agit d'un texte argumentatif : vous devrez livrer votre opinion en la justifiant.

Pour écrire *Macbett*, Ionesco s'est emparé de l'histoire du célèbre personnage shakespearien Macbeth pour en faire une tragi-comédie sarcastique et décalée qui interroge la vanité, le pouvoir, le destin et la mort. Il situe la scène dans une principauté de pacotille où deux amis croisent dans une forêt des sorcières qui leur dévoilent leur avenir. La jalousie les mènera à un affrontement mortel.
Jérémie Le Louët a monté la pièce comme un manifeste théâtral : 7 acteurs pour 33 personnages. Le texte, découpé en séquences, est accompagné de la musique d'*Ivan le Terrible* de Prokofiev. Le jeu des acteurs est travaillé pour exprimer le grotesque et le sublime sans tomber dans la caricature. Cette partition cadencée, où la musique et le texte s'imbriquent, sert avec une vitalité et une finesse remarquables l'écriture contestataire de Ionesco.
Divertissement pour les uns, cauchemar pour les autres, *Macbett* est l'occasion pour chacun d'une réflexion profonde sur la mécanique du pouvoir.

> Critique de la mise en scène de *Macbett* par la compagnie des Dramaticules, Théâtre de Brétigny-sur-Orge (91), 2006.

Méthodes
- Présentez très brièvement la pièce et son sujet, en indiquant son auteur.
- Faites des commentaires sur la mise en scène (en nommant, si possible, le metteur en scène) : décors, costumes, lumières, sons et musique éventuels, occupation de l'espace scénique, dynamique générale du jeu...
- Faites des commentaires sur le jeu des acteurs : diction, tons employés, adéquation à leur personnage, gestuelle, déplacements scéniques, contacts avec le public...
- Terminez par une phrase de conclusion qui résume votre point de vue et invite ou non à aller voir le spectacle.

MÉTHODES POUR LE BREVET

Je vérifie mes connaissances
- Comment reconnaît-on une page de théâtre d'une page de roman ?
- À quoi les didascalies servent-elles dans un texte théâtral ?

➜ **FAIRE LE POINT** – p. 235

Le visiteur

La scène se passe en 1938, peu après l'Anschluss, c'est-à-dire l'annexion de l'Autriche par l'Allemagne nazie.

Scène 2

On entend frapper durement à la porte. Bruits de bottes derrière le battant. Sans attendre de réponse, le Nazi fait irruption.

LE NAZI. Gestapo ! *(Parlant derrière lui à ses hommes.)* Restez là, vous autres.
Les yeux de Freud[1] luisent de colère. Le Nazi fait le tour du propriétaire[2] en prenant son temps.
5 LE NAZI. Une petite visite amicale, docteur Freud… *(Regardant la bibliothèque.)* Je vois que nous avons commencé à ranger nos livres. *(Se voulant fin et ironique.)* Désolé de les avoir tant bousculés la dernière fois…
10 *Il en fait tomber d'autres.*
FREUD *(sur le même ton)*. Je vous en prie : c'était un plaisir d'avoir à traiter avec de véritables érudits.
Le Nazi laisse traîner son regard méfiant sur les rayons.
ANNA. Qu'est-ce que vous en avez fait cette fois-ci ?
15 Vous les avez brûlés, comme toutes les œuvres de mon père ?
FREUD. Ne sous-estime pas le progrès, Anna ! Au Moyen Âge, ils m'auraient brûlé ; à présent, ils se contentent de brûler mes livres.
20 LE NAZI *(entre ses dents)*. Il n'est jamais trop tard pour bien faire.

Anna a d'instinct un geste protecteur pour son père.
FREUD *(toujours ironique, ne se laissant pas impressionner)*. Avez-vous trouvé ce que vous cherchiez ? Des docu-
25 ments antinazis, n'est-ce pas ? Ils ne se cachaient pas dans les volumes que vous avez emportés ? *(Le Nazi a un geste d'impatience. Freud prend la mine de celui qui comprend.)* Je vous dois une confidence : effectivement, vous n'auriez su les dénicher là… car… *(Il baisse*
30 *la voix)*… les documents antinazis les plus importants sont conservés… si, si… *(Intéressé, le Nazi s'approche.)*… je vais vous le dire… *(Prenant son temps.)*… Ils sont conservés… *(Freud désigne son crâne.)*… ici !
ANNA. *(montrant son cœur.)* Et là !
35 *Le Nazi les toise de façon menaçante.*
LE NAZI. Humour juif, je présume ?
FREUD *(poursuivant sa provocation)*. C'est vrai : je ne savais plus que j'étais juif, ce sont les nazis qui me l'ont rappelé. Ils ont bien fait ; c'est une aubaine de se
40 retrouver juif devant les nazis. D'ailleurs, si je ne l'avais pas déjà été, j'aurais voulu le devenir. Par colère ! Méfiez-vous : vous allez déclencher des vocations.
Le Nazi fait alors tomber sciemment quelques livres de plus.

Eric-Emmanuel Schmitt, *Le Visiteur*, © Actes Sud, 1993.

1. médecin autrichien, fondateur de la psychanalyse (1856-1939).
2. inspecte les lieux.

➜ vers le **Brevet**

MÉTHODES

▶ **Apprendre à formuler des réponses**

Observez la disposition sur la page, la typographie.

Justifiez les liens que vous repérez entre les personnages, même si cela ne vous est pas explicitement demandé. Vous ne devez pas proposer la même réponse pour les questions a et b.

Questions — 15 points

I. Une scène de théâtre — 3 points

1. Relevez au moins deux indices qui montrent qu'il s'agit d'un extrait de pièce de théâtre. (1 pt)
2. a. Dans quel lieu l'action se déroule-t-elle ? Justifiez à partir du texte. (1 pt)
b. Comment appelle-t-on les passages dans lesquels vous avez trouvé vos justifications ? (1 pt)

II. La situation — 4 points

3. a. Citez les personnages présents sur scène. (0,5 pt)
b. Quel lien les unit ? (0,5 pt)
4. a. Quelle est la particularité de la première phrase, dans la réplique du nazi (l. 1) ? (0,5 pt)
b. De quel type de phrases s'agit-il ? (0,5 pt)
c. En quoi cette phrase renseigne-t-elle sur l'époque ? (1 pt)
5. Quels autres éléments du texte renseignent sur le contexte historique ? (1 pt)

MÉTHODES

▸ À vous de répondre seul(e)

Questions (suite)

III. Un rapport de force .... 8 points

6. Dans cette scène, dites en quoi consiste la force de chaque personnage. (1 pt)

7. a. Sur quel ton cette réplique peut-elle être prononcée : « *Une petite visite amicale, docteur Freud...* » (l. 5) ? (0,5 pt)
b. Citez deux autres passages de cette scène qui usent du même ton. (0,5 pt)

8. a. Quelle est la classe grammaticale des mots en gras : « *Je vois que **nous** avons commencé à ranger **nos** livres* » (l. 6) ? (1 pt)
b. Justifiez l'emploi de la 1re personne du pluriel. (1 pt)

9. a. Dans la réplique de Freud, l. 23 à 34, en quoi les indications scéniques sont-elles importantes ? (1 pt)
b. Quel est l'impact de cette réplique sur le Nazi ? sur le spectateur ? (1 pt)

10. Quels éléments, dans la dernière réplique de Freud, relèvent de la provocation ? (1 pt)

11. a. Quel est le rapport logique exprimé par le signe de ponctuation dans : « *Méfiez-vous : vous allez déclencher des vocations* » (l. 43) ? (0,5 pt)
b. Exprimez ce même rapport logique de deux manières différentes. (0,5 pt)

© Agence Enguerand / Bernand

▸ Apprendre à lire le sujet

1. Vous devez rédiger un dialogue de théâtre : pensez aux en-tête de répliques et aux didascalies.
2. Vous devez trouver des arguments en faveur du théâtre et des éléments en opposition, de manière à alimenter le dialogue.
3. a. L'un des deux personnages doit avoir une force de conviction : lequel ? quel type de phrases va-t-il employer ?
b. Comment ce personnage est-il nommé dans le sujet ? De quels arguments va-t-il donc se servir ?
4. Pensez à ne pas rester dans des généralités : donnez des exemples précis empruntés aux œuvres théâtrales que vous avez vues ou étudiées.

Expression écrite .... 15 points

Sujet : Imaginez une conversation entre un spectateur qui cherche à transmettre sa passion pour le théâtre et un de ses amis qui n'aime pas le théâtre. Vous vous appuierez sur les textes théâtraux que vous aurez lus ou étudiés et/ou sur les spectacles que vous aurez vus.
Vous présenterez cette conversation sous forme de dialogue de théâtre. Vous aurez soin de préciser le décor et d'introduire dans votre texte des didascalies.

➡ vers la Seconde

Lecture

A. Une scène tendue

1. Comment la violence que représente l'intrusion du nazi est-elle efficacement mise en scène ?
2. Comment, à travers tout l'extrait, la tension est-elle entretenue ?

B. Un affrontement symbolique

3. Comment la force (la supériorité) de Freud s'exprime-t-elle ?
4. Pourquoi le spectateur (le lecteur) peut-il lire cette scène comme une victoire de l'esprit sur la brutalité ?

MÉTHODES

▸ Savoir lire les consignes

1. Quelles sont les questions de Brevet qui sont reprises explicitement dans « Vers la 2de » ?
2. À quelle partie des questions de Brevet les questions de « Vers la 2de » correspondent-elles ?

Écriture

Imaginez un dialogue théâtral entre deux spectateurs qui, en sortant d'une représentation de cet extrait du *Visiteur* d'E.-E. Schmitt, confrontent leurs impressions et leurs réflexions. L'un d'eux se montre plus sensible à la force émotionnelle du spectacle ; l'autre à la réflexion que le passage provoque.

▸ Apprendre à lire le sujet

1. Quel est le point commun entre le sujet de Brevet et celui de « Vers la 2de » ?
2. Quel est le sujet qui vous paraît le plus difficile ? Pourquoi ?

Séquence 8 ▸ **Passions et conflits au théâtre**

SÉQUENCE 9

DISPUTES ET DÉBATS

Idées en débat

▶ Croiser des opinions

ŒUVRE INTÉGRALE
- *Claude Gueux*, V. Hugo 244
- **FICHE-MÉTHODE** : Simuler un procès 251

▶ Découvrir des combats de Victor Hugo

TEXTES & IMAGES

OBJECTIFS

▶ **Éducation et savoir**
- *Une vie*, G. de Maupassant 252
- *Les Femmes savantes*, Molière 254
- « L'avantage de la science », *Fables*, J. de La Fontaine ... 256
- Dessins d'humour : « le savoir et l'éducation » ... 258

▶ Étudier un dialogue argumentatif dans un roman
▶ Étudier une confrontation au théâtre
▶ Confronter deux thèses dans une fable
▶ Comparer des dessins et leurs visées

▶ **Questions de modes**
- « Le téléphone portable » : *À toi qui n'es pas né(e)*, A. Jacquart *L'Intimité surexposée*, S. Tisseron 260
- Chronique radiophonique : « Soleil voilé », P. Meyer ... 262
- Publicité : Contre la « Toast Attitude » 263
- « Au soldé inconnu », F. Reynaert 264
- Dessins de presse : « Les soldes » 265

▶ Distinguer une thèse et sa réfutation
▶ Comprendre une réfutation satirique
▶ Analyser une réfutation par l'image
▶ Étudier un raisonnement par concession
▶ Croiser un article et des dessins

LECTURES CURSIVES
- Des combats contemporains 266

▶ Organiser une émission littéraire

FAIRE LE POINT
- 📷 Débats d'idées 267

S'EXPRIMER
- **Vocabulaire** : Connaître le vocabulaire du débat 268
- **Oral** : Organiser un débat 268
- **Orthographe** : Orthographier l'expression de l'opposition 269
- **Grammaire** : Exprimer l'opposition 270
- **Écrit** : Exprimer des opinions différentes 271

MÉTHODES POUR LE BREVET ET LA SECONDE
- *Le Petit Prince et le Bureaucrate*, P. Huberlant 272

Entrer par l'image
1. Quels lieux identifiez-vous
2. De quels types de débats s'agit-il ?

➔ **Principaux points de langue** : Les paroles rapportées dans le récit • L'argumentation • Les relations entre les mots • Les rapports logiques

Séquence 9 ▶ **Idées en débat**

ŒUVRE INTÉGRALE

POUR ENTRER DANS LA SÉQUENCE — Un débat télévisé, les débats de l'Assemblée nationale : dans ces situations, les interlocuteurs sont-ils d'accord ? Cherchent-ils à convaincre leur interlocuteur ? le public ? les deux ? Un débat peut-il déboucher sur une décision ? Pour répondre, citez des exemples précis.

Découvrir des combats de Victor Hugo

Claude Gueux — Victor Hugo

▶ Se documenter autour du roman

L'AFFAIRE CLAUDE GUEUX

De Clairvaux au plaidoyer

En 1832, un détenu de Clairvaux, Claude Gueux, est guillotiné à Troyes pour avoir tué son gardien. Une histoire devenue légende depuis que Victor Hugo s'en est emparé pour en faire une fable sociale : Claude Gueux, dont le héros préfigure Jean Valjean.

« **L'an 1832, le 1er juin, Claude Gueux est exécuté à l'heure de dix du matin, par le sieur Fauconnier** » lit-on sur le registre des jugements de la cour d'assises de l'Aube. Condamné à mort… et à 172,30 francs de frais de procès, pour homicide avec préméditation. L'homme a eu la tête tranchée, en public, sur la place du Marché au blé de Troyes. Les faits sont graves. Le 4 novembre 1831, il a tué de cinq coups de hache le sieur Delacelle, gardien en chef de la Maison centrale de Clairvaux. Drame de la faim ? Les rations supplémentaires viennent d'être supprimées. Crime passionnel ? On vient de séparer Claude Gueux d'un autre détenu, Albin. Haine féroce ? Claude Gueux a déjà tenté d'assassiner son gardien-chef, ce qui lui a valu 6 mois de prison supplémentaires. Ou folie carcérale ? À 27 ans seulement, Claude Gueux vient de passer huit années derrière les barreaux. Toujours est-il que, sitôt son crime commis et avant qu'on ait pu se saisir de lui, l'assassin s'est lui-même frappé de treize coups avec une broche de fer, restant plusieurs jours entre la vie et la mort.

Pour mieux servir son discours social, Victor Hugo n'hésite pas à prendre des libertés avec les faits, faisant de Claude Gueux, un héros, un martyr.

Claude Gueux, sous le trait de l'artiste engagé **Théophile-Alexandre Steinlen**.
RMN © Bulloz

Un plaidoyer pour l'éducation du peuple

Si dramatique soit-elle, l'affaire aurait pu s'arrêter là. Le contexte social de l'époque va en décider autrement. Cette année-là, on débat beaucoup de la peine de mort, du peuple et de l'éducation. De la prison aussi, un châtiment nouveau qui se substitue aux galères et auquel on prête des vertus morales. Par *La Gazette des tribunaux*, véritable mine de sujets pour les écrivains de l'époque, Victor Hugo a vent de l'affaire. Il s'en empare. À travers son *Claude Gueux*, qui préfigure *Les Misérables*, il dénonce la souffrance et la pauvreté du peuple. « *Le peuple a faim, le peuple a froid. La misère le pousse au crime ou au vice.* » Hugo dénonce aussi la lourdeur des peines, comme ces 8 ans[1] de prison (la peine maximale) dont Claude Gueux avait écopé pour un simple vol. « *Démontez-moi cette vieille échelle boiteuse des crimes et des peines, et refaites-la.* » Hugo plaide

Savoir lire un texte documentaire

La nature du document

1. D'où cet article est-il extrait ? Pourquoi cet organisme s'est-il intéressé à cette affaire ?

2. Qui sont les différents auteurs des citations en italique ?

Le fait divers

3. De quel fait divers Victor Hugo s'est-il inspiré pour écrire *Claude Gueux* ?

4. Comment et pourquoi l'écrivain a-t-il transformé ce fait divers ?

5. D'après cet article, quelles idées Victor Hugo a-t-il défendues ou dénoncées en romançant ce fait divers ?

6. Son message a-t-il été entendu à son époque ? Justifiez.

7. Observez le portrait de Claude Gueux : pour vous, correspond-il à l'image qu'en donne le directeur de la prison ou à celle qu'en donne Victor Hugo ? Justifiez.

La prison de Clairvaux

8. a. Quelles sont les deux visions contraires données par des témoins de l'époque sur cette prison ?

b. Cherchez le sens des mots « *bastille, pilori* » employés par Victor Hugo : laquelle des deux visions précédentes adopte-t-il ?

HISTOIRE

de Hugo

C'est sur cette ancienne place du Marché au blé (devenue place de la Bonneterie, puis place Jean-Jaurès) qu'est guillotiné Claude Gueux, le 1er juin 1832. © Archives de l'Aube

enfin pour l'éducation. « *Supprimez le bourreau. Avec la solde de vos 80 bourreaux, vous paierez 600 maîtres d'école.* »

Le condamné transformé en héros

Pour mieux servir ce discours social, Victor Hugo n'hésite pas à prendre des libertés avec les faits, faisant de Claude Gueux un héros, un martyr. Claude Gueux est décrit par Salaville, directeur de Clairvaux, comme « *un des plus mauvais sujets de la maison, un homme fort à craindre, orgueilleux, au caractère sombre, à l'intelligence médiocre* ». Sous la plume de Hugo, Gueux, voleur récidiviste, ancien portefaix, devient voleur par accident, « *un ouvrier habile, intelligent, un homme aimant, au cerveau rayonnant* ». Il n'a que 27 ans mais Hugo fait de lui un vieillard. Quant au gardien-chef Delacelle, dont les supérieurs saluent les qualités humaines, Hugo le dit « *tyrannique et mauvais* ». En faisant de Gueux un condamné sans défaut, Hugo entend donner du poids à sa démonstration. Il y réussit. Découvrant *Claude Gueux* à sa première publication dans *La Revue de Paris* (juillet 1834), un négociant de Dunkerque décide d'en faire éditer 500 exemplaires, afin d'adresser cette « *grande leçon* » à tous les députés.

1. D'abord condamné à cinq ans de prison pour vol, Claude Gueux tente une première fois d'assassiner le gardien-chef de la prison et est alors condamné à huit ans de prison.

Clairvaux, prison la plus peuplée de France

Quand Claude Gueux y séjourne, Clairvaux, avec 2 000 détenus, est la prison la plus peuplée de France. Par un décret de 1808, l'abbaye cistercienne désertée par les moines devient maison centrale de détention. « *Clairvaux, abbaye dont on a fait une bastille, cellule dont on a fait un cabanon, autel dont on a fait un pilori* » s'insurge Hugo. C'est « *un superbe établissement industriel, renfermant de vastes ateliers, où les condamnés sont employés au battage, à l'épluchage, à la filature, au tissage du coton ; les balles qui arrivent à Clairvaux, telles qu'elles sortent des colonies, en sortent converties en tissus de la plus grande beauté. Afin de ménager aux détenus, qui ont des états[2] en entrant dans cette maison les moyens de les cultiver, on y a établi des ateliers de menuisiers, de tailleurs, de cordonniers, de sabotiers, de cordiers, etc.* » note Saint-Fargeau dans son *Dictionnaire historique des communes de la Champagne* (1844). La réalité est moins idyllique. Les enfants sont incarcérés dans les mêmes quartiers que les adultes. Les détenus sont deux par lit et les rations indigentes. « *Une livre et demie de pain, jamais de vin. Tous les jeudis, on distribue entre 100 individus 15 kg de viande avec 25 litres de pommes de terre* » rapporte en 1828 Me Bataillard, avocat troyen. Résultat, Clairvaux détient à l'époque un triste record : un détenu sur dix y meurt…

Marie-Pierre Moyot, « L'Aube nouvelle »,
© *Le Journal du Conseil général de l'Aube*,
Printemps 2002.

2. qui ont un métier.

Séquence 9 ▶ Idées en débat | 245

ŒUVRE INTÉGRALE

Explorer le champ lexical de la justice — À vos dictionnaires !

1. a. Cherchez le sens du mot *judiciaire*.
b. Cherchez le sens du mot *instruction*, employé dans le groupe nominal *instruction judiciaire*.

2. a. Cherchez le sens des noms *délit* et *crime*.
b. Que juge-t-on dans une cour d'assises : des délits ou des crimes ?

3. Qui fait quoi dans un procès ? Associez chaque nom de la liste A à la définition qui lui correspond en B.
A] L'avocat, le greffier, les jurés, le président, le procureur, les témoins, l'huissier.
B] Ceux qui rapportent ce qu'ils ont vu ou entendu • Celui qui défend l'accusé ou la victime • Celui qui note les éléments du procès • Les citoyens choisis pour juger un criminel • Celui qui fait entrer et sortir les témoins • Celui qui parle au nom de l'État • Celui qui dirige les débats du procès.

4. *Audience*, *auditoire* : lequel de ces noms désigne le public ? la séance d'un procès ?

5. Un témoin fait-il *une dérogation* ? *une déposition* ? *une délégation* ?

6. a. Cherchez les définitions de *plaidoyer*, *plaidoirie*, *réquisitoire*.
b. Dans un procès, qui prononce *une plaidoirie* ? *un réquisitoire* ?

7. a. Donnez un synonyme du nom *sentence*.
b. Que signifient les expressions *faire appel* et *se pourvoir en cassation* ?

8. Complétez la phrase avec le verbe qui convient (*paraître, comparaître, disparaître, paraître*) : une personne qui passe en jugement … devant la cour.

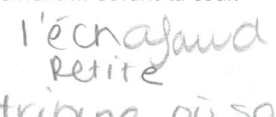

Extrait du « Discours sur la peine de mort »

Après la proclamation de la IIᵉ République, Victor Hugo est élu député en juin. En février 1848, le Gouvernement provisoire de la IIᵉ République avait aboli par décret la peine de mort en matière politique. En septembre, un débat s'ouvre sur la question d'une abolition totale. Ce projet, notamment défendu par Victor Hugo, échoue.

Victor Hugo
Voir p. 83.

Benjamin Ulmann (1829-1884), *L. A. Thiers à l'Assemblée nationale le 16 juin 1877*, coll. privée.
© Archives Charmet, The Bridgeman Art Library.

Eh bien, songez-y, qu'est-ce que la peine de mort ? La peine de mort est le signe spécial et éternel de la barbarie. (*Mouvement*). Partout où la peine de mort est prodiguée, la barbarie domine ; partout où la peine de mort est rare, la civilisation règne. (*Sensation*)

5   Messieurs, ce sont là des faits incontestables. L'adoucissement de la pénalité est un grand et sérieux progrès. Le XVIIIᵉ siècle, c'est là une partie de sa gloire, a aboli la torture ; le XIXᵉ siècle abolira la peine de mort. (*Vive adhésion. Oui, oui !*)

Vous ne l'abolirez pas peut-être aujourd'hui ;
10 mais n'en doutez pas, demain vous l'abolirez, ou vos successeurs l'aboliront. (*Nous l'abolirons ! Agitation !*) […]

Dans le premier article de la constitution que vous votez, vous venez de consacrer la
15 première pensée du peuple, vous avez renversé le trône. Maintenant consacrez l'autre, renversez l'échafaud. (*Applaudissements à gauche. Protestations à droite.*)

Je vote pour l'abolition pure, simple et défi-
20 nitive de la peine de mort.

Victor Hugo, « Discours devant l'Assemblée constituante »,
15 septembre 1848.

Le Parlement inscrit l'abolition de la peine de mort dans la Constitution

Le Parlement réuni en congrès à Versailles a inscrit lundi, par 828 voix contre 26, l'abolition de la peine de mort dans la Constitution. […] Cette révision constitutionnelle « revêt une portée symbolique et morale considérable », a déclaré Robert Badinter, qui avait présenté en 1981 le projet de loi sur l'abolition de la peine de mort. « Nous accomplissons le vœu de Victor Hugo en 1848, l'abolition pure, simple, irréversible », a lancé le ministre de la Justice de François Mitterrand, applaudi debout par l'ensemble des députés et sénateurs.

Saluant « l'aboutissement du long combat mené en France par tant de hautes consciences », le sénateur[1] des Hauts-de-Seine a remercié le président Jacques Chirac, qui avait voté l'abolition en 1981, et rendu hommage au « courage » et à la « volonté politique » de son prédécesseur François Mitterrand, qui avait décidé de supprimer la peine capitale.

Dépêche de presse du 19 février 2007,
AP © Associated Press/AP

1. Robert Badinter.

Manuscrit du discours de R. Badinter à l'Assemblée nationale le 17 septembre 1981, Bibliothèque nationale de France. © Bnf

Découvrir l'histoire d'un combat politique

1. Que signifie le nom *abolition* ?

2. a. En quelle année Victor Hugo a-t-il plaidé pour l'abolition de la peine de mort dans la Constitution française ?
b. En quelle année la peine de mort a-t-elle été abolie par une loi en France ?
c. En quelle année l'abolition de la peine de mort a-t-elle été inscrite définitivement dans la Constitution française ?

3. Le radical *capit-* signifie « tête » en latin.
a. Expliquez ce qu'est *« la peine capitale »*.
b. Proposez un nom et un verbe dérivés de ce radical.

4. a. Dans le discours de Victor Hugo, relevez et nommez des figures de style.
b. À quel mode les verbes *songer, consacrer, renverser* sont-ils conjugués dans ce texte ?
c. Que signifie le futur employé dans le troisième paragraphe ?
d. D'après les relevés précédents, dites quel est le ton de Victor Hugo dans ce discours.

Séquence 9 ▶ Idées en débat | 247

ŒUVRE INTÉGRALE

▶ Étudier un roman engagé

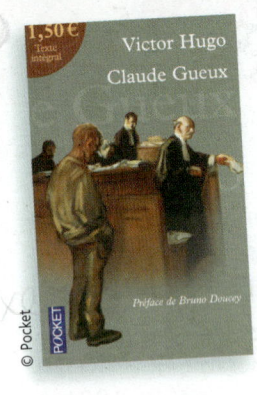

Procurez-vous Claude Gueux. *Lisez le récit au rythme qui va vous être indiqué au fil de cette étude. Vous découvrirez les différents combats menés par Victor Hugo dans ce roman.*

A — Un récit pour dénoncer l'injustice sociale

Incipit

Il y a sept ou huit ans, un homme nommé Claude Gueux, pauvre ouvrier, vivait à Paris. Il avait avec lui une fille qui était sa maîtresse, et un enfant de cette fille. Je dis les choses comme elles sont, laissant le lecteur ramasser les moralités à mesure que les faits les sèment sur leur chemin. L'ouvrier était capable, habile, intelligent, fort maltraité par l'éducation, fort bien traité par la nature, ne sachant ni lire ni écrire et sachant penser. Un hiver, l'ouvrage manqua. Pas de feu ni de pain dans le galetas[1]. L'homme, la fille et l'enfant eurent froid et faim. L'homme vola. Je ne sais ce qu'il vola, je ne sais où il vola. Ce que je sais, c'est que de ce vol il résulta trois jours de pain et de feu pour la femme et pour l'enfant, et cinq ans de prison pour l'homme.

Victor Hugo, *Claude Gueux*, 1834.

1. grenier misérable.

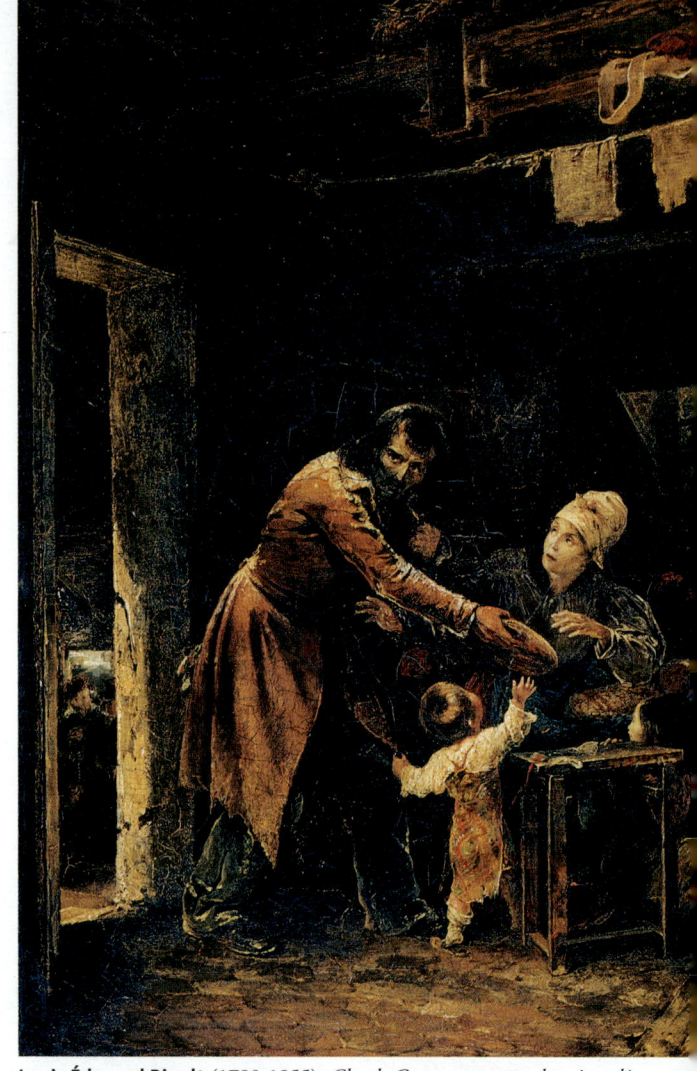

Louis Édouard Rioult (1790-1855), *Claude Gueux rapportant le pain volé*, 1884, Maison de Victor Hugo, Paris. © Maison de V. Hugo / Roger-Viollet

Étude de l'incipit

1. Qui dit *« je »* ?

2. Quelle est la situation familiale et sociale de Claude Gueux ?

3. Observez les qualificatifs appliqués à Claude Gueux : en donnent-ils une vision péjorative ou méliorative ? Justifiez.

4. L'enchaînement des phrases se fait-il par juxtaposition ou par coordination ? Quel est l'effet produit ?

5. Relevez dans la dernière phrase deux déterminants numéraux : que soulignent-ils ?

6. Quels sentiments cet incipit suscite-t-il chez le lecteur à l'égard de Claude Gueux ?

Lecture cursive personnelle

Lisez la suite du récit jusqu'à *« Claude Gueux fut donc verrouillé comme les autres dans un atelier avec ses compagnons de métier. »*

7. L'image que Victor Hugo donne de Claude Gueux dans l'incipit se confirme-t-elle dans le passage que vous venez de lire ? Citez des mots du texte à l'appui de votre réponse.

8. Quelle image du directeur de la prison Victor Hugo donne-t-il ? Justifiez.

9. Que représente Albin pour Claude Gueux ? Expliquez.

Lire un dessin d'humour

1. a. Quels sont les personnages en présence ?
b. Qu'est-ce qui caractérise chacun d'eux ?
2. Qui prononce les paroles de la légende ? Quelle attitude de ce personnage ces paroles révèlent-elles ?
3. En quoi pouvez-vous rapprocher cette image du roman de Victor Hugo ?
4. Quelle est l'opinion du dessinateur sur le juge ? sur l'homme qui comparaît devant lui ?

Honoré Daumier (1808-1879), *Les Gens de justice*, 1845, © J. Bernard/ Leemage.

Vous aviez faim... vous aviez faim... ça n'est pas une raison... mais moi aussi presque tous les jours j'ai faim et je ne vole pas pour cela !...

B Un réquisitoire contre la peine de mort

Le discours de Claude Gueux aux prisonniers

« *Alors il se passa dans cet atelier une scène extraordinaire* » jusqu'à « *et je le ferai.* »

1. Comment le narrateur donne-t-il un caractère très théâtral à cette scène dans la prison ?
2. Quelle est la partie du discours rapportée en **discours direct** ? en **discours indirect** ?
3. Dans quelle partie du discours Claude Gueux raconte-t-il des faits ? fait-il un raisonnement ?
4. Quelles sont les visées de la première partie ? de la deuxième partie ?
5. Ce discours donne-t-il une impression d'organisation ou d'improvisation ? Justifiez.
6. Claude Gueux s'exprime-t-il tel un ouvrier illettré ? Justifiez.
7. Son discours est-il efficace ? Justifiez.

→ Les paroles rapportées dans le récit – p. 394

Lecture cursive personnelle

Lisez la suite du récit jusqu'à la première partie du procès : « *l'on appelle un "procès criminel".* »

8. Claude Gueux exécute-t-il son projet ? Pourquoi ?

La plaidoirie de Claude Gueux à la Cour

« *Claude Gueux jugea que tout n'était pas dit* » jusqu'à « *Faites !* »

9. Quelle est la partie du discours qui est présentée comme un récit (**discours narrativisé**) ? celle qui est rapportée au discours direct ?
10. Relevez dans le récit tous les éléments qui présentent Claude Gueux tel un orateur.
11. Expliquez ce qui justifie la colère de Claude Gueux.
12. De quoi Claude Gueux veut-il convaincre la Cour dans son discours ?
13. Repérez dans les paroles de Claude Gueux des **procédés** d'éloquence (oratoires) visant à **persuader** la Cour : nommez ces procédés et donnez un exemple pour chacun d'eux.

→ L'argumentation – p. 412
→ Le discours narrativisé – p. 398

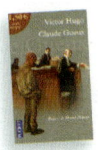

Lecture cursive personnelle

Lisez la suite du texte jusqu'à « *Remettez les lois au pas des mœurs.* »

14. Ce passage se décompose en trois étapes : la fin de l'histoire de Claude Gueux ; le commentaire fait par le narrateur ; le discours qui pourrait être tenu à une tribune publique. Repérez ces trois passages et relevez-en les premiers et les derniers mots.
15. Citez trois fléaux (graves problèmes) de la société dénoncés par Victor Hugo dans ce passage.
16. Le narrateur mentionne la tentative de meurtre dont un employé de l'octroi est victime après l'exécution de Claude Gueux : cet exemple plaide-t-il pour ou contre la peine de mort ? Justifiez.

C Un plaidoyer pour l'éducation : le discours à la tribune de la Chambre

« *Messieurs, il se coupe* » jusqu'à « *afin que l'intelligence qui est dedans puisse grandir.* »

1. Quelles relations Victor Hugo établit-il entre la peine de mort et l'éducation ?
2. Relevez les deux phrases nominales qui expriment les demandes formulées par l'orateur dans ce plaidoyer.
3. a. Par quels moyens l'orateur implique-t-il son auditoire ?
b. Relevez et nommez quelques **figures de style** qui rendent le discours persuasif.
4. a. À quoi l'orateur compare-t-il les bagnards ?
b. Selon l'orateur, quel rôle l'éducation doit-elle jouer pour ces hommes ?
5. a. De qui l'orateur est-il le porte-parole ?
b. À qui, finalement, ce plaidoyer s'adresse-t-il ?

→ L'argumentation – p. 412

Lecture cursive personnelle

Lisez la fin du roman.

Séquence 9 ▶ Idées en débat | 249

ŒUVRE INTÉGRALE

▷ Jouer le procès de Claude Gueux

Pour jouer le procès de Claude Gueux, aidez-vous des informations fournies par le roman et complétez-les quand c'est nécessaire, tout en restant fidèles à l'esprit du livre.

1. Préparation

Répartissez-vous les rôles (chacun aura un rôle) et organisez-vous en groupes.

• *La répartition des rôles*

Composition de chaque groupe	Le groupe prépare...
1. **Le Président de la Cour d'assises,** ses deux assesseurs (magistrats adjoints),	les questions à poser pendant le procès, les réponses aux questions que le jury pourrait poser pendant la délibération.
2. Les membres du jury (au nombre de neuf, si possible).	les arguments à développer et à opposer lors de la délibération.
3. **le Procureur**[1] ou avocat général (qui parle au nom de la société).	le réquisitoire (discours) du procureur.
4. **Claude Gueux, son avocat,** ses témoins.	le plaidoyer de l'avocat, le discours de Claude Gueux, les questions à poser aux témoins et leurs réponses.
5. **L'avocat de la partie civile** (qui parle au nom de la victime et de sa famille), ses témoins.	la plaidoirie de l'avocat, les questions à poser à Claude Gueux et celles destinées aux témoins et les réponses de ces derniers.
6. *Le greffier* (qui prend des notes), *l'huissier-audiencier* (qui fait entrer et sortir les témoins), *les trois gendarmes* (deux pour encadrer l'accusé, un à la porte d'entrée).	le déroulement et la mise en scène du procès, la délibération du jury et la proclamation du verdict.

1. À l'époque de Victor Hugo, l'avocat général se nomme procureur du roi.

• *Comment se préparer ?*

Pour préparer correctement le procès, lisez d'abord la fiche-méthode.

– Si vous devez prononcer une plaidoirie ou un long texte (rôles indiqués en gras), apprenez le texte et entraînez-vous à le dire avec le plus de naturel et de conviction possibles ; vous pourrez vous reporter de temps à autre à votre texte.

– Pour les autres rôles (témoins, jurés), entraînez-vous à improviser des questions et des réponses en fonction des prises de parole des différents intervenants.

– Les cinq rôles muets (indiqués en italique), tels des metteurs en scène, organisent le procès. Ce groupe expliquera à la classe ce qu'il conviendra de faire.

2. Déroulement du procès

Pour un bon déroulement du procès, se reporter à la fiche-méthode.

• Une fois le procès joué, on peut procéder à un échange de commentaires sur la manière dont il s'est déroulé.

• Il conviendra de se fixer une limite de temps : une heure de cours pour le procès, la délibération, le verdict et l'échange de commentaires final.

Tribunal de Nantes, La Cour, 2007. © Castelli/Andia

Tribunal de Nantes, Avocats, 2007. © Castelli/Andia

FICHE-MÉTHODE

Simuler un procès

La disposition de la salle

Disposer la salle, de façon à imiter cette disposition.

L'audience devant la Cour d'assises

1. Le déroulement

- L'huissier annonce : « La Cour » ; tout le monde se lève tandis que le Président et ses assesseurs entrent.
- Le Président tire au sort les jurés (ici, il lira les noms des élèves qui ont pris ce rôle).
- Le Président dirige les débats : il résume les faits, pose des questions à l'accusé, appelle les témoins de chacune des parties à la barre.
- L'huissier fait entrer les témoins.
- Les avocats et le Procureur interrogent les témoins en demandant au Président de leur poser telle ou telle question.
- Puis le Président donne successivement la parole, pour leurs plaidoiries, à l'avocat de la partie civile, au Procureur, puis à l'avocat de la défense.
- À la fin, le Président donne la parole à l'accusé.

2. L'éloquence

- Prévoir environ cinq minutes pour la plaidoirie des deux avocats, pour le réquisitoire du Procureur et pour le discours de l'accusé. Prononcer avec naturel ces textes qui auront été préparés.
- Chacun, qu'il prononce un long discours ou prenne brièvement la parole, doit s'efforcer de parler d'une voix claire et forte, dans un langage soigné, en cherchant à convaincre l'auditoire.
- Penser à souligner les paroles par des gestes (ce qu'on appelle « les effets de manche » à cause des larges manches des robes des avocats et du Procureur).

La délibération du jury avec le Président et ses assesseurs

- Dans le cadre d'une classe, contrairement à ce qui se passe dans la réalité, cette délibération se fera publiquement, devant les autres élèves.
- Vous veillerez à échanger des arguments, en respectant le tour de parole de chacun.

La proclamation du verdict

- L'huissier annonce la Cour ; tout le monde se lève ; les magistrats et le jury reviennent en audience.
- Le Président prend la parole et dit : « *Après en avoir délibéré, la Cour a décidé, à l'unanimité (ou à... voix contre...), de reconnaître coupable M. ... du chef de... (énumérer les infractions retenues) et de le condamner en conséquence à la peine de...* ». Puis, pour la demande de dommages et intérêts de la partie civile : « *La Cour condamne également M. ... à verser à la partie civile la somme de... à titre de dommages et intérêts pour le préjudice subi du fait de M. ...* ».
- Le Président clôt les débats en précisant que « *l'audience est levée* ».

TEXTES & IMAGES

▶ Éducation et savoir

Avant de lire le texte
1. Quel est le sens des mots : *niais, gentilhomme, balbutier, implorer* ?
2. À quel siècle Guy de Maupassant a-t-il vécu ?

Une vie

Guy de Maupassant
Voir p. 54.

L'adolescent Paul, surnommé Poulet, est élevé par sa mère, Jeanne, par sa tante et par son grand-père (le baron) dans leur château de famille à la campagne.

Poulet devenait grand, il atteignait quinze ans ; et l'échelle du salon marquait un mètre cinquante-huit. Mais il restait enfant d'esprit, ignorant, niais, étouffé par ces deux jupes et ce vieil homme aimable qui n'était plus du siècle.

Un soir enfin le baron parla du collège ; et Jeanne aussitôt se mit à sangloter.
5 Tante Lison effarée se tenait dans un coin sombre.

La mère répondait : « Qu'a-t-il besoin de tant savoir ? Nous en ferons un homme des champs, un gentilhomme campagnard. Il cultivera des terres comme font beaucoup de nobles. Il vivra et vieillira heureux dans cette maison où nous aurons vécu avant lui, où nous mourrons. Que peut-on demander
10 de plus ? »

Mais le baron hochait la tête. « Que répondras-tu s'il vient te dire, lorsqu'il aura vingt-cinq ans : Je ne suis rien, je ne sais rien par ta faute, par la faute de ton égoïsme maternel. Je me sens incapable de travailler, de devenir quelqu'un, et pourtant je n'étais pas fait pour la vie obscure, humble, et triste à mourir,
15 à laquelle ta tendresse imprévoyante m'a condamné. »

Elle pleurait toujours, implorant son fils. « Dis, Poulet, tu ne me reprocheras jamais de t'avoir trop aimé, n'est-ce pas ? »

Et le grand enfant surpris promettait : « Non, maman.
– Tu me le jures ?
20 – Oui, maman.
– Tu veux rester ici, n'est-ce pas ?
– Oui, maman. »

Alors le baron parla ferme et haut : « Jeanne, tu n'as pas le droit de disposer de cette vie. Ce que tu fais là est lâche et presque criminel ; tu sacrifies ton enfant
25 à ton bonheur particulier. »

Elle cacha sa figure dans ses mains, poussant des sanglots précipités, et elle balbutiait dans ses larmes : « J'ai été si malheureuse… si malheureuse ! Maintenant que je suis tranquille avec lui, on me l'enlève… Qu'est-ce que je deviendrai… toute seule… à présent ?… »

Guy de Maupassant, *Une vie*, 1883.

Charles Chas-Laborde (1886-1941), *Une vie* de Guy de Maupassant, 1938, coll. privée.
Collection Kharbine-Tapabor © D.R.

◉ Étudier un dialogue argumentatif dans un roman

■ Un dialogue dans un roman

1. À quel temps les verbes des lignes 1 à 3 sont-ils conjugués ? À quelle partie d'un récit ce paragraphe correspond-il ?

2. Dans le deuxième paragraphe :
a. Relevez un complément circonstanciel de temps.
b. Quel nouveau temps apparaît ?
c. De quelle partie d'un récit s'agit-il ?

3. a. Quel est le rapport logique entre les deux premières phrases du texte ?
b. Que veut démontrer le narrateur à propos du personnage de Poulet ?

4. Relevez en trois listes les **verbes de parole** employés par le baron, par la mère, par Poulet. Que révèlent ces verbes sur le comportement de chaque personnage et leurs rapports entre eux ?

5. a. Qu'est-ce qui caractérise les réponses de Poulet ?
b. Quel type de phrases la mère emploie-t-elle (l. 16 à la fin) ?
c. Quels commentaires faites-vous à partir de ces relevés ?

6. Relevez dans les passages de récit des mots et expressions traduisant la souffrance de la mère.

→ Les paroles rapportées dans le récit – p. 394

■ Un dialogue argumentatif

7. Quel est l'enjeu de ce dialogue ?

8. L. 6 à 10 :
a. Quelle solution la mère envisage-t-elle pour garder son fils ?
b. Quel mode et quel temps emploie-t-elle majoritairement ?
c. En quoi le choix de ce mode et de ce temps renforce-t-il sa **prise de position** ?

9. a. L. 11 à 15 : indiquez les trois arguments avancés par le baron pour convaincre sa fille.
b. Quel procédé emploie-t-il pour la **persuader** ?

10. Pour quelle raison véritable la mère ne veut-elle pas se séparer de son fils ? Citez le texte à l'appui de votre réponse.

11. L. 16 à 22 : la mère donne-t-elle des arguments ou joue-t-elle sur les sentiments de son fils ? Justifiez.

12. a. L. 26 à la fin : à qui la mère s'adresse-t-elle, selon vous ?
b. Veut-elle faire évoluer la situation en cherchant à **convaincre** (par un raisonnement) ou à **persuader** (par les sentiments) ?

L'argumentation – pp. 410 et 412

📷 Faisons le point

- Quelles sont les deux visions de l'éducation qui s'opposent dans ce **dialogue argumentatif** ?
- Ce **dialogue argumentatif** renseigne-t-il sur les caractères des personnages ? Justifiez.
- Quel rôle ce **dialogue argumentatif** peut-il jouer dans l'intrigue du **roman** ?

Exercice d'expression

1. Rédigez la suite du texte en développant les arguments du grand-père en faveur du collège.

2. Rédigez la suite du texte : Poulet réagit et prend part à la discussion entre sa mère et son grand-père pour donner son point de vue.

TEXTES & IMAGES

Molière (1622-1673)
Voir p. 214.

Avant de lire le texte

La préciosité est un mouvement qui date de la première moitié du XVIIe siècle. Les femmes, principalement, s'opposant aux manières vulgaires du XVIe siècle, et plus particulièrement de la cour d'Henri IV, créent ce mouvement raffiné à l'extrême. Elles veulent se distinguer par la pureté du langage, l'élégance de la tenue, la dignité de leur comportement. Elles se retrouvent dans des salons pour discuter philosophie, pour lire des poèmes ou des œuvres.

Quelle place les précieuses accordaient-elles au savoir ?

Les femmes savantes

Deux sœurs, issues d'une famille bourgeoise aisée, se disputent à propos du mariage : l'une d'elles, Armande, veut être une femme savante comme leur mère.

ARMANDE

Mon Dieu, que votre esprit est d'un étage bas !
Que vous jouez au monde un petit personnage,
De vous claquemurer[1] aux choses du ménage,
Et de n'entrevoir point de plaisirs plus touchants,
5 Qu'un idole d'époux[2], et des marmots d'enfants !
Laissez aux gens grossiers, aux personnes vulgaires[3],
Les bas amusements de ces sortes d'affaires.
À de plus hauts objets, élevez vos désirs,
Songez à prendre un goût des plus nobles plaisirs,
10 Et traitant de mépris les sens et la matière,
À l'esprit comme nous donnez-vous toute entière :
Vous avez notre mère en exemple à vos yeux,
Que du nom de savante on honore en tous lieux,
Tâchez ainsi que moi de vous montrer sa fille,
15 Aspirez aux clartés[4] qui sont dans la famille,
Et vous rendez[5] sensible aux charmantes douceurs
Que l'amour de l'étude épanche[6] dans les cœurs :
Loin d'être aux lois d'un homme en esclave asservie ;
Mariez-vous, ma sœur, à la philosophie,
20 Qui nous monte au-dessus de tout le genre humain,
Et donne à la raison l'empire souverain,
Soumettant à ses lois la partie animale
Dont l'appétit grossier aux bêtes nous ravale[7].
Ce sont là les beaux feux[8], les doux attachements,
25 Qui doivent de la vie occuper les moments ;
Et les soins[9] où je vois tant de femmes sensibles,
Me paraissent aux yeux des pauvretés horribles.

HENRIETTE

Le Ciel, dont nous voyons que l'ordre est tout-puissant,
Pour différents emplois nous fabrique en naissant ;
30 Et tout esprit n'est pas composé d'une étoffe

---

1. enfermer, ici sens de « se consacrer exclusivement à ».
2. en français moderne, une idole d'époux.
3. ordinaires.
4. l'intelligence et la science.
5. rendez-vous.
6. répand.
7. rabaisse.
8. ardeurs de la passion.
9. soucis.

Mise en scène **S. Eine**,
Armande (I. Gardien),
Henriette (F. Gillard,
Comédie Française, Paris, 1998.
© R. Senera/Agence Enguerand

Qui se trouve taillée à faire un philosophe.
Si le vôtre est né propre aux élévations
Où montent des savants les spéculations[10],
Le mien est fait, ma sœur, pour aller terre à terre,
35 Et dans les petits soins son faible se resserre.
Ne troublons point du Ciel les justes règlements,
Et de nos deux instincts suivons les mouvements ;
Habitez par l'essor d'un grand et beau génie,
Les hautes régions de la philosophie,
40 Tandis que mon esprit se tenant ici-bas,
Goûtera de l'hymen[11] les terrestres appas[12].
Ainsi dans nos desseins[13] l'une à l'autre contraire,
Nous saurons toutes deux imiter notre mère ;
Vous, du côté de l'âme et des nobles désirs,
45 Moi, du côté des sens et des grossiers plaisirs ;
Vous, aux productions d'esprit et de lumière,
Moi, dans celles, ma sœur, qui sont de la matière.

Molière, *Les Femmes savantes*, I, 1, v. 26-72, 1672.

10. les études, les recherches.
11. le mariage.
12. orthographe du XVIIᵉ siècle pour *les appâts*, c'est-à-dire *les charmes*.
13. nos projets, nos ambitions.

▸ Étudier une confrontation au théâtre

■ La prise de position d'Armande

1. a. Recopiez et complétez le tableau suivant à l'aide des adjectifs relevés dans les vers 1 à 9.

Synonymes	Antonymes
bas...	

b. À quel choix de vie la préférence d'Armande va-t-elle ?

2. Relevez (v. 1 à 5) une expression qui résume son opinion sur le mariage.

3. Par quel moyen Armande cherche-t-elle à convaincre sa sœur dans les vers 12 et 13 ? dans les vers 19 à 27 ?

4. a. À quel mode les verbes sont-ils majoritairement conjugués dans les vers 14 à 19 ?

b. En quoi l'emploi de ce mode révèle-t-il la dimension argumentative du dialogue ?

5. Qu'est-ce qui caractérise l'attitude d'Armande à l'égard de sa sœur dans cet extrait ? Justifiez à l'aide du texte.

→ Les relations entre les mots – p. 378

■ La prise de position d'Henriette

6. Relevez les deux vers qui expriment l'opinion d'Henriette vis-à-vis du mariage.

7. a. Par quel argument Henriette répond-elle à sa sœur dans les vers 28 à 35 ?

b. Fait-elle ici preuve de sagesse ou de colère ? Expliquez.

8. La tirade d'Henriette est-elle une réponse à celle d'Armande ? Répondez en vous appuyant sur des mots du texte.

9. a. Observez le jeu des pronoms personnels vers 44 à 47 : que traduit-il ?

b. Quel argument Henriette développe-t-elle ici ?

10. a. Quelle image d'elle-même Henriette donne-t-elle dans cette tirade ?

b. Sur quel ton s'exprime-t-elle ? Donnez un exemple de ce ton.

c. Pourquoi procède-t-elle ainsi, selon vous ?

11. a. Qu'est-ce qui caractérise l'attitude d'Henriette à l'égard de sa sœur dans cet extrait ?

b. Son attitude ressemble-t-elle à celle d'Armande ou en diffère-t-elle ? Expliquez.

📷 Faisons le point

- En quoi peut-on parler de **confrontation** pour cette **scène de théâtre** ?
- Selon vous, quel **personnage** sort vainqueur de cette **confrontation** ? Pourquoi ?
- Quelles hypothèses de lecture pour la suite de la **pièce** pouvez-vous faire d'après cette **confrontation** dans la scène d'exposition ?

Exercice d'expression

La scène date du XVIIᵉ siècle. Les revendications sur la place des femmes dans la société sont-elles encore d'actualité ? Pour répondre, rédigez un paragraphe argumentatif qui comportera au moins un exemple.

TEXTES & IMAGES

Avant de lire le texte

1. *Science* vient du latin *scientia*, « savoir, connaissance ». Au XVIIe siècle, la science signifie le savoir. C'est à la fin du XIXe siècle que le mot a pris son sens actuel de « savoir scientifique ». Donnez des mots de la même famille que *science*.
2. Quels sont, dans la liste suivante, les synonymes de *« un différend »* : *un désaccord, une différence, une querelle, une dispute* ?
3. Qu'est-ce qu'une *satire* ?

Jean de La Fontaine (1621-1695), Écrivain français du XVIIe siècle, il est l'auteur de *Fables* dans lesquelles il donne des leçons de vie.

L'avantage de la science

Entre deux Bourgeois[1] d'une ville
S'émut[2] jadis un différend :
L'un était pauvre, mais habile[3],
L'autre riche, mais ignorant.
5 Celui-ci sur son concurrent
Voulait emporter l'avantage,
Prétendait que tout homme sage
Était tenu de l'honorer.
C'était tout homme sot ; car pourquoi révérer[4]
10 Des biens dépourvus de mérite ?
La raison m'en semble petite.
« Mon ami, disait-il souvent
　　Au savant,
Vous vous croyez considérable ;
15 Mais, dites-moi, tenez-vous table[5] ?
Que sert à vos pareils de lire incessamment ?
Ils sont toujours logés à la troisième chambre[6],
Vêtus au mois de juin comme au mois de décembre,
Ayant pour tout laquais[7] leur ombre seulement.
20 　La République[8] a bien affaire
　De gens qui ne dépensent rien :
　Je ne sais d'homme nécessaire
Que celui dont le luxe épand beaucoup de bien[9].
Nous en usons[10], Dieu sait ! notre plaisir occupe
25 L'artisan, le vendeur, celui qui fait la jupe,
Et celle qui la porte, et vous, qui dédiez
　À Messieurs les gens de finance
　De méchants livres bien payés[11]. »
　Ces mots remplis d'impertinence
30 　Eurent le sort qu'ils méritaient.
L'homme lettré se tut, il avait trop à dire.
La guerre le vengea bien mieux qu'une satire.
Mars[12] détruisit le lieu que nos gens habitaient :
　L'un et l'autre quitta[13] sa ville.
35 　L'ignorant resta sans asile :
　Il reçut partout des mépris ;
L'autre reçut partout quelque faveur nouvelle.
　Cela décida[14] leur querelle.
Laissez dire les sots : le savoir a son prix.

Jean de La Fontaine, « L'avantage de la science », *Fables*, VIII, 19, 1668.

---

1. habitants de la ville.
2. s'éleva, se déclencha.
3. Au XVIIe siècle, signifie « qui a une connaissance approfondie d'une ou plusieurs discipline(s) » : sens proche de « savant ».
4. respecter.
5. Offrez-vous des repas ? Recevez-vous à votre table ?
6. sous les toits. La Fontaine, lui-même logé dans les mansardes de Mme de la Sablière, ne s'en est jamais plaint.
7. serviteur.
8. la société.
9. Pour moi, le seul homme nécessaire est celui qui répand beaucoup de richesses.
10. Nous en tirons parti.
11. Vous qui offrez aux financiers vos mauvais livres seulement pour qu'ils vous donnent de l'argent.
12. dieu de la guerre chez les Romains.
13. Le verbe s'accorde ici avec le sujet le plus proche.
14. régla.

Willy Aractingi (1930-2003), *L'Avantage de la science*, coll. privée. © Famille Aractingi, 2008.

▶ Confronter deux thèses dans une fable

■ Une fable

1. Observez la mise en page du texte : à quels éléments reconnaissez-vous qu'il s'agit d'une fable ?

2. Recopiez ce tableau. Pour chaque groupement de vers, indiquez par une croix s'il s'agit d'un récit, d'un discours rapporté, d'un commentaire du narrateur.

	Récit	Discours rapporté	Commentaire du narrateur
vers 1 à 8			
vers 9 à 11			
vers 12 à 28			
vers 29 et 30			
vers 31 à 38			
vers 39			

3. a. « *le savoir a son prix* » : quelle est la valeur du présent de l'indicatif ici ?
b. À quelle partie de la fable cela correspond-il ?

■ Le différend

4. Relevez en deux colonnes les adjectifs qualificatifs appliqués à « *l'un* » et « *l'autre* » personnages : sont-ils synonymes ou antonymes ?

5. a. Lequel des deux « *bourgeois* » est-il à l'origine du différend ?
b. Sur quoi la querelle porte-t-elle ?
c. Quelle est la thèse défendue par chaque personnage ?

■ Un discours argumentatif

6. Qui prononce les paroles rapportées aux vers 12 à 28 ?

7. Reformulez en une phrase l'argument défendu dans ce discours.

8. De quel groupe nominal le narrateur qualifie-t-il ce discours ? Cela vous paraît-il approprié ? Justifiez.

9. Expliquez la réaction de l'autre personnage à ce discours.

■ Un récit argumentatif

10. a. Expliquez le verbe « *prétendre* » (v. 7). En quoi ce verbe révèle-t-il le **point de vue du narrateur** ?
b. Dans les vers 1 à 11, relevez ceux dans lesquels le narrateur exprime explicitement son choix entre les deux thèses en présence.

11. Quel est le dénouement du récit ? Auquel des deux personnages donne-t-il raison ?

12. Dans l'ensemble du récit, le **narrateur** est-il **objectif** ou **subjectif** ? Justifiez à l'aide de mots du texte.

➔ Le point de vue – p. 390

📷 Faisons le point

• Quelle est la **thèse** qui l'emporte dans cette fable ? Dans quelle(s) partie(s) du texte s'exprime-t-elle : le titre, le récit, le discours rapporté, la morale ?

Exercices d'écriture

Transposez cette fable à notre époque en l'intitulant « L'avantage de la mode » (ou de la musique, ou du sport). Vous opposerez deux personnages modernes qui défendront chacun une thèse différente. Vous alternerez récit en prose et dialogue. Vous finirez par une phrase de morale.

TEXTES & IMAGES

Avant de lire les documents
1. a. De quels pays les dessinateurs de cette double page sont-ils originaires ?
b. À quel siècle chacun d'eux appartient-il ?
2. L'humour consiste à mettre en valeur avec drôlerie le caractère ridicule, insolite ou absurde de certains aspects de la réalité. Qu'appelle-t-on *l'humour noir* ?

Xavier Delucq (né en 1970)
Ce dessinateur a été instituteur, sculpteur, auteur-compositeur, puis dessinateur de presse.

Scott Adams (né en 1957)
Ce dessinateur américain, diplômé d'économie, a travaillé dans les télécommunications jusqu'en 1995, ce qui lui a inspiré les *Dilbert* : ces bandes dessinées publiées en « strips[1] » font la satire du monde des bureaux.

Chaval (1915-1968)
Ce dessinateur français connaît le succès dans les années 1950 où il publie dans de nombreux journaux.

Quino (né en 1932)
Ce scénariste et dessinateur argentin a créé dans les années 1970 la série de bandes dessinées *Mafalda*, publiées sous forme de bandes de « strips[1] ». La petite Mafalda, ses amis et son petit frère y jugent le monde des adultes avec sévérité.

Xavier Gorce
Ce peintre et dessinateur français est aussi illustrateur de presse (*Okapi*, *Phosphore*). Depuis 2002, il est l'auteur du « strip[1] » quotidien dans *Le Monde*.

Daniel Pessin
Ce dessinateur français collabore régulièrement au journal *Le Monde*.

1. bande dessinée de deux ou trois cases.

Le savoir et l'éducation

1. Quino, *Le Club de Mafalda*, vol. 10, © Éditions Glénat, 1986.

Les pays en voie de développement ont aussi des besoins en matière d'éducation

2. X. Delucq, « En mal de savoir », www.gdhpress.com, © Delucq 29 avril 2006.

3. Chaval, « L'Astronome », *Les 100 Meilleurs Dessins*, © Le Cherche Midi Éditeur, 1988.

4. X. Gorce, illustration d'une citation d'Oscar Wilde, publié dans *Magazine littéraire*, juillet-août 2007, © Gorce.

5. D. Pessin, « Trois fois rien », publié dans *Le Monde*, 12 mai 2007, © Pessin.

6. S. Adams, *Dilbert, Bienvenue dans le monde merveilleux de l'informatique,* © Albin Michel, 1998.

▶ Comparer des dessins et leurs visées

■ Observation

1. Quels sont les dessins extraits d'albums de bandes dessinées ? ceux qui ont paru dans la presse ?

2. Qu'est-ce qui caractérise les personnages représentés dans chaque dessin (âge, sexe, profession, traits physiques) ?

3. a. En quoi le dessin de Chaval se distingue-t-il des autres ?
b. Qu'ont en commun les dessins de Quino, de D. Pessin et de S. Adams ?
c. Quelles autres différences de présentation des dessins repérez-vous ?

■ Les sources de l'humour

4. Les personnages sont-ils représentés de façon réaliste ? caricaturale ? Justifiez, pour chacun d'eux, à l'aide d'éléments précis du dessin.

5. Quels sont les dessins dont l'humour provient de la chute de l'histoire ? Expliquez de façon précise.

6. Quel lien faites-vous entre l'image et le texte dans le dessin 2 ? dans le dessin 4 ?

■ Les visées des dessins

7. a. Quels sont les dessins où les personnages sont stylisés (très simplifiés) ?
b. Quels comportements de notre époque ces dessins critiquent-ils ?

8. a. Quels sont les dessins qui traitent de l'ignorance ?
b. Comparez leurs visées : chacun de ces dessins vise-t-il à faire réfléchir et/ou à amuser ? Justifiez.

9. a. Quels sont les dessins qui traitent de l'éducation ?
b. Comparez leurs visées : chacun de ces dessins vise-t-il à critiquer, à alerter, à émouvoir, à amuser ? Justifiez.

📷 Faisons le point

- D'après la **comparaison de ces dessins**, quels sont les moyens qu'un dessinateur peut utiliser pour **persuader** ?
- Quelles **visées argumentatives** avez-vous pu identifier **en comparant ces dessins** ?

Exercices d'écriture

1. Après comparaison de ces dessins, quel est celui qui a le plus retenu votre attention ? Justifiez votre opinion.

2. Rédigez une lettre ouverte pour la défense de l'éducation, dans laquelle vous reprendrez les arguments que vous avez dégagés de la confrontation des dessins.

TEXTES & IMAGES

▶Questions de modes

Avant de lire les textes

1. Cherchez la définition et l'étymologie de l'adjectif *psychique*.
2. **a.** En changeant de préfixe, donnez l'antonyme du nom *réprobation*.
b. Donnez deux verbes de la même famille.
c. Expliquez le nom *réprobation*.

Le téléphone portable

Texte 1

La grande avancée technique qui modifie le comportement de mes contemporains est le téléphone portable. Cet objet n'est le fruit d'aucune découverte scientifique récente : il résulte
5 de l'accumulation de prouesses petites ou grandes réalisées aussi bien par les fabricants de fusées qui ont mis en place des réseaux de satellites, que par les électroniciens qui ont miniaturisé les circuits. Le résultat est que chaque possesseur de cette
10 petite merveille est en relation immédiate avec tous ceux qui sont munis d'un appareil semblable ou qui sont à portée d'un téléphone. La fascination est telle qu'innombrables sont ceux qui ne quittent jamais leur « portable ». Au volant de
15 leur voiture, garnissant leur chariot dans un supermarché ou promenant leurs enfants, ils poursuivent une conversation avec un interlocuteur lointain dont bientôt, paraît-il, ils pourront non seulement entendre la voix
20 mais voir l'image. Ils ne sont plus présents là où ils agissent, et sont probablement très peu présents là où ils sont entendus. À vouloir être partout, ils ne sont
25 plus nulle part. Ce dédoublement, cette schizophrénie[1], se répandent comme une maladie contagieuse qui pose, pour le moins, problème.

Albert Jacquart, *À toi qui n'es pas né(e)*, © Calmann-Lévy, 2000.

Texte 2

On présente parfois le téléphone portable comme une machine permettant de communiquer à distance, alors qu'il est d'abord utilisé… pour ne pas communiquer ! Avant l'invention du
5 portable, il était en effet toujours difficile de faire valoir son désir d'être seul lorsqu'on était au milieu d'un groupe. Avec le portable au contraire, il devient plus facile de se mettre à l'écart sans encourir aucune réprobation sociale : celui qui
10 s'écarte du groupe n'est pas suspecté de mépriser sa société, quand tout le monde comprend qu'il se consacre à des relations lointaines et certainement très importantes pour lui. Le téléphone portable modifie donc la représentation de l'existence de
15 chacun dans un groupe, en lui permettant d'affirmer son droit à être physiquement présent et psychiquement absent.

Serge Tisseron, *L'Intimité surexposée,* © Ramsay, 2001.

---

[1]. maladie psychique dans laquelle le patient a un sentiment de dédoublement.

Lire l'image

1. Décrivez le personnage. Quel effet produit-il sur vous ?
2. L'humour provient-il du texte ? du dessin ? des deux ? Justifiez.
3. De quelle phrase du texte 1 pouvez-vous rapprocher ce dessin ? Justifiez.

Philippe Geluck (né en 1954)
Ce dessinateur belge a commencé sa carrière en jouant au théâtre. Il crée le personnage du Chat en 1980 ; à partir de 1983, il collabore au grand quotidien belge *Le Soir* et le Chat devient la mascotte du journal. P. Geluck fait aussi des émissions de radio et de télévision.

Des portables il y en a toujours eu
Mais les gens étaient plus costauds dans le temps
C'est tout

P. Geluck, *Ma langue au chat*
© Casterman, 2005.

● Distinguer une thèse et sa réfutation

Texte 1

■ Une thèse

1. a. L. 1 à 12 : relevez les noms et groupes nominaux désignant le téléphone portable.
b. Ce vocabulaire est-il péjoratif ou mélioratif ?
2. a. Quelle est la thèse formulée dans les lignes 9 à 12 ?
b. Relevez les marques de la présence de l'énonciateur dans le texte. Pourquoi s'implique-t-il ainsi ?

■ La réfutation de la thèse

3. a. Quelle est la métaphore filée dans la dernière phrase ?
b. Est-elle en accord avec le vocabulaire des lignes 1 à 12 ?
4. « La fascination est telle qu'innombrables sont ceux qui ne quittent jamais leur " portable " » : relevez la **proposition subordonnée circonstancielle** et indiquez sa fonction.
5. Que visent à démontrer les exemples dans les lignes 12 à 14 ?
6. Relevez l'antithèse dans l'avant-dernière phrase.
7. D'après les réponses aux questions précédentes, dites si la thèse énoncée dans les lignes 9 à 12 est confirmée ou contredite par la suite du texte.

➜ Les rapports logiques – p. 350

Texte 2

■ Des mots pour réfuter

8. a. Quelles sont les deux thèses énoncées dans la première phrase ?
b. Par quel **connecteur logique** sont-elles reliées ?
c. Quel rapport logique ce connecteur établit-il entre les deux thèses ?
9. L. 4 à 9 : par quel **connecteur logique** les deux phrases sont-elles reliées ? Quel rapport logique exprime-t-il ?
11. Relevez dans tout le texte les couples de mots qui s'opposent.

➜ L'argumentation – p. 410

📷 Faisons le point

- Quel est le rapport logique utilisé dans une **réfutation** ?
- En vous appuyant sur les deux textes, expliquez ce qu'est la **réfutation d'une thèse**.

Exercice d'écriture

En un paragraphe, réfutez la thèse de Serge Tisseron, selon laquelle le téléphone portable empêche de communiquer.

TEXTES & IMAGES

Philippe Meyer (né en 1947)
Journaliste de radio, il faisait, tous les matins, sur France Inter, une chronique qui commençait et finissait toujours par les mêmes formules (en bleu dans le texte).

Soleil voilé

Avant de lire le texte
1. a. Sur quel radical commun les noms *obscurité* et *obscurantisme* sont-ils formés ?
b. Lequel de ces deux mots a un sens concret ? un sens abstrait ?
2. Rappelez ce qu'est une satire.
3. Lisez la biographie de Philippe Meyer.

Heureux habitants des Vosges et des autres départements français, vous avez renoncé à fumer ? Cela ne suffit pas. Vous êtes devenus adversaires des fumeurs ? C'est insuffisant. Si l'on en juge par ce qui se passe aux États-Unis, pays qui exporte son prohibitionnisme[1] avec toute l'énergie dont il est capable, les personnes soucieuses de leur santé et de celle des autres doivent également renoncer à s'exposer au soleil et même empêcher leur prochain d'offrir leur tendre peau à ses rayons. Bien entendu – dois-je rappeler qu'il s'agit des États-Unis, – une association s'est créée pour lutter contre le soleil. Elle a déjà obtenu que, depuis juin dernier, les principales chaînes de radio et de télévision diffusent quotidiennement un bulletin de dangerosité ultraviolette pour les principales villes du pays.
10 La presse écrite n'a pas voulu être en reste : *USA Today* – le quotidien le plus lu du pays – a publié un supplément dénonçant les méfaits du soleil et conseillant à ses lecteurs de ne plus sortir sans s'être oint[2] la peau qui dépasse de leurs vêtements d'une couche d'écran total et sans se garnir le chef[3] d'un chapeau à large bord. Le *New York Times* a publié en pleine page une photo du soleil avec cette légende, je cite : « À 5 h 25 ce matin, on a vu
15 apparaître le plus dangereux des agents cancérigènes. »
On aurait tort de s'imaginer que les experts sont restés à l'arrière-garde de ce combat contre nous-mêmes et nos peccamineuses[4] habitudes. Ils ont fait savoir qu'en 1994 le nombre d'Américains qui pourraient être atteints d'un mélanome[5] (lequel, par parenthèses, peut être parfaitement bénin) serait plus élevé de 1 500 % qu'en 1935. C'est
20 possible. En 1935, il n'y avait pas de congés payés ni aux États-Unis ni ailleurs et les plages, la montagne et le farniente au soleil étaient fort heureusement réservés à une élite distinguée. [...] Il est temps de crier : « Halte là ! » et d'exiger du gouvernement qu'il interdise aux citoyens de sortir tous les jours où ce cochon de soleil luit. Pour vivre longtemps, une seule solution : l'obscurantisme. Pardon, je voulais dire l'obscurité...
25 Je vous souhaite le bonjour.
Nous vivons une époque moderne.
8 septembre 1994

Philippe Meyer, *Le Progrès fait rage, Chroniques I,* Folio, © Éditions Gallimard, 1999.

1. mesures d'interdiction prises par l'État.
2. enduit.
3. ici, la tête.
4. de l'ordre du péché, fautives.
5. tumeur de la peau, le plus souvent cancéreuse.

▶ Comprendre une réfutation satirique

■ Une satire

1. Quelle est la visée de la chronique de Philippe Meyer ? Choisissez une des propositions suivantes :
– dénoncer les dangers de l'exposition au soleil ;
– promouvoir une politique de prévention des cancers de la peau comme aux États-Unis ;
– se moquer de l'application excessive du principe de précaution ;
– contester les chiffres d'augmentation du nombre de mélanomes ;
– se moquer de l'ignorance de ses contemporains.

2. Quelle est la **figure de style** employée dans « *le plus dangereux des agents cancérigènes* » ?

3. Quel est le rôle de la presse ? En quoi est-il présenté de façon satirique ?

➜ L'argumentation – p. 413

■ Une réfutation par l'ironie

4. Quel est le mode employé dans les lignes 17 à 20 ? Expliquez l'emploi de ce mode par l'auteur.

5. Quel argument l'auteur oppose-t-il aux chiffres des « *experts* » ?

6. L. 20 à 22 : quel procédé l'auteur emploie-t-il pour marquer son désaccord ?

7. a. *obscurantisme / obscurité* : expliquez ce jeu de mots.
b. Quel est le sens premier de l'expression *Soleil voilé* ? Quel rapprochement peut-on faire entre le titre et le jeu de mots précédent ?

📷 Faisons le point

• Contre quel comportement Philippe Meyer tourne-t-il **sa satire** ?

Contre la « Toast Attitude »

Avant de lire l'image

1. Rappelez la différence entre *objectif* et *subjectif*.

2. On nomme *dénotation* le sens propre d'un mot ou les éléments objectifs d'une image ; on nomme *connotation* les idées associées subjectivement à un mot ou à une image. Quelles connotations associez-vous à l'adjectif *rouge* ?

Exercice d'écriture

À votre tour, choisissez un comportement très contemporain et rédigez un paragraphe satirique à la manière de Philippe Meyer.

**Contre la Toast Attitude
un peu de crème solaire ne suffit pas…**

soleil : mode d'emploi

- Évitez le soleil de 12h à 16h
- Recherchez l'ombre
- Couvrez-vous
- Renouvelez souvent
- Peaux jeunes = peaux fragiles

Institut national du cancer, campagne de prévention des risques solaires, 2008. TBWA\CORPORATE © M. Bardi, Real Lies
www.e-cancer.fr/soleilmodedemploi

▶ Analyser une réfutation par l'image

■ Observation objective de l'image (ou dénotation)

1. Décrivez ce que vous voyez.

2. Comment l'image est-elle organisée dans cette affiche ? Quel rapport logique relie les deux parties de la photographie ?

■ Les connotations de l'image

3. a. Comment comprenez-vous la partie droite de la photographie ?
b. Sur quelle **figure de style** repose-t-elle ?

4. La partie gauche de la photographie a-t-elle le même sens si on la regarde séparément ou si on la met en relation avec la partie droite ? Expliquez.

5. a. Quelle partie de la phrase d'accroche correspond à la partie droite de la photographie ? Que signifie-t-elle ?
b. Que suggèrent les points de suspension à la fin de la phrase d'accroche ?

6. Quel organisme a émis cette image ? Quel sens cela lui donne-t-il ?

7. Quel est le rôle des pictogrammes dans l'image ?

→ Les figures de style – p. 380

📷 Faisons le point

- Formulez la **thèse** défendue par cette image.
- En quoi cette thèse est-elle une **réfutation** de celle de Philipe Meyer ?
- Qu'ont en commun les comportements **dénoncés** par la chronique de Philippe Meyer et par l'image ?

Séquence 9 ▶ Idées en débat

TEXTES & IMAGES

Avant de lire le texte
1. Énumérez des mots que vous associez au mot *soldes*.
2. Cherchez dans un dictionnaire le genre du nom *soldes*.

1ER JOUR DES SOLDES: LE RETOUR

- PETITE ALTERCATION DANS LA QUEUE CHEZ PRADA
- JEU DE COUDE CHEZ ARMANI
- CHUTE DES ESCALATORS DU PRINTEMPS
- CRÊPAGE DE CHIGNONS AUX GALERIES LAFAYETTE
- COMPRESSION LÉGÈRE DANS LA FILE D'ATTENTE CHEZ TATI
- COCA D'UNE CLIENTE À LA CAISSE DE KENZO

© François Cointe

Au soldé inconnu

Je suis d'accord avec vous, concrètement les soldes, c'est une horreur. Les commerçants sur les nerfs, les inspecteurs de fraude sur les dents, les vendeuses sur les genoux, et les douze clients de devant sur vos pieds, le tout dans des magasins surchauffés et une ambiance de troupeau de vaches folles, avec pour seul espoir de rapporter chez soi le célèbre petit pull totalement inutile, parfaitement immettable et en taille 16 ans, acheté à un prix imbattable, c'est-à-dire à environ quinze fois ce qu'il a coûté à sa sortie d'une usine d'enfants au Bangladesh, merci. [...]

Alors oui, amis consommateurs, les soldes sont un cauchemar, mais je pensais vous en dire un mot ému et positif cette semaine, parce qu'il me semble qu'ils représentent la période la moins antipathique du calendrier. Hé oui! Vous le connaissez, le calendrier de notre monde libéral[1] : après avoir acheté son mois du blanc[2], il faudra acheter ses chocolats, on sera presque à Pâques, puis ayant acheté la cravate pour la fête à papa, il sera déjà temps, après les fournitures de rentrée, de songer aux cochonneries d'Halloween. Seulement, l'horreur supplémentaire de ce système, c'est que la plupart de ces vastes opérations de pur marketing osent couvrir leur strict intérêt mercantile[3] sous le masque faux cul du bon sentiment. Passons sur la pathétique fête des Mères. Elle n'est jamais que la fête au rayon yaourtières[4] de chez M. BHV[5], on le sait depuis longtemps. Mais voyez l'exemple plus récent de la Saint-Valentin, l'amour désormais annexé par le syndicat des fleuristes, le cœur récupéré par la corporation des limonadiers[6]-restaurateurs. Eh bien, au moins les soldes ont le bon goût d'échapper à ça. Les soldes ne se cachent derrière aucun bon sentiment de rien. C'est juste pendant un mois la fête à ta carte Bleue, la Sainte-Facturette[7] sur quatre semaines, une vaste opération organisée uniquement pour pomper à un maximum de gens un maximum de tunes en leur fourguant le plus de trucs possible dont ils n'ont aucun besoin. C'est vulgaire, c'est excessif? Sans doute, mais au moins c'est clair.

François Reynaert, « Au soldé inconnu », © *Le Nouvel Observateur*, janvier 2003.

---

1. monde où l'économie est reine.
2. mois où l'on fait des promotions sur le linge de maison.
3. commercial.
4. appareil électroménager pour fabriquer soi-même des yaourts.
5. Le BHV (Bazar de l'Hôtel de Ville) est un grand magasin parisien. L'emploi de l'initiale M. pour Monsieur est ironique.
6. cafetiers.
7. ticket de carte bleue qui fait office de facture.

○ Étudier un raisonnement par concession

■ Une thèse

1. a. Expliquez le jeu de mots dans le titre.
b. Quel ton ce jeu de mots confère-t-il au texte ?
2. a. Qui s'adresse à qui dans ce texte ?
b. Relevez des marques d'oralité et de langage familier.
3. a. Quelle thèse est développée dans le premier paragraphe ?
b. Est-ce celle de l'auteur ? de ceux auxquels il s'adresse ? des deux ? Justifiez.
c. Quelles figures de style sont employées pour la démontrer ?
4. *inutile, immettable, imbattable* : quel est le **préfixe** commun à la formation de ces adjectifs ? Quel sens a-t-il ?
5. Le ton de ce paragraphe confirme-t-il celui du titre ? Justifiez.

→ La formation des mots – p. 328

■ Un raisonnement par concession

6. Par quels **mots** le second paragraphe est-il **relié** au premier ? Ces mots expriment-ils une réfutation ou une confirmation de la thèse exposée dans le premier paragraphe ?
7. L. 9 à 11 : **a.** Quelle **conjonction de coordination** relie les deux propositions de la phrase ?
b. Quel rapport logique exprime-t-elle ?
c. « *les soldes sont un cauchemar* » : relevez dans la même phrase un groupe nominal antonyme.
d. La thèse contenue dans la deuxième proposition confirme-t-elle ou contredit-elle celle du premier paragraphe ?
8. a. Formulez l'argument qui est suggéré par les exemples des lignes 12 à 22.
b. Quel est l'argument développé dans les lignes 22 à 27 ?
9. a. Qu'y a-t-il de commun entre les soldes et les autres événements commerciaux ?
b. Qu'est-ce qui les différencie ?
c. Le second paragraphe détruit-il ou nuance-t-il la thèse du premier paragraphe ?

→ L'argumentation – p. 410

📷 Faisons le point

- Choisissez la bonne réponse. Un **raisonnement par concession** :
  – oppose deux thèses inconciliables ;
  – accepte partiellement une thèse et la contredit sur un point ;
  – enchaîne deux arguments pour mieux défendre une thèse.

Exercice d'écriture

En une quinzaine de lignes et en deux paragraphes, exprimez votre opinion personnelle sur la société de consommation en employant un raisonnement par concession.
Vous pouvez vous servir des arguments fournis par le texte et les dessins et/ou en ajouter d'autres. Vous commencerez le premier paragraphe par « Certes… ». Vous enchaînerez le second paragraphe par « Mais… ».

○ Croiser un article et des dessins

■ Les dessins d'humour

1. Quels aspects des soldes chaque dessin dénonce-t-il ? Comment (dessin, traits, couleurs, texte…) ?
2. Selon vous, ces dessins sont-ils humoristiques ou satiriques ? Justifiez.

■ Les dessins et l'article

3. Relevez dans l'article de F. Reynaert des passages correspondant au premier dessin.
4. Quel aspect de notre monde moderne est dénoncé à la fois par le second dessin et par l'article ? Expliquez.

📷 Faisons le point

- Les **visées argumentatives** de l'**article** et des **dessins** sont-elles les mêmes ? Expliquez.

LANCEMENT DES SOLDES SUR FOND DE DIFFICULTÉS SOCIALES…

ET VOUS LE FAITES COMBIEN, LE CARTON D'EMBALLAGE ?

www.gdhpresse.com © Goubelle

LECTURES CURSIVES

Organiser une émission littéraire
Des combats contemporains

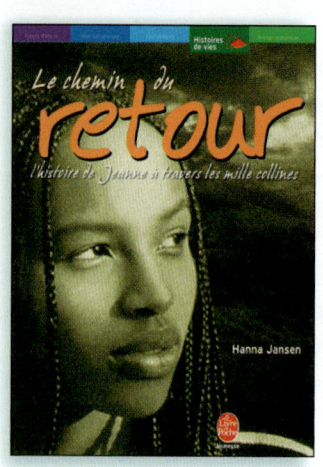

● **Hanna Jansen,**
Le Chemin du retour,
© Le Livre de Poche Jeunesse.
Récit autobiographique sur le génocide rwandais.

● **André Brink,**
Une saison blanche et sèche,
© Le Livre de Poche.
Roman sur l'apartheid en Afrique du Sud.

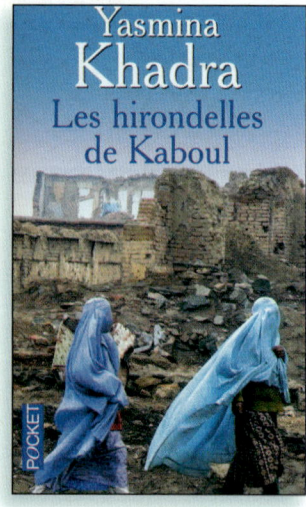

● **Yasmina Khadra,**
Les Hirondelles de Kaboul,
© Pocket.
Roman sur l'intégrisme.

● **Tahar Ben Jelloun,**
Le Racisme expliqué à ma fille,
© Seuil.
Essai sur le racisme.

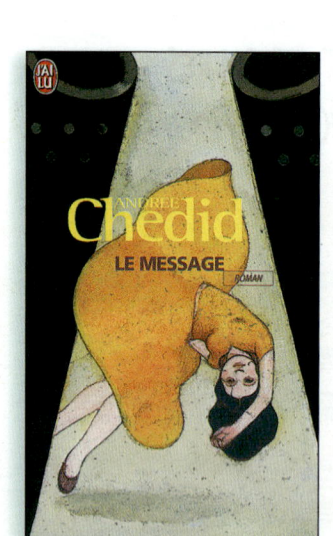

● **Andrée Chedid,**
Le Message, © J'ai lu.
Longue nouvelle sur la guerre.

Préparation de l'émission

1. Cherchez les définitions des mots : *racisme, génocide, apartheid, ségrégation, intégrisme.*

2. Choisissez un des livres proposés dans cette page (voir Critères pour choisir un livre, p. 26).

3. Lisez le livre, en vous préparant à justifier votre choix.

4. Organisez-vous par groupes de deux à quatre élèves ayant choisi le même livre.
- Échangez vos points de vue sur le livre en prenant des notes.
- Répartissez-vous
  – les rôles : le présentateur de l'émission, les différents intervenants (par exemple l'auteur, les lecteurs ordinaires, des journalistes) ;
  – les prises de parole : les arguments à développer, les extraits à lire, la conclusion à formuler ;
  – le temps de parole.

5. Répétez le déroulement de l'émission (de 5 à 10 minutes).

Déroulement de l'émission

- Le présentateur lance l'émission, en présentant rapidement l'auteur et le livre.
- Il interroge un premier orateur qui donne un premier avis sur le livre.
- Les différents orateurs enchaînent leurs prises de parole, en nuançant, en complétant, en réfutant l'argument du précédent intervenant, en formulant des concessions ; ils n'oublient pas d'employer des connecteurs pour enchaîner les différents propos. Ils cherchent à donner ou non envie de lire le livre, en convainquant l'auditoire par leurs arguments, en le persuadant par leur ton.
- Le présentateur termine en dégageant la synthèse de ce qui a été dit et en soulignant le fait que l'œuvre a fait l'unanimité ou a divisé les intervenants.

📷 FAIRE LE POINT

Débats d'idées

(voir p. 243)

1. Les débats oraux
- Il peut s'agir de **débats judiciaires** (lors de procès), de **débats politiques** (à l'Assemblée, à la télévision), de **débats sur des thèmes de société** (à la radio ou à la télévision), de **dialogues argumentatifs** au théâtre.
- Chaque **thèse** a un **défenseur** et un **adversaire**; tous deux parlent pour convaincre un public: le président et le jury dans un procès, les députés à l'Assemblée, les électeurs lors d'un débat politique, l'interlocuteur et le public au théâtre.

2. Les débats écrits
- À l'écrit, on trouve des débats d'idées dans des **dialogues argumentatifs** insérés dans un roman ou une fable, où deux (ou plusieurs) personnages confrontent leurs thèses.
- Dans des **essais**, des **articles de presse**, l'auteur présente fréquemment sa **thèse** et la thèse adverse (**antithèse**) pour conclure son opinion personnelle.

3. La confrontation de plusieurs opinions

Dans le cadre scolaire, il est souvent demandé de confronter son opinion à celle(s) d'autrui. Pour être efficace, il faut savoir :
- **construire l'argumentation** (convaincre) :
  – en commençant par **réfuter** (repousser) ou **nuancer par concession** la thèse adverse ;
  – en **développant de façon progressive et logique sa propre thèse**, à l'aide d'arguments valables, étayés d'exemples et enchaînés par des connecteurs logiques ;
- **prendre en compte le destinataire** (persuader) :
  – en **s'adressant à ses sentiments** par le ton, le rythme des phrases, les apostrophes, le vocabulaire mélioratif ou péjoratif, les figures de style, les gestes ;
  – en **déstabilisant l'adversaire** par le ton, l'ironie, les questions posées...

4. Des mots pour débattre

Dans une argumentation où l'on croise des opinions, on écrit ou on parle en soulignant les oppositions par le choix des mots et/ou les constructions de phrases.

Une manière d'écrire				
pour renforcer une thèse	**pour nuancer**	**pour réfuter**	**pour faire une concession**	
– des modalisateurs (*assurément, sans aucun doute, il va sans dire que...*) ; – des figures de style (hyperbole, comparaison, métaphore, anaphore, accumulation...) ; – du vocabulaire mélioratif ; – des tournures injonctives (impératif, futur de l'indicatif...).	des modalisateurs : – des adverbes (*peut-être, vraisemblablement...*) ; – le conditionnel ; – des marques de l'énonciateur (*selon, suivant, d'après...*).	– des connecteurs exprimant l'opposition (*mais, cependant, pourtant, toutefois, néanmoins*) ; – des antonymes (*facile / difficile...*) ; – une reprise à la forme négative (*il est facile de / il n'est pas facile de...*) ; – du vocabulaire péjoratif.	– des connecteurs qui organisent la phrase ou le texte en deux temps : certes, assurément, bien sûr, il est sûr que...	mais, cependant, pourtant, toutefois, néanmoins.

Séquence 9 ▶ Idées en débat

S'EXPRIMER

VOCABULAIRE
▶ Connaître le vocabulaire du débat

📖 À vos dictionnaires !

1. a. Expliquez les expressions : *à l'issue d'un débat, arbitrer un débat, un débat houleux, un débat démocratique, se lancer dans le débat.*
b. Employez chaque expression dans une phrase qui éclaire son sens. **Brevet**

	Étymologie	Définitions
une controverse	Du latin *controversia* (*contra*, « contre » + *versum*, « tourné contre »).	– Discussion argumentée, contestation sur une opinion, un problème ou un fait. – Ensemble des éléments divergents du débat.
un débat	Nom formé à partir du préfixe *dé-* indiquant la séparation, la différence et du verbe *battre*.	– Discussion entre plusieurs personnes dont chacune expose ses arguments.
une discussion	Du latin *discussio*, « examen attentif ».	– Action de discuter, d'examiner en faisant preuve d'esprit critique. – Débat au cours duquel on échange des arguments contradictoires sur une question.
une dispute	Du latin *dis-putare*, « raisonner après avoir examiné les éléments séparément ».	– Échange d'arguments contradictoires sur un sujet donné.
une polémique	Du grec *polemos*, « la guerre ».	– Débat qui traduit de façon passionnée, le plus souvent par écrit, des opinions contraires sur toutes espèces de sujets.

2. a. D'après les étymologies du tableau ci-dessus, indiquez quels sont les noms qui évoquent un échange raisonné et ceux qui évoquent un combat d'idées.
b. D'après les définitions, ces noms sont-ils antonymes ou synonymes ?
c. Formez un verbe à partir de chacun de ces noms.

3. Pour rédiger un dialogue argumentatif dans un récit, voici des verbes de parole exprimant différentes nuances dans les prises de position.
- L'affirmation : *affirmer, assurer, certifier, déclarer, démontrer, prouver...*
- L'accord : *acquiescer, approuver, confirmer, insister, opiner, souligner...*
- La concession : *admettre, avouer, concéder, reconnaître...*
- La réfutation et l'opposition : *démonter, discuter, nier, objecter, opposer, réfuter, répliquer, rétorquer, riposter, se défendre de, s'insurger...*

En choisissant parmi les verbes ci-dessus, complétez le dialogue suivant en remplaçant chaque ✏ par un verbe qui convient que vous conjuguerez au présent de l'indicatif.

Marie cherche à convaincre Zoé de l'accompagner faire les soldes.
– Allez, viens. On va faire des affaires extraordinaires, ✏-t-elle.
– Tu y crois, toi ? ✏ Zoé. Moi, je n'ai aucune envie d'acheter des vêtements immettables.
Marie ✏ que certains magasins écoulent ainsi leurs rebuts, mais elle ne se tient pas pour battue :
« Là où je vais d'habitude, ✏-t-elle, ils font de vrais rabais. Chaque saison, je vais repérer les articles qui m'intéressent. Je t'✏, ils sont vendus jusqu'à 60 % moins cher lors des soldes. »
Zoé, têtue, ✏ qu'elle n'y croit pas : selon elle, les prix sont artificiellement gonflés.
Pour convaincre son amie, Marie ✏ : « Les soldes sont surveillés : les commerçants doivent respecter des règles. » Elle fait une pause. « Le magasin où je veux t'emmener est petit : il faut écouler les stocks avant la prochaine saison. Pour cela, rien de tel que d'importants rabais, ✏-t-elle. »
Zoé ✏ : « D'accord, les prix seront peut-être intéressants. Mais franchement, se faire piétiner, très peu pour moi ! »

S'EXPRIMER

ORAL
▶ Organiser un débat

SUJET : Organisez trois débats d'une quinzaine de minutes chacun sur les sujets suivants : la place du football dans notre vie ; l'alimentation moderne ; Internet : faut-il s'en méfier ?

Préparation
- Organisez la classe en trois groupes de taille similaire, chacun prenant en charge un débat.
- Chaque groupe :
– cherche des arguments et des exemples pour la thèse et d'autres pour l'antithèse, de la façon la plus équilibrée possible ;
– les note au brouillon, en deux colonnes ;
– se répartit en deux équipes, l'une pour défendre une thèse, l'autre pour la réfuter.

Déroulement
À tour de rôle, chaque groupe va mener son débat devant la classe qui sera chargée de l'évaluer.
- On tire au sort l'équipe qui lance le débat (la thèse ou l'antithèse).
- Un élève présente un premier argument.
- Un autre le réfute, et ainsi de suite.
- À la fin, selon la position du groupe, un dernier élève conclut par la thèse retenue par le groupe ou fait une conclusion nuancée en s'exprimant par concession.

Évaluation
Les critères à retenir sont :
– le nombre et la pertinence des arguments et des exemples ;
– l'enchaînement des arguments (avec emploi de connecteurs) ;
– la qualité de la langue, du ton pour rendre les prises de parole persuasives ;
– le jeu des regards entre les interlocuteurs.

ORTHOGRAPHE
Orthographier l'expression de l'opposition

S'EXPRIMER

L'essentiel à retenir Leçon détaillée ➜ pp. 352 et 369

Pour orthographier correctement l'expression de l'opposition, il faut :
– Retenir la terminaison de la préposition *malgré*.
> *Malgré son portable, il n'a pas pu être joint.*

– Employer le subjonctif après la plupart des conjonctions de subordination d'opposition (*bien que, quoique, quoi que, quelque… que, quel que*) et le conjuguer correctement, en respectant la concordance des temps.
> *Bien qu'il ait un portable, il n'a pas pu être joint.*
> *Bien qu'il fût innocent, il fut condamné.*

– Ne pas confondre les homophones *quoique* et *quoi que*.
> *Quoique Martin fasse des efforts, il n'est pas sûr de réussir.* (*quoique* = bien que).
> *Quoi que fasse Martin, il échoue.* (*Que* Martin fasse n'importe *quoi*…)

– Ne pas confondre les homophones *quel(s) que, quelle(s) que* et *quelque… que*.
> *Quelle que soit sa défense, Claude Gueux sera condamné.* (*quel que* + verbe *être*)
> *Quelques dépositions que fassent les témoins, Claude Gueux sera condamné.* (*quelque(s)* + GN)
> *Quelque convaincantes que soient les dépositions des témoins, Claude Gueux sera condamné.* (*quelque* + adjectif)

➜ Appliquer la règle

1. Remplacez chaque ✎ par le connecteur qui convient.

> ✎ la chance que lui offre cette situation inédite, ✎ tous les arguments dont elle dispose, ✎ sa conviction profonde, Maren Patak ne trouve pas les mots pour convaincre les autorités judiciaires du bien-fondé de sa cause.
>
> D'après **B. Duteurtre**, *La Petite Fille et la cigarette*, Folio, © Éditions Gallimard, 2007.

2. Conjuguez au subjonctif présent les verbes entre parenthèses.

1. Bien que le prisonnier (*être*) innocent, il est maltraité. **2.** Quoique l'accusé (*pouvoir*) plaider sa cause, on ne lui donne pas la parole. **3.** Quels que (*être*) les propos du directeur de prison, les prisonniers doivent les subir. **4.** Quelque attitude que (*prendre*) le prisonnier, on le juge sur son aspect. **5.** Quoi qu'on (*dire*) en faveur de la peine de mort, cette peine n'est pas conforme à la constitution française.

3. Recopiez les phrases en remplaçant les ✎ par *quoique* ou *quoi que*.

1. ✎ toujours inculpé, il passait pour innocent. **2.** Ils semblent satisfaits d'habiter cette ville chargée d'histoire, ✎ le présent exige certains accommodements. **3.** ✎ il ait pu dire, on ne l'a pas cru. **4.** ✎ contraire à la volonté du prisonnier, cette initiative fut accueillie favorablement par l'opinion. **5.** ✎ elle en dise, ce problème est difficile à résoudre.

4. Recopiez les phrases en remplaçant les ✎ par *quelque*, par *quel que* ou par *quelle que*.

1. Dans un débat, ✎ envie que tu aies de parler, tu dois attendre ton tour. **2.** ✎ soit la branche professionnelle dans laquelle elle s'exerce, la formation doit préparer les jeunes à l'adaptation. **3.** En ✎ siècle que l'on vive, il faut être rebelle pour résister à la mode du moment. **4.** ✎ soit le sujet du débat, celui-ci doit être soigneusement préparé. **5.** ✎ soit ton opinion sur ce livre, il faut en rendre compte avec objectivité. **6.** ✎ passionné que tu sois, il te faut écouter le point de vue des autres. **7.** ✎ solides que soient tes arguments, ils ne me convainquent pas.

➜ S'entraîner à la réécriture `Brevet`

5. Récrivez l'exercice 1 en exprimant l'opposition par trois conjonctions de subordination différentes. Faites toutes les modifications nécessaires.

➜ S'entraîner en vue de la dictée `Brevet`

Au rayon lingerie d'un grand magasin

Un drame bouleversa la lingerie, où une acheteuse s'était trouvée mal, en accusant la demoiselle qui la servait de manger de l'ail ; et celle-ci fut chassée sur l'heure, bien que, peu nourrie et toujours affamée, elle achevât simplement au comptoir toute une provision de croûtes de pain. La direction se montrait impitoyable, devant la moindre plainte des clientes ; aucune excuse n'était admise, l'employé avait toujours tort […]. Mignot, un jour qu'il sortait un paquet sous sa redingote malgré le règlement, faillit être surpris et se crut du coup sur le pavé.

É. **Zola**, *Au Bonheur des dames*, 1883.

1. a. Indiquez le mode et le temps de « *achevât* ». **b.** Justifiez l'emploi de ce mode et de ce temps.

2. Quelle préposition exprimant l'opposition relevez-vous ?

3. Justifiez l'accord de « *nourrie* » et « *affamée* ».

Attention ! Un autre texte vous sera dictée qui présentera des difficultés similaires.

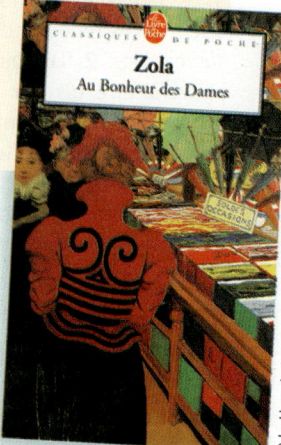

S'EXPRIMER

Leçons de langue à consulter
- Les connecteurs logiques – p. 327
- Le subjonctif – p. 308
- Les propositions subordonnées d'opposition – p. 352

GRAMMAIRE
▶ Exprimer l'opposition

→ Les connecteurs

1. Relevez les connecteurs exprimant l'opposition et indiquez leur nature grammaticale (conjonction de coordination, conjonction de subordination, adverbe, préposition).

1. Les adultes veulent démontrer qu'ils sont jeunes, tandis que les jeunes ne veulent pas avoir l'air trop petits. 2. Alors qu'autrefois les adolescents s'opposaient aux parents, maintenant on assiste à un affrontement avec d'autres jeunes. 3. Les classes d'âge ont changé de nom, de définition mais elles n'ont pas disparu. 4. Les publicités négligent les seniors, quoiqu'ils disposent d'un fort pouvoir d'achat. 5. Malgré la mode du culte de la jeunesse, certaines agences de publicité recrutent désormais des seniors. 6. Quoiqu'elle passe son temps dans les instituts de beauté, elle ne parvient pas à paraître jeune. 7. Pour être en forme, il ferait mieux de faire du sport au lieu de dépenser des fortunes en produits de beauté. 8. Sans être obsédé par le culte du sport, il fait attention à sa forme.

2. Remplacez chaque ✎ par un connecteur qui convienne.

1. Elle est obsédée par sa ligne ✎ elle ne cesse de grignoter. 2. ✎ elle passe beaucoup de temps dans une salle de sport, elle n'est pas très performante à la course. 3. Pour suivre la mode, elle fait du jogging ✎ elle ait horreur de cela. 4. ✎ de nombreuses opérations esthétiques, elle n'a pas retrouvé la ligne. 5. ✎ de consommer des sodas, il vaudrait mieux boire de l'eau. 6. Les magazines de mode font rêver certains ✎ ne séduisent pas tout le monde.

3. Reliez les couples de phrases en une seule phrase, en marquant l'opposition par une conjonction de coordination ou par un adverbe d'opposition.

1. Les nouvelles technologies nous aident à mieux communiquer. • Elles rendent, dans le même temps, plus aisée notre surveillance. 2. Les blogs sont des textes personnels. • Ils peuvent être lus par tout le monde. 3. Internet est une prodigieuse source d'information. • Il faut vérifier ses sources. 4. Nous croyons être les seuls à connaître nos ordinateurs. • Des sociétés de marketing y lisent nos habitudes de consommation. 5. Le courrier électronique est bien commode. • Les spams envahissent les boîtes aux lettres électroniques.

4. Reliez les couples de phrases de l'exercice 3 en exprimant l'opposition avec une conjonction de subordination.

5. Remplacez chaque passage en italique par une préposition suivie d'un GN ou d'un verbe à l'infinitif.

1. *Bien que les romans d'*Harry Potter *soient très longs,* les jeunes lecteurs les dévorent. 2. *Quoique le personnage d'Harry ait évolué,* je lui reste très attaché. 3. *Bien qu'il y ait eu une énorme opération de marketing,* les lecteurs ne se sont pas bousculés lors de la parution du dernier *Harry Potter*. 4. *Quoique les adultes ne comprennent pas bien la mode d'Harry Potter,* toujours est-il que ces romans ont réconcilié les jeunes avec la lecture. 5. *Bien que je n'aie pas lu toute la série,* je suis une adepte d'*Harry Potter*.

→ Les propositions subordonnées d'opposition

6. a. Relevez les conjonctions de subordination exprimant l'opposition. b. Soulignez celles qui s'accordent.

1. Quoique le jeans denim évoque les États-Unis, saviez-vous que son nom vient de la ville de… Nîmes, en France ? 2. Quelle que soit sa marque, l'aventure d'un jeans commence dans un pays de coton. 3. La toile d'un jeans peut provenir d'Inde, tandis que les boutons sont fabriqués en Italie. 4. Quoiqu'il n'ait que deux jambes, le jeans avale près de 20 000 kilomètres avant d'être porté. 5. Bien qu'ils soient très chers, les jeans de marque sont fabriqués dans des pays où la main-d'œuvre est très bon marché. 6. Quelque envie que vous ayez de ne pas trop dépenser, ne serait-ce pas mieux de vérifier la provenance de votre jeans ? 7. Quelle que soit la provenance d'un jeans, il trouve preneur.

7. Reliez les phrases en employant : a. *alors que, tandis que* (+ indicatif) ; **b.** *bien que, quoique* (+ subjonctif).

1. Victor n'achète que des vêtements griffés. Son frère est indifférent aux marques. 2. Patricia dévore les magazines de mode. Elle se choisit toujours des vêtements démodés. 3. Elle a un goût très sûr. Elle se moque de la mode vestimentaire. 4. Le rock n'est plus à la mode. Franck écoute Elvis Presley à longueur de journée. 5. Elle a un salaire très modeste. Elle dépense des fortunes en vêtements pour être à la mode.

8. Récrivez les phrases en remplaçant chaque groupe de mots en italique par une proposition subordonnée introduite par *bien que* **ou** *quoique* **: attention à la conjugaison du verbe !**

1. Pourquoi les jeunes fument-ils *malgré la mention « Fumer tue » sur les paquets de cigarettes* ? 2. *En dépit de la mort de son grand-père d'un cancer des poumons dû à la cigarette,* Léon continue à fumer. 3. *Malgré les incitations de sa sœur à goûter la cigarette,* Béatrice a décidé de ne pas fumer. 4. *On multiplie les actions de prévention,* mais de nombreux jeunes fument quand même. 5. Grégoire s'est intégré dans un groupe de jeunes *sans fumer*.

9. Relevez les phrases dans lesquelles *alors que* **et** *tandis que* **introduisent une subordonnée conjonctive complément d'opposition.**

1. Il est arrivé en retard alors qu'il s'est dépêché. 2. Tandis qu'il prépare ses bagages, sa sœur lui apporte son passeport. 3. Sa sœur est prête tandis qu'il n'a toujours pas fait sa valise. 4. Un bruit se fit entendre alors qu'il parlait.

ÉCRIT
▶ Exprimer des opinions différentes

S'EXPRIMER

❶ Rédiger un dialogue argumentatif

SUJET : Vous désirez obtenir une autorisation de vos parents en sachant qu'a priori, ils ne souhaitent pas vous l'accorder. Racontez la scène en insérant un dialogue argumentatif.

Critères de réussite
- Encadrer le devoir de deux passages narratifs, au début et à la fin.
- Faire alterner récit et dialogue.
- Employer des **verbes de parole** pour exprimer la concession, la réfutation, le désaccord.
- Enchaîner les arguments de façon à souligner l'opposition des opinions, en employant des **connecteurs logiques**.
- Développer les arguments au sein des répliques.
- Faire évoluer le dialogue pour amener de façon logique la décision finale (autorisation ou refus).
- **Orthographier** correctement les verbes au **subjonctif**, les **connecteurs d'opposition**.

Variante
Vos parents ont décidé de déménager. Vous cherchez à les en dissuader. Racontez la scène en insérant un dialogue argumentatif.

❷ Rédiger une thèse et sa réfutation

SUJET : Un journal pour adolescents a lancé l'opération « Une semaine sans télé ». Rédigez deux lettres pour le courrier des lecteurs. Dans une des lettres, un lecteur (une lectrice) prend position en faveur ou en défaveur de cette opération. Dans l'autre lettre, un second lecteur lui répond en réfutant sa thèse.

Préparation au brouillon
- Consultez des magazines pour observer la présentation du courrier des lecteurs.
- Listez des arguments et des exemples à l'appui de la première thèse.
- Listez des arguments et des exemples à l'appui de la réfutation.
- Dans chaque liste, classez les arguments du moins fort au plus fort.
- Dans chaque liste, associez le (ou les) exemple(s) correspondant à chaque argument.

Critères de réussite
- Respecter la présentation d'un courrier des lecteurs.
- Employer des **connecteurs logiques** pour enchaîner et **opposer** les arguments.
- Employer un niveau de langue courant.

❸ Rédiger une thèse et la nuancer par concession

SUJET : Rédigez deux paragraphes argumentés, l'un pour expliquer la thèse exprimée par le dessin de Chamizo, l'autre pour la nuancer par concession.

Préparation au brouillon
- Repérez la thèse exprimée par l'image et par sa légende.
- Listez des arguments et des exemples à l'appui de cette thèse.
- Listez des arguments et des exemples pour nuancer cette thèse par concession.

Critères de réussite
- Développer des arguments étayés d'exemples.
- Faire un raisonnement par concession en employant des **connecteurs** tels que « *certes... mais* », des **propositions subordonnées d'opposition**.
- Employer du vocabulaire mélioratif et péjoratif.

Didier Chamizo (né en 1951), *Accident*, 1992, coll. privée. © Adagp, Paris 2008.

Séquence 9 ▶ Idées en débat

MÉTHODES POUR LE BREVET ET POUR LA SECONDE

Je vérifie mes connaissances
- Qu'est-ce qu'une réfutation ?
- Quels mots puis-je employer pour renforcer une thèse ? pour la nuancer ?
- Quels verbes de parole puis-je employer dans un dialogue pour réfuter ?

→ **FAIRE LE POINT** – p. 267

Le petit Prince et le bureaucrate

Jim Dandy, *Fast worker*
© Images.com / Corbis

Un pastiche est un texte où un auteur en imite un autre. Le texte ci-dessous est le pastiche du récit de Saint-Exupéry, Le Petit Prince. *Ce héros est originaire d'une planète où a poussé une rose dont il est amoureux. Il parcourt le monde, de planète en planète ; à chaque fois, il fait des rencontres : un allumeur de réverbères, un directeur, un renard…*

– Bonjour, dit le petit Prince (c'est le frère de celui que vous connaissez déjà).
– Bonjour, répondit le bureaucrate, assis sur sa planète 0800.www.com.slach TV5.
5 C'était une planète orange, tout orange, la planète PROXI STAR.
– S'il te plaît, dessine-moi une souris, dit le petit Prince.
Pas un mot, pas un geste, même pas un regard…
– Que fais-tu ? demanda le petit Prince.
10 – Je fais de la communication, répondit le bureaucrate entre deux sonneries.
Sur son bureau, des tas d'appareils : téléphone, GSM[1], répondeur, télévision, ordinateur servant télétexte, communication vocale, E.mail, Internet… et devant le cla-
15 vier, une souris…
Pas loin du bureau, des antennes, un pylône, des câbles, des fils… Et tout là-haut, au-dessus de sa tête, un satellite.
Le petit Prince, qui n'avait jamais vu tout cela, n'y comprenait rien. Il savait seulement que tout ce matériel
20 devait sûrement servir à faire de la communication.
– Attention, fais attention aux ondes, mon petit bonhomme, lui dit le bureaucrate… C'est rempli d'ondes ici…
Le petit Prince regarda autour de lui, il ne vit rien, ne sentit rien. Il se demanda ce que c'était qu'une onde et où
25 se trouvaient les ondes.
– Qu'est-ce que « une onde », Monsieur ? demanda le petit Prince.

Le bureaucrate qui avait à peine entendu sa question ne lui répondit pas. Il s'était branché sur Internet et recher-
30 chait sur son écran tous les sites où l'on parlait d'onde…
– Une onde, cela doit être un peu comme un fantôme, se dit le petit Prince, un fantôme… en même temps on en a peur, et en même temps on a envie de le voir…
Le GSM sonna, le télétexte défila, la sonnerie du
35 téléphone retentit, la messagerie s'activa sur l'écran…
Le bureaucrate était tout absorbé par sa recherche… et ne lui répondit pas.
– Toi, tu fais vraiment de la communication, lui dit le petit Prince…
40 Communiquer… Faire de la communication…, pensa le petit Prince.
Et il se rappela : l'allumeur de réverbères, les roses, sa fleur, le businessman, les baobabs[2],… le renard…
Communiquer… un mot, une parole, un geste aussi…
45 Un regard, un sourire parfois… un silence souvent… un partage toujours…
C'est cela, communiquer…
Communiquer, c'est aussi apprivoiser, apprivoiser, c'est – lui avait dit le renard[3] – apprivoiser, c'est créer des liens.
50 Et puis le petit Prince s'en alla, après avoir dit « au revoir » au monsieur, espérant que sur la prochaine planète, il pourrait enfin communiquer.

Philippe Huberlant « Le Petit Prince et le Bureaucrate », © P. Marso.

---
1. GSM (Global System for Mobile Communications) : norme numérique pour la téléphonie mobile depuis 1982.
2. éléments du récit de Saint-Exupéry.
3. Le renard du récit de Saint-Exupéry avait expliqué au petit Prince que, pour avoir un ami, il fallait savoir l'apprivoiser.

➡ vers le **Brevet**

MÉTHODES	Questions	**15** points

▸ **Rédiger des questions selon un axe d'étude**

Pour montrer que ce texte est une fable, formulez six questions sur les personnages, sur le lieu, sur l'emploi des temps, sur ce qui peut constituer la morale de la fable. Pensez à poser des questions de relevé et d'observation et des questions d'interprétation.

I. Une fable .... 7,5 points

II. La communication .... 7,5 points

7. Quels sont les deux radicaux qui composent le nom « *bureaucrate* » ? Ce nom a-t-il ici une valeur méliorative ou péjorative ? Justifiez. (1,5 pt)

8. a. Quelle est la forme de la phrase : « *Pas un mot...* » ? (0,5 pt)
b. L. 12 à 15 : quelle est la caractéristique grammaticale du passage ? (0,5 pt)
c. Quelle est la figure de style employée ? Quel est l'effet produit ? (1 pt)

9. a. Que signifie le nom « *onde* » dans le texte ? (0,5 pt)
b. Employez ce nom dans une phrase où il aura un autre sens. (0,5 pt)

10. a. Qu'est-ce qui caractérise la communication telle que la conçoit le bureaucrate ? (2 pts)
b. L'auteur partage-t-il cette conception ? Justifiez. (1 pt)

▸ **Rédiger un dialogue argumentatif**

Veillez à développer des arguments qui :
– se renforcent l'un l'autre ;
– nuancent l'argument précédent (concession) ;
– réfutent l'argument précédent.

Expression écrite — **15** points

Sujet : Poursuivez cette fable : le petit Prince arrive sur « la prochaine planète », qui se trouve être la Terre au début du XXIe siècle. Il y rencontre quelqu'un avec qui il peut communiquer. Ils échangent leurs points de vue sur la communication.

➡ vers la **Seconde professionnelle**

Lecture — **10** points

1. Trouvez trois indices indiquant que ce texte est une fable. (2 pts)
2. Étudiez les rapports entre le bureaucrate et le petit Prince. Illustrez votre réponse par des exemples pris dans le texte. (3 pts)
3. Quel message l'auteur a-t-il voulu faire passer à travers cette fable ? Justifiez votre réponse à l'aide du texte. (3 pts)

➡ vers la **Seconde générale** ou **technologique**

Lecture — **10** points

1. Quel est le genre littéraire de ce texte ? Justifiez en prenant des indices précis dans le texte.
2. Quelle attitude du monde d'aujourd'hui l'auteur du texte dénonce-t-il ?
3. Par quels moyens littéraires et stylistiques l'auteur défend-il sa thèse ? Quelle est l'efficacité de ces moyens sur le lecteur ?

MÉTHODES ▸ Savoir lire les consignes

1. Observez le nombre des questions de Brevet et de « Vers la Seconde » : que remarquez-vous ?
2. Les axes de lecture sont-ils les mêmes pour le Brevet et pour « Vers la Seconde » ?
3. En quoi la formulation et la démarche des questions diffèrent-elles ?

Écriture — **10** points

Sujet : Vous rédigerez, pour le journal de votre futur lycée, un article d'une trentaine de lignes dans lequel vous vous interrogerez sur la communication dans notre monde moderne. Vous veillerez à la qualité de l'expression.

Écriture — **10** points

Sujet : En vous appuyant sur vos lectures, dites si, pour vous, le monde du XXIe siècle est ou non celui de la communication.

• Critères de réussite
Votre devoir comportera :
– une introduction qui présente le sujet et annonce le plan ;
– un développement en deux parties (réfutation, puis thèse) ;
– au moins deux arguments par partie ;
– au moins un exemple par argument ;
– au moins deux citations ;
– une conclusion dans laquelle vous résumerez votre opinion.

MÉTHODES ▸ Savoir lire les sujets

Quelles sont les différences et les ressemblances entre chaque sujet d'écriture (Brevet, Seconde professionnelle, Seconde générale ou technologique) ?

Séquence 9 ▶ Idées en débat

SÉQUENCE 10

DISPUTES ET DÉBATS

Presse écrite et télévision

▷ Réfléchir aux rôles des médias

TEXTES & IMAGES

▶ **Les devoirs du journaliste**
- *La charte du journaliste* 276
- *L'Honneur perdu de Katharina Blum*, H. Böll 278
- *De la mise en scène au traitement de l'image* 280

▶ **Le traitement de l'information**
- Interview de M. Serres • *Le Cauchemar médiatique*, D. Schneidermann ... 282
- « Unes » de journal télévisé (JT) en ligne 284
- *Le docu-fiction*, B. Leboucq 286

LECTURE CURSIVE
- *Leurre de vérité*, D. Daeninckx 288
- Des films sur la presse et la télévision

FAIRE LE POINT
- 📷 Presse écrite et télévision 289

S'EXPRIMER
- **Vocabulaire :** Connaître le vocabulaire de la télévision 290
- **Oral :** Repérer les rôles respectifs des images et du son 290
- **Orthographe :** Conjuguer les verbes au conditionnel 291
- **Grammaire :**
  Repérer les marques de l'énonciation et les paroles rapportées ... 292
- **Écrit :** Devenir un lecteur et un téléspectateur vigilant 293

MÉTHODES POUR LE BREVET ET LA SECONDE
- « L'homme moderne, ce nouveau Polynésien », A. W. du Prel 294

➜ **Principaux points de langue :** La modalisation • L'argumentation (présence de l'énonciateur et du destinataire) • Les paroles rapportées • Le conditionnel

OBJECTIFS

○ Découvrir les droits et les devoirs du journaliste
○ Analyser la fiabilité de l'information
○ Savoir lire les images

○ S'interroger sur les informations télévisées
○ Comparer des lignes éditoriales
○ Exercer un regard critique sur les docu-fictions

○ Analyser la satire de la télévision dans un recueil de nouvelles

Entrer par l'image
1. Comment cette image est-elle composée ?
2. Quelle vision du téléspectateur cette image livre-t-elle ?

Séquence 10 ▶ **Presse écrite et télévision**

TEXTES & IMAGES

POUR ENTRER DANS LA SÉQUENCE
▸ Qu'est-ce qu'un média ? Quels médias connaissez-vous ?
▸ Pouvez-vous citer le titre de deux journaux quotidiens ? deux magazines d'information généralistes ? trois chaînes de télévision ?
▸ Dans le langage journalistique, qu'est-ce qu'une « une » ? un scoop ?

▸Les devoirs du journaliste

Avant de lire les documents
1. a. Pour quel métier faut-il prêter le serment d'Hippocrate ? Pouvez-vous citer une autre profession pour laquelle il faut prêter serment en début de carrière ?
b. Pour quelle raison, à votre avis, ces professionnels doivent-ils prêter ces serments ?
2. Cherchez le sens de : *calomnie, plagiat, fiable*.

Document 1 — Petite histoire du journalisme

La Révolution française, en 1789, met fin à la censure, mais très vite, au début du XIXᵉ siècle, Napoléon Bonaparte la rétablit. La presse s'engage dès lors dans un long combat pour son indépendance dont la loi de 1881 sur la liberté de la presse est l'aboutissement : les journalistes peuvent désormais s'exprimer librement, à la condition (toujours actuelle) de ne pas pratiquer la diffamation, c'est-à-dire de ne pas répandre de fausses informations portant atteinte à l'honneur d'une personne.

Mais, à la fin du XIXᵉ siècle, beaucoup de journaux et de journalistes (qui dès lors méritent le surnom péjoratif de « journaleux » ou de « scribouilleurs ») ne respectent pas cette condition : pour vendre mieux, ils se livrent à la calomnie systématique. Créé en 1918, le Syndicat national des journalistes établit une *Charte des devoirs des journalistes*, qui définit les principes moraux de la profession, en énonçant notamment qu'« un journaliste digne de ce nom [...] n'abuse pas de la liberté de la presse. » ■

Revue *Virgule* n° 47, décembre 2007, © Éditions Faton.

Document 2 — La charte du journaliste

1919 — *Charte des devoirs des journalistes* est créée en France par le Syndicat national des journalistes.

1938 — La Charte est révisée, complétée et adoptée par les autres syndicats de journalistes français.

1971 — La Charte de Munich (Allemagne) ou *Déclaration des devoirs et des droits des journalistes*, est adoptée par les représentants de journalistes d'Europe et par plusieurs organisations internationales de journalistes.

Déclaration des devoirs

Les devoirs essentiels du journaliste, dans la recherche, la rédaction et le commentaire des événements, sont :
1. Respecter la vérité, quelles qu'en puissent être les conséquences pour lui-même, et ce, en raison du droit que le public a de la connaître.
2. Défendre la liberté de l'information, du commentaire et de la critique.
3. Publier seulement les informations dont l'origine est connue ou les accompagner, si c'est nécessaire, des réserves qui s'imposent ; ne pas supprimer les informations essentielles et ne pas altérer les textes et les documents.
4. Ne pas user de méthodes déloyales pour obtenir des informations, des photographies et des documents.
5. S'obliger à respecter la vie privée des personnes.
6. Rectifier toute information publiée qui se révèle inexacte.
7. Garder le secret professionnel et ne pas divulguer la source des informations obtenues confidentiellement.
8. S'interdire le plagiat, la calomnie, la diffamation, les accusations sans fondement ainsi que de recevoir un quelconque avantage en raison de la publication ou de la suppression d'une information.
9. Ne jamais confondre le métier de journaliste avec celui du publicitaire ou du propagandiste ; n'accepter aucune consigne, directe ou indirecte, des annonceurs.
10. Refuser toute pression et n'accepter de directives rédactionnelles que des responsables de la rédaction.

Tout journaliste digne de ce nom se fait un devoir d'observer strictement les principes énoncés ci-dessus [...].

Munich, 1971.

Document 3 — ## Respecter la déontologie

Pour rédiger un article ou pour réaliser un reportage radiophonique ou télévisuel, un journaliste recueille des informations qui peuvent provenir de sources très variées (livres, dossiers de presse, témoignages divers…). Avant de diffuser une information, le journaliste doit toujours vérifier son exactitude, et s'assurer qu'elle provient d'une source fiable. Il doit aussi se demander si lui-même a bien compris l'information, et s'il ne l'a pas mal interprétée, et donc dénaturée. Ainsi, la rigueur est l'une des principales qualités qui font un bon journaliste.

L'ensemble des règles et des devoirs qu'impose la pratique d'une profession est appelé une déontologie (du grec *deon*, « ce qu'il convient de faire », « devoir »). Donner des informations vérifiées, cela fait partie de la déontologie du journalisme. Selon cette déontologie, un journaliste doit également être indépendant du pouvoir, des publicitaires ou des groupes de pression ; il doit faire preuve d'esprit critique, savoir concilier le droit à l'information et le respect des personnes ; il doit diffuser l'information avec clarté et honnêteté, ou encore ne pas mélanger information et opinion personnelle sans en avertir le public. Ces contraintes sont parfois difficiles à assumer, mais leur respect garantit la qualité du travail d'un journaliste. ■

Revue *Virgule* n° 47, décembre 2007, © Éditions Faton.

▶ Découvrir les droits et les devoirs du journaliste

■ Les droits (document 1)

1. a. Quel est le droit fondamental d'un journaliste ?
b. De quand date-t-il en France ?
c. Par quoi est-il garanti en France ?
2. Quelle limite est imposée à ce droit ?

■ Les devoirs (documents 1 et 2)

3. a. Où, quand et par qui la *Charte des devoirs des journalistes* a-t-elle été créée ?
b. Contre quelle dérive a-t-elle été créée ? Relevez deux noms dans le document 1 à l'appui de votre réponse.
4. Quelle évolution remarquez-vous entre les trois étapes chronologiques de la Charte ?
5. À quel document du collège cette Charte vous fait-elle penser ? Justifiez.
6. a. Dans les articles extraits de la Charte, relevez les mots qui s'opposent au « *respect de la vérité* ».
b. Relevez-y également un adverbe qui exprime ce que doit être l'attitude d'un journaliste.

→ Les adverbes – p. 326

■ La déontologie (document 3)

7. Quel est le verbe souvent répété dans le document 3 ?
8. a. Auquel des articles de la Charte le premier paragraphe du document 3 fait-il allusion ? Justifiez.
b. De quelle qualité un journaliste doit-il faire preuve ?
9. Dans le second paragraphe du document 3 :
a. Relevez un nom qui fait écho à l'adverbe que vous avez relevé dans la question 6.
b. Repérez et reformulez trois autres qualités dont doit faire preuve un journaliste.

📷 Faisons le point

• D'après l'ensemble des documents de cette double page, quels sont le **droit** fondamental et le **devoir** essentiel du **journaliste** ?

Exercice d'expression écrite

Consultez le site de Reporters sans frontières (http://www.rsf.org) : la liberté de la presse est-elle toujours respectée ? Rédigez un paragraphe argumentatif en citant au moins deux exemples à l'appui de vos arguments.

Séquence 10 ▶ Presse écrite et télévision

TEXTES & IMAGES

Avant de lire le texte

1. a. Que signifie le nom *fiabilité*, du latin *fido*, « je crois » ?
b. Donner des mots de la même famille.
2. Quelle information importante est livrée par l'auteur, H. Böll, quand il écrit au début du livre : « *L'action et les personnages de ce récit sont imaginaires. Si certaines pratiques journalistiques décrites dans ces pages offrent des ressemblances avec celles du journal* Bild[1], *ces ressemblances ne sont ni intentionnelles ni fortuites mais tout bonnement inévitables.* » ?
3. Observez la « une » du *Bild Zeitung* : à quel type de journal cela vous fait-il penser ?

L'honneur perdu de Katharina Blum

Heinrich Böll (1917-1985)
Auteur allemand, prix Nobel de littérature, son roman, *L'Honneur perdu de Katharina Blum*, est une réponse aux attaques violentes dont il avait été l'objet par le *Bild Zeitung*. Ce roman a été porté à l'écran par le cinéaste Volker Schlöndorff en 1975.

À l'occasion d'un fait divers, la fuite de Ludwig Götten, un criminel allemand soupçonné de terrorisme d'extrême-gauche, un journal à scandales (LE JOURNAL[2]) s'acharne contre une jeune femme ordinaire, Katharina Blum, qui a rencontré et accueilli Götten une nuit de carnaval. Celle-ci travaille comme femme de ménage chez M. et Mme Blorna ainsi que chez M. et Mme Hieperz qui ne doutent pas de son innocence et témoignent en sa faveur auprès de la police et de Tötges, journaliste du JOURNAL.

Extrait 1

Lorsque d'humeur maussade il (Blorna) apparut le vendredi matin vers 9 h 30 au petit déjeuner, Trude[3] lui tendit aussitôt LE JOURNAL. Katharina y figurait à la une. Photo gigantesque et caractères non moins gigantesques. KATHARINA BLUM, LA BONNE AMIE D'UN GANGSTER, REFUSE DE DONNER LES NOMS DE SES VISITEURS. *Ludwig Götten, le ban-*
5 *dit et assassin recherché depuis un an et demi, aurait pu être arrêté hier si sa bonne amie, une employée de maison nommée Katharina Blum, n'avait couvert sa fuite et effacé toute trace de son passage. La police présume que la femme Blum est depuis assez longtemps déjà mêlée à la conjuration.* (Suite page 2, colonnes 3 et 4)
En deuxième page, Blorna put voir à quel point LE JOURNAL avait travesti ses propos :
10 la jeune femme « intelligente et réservée » était devenue « froide et calculatrice », tandis que de sa déclaration générale sur la criminalité, LE JOURNAL avait déduit que Katharina « était tout à fait capable de commettre un crime. » […]

Extrait 2

Sous le titre : « Couple de rentiers épouvanté mais non surpris » Blorna trouva encore en dernière page une colonne encadrée d'un trait rouge[4] :
15 *À Lemgo*[5], *où une collaboratrice du* JOURNAL *a réussi à les trouver chez leur fille mariée qui y dirige une maison de repos, M. Berthold Hieperz, historien et philosophe, ancien directeur des études à la retraite et Mme Erna Hieperz son épouse – ils emploient Katharina Blum depuis trois ans – sont apparus épouvantés mais non « particulièrement surpris » par les activités de celle-ci. Ils nous ont déclaré à son sujet : « Une extrémiste à tous égards et qui nous a*
20 *habilement trompés. »*
(Hieperz à qui Blorna téléphona plus tard, lui jura avoir dit ceci : « Si Katharina peut être accusée d'extrémisme, c'est seulement en matière d'intelligence, de serviabilité et d'organisation. Ou alors j'aurais dû lourdement me tromper sur son compte, bien qu'ayant derrière moi en matière de pédagogie quarante années d'expérience au cours desquelles je
25 me suis bien rarement trompé. »). […]

---

1. *Das Bild* (abréviation de *Die Bild Zeitung*, ce qui signifie « Le journal des images ») : ce journal, vendu à 4 millions d'exemplaires et qui revendique 12 millions de lecteurs, a le plus gros tirage de la presse allemande et de toute la presse européenne. Il s'adresse à un lectorat populaire et se consacre aux informations à sensations et à scandales.
2. allusion directe à *Das Bild*.
3. prénom de Mme Blorna.
4. par sa femme qui a lu *Le Journal* avant lui.
5. nom d'une ville allemande.

6. gravement malade et hospitalisée.

Tötges se vanta par la suite auprès de plusieurs de ses confrères d'avoir réussi le vendredi matin à s'introduire au chevet de Mme Blum[6] grâce au plus simple de tous les stratagèmes, celui consistant à se faire passer pour un artisan au travail dans les lieux ; il lui avait suffi pour cela de se procurer une blouse blanche, un pot de peinture et une brosse.
30 C'était à ses yeux l'essentiel, car rien ne vaut le témoignage d'une mère, fût-elle malade ! Il l'avait d'abord mise au courant des faits, sans être d'ailleurs très sûr qu'elle eût bien compris, le nom de Ludwig Götten ne lui disant manifestement rien. Elle avait néanmoins déclaré : « Pourquoi fallait-il que ça en arrive là, pourquoi fallait-il que ça finisse comme ça ? » Ce qui dans LE JOURNAL se mua en : « Ça devait arriver, ça devait finir ainsi ! » Tötges
35 justifia la légère transformation infligée à la déclaration de Mme Blum par le fait qu'en sa qualité de reporter il avait l'art et l'habitude d'« aider les gens simples à s'exprimer ».

Heinrich Böll, *L'Honneur perdu de Katharina Blum*,
traduction S. et G. de Lalène, 1975, Points, © Éditions du Seuil, 1996.

Analyser la fiabilité de l'information

Le choix des mots

1. a. Dans sa « une », LE JOURNAL présente-t-il la culpabilité de Katharina comme une certitude ou comme une hypothèse ? Justifiez.

b. Que signifie le verbe *présumer* (l. 7) ? Selon vous, pour quelle raison LE JOURNAL utilise-t-il ici ce modalisateur : pour ne pas accabler Katharina ou pour éviter d'être poursuivi en justice pour diffamation ? Justifiez.

2. Que signifie *travestir* (l. 9) ? Relevez dans le texte des mots qui expriment la même idée.

3. a. « *froide et calculatrice* » : quel adjectif est repris par « *intelligente* » ? par « *réservée* » ?

b. Pourquoi LE JOURNAL a-t-il procédé à cette transformation ?

4. a. Parmi les mots de la phrase « *Une extrémiste […] trompés* », lesquels ont été prononcés par le témoin Hieperz ?

b. Les propos de celui-ci ont-ils été fidèlement rapportés ? Justifiez.

5. Quels termes LE JOURNAL emploie-t-il pour qualifier l'attitude de M. et Mme Hieperz ? Dans quel but ?

6. L. 1 à 25 : quelle règle de la Charte du journaliste Tötges a-t-il transgressée ? Justifiez.

→ La modalisation – p. 388

Le stratagème du journaliste

7. Quel est le stratagème de Tötges pour approcher la mère de Katharina Blum ?

8. Que pense Tötges de son stratagème ? Qu'en pensez-vous ?

9. Le témoignage de la mère de Katharina Blum est-il rapporté honnêtement par LE JOURNAL ? Relevez des mots du texte à l'appui de votre réponse.

10. Quelle règle de la Charte du journaliste Tötges a-t-il transgressée dans le dernier paragraphe ? Justifiez.

📷 Faisons le point

- **L'information** du JOURNAL est-elle **fiable** ?
- Le personnage du journaliste respecte-t-il les **règles déontologiques de la Charte des journalistes** (voir p. 276) ? Justifiez.

Lire l'image

Observez les couleurs, la taille des titres, le placement (la disposition) des éléments : la mise en page de ce journal correspond-elle à l'image que H. Böll donne du JOURNAL ?

Traduction : Chute ! Hélicoptère ! Clinique ! Drame pour Jopie Heesters[1]
© Axel Springer AG, « une » du 02.01.08

1. Ce chanteur d'opérette très célèbre en Allemagne, âgé de 104 ans, est tombé dans son chalet de vacances et a dû être évacué en hélicoptère et hospitalisé.

Exercice d'expression orale

Connaissez-vous des journaux (français ou d'autres pays) qui se comportent comme LE JOURNAL ? Que pensez-vous de leur attitude, de celle de leurs lecteurs ? En classe, procédez à un rapide échange d'arguments sur la question.

TEXTES & IMAGES

Avant de lire le texte
1. Parcourez *L'Atelier Cinéma* (pp. 54 à 63) et relisez le vocabulaire de l'image : qu'est-ce qu'un *angle de prise de vue* ? *un champ* ? *un hors-champ* ?
2. Pouvez-vous citer des présentateurs du JT ?
3. Cherchez le sens de : *connivence, délibéré, manipulation, laxiste, induire*.

De la mise en scène au traitement de l'image

Extrait 1

Le rédacteur en chef et le présentateur ont une fonction primordiale. Ils doivent, dans un temps chronométré, faire progresser le journal sans heurts jusqu'au générique de fin. La présence du présentateur sur le plateau est mise en scène. Il est face à la caméra. Ce regard-caméra suscite la connivence et la proximité. Le présentateur s'adresse à nous et nous dit l'état du monde. Il nous donne une explication apaisée du chaos.

Génériques et décors des journaux télévisés se ressemblent souvent. La plupart du temps, c'est l'image de la terre qui est donnée à voir, globe ou planisphère. Le décor du plateau est souvent celui d'une salle de rédaction pour suggérer le flux des informations arrivant du monde entier et montrer le travail d'équipe. L'habillage, composé d'éléments graphiques et visuels, permet d'identifier le journal et la chaîne. La composition de l'image et la partition de l'écran [...] sont aussi des éléments de la mise en scène tout comme le générique de lancement du journal et la musique qui l'accompagne.

Les chaînes s'attachent aussi à présenter les sujets de manière attractive en les scénarisant et en utilisant une trame narrative.

Extrait 2

Depuis l'origine de l'image, les procédés de retouche ou d'embellissement de l'image sont à l'œuvre tant dans les portraits que dans les paysages sans que l'on y voie malice. Certains auteurs comme Méliès[1] ont proposé des actualités réinventées, fruits de leur imaginaire.

On a [...] cité l'importance des choix techniques et esthétiques dans la présentation de l'information. Cadrage, angle de prise de vue [...] modifient nos perceptions, rendent un tel plus beau et tel autre patibulaire[2]. [...]

Tout cela prend un sens différent lorsqu'il y a intention délibérée de fausser, par des manipulations diverses, la perception de la réalité comme on peut le constater en période de conflit.

La guerre du Golfe nous a livré son cortège de faux témoignages, de faux participants à des foules[3], d'images d'archives de marée noire utilisées comme image d'actualité. La guerre en Irak ne nous a pas encore livré tous ses secrets. Mais des pratiques laxistes[4] peuvent parfois induire bien des erreurs. La coupe peu rigoureuse dans une interview, l'ajout d'images hors contexte sur un propos, l'insertion d'archives dont on ne connaît ni la source ni la date, le son placé sur d'autres images que celles avec lesquelles il a été pris sont autant de dérives réelles. Elles sont d'ailleurs condamnées par la profession.

Télévision, mode d'emploi, © Scérén, CNDP, octobre 2003.

1. Georges Méliès (1861-1938), prestidigitateur, puis un des premiers cinéastes français.
2. sinistre, inquiétant.
3. des figurants recrutés pour pouvoir filmer des foules.
4. qui laissent tout faire, sans contrôle.

▶ Savoir lire les images

■ La mise en scène (extrait 1)

1. Quelles sont les fonctions d'un présentateur de JT ?

2. Quels sont les différents messages que le JT cherche à délivrer par :
– le générique ?
– le décor du plateau ?
– l'habillage de l'écran ?

3. a. À quel type de discours rattachez-vous un JT : argumentatif, descriptif, explicatif ou narratif ?
b. D'après les lignes 15-16, à quel type de discours les chaînes rattachent-elles le JT ?
c. Pourquoi, selon vous, font-elles ce choix ?

■ Le traitement de l'image (extrait 2)

4. a. Quelles sont les techniques qui peuvent modifier la perception des images ?
b. Dans quel but peuvent-elles être utilisées ?

5. Quelles sont les pratiques énumérées dans le dernier paragraphe ?

6. a. Relevez, dans les lignes 24 à 34, des **mots qui expriment l'opinion de l'auteur**.
b. Quelle est cette opinion ?

7. Relisez la *Déclaration des devoirs et des droits du journaliste* p. 276 : quel article ces pratiques transgressent-elles ? Relevez des expressions de la charte à l'appui de votre réponse.

→ Objectivité et subjectivité – p. 388

📷 Faisons le point

• D'après ce texte, diriez-vous que les **images du JT** sont présentées de façon neutre ?

👁 *Ouvrez l'œil !*

Observez ces images fixes, puis répondez aux questions.
1. Observez la lumière sur l'image 2 et expliquez pourquoi cette image est truquée.
2. Les images 1 et 3 sont-elles truquées ? Justifiez vos réponses.

Image 1 : Super ! Il saute aussi haut que la tour Eiffel.

Image 2 : Le mouton du désert : une espèce rare !

Image 3 : Un animal de compagnie au poil : le lapin angora !

Réponses

• L'image 1 n'est pas truquée : c'est l'angle de prise de vue qui permet de créer cette illusion d'optique.
• L'image 2 est truquée. La lumière vient de deux directions différentes. Le mouton a été « détouré » (on a enlevé tous les autres éléments de la photographie initiale) et il a été placé au premier plan de l'image qui permettent ce genre de manipulation.
• L'image 3 n'est pas truquée mais le poil du lapin angora a été artificiellement gonflé par de l'air soufflé. En recadrant la photo, on a fait disparaître la soufflerie.

Séquence 10 ▶ Presse écrite et télévision | 281

TEXTES & IMAGES

▶ Le traitement de l'information

Avant de lire les textes

1. Qu'est-ce que *l'audimat* ?
2. Le *conducteur* est un document écrit qui indique dans quel ordre, sur quelle durée et selon quel traitement seront abordés les sujets d'une émission télévisée. Si vous étiez rédacteur en chef du journal télévisé (JT) d'une chaîne généraliste, parmi les informations suivantes, quelle est celle à laquelle vous accorderiez le plus de place : l'incendie d'un immeuble, la signature d'un traité européen, le lancement d'un nouveau satellite ? Pourquoi ?

Texte 1

Michel Serres (né en 1930)
Écrivain et philosophe français, il est l'auteur de très nombreux ouvrages, consacrés à l'histoire des sciences et au savoir *(Le Tiers-Instruit)*. Professeur à l'université de Stanford aux États-Unis depuis 1984, il s'intéresse aussi aux médias et à Internet, sur lesquels il a écrit plusieurs articles. Il a été élu à l'Académie française en 1990.

Interview de **Michel Serres**

Au quotidien, vous nourrissez-vous beaucoup des médias ?

M. S. : Non. Je cherche de l'information plus que du spectacle. Or, il y a aujourd'hui plus de spectacle que d'information. Lorsque je suis entré à l'Académie française, j'ai eu à faire l'éloge de mon prédécesseur, le ministre Edgar Faure. Je suis donc allé à l'INA[1]
5 pour consulter les bandes de radio et les stocks d'émissions de télévision dans lesquels était intervenu Edgar Faure. C'était au moment où la télévision naissait. Les premières années, Edgar Faure apparaissait sur l'écran, plein visage, pendant que le journaliste, hors-champ, lui posait des questions ordinaires. Devant ces émissions, j'ai pris énormément de notes parce qu'il y avait beaucoup d'informations. Deux ans après, le journa-
10 liste rentrait dans la lucarne et il n'y avait plus que la moitié du temps de l'information donnée par le ministre. Deux ans encore plus tard, c'était un talkshow, avec six personnes de plus. Si bien que peu à peu, je ne prenais plus de notes. À la fin, c'était un spectacle où Edgar Faure tirait sur sa pipe, et ne faisait pratiquement que cela. Il n'y avait plus d'information. Cette recherche a récapitulé pour moi l'essentiel de l'histoire du
15 média télévisé. En cinq ou six ans, l'information avait disparu pour céder la place à un autre objectif, relevant plutôt du spectacle que de l'information. J'avais sous les yeux un homme qui avait eu l'habitude de dire beaucoup de choses et qui ne disait plus rien. […]

Le spectacle a donc tué l'information ?

20 **M. S.** : La télévision, c'est la terreur et la pitié. Si vous faites une analyse sérieuse des mots et des images qui sont le plus souvent employés à la télévision, ce sont ceux et celles de cadavres qui arrivent en tête, et de loin. C'est le tragique, c'est la mort qui priment dans le vrai spectacle. […] C'est ce qui fait de l'audimat. Les journaux télévisés de midi et du soir sont aujourd'hui la prière de l'Occident. Les téléspectateurs s'arrêtent, s'immobilisent
25 devant une idole, regardent le déchirement de l'autre.

« Avec Internet, on nous arrange la vie », © *Revue Médias*, n° 11, 2006.

1. Institut national des archives, qui archive en particulier les émissions de télévision.

Texte 2

Daniel Schneidermann
(né en 1958)
Producteur de l'émission « Arrêt sur images » sur France 5 et chroniqueur de télévision au journal *Le Monde*, il se consacre à l'analyse des images télévisuelles, de la manipulation du public par les médias.

Le cauchemar médiatique

Les journalistes de télévision […] répètent souvent : « Nous ne faisons rien d'autre que montrer le réel. » Ils refusent généralement d'accepter l'idée que ce sont eux qui sélectionnent l'infime partie de l'actualité qu'ils décident de montrer. Et l'immense partie de la réalité qu'ils décident de ne pas montrer. Ils font toujours semblant de croire (mais peut-
5 être le croient-ils vraiment) que l'actualité existe en elle-même, que la hiérarchie des nouvelles s'impose « en soi » (d'abord, les embouteillages des retours du pont de l'Ascension,

ensuite l'essor des psychanalystes pour chiens, enfin mille trois cents morts dans un tremblement de terre en Turquie). Ils détestent davantage encore qu'on leur rappelle que leurs images peuvent avoir un impact, influencer des électeurs, des consommateurs, des citoyens.

« Ça existe. » : telle est la réponse rituelle des journalistes de télévision, quand on leur fait remarquer que leurs journaux dépeignent un cauchemar quotidien. « Ça existe. » « On en parle parce que ça existe. » Prenez un journaliste, et demandez-lui si rien ne le choque dans le « conducteur » imaginaire cité plus haut. Il vous répondra une fois sur deux : « Mais les psychanalystes pour chiens existent ! Je ne les ai pas inventés ! »

Daniel Schneidermann, *Le Cauchemar médiatique*, © Denoël, 2003.

⊙ S'interroger sur les informations télévisées

■ La thèse de Michel Serres (texte 1)

1. a. Quelle caractéristique de la télévision Michel Serres dénonce-t-il ?
b. Comment démontre-t-il son argument dans sa première réponse ?
2. Quel est le champ lexical dominant dans la deuxième réponse ?
3. Quelle attitude du téléspectateur Michel Serres dénonce-t-il ?
4. a. Comment comprenez-vous la phrase : « *Les journaux [...] la prière de l'Occident* » (l. 23-24) ?
b. Quelle est la **figure de style** employée ?
5. Selon Michel Serres, la télévision est-elle une source d'information valable ?

■ Le journal télévisé (texte 2)

6. a. Quel rôle les journalistes ont-ils dans le choix des informations ?
b. Selon l'auteur, ce choix a-t-il une influence ? Justifiez.
7. a. Qu'est-ce que « *la hiérarchie des nouvelles* » (l. 5) ?
b. À quel article de la *Déclaration des devoirs et des droits des journalistes* (voir p. 276) l'auteur fait-il allusion ?
c. Selon lui, les journalistes de télévision respectent-ils ce devoir ?

8. a. Relevez les trois titres du conducteur imaginé par l'auteur.
b. Laquelle de ces trois informations est-elle, à votre avis, la plus importante ? En quelle position est-elle placée ?
c. Que veut démontrer l'auteur avec ce conducteur imaginaire ?
9. a. « *un cauchemar quotidien* » (l. 12) : quelles **figures de style** reconnaissez-vous ?
b. En quoi cette expression peut-elle qualifier un journal télévisé ?
c. Quel jugement de l'auteur sur les journalistes de télévision traduit-elle ?
10. Quel reproche essentiel l'auteur adresse-t-il dans ce passage aux journalistes de télévision ?

➜ **L'argumentation – p. 412**

📷 Faisons le point

- Ces textes font-ils l'éloge ou la critique de la **façon dont l'information est traitée à la télévision** ? Justifiez.

Lire l'image

1. À quoi la télévision est-elle comparée ?
2. a. Que signifie la phrase d'accroche : « *Lavez votre cerveau !* » ?
b. Que signifie habituellement l'expression « un lavage de cerveau » ?
3. a. Quelle est la thèse exprimée par cette affiche ?
b. Comparez cette thèse à celles exprimées dans les deux textes.

Exercice d'écriture — Devenez un téléspectateur vigilant !

Tenez un carnet de bord pendant une semaine : prenez en notes, dans l'ordre, les principaux titres du journal télévisé de 20 h que vous avez regardé : soulignez celui qui vous semble essentiel chaque jour. À la fin de la semaine, rédigez un paragraphe de synthèse : votre relevé confirme-t-il ou infirme-t-il la thèse de D. Schneidermann ?

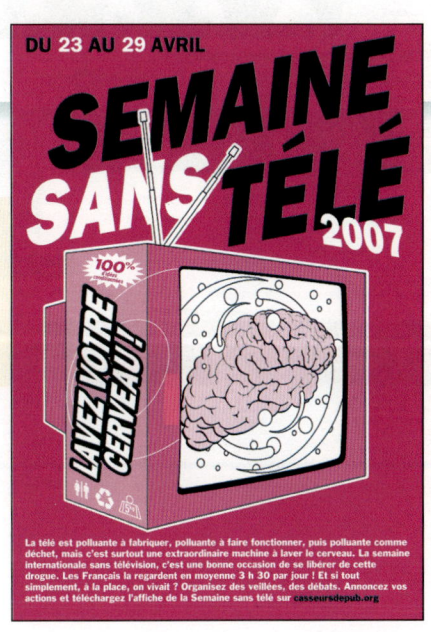

TEXTES & IMAGES

Avant de lire les documents

« La ligne éditoriale d'une chaîne est l'ensemble des orientations fixées par la rédaction pour le choix et le traitement des informations, en fonction du public et de l'idée que la chaîne se fait de son rôle. »

Télévision, mode d'emploi, © Scérén, CNDP, octobre 2003.

Citez des chaînes spécialisées et indiquez à quel public elles s'adressent.

« Unes » de journal télévisé (JT)

▷ Comparer des lignes éditoriales

■ Préparation   ➡ vers le B2i

1. Connectez-vous, sur Internet, aux sites de :
– **TF1** (http://www.tf1.fr),
– **Euronews** (http://www.euronews.fr),
– **Arte** (http://www.arte.tv).

2. Ouvrez successivement les « unes » d'un même jour de ces sites. Pour passer de l'une à l'autre, réduisez-les dans la barre des tâches en bas de l'écran, en cliquant en haut à droite sur le ⊡.

3. Recopiez les tableaux (p. 285) sur une feuille de papier ou, si votre professeur vous y invite, en ouvrant un document en traitement de texte et préparez-y les trois tableaux.

4. Naviguez entre les trois pages web pour répondre aux questions.

284

Observation des « unes »

5. Complétez le tableau sur la mise en page de manière schématique.

[1] Indiquez de façon approximative si le volume occupé sur la page-écran par chaque partie (information, publicité, programmation de la chaîne) est de 1/2, 1/3, 1/4, 1/8 de page. C'est une donnée objective.

[2] Symbolisez la lisibilité de chaque partie : **++** (extrêmement lisible), **+** (bien lisible), **–** (peu lisible), **– –** (pas du tout lisible). C'est une donnée subjective.

La mise en page		
	Volume occupé par chaque partie [1]	Lisibilité [2]
TF1	Information : Publicité : Programmation de la chaîne :	
EURONEWS	Information : Publicité : Programmation de la chaîne :	
ARTE	Information : Publicité : Programmation de la chaîne :	

6. Complétez le tableau sur les titres.

[3] Mentionnez « oui » si une image fixe ou une vidéo accompagne le titre.

[4] Pour chaque titre, précisez quelle est la rubrique représentée : *politique intérieure, politique internationale, économie, social, fait divers, sport, culture…*

Les titres					
	Nombre	Titres exacts	Image fixe [3]	Vidéo [3]	Rubriques représentées [4]
TF1					
EURONEWS					
ARTE					

7. Complétez le tableau sur l'information principale.

[5] Précisez si l'article est complet ou partiel.

[6] Notez si l'article est accompagné d'une image fixe (photographie ou dessin) ou bien d'une vidéo (sa durée en secondes).

L'information principale				
	Rubrique	Titre	Article [5]	Image [6]
TF1				
EURONEWS				
ARTE				

Les lignes éditoriales

8. a. Retrouvez-vous sur les trois sites les mêmes rubriques ? Lesquelles ?

b. Retrouvez-vous sur les trois sites les mêmes informations ? Lesquelles ?

c. Y a-t-il des informations qui ne soient présentes que sur un seul site ? Lesquelles et sur quel site ? Si c'est le cas, essayez d'expliquer cette présence unique.

9. a. Choisissez une information commune aux trois chaînes : lisez l'article et/ou regardez la vidéo.

b. Comparez le contenu proposé par les trois chaînes sur cette information (titre, développement, faits retenus, **choix des mots** et des images, **ton**…).

c. Quel commentaire tirez-vous de cette comparaison ?

10. a. La principale information est-elle identique pour ces trois chaînes ?

b. Quelle rubrique est mise en avant par chacune de ces chaînes ?

11. a. Cherchez à identifier le public auquel chaque chaîne s'adresse. Justifiez.

b. Repérez la chaîne privée et les deux chaînes publiques : qu'est-ce qui les différencie ?

c. Expliquez à quoi sert la publicité pour la chaîne privée.

d. Qu'est-ce que la redevance télévisuelle ? Quelles chaînes finance-t-elle ?

→ **La modalisation – p. 388**

📷 Faisons le point

- En quoi les « unes » de ces **sites** révèlent-elles **les lignes éditoriales** des trois chaînes ?

Exercice d'écriture

Quelle chaîne vous paraît la plus attractive ? Pourquoi ? Répondez en un paragraphe argumentatif.

Séquence 10 ▶ **Presse écrite et télévision**

TEXTES & IMAGES

Avant de lire le texte
1. a. Décomposez le mot *docu-fiction* : selon vous, de quel type d'émission s'agit-il ?
   b. Avez-vous déjà regardé des docu-fictions ? Lesquels ?
2. *Autorité* vient du latin *auctoritas*, « garantie, influence, prestige ».
   a. Que signifie *autorité* dans les phrases suivantes ? « Gandhi fait autorité en matière de pacifisme. Léonard de Vinci est une autorité artistique. »
   b. Cherchez le sens de *véracité* ; donnez des mots de la même famille.

Le docu-fiction

Brice Leboucq a exercé le métier de preneur de son et de cinéaste (*Qu'est-ce qu'on attend pour être heureux*, 1982). Professeur de théorie du son et de prise de son à l'École nationale des beaux-arts, il fait aussi des conférences, écrit de nombreux articles et est conseiller de la revue *Études*.

Parmi les verroteries[1] les plus en vogue aujourd'hui, émerge cette petite perle convoitée nommée « docu-fiction », qui, comme son nom l'indique, mélange l'inventivité de la fiction et la réflexion – supposée objective – du documentaire : le plaisir associé à l'intelligence, en quelque sorte. Le média télévisuel crée là un format original [...] pour assurer ses meilleures audiences.

Cette idée d'associer fiction et réflexion n'est pas toute neuve : dès 1967, *Les Dossiers de l'écran*[2] d'Armand Jammot proposaient un débat contradictoire après la diffusion d'un film, qui faisait l'objet d'une analyse critique par les participants. Cela avait le mérite de la clarté, puisque le film, œuvre d'art, proposait une lecture artistique de l'Histoire qui n'engageait que l'autorité de son auteur, avant que des historiens ou des témoins directs ne viennent en débattre sur le plateau : là, d'autres autorités pouvaient s'exprimer.

Le cinéma est riche en reconstitutions historiques – cela a même été l'apanage[3] glorieux du 7e Art : capes et épées, péplums, westerns, films de guerre, et jusqu'à la science-fiction, l'histoire de notre avenir... Le plaisir que l'on y trouve est souvent indépendant de toute véracité historique. [...]

Quand la télévision s'empare de ce format, cela donne le « docu-fiction », sorte de chimère[4] des médias, croisement de l'autorité artistique avec l'autorité historique ou scientifique. [...]

Le docu-fiction risque néanmoins deux écueils autour de la confusion des genres : celui de l'anachronisme (l'Histoire passée à la moulinette de l'info) et celui de l'autorité prépondérante (le téléspectateur doit savoir s'il regarde une fiction, autorité artistique, ou un documentaire, autorité scientifique). Le risque anachronique est sérieux ; le regard porté sur l'Histoire varie en effet selon les époques ; il n'y a donc pas de versions définitives des événements historiques. Mais là réside le danger de l'exercice docu-fictionnel : [...] manipulé, flatté, le téléspectateur sera invité à juger des actes passés à l'aune[5] du discours politico-moral contemporain. [...] Tout aussi sérieuse, la question de l'autorité se pose si le téléspectateur ne connaît pas l'Histoire ou s'il n'est pas informé de la problématique du sujet : peut-il éviter de sombrer dans l'idéologie ou les à-peu-près, présentés intentionnellement ou non ? Pour les responsables des chaînes, la réponse est trouvée : les téléspectateurs peuvent toujours se renseigner, avant ou après la diffusion, et le docu-fiction amorce un débat public... [...].

Dernier point et vœu pieux[6] : l'Audimat ne doit pas être seul juge... Ce sera là toute la distinction d'une télévision de service public.

Brice Leboucq, « Les artistes contre les experts ? », © *Études*, 2004, revues-etudes.com.

---

1. objets de verre de peu de valeur qui servaient pour le troc dans le marché des esclaves.
2. émission de télévision diffusée deux mardis soirs par mois sur la deuxième chaîne de l'ORTF, puis sur Antenne 2, de 1967 à 1991.
3. l'exclusivité.
4. rêve impossible à réaliser.
5. en prenant pour référence.
6. souhait dont on sait qu'il ne pourra pas se réaliser.

▶ Exercer un regard critique sur les docu-fictions

■ Le docu-fiction dans l'histoire des médias

1. D'après le premier paragraphe, expliquez pourquoi le docufiction peut être considéré comme une « *perle convoitée* ».

2. a. Relevez dans les premier et quatrième paragraphes deux noms porteurs d'un **jugement péjoratif** sur le docu-fiction.
b. Que l'auteur reproche-t-il au docu-fiction ?

3. a. Quelles sont les places respectives de la fiction et de la réalité historique dans l'émission *Les Dossiers de l'écran* ? dans les films de reconstitutions historiques ?
b. Relevez des mots par lesquels **l'auteur exprime son jugement** sur cette émission et ces films : quel est ce jugement ?

4. Quel point commun le docu-fiction a-t-il avec cette émission et ces films ?

→ L'argumentation – p. 408

■ Les écueils du docu-fiction

5. Relevez dans le cinquième paragraphe un synonyme du nom *écueil*.

6. a. Qu'est-ce qu'un *anachronisme* ?
b. Reformulez en une phrase l'argument émis par l'auteur à propos de l'anachronisme.

7. a. L. 26 à 31 : le docu-fiction respecte-t-il les règles contenues dans la Charte des journalistes (voir p. 276) ? Justifiez.

8. L'auteur emploie-t-il des points de suspension après « *un débat public…* » pour exprimer son hésitation ou sa désapprobation ? Justifiez.

9. a. Expliquez en quoi le paragraphe de conclusion fait écho au premier paragraphe.
b. Quelle opinion l'auteur exprime-t-il dans ce dernier paragraphe ?

📷 Faisons le point

- À quelle caractéristique de la télévision le développement du **docu-fiction** est-il lié ?
- En quoi le **docu-fiction** est-il, selon l'auteur, un type d'émission contestable ?

Devenez un téléspectateur vigilant !

Parcourez un programme de télévision : combien de documentaires historiques sont programmés sur les grandes chaînes hertziennes (TF1, France 2, France 3 et M6) ? À quelle heure le sont-ils ? Sur quels sujets portent-ils ? Lesquels identifiez-vous comme de « vrais documentaires », comme des « docu-fictions » ?

Titre : Versailles, le rêve d'un roi
Participants : S. Theis (Louis XIV)
Genre : Documentaire
Lieu : Versailles, France
Date de prise de vue : juin 2007
Date de diffusion : janvier 2008
Copyright : France 2 – J. Pimentel

LECTURE CURSIVE

Analyser la satire de la télévision dans un recueil de nouvelles

Leurre de vérité — Didier Daeninckx

Préparation
- Cherchez le sens de « *leurre* ».
- Lisez les nouvelles du recueil dont le titre figure dans le tableau ci-dessous.
- Recopiez et complétez le tableau suivant.

Didier Daeninckx (né en 1949) Auteur français de romans noirs, de nouvelles et d'essais, cet écrivain s'intéresse aux aspects de la vie moderne ; c'est aussi un écrivain engagé : ainsi, dans *Cannibale* (voir séquence 1), il dénonce les zoos humains de la IIIe République.

Titre de la nouvelle	Personne visée par la satire : téléspectateurs ou gens de TV ? lesquels ?	Type d'émission (jeux, information, documentaire…)	Objet de la satire (caractéristique visée, défaut dénoncé)
Une question pour une autre			
Cinq sur cinq			
Rodéo d'or			
Tirage dans le grattage			
Poursuite triviale			
Une famille de merde			
Leurre de vérité			

SUJET : Dans une première partie, vous expliquerez en quoi le recueil *Leurre de vérité* donne une vision satirique de la télévision, en veillant à expliquer le titre. Puis, dans une deuxième partie, vous exposerez votre point de vue sur ce recueil et les réflexions qu'il vous a amené(e) à faire sur la télévision.

Critères de réussite
- Pour les deux parties, vous développerez une argumentation que vous renforcerez par des exemples pris dans le recueil, dans les textes étudiés, dans des émissions télévisées, et par des citations extraites du recueil.
- Vous n'oublierez pas de faire une introduction et une conclusion.
- Vous utiliserez des connecteurs logiques pour structurer votre argumentation.

Lecture personnelle

Anthologie par **Patrice Kleff**, *La Télé nous rend fous*, © Étonnants classiques, GF Flammarion.

Au cinéma

- *Citizen Kane*, Orson Welles, 1941.
Un grand classique du cinéma qui raconte une enquête sur la vie d'un grand patron de la presse américaine. Des images du film sur le site : http://www.citizenkane-video.com/

- *Les Hommes du président*, Alan J. Pakula, 1976.
L'histoire vraie de l'enquête menée par Carl Bernstein et Bob Woodward, deux reporters du *Washington Post*, qui révéla au grand jour le scandale du Watergate et aboutit à la démission du président Richard Nixon.

- *The Truman Show*, Peter Weir, 1998.
Truman, la star d'une émission de télévision réalité, le *Truman Show*, depuis son enfance, cherche à vivre librement.

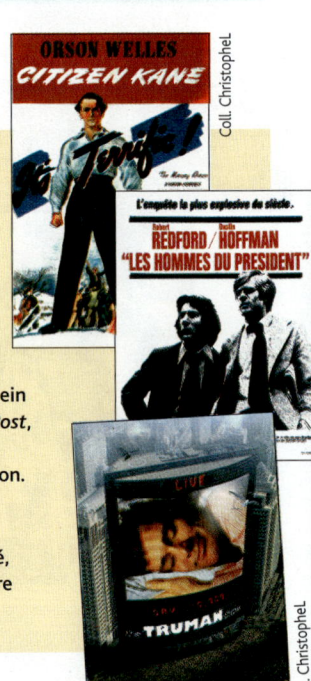

◉ FAIRE LE POINT

Presse écrite et télévision

(voir p. 275)

1. Les médias et leur public

- Les journalistes se réfèrent à une **charte** qui liste leurs **droits** et leurs **devoirs envers le public**.
- Cette **déontologie** (ensemble des règles et devoirs qui régissent une profession) est d'autant plus nécessaire que journaux et télévision ont une **grande influence sur leur public**, qui les croit parfois naïvement, au lieu d'être vigilant et d'exercer un **regard critique** sur l'information.
- Le succès des journaux et l'audience des télévisions sont régulièrement mesurés (**audimat**) ; le besoin de satisfaire le public influe grandement sur le choix, la présentation et le traitement des sujets ainsi que sur la programmation.

2. Le traitement de l'information

- Le choix, l'ordre et la hiérarchisation des informations, le traitement des images (le cadrage, par exemple), le choix des mots ne sont souvent pas neutres : ils reflètent la **ligne éditoriale** du journal ou de la chaîne.
- Pour attirer le public, certains journaux n'hésitent pas à faire du **sensationnel** et certaines chaînes de télévision de l'**information-spectacle**, au mépris de la vérité ; cela peut se produire dans le **JT** (journal télévisé) ou dans des émissions comme les **docu-fictions**.
- Les médias vivent dans l'**immédiateté de l'information** qu'il faut révéler, si possible avant les concurrents (le **scoop**) ; cela se fait parfois au détriment d'une vérification sérieuse de l'information.
- De plus en plus, journaux et télévision recherchent un **format bref** : articles courts, reportages rapides, plus facilement accessibles.

3. L'écriture journalistique

Les visées	Les caractéristiques
Faciliter la lecture.	– des phrases brèves, souvent nominales (dans les titres) ; – un vocabulaire accessible ; – une organisation en paragraphes à l'unité très claire, souvent avec des intertitres.
Frapper le public.	– des mots forts, en particulier dans les titres.
Nuancer une information dont on n'est pas sûr.	– le conditionnel ; – des modalisateurs de doute (peut-être…).
Rapporter des témoignages sans les prendre nécessairement à son compte.	– des discours rapportés (direct et indirect) ; – des formules comme « Selon M. X… ».
Susciter l'émotion.	– taille et police des caractères dans les titres ; – une ponctuation qui interpelle (points d'interrogation et d'exclamation) ; – un vocabulaire mélioratif ou péjoratif ; – un vocabulaire des sentiments ; – des modalisateurs ; – des hyperboles (dont superlatifs, comparatifs).

Séquence 10 ▶ **Presse écrite et télévision**

S'EXPRIMER

VOCABULAIRE
▷ Connaître le vocabulaire de la télévision

📖 À vos dictionnaires !

1. Quelle différence faites-vous entre une *brève* et un *reportage* ? Qu'est-ce qu'une *dépêche d'agence* ?

2. Observez l'image et proposez une définition d'un *plateau télévisé*.

3. Complétez le texte ci-dessous avec ces mots : *conférence de rédaction, correspondants, présentateur, monteur, rédacteur en chef, reportage*.
Le téléspectateur associe un journal télévisé à son ✏ qu'il voit tous les soirs à 20 h. Mais un journal télévisé (JT) est le résultat du travail de toute une équipe : cette équipe est réunie chaque jour en ✏, animée par le ✏ ; elle reçoit des informations de ses journalistes envoyés sur le terrain en ✏ et de ✏ permanents à l'étranger. Les images envoyées par les uns et les autres sont assemblées par le ✏ avant d'être diffusées.

4. Auquel de ces mots : *angle, différé, duplex, prompteur, prime time, rushes*, ces définitions correspondent-elles ?
1. dispositif permettant de transmettre des images et/ou du son à partir de deux ou plusieurs lieux • **2.** programme diffusé après son enregistrement • **3.** dispositif qui fait défiler un texte au présentateur qui le lit tout en fixant l'objectif • **4.** plans enregistrés pendant le tournage et dont une partie seulement sera utilisée au montage • **5.** tranche horaire avec le plus fort taux d'audience • **6.** point de vue adopté par le journaliste lors d'un reportage.

5. *Son in* ou *son off* ? Duquel de ces deux sons s'agit-il quand le reporter parle dans un micro, au premier plan sur l'image ? quand on entend la voix d'un reporter sans le voir ?

© Paolo TRE / A3-Contrasto / Rea

S'EXPRIMER

ORAL
▷ Repérer les rôles respectifs des images et du son

SUJET : À partir de deux brefs reportages enregistrés par votre professeur, échangez pour repérer les rôles respectifs des images et du son.

Méthodes

Étape 1 : les images sans le son
- On visionne le reportage, sans la bande-son.
- Par groupes ou individuellement :
  – repérez le sujet du reportage ;
  – indiquez les indices qui vous ont permis d'identifier les faits, les lieux, les personnes… ;
  – formulez des hypothèses sur les interprétations possibles et repérez l'angle du reportage.
- On projette le reportage avec le son, cette fois : vos hypothèses sur le sujet et sur l'angle sont-elles vérifiées ?

Étape 2 : le son sans les images
- On écoute le reportage, sans les images.
- Par groupes ou individuellement :
  – repérez les différentes sources sonores : voix, bruits, musique, son *off*, son *in* ;
  – décrivez ce que vous avez « vu » mentalement (les images que vous vous êtes représentées) ;
  – définissez le sujet et l'angle du reportage.
- On projette le reportage avec les images, cette fois : vos hypothèses sur le sujet et sur l'angle sont-elles vérifiées ?

Étape 3 : les liens entre son et images
- Pour chaque reportage, repérez les liens entre les images et le son :
  – les redondances (répétitions) entre le son et les images ;
  – les images et le son très éloignés les uns des autres ;
  – les images prétextes (qui n'apportent rien) ou hors contexte ;
  – les images ou le son qui apportent des informations.
- Définissez, dans les reportages sur lesquels vous avez travaillé :
  – le rôle du son (information, émotion, dramatisation…) ;
  – le rôle des images (information, impression de réalité, émotion…).

ORTHOGRAPHE
▶ Conjuguer les verbes au conditionnel

S'EXPRIMER

L'essentiel à retenir — Leçon détaillée ➜ p. 310

Le conditionnel a trois temps. Les deux temps les plus utilisés sont :
- **Le conditionnel présent**, pour exprimer une hypothèse située dans l'avenir ou le présent. Il se forme sur le radical du futur simple. Ses désinences sont : *-ais*, *-ais*, *-ait*, *-ions*, *-iez*, *-aient*. > Il *parler***ait**.
- **Le conditionnel passé 1re forme**, pour évoquer une hypothèse qui aurait pu se réaliser dans le passé. Il est composé d'un auxiliaire au conditionnel présent et du participe passé. > Il **aurait** *parlé*.

➜ Appliquer la règle

1. En respectant la personne indiquée, donnez le futur simple, puis le conditionnel présent des verbes.
Imiter (1re p. sg.), envahir (3e p. pl.), prendre (2e p. sg.), savoir (2e p. pl.), devoir (1re p. pl.), avoir (2e p. pl.), courir (3e p. sg.), acquérir (3e p. pl.), rejeter (1re p. sg.), mourir (3e p. pl.).

2. En respectant la personne indiquée, donnez le futur antérieur, puis le conditionnel passé 1re forme des verbes de l'exercice 1.

3. Conjuguez les verbes entre parenthèses au conditionnel présent.

> La justice *(devoir)* être visible par tous, afin que chacun puisse se rassurer sur son fonctionnement. On peut néanmoins s'inquiéter des conséquences de l'enregistrement des procès. Une salle de tribunal est déjà, un peu, un théâtre : magistrats, avocats, mais aussi témoins et accusés y jouent un rôle devant un public. Filmés, les mêmes acteurs *(s'adresser)* à un public beaucoup plus vaste, dont ils n'*(entendre)* pas les réactions. Leur tendance *(être)* donc d'en faire davantage, de « surjouer », pour émouvoir et séduire plutôt que convaincre. « Ce *(être)* la Comédie-Française ! », pronostique l'un des professionnels.
>
> D'après **A. du Roy**, *La Mort de l'information*, © Stock, 2007.

4. À quel temps du conditionnel chacun des verbes en gras est-il conjugué ?

Escroquerie télévisuelle

En 1947, circule la rumeur du crash d'une soucoupe volante qui **se serait écrasée** sur une base américaine. Cette rumeur resurgit trente ans plus tard, un ancien officier de la base affirmant que l'armée **aurait menti**. En 1994, l'armée reconnaît que l'« OVNI » **serait** en fait un ballon secret pour espionner le dispositif nucléaire soviétique. En 1995, un animateur de TF1 prétend avoir découvert un film à Londres, auprès d'un producteur qui **aurait obtenu** le document d'un cinéaste de l'armée américaine. Selon cet animateur, le film **aurait été authentifié** par des laboratoires photographiques et **daterait** bien de 1947. Tous les commentateurs dans le film plaident pour l'authenticité, mais il **aurait été** honnête de donner aussi la parole aux scientifiques sceptiques ou scandalisés face à cette supercherie.

D'après **C. Galus**, **S. Kerviel**, © *Les Archives du monde*, 11 février 2006.

➜ S'entraîner à la réécriture **Brevet**

5. Transposez au conditionnel présent les verbes conjugués au futur simple.

> **1.** Dans la maison numérique, toutes les pièces seront équipées d'écrans reliés les uns aux autres sans fil, et commandés par un seul ordinateur. On pourra ainsi se réveiller en regardant un film. **2.** Les holoécrans permettront de projeter dans l'air un hologramme grâce à des rayons laser ! Les images flotteront au milieu d'une pièce et on pourra même passer à travers. **3.** Dans quelques années, cette parabole sera à ranger au rayon des antiquités. Les images et les sons qu'on verra sur nos écrans arriveront par les fils électriques. On parlera de transport par courant porteur.
>
> Dossier « C'est pas sorcier », © *Le Monde des ados*, 17 mai 2006.

6. Transposez le texte de l'exercice 5 au conditionnel passé 1re forme.

➜ S'entraîner en vue de la dictée **Brevet**

Un concours de plongeons à la télévision

Un plongeon acrobatique sans bouger du canapé et en mangeant des chips : c'est pour ça qu'on aime regarder le sport à la télé. Bref, les deux grâces sautent et, tout au début, c'est l'extase. Et puis, horreur ! On a d'un coup l'impression qu'il y a un très très léger décalage entre elles. On scrute l'écran, l'estomac serré : pas de doute, il y a un décalage. […] Je me suis *retrouvée* à crier à la télévision : mais rattrape-la, rattrape-la donc ! J'ai ressenti une colère incroyable envers celle qui avait lambiné. Je me suis *renfoncée* dans le canapé, *dégoûtée*. Alors quoi ? C'est ça le mouvement du monde ? Un décalage infime qui vient pourrir pour toujours la possibilité de la perfection ? […] Toutes ces paroles que nous aurions dû dire, ces gestes que nous aurions dû faire. Bonjour le mouvement du monde ! Ça aurait pu être la perfection et c'est le désastre.

M. Barbery, *L'Élégance du hérisson*, © Éditions Gallimard, 2006.

1. Justifiez les terminaisons des participes passés en italique. Quelle information donnent-elles sur le narrateur ?
2. Justifiez le « e » de *plongeon* et de *mangeant*.
3. Justifiez la désinence de *rattrape*.
4. Relevez les formes verbales au conditionnel et indiquez leur temps.
5. Avec quel suffixe le nom *procuration* est-il formé ? Proposez dix autres noms formés avec ce suffixe.

Attention ! Un autre extrait vous sera proposé en dictée.

S'EXPRIMER

Leçons de langue à consulter
- Présence de l'énonciateur et du destinataire – p. 408
- Les paroles rapportées dans le récit – p. 394
- Du discours direct au discours indirect – p. 396

GRAMMAIRE
▶ Repérer les marques de l'énonciation et les paroles rapportées

→ Les marques de l'énonciation

1. a. Relevez les adjectifs qualificatifs. **b.** Ont-ils une valeur péjorative ou méliorative ? **c.** Relevez d'autres mots par lesquels l'auteur exprime son avis sur l'atmosphère et indiquez leur nature grammaticale.

> **1.** Quinze ans après l'indépendance, les traces du soviétisme restent encore lisibles dans le gris des architectures et la fumée des Lada[1] déglinguées, dans la disparité criante entre la richesse des sous-sols et la misère de ceux qui l'exploitent. **2.** Ambiance lugubre au poste frontière : attente interminable, sans savoir ce qu'on attend, mouvements de policiers, visages fermés, lumière blafarde, paperasserie.
>
> S. Bellu, © *Automobiles classiques*, février-mars 2007.
>
> 1. marque de voitures de l'époque soviétique.

2. a. Relevez les marques de la 1re personne du singulier. **b.** Relevez les adverbes modalisateurs (ou locutions adverbiales) qui révèlent l'opinion du locuteur. **c.** Relevez des mots appréciatifs (qui livrent un jugement) : quel jugement M. Serres porte-t-il sur Internet ?

> **Interview de Michel Serres**
>
> *Vous pensez réellement que le net va remplacer le livre ?*
>
> Il n'est pas complètement sûr qu'un support détruise son précédent. Nous avons écrit, ça ne nous a pas empêchés de parler. Nous avons imprimé, ça ne nous a pas empêchés d'écrire. Nous disposons de nouvelles technologies, ça ne nous empêche pas d'imprimer, nous avons même tous une imprimante. Il est vrai que dans les technologies ordinaires, le moulin électrique a supprimé le moulin à vent. Mais là, ce n'est pas complètement sûr puisque les anciennes technologies de communication perdurent. Il y aura sans doute quantité de dégâts, mais je ne suis pas sûr que le livre soit mort. [...] J'ai passé vingt ans à quatre pattes dans les dossiers et la poussière à la recherche d'un article écrit autrefois. [...] Maintenant, je n'ai qu'à appuyer sur un bouton et j'ai l'article. Il vaut mieux une pelle mécanique qu'une pelle à main. C'est la première fois qu'on nous arrange la vie.
>
> « Michel Serres, grand entretien », © *Revue Médias*, n° 11, 2006.

3. a. Indiquez, pour chaque verbe en gras, son mode et son temps. **b.** Justifiez l'emploi de ce mode dans l'article. **c.** Pour chaque verbe, justifiez le temps.

> Que s'est-il passé le soir du 3 mai ? [...] De nombreuses questions restent sans réponse. Maddie **aurait été vue** vivante pour la dernière fois à 18 heures. [...] Selon des fuites, la police estime que la fillette **aurait été tuée**, accidentellement, en début de soirée. Un surdosage de sédatifs **serait privilégié** : curieusement les jumeaux ne **se seraient** pas **réveillés**, en fin de soirée, malgré le vacarme occasionné par l'arrivée des policiers. Une commission rogatoire[1] **pourrait** être prochainement délivrée aux autorités judiciaires britanniques.
>
> S. Kovacs, © *Le Figaro*, 14.09.2007.
>
> 1. ordre d'enquêter donné à la police judiciaire.

→ Les paroles rapportées

4. a. Quel type de discours est employé pour rapporter les paroles ? **b.** Par quels verbes de parole les paroles sont-elles rapportées ?

> [...] Christine B. était au cœur de la scène.
> « Quand j'ai vu que la victime s'était pris un premier coup de pelle au niveau de la nuque, j'ai accouru vers le groupe pour leur dire d'arrêter. Je leur criais dessus pour qu'ils s'en aillent », a-t-elle expliqué lors de cette audition. « Les agresseurs s'en sont-ils pris à vous ? », lui ont demandé les enquêteurs. « Non, jamais », a répondu celle-ci. « La victime vous a-t-elle porté secours ? », ont insisté les policiers. « Bien sûr que non puisque je n'ai pas été agressée. C'est lui qui s'est fait taper dessus, pas moi », a assuré Christine B., qui s'est dite « écœurée » par ce qu'elle avait lu dans la presse. « On a fait de moi une victime. Ce n'est pas le cas », a-t-elle déploré.
>
> © *Le Monde*, 18.10.2007.

5. a. Relevez les paroles rapportées. **b.** Quel type de discours est employé pour rapporter les paroles ? **c.** Analysez les propositions subordonnées qui les contiennent.

> Critiqué pour son apport offensif insuffisant, Malouda répond qu'il obéit aux consignes de Raymond Domenech, très exigeant en matière de repositionnement. Et il ajoute qu'on lui laisse moins de liberté qu'à Ribéry.
>
> © *Le Figaro*, 14.09.2007.

6. Relevez les groupes de mots qui introduisent les paroles des présentateurs de JT cités.

> **1.** Avec la concurrence entre les chaînes, raconte Roger Gicquel, « il y a émulation et donc forcément prouesse journalistique et technique ». **2.** L'accélération du temps télévisuel est, selon Christine Ockrent, « très compliquée à gérer en matière d'information du fait qu'elle gomme énormément du temps de réflexion ». **3.** Pour Claude Sérillon, l'extrême rapidité de l'acquisition des informations explique « les dérives constatées lors des directs ou reportages ».
>
> J. Segura, © INA, « Les 50 ans du journal télévisé », 1999.

ÉCRIT
▶ Devenir un lecteur et un téléspectateur vigilant

S'EXPRIMER

❶ Rédiger une dépêche d'agence et un article à sensation

SUJET : À partir de cette photo, rédigez en quelques lignes une dépêche d'agence qui livre l'information de manière objective. Puis, à partir de cette dépêche, rédigez un article à sensation d'une vingtaine de lignes.

Méthodes
- Vous veillerez à employer des modalisateurs, des hyperboles, du vocabulaire mélioratif ou péjoratif.
- Vous n'oublierez pas le titre.
- Vous **rapporterez des paroles** qui dramatisent les faits.

© MAMP / Sipa

❷ Établir et défendre une grille de programme télévisé

SUJET : Vous êtes directeur d'une chaîne télévisée pour adolescents. Élaborez une grille pour une tranche horaire que vous définirez et justifiez votre choix.

Méthodes
- Consultez des grilles de programmation dans un journal de télévision et analysez-les : les horaires, les titres des émissions (rubrique concernée, contenu...), les dessins animés (tranche d'âge, thème...), les films ou téléfilms (tranche d'âge, VO, sujet...).
- Élaborez votre grille de programmation en indiquant les horaires de chaque diffusion avec un bref descriptif de son contenu.
- Rédigez un paragraphe argumentatif pour défendre la ligne éditoriale choisie.

❸ Prendre des notes à partir d'un enregistrement

SUJET : Prenez en notes les informations contenues dans un extrait de JT (ou des informations radiophoniques) que votre professeur aura enregistré(es).

Méthodes
- Écoutez en cherchant à repérer les mots-clés à noter.
- Employez des abréviations et des codes (flèches, signes...).
- Ne notez pas ce qui se répète.
- Utilisez les pauses du présentateur pour noter.
- Structurez votre prise de notes en passant à la ligne à chaque nouveau sujet, en numérotant les sujets.
- Relisez-vous en soulignant les mots-clés, en ajoutant, si nécessaire, des flèches pour relier les idées.

❹ Rédiger à partir d'une prise de notes

SUJET : En vous servant de votre prise de notes (sujet 3), rédigez un texte qui présente l'essentiel des informations qui vous ont été présentées.

Méthodes
- En introduction, vous préciserez de quelle émission il s'agit.
- Vous n'oublierez pas de passer à la ligne à chaque information nouvelle.
- Vous conclurez en précisant laquelle de ces informations vous a paru essentielle et pourquoi.

❺ Analyser ses pratiques de téléspectateur

SUJET : À l'aide d'un « journal de bord », analysez le type de téléspectateur (téléspectatrice) que vous êtes.

Méthodes
- Pendant une semaine, notez, dans un « journal de bord », ce que vous avez regardé à la télévision, où, quand, avec qui, combien de temps et pourquoi.
- À partir de vos notes, élaborez une synthèse.
  – Dans une première partie, expliquez combien de temps approximativement vous avez passé devant la télévision, à quelles heures, quels ont été vos rendez-vous réguliers avec certaines émissions.
  – Dans une seconde partie, expliquez ce que vous avez particulièrement apprécié et pourquoi.
  – En conclusion, précisez en quoi la tenue du journal de bord vous a aidé(e) à prendre conscience de la part et du rôle que la télévision tient dans votre vie.

Séquence 10 ▶ **Presse écrite et télévision**

MÉTHODES POUR LE BREVET

Je vérifie mes connaissances
- Quel est le devoir fondamental d'un journaliste ?
- Qu'est-ce qu'une ligne éditoriale ?
- Que nomme-t-on la télévision-spectacle ?
- De quoi un téléspectateur vigilant doit-il se méfier ?

→ **FAIRE LE POINT** – p. 289

L'homme moderne, ce nouveau Polynésien

Dans un dossier paru dans le mensuel Tahiti Pacifique *du mois de juin 2001, Alex W. du Prel imagine qu'un Polynésien, venu d'un atoll isolé des Tuamotu à Tahiti, est frappé par les incroyables changements qui y sont survenus avec le modernisme. De retour sur son île, il fait part à la population des réflexions que lui inspire la télévision (« afata te'ata »).*

Le « afata te'ata », c'est la boîte où on simule la vie ! Il y a dans tous les « fare »[1] cette boîte magique qui est devenue une vraie drogue, le nouvel opium des masses populaires. Les gens qui apparaissent sur la plaque de verre (ça s'appelle l'écran) n'ont que l'apparence d'êtres humains. Si on les touche, on se rend compte qu'ils sont insaisissables et qu'ils ne sont faits que de lumière. Ils sont là pour montrer à l'Homme moderne des joies et des souffrances, des folies et même des choses « faufau » (cochonnes). L'Homme moderne voit ainsi de tout près les femmes les plus belles et les hommes les plus beaux, il voit leurs yeux brillants et leurs mouvements. Ils ont l'air de le regarder et de lui parler. Il voit ainsi, sans être dérangé, les chefs de tribu les plus haut placés d'aussi près que ses semblables, il a l'impression de prendre part à leurs grands festins ainsi qu'à d'autres fêtes, d'y être lui-même. Mais il y voit également un Homme moderne enlever la fille d'une autre personne ou une jeune fille être infidèle à son « tane » (homme). Il y voit un homme furieux sauter à la gorge d'un riche « ari'i »[2], il y voit les doigts de l'homme s'enfoncer profondément dans la chair du cou, il voit les yeux de l'« ari'i » sortir de leurs orbites, il voit l'« ari'i » mourir et l'homme furieux lui arracher son argent.

Pendant que son œil voit de telles manifestations de joie ou d'horreur, l'Homme moderne reste calmement assis : il ne peut reprocher à la jeune fille son infidélité, ni voler au secours du riche « ari'i ». Mais cela ne le fait pas souffrir, il regarde tout cela avec délectation[3] comme s'il n'avait pas de cœur. Il ne ressent ni épouvante, ni répulsion. Il observe tout comme s'il était un homme d'une autre espèce. Car le spectateur est toujours persuadé d'être lui-même meilleur que les hommes qu'il voit sur l'écran, persuadé qu'il évitera de commettre les actes de folie qu'on lui montre. Il ne bouge pas, retient son souffle, les yeux fixés sur le « afata te'ata ». Quand il voit un homme au cœur vaillant et noble, son image s'incruste en lui et il se dit : « Ça, c'est mon image ! ».

Alex W. du Prel, article « L'homme moderne, ce nouveau Polynésien », © *Tahiti Pacifique*, juin 2001.

1. maisons.   2. prince.   3. plaisir.

MÉTHODES → vers le Brevet → vers la Seconde

▶ Apprendre à lire les consignes
Parmi les verbes de consigne en rouge, quels sont ceux qui vous invitent à chercher la réponse dans le texte et ceux qui vous amènent à fournir vous-même une réponse ?

▶ Repérer les axes de lecture
- Le premier axe de lecture vous est fourni avec toutes ses questions.
- Pour le deuxième axe, vous devrez déduire le titre des questions.
- Pour le troisième axe, vous devrez formuler des questions qui correspondent au titre.

Questions — 15 points

I. La nature du texte — 5 points

1. a. D'où ce texte est-il extrait ? (0,5 pt)
b. Justifiez votre réponse par deux indices précis fournis par le paratexte. (0,5 pt)
c. Qui est l'auteur de ce texte ? Quelle est probablement sa profession ? (0,5 pt)

2. a. « afata te'ata » (l. 1), « fare » (l. 2), « ari'i » (l. 21) : à quelle langue ces mots appartiennent-ils ? (0,5 pt)
b. Pourquoi sont-ils employés dans ce texte ? (0,5 pt)
c. Dans les lignes 1 à 25, relevez d'autres expressions faisant également référence à des particularités locales. (0,5 pt)

3. a. Quel lien logique est introduit par le mot « Car » (l. 33) ? (0,5 pt)
b. Reliez cette phrase à la précédente en modifiant la ponctuation et en utilisant une conjonction de subordination de sens équivalent. (0,5 pt)
c. À quelle forme de discours a-t-on affaire ? (1 pt)

Questions (suite)

II. Titre à déterminer .... 5 points

4. L. 1 à 6 : quels sont les deux éléments concrets qui décrivent la télévision ? (1 pt)

5. « *L'Homme moderne [...] son argent* » (l. 10 à 25).
a. Proposez deux synonymes du verbe répété plusieurs fois dans ces lignes. (1 pt)
b. Quel effet la répétition de ce verbe crée-t-elle ? (0,5 pt)
c. À la ligne 33, le mot « *spectateur* » désigne l'homme assis devant la télévision : trouvez un nom de la même famille. (0,5 pt)

6. a. Quels sont les différents personnages qui apparaissent sur l'écran (l. 10 à 25) ? (0,5 pt)
b. Relevez dans les lignes 6 à 8 l'adjectif qualificatif qui les décrit. De quels éléments est-il composé ? (1 pt)
c. Expliquez cet adjectif par deux expressions relevées dans le même passage. (0,5 pt)

III. Les effets de la télévision .... 5 points

MÉTHODES

▶ **Formulez vous-même des questions** qui permettent de travailler sur les **effets** de la télévision tels qu'ils sont montrés dans le texte, en partant :
– d'une part, d'une question de vocabulaire (figure de style), dans le premier paragraphe ;
– d'autre part, d'une question de grammaire portant sur la forme des verbes, dans le second paragraphe ;
afin d'amener des questions de compréhension sur les effets de la télévision.

MÉTHODES

▶ **Apprendre à lire les sujets**

1. Quelles ressemblances et quelles différences faites-vous entre le sujet de **Brevet** et celui de **vers la Seconde** ?

2. Avant de donner votre opinion, il faut repérer la thèse du texte : pour dégager cette thèse, répondez au brouillon aux questions de **Brevet**.

Expression écrite   15 points

➡ vers le **Brevet**

Sujet : Selon l'auteur, la télévision ne présenterait qu'une apparence de la vie. Vous décidez d'envoyer un article à *Tahiti Pacifique* où vous montrez qu'au contraire la télévision est ancrée dans la vie.
Vous raconterez ainsi un événement récent, choisi dans l'actualité locale ou internationale, que la télévision vous a permis de vivre et vous en décrirez avec précision une image particulièrement évocatrice.
Vous fournirez ensuite d'autres arguments qui montreront encore que la télévision est un moyen de participer réellement à la vie du monde. Vous ne signerez pas votre article.

Consignes
Votre texte, d'une trentaine de lignes au minimum, sera présenté comme un article. Il combinera les paragraphes narratif, descriptif, et argumentatif.
Il sera tenu compte de la correction de la langue : ponctuation, emploi des temps, construction des phrases et vocabulaire.

➡ vers la **Seconde**

Sujet : En vous appuyant sur votre expérience personnelle et sur la séquence, dites si vous partagez la thèse du texte à propos de la télévision. Vous veillerez à rédiger une introduction et une conclusion.

la langue

Pierre Bonnard (1867-1947),
Femme écrivant,
coll. Sonia Henie, Oslo, Norvège.
© The Bridgeman Art Library © Adagp, Paris 2008

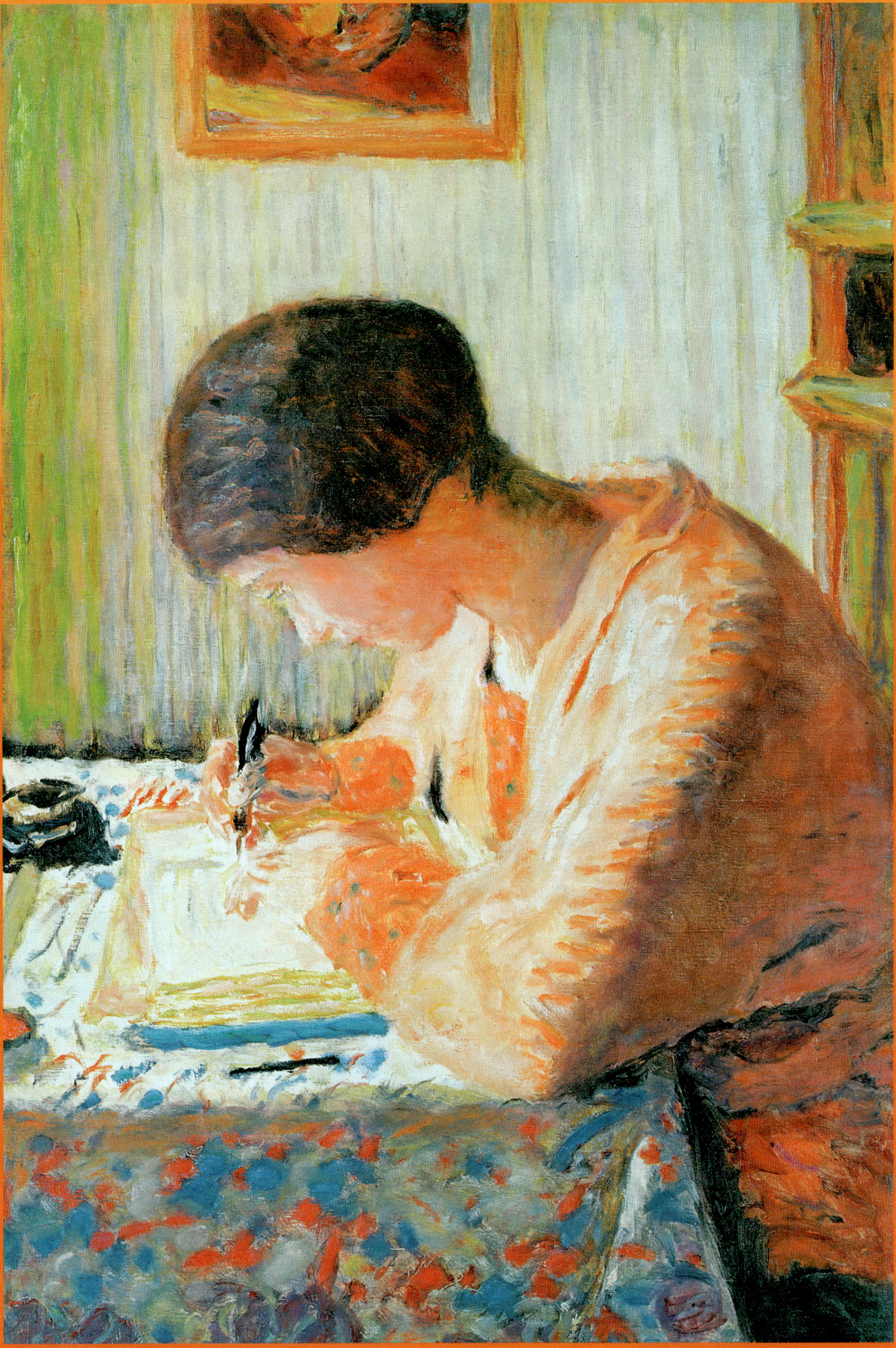

LA LANGUE

CONNAÎTRE LES MOTS

NATURE ET FONCTION
- Les classes grammaticales et les fonctions 299

LE VERBE
- Généralités 300
- L'indicatif : conjugaison et orthographe
  - Le présent 302
  - L'imparfait – Le passé simple 303
  - Les temps composés du passé 304
  - Les futurs 305
  - Exercices récapitulatifs 306
- Les autres modes : conjugaison et emplois
  - Le subjonctif 308
  - Le conditionnel 310
  - L'impératif 310
  - L'infinitif 311
  - Le participe 312
  - Exercices récapitulatifs 314

LE NOM ET LES DÉTERMINANTS
- Le nom : Nature et fonctions – Orthographe 316
- Les déterminants 318

LES PRONOMS
- Les pronoms personnels 319
- Les pronoms interrogatifs 320
- Les pronoms relatifs 321
- Les pronoms démonstratifs et possessifs 322
- Les pronoms indéfinis 323

L'ADJECTIF QUALIFICATIF
- Nature et fonctions – Le groupe adjectival 324
- Les degrés de l'adjectif 325

LES MOTS INVARIABLES
- Les adverbes 326
- Les connecteurs 327

LA FORMATION DES MOTS
- Radical et famille de mots 328
- Mots composés 328
- Les préfixes 329
- Les suffixes 330
- Emprunts et néologismes 331
- Exercices récapitulatifs 331

ASSOCIER LES MOTS

LA PHRASE
- La phrase simple et la phrase complexe 332
- Les propositions subordonnées 333
- Les types et les formes de phrases 334
- La phrase à la voix passive 336
- Exercices récapitulatifs 338

LES FONCTIONS PAR RAPPORT AU VERBE
- Le sujet – L'attribut du sujet 339
- Les compléments essentiels : COD, COI, COS, temps, lieu, mesure, poids, prix 340
- Les propositions subordonnées COD 342
- Exercices récapitulatifs 344

LES FONCTIONS PAR RAPPORT À LA PHRASE
- Les compléments circonstanciels 346

LES RAPPORTS LOGIQUES
- L'expression du but et de la comparaison 347
- L'expression de la cause 348
- L'expression de la conséquence 350
- L'expression de l'opposition et de la concession 352
- L'expression de l'hypothèse (la condition) 354
- Exercices récapitulatifs 356

LES EXPANSIONS DU NOM
- L'épithète – Le complément du nom – L'apposition 358
- La proposition subordonnée relative 360

L'ORTHOGRAPHE GRAMMATICALE
- L'accord sujet – verbe 362
- Les accords avec le nom 364
- Les accords du participe passé 366
- Les homophones grammaticaux 369
- Des désinences verbales 373

LES MOTS ET LEURS SENS
- Les différents sens d'un mot 376
- Synonyme, antonyme, hyperonyme, champ lexical 378
- Les figures de style 380

CONSTRUIRE UN TEXTE

LA COHÉRENCE D'UN TEXTE
- Les niveaux de langue 382
- La ponctuation 383
- Les reprises nominales et pronominales 384
- La progression d'un texte (progression thématique) 385

L'ÉNONCIATION
- Énoncés et situation d'énonciation 386
- Objectivité et subjectivité – La modalisation 388
- Les actes de parole – L'implicite 389
- Le point de vue – Le narrateur 390
- Les emplois du présent de l'indicatif 391

LES PAROLES RAPPORTÉES
- Le dialogue au théâtre 392
- Les paroles rapportées dans le récit 394
- Du discours direct au discours indirect 396
- Le discours indirect libre – Le discours narrativisé 398

LE RECIT COMPLEXE (LE DISCOURS NARRATIF)
- L'organisation d'un récit 399
- Le rythme d'un récit 400
- Le récit au passé 401
- La concordance des temps 402
- Les valeurs d'aspect 403

LA DESCRIPTION (LE DISCOURS DESCRIPTIF)
- Rôles et insertion 404
- Construction et écriture 405

L'EXPLICATION (LE DISCOURS EXPLICATIF)
- Écriture et organisation 407

L'ARGUMENTATION (LE DISCOURS ARGUMENTATIF)
- Présence de l'énonciateur et du destinataire 408
- Des connecteurs logiques pour convaincre 410
- Des procédés pour persuader 412
- L'insertion des exemples et des citations 413
- Exercices récapitulatifs 414

LA VERSIFICATION
- Vers, rythmes, rimes, sonorités, formes de poèmes 416

TABLEAUX DE CONJUGAISON
- Les verbes *Avoir* et *Être* 418
- Les verbes du 1er groupe 419
- La voix passive 420
- La voix pronominale 420
- Les verbes du 2e groupe 421
- Les verbes du 3e groupe 422

ANNEXES
- Glossaire 426
- Index des notions 429
- Index des œuvres citées – Index des auteurs 431
- Crédits 432
- Écrivains et œuvres littéraires .... pages de garde

Nature et fonction

Les classes grammaticales et les fonctions

> **Vérifiez vos acquis**
> Classez ces mots en deux colonnes selon qu'ils désignent une classe grammaticale ou une fonction.
>
> Nom, sujet, articles, pronom relatif, COD, épithète, adverbe, complément circonstanciel de temps.

La nature est l'**identité d'un mot**. **La fonction** est le **rôle du mot** dans la phrase.
> *Je vois le décor théâtral.*

	nature	fonction
« Je »	pronom personnel	sujet du verbe *voir*
« décor »	nom	COD du verbe *voir*
« théâtral »	adjectif qualificatif	épithète du nom *décor*

Un dictionnaire renseigne sur la (ou les) nature(s) d'un mot mais pas sur sa fonction.

NATURES

- En général, un mot a une seule nature.
  > *je* : pronom personnel.
  > *décor* : nom.
- Il existe des mots qui ont plusieurs natures, par exemple *« le »* :
  > *le décor* (article). *Je le vois* (pronom personnel).

Voici **la liste des natures de mots traitées dans le manuel de 3e**.

▸ Certaines natures de mots sont **variables** (en genre, en nombre, en personne…) :
  – les **verbes**
  – les **noms**
  – les **pronoms** :
    • personnels
    • démonstratifs
    • possessifs
    • relatifs
    • interrogatifs
    • exclamatifs
    • indéfinis
  – les **adjectifs qualificatifs**
  – les **articles**
  – les **déterminants** :
    • démonstratifs
    • possessifs
    • numéraux
    • indéfinis
    • interrogatifs
    • exclamatifs

▸ Certaines natures de mots sont **invariables** :
  – les **adverbes**
  – les **interjections** et **onomatopées**
  – les **prépositions**
  – les **conjonctions**
    • de coordination
    • de subordination

FONCTIONS

Voici la **liste des fonctions abordées en classe de 3e**.

▸ **Fonctions à partir d'un verbe**
  – **sujet**
  – **complément essentiel**
    • complément d'objet direct (COD)
    • complément d'objet indirect (COI)
    • complément d'objet second (COS)
    • complément essentiel de temps, lieu, mesure, poids, prix
  – **attribut du sujet** pour les **verbes attributifs** (verbes d'état)
  – **complément d'agent** pour les **verbes à la voix passive**

▸ **Fonctions à partir de la phrase**
  – **complément circonstanciel**
    • de lieu
    • de temps
    • de manière
    • de moyen
    • de but
    • de comparaison
    • de cause
    • de conséquence
    • d'opposition, de concession
    • d'hypothèse (ou de condition)

▸ **Fonctions à partir d'un nom**
  – **épithète**
  – **complément du nom**
  – **apposition**

▸ **Fonction à partir d'un adjectif**
  – **complément de l'adjectif**

S'EXPRIMER
À propos de cette image, rédigez deux phrases.
Pour chaque mot, précisez sa nature dans la phrase.

Ours brun
© Hachette Livre

Le verbe
Généralités sur le verbe

Conjugaison d'un verbe : ensemble de toutes les formes que peut prendre ce verbe.

1. SIX MODES

Modes personnels	Modes impersonnels
Ils se conjuguent avec des personnes.	Ils n'utilisent pas les personnes.
• L'indicatif • Le conditionnel • Le subjonctif • L'impératif	• L'infinitif • Le participe

2. TEMPS

- Ils expriment le **passé**, le **présent** ou l'**avenir**.
- Le nombre des temps varie selon les **modes**.
- À chaque **temps simple** correspond un **temps composé**. Le **temps composé** est formé de l'**auxiliaire** *être* ou *avoir* conjugué au temps simple qui correspond et du **participe passé** du verbe.
> Passé composé : *j'ai trouvé ; je suis venu(e)*. Auxiliaires au présent : *ai, suis* ; participes passés : *trouvé, venu(e)*.

3. TROIS VOIX

• **Voix active** Le sujet accomplit l'action exprimée par le verbe.	> *Les élèves lisent des récits brefs.*
• **Voix passive** Le sujet n'accomplit pas l'action exprimée par le verbe.	> *Les récits brefs sont lus par les élèves.*
• **Voix pronominale** Le verbe est précédé d'un pronom personnel réfléchi.	> *Il s'enfuit. Elle se parfume. Ils se battent. Ce récit se lit facilement.*

FAIRE SES GAMMES
Voir aussi **Exercices p. 306**

❶ Classez les mots en deux colonnes selon qu'il s'agit d'un mode ou d'un temps.
Imparfait • indicatif • passé simple • passé composé • subjonctif • impératif • passé antérieur • plus-que-parfait • participe • infinitif • futur antérieur.

❷ Observez le tableau de conjugaison (p. 301). a. À quelle voix le verbe est-il conjugué ? **b.** Quel temps trouve-t-on dans tous les modes ? **c.** Quel mode contient le plus de temps ?

❸ En vous aidant du tableau p. 301, faites correspondre les temps simples et composés.
Je prendrai • prenant • j'avais pris • que je prenne • j'aurais pris • prends • je prends • j'aurai pris • que j'aie pris • je prendrais • ayant pris • je prenais • aie pris • j'ai pris.

❹ Précisez le mode et le temps de chaque verbe.
1. Ne pas parler. **2.** Pourvu qu'il parle ! **3.** Le conférencier a parlé. **4.** En parlant, on améliore son anglais. **5.** Parle doucement.

❺ Classez les verbes de ces phrases en deux colonnes, selon qu'ils sont à la voix active ou passive.
1. Charlie échange des pensées avec son ami. **2.** Le poème est lu avec conviction. **3.** Les chats sont interdits par la milice. **4.** Le chorégraphe encourage ses danseurs. **5.** Des tests de sélection sont réalisés. **6.** Le journal annonce une étrange nouvelle. **7.** Le spectacle fut apprécié. **8.** Le narrateur prend un café avec son ami.

❻ Classez les verbes de ces phrases en deux colonnes, selon qu'ils sont à la voix pronominale ou non.
1. Il ne nous a pas envoyé de lettre. **2.** Le récit s'intitule *Nantas*. **3.** Elles leur ont adressé leurs vœux de bonheur. **4.** Le cœur du narrateur se serre. **5.** Il l'avait choisie pour ses compétences. **6.** Vous vous flattez de devenir d'excellents joueurs. **7.** Le journal se fait interdire. **8.** Elle lui réserve le meilleur accueil. **9.** Il se réserve le droit de quitter la salle.

❼ a. Indiquez l'infinitif de chaque verbe. **b.** Précisez à quel mode et à quel temps chaque verbe est conjugué.
1. En s'éloignant le long de la plage, le pêcheur avait aperçu des mouettes. **2.** Avant de ranger ses filets, il vérifia que les mailles étaient en parfait état. **3.** Dès qu'il eut fini ses rangements, il aurait voulu ramasser des coquillages pour sa petite fille mais appelé par d'autres pêcheurs, il les rejoignit. **4.** Dans un mois, ils partiront tous sur un chalutier pour la pêche au gros et quand ils auront navigué pendant trois semaines, ils rentreront au port. **5.** Jamais le petit Paul ne s'était senti aussi heureux que le soir où son père lui annonça : « Prépare ta tenue de pêche ! Demain tu prendras la mer avec nous ! »

❽ Rédigez un bref texte dans lequel vous soulignerez chaque verbe.

Voici un exemple de tableau de conjugaison

Premier groupe   AIMER   Voix active

TEMPS SIMPLES | TEMPS COMPOSÉS

INDICATIF

Présent
- j'aime — nous aimons
- tu aimes — vous aimez
- il, elle, on aime — ils, elles aiment

Passé composé
- j'ai aimé — nous avons aimé
- tu as aimé — vous avez aimé
- il a aimé — ils ont aimé

Imparfait
- j'aimais — nous aimions
- tu aimais — vous aimiez
- il aimait — ils aimaient

Plus-que-parfait
- j'avais aimé — nous avions aimé
- tu avais aimé — vous aviez aimé
- il avait aimé — ils avaient aimé

Passé simple
- j'aimai — nous aimâmes
- tu aimas — vous aimâtes
- il aima — ils aimèrent

Passé antérieur
- j'eus aimé — nous eûmes aimé
- tu eus aimé — vous eûtes aimé
- il eut aimé — ils eurent aimé

Futur simple
- j'aimerai — nous aimerons
- tu aimeras — vous aimerez
- il aimera — ils aimeront

Futur antérieur
- j'aurai aimé — nous aurons aimé
- tu auras aimé — vous aurez aimé
- il aura aimé — ils auront aimé

CONDITIONNEL

Présent
- j'aimerais — nous aimerions
- tu aimerais — vous aimeriez
- il aimerait — ils aimeraient

Passé
- j'aurais aimé — nous aurions aimé
- tu aurais aimé — vous auriez aimé
- il aurait aimé — ils auraient aimé

SUBJONCTIF

Présent
- que j'aime — que nous aimions
- que tu aimes — que vous aimiez
- qu'il aime — qu'ils aiment

Passé
- que j'aie aimé — que nous ayons aimé
- que tu aies aimé — que vous ayez aimé
- qu'il ait aimé — qu'ils aient aimé

Imparfait
- que j'aimasse — que nous aimassions
- que tu aimasses — que vous aimassiez
- qu'il aimât — qu'ils aimassent

Plus-que-parfait
- que j'eusse aimé — que nous eussions aimé
- que tu eusses aimé — que vous eussiez aimé
- qu'il eût aimé — qu'ils eussent aimé

IMPÉRATIF

Présent
aime, aimons, aimez

Passé
aie aimé, ayons aimé, ayez aimé

INFINITIF

Présent
aimer

Passé
avoir aimé

PARTICIPE

Présent
aimant

Passé
(ayant) aimé

Chronologie des temps de l'indicatif étudiés en 3ᵉ

- Le plus-que-parfait
- Le passé antérieur
- Le passé composé
- L'imparfait
- Le passé simple
- Le futur dans le passé

• Le présent

• Le futur antérieur   • Le futur simple

situent dans le passé | situe dans le moment actuel | situent dans l'avenir

Le verbe

L'indicatif : le présent

1. TERMINAISONS (OU DÉSINENCES)

▶ Au singulier

-e, -es, -e	-s, -s, -t	-s, -s, ∅
Verbes du **1ᵉʳ groupe**. > *Je lave, tu laves, il lave.*	Verbes du **2ᵉ groupe**. > *Je finis, tu finis, il finit.*	Autres verbes du **3ᵉ groupe** en **-dre** qui conservent le « d » du radical. > *Je tords, tu perds, il tend, je fonds, tu couds, elle répand.*
Verbes du **3ᵉ groupe** en : **-vrir** ; > *J'ouvre, tu ouvres, il ouvre.* **-ffrir** ; > *J'offre, tu offres, il offre.* **-llir**. > *Je cueille, tu cueilles, il cueille.*	Verbes du **3ᵉ groupe** en : **-ir** ; > *Je pars, tu pars, il part.* **-re** ; > *Je fais, tu fais, il fait.* **-oir** ; > *Je vois, tu vois, il voit.* **-soudre** ; > *Je résous, tu résous, il résout* **-indre**. > *Je joins, tu joins, il joint.* > *Je crains, tu crains, il craint.*	
	Le verbe **être** : *Je suis, tu es, il est.*	

- Certains verbes se terminent en **x, x, t**. > *Je veux, tu veux, il (elle, on) veut ; je vaux, tu vaux, il vaut.*

▶ Au pluriel

Pour tous les verbes : **-ons, -ez, -ent**.
- Cas particuliers
  Dire : nous disons, vous dites, elles disent. **Faire** : nous faisons, vous faites, elles font.
  Aller : Je vais, tu vas, il va, nous allons, vous allez, ils vont.

2. RADICAUX

▶ Verbes du premier groupe

- **Variations orthographiques** pour les verbes en :

-cer	-ger	-ayer	-oyer	-uyer
je lance	je plonge	je paye ou paie	j'envoie	j'essuie
nous lançons	nous plongeons	nous payons	nous envoyons	nous essuyons

- Les verbes terminés par **-eler** et **-eter** **doublent** le « **l** » et le « **t** » quand le « **l** » et le « **t** » sont précédés du son [ɛ]. > *J'appelle, nous appelons. Il jette, vous jetez.*
- Certains verbes ne doublent jamais le « l » ou le « t » et prennent un accent grave sur le « e » (déceler, receler, ciseler, démanteler, écarteler, geler, dégeler, congeler, marteler, modeler, peler, acheter, étiqueter, fureter, haleter…). > *Il gèle, j'achète.*

▶ Verbes du deuxième groupe

- Les verbes du deuxième groupe **changent de radical entre le singulier et le pluriel**.
  > *Je finis, nous finissons.*

▶ Verbes du troisième groupe

- Des verbes du troisième groupe **changent de radical**.
  Certains ont deux radicaux. > *Je joins, nous joignons. Je bats, nous battons.*
  Certains ont trois radicaux. > *Je prends, nous prenons, ils prennent.*
  > *Je peux, nous pouvons, ils peuvent.*

3. EMPLOIS Pour les emplois du présent de l'indicatif, **voir p. 391**.

FAIRE SES GAMMES

Voir aussi **Exercices p. 306**

❶ Conjuguez au présent de l'indicatif.
Je *(créer)*, tu *(pouvoir)*, on *(être)*, il *(tenir)*, elle *(avoir)*, nous *(faire)*, vous *(dire)*, elles *(réussir)*, ils *(agir)*.

❷ Même consigne que l'exercice 1.
Je *(prendre)*, tu *(sortir)*, il *(prévoir)*, on *(boire)*, elle *(résoudre)*, nous *(mordre)*, vous *(cueillir)*, elles *(payer)*, ils *(coudre)*, nous *(ruisseler)*, tu *(déceler)*, vous *(jeter)*, nous *(ficeler)*, je *(projeter)*, tu *(geler)*.

❸ Conjuguez ces verbes au pluriel à la personne correspondante.
Tu prends, il peint, je commence, elle surprend, j'envoie, tu rejoins, il raye.

❹ Conjuguez ces verbes à la même personne du singulier.
Nous venons, vous vendez, ils sont, nous allons, vous agissez, elles font, nous enlevons, vous songez, ils peignent, elles remettent, nous lisons, nous voulons, vous rejoignez, ils essuient.

Le verbe

L'indicatif : l'imparfait – le passé simple

1. L'IMPARFAIT

▶ Terminaisons
Les terminaisons sont identiques pour tous les verbes : **-ais**, **-ais**, **-ait**, **-ions**, **-iez**, **-aient**.

je chant**ais**	tu chant**ais**	il, elle, on chant**ait**
nous chant**ions**	vous chant**iez**	ils, elles chant**aient**

▶ Difficultés des verbes du premier groupe
- Les verbes terminés en **-ier** et **-yer**. > *Nous cr**ii**ons (cri-ions), vous essu**yi**ez (essuy-iez).*
- Les verbes terminés en **-cer**. > *Je lan**ç**ais, tu lan**ç**ais, il lan**ç**ait, ils lan**ç**aient.*
- Les verbes en **-ger**. > *Je man**ge**ais, tu man**ge**ais, il man**ge**ait, ils man**ge**aient.*

▶ Difficultés des verbes du troisième groupe
Le verbe **voir** aux première et deuxième personnes du pluriel s'écrit : *nous vo**y**ions, vous vo**y**iez*.

2. LE PASSÉ SIMPLE

Au passé simple, les verbes ont des terminaisons différentes selon leur groupe.

	1ᵉʳ groupe	2ᵉ groupe	3ᵉ groupe		
	[a]	[i]	[i]	[y]	[in]
	poser	réussir	dire	devoir	venir
je	pos**ai**	réuss**is**	d**is**	d**us**	v**ins**
tu	pos**as**	réuss**is**	d**is**	d**us**	v**ins**
il, elle, on	pos**a**	réuss**it**	d**it**	d**ut**	v**int**
nous	pos**âmes**	réuss**îmes**	d**îmes**	d**ûmes**	v**înmes**
vous	pos**âtes**	réuss**îtes**	d**îtes**	d**ûtes**	v**întes**
ils, elles	pos**èrent**	réuss**irent**	d**irent**	d**urent**	v**inrent**

Retenez le passé simple de ces **verbes fréquents**.

aller	j'allai	lire	je lus	savoir	je sus
écrire	j'écrivis	mettre	je mis	tenir	je tins
être	je fus	pouvoir	je pus	voir	je vis
faire	je fis	prendre	je pris	vouloir	je voulus

3. EMPLOIS
Pour les emplois de l'imparfait et du passé simple de l'indicatif, **voir pp. 401-402**.

FAIRE SES GAMMES

Voir aussi **Exercices p. 306**

❶ Écrivez ces verbes à l'imparfait.
Je *(aborder)*, tu *(partager)*, il *(annoncer)*, elle *(grandir)*, je *(prier)*, tu *(appuyer)*, elle *(venir)*, tu *(croire)*, je *(rire)*, il *(faire)*, je *(vendanger)*, tu *(parler)*, elle *(dire)*, je *(remuer)*, il *(admettre)*.

❷ Mettez à l'imparfait les verbes de l'exercice 1, à la personne du pluriel qui correspond.

❸ Trouvez l'intrus dans chaque liste. Justifiez votre réponse.
A] Nous sortions, nous lisions, nous étions, nous trions, nous vidions.
B] Vous défendiez, vous teniez, vous deviez, vous rayez.

❹ a. À quel groupe les verbes de chaque liste appartiennent-ils ?
b. Conjuguez-les à l'imparfait à la personne demandée.
A] Balancer *(3ᵉ p. s.)*, placer *(2ᵉ p. s.)*, broyer *(1ʳᵉ p. s.)*, rêver *(1ʳᵉ p. s.)*, feuilleter *(3ᵉ p. pl.)*, foncer *(2ᵉ p. s.)*, bouger *(1ʳᵉ p. pl.)*.

B] Finir *(2ᵉ p. s.)*, agir *(3ᵉ p. pl.)*, choisir *(1ʳᵉ p. s.)*, rougir *(2 p. pl.)*, franchir *(1ʳᵉ p. pl.)*.

C] Faire *(1ʳᵉ p. s.)*, prédire *(3ᵉ p. pl.)*, pouvoir *(3ᵉ p. s.)*, prévenir *(1ʳᵉ p. pl.)*, croire *(2ᵉ p. s.)*, savoir *(3ᵉ p. s.)*, prendre *(3ᵉ p. pl.)*, lire *(1ʳᵉ p. s.)*, voir *(1ʳᵉ p. s.)*.

❺ Conjuguez au passé simple les verbes de l'exercice 1.

❻ Mettez au passé simple les verbes de l'exercice 1, à la personne du pluriel correspondante.

❼ Conjuguez les verbes de l'exercice 4 au passé simple à la personne demandée.

❽ Relevez les verbes conjugués au passé simple.
Je viens, tu retins, il déteint, je dis, il défit, ils noircissent, nous fûmes, ils fumèrent, il peint.

❾ Relevez les formes de passé simple.
Vit, vie, vu, su, sus, sut, tint, tenu, choisi.

Le verbe

L'indicatif : les temps composés du passé

1. FORMATION DES TEMPS COMPOSÉS

Temps composés de l'indicatif : un **auxiliaire** à un temps simple et un **participe passé**.
- Auxiliaire *avoir* pour tous les **verbes transitifs** (ceux qui se construisent avec un COD ou un COI).
  > *J'ai lu un livre. J'ai pensé à cette histoire.*
- Auxiliaire *être* pour :
  – des **verbes de déplacement** ;   > *Il est arrivé, elle est descendue, on est parti.*
  – **certains verbes d'état** ;   > *Il est devenu, elle est restée, on est demeuré.*
  – les verbes *naître* et *mourir*.   > *Il est né, elle est morte.*

Attention à bien accorder le participe passé ; voir p. 366.

2. LE PASSÉ COMPOSÉ

Auxiliaire *être* ou *avoir* conjugué au **présent**, suivi du **participe passé du verbe**.

lire		partir	
j'ai lu	nous avons lu	je suis parti(e)	nous sommes parti(e)s
tu as lu	vous avez lu	tu es parti(e)	vous êtes parti(e)s
il, elle, on a lu	ils, elles ont lu	il, elle, on est parti(e)	ils, elles sont parti(e)s

3. LE PLUS-QUE-PARFAIT

Auxiliaire *être* ou *avoir* conjugué à l'**imparfait**, suivi du **participe passé du verbe**.

lire		partir	
j'avais lu	nous avions lu	J'étais parti(e)	nous étions parti(e)s
tu avais lu	vous aviez lu	tu étais parti(e)	vous étiez parti(e)s
il, elle, on avait lu	ils, elles avaient lu	il, elle, on était parti(e)	ils, elles étaient parti(e)s

4. LE PASSÉ ANTÉRIEUR

Auxiliaire *être* ou *avoir* conjugué au **passé simple**, suivi du **participe passé du verbe**.

lire		partir	
j'eus lu	nous eûmes lu	Je fus parti(e)	nous fûmes parti(e)s
tu eus lu	vous eûtes lu	tu fus parti(e)	vous fûtes parti(e)s
il, elle, on eut lu	ils, elles eurent lu	il, elle, on fut parti(e)	ils, elles furent parti(e)s

5. EMPLOIS   Pour les emplois des temps composés de l'indicatif, **voir p. 402**.

FAIRE SES GAMMES   Voir aussi **Exercices p. 307**

❶ a. Classez ces verbes en trois colonnes : passé composé, plus-que-parfait et passé antérieur. b. Donnez l'infinitif de chacun d'eux.

Tu as préparé • elle s'était demandé • ils eurent pris • j'avais transmis • nous avons préféré • ils avaient souhaité • il a lu • il s'est repris • j'eus envoyé • elles ont apprécié • il eut prédit • vous êtes arrivées • on avait écrit • elle eut bu • nous nous sommes embrassés • tu eus fabriqué • je me suis proposé.

❷ Conjuguez ces verbes au passé composé en faisant attention à l'accord du participe.

Tu (*venir*), elle (*arriver*), elles (*partir*), nous (*naître*), vous (*devenir*), ils (*rester*), je (*mourir*), elle (*revenir*).

❸ Transposez au plus-que-parfait en respectant la personne.

Il prenait, elle venait, nous craignions, ils perdaient, je croyais, vous disiez, tu écrivais, elles partaient.

❹ Transposez au passé antérieur en respectant la personne.

Ils prirent, je fis, tu fus, elle vint, nous partîmes, il rejoignit, je décidai, tu vis.

❺ Insérez chacun des verbes suivants dans une phrase.

Es descendue, as descendu, avons sorti, sommes sortis, a monté, est monté.

❻ Conjuguez chaque verbe au temps de l'indicatif demandé.

1. Quand il (*gagner, passé antérieur*) ses appartements, il (*défaire, passé simple*) sa valise. 2. Nous (*préparer, passé composé*) un gâteau quand nous (*savoir, passé composé*) qu'elle (*fêter, imparfait*) ses vingt ans. 3. Lorsque ses parents (*décider, passé antérieur*) s'il (*pouvoir, imparfait*) nous accompagner en vacances, nous lui (*proposer, passé composé*) de venir avec nous.

❼ Transposez au passé composé.

Les invités de Jean Combuttte **arrivèrent** sans tarder. Pas un ne **manqua** à l'appel. Tous **félicitèrent** le brave marin. Marie **rentra**, belle et parée, et elle **eut** la joue embrassée par toutes les commères.

D'après **Jules Verne**, *Un hivernage dans les glaces*.

❽ Rédigez trois phrases à partir de l'image, p. 305. Vous emploierez dans chacune un verbe conjugué à un temps composé du passé.

Le verbe

L'indicatif : les futurs

1. LE FUTUR SIMPLE

▶ **Terminaisons**

Les terminaisons sont identiques pour tous les verbes : **-ai**, **-as**, **-a**, **-ons**, **-ez**, **-ont**.

| je chanterai | tu chanteras | il chantera | nous chanterons | vous chanterez | ils chanteront |

▶ **Radical**

- Généralement, l'infinitif constitue le radical du futur. C'est pourquoi les verbes dont l'infinitif se termine par **-ier**, **-uer**, **-ouer**, **-éer** conservent le « e » de l'infinitif au futur, même si on ne l'entend pas.
  > Crier : je cri**e**rai. Tuer : tu ne tu**e**ras pas. Louer : il lou**e**ra. Créer : nous cré**e**rons.

- Les auxiliaires et de nombreux verbes du troisième groupe utilisent un radical particulier. (Voir conjugaisons pp. 422 à 425.)

| avoir j'**aur**ai | être je **ser**ai | aller j'**ir**ai | faire je **fer**ai | savoir je **saur**ai |

- Certains verbes tels que *acquérir, courir, conquérir, mourir* suppriment le « i » intermédiaire entre les deux « r ». > Il acque**rr**a, elle cou**rr**a, on conque**rr**a, il mou**rr**a.

2. LE FUTUR ANTÉRIEUR

Le futur antérieur se forme à l'aide de l'auxiliaire **être** ou **avoir** conjugué au **futur simple**, suivi du **participe passé** du verbe.

chanter		sortir	
j'aurai chanté	nous aurons chanté	je serai sorti(e)	nous serons sorti(e)s
tu auras chanté	vous aurez chanté	tu seras sorti(e)	vous serez sorti(e)s
il, elle, on aura chanté	ils, elles auront chanté	il, elle, on sera sorti(e)	ils, elles seront sorti(e)s

3. LE FUTUR DANS LE PASSÉ

- Le futur dans le passé s'emploie dans un **récit au passé**.
- Sous sa forme simple, le futur dans le passé se forme avec le **radical du futur** et les terminaisons de l'imparfait : **-ais**, **-ais**, **-ait**, **-ions**, **-iez**, **-aient**.
  > Il promit qu'il **finirait** son travail.
- Sous sa forme composée, le futur dans le passé utilise l'auxiliaire **être** ou **avoir** conjugué **à la forme simple du futur dans le passé**, suivi du **participe passé du verbe**.
  > Il avait promis qu'il **aurait fini** son travail.

4. EMPLOIS

Pour les emplois des futurs de l'indicatif, **voir p. 402**.

FAIRE SES GAMMES

Voir aussi **Exercices p. 307**

❶ Classez ces verbes en trois colonnes : futur simple, futur antérieur et futur dans le passé.
Je verrai • tu auras lu • il voudrait • nous ferons • vous diriez • ils auront accepté • j'aurais • elle saura • vous aurez entrepris • ils seraient.

❷ Transposez les verbes en gras au futur, à la 2ᵉ personne du singulier.
1. **Va** à la cave. 2. **Fais** doucement pour ouvrir la porte. 3. **Sois** poli avec le personnel. 4. **Vois** ce que tu peux faire. 5. **Reviens** avec des résultats. 6. **Apprécie** la mission qui t'est confiée.

❸ Transposez les verbes en gras de l'exercice 2 au futur, à la 2ᵉ personne du pluriel.

❹ Conjuguez ces verbes au futur antérieur.
Elle (revenir), tu (dire), il (moudre), nous (mourir), je (écrire), ils (tenir), vous (être), nous (arriver), je (voir).

❺ Transposez au futur en respectant la personne.
Nous aurons su, j'aurai cru, tu auras entendu, elle sera devenue, vous aurez fait, elles seront allées.

❻ Conjuguez ces verbes au futur dans le passé, sous sa forme simple, à la personne demandée.
Je (partir), il (être), elles (savoir), vous (craindre), nous (devenir), tu (emporter), elle (aller), il (falloir), je (pouvoir).

❼ Conjuguez ces verbes au futur dans le passé, sous sa forme composée, à la personne demandée.
Je (venir), il (défendre), elles (entreprendre), vous (partir), nous (dire), tu (rêver), elle (demeurer), il (prétendre), je (vouloir).

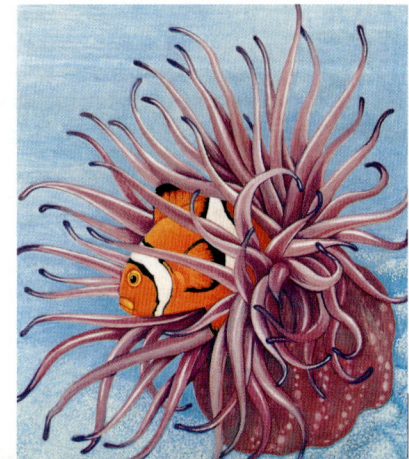

Actinie abritant un poisson-clown
© Hachette Livre

EXERCICES RÉCAPITULATIFS
Généralités

1 Nommez les six modes de la conjugaison.

2 En utilisant tous les mots de la liste, attribuez à chaque mode les temps qui lui correspondent. Présentez votre réponse dans un tableau qui mettra en regard les temps simples et les temps composés.
Liste : présent (6 fois) ; imparfait (2 fois) ; passé (5 fois) ; passé simple ; futur simple ; passé composé ; plus-que-parfait (2 fois) ; passé antérieur ; futur antérieur.

3 Classez les verbes de ces phrases en trois colonnes, selon qu'ils sont à la voix active, passive ou pronominale.
1. La tragédie se joue depuis plusieurs semaines. 2. Le comédien interprétant Arturo Ui a été choisi pour son énergie sur scène. 3. La pièce de Brecht, *La Résistible Ascension d'Arturo Ui*, dénonce la dictature. 4. L'action se déroule aux États-Unis. 5. Plusieurs personnes sont tuées sur ordre du dictateur. 6. Cette pièce a un message à transmettre. 7. Brecht a écrit sa pièce pendant la Seconde Guerre mondiale. 8. Cette pièce a été montée par de grands metteurs en scène. 9. Son succès s'explique par un sujet intemporel.

4 Faites correspondre temps simples et temps composés.
Tu marcheras • tu avais marché • aie marché • marchant • tu marchas • tu marcherais • que tu aies marché • marche • ayant marché • tu aurais marché • tu auras marché • tu marchais • tu eus marché • que tu marches.

Présent de l'indicatif

5 Conjuguez les verbes au présent de l'indicatif.
Je (dire), tu (anéantir), il (faire), nous (peindre), vous (faire), ils (croire), tu (espérer), vous (feindre), nous (peigner), elle (ennuyer), je (supplier), tu (résoudre), elles (prévoir), vous (geler), il (haleter), tu (balayer), nous (prendre), vous (vendre), je (foncer), tu (déranger), nous (aménager), nous (commencer).

6 Conjuguez les verbes au pluriel, à la personne correspondante.
Tu sens, il franchit, je sais, elle dédie, je vends, tu crois, il bat, elle coud, tu remues, je veux, il souhaite.

7 Conjuguez les verbes au singulier, à la personne correspondante.
Nous ruisselons, vous rejoignez, ils veulent, elles fondent (deux possibilités), nous apprécions, ils peignent (deux possibilités), vous pouvez.

8 Conjuguez les verbes entre parenthèses au présent de l'indicatif.
À la récréation, des petites filles me (demander) si j'ai vu des sultans, des palais. Je ne (savoir) pas quoi répondre. Je (dire) que tout était pareil qu'ici. Elles (s'éloigner). Moi, je (savoir) déjà écrire, lire et compter. Ma mère en a trop fait. Je (s'ennuyer). C'(être) à une récréation que je (se décider) : je (aller) trouver les filles et je (commencer). [...] Je (raconter), je (raconter). Bientôt les mille et une récréations (s'offrir) à moi. Bientôt j'(attendre) avec impatience le moment où j'entamerai un de mes tours de cour, une copine à chaque bras, honneur qu'elles (se disputer). Là, je les (enchanter). J'(inventer). Je (broder). J'(emmêler) les fils de la réalité et de mes lectures. Je leur (servir) ce qu'elles (avoir) envie d'entendre et plus encore. Plaisir. À dos de chameau, je leur (faire) visiter les oasis. La lumière (éclabousser) les mots dans ma bouche. Je (être) heureuse.
J. Benameur, *Ça t'apprendra à vivre*, © Denoël, 2003.

Imparfait de l'indicatif

9 Conjuguez les verbes à l'imparfait.
Tu (gravir), je (devoir), il (annoncer), tu (foncer), elle (nager), je (prier), tu (défaire), il (retenir), elle (dire), tu (surprendre), je (envoyer), il (prévoir), je (remuer), tu (essayer), il (croire).

10 Conjuguez à l'imparfait les verbes de l'exercice 9 à la personne du pluriel qui correspond.

11 Trouvez l'intrus dans chaque liste. Justifiez votre réponse.
A] Nous venions, nous croyions, nous crions, nous appelions.
B] Je chantais, je défendais, je coiffais, je fais, je suivais.
C] Vous pensiez, vous disiez, vous remplaciez, vous fuyez.

Passé simple de l'indicatif

12 Conjuguez les verbes de l'exercice 9 au passé simple.

13 Conjuguez les verbes au passé simple.
Péniblement Meaulnes (ouvrir) la portière de la vieille guimbarde, dont la vitre (trembler) et les gonds (crier). Sur la banquette, dans un coin de la voiture, deux tout petits enfants, un garçon et une fille, dormaient. Ils (s'éveiller) au bruit et au froid, (se détendre), (regarder) vaguement, puis en frissonnant (se renfoncer) dans leur coin et (se rendormir).
Alain-Fournier, *Le Grand Meaulnes*, 1913.

RÉCRIRE

A Récrivez ce texte en conjuguant les verbes au plus-que-parfait. Attention à l'accord du participe passé.
Nous passions devant la préfecture où travaillait l'une de ses amies. Annecy redevenait une ville de province. Sur le Paquier[1], nous croisions un vieil Arménien, toujours seul, dont Claude me disait qu'il était un commerçant très riche et qu'il donnait beaucoup d'argent aux filles et aux pauvres.
P. Modiano, *Un pedigree*, © Éditions Gallimard, 2005.
1. nom d'une esplanade en bordure du lac.

Brevet

B Récrivez ce texte en conjuguant les verbes au futur antérieur. Attention à l'accord du participe passé.
Elle s'éloigna. Il regagna la cabane, mécontent de lui-même. Quand le soir commença à tomber, il se mit à l'attendre, mais elle ne vint pas. Il s'endormit tard dans la nuit. [...] Elle ne revint que le lendemain à midi passé. Elle ramenait des poissons, quatre poissons luisants, tachetés de vert et de bleu.
G. O. Châteaureynaud, *La Belle Charbonnière*, © Éditions Grasset & Fasquelle, 1976.

14 Trouvez l'intrus dans chaque liste. Justifiez votre réponse.
A] Je digérai, je tirai, je mimerai, j'admirai.
B] Je sortis, j'écris, je fis, je suivis, je mis.
C] Tu conduisis, tu servis, tu lis, tu pris.

Temps simples du passé

15 Conjuguez les verbes en italique à l'imparfait, les autres au passé simple.

Ils (se hâter). Chick (sembler) monté sur dragons volants. À la porte de Chloé, des gens (regarder) la belle voiture blanche commandée par Colin et qu'on (venir) de livrer avec le chauffeur de cérémonie. À l'intérieur, tout recouvert de fourrure blanche, on (être) bien au chaud et on (entendre) de la musique. Le ciel (rester) bleu, les nuages légers et vagues. Il (faire) froid sans exagération. L'hiver (tirer) à sa fin. Le plancher de l'ascenseur (se gonfler) sous leurs pieds et, dans un gros spasme mou, les (déposer) à l'étage. La porte (s'ouvrir) devant eux. Ils (sonner). On (venir) ouvrir. Chloé les (attendre).

B. Vian, *L'Écume des jours,* © Fayard, 1947 (voir p. 432).

16 Conjuguez les verbes en italique à l'imparfait, les autres au passé simple.

Il (brûler) de nouveau un feu rouge. Je (fermer) les yeux. Il (accélérer) encore et (klaxonner) par petits coups brefs. La vieille Régence (trembler). Nous (arriver) avenue du Roule. Devant l'église, nous (tomber) en panne. Nous (abandonner) la Régence et (marcher) au pas de charge en direction de la mairie, à deux cents mètres plus loin, sur l'avenue. Koromindé (boiter) un peu et je le (précéder). Je (se mettre) à courir. Koromindé aussi mais il (traîner) la jambe gauche et bientôt je le (distancer) d'une bonne longueur. Je (se retourner) : il (agiter) le bras en signe de détresse, mais je (courir) de plus en plus vite. Koromindé, découragé, (ralentir) son allure. Il (s'éponger) le front et les tempes à l'aide d'un mouchoir bleu marine. En escaladant les marches de la mairie, je lui (faire) de grands gestes. Il (parvenir) à me rejoindre et il (être) si essoufflé qu'il ne (pouvoir) plus émettre un seul son.

P. Modiano, *Livret de famille,* © Éditions Gallimard, 1977.

Temps composés du passé

17 Conjuguez les verbes au passé composé de l'indicatif.

Je (songer) cette nuit que j'étais dans le plus grand embarras du monde, et qu'une personne faite tout comme monsieur (se présenter) à moi, à qui je (demander) secours, et qui m' (venir) tirer de la peine où j'étais ; et ma surprise (être) grande de voir inopinément[1] en arrivant ici ce que je (avoir) dans l'idée toute la nuit.

Molière, *Le Malade imaginaire,* II, 3, 1673.

1. de manière inattendue.

18 Conjuguez les verbes en italique à l'imparfait, les autres au plus-que-parfait.

1. La grande affaire *(être)* de savoir s'il (pleuvoir) à l'Estaque. 2. Lorsqu'elle (donner) des nouvelles, elle *(manger)* un morceau de pain avec un reste de viande. 3. Frédéric la *(tutoyer)* car il (jouer) avec elle tout petit. 4. L'avoué *(être)* pourtant un homme fort adroit. Son père lui (laisser) une des meilleures études d'Aix, et il (trouver) moyen d'augmenter sa clientèle par une activité rare dans ce pays de paresse. 5. Du reste, Frédéric (comprendre) qu'il *(devoir)* se montrer un fils docile.

É. Zola, *Naïs Micoulin,* 1877.

19 Conjuguez les verbes en italique au passé simple, les autres au passé antérieur.

1. Quand la porte (se refermer), un silence *(régner)*. 2. Le diplomate *(observer)* son interlocuteur et *(froncer)* les sourcils quand celui-ci lui (expliquer) l'objet de sa visite et qu'il (raconter) l'affaire dans les moindres détails. 3. Lorsqu'il (écouter) ce récit jusqu'à la fin et qu'il (arriver) à la conclusion que l'heure était grave, il *(prendre)* la décision d'informer les autorités.

Futurs de l'indicatif

20 Trouvez l'intrus dans chaque liste. Justifiez votre réponse.
A] Je ferai, je tirai, je crierai, je dirai, je rirai.
B] Je croiserai, je préférerais, je conduirai, j'achèterai.
C] Il arrêtera, il lira, il vira, il détruira, il enverra.

21 Écrivez les verbes au futur simple ou au futur antérieur en vous demandant où vous placeriez les actions sur une ligne du temps. Voir Généralités sur le verbe, p. 300.

1. Quand les acteurs (recevoir) les nouveaux costumes, ils les (essayer) avec ravissement. 2. Dès que le metteur en scène (régler) les problèmes d'éclairage, la répétition (pouvoir) commencer. 3. Le premier acteur n'(entrer) en scène que lorsque les trois coups (retentir). 4. Sitôt que les feux de la rampe (s'éteindre), les acteurs (quitter) le plateau et les machinistes (disposer) le nouveau décor.

22 Transformez cet extrait en utilisant des futurs dans le passé. Votre texte débutera par : « Il fut convenu que… ».

J'avais une petite jument, je la sellais moi-même et m'en allais tout seul au loin, je me mettais à galoper et m'imaginais chevalier à un tournoi.

A. Tourguéniev, *Premier amour,* © Éditions Gallimard, 1860, (voir p. 432).

S'EXPRIMER

23 Pour raconter la scène représentée sur l'image et décrire le décor, vous rédigerez un paragraphe en utilisant des passés simples et des imparfaits ainsi que des temps composés du passé.

24 Racontez la même scène en employant des futurs et des futurs antérieurs.

25 Rédigez un paragraphe commençant par « *Le soldat disait que son ennemi…* ». Vous emploierez des propositions contenant des verbes conjugués au futur dans le passé.

Le verbe
Le subjonctif

> **Vérifiez vos acquis**
> Parmi ces verbes, copiez ceux qui sont conjugués au présent du subjonctif et soulignez leur terminaison.
>
> Il dit, il crie, il secourt, il sourie, il conclue, il conquiert, il se lance, il fuie, il coure, il meure.

1. LA CONJUGAISON
Le subjonctif est un mode personnel qui comporte **quatre temps**.

Les temps simples	Les temps composés
▶ **Le présent**	▶ **Le passé**

Mêmes désinences pour les trois groupes de verbes : **-e, -es, -e, -ions, -iez, -ent**.
> *que je fass**e**
que tu fass**es**
qu'il (elle, on) fass**e**
que nous fass**ions**
que vous fass**iez**
qu'ils (elles) fass**ent***
Sauf pour **être** *(que je sois, que tu sois, qu'il soit)* et **avoir** *(qu'elle ait)*.
	Auxiliaire **être** ou **avoir**, conjugué au **subjonctif présent**, suivi du **participe passé** du verbe.
	> *que j'**aie** fait* > *que je **sois** parti(e)*
	   *que tu **aies** fait* *que tu **sois** parti(e)*
	   *qu'il (elle, on) **ait** fait* *qu'il (elle) **soit** parti(e)*
	   *que nous **ayons** fait* *que nous **soyons** parti(e)s*
	   *que vous **ayez** fait* *que vous **soyez** parti(e)s*
	   *qu'ils (elles) **aient** fait* *qu'ils (elles) **soient** parti(e)s*

▶ **L'imparfait**	▶ **Le plus-que-parfait**

• Radical du passé simple, avec les désinences : **-sse, -sses, -^t, -ssions, -ssiez, -ssent**.
> *que je fi**sse**
que tu fi**sses**
qu'il (elle, on) fî**t**
que nous fi**ssions**
que vous fi**ssiez**
qu'ils (elles) fi**ssent***
• **Temps littéraire**, employé surtout à la 3ᵉ personne du singulier.
	• Auxiliaire **être** ou **avoir** conjugué au **subjonctif imparfait**, suivi du **participe passé** du verbe.
	> *que j'**eusse** fait* > *que je **fusse** parti(e)*
	   *que tu **eusses** fait* *que tu **fusses** parti(e)*
	   *qu'il (elle, on) **eût** fait* *qu'il (elle) **fût** parti(e)*
	   *que nous **eussions** fait* *que nous **fussions** parti(e)s*
	   *que vous **eussiez** fait* *que vous **fussiez** parti(e)s*
	   *qu'ils (elles) **eussent** fait* *qu'ils (elles) **fussent** parti(e)s*
	• **Temps littéraire**, employé surtout à la 3ᵉ personne du singulier.

⚠ **ATTENTION**
- Au **subjonctif présent** :
  – le **radical** des verbes du **3ᵉ groupe** est souvent modifié. Voir Conjugaison pp. 418 à 425 ;
  – la désinence de la 3ᵉ personne du singulier est toujours « **e** », quel que soit le groupe du verbe.
  > *Qu'il cour**e**, qu'elle croi**e**, qu'on fui**e**, qu'il meur**e**, qu'elle ri**e**, qu'on voi**e**.*

⚠ **ATTENTION**
- À la 3ᵉ personne du singulier, **il ne faut pas confondre** :
  – le **subjonctif imparfait** avec le passé simple ;
  > *Qu'il **fît*** (subj. imparfait) ; *il **fit*** (passé simple).
  – le **subjonctif plus-que-parfait** avec le passé antérieur.
  > *Qu'il **eût** fait* (subj. plus-que-parfait) ; *il **eut** fait* (passé antérieur).

OBSERVER ET REPÉRER

Il semble qu'il y **ait** une loi de nature qui **rende** plus gras que le reste des hommes ceux qui s'engraissent non seulement de leur oisiveté, mais aussi du travail des autres. M. Godeau, parmi les financiers était des plus classiques qu'on **pût** voir, c'est-à-dire des plus gros.

A. de Musset, *Croisilles*, 1839.

❶ À quel temps du subjonctif chaque verbe en gras est-il conjugué ?

S'EXERCER

❷ Mettez ces verbes au présent du subjonctif, à la personne du singulier correspondante.
1. Que nous apprenions. 2. Que vous rejetiez. 3. Qu'ils sachent. 4. Que nous cédions. 5. Que vous épeliez. 6. Que nous puissions. 7. Qu'ils fuient. 8. Que vous mouriez.

❸ Parmi ces formes verbales, lesquelles ne sont que des formes de subjonctif présent ?
Nous prédisions, nous accomplissions, ils promettent, il veuille, tu prétendes, je meure, il sourie, il nie, vous puissiez, vous puisiez.

❹ Transposez au présent du subjonctif ces verbes conjugués au passé.

Qu'il soit tombé, que vous ayez maudit, que j'aie repris, que vous ayez crié, qu'ils soient revenus, qu'il ait vu, qu'il ait mordu, que nous ayons crû, qu'il ait gelé, que tu aies acheté.

5 **Transposez au passé du subjonctif ces verbes conjugués au présent.**
Que je rejette, que nous puissions, que vous remettiez, qu'ils construisent, qu'il veuille.

6 **Transposez à l'imparfait du subjonctif ces verbes conjugués au passé simple.**
Il lut, il prit, il crut, il aima, il vint, il joignit, il vendit, il tint, il promit, il but, il projeta.

7 **Conjuguez les verbes de l'exercice 6 à la 3ᵉ personne du pluriel du subjonctif imparfait.**

8 **Parmi les formes suivantes, lesquelles sont des formes de subjonctif imparfait ? de quel verbe proviennent-elles ?**
Il sue, il sût, il vint, nous vinssions, nous pussions, nous fussions, nous fuyions, vous prîtes, il prît.

9 **Relevez les subjonctifs et indiquez leur temps.**
1. Pour que Gilbert pût lire avec elle, elle se plaça si près de lui que ses cheveux lui effleurèrent la joue. 2. Il était pâle comme un mort craignant qu'elle ne fût blessée. 3. Il me vint la crainte qu'il m'eût mal jugée. (A. de Musset, *Emmeline*, 1841)

2. EMPLOIS

▶ Propositions indépendantes
Dans les propositions indépendantes, le subjonctif peut exprimer :
- un **souhait** ; > *Pourvu qu'il **vienne** !*
- un **ordre à la 3ᵉ personne**. > *Qu'il **prenne** ses affaires !*

▶ Propositions subordonnées
- Dans certaines **propositions subordonnées conjonctives COD**, on utilise le subjonctif après
  – un verbe exprimant un **souhait**, un **doute**, un **sentiment**, un **ordre** ;
  > *Je veux qu'il **parte**. Je crains qu'il ne **parte**. Je me réjouis qu'il **parte**.*
  – un **verbe employé avec une négation** ;
  > *Je ne pense pas qu'il **vienne**. Je ne dis pas que ce **soit** faux.*
  – certains verbes impersonnels : il faut que, il arrive que, il se peut que, il suffit que...
  > *Il faut que tu **partes**.*
- Dans les **propositions subordonnées circonstancielles** (voir pp. 333, 347 à 354), certaines conjonctions de subordination sont obligatoirement suivies du subjonctif. Elles expriment :
  – le **temps** : *avant que, jusqu'à ce que...*   > *Il sera rentré avant que la nuit ne **vienne**.*
  – le **but** : *pour que, afin que...*   > *Que faut-il faire pour que cet enfant **se taise** ?*
  – l'**opposition** : *bien que, quoique...*   > *Bien qu'il **fasse** nuit, l'enfant joue dehors.*
  – la **condition** : *à condition que*   > *Il viendra à condition que tu le **préviennes**.*
- Dans les **propositions subordonnées relatives** dont l'antécédent est accompagné d'un adjectif au superlatif relatif ou de l'adjectif qualificatif *seul*, on emploie le subjonctif.
  > *C'est le meilleur soldat que je **connaisse**. Il est le seul soldat qui **puisse** résister.*

S'EXERCER

10 **Exprimez ces souhaits et ces ordres en conjuguant les verbes au présent du subjonctif.**
1. Qu'on lui (*obéir*). 2. (*Pouvoir*)-il être guéri avant la compétition ! 3. (*Pouvoir*)-vous le convaincre ! 4. Qu'elle (*savoir*) sa leçon pour demain. 5. Qu'ils (*avoir*) le courage d'assumer leurs actes !

11 **a. Relevez les subjonctifs, indiquez leur temps. b. Justifiez l'emploi de chacun de ces subjonctifs.**
1. a. Qu'on lui coupe la tête. b. Que la plupart ne fassent pas de batailles. (E. Ionesco, *Macbett*, © Éditions Gallimard) 2. a. Je veux que vous preniez chacun un bâton. b. Il faut qu'on vous ait mise à quelque bonne école. c. Voulez-vous que je mente ? d. Et je ne voudrais pas qu'il sût ce qu'il ignore. (Molière, *L'École des femmes*)

12 **a. Conjuguez les verbes au temps du subjonctif indiqué. b. Justifiez l'emploi de chaque subjonctif.**
1. Il faudrait que la brume (*se lever, présent*) afin que je (*pouvoir, présent*) savoir exactement où je suis. 2. Ses vêtements prennent feu avant qu'il (*avoir, passé*) le temps de s'en défaire. 3. Elle est la seule qui (*réussir, passé*) cet exercice. 4. Je ne pense pas que la solution du problème (*être, présent*) celle-ci. 5. Je doute qu'il (*avoir, présent*) raison. 6. Voudrais-tu que nous (*passer,* *présent*) te prendre ? 7. Il suffit qu'il (*prendre, présent*) les renseignements avant qu'il n'(*acquérir, présent*) cette maison.

13 **a. Complétez les propositions subordonnées en utilisant des verbes conjugués au subjonctif. b. Justifiez l'emploi du subjonctif.**
1. Il craint que ton arrivée ne ✏. 2. Il faut qu'il ✏. 3. Il marche longtemps, jusqu'à ce que ✏. 4. Il progresse, bien que ✏. 5. Elles veulent que ✏. 6. Elle est la seule qui ✏. 7. Avant que ✏, la jeune fille a consulté de nombreux ouvrages.

14 **Récrivez les phrases de l'exercice 13 en transposant les verbes principaux à l'imparfait et les verbes des subordonnées au subjonctif imparfait ou plus-que-parfait.**

S'EXPRIMER

15 **À partir de l'image, rédigez un paragraphe dans lequel vous utiliserez des subjonctifs dans des propositions indépendantes et subordonnées. Vous soulignerez ces subjonctifs.**

Cobra en posture d'agression
© Hachette Livre

Le verbe
Le conditionnel

1. LE PRÉSENT — On le forme en ajoutant au radical du futur les terminaisons de l'imparfait : -ais, -ais, -ait, -ions, -iez, -aient.
> Je parlerais, tu finirais, il prendrait, nous sortirions, vous courriez, elles boiraient.

2. LE PASSÉ — Auxiliaire *être* ou *avoir*, conjugué au présent du conditionnel, suivi du participe passé du verbe.
> J'aurais dansé, tu aurais fini, il (elle) serait sorti(e), nous serions parti(e)s, vous seriez resté(e)s, ils (elles) auraient pris.

Il existe un **conditionnel passé 2ᵉ forme**, d'un emploi très littéraire, qui se conjugue comme le plus-que-parfait du subjonctif. > Il fût sorti, ils eussent pris.

3. EMPLOIS — Le mode conditionnel exprime :
– un **fait soumis à une condition exprimée au passé** (voir p. 354) ;
> Si on chauffait, la machine exploserait.
– un **ordre** ou une **défense** atténués, une **demande** polie (voir p. 334) ;
> Pourriez-vous avancer ?
– l'**éventualité**, la **possibilité** ; > Il pourrait inventer une voiture d'un autre type.
– un **rêve**, un **souhait**, un **regret** ; > J'aimerais skier. J'aurais dû réagir plus tôt.
– l'**étonnement** dans une phrase exclamative. > Vous feriez cela pour moi !

Le verbe
L'impératif

1. LE PRÉSENT
- **2ᵉ personne du singulier** : terminaison
en **-e**
 – pour les verbes du **1ᵉʳ groupe** ; > Porte.
 – pour les verbes du **3ᵉ groupe** terminés par **-vrir, -llir, -ffrir** ; > Ouvre, accueille, offre.
 – pour le verbe **avoir**. > Aie.
Quand ces verbes sont suivis des pronoms **en** et **y**, pour des raisons de prononciation, la 2ᵉ personne se termine par **-es**. > Donnes-en, entres-y, cueilles-en.
en **-s** pour les verbes du **2ᵉ groupe**. > Agis. Ne rougis pas.
Dans les **verbes pronominaux**, le pronom personnel prend la forme **-toi** et se place **après le verbe**.
> Rappelle-toi, lave-toi.
- **1ʳᵉ personne du pluriel** : terminaison en **-ons**. > Portons, finissons, prenons.
- **2ᵉ personne du pluriel** : terminaison en **-ez**. > Portez, finissez, prenez.
- **Quelques formes particulières**
aller : *va, allons, allez (vas-y, va-t'en)* • dire : *dis, disons, dites* • faire : *fais, faisons, faites*
prendre : *prends, prenons, prenez* • savoir : *sache, sachons, sachez* • voir : *vois, voyons, voyez.*

2. LE PASSÉ — Auxiliaire *être* ou *avoir* conjugué au présent de l'impératif, suivi du participe passé du verbe.
> Aie porté, ayons porté, ayez porté. Sois parti(e), soyons parti(e)s, soyez parti(e)s.

3. EMPLOIS — Le mode impératif s'emploie dans les **phrases injonctives** (voir p. 334).

FAIRE SES GAMMES
Voir aussi **Exercices p. 314**

❶ Conjuguez ces verbes au conditionnel présent.
Je (*crier*), tu (*appeler*), il (*jeter*), elle (*sourire*), nous (*parcourir*), vous (*tenir*), ils (*vendre*), il (*devoir*), on (*dire*).

❷ Transposez les verbes de l'exercice 1 au conditionnel passé.

❸ Conjuguez ces verbes à l'impératif présent à la 2ᵉ personne du singulier.
Donner, jeter, revenir, remettre, se lever, se souvenir, peindre, craindre, rejoindre, débattre.

❹ Transposez à l'impératif passé ceux des verbes de l'exercice 3 qui ne sont pas à la voix pronominale.

Le verbe

Les modes impersonnels : l'infinitif

L'infinitif n'utilise pas les personnes : c'est un mode **impersonnel**.

1. L'INFINITIF PRÉSENT
- L'infinitif présent est la forme sous laquelle est classé un verbe dans un dictionnaire en français.
Terminaisons :

| 1er groupe : **-er** | 2e groupe : **-ir** | 3e groupe : **-ir, -oir, -re, -dre, -indre, -soudre** |

⚠ **ATTENTION** Ne pas oublier l'accent circonflexe sur l'infinitif de *croître*, *naître*, *paraître*.

- Certains infinitifs présents sont devenus des **noms masculins**.
> *Le déjeuner, le coucher, le savoir.*

2. L'INFINITIF PASSÉ L'**infinitif passé** se forme à l'aide de l'infinitif de l'**auxiliaire** *être* ou *avoir* suivi du **participe passé** du verbe. > *Avoir dansé, être parti(e).*

⚠ **ATTENTION** Ne pas confondre *avoir mangé* (infinitif passé à la voix active) et *être mangé(e)* (infinitif présent à la voix passive). Voir p. 336.

3. EMPLOIS L'infinitif a plusieurs emplois.
- **Verbe**
Il s'emploie dans une **phrase injonctive** (voir p. 334). > *Ralentir. Ne pas se pencher.*

- **Nom**
Le verbe à l'infinitif peut avoir de nombreuses fonctions du nom :
– **sujet** ; > *Tricher est un délit.*
– **attribut du sujet** (précédé de la préposition *de*) ; > *La difficulté est de ne pas tomber.*
– **COD** ; > *Je veux maigrir.*
– **COI** ou **COS** ; > *Il cherche à maigrir.*
– **complément du nom** ; > *Sa décision de partir est irrévocable.*
– **complément de l'adjectif** ; > *Il est apte à faire du sport.*
– **complément circonstanciel** (après certaines prépositions).
> *Avant de courir, il s'est échauffé pour préparer ses muscles.*

- **Noyau d'une subordonnée infinitive** (voir p. 342)
L'infinitif peut être le noyau d'une proposition subordonnée infinitive, après des verbes de perception et les verbes *laisser* et *faire*.
> *J'entends [les oiseaux chanter].* (« Les oiseaux » = sujet de « chanter »)

FAIRE SES GAMMES
Voir aussi **Exercices p. 314**

❶ Pour chaque verbe, donnez son infinitif présent et son infinitif passé.
Je fuis, tu feins, il fit, nous amenâmes, nous affections, vous adjoignez, ils saisissent, ils mordirent, tu insinuais, elle essaie, tu essuies, nous payions, tu requiers, il convainc, nous parcourrons, ils souriront.

❷ Classez les verbes selon qu'ils sont conjugués à l'infinitif présent passif ou à l'infinitif passé actif.
être parti • être bousculé • être monté • être payé • être descendu • être convaincu • être né • être persuadé • être soulagé • être devenu • être satisfait • être décrit • être décrié.

❸ Écrivez ces ordres à l'infinitif.
1. Sors en silence. 2. Taisez-vous immédiatement. 3. Pour ce soir, cuisez cette viande. 4. Diluez avec de l'eau. 5. Prends une douche après l'entraînement. 6. Fuyez à la première alerte.

❹ Donnez la fonction des infinitifs en italique.
1. Je peux *partir*. 2. Prends le temps de *dormir*. 3. Ce livre est facile à *lire*. 4. Pour *gagner* du temps, passez ici. 5. Quelle joie de le *revoir* ! 6. Il cherche à *obtenir* son permis de *conduire*. 7. *Nager* est une activité qui muscle le dos. 8. Son souci est de ne pas *terminer* à l'heure. 9. Cet alpiniste souhaite *franchir* le col avant la nuit.

❺ Récrivez les phrases en remplaçant les passages en italique par un verbe à l'infinitif. Attention ! vous devrez parfois modifier la phrase.
1. Les sportifs de ce club pensent *qu'ils sont les meilleurs*. 2. Elle craint *qu'on ne la voie pas de loin*. 3. Il faut *que tu partes avant le dîner*. 4. Sophie a cru *qu'elle s'habillerait avec les vêtements de sa sœur*. 5. *Quand on l'entend*, on a l'impression qu'il a fait le tour du monde.

❻ Rédigez à l'infinitif des conseils de prudence à suivre en bord de mer.

Le verbe

Les modes impersonnels : le participe

> **Vérifiez vos acquis**
> Relevez les participes présents et les participes passés : *vérifiant, pleuvant, plu, montré, déduisant, menti, applaudi, emmené*.

Le participe n'utilise pas les personnes : c'est un mode **impersonnel**.

1. LE PARTICIPE PRÉSENT

- Le participe présent est une forme verbale dont la terminaison invariable est **-ant**.
  > *Dans**ant**, finiss**ant**, fais**ant**.*
- Il est parfois précédé de la préposition *en* : il se nomme alors un **gérondif**.
  > *En dansant, en finissant, en faisant.*

2. PARTICIPE PRÉSENT ET ADJECTIF VERBAL

- Il ne faut pas confondre le participe présent, invariable, et **l'adjectif verbal** qui s'accorde en genre et en nombre.
  > *Vivant à la campagne, ils ne supportent pas l'air pollué des villes.* (participe présent)
  > *Les êtres vivants sont menacés par la pollution.* (adjectif verbal)

⚠ **ATTENTION**

Variations orthographiques

	Participe présent	Adjectif verbal
radical terminé par le son [k]	communiquant	communicant
radical terminé par le son [g]	naviguant	navigant
	négligeant	négligent

3. LE PARTICIPE PASSÉ

▸ **Définition**

- Le participe passé est une **forme composée**.   > *Ayant dansé, étant sorti(e)(s).*
  Souvent, l'auxiliaire *ayant* ou *étant* est sous-entendu.   > *Son père (étant) parti, il pleura.*
- Le participe passé peut être une forme **active** *(ayant vu)* ou **passive** *(ayant été vu)*.

▸ **Les terminaisons**

- Un participe passé a l'une de ces **cinq terminaisons** au masculin singulier.

1er groupe	é	dessiné
2e groupe	i	fini
3e groupe	i	senti
	u	aperçu
	s	pris (*prendre, mettre,* et leurs composés), les composés de *quérir* (*acquérir*...)
	t	dit, offert (*dire, faire, ouvrir* et leurs composés, *écrire, conduire, cuire, produire, réduire, mourir,* les verbes en *-indre*)
	é	né

- Pour trouver la **lettre finale d'un participe passé au masculin singulier**, il faut **mettre le participe passé au féminin singulier**. On peut ainsi repérer s'il y a une consonne finale muette.
  > *un objet   parfumé   fini   pris   inclus   aperçu   offert.*
  > *une chose   parfumée   finie   prise   incluse   aperçue   offerte.*

▸ **Les accords**

- Les participes passés peuvent prendre les **marques** du **féminin** et du **pluriel** (voir p. 366).
  > *Une pomme cueillie, des abricots cueillis, des pommes cueillies.*

4. LES EMPLOIS DES PARTICIPES

▸ **Emploi comme élément de conjugaison d'un verbe**

- Le participe passé s'emploie :
  – dans les **temps composés d'un verbe à la voix active** ;   > *Il a pris. Il est venu.*
  – dans la conjugaison d'un **verbe à la voix passive**.   > *Il est attaqué par l'ennemi.*

▸ **Emploi comme adjectif**

- Les participes présent et passé ainsi que l'adjectif verbal peuvent avoir la fonction d'épithète.
  > *Il observe un soldat apeuré, une balle rasante et un enfant hurlant de peur.*

- Les participes présent et passé ainsi que l'adjectif verbal peuvent se mettre en **apposition**.
  > *Affolée, tremblante, hurlant de peur, la jeune femme s'enfuit à toute vitesse.*
- Le participe passé et l'adjectif verbal peuvent avoir la fonction d'**attribut du sujet**.
  > *L'enfant est apeuré. La balle est rasante.*

▶ Emploi comme nom

Précédé d'un déterminant, le participe (présent ou passé) peut **devenir un nom**.
> *Un attaquant, un blessé.*

▶ Emploi comme noyau d'une proposition subordonnée participiale

- Le participe présent ou passé peut constituer le **noyau d'une proposition subordonnée participiale**, complément circonstanciel de temps ou de cause (voir p. 333).
  > *La nuit tombant (La nuit tombée), les rues du village deviennent désertes.*

OBSERVER ET REPÉRER

Hier, durant tout le trajet, les populations **pressées** aux passages à niveau et aux gares n'ont **cessé** de nous acclamer, les femmes **envoyant** des baisers, les hommes **reprenant** avec nous *La Marseillaise* et *Le Chant du départ*.
  J. P. Gueno, Y. Laplume, *Paroles de poilus*, © Radio France, © Librio, 1998.

1 a. Recopiez les participes en gras, soulignez leur désinence. b. Indiquez s'il s'agit de participes présents ou passés.

S'EXERCER

Le participe présent

2 Donnez le participe présent des verbes.
Appeler, acquérir, courir, mettre, faire, avoir, avancer, créer, naître, rougir, devoir, fuir.

3 Choisissez trois participes présents et employez-les au gérondif, dans une phrase.
Ajoutant, obtenant, exaspérant, intimidant, explicitant.

4 Complétez à l'aide du participe présent ou de l'adjectif verbal. Accordez s'il y a lieu.
1. Le vendredi (*précédant · précédent*) Pâques s'appelle le Vendredi saint. 2. Une porte (*communiquant · communicant*) relie les deux salles de classe. 3. Le vieil homme (*somnolant · somnolent*) dans son fauteuil, les enfants jouent sans bruit. 4. Les jurés ont trouvé la plaidoirie de l'avocat très (*convainquant · convaincant*). 5. L'atmosphère de cette pièce est (*suffoquant · suffocant*). 6. Votre point de vue (*différant · différent*) du nôtre, nous ne pouvons pas nous associer.

5 Justifiez l'accord des adjectifs verbaux en gras.
1. La mort de l'enfant est **accablante** et stérile, celle du père une mort noble comme toutes les morts d'aujourd'hui, apparaît bien au contraire **exaltante** et féconde. 2. C'est comme si des larmes **brûlantes** me tombaient de l'intérieur du cerveau sur le cœur et le consumaient.
  J. P. Gueno, Y. Laplume, *Paroles de poilus*, © Radio France, © Librio, 1998.

6 a. Parmi ces mots, relevez ceux qui sont adjectifs verbaux : *différent, excellant, résidant, somnolent, fatigant, provoquant, négligent.* b. Employez dans une phrase les adjectifs verbaux que vous avez relevés.

7 a. Orthographiez correctement les participes présents, gérondifs ou adjectifs verbaux formés sur les verbes entre parenthèses. b. Justifiez l'orthographe choisie.
1. Les mouettes (*planer*) au-dessus des flots tournaient autour des bateaux. 2. Ses pas (*traîner*) s'entendaient de loin. 3. La gardienne, (*avancer*) le balai à la main, chassa l'intrus. 4. Sur la chaussée (*glisser*), Patricia, en (*freiner*), s'aperçut que la direction de sa voiture était (*défaillir*). 5. (*Savoir*) qu'un triangle est rectangle, en vous (*aider*) de la leçon, expliquez comment vous calculez son périmètre.

Le participe passé

8 Formez les participes passés masculins à partir des participes passés féminins.
Une maison hantée → un château ✎ · une ville maudite → un endroit ✎ · une citation bien choisie → un exemple bien ✎ · une avance d'argent consentie → un prêt d'argent ✎ · une copie remise à temps → un devoir ✎ à temps · une maison récemment acquise → un terrain récemment ✎ · une leçon bien sue → un poème bien ✎.

9 Donnez le participe passé des verbes de l'exercice **2** au féminin, puis au masculin singulier.

10 Récrivez les phrases en employant le participe passé des verbes entre parenthèses. N'oubliez pas les accords.
1. Tout à l'heure, nous avons (*traverser*) Meaux, encore (*figer*) dans l'immobilité et le silence, Meaux avec ses bateaux-lavoirs (*couler*) dans la Marne et son pont (*détruire*). Puis nous avons (*prendre*) la route de Soissons, et (*gravir*) la côte […] Et alors, subitement, comme si un rideau de théâtre s'était (*lever*) devant nous, le champ de bataille nous est (*apparaître*). 2. La petite église à moitié (*éventrer*), l'intérieur (*mettre*) à sac. Au milieu des plâtres et des pierres (*effondrer*), une chaise est (*redresser*).
  J. P. Gueno, Y. Laplume, *Paroles de poilus*, © Radio France, © Librio, 1998.

11 Relevez les participes passés en indiquant s'ils sont employés pour former un temps d'un verbe, comme adjectif ou comme nom.
La sœur supérieure est atteinte en pleine poitrine, deux infirmiers, deux soignés, plusieurs infirmières sont tués net. Dans leurs lits, plusieurs de mes camarades sont blessés ; d'autres obus continuent à éclater, c'est une épouvantable panique, les infirmiers, les infirmières et les moins blessés se sont réfugiés dans une cave.
  J. P. Gueno, Y. Laplume, *Paroles de poilus*, © Radio France, © Librio, 1998.

S'EXPRIMER

12 Présentez le dessin (p. 311) en utilisant les participes passés des verbes : *agrémenter, bâtir, courir, couvrir, faire, lancer, mettre, pouvoir, rire, vouloir.*

313

EXERCICES RÉCAPITULATIFS

Conjuguer et orthographier

1 Conjuguez les verbes au conditionnel présent en respectant la personne.

Je meurs, tu cours, il parcourt, nous jetons, vous épelez, ils martèlent, je crie, tu unis, il épie, nous essayons, vous peignez, ils craignent, elles nourrissent, il mûrit, vous dépérissez.

2 Transposez les conditionnels passés en conditionnels passés 2e forme.

J'aurais admis, tu serais parti, il aurait voulu, nous aurions décidé, vous seriez descendus, ils auraient revendiqué.

3 Conjuguez les verbes à la 2e personne du singulier de l'impératif présent.

Pleurer, mourir, admettre, édifier, construire, recueillir, s'exercer, offrir, éteindre, étendre, se persuader, s'instruire, convaincre, sortir, prendre, envoyer.

4 a. Donnez l'infinitif correspondant à chacun des verbes. **b.** Quelles sont les trois désinences que vous avez employées ?

Je fuis, je souris, je nie, je ris, je dis, je réduis, je prédis, je cours, je séduis, je produis, je maudis.

5 Quel est l'infinitif présent actif des verbes en italique ?

Quand la tour *devint* si haute que, de son sommet, les arbres *paraissaient* n'être que des brins d'herbe, les bâtisseurs *s'aperçurent* qu'ils *manquaient* de pierres. Il *fallut* alors cuire des briques. À l'est *fut construit* un escalier que les porteurs de briques *escaladaient* d'un pas prudent, en une interminable procession. À peine *avaient-ils déposé* leur précieux fardeau qu'ils *dévalaient* à toutes jambes l'escalier situé à l'ouest de la tour.

M. Kanh, *Contes et légendes de la Bible*, © Pocket Jeunesse, 1994 – Dictée de Brevet 2003.

6 a. Donnez le participe présent de chaque infinitif. **b.** Quels sont les verbes du 2e groupe ? ceux du 3e groupe ? **c.** Comment les avez-vous distingués ?

Applaudir, approfondir, chérir, dormir, encourir, gémir, parcourir, s'enfuir, servir.

7 a. À quel groupe chaque verbe appartient-il ? **b.** Quel est le participe passé de ces verbes au féminin et au masculin ?

Flétrir, punir, étourdir, séduire, interdire, reproduire, saisir, reprendre, démettre, périr, éclaircir, permettre.

Identifier les modes — Brevet

8 Répondez à ces questions de brevet.

1) Brevet 2006 : Donnez l'infinitif, le mode et le temps de ce verbe. « Allez-vous en ! » (V. Hugo, *Les Misérables*, 1862)

2) Brevet 2005 : Identifiez le mode des verbes soulignés et la personne à laquelle ils sont conjugués. « <u>Venez</u>, dit-elle à l'enfant » – « <u>Promettez</u>-moi, il faut toujours acheter le bol bleu. » (J. Giono, *L'Eau vive*, © Éditions Gallimard, 1974)

3) Brevet 2003 : Identifiez les formes en *-rais* et *-rait*. « Il se mit à raisonner en philosophe sur la possibilité de cette chose : « Aurais-je eu peur ? Non certes il n'aurait pas eu peur puisqu'il était résolu à aller jusqu'au bout. » (G. de Maupassant, *Bel-Ami*, 1885)

Justifier l'emploi des modes — Brevet

9 Répondez à ces questions de brevet.

1) Brevet 2005 : a. Justifiez l'emploi des conditionnels présents (verbes soulignés). **b.** Relevez deux subjonctifs présents et justifiez leur emploi.

L'accident n'est pas encore arrivé. Il <u>s'en faudrait</u> d'un rien pour qu'il ne se produise pas. Eva <u>pourrait</u> suivre miraculeusement le bon itinéraire, s'effondrer de fatigue sur le seuil d'une boutique jusqu'à ce qu'un passant lui demande : « Tu t'es perdue ? » Mais rien de tout cela n'arrive. (P. Péju, *La Petite Chartreuse*, © Éditions Gallimard, 2002)

2) Brevet 2004 : Relevez deux verbes au conditionnel passé et justifiez leur emploi.

J'aurais voulu être comme elle : pouvoir, endormi sur mon lit, voir ce que ma mère faisait dans notre appartement. […] Mieux encore, j'aurais vu, en rêvant, des endroits où je n'avais jamais mis les pieds… (D. Sijie, *Balzac et la Petite Tailleuse chinoise*, © Éditions Gallimard, 2000)

3) Brevet 2006 : a. Quelle est la valeur du conditionnel ? **b.** Qu'est-ce que cette phrase dévoile du caractère du personnage ?

J'aurais pu devenir l'un des membres de la division si j'en avais eu le caractère. (B. Godbille, *Los Montes*, © Anne Carrière, 2005)

4) Brevet 2006 : Identifiez la forme verbale « *voudrais* » et commentez-la par rapport aux formes verbales au présent de l'indicatif dans les vers suivants.

Ô buffet du vieux temps, tu sais bien des histoires,
Et tu voudrais conter tes contes, et tu bruis
Quand s'ouvrent lentement tes grandes portes noires
(A. Rimbaud, *Poésies*, 1870)

RÉCRIRE — Brevet

A Récrivez l'extrait de poème suivant en exprimant les ordres au subjonctif.

Amour viens sur ma bouche ! Amour ouvre tes portes !
Traverse les couloirs, descends, marche léger,
Vole dans l'escalier plus souple qu'un berger,
Plus soutenu par l'air qu'un vol de feuilles mortes.
Ô traverse les murs ; s'il le faut marche au bord
Des toits, des océans ; couvre-toi de lumière,
Use de la menace, use de la prière,
Mais viens, ô ma frégate, une heure avant ma mort.

J. Genet, « Le condamné à mort », *Poèmes*, © Éd. de L'Arbalète, 1942.

B Retrouvez cette réplique de Macbett en choisissant le mode qui convient pour conjuguer les verbes.

MACBETT : (Se tromper, *présent, 1re p. sing.*), peut-être. *Aux autres, qui* (se lever, *plus-que-parfait, 3e p. pl.*) *en même temps que lui :* (s'asseoir, *présent, 1re p. pl.*), *mes amis. Un peu de vin* (aller, *présent*) *éclaircir mes esprits. Qu'il* (ressembler, *présent*) *à Duncan ou à moi-même,* (briser, *présent, 1re p. pl.*) *ce tableau. Et puis* (s'asseoir, *présent, 1re p. pl.*) *et* (boire, *présent, 1re p. pl.*).

10 Relevez les participes et indiquez quel est l'emploi de chacun d'eux.

Les grosses pierres, arrêtant le cours, avaient autour d'elles un bourrelet d'eau, une sorte de cravate terminée en nœud d'écume. [...] Puis plus loin les berges s'élargissant, on rencontrait un petit lac paisible.

G. de Maupassant, *La Petite Roque*, 1885.

11 a. Relevez les infinitifs et indiquez quel est l'emploi de chacun d'eux. b. Relevez les participes, indiquez leur temps et expliquez l'emploi de chacun d'eux.

Il s'enfonçait dans des tas de feuilles mortes, et il s'appuya contre un chêne pour haleter un peu. Tout à coup, derrière son dos, bondit une masse plus noire, un sanglier. Julien n'eut pas le temps de saisir son arc, et il s'en affligea comme d'un malheur. Puis, étant sorti du bois, il aperçut un loup qui filait le long d'une haie. Julien lui envoya une flèche. Le loup s'arrêta, tourna la tête pour le voir et reprit sa course. Il trottait en gardant toujours la même distance, s'arrêtait de temps à autre et, sitôt qu'il était visé, recommençait à fuir.

G. Flaubert, *La Légende de saint Julien l'Hospitalier*, 1877.

12 Relevez les infinitifs et indiquez l'emploi de chacun d'eux.

Je les ai vu construire. Maintenant, ils étaient presque pleins. Longs, hauts, posés sur la plaine, ils faisaient penser à des bateaux. Le vent soufflait sur le plateau, entre les maisons. J'aimais traverser par là. C'était grand, et beau ; et terrible [...]. Tout le monde avait l'air minuscule, et même les blocs de notre Cité auprès de ceux-là ressemblaient à des cubes à jouer.

C. Rochefort, *Les Petits Enfants du siècle*, © LGF, 1969.

Employer le bon mode

13 a. Écrivez les verbes entre parenthèses au mode et au temps qui conviennent. b. Quels sont ce mode et ce temps ? c. Qu'exprime ce mode ?

Même si on ne devait plus en parler, je *(relancer)* ma carrière en faisant n'importe quoi, comme ça je *(revenir)* à cette même émission, les pieds en tong et le crâne en ogive, et à partir de là, à nouveau, on me *(demander)* ce qui m'arrive, au pire, je *(participer)* à une émission sur les *has been*[1] ou la reconversion des stars.

S. Goncour, *L'Idole*, © Flammarion, 2004.

1. expression anglaise désignant les gens qui ne sont plus à la mode.

14 a. Écrivez les verbes entre parenthèses au mode et au temps qui conviennent. b. Pour chaque verbe, précisez quel mode vous avez employé et justifiez l'emploi de ce mode.

On m'ordonna : « *(Prendre)* racine. » Et je donnais de la racine tant que je pus.
« *(Faire)* de l'ombre. » Et j'en fis autant qu'il était raisonnable.
« *(Cesser)* d'en donner l'hiver. » Je perdis mes feuilles jusqu'à la dernière. [...]
Qu'on me *(dire)* ce qu'on attend de moi, et je le ferai.
Qu'on me *(répondre)* par un nuage ou quelque signe dans le ciel,
Je ne suis pas une révoltée, je ne cherche querelle à personne.
Mais il me semble bien tout de même qu'on *(pouvoir)* bien me répondre
Lorsque le vent qui se lève fait de moi une questionneuse.

J. Supervielle, *La Fable du monde*, © Éditions Gallimard, 1938.

Étudier l'emploi des modes dans un texte

vers la 2de

15 Dans le texte, identifiez les modes et leur emploi :

a. Quel est le mode des verbes « *offre, donne* » ? Justifiez-en l'emploi.

b. Quel est le mode des verbes « *pourrions, devrions, faudrait* » ? Justifiez-en l'emploi.

c. Quel est le mode des verbes « *fasse, réfléchisse* » ? Justifiez-en l'emploi.

d. Quel est le mode employé dans le deuxième paragraphe ?

Supposons que la télévision offre des programmes culturels de qualité, et qu'elle les donne en quantité suffisante par rapport aux émissions de pur divertissement. Pourrions-nous considérer alors que la télévision apporte vraiment quelque chose à l'ensemble du public ? Devrions-nous donc la considérer comme le moyen d'un réel enrichissement intellectuel ? Pour qu'il en soit ainsi, il faudrait que nous puissions assimiler ce qu'elle présente. Or, que chacun fasse le bilan des centaines d'heures passées devant un récepteur et réfléchisse à ce qu'il a acquis dans tel ou tel domaine : vie des animaux, histoire des dernières décennies, œuvres des écrivains ou des artistes contemporains, etc.

Il constate alors qu'il n'en va pas ici comme des heures de lecture. La télévision nous donne, en effet, l'impression de savoir parce qu'elle nous laisse en mémoire quelques vives images qui nous reviennent avec leur valeur émotive. La télévision ne nous atteint donc pas au même niveau mental que les livres.

J. Cluzel, *La Télévision*, © Flammarion, 2002.

16 Analysez le texte ci-dessus.

a. Comparez les modes dominants dans chaque paragraphe : que constatez-vous ? b. Au début de chaque paragraphe, relevez deux verbes qui s'opposent l'un à l'autre. c. En vous appuyant sur les réponses aux questions précédentes, expliquez comment s'organise le raisonnement dans ce texte.

S'EXPRIMER

17 Un chef militaire durant la guerre de 14-18 exhorte ses soldats avant qu'ils rejoignent le front. Rédigez en une dizaine de lignes le discours qu'il leur adresse. Vous commencerez votre texte par : « *Jeunes soldats, pour être dignes de sauver votre pays, il faut que...* ». Vous emploierez des verbes conjugués au subjonctif.

18 Réécrivez le discours en commençant par : « *Si vous étiez des poilus dignes de ce nom, vous...* ». Vous emploierez des verbes conjugués au conditionnel.

Le nom et les déterminants
Le nom

> **Vérifiez vos acquis**
>
> Il avait reconnu l'écriture de Marthe avec un pincement au cœur ; une écriture élancée, belle, la même qui, jadis, à l'école de Coste-Blanc, lui valait les félicitations du maître.
> C. Michelet, *En attendant minuit*, © Robert Laffont, 2002.
>
> Relevez dans le texte deux noms propres et trois noms communs de genre et de nombre différents. Vous préciserez ce genre et ce nombre.

1. NATURE ET FONCTIONS

▶ Le groupe nominal

Un **groupe nominal (GN)** est un groupe de mots dont le **noyau** est **un nom**.
Le nom peut être :
- précédé d'un déterminant ; ➤ *Un* oncle.
- accompagné d'une ou de plusieurs **expansion(s) du nom**.
  ➤ *Le* vieil oncle *de la dame*, *témoin principal*, *est attendu*.

▶ Les fonctions d'un nom ou d'un groupe nominal

Un nom ou un groupe nominal (GN) joue un rôle – **une fonction grammaticale** – dans la phrase.
➤ *L'oncle de la fleuriste révèle un détail aux enquêteurs grâce à sa mémoire.*
   sujet   c. du nom   COD   COS   c. circonstanciel
➤ *Un homme, le principal* **suspect**, *est un* **sportif**. *Il est identifié par un* **témoin**.
            apposé   attribut du sujet   c. d'agent

OBSERVER ET REPÉRER

Il était là, peur au ventre, avec, pour seule occupation, outre la surveillance des alentours, la morbide comptabilisation des énormes rats qui, souvent, pour éviter la boue, lui frôlaient les épaules et la nuque en se faufilant sur la banquette de tir de la tranchée.
C. Michelet, *En attendant minuit*, © Robert Laffont, 2002.

❶ Relevez chaque GN : encadrez le nom et, s'il y en a, soulignez en rouge le déterminant, en bleu l'adjectif qualificatif, ou le complément du nom, ou la proposition subordonnée relative.

S'EXERCER

❷ a. Dans chaque couple de phrases, relevez celle où le mot en italique est un nom. **b.** Soulignez le(s) mot(s) qui vous a (ont) permis de répondre. **c.** Quelle est la fonction grammaticale de chaque nom repéré en **a** ?
1. Le reportage sur les prisons *choque* l'opinion. • Le piéton renversé était en état de *choc*. **2.** Le boulanger dépose ses galettes dans le *four* chauffé depuis l'aurore. • Le confiseur *fourre* des dattes avec des pistaches. **3.** Cette *vis* sert à fixer le cadre de la fenêtre. • Le bricoleur *visse* l'étagère sur une équerre. **4.** Nous observons l'*envol* majestueux de cet oiseau. • L'avion s'*envole* pour La Havane. **5.** La tenaille *pince* violemment le fil de fer. • La *pince* du crabe mesure dix centimètres. **6.** Le courage des pompiers *force* l'admiration. • Par sa *force* de caractère, il en impose à ses adversaires.

❸ Quel est le noyau de chaque GN en gras ?
Ils pénétrèrent, l'un derrière l'autre, dans la chambre froide, où étaient **les deux lits à cadres de bois, hauts sur socles, et garnis d'édredons obèses**. **La flamme de la bougie** se reflétait dans **le verre ovale qui protégeait l'image du Sacré-Cœur de Jésus, pendue au mur**. De ce point rouge partaient des rayons. Tout à côté, il y avait **un bouquet de fleurs séchées** et **deux cartes postales**, dont l'une représentait sainte Thérèse de Lisieux, et l'autre, la tour Eiffel.
H. Troyat, *La Neige en deuil*, © Flammarion, 1952.

❹ Quelle est la fonction grammaticale de chaque nom en italique ?
Nous étions devant la *chapelle* du lycée. Là se trouvait un *carré* avec des bosquets de *lilas* et un banc. Silbermann s'assit. Il était appuyé contre le *mur* de la chapelle, au-dessous de *vitraux* qui représentaient un *groupe* d'*anges*. Ses deux *mains* soutenaient aux tempes sa *tête* inclinée ; et son *ombre* répétant ce geste dessinait sur le *sol* une *silhouette* mince et biscornue.
J. de Lacretelle, *Silbermann*, © Éditions Gallimard, 1922.

S'EXPRIMER

❺ D'après l'image, rédigez un paragraphe de récit. Vous soulignerez les GN employés.

Orthographe

2. FINALE DES NOMS FÉMININS

⚠ EXCEPTIONS

- En règle générale, la **marque du féminin** est le « **e** ».
> *La pie, la vie, la statue, la vue, la moue, la marée, la visée.*
> *La brebis, la fourmi, la nuit, la souris, la perdrix. La glu, la tribu, la vertu.*
> *La clé* et tous les noms féminins terminés par les suffixes **-té** et **-tié**. > *La bonté, une amitié.*
Les noms *dictée, jetée, montée, pâtée, portée* et les noms de contenance comme *pelletée* prennent un « **e** » !

3. PLURIEL DES NOMS COMMUNS

⚠ EXCEPTIONS

- En règle générale, pour former le **pluriel des noms communs**, on ajoute un « **s** ».
  – Sept noms en **-ou** font leur pluriel en **-oux** : *des bijoux, des cailloux, des choux, des genoux, des hiboux, des joujoux, des poux.*
  – Les noms en **-au**, **-eau**, **-eu**, **-œu** font leur pluriel en **-x**. > *Des tuyaux, des oiseaux, des jeux.*
  Sauf > *Des bleus, des pneus, des landaus...*
  – Les noms en **-al** font leur pluriel en **-aux**. > *Un cheval → des chevaux.*
  Sauf > *Des bals, des carnavals, des chacals, des festivals, des récitals, des régals...*
  – La plupart des noms en **-ail** prennent un **-s**. > *Les éventails, les gouvernails...*
  Mais certains noms en **-ail** font leur pluriel en **-aux**. > *Les vitraux, les travaux, les émaux.*

S'EXERCER

6 Complétez chaque nom en [i] par la terminaison qui convient.

Le maqui⌗, la penderi⌗, la perdri⌗, le puit⌗, le dépi⌗, l'ennui⌗, le géni⌗, la souri⌗, la magi⌗, l'envi⌗, le répi⌗, la nui⌗, le parti⌗, la parti⌗, l'oubli⌗, l'abri⌗, le cri⌗, le ri⌗.

7 À partir de ces mots, formez des noms féminins en *-té*, *-tée* ou *-tié*.

Anxieux, notoire, habile, brouette, mont, aride, assiette, nuit, frère, probable, fragile, élastique, pair.

8 Mettez au pluriel les noms entre parenthèses.

1. Les *(nounou)* promènent les *(bébé)* dans des *(landau)* et les aèrent en agitant des *(éventail)*. **2.** Les *(traîneau)* ne sont pas équipés de *(pneu)*. **3.** Les *(cheval)* sont des *(animal)* domestiques mais pas les *(hibou)*. **4.** Lorsque les *(travail)* seront achevés, la volière contiendra des *(perdrix)* et des *(oiseau)* des *(île)*.

9 Mettez au pluriel les GN en italique, pour retrouver le texte de Zola. **Brevet**

De l'autre côté, dans une vitrine plus étroite, s'étageaient *un gros peloton de laine verte, un bouton noir, cousu sur une carte blanche*; *une boîte de toutes les couleurs et de toutes les dimensions, une résille à perles d'acier étalée sur un rond de papier bleuâtre, un faisceau d'aiguilles à tricoter, un modèle de tapisserie, une bobine de ruban.*

D'après É. Zola, *Thérèse Raquin*, 1867.

Orthographe

4. PLURIEL DES NOMS COMPOSÉS

Quand un **nom composé** est formé :
– de **deux noms apposés** ou d'**un nom précédé** ou **suivi d'un adjectif**, les deux éléments prennent la marque du pluriel.
> *Un chien-loup → des chiens-loups ; un coffre-fort → des coffres-forts.*

– d'**un nom suivi d'un complément du nom**, selon le sens, le nom complément du nom se met au singulier ou au pluriel. Le premier nom prend la marque du pluriel.
> *Une marchande de fleurs* (elle vend des fleurs) → *des marchandes de fleurs.*
> *Une pomme de terre* (des pommes qui poussent dans la terre) → *des pommes de terre.*

– d'**un verbe suivi d'un nom COD**, selon le sens, le nom COD se met au singulier ou au pluriel. Le verbe reste invariable ; il ne prend pas la marque du pluriel.
> *Un porte-clés → des porte-clés* (qui portent des clés).
> *Un gratte-ciel → des gratte-ciel* (qui grattent le ciel).

S'EXERCER

10 Remettez un peu d'ordre dans ces noms composés.

Un bateau à fromage, une brosse à la crème, un trait de boxe, un chemin de bataille, un gant d'union, un gâteau à reluire, un cheval de fer, une râpe à voiles.

11 Dans chaque liste, retrouvez l'élément commun à tous les noms composés.

a. Un ⌗-montagne, un ⌗-muraille, un ⌗-droit, un ⌗-partout.
b. Un ⌗-cervier, un ⌗-garou, un ⌗ de mer, un chien-⌗.
c. Une ⌗-monseigneur, un ⌗-nez, un ⌗-oreille, un ⌗-sans-rire.

12 Mettez au pluriel les noms composés des exercices **10** et **11**.

13 Mettez au pluriel les noms composés.

Un serre-tête, un accroche-cœur, une garde-malade, un porte-bonheur, une lampe-torche, un vice-consul, un instrument à cordes, un gratte-ciel, une arrière-pensée, un rouge-gorge.

S'EXPRIMER

14 Rédigez quatre titres de roman en utilisant uniquement des noms et groupes nominaux.

Le nom et les déterminants

Les déterminants

1. LES ARTICLES

Articles définis	le, la, l', les	> *Le* livre, *la* revue, *les* livres.
Articles définis contractés	au (= à le), à la, aux (= à les), du (= de le), de la, des (= de les)	> Va *au* parc, *à la* gare et *aux* champs. > Sors *du* parc, *de la* gare et *des* champs.
Articles indéfinis	un, une, des	> *Un* ami, *une* amie, *des* amis.
Articles partitifs	du, de la	> *Du* sel, *de la* patience.

2. LES DÉTERMINANTS DÉMONSTRATIFS

Formes	Masculin singulier	Féminin singulier	Pluriel
simples	ce / cet	cette	ces
composées	ce…-ci cet…-ci ce…-là cet…-là	cette…-ci cette…-là	ces…-ci ces…-là

L'adverbe *ci* marque la **proximité** dans l'**espace** et dans le **temps** ; l'adverbe *là* marque l'**éloignement**. Ils sont reliés au nom par un trait d'union.
> *Voici un bouleau et un pin :*
> *cet arbre-ci est un résineux et*
> *cet arbre-là est un feuillu.*

3. LES DÉTERMINANTS POSSESSIFS

Possesseur \ Élément Possédé	Masculin singulier	Féminin singulier	Pluriel
1re p. du sing.	mon	ma	mes
2e p. du sing.	ton	ta	tes
3e p. du sing.	son	sa	ses
1re p. du pl.	notre	notre	nos
2e p. du pl.	votre	votre	vos
3e p. du pl.	leur	leur	leurs

4. LES DÉTERMINANTS NUMÉRAUX

- Les **déterminants numéraux cardinaux** indiquent **le nombre** de personnes ou d'objets.
> *Deux* détectives ont relevé *trois* indices.
- Les **déterminants numéraux ordinaux** indiquent **le rang** occupé par un élément dans un ensemble. Ils s'accordent en genre et en nombre.
> Le détective analyse les *premiers* indices.

⚠ **ORTHOGRAPHE** Les **déterminants numéraux cardinaux** sont **invariables**, sauf **vingt** et **cent** qui prennent un « s » s'ils sont multipliés et ne sont suivis d'aucun chiffre.
> *85 : quatre-vingt-cinq*
> *80 : quatre-vingts*
> *500 : cinq cents*
> *2 100 : deux mille cent [2 000 + 100]*

5. LES DÉTERMINANTS INDÉFINIS

Déterminants employés	au singulier	au pluriel	au singulier ou au pluriel
comme un article	aucun(e), chaque, nul(le), quelque, tout(e)	certain(e)s, plusieurs, quelques	tel(s), telle(s)
entre l'article et le nom	certain(e)	quelques, tel(s)	autre(s), même(s), telle(s)
avant l'article			tout (tous), toute(s)

- Avec les déterminants indéfinis de sens négatif (**aucun, nul**), il ne faut pas oublier la **particule négative**.
> *Aucun* acteur *n'a* oublié son texte. Il *n'a nulle* envie d'avoir un trou de mémoire.
- **Chaque** est invariable.
> *Chaque* spectateur doit avoir son billet pour *chaque* séance.

6. LES DÉTERMINANTS INTERROGATIFS ET EXCLAMATIFS

Le déterminant **quel** (quelle, quels, quelles) est :
– déterminant interrogatif dans une phrase interrogative ;
– déterminant exclamatif dans une phrase exclamative.
> *Quelle* heure est-il ?
> *Quels* beaux spectacles !

Les pronoms

Les différentes sortes de pronoms

Pronom signifie qui *remplace un nom*.

1. LES PRONOMS PERSONNELS

Personnel signifie *qui a la marque d'une personne*. Les pronoms personnels varient selon la personne, le genre, le nombre et la fonction.

▶ Les différents pronoms personnels

Fonctions	Singulier			Pluriel		
	1re pers.	2e pers.	3e pers.	1re pers.	2e pers.	3e pers.
sujet	je, j'	tu	il, elle	nous	vous	ils, elles
COD	me, m'	te, t'	le, la, l', se, s'	nous	vous	les, se, s'
COI, COS, compl. circonstanciel	me, m', moi	te, t', toi	lui, se, s', soi, en, y	nous	vous	leur, eux, elles, se, s'

Dans la phrase emphatique (voir p. 335), on emploie les **pronoms renforcés** *moi*, *toi*, *lui*, *elle*, *nous*, *vous*, *eux*, *elles*. ▶ *Lui, il n'a pas voulu obéir.*

Les pronoms *en* et *y* (aussi nommés **pronoms adverbiaux**) s'emploient pour des inanimés.
▶ *Ce pays, j'en rêve.*

▶ Les emplois des pronoms personnels

Un pronom personnel a deux emplois : **désigner** le locuteur ou son destinataire ou **reprendre** un GN.

Pronoms personnels qui désignent	**Pronoms personnels qui reprennent** ou **reprises pronominales**
• l'**émetteur** ou le **locuteur** (celui qui parle) : pronoms à la 1re personne. • le **récepteur** (celui à qui l'on parle) : pronoms à la 2e personne. ▶ *Je te parlerai de mon nouveau projet.*	Ils reprennent un nom, ou un groupe nominal, ou une phrase, ou une proposition ; ils évitent les répétitions. ▶ *Le délégué s'adresse aux élèves ; il leur parle.* ▶ *Ce projet est ambitieux. Nous le savons.* ▶ *Ils ont gagné ; je ne m'y attendais pas.*

Cas particuliers
- Le pronom personnel *il* peut être simple sujet grammatical.
  ▶ *Il pleut.* (verbe impersonnel) *Il est agréable de lire.* (= Lire est agréable.)
- Le pronom *on* est employé à l'oral à la place de *nous* ; il est suivi d'un verbe à la 3e pers. du sing.
  ▶ *Dans ma classe, on étudie Balzac.* (= nous étudions).

OBSERVER ET REPÉRER

Là-bas, à Nouméa, Jacques Damour regardait l'horizon vide de la mer, il croyait y voir parfois toute son histoire, [...] cet arrachement qui l'avait jeté si loin, meurtri, comme assommé. Ce n'était pas une vision nette des souvenirs où il se plaisait et s'attendrissait.

É. Zola, *Jacques Damour*, 1880.

❶ **a.** Relevez les pronoms personnels qui reprennent *« Jacques Damour ».* **b.** Quel est le groupe nominal repris par *y* ?

S'EXERCER

❷ **a.** Relevez tous les pronoms personnels et indiquez qui ils désignent. **b.** Quels sont ceux qui sont sujets ? COD ? COI ?
Enfin, Damour [...] se leva brusquement ; et, après un dernier coup de poing, plus violent que les autres : « Eh bien, tonnerre de dieu ! je m'en vais... Oui, je m'en vais, parce que ça me fait plaisir... mais tu ne perdras pas pour attendre, je reviendrai quand ton homme sera là, et je vous arrangerai, lui, toi, les mioches, toute ta sacrée baraque... Attends-moi, tu verras ! »

É. Zola, *Jacques Damour*, 1880.

❸ **a.** Relevez les pronoms personnels qui reprennent un nom ou un GN que vous identifierez. **b.** Relevez ceux qui désignent le locuteur et le récepteur. **c.** Qui sont ces derniers ?
Emmeline n'aimait pas cette allée ; elle la trouvait sentimentale, et ses railleries du couvent lui revenaient quand on en parlait. La basse-cour, en revanche, faisait ses délices ; elle y passait deux ou trois heures par jour avec les enfants du fermier. J'ai peur que mon héroïne ne vous semble niaise, si je vous dis que, lorsqu'on venait la voir, on la trouvait quelquefois sur une meule, remuant une énorme fourche et les cheveux entremêlés de foin.

A. de Musset, *Emmeline*, 1837.

RÉCRIRE — Brevet

🅐 **a.** Quel est le GN repris par chacun des pronoms *lui* ? **b.** Donnez la fonction de ces deux pronoms. **c.** Récrivez le texte en remplaçant *« son ami »* par *« ses amis »* ; faites les modifications nécessaires.

Quand le conseiller se tourna vers son ami pour lui faire part de l'étonnement que lui inspirait la vue de la cette femme étrange, il le trouva étendu sur l'herbe et comme mort.

H. de Balzac, *Adieu*, 1830.

2. LES PRONOMS INTERROGATIFS

- Le pronom interrogatif sert à **poser une question**. Il s'emploie :
  – dans une **phrase interrogative directe**, terminée par un point d'interrogation (voir p. 334) ;
    > *Qui es-tu ?*
  – pour introduire une **proposition subordonnée interrogative indirecte** (voir p. 342).
    > *Je demande qui tu es.*
- La forme du pronom interrogatif varie selon la fonction de celui-ci.

Fonctions	Interrogation directe	Interrogation indirecte
sujet *Les formes en italique appartiennent à un niveau de langue courant ou familier.*	qui, *qui est-ce qui* (animés) > *Qui vient ?* que, *qu'est-ce qui* (inanimés) > *Que se passe-t-il ?* lequel > *Lequel des deux livres te plaît le plus ?*	qui (animés) > *Je demande qui vient.* ce qui (inanimés) > *Je demande ce qui se passe.* lequel > *Dis-moi lequel des deux livres te plaît le plus.*
COD *Les formes en italique appartiennent à un niveau de langue courant ou familier.*	qui, *qui est-ce que* (animés) > *Qui vois-tu ?* que, *qu'est-ce que* (inanimés) > *Que vois-tu ?*	qui (animés) > *Je te demande qui tu vois.* ce que (inanimés) > *Je te demande ce que tu vois.*
COI, COS	(à, de) qui (animés), quoi (inanimés), auquel, duquel	
	> *À qui penses-tu ? De quoi parles-tu ?*	> *Je voudrais savoir à qui tu penses et de quoi tu parles.*
compléments circonstanciels	(avec, par, pour...) qui (animés), quoi (inanimés)	
	> *Pour qui agis-tu ? Avec quoi travailles-tu ?*	> *Dis-moi pour qui tu agis et avec quoi tu travailles.*
complément circonstanciel de lieu	où	
	> *Où vas-tu ?*	> *Dis-moi où tu vas.*
complément d'agent	(par) qui (animés), quoi (inanimés)	
	> *Par qui as-tu été renseigné ? Par quoi as-tu été frappé ?*	> *Explique-moi par qui tu as été renseigné et par quoi tu as été frappé.*

OBSERVER ET REPÉRER

– Qu'est-ce que tu fais à ma petite sœur ? Arrête ! T'es folle ou quoi ?
Jeanne tenta de se libérer, mais son adversaire était plus grande et plus forte.
– C'est ma cape ! Vous êtes des voleuses ! Vous avez pillé ma maison ! [...]
Remarquant la scène, Annonciata se précipita vers elles.
– Calme-toi, Dédé, mais qu'est-ce qui te prend ? Qu'est-ce qui se passe ? [...] Qui sait où ces gens ont eu ta cape !

H. Jansen, *Le Chemin du retour*, trad. S. Wyckaert-Fetick, © Le Livre de Poche Jeunesse, 2005.

4 a. Relevez les pronoms interrogatifs. b. Quel est celui qui introduit une interrogation indirecte. c. Quel est le niveau de langue de ce dialogue : justifiez en vous appuyant sur les pronoms interrogatifs.

S'EXERCER

5 Dans ces phrases, relevez les pronoms interrogatifs et donnez leur fonction.
1. Qu'est-ce que tu veux ? 2. Qu'as-tu à dire ? 3. De quoi as-tu peur ? 4. Qui a osé ? 5. Qui a été assez fou pour braver ma loi ? 6. À qui avez-vous déjà parlé de cette affaire ?

J. Anouilh, *Antigone*, © La Table ronde, 1946.

6 Récrivez le texte de l'exercice 4 en employant un niveau de langue soutenu. **Brevet**

7 Transformez les phrases de l'exercice 5 en propositions subordonnées interrogatives indirectes, en les faisant précéder de « *Je te demande...* ». Faites les modifications nécessaires.

S'EXPRIMER

8 Imaginez un bref dialogue entre les deux personnages de l'image, l'un d'eux posant des questions à l'autre. Soulignez les pronoms interrogatifs employés.

Molière, *L'École des femmes*, mise en scène J. Lassale. © R. Senera / Agence Enguerand / Bernand

320

3. LES PRONOMS RELATIFS

- **Relatif** signifie *qui établit un lien, une relation entre deux propositions*.
- Un pronom relatif **remplace un nom, un groupe nominal ou un pronom qui se trouve dans une autre proposition de la phrase**. Ce nom ou pronom, nommé **antécédent**, est généralement placé dans la proposition précédente.
  > *Un dramaturge est un auteur [qui écrit du théâtre.]*
  antécédent du pronom relatif

▶ Les différents pronoms relatifs

- Les pronoms relatifs simples : **qui**, **que** (**qu'**), **quoi**, **dont**, **où**.
  > *Va voir cette pièce [qui se joue à Paris] et [dont tout le monde parle].*
- Le **pronom relatif composé** : il varie selon le genre et le nombre de l'antécédent et selon la fonction du pronom dans la proposition subordonnée.

	Singulier	Pluriel
masculin	lequel, duquel, auquel	lesquels, desquels, auxquels
féminin	laquelle, de laquelle, à laquelle	lesquelles, desquelles, auxquelles

> *La pièce [à laquelle je pense] est une comédie.*
> *Les pièces [auxquelles je pense] sont des comédies.*

▶ Les fonctions des pronoms relatifs

Le pronom relatif a une fonction **dans la proposition subordonnée relative**. Sa forme varie selon cette fonction.

Fonctions	Pronoms relatifs	Exemples
sujet	qui lequel	> *L'élève a convaincu la classe qui l'a élu délégué.* > *L'élève a convaincu la classe, laquelle l'a élu délégué.*
COD	que	> *Le délégué que la classe a élu la représente bien.*
COI - COS	(à, de) qui, quoi, dont, auquel	> *L'élève à qui (dont, auquel) je parle est le délégué.*
complément du nom	dont	> *L'élève, dont le discours a convaincu, a été élu délégué.*
complément de lieu	où (dans, sur...) lequel	> *Le Louvre est le musée où (dans lequel) se trouve la Joconde.*
complément circonstanciel de temps	où (durant, pendant...) lequel	> *L'accident eut lieu à l'instant où son père s'absenta.* > *Ces heures étaient celles pendant lesquelles elle se sentait heureuse.*
complément d'agent	(par, de) qui, dont (par) lequel, duquel	> *Le député remercie les électeurs par qui (lesquels) il a été élu.*

Pour l'accord du verbe avec le pronom relatif sujet *qui*, voir p. 362.

Ne pas confondre **le pronom relatif *que*** avec **la conjonction de subordination *que*** (voir p. 333).
> *Je pense que je vais t'offrir le livre que je viens de finir.*
> que : conj. de subordination   que : pronom relatif, remplaçant « le livre ».

OBSERVER ET REPÉRER

Les gens **qui** veulent fortement une chose sont presque toujours bien servis par le hasard. Au moment **où** Bartholoméo di Piombo s'asseyait sur une des bornes **qui** sont près de l'entrée des Tuileries, il arriva une voiture d'**où** descendit Lucien Bonaparte.
H. de Balzac, *La Vendetta*, 1830.

9 Quels sont les GN repris par les pronoms relatifs en gras ?

10 Remplacez le dernier pronom *où* par un pronom relatif composé.

S'EXERCER

11 Relevez les pronoms relatifs et indiquez leur fonction.
1. Il existe dans les consolations que donne une femme une délicatesse qui a toujours quelque chose de maternel. 2. La petite fille restait debout, malgré la fatigue dont les marques frappaient son jeune visage hâlé par le soleil. 3. Plus d'un passant se sentait ému au seul aspect de ce groupe dont les personnages ne faisaient aucun effort pour cacher un désespoir aussi profond. 4. Et il marcha d'un pas lent et assuré vers l'entrée du palais, où il fut naturellement arrêté par un soldat de la garde consulaire. Le caporal indiqua fort obligeamment à l'étranger l'endroit où se tenait le commandant du poste.
H. de Balzac, *La Vendetta*, 1830.

12 a. Relevez les pronoms relatifs en indiquant entre parenthèses leur antécédent. b. Donnez la fonction de chaque pronom.

Après avoir indiqué ce singulier factionnaire[1], le commis qui paraissait être le plus jovial disparut et revint en tenant à la main un instrument[2] dont le métal inflexible a été récemment remplacé par un cuir souple ; puis tous prirent une expression malicieuse en regardant le badaud qu'ils aspergèrent d'une pluie fine et blanchâtre dont le parfum prouvait que les trois mentons venaient d'être rasés.

H. de Balzac, *La Maison du Chat-qui-pelote*, 1830.

1. personne qui est en faction, qui attend quelqu'un.
2. Les commis aspergent le jeune homme d'une eau savonneuse à l'aide d'une grande seringue qui servait aux lavements intestinaux.

13 Complétez chaque phrase avec un pronom relatif simple ou composé.
1. Un des innombrables ingénieurs-projeteurs ✎ il avait confié la réalisation de son grand projet s'approcha d'un air effaré. 2. Je voudrais te faire voir un petit projet ✎ nous avons pensé. 3. Les soins ✎ lui prodiguèrent ses familiers ne serviront à rien. 4. Une nation étrangère ✎ il ne révéla pas le nom lui avait offert des mille et des cents pour qu'il poussât à la révolte le peuple italien. 5. Sur un champ de bataille, un de ceux ✎ personne ne se souvient, on a donc trouvé un général. 6. Je mesurai la somme des douleurs ✎ je répandais autour de moi.

D'après D. Buzzati, *Le K et autres nouvelles*.

14 Quelle est la fonction de *dont* dans chaque phrase ?
1. Le livre dont tu m'as parlé me tente. 2. Un roman dont les personnages vivent des aventures extraordinaires, voilà ce que j'aime. 3. Je recherche un roman dont l'intrigue soit captivante. 4. Le pays dont parle ce romancier est-il la Chine ou le Japon ? 5. La femme dont il était éperdument aimé s'est effacée pour ne pas entraver sa carrière : l'abnégation dont elle a fait preuve est étonnante.

S'EXPRIMER

15 Décrivez l'image en employant au moins trois pronoms relatifs que vous soulignerez.

4. LES PRONOMS DÉMONSTRATIFS

	Masculin	Féminin	Neutre (ni masculin ni féminin)
Singulier	celui, celui-ci, celui-là	celle, celle-ci, celle-là	ce, c', ceci, cela, ça
Pluriel	ceux, ceux-ci, ceux-là	celles, celles-ci, celles-là	

- L'adverbe de lieu **-ci** marque la proximité ; l'adverbe **-là** marque l'éloignement.
  > *Tu as étudié deux poètes, Aragon et Eluard ; préfères-tu celui-ci ou celui-là ?*

5. LES PRONOMS POSSESSIFS

Les pronoms possessifs varient en fonction du **possesseur** (en personne et en nombre) et de l'**élément** possédé (en genre et en nombre).

	Possesseur singulier	Possesseur pluriel
1re pers.	le mien, la mienne, les miens, les miennes	le nôtre, la nôtre, les nôtres
2e pers.	le tien, la tienne, les tiens, les tiennes	le vôtre, la vôtre, les vôtres
3e pers.	le sien, la sienne, les siens, les siennes	le leur, la leur, les leurs

OBSERVER ET REPÉRER

16 Relevez les pronoms démonstratifs : quel est celui qui a un sens général ? celui qui reprend le nom « rue » ?
Étienne a oublié ce que lui a dit la patronne du café-restaurant. Plusieurs rues partent de la place : celle par laquelle il vient d'arriver, une deuxième à droite de l'église, une troisième à gauche de la mairie, et une quatrième derrière la pharmacie. Impossible de se rappeler le nom de celle qu'il doit emprunter.

C. Cuenca, *La Marraine de guerre*, © Le Livre de Poche Jeunesse, 2002.

S'EXERCER

17 Relevez les pronoms démonstratifs et donnez leur fonction.
1. Maintenant le ressort est bandé. Cela n'a plus qu'à se dérouler tout seul. C'est cela qui est commode dans la tragédie. On donne le petit coup de pouce pour que cela démarre [...]. 2. Laisse son ombre dure errer éternellement sans sépulture, puisque c'est la loi de Créon. Ne tente pas ce qui est au-dessus de tes forces.

J. Anouilh, *Antigone*, © La Table ronde, 1946.

18 Remplacez chaque GN souligné par le pronom démonstratif qui convient.
1. La demeure du baron resplendissait face à cette maison voisine dont le délabrement était effrayant. 2. D'un côté, on trouvait des députés inexpérimentés et timides, de l'autre, ces hommes qui adoraient parler à la tribune. 3. En général, il n'aime pas les livres mais il apprécie tous les livres qu'a publiés Eric-Emmanuel Schmitt. 4. Elle aime se confronter à la difficulté. 5. Nous avons étudié des tragédies et des comédies : les premières font appel à l'émotion, les autres déclenchent le rire.

19 Remplacez chaque GN souligné par le pronom possessif qui convient.
1. J'ai fini de lire mon roman : as-tu terminé le livre que tu lis ? 2. Mes études m'ont permis de faire le métier de mon choix : que comptez-vous faire de vos études ? 3. Pauline a amené son chien chez le vétérinaire, Paul hésite à faire examiner son caniche. 4. Le professeur propose un premier argument, puis chaque élève avance d'autres arguments. 5. Pauline a appris sa leçon, Paul n'a pas encore regardé la leçon qu'il doit apprendre. 6. Les médecins sont fidèles aux règles de leur profession ; les journalistes respectent-ils les règles du journalisme ?

S'EXPRIMER

20 Décrivez l'image en employant au moins trois pronoms démonstratifs que vous soulignerez.

Georges Bertin-Scott (1873-1942),
Effet d'un obus dans la nuit, avril 1915,
Musée de l'Armée, Paris
Dist RMN © Josse © DR

6. LES PRONOMS INDÉFINIS

Indéfini signifie qui ne donne aucun renseignement sur la nature, l'appartenance, la situation du nom représenté. Les pronoms indéfinis ont des valeurs différentes.

Valeur des pronoms	Formes simples	Formes composées
absence	aucun(e), nul(le), personne, rien	pas un(e)
totalité	tout, tous, toutes	
unité	chacun(e), quiconque, tel(le), autrui, on	l'un(e), l'autre, quelqu'un(e), quelque chose, n'importe qui, n'importe quoi, n'importe lequel (laquelle), autre chose, le (la) même
pluralité	beaucoup, peu, certain(e)s, plusieurs, tel(le)s, autrui	les un(e)s, les autres, quelques-un(e)s, les mêmes

⚠ **ATTENTION** Certains **pronoms indéfinis**, en rose dans le tableau, peuvent être **déterminants indéfinis**.
> ***Tous** les chercheurs observent la machine.* ***Tous** observent la machine.*
Tous : déterminant indéfini du nom *chercheurs*.   Tous : pronom indéfini qui remplace le nom *chercheurs*.

⚠ **ATTENTION** Le pronom **on** est indéfini quand il désigne :
– les hommes en général ;   > ***On** craint pour l'avenir de la planète.*
– une (ou des) personne(s) indéterminée(s).   > *Dans cette émission, **on** a parlé des sectes.*

7. LES PRONOMS NUMÉRAUX

Il existe des pronoms **numéraux cardinaux** (un, deux, trois...) et **ordinaux** (le premier...).
> *Il fut **le premier** à danser : il observa les jeunes filles et en invita **une**.*

OBSERVER ET REPÉRER

Tous ne jubilaient pas. Tous ne fleurissaient pas les wagons, ou ne les couvraient pas d'inscriptions gaillardes. Beaucoup ne regardaient pas sans arrière-pensée les paysans qui, venus le long des voies, répondaient mal aux cris de bravade et saluaient un peu trop gravement ces trains remplis d'hommes jeunes. […] Chacun des deux peuples s'était élancé à la rencontre de l'autre.
J. Romains, *Prélude à Verdun*, © Flammarion, 1958.

21 Relevez les pronoms indéfinis. Indiquez leur valeur.

S'EXERCER

22 Relevez les pronoms indéfinis.
1. À chacun de se sentir ou non concerné par des programmes qui tirent la qualité vers le bas. **2.** Certains ont regardé ce que l'on pensait qu'ils regarderaient, mais d'autres, auxquels on n'avait pas songé, ont fait de même.
La Télé nous rend fous !, Étonnants classiques, © Flammarion, 2005.

23 Remplacez les ✎ par un pronom indéfini.
Doit-✎ protéger les plus jeunes de la violence à la télévision ? ✎ a son point de vue sur la question : ✎ préconisent des filtres parentaux, ✎ assurent que la télévision ne fait que refléter la vie. ✎ ne reste en tout cas indifférent à ce débat qui nous concerne ✎. ✎ a entendu un enfant faire des cauchemars après avoir vu un film d'horreur pensera qu'✎ ne peut pas lui laisser regarder ✎. ✎, au contraire, préfèrent ne pas élever l'enfant loin de la réalité. La violence est parfois ✎ qu'elle heurte même les adultes.

24 Quel est le sens de *on* dans chacune des phrases ?
1] a. On vous a fait croire, à tous, que vous alliez défendre votre patrie contre l'invasion criminelle d'un agresseur. **b.** En outre, je dis que la guerre est bien différente de ce qu'on croit. **c.** C'est l'espèce qu'on appelle « rats de cadavre ».
Ceux de Verdun, Étonnants classiques, © Flammarion, 2001.
2] a. On n'est pas mal à la télé, on est bien reçu. **b.** On ne peut plus faire aujourd'hui un journal comme il y a vingt ans. **c.** Ce n'est pas en étant le nez sur l'événement, qu'on fait une meilleure information. **d.** Dira-t-on que certaines images s'impriment comme d'elles-mêmes dans notre mémoire ?
La Télé nous rend fous ! Étonnants classiques, © Flammarion, 2005.

25 Parmi les nombres suivants, quels sont ceux qui sont des pronoms numéraux ?
1. Il prend trois semaines de vacances : il en passera une dans sa famille, la deuxième à la mer, la troisième à la montagne. **2.** Le premier acte était très drôle mais le second était profondément ennuyeux. **3.** Elle a emprunté des livres, quatre sur l'art, deux sur la Seconde Guerre mondiale. **4.** Ce meuble coûte cent euros, celui-là trois cents.

L'adjectif qualificatif

L'adjectif qualificatif – Le groupe adjectival

1. NATURE ET FONCTIONS

Nature
Adjectif signifie qui s'ajoute. L'adjectif qualificatif s'ajoute à un nom pour en exprimer une **qualité**, une **caractéristique**. > *Une arme dangereuse.*

Fonctions
Un adjectif qualificatif joue un rôle, une **fonction grammaticale** dans la phrase. (Voir p. 339, p. 358).
Il peut être :
– **épithète** ; > *Le détective astucieux résout l'énigme.*
– **apposé** ; > *Astucieux, le détective résout l'énigme.*
– **attribut du sujet** ; > *Le détective est astucieux.*
– **attribut du COD**. > *Je trouve ce détective astucieux.*

Remarque : Les participes passés et les participes présents employés comme adjectifs verbaux peuvent être employés comme adjectifs qualificatifs.

2. LE GROUPE ADJECTIVAL

Définition
- Un **groupe adjectival** est composé d'**un adjectif qualificatif** et de **son (ou ses) complément(s)**.
- Un **complément de l'adjectif** est un **mot** ou un **groupe de mots** qui **complète un adjectif** par l'intermédiaire d'une préposition *(à, de)*.
- Il est le plus souvent un **nom**, un **groupe nominal** ou un **verbe à l'infinitif**.
  > *Difficile à croire ; rouge de honte ; adapté pour des enfants.*

Identifier un complément de l'adjectif
Ne pas confondre un **complément de l'adjectif**, qui complète un adjectif, avec un **complément du nom**, qui complète un nom.
> *J'observe les mains rouges de l'enfant. J'observe son visage rouge de honte.*
           GN complément du nom   GN complément de l'adjectif

3. L'ORTHOGRAPHE DE L'ADJECTIF

Le féminin
- En général, on ajoute un « **-e** » au masculin. > *Intelligent → intelligente.*
- Les adjectifs terminés par :
  -eil, -el, -ien, -on, doublent le « l » ou le « n » ;
  > *Pareil → pareille ; réel → réelle ; aérien → aérienne ; bon → bonne.*
  -eux, ont un féminin en **-euse** ; > *Curieux → curieuse.*
  -if ont un féminin en **-ive**. > *Agressif → agressive.*
- Parfois on ajoute un accent. > *Inquiet → inquiète ; policier → policière.*
- Cas particuliers > *Public → publique ; doux → douce ; roux → rousse ; favori → favorite.*

Le pluriel
- La plupart des adjectifs qualificatifs prennent un « **-s** » au pluriel. > *Visible → visibles.*
- Les adjectifs en **-eau** prennent un « **-x** » au pluriel. > *Nouveau → nouveaux.*
- Les adjectifs en **-al** font leur pluriel en **-aux**. > *Expérimental → expérimentaux.*
- Les adjectifs de couleur obéissent à des règles particulières (voir p. 364).

Les accords avec le nom (voir p. 364)

FAIRE SES GAMMES

1 À partir de chaque nom, formez un adjectif qualificatif en utilisant un suffixe : *-aire, -al, -el, -estre, -eux, -ier*.
Identité, chaleur, continent, éternité, pied, animal, perpétuité, temps, majorité, fin, nature, prix.

2 Écrivez les adjectifs de l'exercice 1 au féminin pluriel.

3 Relevez chaque complément de l'adjectif et précisez sa nature.
1. L'équipe est constituée de joueurs rapides à la course. 2. La vendeuse soupèse un panier plein de fruits. 3. L'enfant récite un poème facile à mémoriser.

4 Accordez chaque adjectif.
Une *(beau)* femme *(roux)*, de *(nouveau)* bancs *(public)*, de *(long)* histoires *(fabuleux)*.

5 Récrivez le texte en remplaçant *« un homme »* par : 1) *« une femme »* ; 2) *« des hommes »*. **Brevet**
Son caractère méditerranéen en faisait un homme jovial, jamais inquiet, pareil à un rayon de soleil, prompt à s'emporter mais nullement agressif, plutôt doux même. Il était gai, souriant, avenant et curieux de la vie.

L'adjectif qualificatif

Les degrés de l'adjectif

1. DEGRÉS D'INTENSITÉ

▶ Trois degrés d'intensité

- Une **intensité faible** notée par des adverbes. > *Peu, faiblement, légèrement, moins…*
- Une **intensité moyenne** notée par des adverbes. > *Plutôt, assez, aussi…*
- Une **intensité forte** notée par des adverbes. > *Très, trop, fort, extrêmement, beaucoup…*

▶ Superlatif absolu

- Un adjectif au **superlatif** est précédé d'un adverbe d'**intensité forte**.
  > *Ce soldat est **extrêmement** courageux.*
- Ce superlatif est nommé **superlatif absolu** car l'intensité n'est pas mise en relation avec d'autres éléments comparables. Il existe :
  – un **superlatif absolu de supériorité** ; > *Un soldat **très** audacieux, **fort** courageux.*
  – un **superlatif absolu d'infériorité**. > *Un soldat fort **peu** courageux.*
- Cas particulier. Le suffixe **-issime**, ajouté à un adjectif, est l'équivalent d'un superlatif absolu de supériorité. > *Un exploit rariss**ime** (très rare).*
- Certains adjectifs ont une valeur superlative. > *Sublime, suprême, infime…*

2. DEGRÉS DE COMPARAISON

▶ Comparatif

- Le **comparatif** permet de comparer des éléments en utilisant les degrés de l'adjectif.
- Il existe trois degrés du comparatif :
  – le **comparatif d'infériorité** ; > *Paul est **moins** courageux **que** Jacques.*
  – le **comparatif d'égalité** ; > *Paul est **aussi** courageux **que** Jacques.*
  – le **comparatif de supériorité**. > *Paul est **plus** courageux **que** Jacques.*
- Les adjectifs **bon**, **petit** et **mauvais** ont un comparatif de supériorité particulier : **meilleur**, **moindre** et **pire**.
- Le **complément du comparatif** est l'élément introduit par **que**.
  Ce complément peut être :
  – un nom ou un GN ; > *Ce soldat est plus courageux que **ses camarades**.*
  – un pronom ; > *Ce soldat est plus courageux que **celui-là**.*
  – un adjectif ; > *Ce soldat est aussi courageux que **vaillant**.*
  – une proposition. > *Ce soldat est plus courageux que **ne l'est son ennemi**.*
- Parfois le complément du comparatif n'est pas exprimé : il est sous-entendu.
  > *Le soldat rêvait d'un monde **plus pacifique**.* (sous-entendu : que le monde dans lequel il vivait.)

▶ Superlatif relatif

- Le **superlatif relatif** se forme à l'aide d'un article défini (**le**, **la**, **les**) suivi des adverbes **plus** ou **moins**. > *Verdun fut **le plus** terrible des combats.*
- Il met le degré de l'adjectif en **relation** avec un ensemble (les autres combats).
- Il existe deux degrés du superlatif relatif :
  – le **superlatif relatif d'infériorité** ; > *Ce joueur est **le moins** efficace de l'équipe.*
  – le **superlatif relatif de supériorité**. > *Ce joueur est **le plus** efficace de l'équipe.*
- Le **complément du superlatif relatif** est introduit par la préposition **de**. Ce complément n'est pas toujours exprimé : il est parfois sous-entendu.
  > *Ce joueur est le plus efficace **de l'équipe** et le plus doué.* (sous-entendu : de l'équipe).

FAIRE SES GAMMES

❶ Identifiez le degré de chacun des adjectifs qualificatifs.
1. C'était une salle assez vaste. 2. Les murs étaient très hauts, plus élevés que dans le reste de la maison. 3. La porte, plutôt étroite, était moins imposante que la pièce.

❷ a. Mettez les adjectifs *pur, bon, facile, mauvais,* **au comparatif de supériorité puis au superlatif de supériorité. b. Employez chacun d'eux dans une phrase.**

❸ Complétez les phrases suivantes avec un complément du comparatif ou du superlatif.

1. Il était aussi timide ✎ 2. Elle était la moins habile ✎ 3. Ils possédaient la plus belle demeure ✎ 4. Plus âgé ✎, il dirigeait la maisonnée. 5. Il exerçait un pouvoir moins ✎. 6. Cette étoile paraissait la plus éloignée ✎.

Les mots invariables
Les adverbes

> **Vérifiez vos acquis**
> Eh ! viens vite !
> Et vlan, il a claqué la porte car il est en colère. Quand il sera calmé, il reviendra.
> Quelle est la nature grammaticale de chacun des mots invariables en gras ?

1. DÉFINITION

Les adverbes peuvent **modifier** et **nuancer** des mots ou des phrases, ou les **relier** ; dans ce cas, ce sont des **connecteurs** (voir page ci-contre).
> Il *court* **vite**. Il est **très** *rapide*. **Cependant** il **ne** sera **vraisemblablement pas** le vainqueur.

2. LES PRINCIPAUX ADVERBES

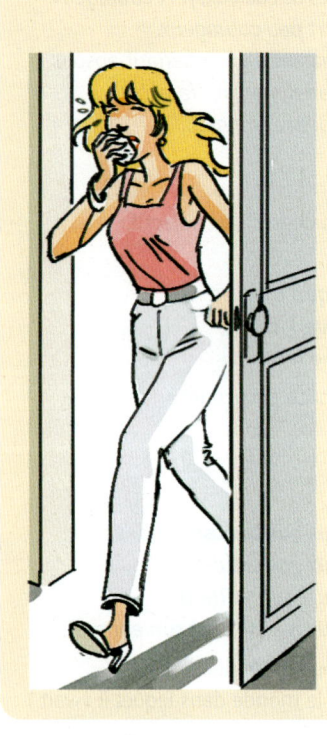

la négation	non, ne... pas, ne... plus, ne... jamais, ne... que, ne... personne, ne... rien, ne... pas encore, ne... point, ne... guère (ces deux derniers pour la langue soutenue)
l'affirmation	oui, assurément, certes, de fait...
le lieu	ici, là, dessus, dessous, devant, derrière, dehors, dedans, partout, loin, près...
le temps	auparavant, ensuite, puis, jadis, autrefois, bientôt, aussitôt, demain, hier, aujourd'hui, maintenant, tard, tôt, encore, longtemps...
la manière Orthographe !	bien, mieux, mal, vite, plutôt, peut-être, sans doute, vivement... Les adverbes de manière sont formés sur des **adjectifs qualificatifs** terminés par : – une **voyelle** → adverbe = adjectif masculin + -ment ; > *Habile* > *habilement*. Exception : *Gai* > *gaiement*. – une **consonne** → adverbe = adjectif féminin + -ment. > *curieux* → *curieuse* → *curieusement* ; *fou* → *folle* → *follement*. Exception : *Bref* > *brève* > *brièvement*. – adjectif en **-ant** → adverbe = radical + suffixe -amment. > *élégant* → *élégamment*. – adjectif en **-ent** → adverbe = radical + suffixe -emment qui se prononce [amɑ̃]. > *Intelligent* → *intelligemment*.
l'explication	en effet, effectivement...
l'opposition	cependant, pourtant, toutefois
l'intensité	très, trop, tout, assez, plus, moins, beaucoup, peu, aussi, si, tellement...
l'interrogation	quand, comment, pourquoi

- Certains **adjectifs** peuvent **s'employer comme adverbes** et restent donc **invariables**.
  > *Ces arguments sont **fort** habiles.* (adverbe) ≠ *Ce sont des arguments **forts**.* (adjectif)
- Pour l'orthographe de l'adverbe ***tout***, voir p. 371.

OBSERVER ET REPÉRER

Je ne puis me rappeler, aujourd'hui, tout ce qui fut dit au cours de plus de cent soirées d'hiver. Mais le thème n'en variait guère. C'était la longue rapsodie de sa découverte de la France : l'amour qu'il en avait de loin, avant de la connaître, et l'amour [...] qu'il éprouvait depuis qu'il avait le bonheur d'y vivre.
Vercors, Le Silence de la Mer, © Albin Michel, 1951.

1 Relevez les adverbes de temps, de lieu, d'intensité.

S'EXERCER

2 Relevez les adverbes et indiquez quelle nuance ils expriment.
À trente ans, on peut déjà dire : « Il y a vingt ans, je faisais ceci, j'étais avec ceux-là ... ». Les chiffres impressionnent toujours ; avec le temps on s'y habitue, peut-être. Il faut, peu à peu, pour plus tard, pour après, quand viendra la vieillesse.
A. Chedid, Le Message, © Flammarion, 2007.

3 a. Relevez les adverbes. **b.** Précisez s'ils servent à nuancer ou à relier.
Dans le roman de Balzac, *La Vendetta*, Ginevra souffrit beaucoup à cause de son père. En effet, celui-ci s'opposa violemment à son mariage. Cependant, elle lui tint résolument tête. Puis, rejetée par sa famille, elle épousa Luigi qui travailla courageusement pour la faire vivre.

4 Remplacez chaque GN en italique par l'adverbe en -ment qui correspond.
1. Elle marche *avec prudence et vaillance*. 2. Elle découvre l'homme *de façon soudaine*. 3. Elle le regarde *avec méchanceté*. 4. Elle le fixe *avec résolution*. 5. *Avec lenteur*, il s'avance, *d'un pas pesant*.

5 a. Relevez les adverbes. b. Récrivez le texte en remplaçant « *Ce personnage* » **par** « *Ces personnages* ». **Faites les modifications nécessaires : qu'observez-vous pour les adverbes que vous avez relevés ?**
Ce personnage était un homme fort ambitieux. Il parlait haut et fort. Son caractère fort le rendait difficile à vivre. Il arrêtait net ses interlocuteurs. Il se tenait ferme dans ses décisions. Par ailleurs, il portait toujours un vêtement net et propre.

S'EXPRIMER

6 Racontez une scène inspirée de l'image ci-dessus en employant cinq adverbes (que vous soulignerez), dont deux adverbes de manière en -ment.

Les mots invariables

Les connecteurs

1. DÉFINITION

- Quand des mots invariables servent à relier des mots, on les nomme **connecteurs**.
- Ils sont de **natures grammaticales** diverses : **prépositions**, **adverbes**, **conjonctions de coordination**, **conjonctions de subordination**.
- Il existe :
  – des **connecteurs temporels** (certains adverbes de temps). Voir *L'organisation d'un récit* p. 399.
    > *Il s'est approché doucement. **Puis**, il s'est brusquement arrêté.*
  – des **connecteurs logiques** (adverbes, conjonctions de coordination ou de subordination) pour exprimer la **cause**, la **conséquence**, l'**opposition**. Voir *Les rapports logiques* pp. 347 à 354.
    > *Il parle avec flamme. **Cependant**, je ne suis pas convaincu.*

2. LES PRÉPOSITIONS

Les prépositions (**à**, **de**, **par**, **pour**, **sans**, **sauf**, **vers**, **à cause de**, **malgré**, **parmi**...) sont des mots outils qui relient :
– un **nom** à son **complément du nom** ;
– un **verbe** à son **complément d'objet indirect** ou **second** ou à son **complément d'agent** ;
– un **adjectif** à son **complément de l'adjectif** ;
– un **complément circonstanciel** au reste de la phrase.
> ***Malgré*** *ses efforts, il n'a pas réussi à s'intéresser **à** ce récit **de** guerre, pourtant captivant **à** lire.*

3. LES CONJONCTIONS DE COORDINATION

Les conjonctions de coordination (**mais**, **ou**, **et**, **donc**, **or**, **ni**, **car**) sont des mots outils qui relient :
– des mots de même nature (noms, adjectifs, verbes, adverbes) ;
– des propositions ;
– des phrases.
> ***Ni*** *Luc **ni** son frère ne connaissent ce roman, **mais** ils s'apprêtent à le lire. Ils vont **donc** comparer leurs avis.*

4. LES CONJONCTIONS DE SUBORDINATION

- Les conjonctions de subordination **introduisent des propositions subordonnées** :
  – **conjonctives COD** (**que**) ; > *Je pense **que** ce livre te plaira.*
  – **conjonctives compléments circonstanciels** (**bien que**, **parce que**, **pour que**, **quand**, **si**, …) ;
    > ***Quand*** *tu auras lu ce livre, raconte-le moi.*
  – **interrogatives indirectes** (**si**). > *Je me demande **si** ce roman lui plaira.*
- Elles sont généralement suivies de l'**indicatif**. > *Le diplôme est délivré **après que** le jury **a** délibéré.*
- Elles sont suivies du **subjonctif** :
  – après des verbes de volonté, de doute : **que** ; > *Je veux **que** tu **viennes**.*
  – quand elles expriment le temps (**avant que**, **jusqu'à ce que**), le but (**pour que**, **afin que**), l'opposition (**bien que**, **quoique**...), la conséquence (**trop**... **pour que**...).
    > ***Avant qu'il*** *n'intervienne, je voudrais parler.*

OBSERVER ET REPÉRER

Je n'ai rien *contre* la voiture, *mais* je déteste la civilisation *de* l'automobile, cette obligation faite à l'homme de s'adapter aux lois *de* la production, *sans* aucune considération *pour* la beauté *ou* le plaisir *de* vivre.
B. Duteurtre, *Le Grand Embouteillage*, © Éditions du Rocher, 2002.

❶ a. Indiquez la nature grammaticale des mots en italique. **b.** Lequel joue le rôle de connecteur logique ? **c.** Quelle préposition se cache dans le GN « *aux lois* » ?

S'EXERCER

❷ a. Relevez, en deux colonnes, les connecteurs temporels et logiques. **b.** Indiquez leur nature grammaticale.

Je ne crois pas que ce silence ait dépassé quelques secondes. Mais ce furent des longues secondes. Il me semblait voir l'homme, derrière la porte, [...] retardant le moment où, par le seul geste de frapper, il allait engager l'avenir… Enfin il frappa. Et ce ne fut ni avec la légèreté de l'hésitation ni la brusquerie de la timidité vaincue, ce furent trois coups pleins et lents, les coups assurés et calmes d'une décision sans retour.
F. Vargas, *Les Jeux de l'amour et de la mort*, © Éditions du Masque, 1997.

❸ Remplacez chaque ✎ par la préposition qui convient.
1. Il s'apprête ✎ partir. 2. L'éducation influe ✎ le comportement. 3. Il s'attarde ✎ parler. 4. Cet homme est un ami ✎ mon père. 5. Il est sorti ✎ l'interdiction de ses parents.

❹ a. Quels verbes se construisent avec une préposition ? **b.** Employez chacun d'eux dans une phrase qui en éclaire le sens.
Se souvenir • se remémorer • se rappeler • pallier • dédommager • s'enquérir • exhorter • persuader • s'employer • différer.

❺ Remplacez chaque ✎ par une conjonction de subordination : *après que, avant que, depuis que, parce que, pour que, quoique*.
1. Il a pris froid ✎ il est resté deux heures sous la pluie. 2. ✎ l'équipe de France puisse participer à l'Euro, elle doit se qualifier ce soir. 3. ✎ vous ne visitiez cette usine, vous ne vouliez pas entendre parler de Bac Pro ; ✎ vous l'avez visitée, vous avez changé d'avis. 4. ✎ ce métier ait des horaires lourds, il est passionnant. 5. ✎ ils ont parcouru tout le Forum des métiers, les élèves remplissent un questionnaire.

S'EXPRIMER

❻ Rédigez un bref paragraphe dans lequel vous emploierez les mots : *prêt à, près de, malgré, se rappeler*.

La formation des mots
Le radical

1. RADICAL ET FAMILLE DE MOTS

• Une **famille de mots** est l'ensemble des mots formés par **dérivation** à partir d'un **même radical**, souvent d'origine grecque ou latine. Ces mots peuvent être de **natures grammaticales différentes**.
> *Brav-* → *brave* (adjectif), *braver* (verbe), *bravoure* (nom), *bravement* (adverbe).

⚠ **ATTENTION** Un radical peut présenter des **variations de formes** (voir tableau).

Principaux radicaux d'origine latine					
	Sens	Mots de la famille		Sens	Mots de la famille
capt, **cept**	prendre	*capture, accepter...*	**fer**, **fert**, **lat**	porter	*déférer, transfert, relation...*
civ, **cit**	cité	*civil, civique, civilité, citoyen, citoyenneté...*	**ject**, **jet**	jeter	*projection, projeter...*
			leg, **lect**, **lir**	choisir, lire	*délégué, élire, élection, lecture...*
cour, **cours**	déroulement	*courir, discourir, cours, parcours, recours...*	**loc**, **loq**	parler	*locution, locuteur, élocution, éloquence...*
dict	dire	*dictée, édicter, dictature, diction...*	**miss**, **mett**	envoyer	*mission, émettre...*
duct, **dui-**, **duit**	conduire	*conducteur, réducteur, réduction, réduire, produit...*	**mouv**, **mob**, **mot**	bouger	*mouvement, émouvoir, mobilier, moteur...*
fact, **fect**, **fait**	faire	*facture, perfection, parfait...*	**scrib**, **scri**, **script**	écrire	*scribe, inscrire, description...*
			ven, **vent**	venir	*devenir, advenir, aventure...*

2. LES MOTS COMPOSÉS

Les mots peuvent se former aussi par l'**addition de plusieurs mots**. C'est le cas
• des **mots savants** composés de deux (ou plusieurs) **radicaux d'origine grecque et/ou latine**.
> *biographie = bio + graphie*.

Mots savants composés avec des radicaux d'origine grecque ou latine (en italique)					
	Sens	Mots composés		Sens	Mots composés
bio	vie	*biologie...*	**logue**, **logie**	étude	*géologie, gynécologie...*
cide	tuer	*parricide...*	**omni**	tout	*omnivore, omniscient...*
cratie archie	gouvernement	*démocratie, monarchie...*	*multi*, **poly**	plusieurs	*multiforme, polycopié...*
démo- dém-	peuple	*démagogie...*	**phone**	voix	*téléphone...*
géo	terre	*géologie, géométrie...*	**psych-**	esprit	*psychologie, psychique...*
gen-	famille, race	*généalogie, génocide...*	**télé**	loin	*télévision, téléchargement...*
graphe(-ie)	écrire	*orthographe, biographie...*	**théo**	dieu	*monothéisme...*

• des **noms composés** de deux ou plusieurs mots séparés avec ou sans préposition (voir p. 317 pour l'orthographe de ces noms au pluriel). > *Un chien-loup ; une pomme de terre.*
• des **adjectifs de couleur** (voir p. 364 pour l'orthographe de ces adjectifs au pluriel).
> *Une robe bleu ciel.*

FAIRE SES GAMMES
Voir aussi **Exercices p. 331**

1 Quels radicaux repérez-vous pour chacune de ces familles de mots ?
1] Amitié, aimer, amant, amoureux.
2] Dictée, dictateur, diction, indicible, prédiction, malédiction.
3] Revenir, avent, parvenir, revient.

2 Trouvez des mots de la famille de *mettre, mobilier, conduire, écrire, cours*.

3 Décomposez chaque mot.
Géographie, théologie, insecticide, fratricide, polythéisme, monologue, omniprésent.

4 a. Quel radical savant repérez-vous dans chaque mot ? **b.** Cherchez le sens de ces mots.
Aristocratie, oligarchie, génétique, régicide.

5 a. Quels sont les mots qui dérivent du radical latin *man*, « la main », et ceux qui dérivent du radical *mania*, « la folie » ?
Manuel, maniaque, maniable, manufacture, monomanie, cleptomanie, amener, manier.
b. Employez chaque mot dans une phrase qui en éclaire le sens.

6 Décomposez chaque mot.
Autographe, multifonctions, psychologie, autobiographie, monoculture, génétique, biosphère.

7 Parmi les couples, quels sont ceux où le nom est dérivé du verbe et ceux où le verbe est dérivé du nom ?
Préparer ; préparation • décrire ; description • complimenter ; compliment • additionner ; addition • scandaliser ; scandale.

La formation des mots

Les préfixes

⚠ **ATTENTION**
- Un **préfixe** se place **avant** le radical et en **modifie le sens**.
- La plupart des préfixes sont d'origine **latine**. Quelques-uns proviennent du **grec** (en italique dans le tableau).
- Pour certains préfixes, comme le préfixe **ad-**, des **modifications orthographiques** se produisent.
- Certains préfixes, comme **para-**, ont **plusieurs sens**.

Préfixes	Sens	Exemples
a-, ac-, ad-, af-, al-, ap-, as-, att-	vers	*amener, accompagner, adjectif, affecter, allonger, apposition, associer, attirer...*
a-, an-	privé de	*aphone, anarchie...*
ante-, anti-	devant	*antécédent, anticipation...*
anti-	contre	*antiphrase, antithèse...*
auto-	de soi-même	*autobiographie...*
co-, col-, com-, con, cor- ; *sun-, syl-, sym-*	avec, ensemble	*coopérer, collectionner, compassion, concorder, corriger... synthèse, syllabe, sympathie...*
dé-, dés-, dis, dys-	de haut en bas / sens négatif, séparer	*dévaler, descendre... départager, désagréable, disparaître, dyslexie...*
e-, ex-	hors de	*épeler, explicite...*
en-, em-, in-, im-, il-, ir-	dans	*enterrer, emporter, inhaler, importer...*
in-, il, im-, ir-	le contraire de	*inédit, illégal, immoral, irresponsable...*
entre-, inter-, intra-, intro-	entre	*entrevoir, interrompre, intraveineuse, introduction...*
mal-, mé-, més-, mau-	mal	*malmener, médire, mésentente, maudire...*
méta-	transformation	*métamorphose, métaphore...*
ob-, oc-, of-, op-	contre, au-devant	*objecter, occident, offrande, opposition...*
para-	à côté de / protection contre	*parallèle, paraphrase... parapluie, paratonnerre...*
par-, per-	à travers, achever	*parcourir, perforer, parfaire, perfection...*
péri-	autour	*périmètre, périphrase...*
post-	après	*postérieur...*
pré-, pro-	avant, à la tête de	*préposition, préférer, présider, projeter...*
pro-	à la place de	*pronom...*
r-, re-, ré-	en arrière, à nouveau	*récrire, revenir, réagir...*
sou-, sous-, sub-, suc-, suf-, sug-, sup-, sus- ; *hypo-*	sous	*soutenir, souscrire, submerger, succéder, suffixe, suggérer, supposer, suspendre... hypotension...*
sur-, super-, supra- ; *hyper-*	sur	*surévaluer, superposer, supranational... hypermarché, hyperbole...*
tra-, trans-, tré-, tres-	à travers	*traverser, transmettre, trépasser, tressaillir...*

FAIRE SES GAMMES

Voir aussi **Exercices p. 331**

❶ Observez le tableau : pour quelle raison les préfixes sont-ils suivis d'un tiret ?

❷ **a.** Parmi les exemples du tableau, relevez cinq noms de figures de style, cinq mots désignant des natures ou des fonctions grammaticales. **b.** Expliquez-les en vous appuyant sur le sens du préfixe.

❸ Identifiez le préfixe dans chaque mot : acquisition, requête, paravent, administration, procédure, dissolution.

❹ En vous aidant de leur préfixe, expliquez ces mots qui servent souvent à analyser les textes.
Paraphrase, métamorphose, inédit, autobiographie, anticipation, préface.

❺ En vous aidant du préfixe, expliquez à quoi servent *une introduction, une antithèse, une synthèse*.

❻ Formez le plus possible de verbes composés d'un préfixe suivi du radical *poser*, puis du radical *jeter*.

❼ Formez dix adjectifs en utilisant le préfixe *in-*. Attention aux modifications de radical.

❽ Classez les mots *paratonnerre, paraphrase, parapluie, parallélépipède, paranormal, paradoxe*, selon que *para-* signifie « à côté de » **ou** « contre ».

La formation des mots

Les suffixes

- Les **suffixes** se placent **après le radical**. Plusieurs suffixes peuvent **se combiner**.
  > Nation > national > nationaliser.
- Les suffixes changent souvent la nature grammaticale du mot (nom, verbe, adjectif, adverbe).
  > Sale > salir (verbe), saleté (nom), salement (adverbe).

Suffixes pour former des noms masculins (M) et féminins (F)		
-age, -issage, -ment (M)	action ou résultat de l'action	*bavardage, apprentissage, déménagement…*
-(a)tion, -aison, -ion, -ssion, -tion, -isation (F)	action ou résultat	*libération, conjugaison, mention, percussion, addition, localisation…*
-ance, -ence, -esse, -ice (F)	état, qualité, propriété	*élégance, prudence, sagesse, justice…*
-ée (F)	contenu, durée, distance	*pelletée, soirée, traversée…*
-erie, -ie (F)	lieu, qualité ou action	*boucherie, tricherie, courtoisie…*
-er(-ère); -eur(-euse), -teur(-trice)	personne qui…	*boucher, boulanger… acheteur, acteur…*
-ien(-ienne); -ois/(oise); -ais (-aise)	originaire de	*Parisien, Lillois, Marseillais…*
-iste, -isme (M)	métier, activité, attitude	*biologiste, civisme…*
-té, -tié (F)	noms abstraits	*liberté, amitié…*
Suffixes pour former des verbes		
-ailler, -ouiller, -asser, -oter	action négative	*traînailler, bafouiller, rêvasser, trembloter…*
-ifier, -iser	rendre…	*unifier, uniformiser…*
-onner	action	*raisonner, tonner…*
-eler, -eter, -iller	diminutifs	*craqueler, voleter, fendiller…*
Suffixes pour former des adjectifs qui expriment		
-able, -ible, -uble	une possibilité	*aimable, intelligible, soluble…*
-ain, -(i)aire, -el, -al, -(i)er, -esque, -eur, -eux, -if, -in, -ique(-atique), -atoire	une propriété, une relation	*vilain, légendaire, rationnel, national, hospitalier, mensonger, romanesque, trompeur, heureux, intensif, enfantin, historique, asiatique, aléatoire…*
-ard, -asse, -âtre	une valeur péjorative	*traînard, jaunasse, blanchâtre…*
Suffixes pour former des adverbes		
-ment, -amment, -emment (voir p. 326)	manière	*vivement, élégamment, prudemment…*

FAIRE SES GAMMES

Voir aussi **Exercices p. 331**

❶ Formez des noms à partir de ces verbes.
Vernir, abattre, acclamer, commettre, suggérer, organiser.

❷ D'après la liste, indiquez quelles sont les deux exceptions au suffixe en -ation **(1 500 noms environ !)**
Modernisation, interpellation, mémorisation, passion, simplification, multiplication, dérogation, compassion, identification, autorisation.

❸ a. Décomposez les mots : *clarté, ménagement, adaptation, tranquillité, abattage, abattement, clairvoyance, foisonnement.* **b. Employez** *abattage, abattement, clarté, clairvoyance,* **chacun dans une phrase qui en éclaire le sens.**

❹ Formez des noms abstraits à partir de ces noms et de ces adjectifs.
Dense, intense, simple, fier, utile, vain, humain, avare, national, pur.

❺ Formez des verbes à partir de ces adjectifs ou de ces noms.
Intense, canon, jargon, addition, national, rationnel, identique, humain, monde, mode.

❻ Formez des adjectifs à partir de ces verbes et noms.
Imaginer, envisager, comprendre, satire, humour, théâtre, peur, aventure, résoudre, durer, informer, soupçonner.

❼ a. Identifiez les suffixes. b. Indiquez la nature du mot. c. Donnez-en le sens.
Satiété, développement, atrocement, correctement, correction, intensément, aménagement, ostensible, implication, chevroter.

❽ a. Dans les adjectifs, identifiez les suffixes : *honteux, aimable, nerveux, peureux, charitable, serviable, courageux, paresseux.* **b. Employez chacun de ces mots dans une phrase qui mettra son sens en évidence.**

❾ a. Quel est le suffixe commun à ces mots : *bactéricide, fongicide, fratricide, infanticide, génocide, herbicide, homicide, insecticide, parricide, régicide, suicide* **? b. Que signifie ce suffixe ? c. Quels sont les mots qui peuvent être adjectifs ? d. Quels sont ceux qui désignent une personne ? une action ? un produit ?**

La formation des mots

Emprunts et néologismes

La langue est vivante ; elle s'enrichit de **mots empruntés à d'autres langues**, de **mots techniques**, de mots déformés ou coupés, de **néologismes** (mots fabriqués). Certains passent de mode, d'autres entrent dans le dictionnaire.

1. LES EMPRUNTS

Depuis le XXe siècle, le français emprunte essentiellement à l'**anglais**. > *Week-end*...
La langue orale utilise des mots issus de l'immigration, d'origine **arabe**, **africaine**, **créole**, **tzigane**...
> *Bled* : « lieu reculé », d'un mot arabe signifiant « la campagne ».
> *Padig !* : « T'en fais pas », « pas grave » en créole.
> *Poucave* : « quelqu'un qui dénonce » dans la langue tzigane.

2. LES NÉOLOGISMES

Des mots nouveaux sont créés :
– pour accompagner **des techniques nouvelles** ; > *Chatter* (sur ordinateur).
– par la **publicité**, pour attirer l'attention ; > *Positiver*.
– dans la langue courante et/ou familière : par **abréviation** (> *ciné, kiné, prof*), par **élision** (> *p'tit déj*), par **inversion** (> *vénèr pour énervé*), par **déformation** d'emprunts étrangers (> *bifsteck*, de l'anglais *beef*, « bœuf » *et steack*, « tranche »).

EXERCICES RÉCAPITULATIFS

Emprunts et néologismes

❶ Quels sont les mots empruntés à l'anglais qui correspondent à ces définitions ?
1. Retour en arrière. 2. Sport de glisse sur mer et sur neige. 3. Planche à roulettes. 4. Organisation de la semaine. 5. Emballage de plusieurs produits identiques. 6. Course de vitesse.

❷ Cherchez des slogans qui utilisent des néologismes.

❸ Pour comprendre certains emprunts de la langue orale, associez des explications étymologiques (liste A) **à des mots de la langue populaire orale ou de l'argot** (liste B).
A] 1. De l'ancien français *brost*, « menue branche d'arbre », mot qui désignait au XIXe siècle un acte dans un procès. 2. Au XIXe siècle, l'expression « balancer un chiffon rouge » illustrait, par métaphore, le mouvement de la langue en train de parler. 3. du latin *siccus*, « sans humidité ». 4. de l'arabe *blad*, ou *bilad*, signifiant « terrain, pays ».
B] 1. broutilles (« problèmes ») 2. blédard (« sans-papiers » ou « ringard ») 3. sec (« nul ») 4. balance (« qui dénonce »).

Radical et famille de mots

❹ Donnez le plus possible de mots appartenant aux familles formées sur ces radicaux latins et grecs : *aqua / hydr* (l'eau) ; *ignis / pyr* (le feu).

❺ a. Les mots *inhumer, inhumation, humilier, humble, humide* **ont été formés à partir du radical signifiant « le sol, la terre » en latin : quel est ce radical ? b. Expliquez chaque mot en partant du sens du radical.**

❻ Classez les mots selon qu'ils font partie de la famille de *terre* (*terra* en latin) **ou de celle de** *terreur* (*terror* en latin).
Terrifier, terrestre, terroriser, terrasse, terrain, atterrir, terrible.

❼ a. Décomposez les mots *prédire, dédire, redire, prédiction, malédiction, médire, médisance, maudit.* **b. Quel est leur radical commun ? c. Qu'y a-t-il de commun aux quatre mots soulignés ?**

Mots composés

❽ a. Décomposez ces mots savants (voir tableau p. 328).
Télescope, microscope, microcosme, cosmonaute, astronaute, astrologie, psychothérapie, thalassothérapie, polymorphe, morphologie.
b. Après avoir isolé les deux éléments de chaque mot, dites quels sont les radicaux qui signifient : *forme, marin, mer, monde, petit, voir*.

Préfixes

❾ Sur le modèle *« qui ne peut pas voir »* → **invisible**, **donnez les adjectifs signifiant qu'on ne peut pas** : *vaincre, expliquer, percevoir, lire, décrire, raconter, déchiffrer, réduire.*

❿ a. Décomposez les mots : *approcher, anéantir, adjoindre, atterrir, accompagner, allumer, advenir, atterrir, acclamer.*
b. Quel est le préfixe commun à ces mots ?

⓫ De quel préfixe commun peut-on faire précéder tous ces mots : *hydrater, placer, stabiliser, partager, argenté* ? **Employez chacun des mots formés avec le préfixe dans une phrase qui illustre son sens.**

Suffixes

⓬ Répondez à ces questions de brevet. `Brevet`
1. Comment est formé le verbe *se remémorer* ? Proposez deux autres mots construits sur le même radical. 2. Expliquez la formation de l'adverbe *miraculeusement*. 3. Quel est le sens précis de *emmailloter* ? Décomposez-le en expliquant précisément sa formation. 4. Trouvez un verbe de la même famille qu'*importun*. Quelle est la signification de cet adjectif ?

S'EXPRIMER

⓭ Imaginez deux néologismes savants pour désigner un objet ou une technique et rédigez une définition de dictionnaire pour chacun.

331

La phrase

La phrase simple et la phrase complexe

1. PHRASE ET PROPOSITION

▶ Phrase
- Une phrase commence par une **majuscule**, se termine par un **signe de ponctuation fort** (. ? !) et a une **unité de sens**.
- Les **phrases verbales** s'organisent autour d'un **verbe**. > *Quand la guerre a-t-elle débuté ?*
- Les **phrases non verbales** n'ont pas pour noyau un verbe. Ce sont des **phrases nominales**, des **interjections** ou des **adverbes**. > *Délicieux, ce gâteau qui sent bon ! Non ! Eh ! Vite !*
- Une phrase peut comprendre **une ou plusieurs propositions**.

▶ Proposition
Une **proposition** est un **groupe de mots comprenant** en général **un sujet**, **un verbe** et souvent un (des) **complément**(s).
> *[Les soldats sont mobilisés] [car l'Allemagne a déclaré la guerre à la France.]*
(deux verbes conjugués › deux propositions)

2. PHRASE SIMPLE ET PHRASE COMPLEXE

▶ Phrase simple
Une phrase simple est constituée d'**une seule proposition** appelée proposition **indépendante**.
> *La guerre est déclarée.* (phrase verbale)
> *Déclaration de guerre.* (phrase nominale)

▶ Phrase complexe
- Une phrase complexe est composée de **plusieurs propositions** qui peuvent être :
  – plusieurs propositions **indépendantes** ;
  – une proposition **principale** et une (ou plusieurs) proposition(s) subordonnée(s) ;
  – une proposition **indépendante**, une proposition **principale** et une (ou plusieurs) proposition(s) **subordonnée**(s).

- **La juxtaposition**
Plusieurs propositions peuvent être **juxtaposées** par une **marque de ponctuation**.
> *[Les soldats se regroupent] : [on vient de déclarer la guerre.]*
Le sujet des verbes peut être sous-entendu.
> *[Le soldat prépare son sac], [quitte les siens], [part à la guerre.]*

- **La coordination**
Plusieurs propositions peuvent être **coordonnées** par une **conjonction de coordination** (*mais, ou, et, donc, or, ni, car*) ou par un **adverbe de liaison** (*puis, cependant…*).
> *[Le soldat prépare son sac] [et quitte les siens], [puis il part à la guerre.]*

- **La subordination**
Une phrase complexe peut se composer d'une proposition principale et d'une (ou plusieurs) **proposition(s) subordonnée(s)**.
> *[Quand la guerre est déclarée], [les soldats sont mobilisés.]*
    proposition subordonnée   proposition principale

FAIRE SES GAMMES
Voir aussi **Exercices p. 338**

❶ Dites si les phrases suivantes sont verbales ou non verbales.
1. Ouverture de la pêche au thon. 2. Quel étrange tableau qui attire le regard ! 3. Meilleurs sentiments. 4. Qu'il vienne vite. 5. Curieux végétal, cette plante dont les feuilles se ferment le soir !

**❷ a. Relevez une phrase simple.
b. Recopiez les phrases complexes en délimitant les propositions.**
À peine arrivée en Romagne, Vanina crut voir que l'amour de la patrie ferait oublier à son amant tout autre amour. La fierté de la jeune Romaine s'irrita. Elle essaya en vain de se raisonner ; un noir chagrin s'empara d'elle ; elle se surprit à maudire la liberté. […] Bientôt ses larmes coulèrent ; mais c'était de honte de s'être abaissée jusqu'aux reproches.
Stendhal, *Vanina Vanini*, 1830.

**❸ a. Recopiez le texte en délimitant chaque proposition par des crochets.
b. Indiquez, pour chaque proposition, si elle est juxtaposée, coordonnée ou subordonnée.**
Mme Aubain voulait faire de sa fille une personne accomplie ; et, comme Guyot ne pouvait lui montrer ni l'anglais ni la musique, elle résolut de la mettre en pension chez les Ursulines de Honfleur. L'enfant n'objecta rien. Félicité soupirait, trouvant Mme Aubain insensible. Puis elle songea que sa maîtresse, peut-être, avait raison. Enfin, un jour, une vieille tapissière[1] s'arrêta devant la porte ; et il en descendit une religieuse qui venait chercher Mademoiselle.
G. Flaubert, *Un cœur simple*, 1877.

[1]. voiture légère ouverte de tous côtés.

La phrase
Les propositions subordonnées

1. DÉFINITION — Une proposition subordonnée **dépend toujours d'une autre proposition**, en général **de la proposition principale. Elle ne peut pas former une phrase à elle toute seule.**
> *[Quand Vanina était au bal,] [elle entendit parler du carbonaro] [qui s'était échappé.]*
> proposition subordonnée   proposition principale   proposition subordonnée

2. LES DIFFÉRENTES PROPOSITIONS SUBORDONNÉES

Proposition subordonnée	Caractéristique	Fonction
relative > *On parla du carbonaro [qui s'était échappé.]*	Elle est introduite par un **pronom relatif** (voir p. 321).	Elle **complète un nom** nommé **antécédent** (voir p. 360).
conjonctive > *Vanina vit [qu'il était là.]* > *Elle s'attend [à ce qu'il sourie.]* > *La vérité est [qu'elle l'aime.]* > *[Qu'il la regarde] la séduit.* > *Elle est ravie [qu'il la regarde.]*	Elle est introduite par la **conjonction de subordination** *que* (voir p. 327).	**COD** **COI** **attribut du sujet** **sujet** **complément de l'adjectif**
infinitive > *Vanina entendit [le carbonaro parler.]*	Elle comporte un **verbe à l'infinitif ayant un sujet propre exprimé**.	**COD**
interrogative indirecte > *Vanina se demandait [qui il était] [et pourquoi il se cachait.]*	Elle est introduite par un **pronom interrogatif** (voir p. 320) ou par un **adverbe interrogatif** (voir p. 326).	**COD**
conjonctive circonstancielle > *[Quand Vanina vit le carbonaro,] elle fut surprise.*	Elle est introduite par une **conjonction de subordination** (voir p. 327).	**complément circonstanciel** d'une autre proposition (voir pp. 346 à 354).
participiale > *[Le carbonaro se taisant,] Vanina l'interrogea.*	Elle comporte un **verbe au participe ayant un sujet propre exprimé**.	**complément circonstanciel** d'une autre proposition (voir pp. 346 à 354).

FAIRE SES GAMMES
Voir aussi **Exercices p. 338**

❶ a. Relevez les propositions subordonnées qui complètent les mots en gras. b. Indiquez entre parenthèses leur nature.
1. Boule de Suif habite **Rouen** que les Prussiens ont envahie. **2.** Les voyageurs **pensent** qu'ils prendront la diligence. **3.** Les **voyageurs** que la faim tenaille **espèrent** que Boule de Suif partagera son repas. **4.** Un **officier prussien** qui occupe l'auberge **interdit** que les voyageurs repartent.

❷ Relevez les propositions subordonnées et indiquez la nature et la fonction de chacune.
1. Les officiers pensent que la présence de jolies femmes serait agréable. **2.** Un des officiers se demande s'il pourrait organiser une fête. **3.** L'une des femmes considère que l'un des officiers a insulté la France. **4.** Le commandant veut savoir comment l'officier a été tué. **5.** Les villageois observent les Prussiens saccager le château. **6.** Boule de suif qui est une prostituée est le seul personnage patriote de la nouvelle.

❸ a. Relevez les propositions subordonnées conjonctives circonstancielles et les participiales. b. Précisez la nature de chacune d'elles.
1. Les plus belles femmes étant réunies, le bal commença. **2.** Parce que Vanina était la plus belle, tous l'admiraient quand elle dansait. **3.** Une fois les douze coups de minuit sonnés, on parla d'un carbonaro en fuite de sorte que Vanina fut intriguée.

❹ Relevez les propositions subordonnées en les classant en : 1) relatives ; 2) conjonctives.
1. Nantas accepte que Flavie devienne sa femme. **2.** Le marché qu'il a conclu lui convient, même si Flavie exige qu'il ne l'aime pas. **3.** Nantas, que son amour pour Flavie rend malheureux, décide qu'il ne peut plus vivre ainsi.

❺ Relevez les propositions subordonnées et indiquez la nature et la fonction de chacune.
Tout l'après-midi, les clients défilèrent devant le père de Parvana. [...] Quand l'un d'eux parlait en patchou, elle comprenait à peu près ce qu'il disait. [...] On entendait les colporteurs livrer leurs marchandises et vendre leurs services à grands cris. [...] Les garçons qui servaient la boisson allaient et venaient sans cesse. [...] Régulièrement, Nooria et sa mère passaient en revue toutes leurs affaires pour voir si elles pouvaient y trouver quelque chose à vendre.
D. Ellis, *Parvana, Une enfance en Afghanistan*, © Le Livre de Poche, 2005.

❻ Répondez à cette question de brevet. **Brevet**
Brevet 2005 : Relevez la proposition subordonnée présente dans cette phrase et précisez sa nature. Françoise, qui venait d'obtenir son permis de conduire, nous proposa d'effectuer le trajet en deux étapes. (C. Michelet, *Une fois sept*, © Robert Laffont, 1983)

La phrase

Les types et les formes de phrases

Vérifiez vos acquis

1. Combien existe-t-il de types de phrases ? Nommez-les. 2. Quelle phrase est à la forme affirmative ? négative ? emphatique ?
1. Je lis des romans. 2. Des romans, j'en lis beaucoup ! 3. Je n'en lis pas.

1. LES QUATRE TYPES DE PHRASES

Il existe quatre types de phrases qui peuvent s'utiliser à la forme affirmative et à la forme négative.

Phrase	déclarative	interrogative	injonctive	exclamative
Exemples	> *Je lis des romans.* > *Je ne lis pas de romans.*	> *Lis-tu des romans ?* > *Ne lis-tu pas de romans ?*	> *Lis des romans.* > *Ne lis pas de romans.*	> *Tu lis des romans !* > *Tu ne lis pas de romans !*
Rôle	Elle transmet une **information**.	Elle pose une **question**.	Elle exprime un **ordre**, une **interdiction**, un **conseil**.	Elle traduit les **sentiments** ou les **émotions** de celui qui s'exprime.
Ponctuation Elle se termine par :	un **point** « . »	un **point d'interrogation** « ? »	un **point** ou un **point d'exclamation** (ordre plus fort).	un **point d'exclamation** « ! »
Intonation	descendante	montante	descendante	expressive (mise en valeur d'un terme)

- Une **interrogation totale** attend une réponse par « oui », « non » ou « si ». Une **interrogation partielle** porte sur une partie de la phrase ; l'intonation est alors descendante. L'interrogation partielle commence par un adverbe (*Comment...*), un pronom interrogatif (*Qui...*) ou un déterminant interrogatif (*Quel...*).
  > *Pourquoi lis-tu des romans ?*

- Selon le **niveau de langue**, la phrase interrogative présente trois constructions :
  niveau familier   **niveau courant**   **niveau soutenu**
  > *Tu lis des romans ?* > *Est-ce que tu lis des romans ?* > *Lis-tu des romans ?*

- La **phrase injonctive** peut se construire avec un **verbe** aux modes **impératif**, **infinitif**, **subjonctif**, au **futur de l'indicatif**, avec un **nom** ou une **onomatopée**.
  > *Parlez ! Ne pas parler. Qu'il parle ! Vous parlerez ! Silence. Chut !*

- La **phrase exclamative** se combine avec chacun des trois autres types de phrases.

- Pour **interpeller** un destinataire dans une phrase, on utilise une **apostrophe** : un nom ou un GN, isolé par des virgules.
  > ***Vincent**, que tu parles bien ! Que lis-tu, **François** ? **Les enfants**, venez vite.*

OBSERVER ET REPÉRER

CALIBAN. Eh bien, voilà : j'ai décidé que je ne serai plus Caliban.
PROSPERO. Qu'est-ce que cette foutaise ? Je ne comprends pas !
CALIBAN. Si tu veux, je te dis que désormais je ne répondrai plus au nom de Caliban.
PROSPERO. D'où ça t'est venu ?
CALIBAN. Eh bien, ya que Caliban n'est pas mon nom. C'est simple !
PROSPERO. C'est le mien peut-être !
CALIBAN. C'est le sobriquet dont ta haine m'a affublé et dont chaque rappel m'insulte.
PROSPERO. Diable ! On devient susceptible ! Alors propose... Il faut bien que je t'appelle ! Ce sera comment ?
A. Césaire, *Une tempête*, I, 2, © Le Seuil, 1969 (voir p. 432).

❶ **a.** Relevez les phrases déclaratives. **b.** Relevez chaque phrase interrogative : exprime-t-elle une interrogation totale ou partielle ? **c.** Quelles sont les phrases d'un niveau de langue familier ? **d.** Relevez une phrase injonctive. À quel mode le verbe est-il conjugué ? **e.** Relevez des phrases exclamatives. Avec quels autres types de phrases se combinent-elles ?

S'EXERCER

❷ **Classez les phrases en : 1) interrogations totales ; 2) interrogations partielles.**
1. Est-ce que tu as regardé la télévision hier soir ? **2.** Où en es-tu dans ton compte rendu du journal télévisé ? **3.** Quand participes-tu à l'enregistrement de l'émission de jeux ? **4.** Est-ce que vous appréciez les reportages animaliers ? **5.** Pourquoi les séries policières nous passionnent-elles ? **6.** Comment cet acteur incarnera-t-il ce personnage terrible ? **7.** Est-ce que les aventures des aventuriers de l'espace vous intéressent ?

❸ **a.** Quel est le niveau de langue de chaque phrase interrogative de l'exercice 2 ? **b.** Transformez en phrases de niveau soutenu celles qui ne le sont pas.

4 Transposez cette « leçon de jardinage » en employant le présent de l'impératif pour la communiquer : 1) à votre ami(e) que vous tutoyez ; 2) à votre professeur que vous vouvoyez.
Choisir une terre légère. Faire un trou de dix centimètres de profondeur. Sortir des bulbes du sachet. Utiliser un plantoir à bulbes. Déposer les bulbes au fond du trou. Enrichir le sol avec du terreau. Recouvrir les bulbes avec de la terre. Arroser abondamment. Attendre le printemps pour la floraison.

5 Récrivez les phrases de l'exercice 4 en utilisant : 1) le futur de l'indicatif ; 2) le présent du subjonctif pour traduire l'injonction.

6 a. Quel type de phrases reconnaissez-vous majoritairement dans les paroles du personnage ? **b.** Quel sentiment de « *l'Inconnu* » est ainsi traduit ? **c.** Quels sont les autres types de phrases avec lesquels ces phrases se combinent ? **d.** Relevez deux apostrophes.

L'INCONNU. — Monsieur, monsieur, je vous en prie, sauvez-moi ! Sauvez-moi, ils me poursuivent. *(Il joue à la perfection.)* Ils sont là, derrière moi... *(Il court à la fenêtre et semble apercevoir des hommes en bas.)* La Gestapo ! Ils m'ont vu. Ils entrent dans l'immeuble ! *(Il se jette à nouveau aux pieds de Freud.)* Sauvez-moi, ne dites rien !

E. E. Schmitt, *Le Visiteur*, scène 4, © Actes Sud, 1993.

2. LES TROIS FORMES DE PHRASES

Forme affirmative et forme négative

- Une phrase est soit à la **forme affirmative** soit à la **forme négative**.
- Une phrase est à la forme négative quand la négation porte sur le **verbe de la proposition principale**. > *Je ne dis pas que je lis.* (phrase négative) > *Je dis que je ne lis pas.* (phrase affirmative)
- Il existe **différents adverbes de négation** qui traduisent :
  – l'**intensité de la négation** : ne... pas, ne... point, ne... pas du tout, ne... que ;
  – la **négation d'une quantité** : ne... rien, ne... personne, ne... pas... ni, ne... ni... ni, ne... pas non plus, ne... guère, ne ... goutte.

Forme emphatique

- L'**emphase** est une façon de mettre en relief certains mots, d'**exagérer leur importance** dans la phrase. L'emphase peut s'exprimer par :
  – l'**intonation** ; > *C'est Ab-solument in-cro-yable !*
  – la **reprise par un pronom personnel** : moi, toi, lui, elle, nous, vous, eux, elles, placés entre virgules ; > *Héloïse, elle, préfère la danse.*
  – le déplacement de mots ou de groupes de mots, avec reprise par un pronom ; > *Ce que tu me dis, je ne peux pas le croire.*
  – l'utilisation de **présentatifs** ; les principaux sont : c'est... qui, c'est... qu(e), ce sont... qui, ce sont... que, quant à... + un pronom de reprise. > *C'est Stendhal qui a écrit Vanina Vanini.*

S'EXERCER

7 Dans l'exercice 1 p. 334, relevez une phrase à la forme négative, une phrase à la forme emphatique.

8 Transformez ces phrases affirmatives en phrases négatives en remplaçant chaque élément en gras par son antonyme. Faites les modifications nécessaires. N'oubliez pas les deux parties de la négation.
1. Elle a **toujours** visité des pays lointains. **2.** Ce géologue fait des recherches **partout**. **3.** Cette vulcanologue a **déjà** exploré le Stomboli. **4. Toutes** les expéditions au pôle ont été annulées. **5.** Les voyages dans l'espace s'adressent à **tout le monde**. **6.** Ce scientifique note **tout** lors de ses explorations.

9 Transformez les phrases affirmatives en phrases négatives en utilisant les négations : *ne... guère, ne... point, ne... plus, ne... goutte, ne... que.*
1. Le spectacle ✏ commençait ✏ avant 21 heures. **2.** Les enquêteurs cessent les recherches : il ✏ y a ✏ rien à espérer. **3.** Cette femme ✏ porte ✏ des jupes bleues. **4.** La fumée est dense, on ✏ voit ✏. **5.** Stendhal ✏ est ✏ un auteur de contes.

10 Relevez les propositions qui ont une forme emphatique. Soulignez l'élément mis en valeur.
1. Une chose pourtant étonna beaucoup la jeune princesse, c'est qu'au milieu d'une conversation assurément fort sérieuse l'inconnue eut beaucoup de peine à supprimer une envie subite de rire. **2.** La patrie et la liberté, c'est comme mon manteau, c'est une chose qui m'est utile, que je dois acheter, il est vrai, quand je ne l'ai pas reçue en héritage de mon père. **3.** C'est de soldats que nous manquons pour résister à l'intervention des rois de l'Europe.

Stendhal, *Vanina Vanini*, 1830.

11 Transformez ces phrases en phrases emphatiques.
1. On a découvert cette sépulture grâce à un vieux parchemin. **2.** L'archéologue a déterré la statue devant des étudiants émerveillés. **3.** Un autre chercheur rêvait de cette découverte. **4.** Ce type de sculpture datait de l'Antiquité. **5.** Les ouvriers travaillaient sur le chantier de fouilles depuis longtemps.

S'EXPRIMER

12 Décrivez l'image en utilisant plusieurs types de phrases et en employant au moins une phrase à la forme emphatique.

Molière, *L'École des femmes*, mise en scène C. Roumanoff.
© Roumanoff

La phrase
La phrase à la voix passive

Vérifiez vos acquis

Quelles sont les phrases à la voix passive ? **1.** Il réalise un reportage. **2.** L'article est rédigé par deux journalistes. **3.** Les pages sont vérifiées par l'imprimeur. **4.** Le journal est arrivé par courrier.

1. LA COMPOSITION

Quand elle est complète, la phrase à la voix passive se décompose ainsi :
sujet + verbe à la voix passive + préposition + complément d'agent.
             être + participe passé
> *Le reportage est réalisé par le journaliste.*

2. LA TRANSFORMATION PASSIVE

La transformation passive se distingue de la phrase active par plusieurs éléments.

- Le **verbe** de la phrase passive est conjugué à la **voix passive** : la forme verbale est composée de l'auxiliaire **être** et du **participe passé** (voir p. 362 et p. 366). Le mode et le temps sont les mêmes qu'à la voix active.
  > *Le reportage **est réalisé** par ce journaliste. (Ce journaliste **réalise** le reportage.)* (présent)
  > *Le reportage **a été réalisé** par ce journaliste. (Ce journaliste **a réalisé** le reportage.)* (passé composé)

- Le participe passé s'accorde toujours avec le sujet dans un verbe à la voix passive.
  > *Il est interviewé. Elle est interviewée.*

- Le **COD** du verbe à la voix active devient le **sujet de la phrase à la voix passive**.

- Le **sujet** du verbe à la voix active devient le **complément d'agent** dans la phrase à la voix passive ; ce complément d'agent est précédé des prépositions *par* ou parfois *de*.
  > *Le journaliste réalise le reportage.* (phrase active)
  >   sujet   COD
  >
  > *Le reportage est réalisé par le journaliste.* (phrase passive)
  >   sujet   complément d'agent

3. LE COMPLÉMENT D'AGENT

- On peut dire que, généralement, le **complément d'agent** (famille du verbe *agir*) **fait l'action** exprimée par le verbe conjugué à la voix passive.
  > *Le reportage est réalisé **par le journaliste**.*

  C'est *le journaliste* (complément d'agent) et non *le reportage* (sujet) qui accomplit l'action de *réaliser*.

- Le complément d'agent est constitué le plus souvent d'un groupe nominal ou d'un nom, plus rarement d'un pronom.
  > *L'article est relu par **certains journalistes**, par **Vincent**, par **tous**.*

- Le complément d'agent peut **ne pas être exprimé**, lorsqu'il équivaut au sujet *on*.
  > *L'article a été relu.* (On a relu.)

4. LES EMPLOIS

- La phrase passive transforme le **COD** en sujet, elle en fait le **thème** de la phrase, elle le **met en valeur**. C'est pourquoi elle s'emploie fréquemment dans des **textes descriptifs** ou **explicatifs**, et dans la **presse**.
  > *Un promeneur a découvert un trésor.* C'est du promeneur dont il est question.
  > *Un trésor a été découvert par un promeneur.* C'est du trésor dont il est question.

- Dans la phrase française, on emploie de préférence :
  – l'animé avant l'inanimé. Dans une phrase isolée, on préférera la phrase passive à la phrase active.
  > ***Un piéton** a été renversé par **une auto**.*   est préféré à   *Une auto a renversé un piéton.*
  – le singulier avant le pluriel. Pour cela, on préférera la phrase passive à la phrase active.
  > ***L'hôtel** est envahi de touristes.*   est préféré à   *Les touristes envahissent l'hôtel.*

- La transformation passive permet l'effacement de celui qui fait l'action (l'agent) :
  – parce qu'on ne le connaît pas ;
  > *Une lettre a été volée.* (On ne sait pas qui est le voleur.)
  – parce qu'on ne veut pas le nommer ;
  > *L'accord a été rompu.* (On ne veut pas dire qui est responsable de cette rupture.)
  – parce qu'il représente des règlements ou des lois.
  > *Tout élève en retard sera envoyé en permanence.*

OBSERVER ET REPÉRER

À son arrivée, Ginevra Piombo fut donc accueillie par un profond silence. Elle était grande, bien faite, et d'une blancheur éclatante. Sa démarche avait un caractère de noblesse et de grâce qui imprimait le respect. [...] Les coins de sa bouche se dessinaient mollement, et ses lèvres, peut-être un peu trop fortes, étaient pleines de grâce et de bonté ; mais, par un singulier caprice de la nature, la douceur et le charme de son visage étaient en quelque sorte démentis par la partie supérieure.

H. de Balzac, *La Vendetta*, 1830.

1 Recopiez les phrases et propositions à la voix passive et soulignez les compléments d'agent quand il y en a.

S'EXERCER

2 Quelles phrases sont à la voix passive ?
1. Les animaux sauvages sont passés à travers les prairies. 2. La fillette a été impressionnée par le repas des ours. 3. Les loups sont restés aux abords du village. 4. Cette marmotte a été photographiée au début du printemps. 5. Le renard est entré par la porte entrouverte. 6. Les empreintes de sabots sont marquées dans la neige.

3 Conjuguez chaque verbe à la voix passive à l'indicatif, au temps indiqué. Attention à l'accord du participe passé.
1. Il (*admirer, présent*) pour son courage. 2. Elle (*apercevoir, passé composé*) lors de la cérémonie. 3. Vous (*prendre, imparfait*) de panique face à ce cyclone. 4. Nous (*séduire, futur simple*) par le plan de cette nouvelle ville. 5. Les pistes (*ouvrir, passé composé*) par des caravanes.

4 a. Relevez les compléments d'agent. b. Identifiez le temps de chaque verbe, puis transformez les phrases passives en phrases actives.
1. Les romans de Balzac sont appréciés par un large public. 2. Bartholoméo di Piombo a été reçu par Napoléon. 3. Les jeunes filles étaient initiées à la peinture par M. Servin. 4. La belle Ginevra fut jalousée par les autres jeunes filles. 5. La cachette de l'officier sera découverte par Ginevra.

5 Recopiez les phrases qui sont à la voix passive et soulignez le complément d'agent quand il est exprimé.
1. Toutes les bâtisses sont construites en blocs de schiste liés avec du mortier d'argile. 2. La toiture est en tuiles creuses reposant sur un lit de roseaux. 3. Le parquet bien damé est recouvert d'une couche de chaux polie. 4. Le haut des murs, jusqu'au-dessous de la toiture, est enduit d'argile blanchâtre. 5. Selon l'aisance de la famille, le crépissage est renouvelé périodiquement tous les ans ou tous les deux ou trois ans.

M. Feraoun, *Le Fils du pauvre*, © Le Seuil, 1954, coll. Points, 1995.

6 Transposez à la voix active les phrases qui sont à la voix passive dans l'exercice 5.

7 Récrivez les phrases à la voix passive de l'exercice 5, en conjuguant les verbes à l'imparfait de l'indicatif, puis au plus-que-parfait.

8 Transformez ces phrases actives en phrases passives pour retrouver des passages de *Adieu* de Balzac ; vous soulignerez le complément d'agent.
1. Un chasseur péniblement assis sur une lisière de la forêt de L'Île-Adam prononçait ces paroles. 2. La pluie usait les fenêtres, le temps les creusait. 3. L'inconnue surprit bien M. d'Albon. 4. Des Cosaques ont pris Philippe de Sucy et l'ont mené en Sibérie. 5. Tout le monde dédaignait la foudre.

9 a. Recopiez les propositions qui sont à la voix passive. b. Soulignez le sujet de chaque verbe à la voix passive. c. De quel type de texte s'agit-il ?

« La nouvelle [...] est faite pour être lue d'un coup, en une fois », écrit André Gide. Elle est en effet construite sur le resserrement du temps, de l'espace, des personnages et de l'intrigue. La durée de l'action est généralement courte. [...] Les personnages sont saisis dans un moment important de leur vie. [...] La nouvelle est enfin centrée sur une seule intrigue dont les éléments sont dénoués dans une chute.

M. Busdongo, V. Joubert-Fouillade, *Quatre nouvelles réalistes sur l'argent*, © Nathan, 2007.

10 Recopiez les phrases qui sont à la voix passive et soulignez le complément d'agent quand il est exprimé.
1. Le fondateur de la République populaire de Chine, Mao Zedong, est décédé le 9 septembre 1976. 2. De nombreuses personnes sont attendues aujourd'hui dans son mausolée, à Pékin. 3. Le leader communiste était resté au pouvoir pendant 27 ans. 4. Steve Irwin a été piqué en pleine poitrine par une raie pastenague. 5. Il a été tué par une créature marine qui n'est pas considérée comme dangereuse.

© *L'Actu*, 9 septembre 2006.

11 Transformez les phrases en titres d'articles utilisant la voix passive. Pensez à l'accord du participe passé.
1. Des chercheurs ont créé une espèce de poules capables de pondre des « œufs-médicaments ». 2. La luminosité d'une comète a surpris des savants. 3. On a offert cinq sous-marins à la Cité de la Mer à Cherbourg. 4. On vendra aux enchères une trentaine d'objets liés au cinéma. 5. Un bruiteur a proposé des ateliers au salon du cinéma, le week-end dernier.

12 Quand cela est possible, transposez les phrases en phrases passives.
1. Des savants britanniques ont modifié les caractères génétiques d'une espèce de poules. 2. Ils ont voulu créer des œufs aux qualités spéciales. 3. D'autres spécialistes avaient réussi les mêmes modifications. 4. Ils ont essayé de trouver une nouvelle substance dans le blanc de l'œuf. 5. Cette expérimentation peut faire progresser la science. 6. Le blanc contient un produit utilisé dans le traitement de maladies graves.

D'après *Mon Quotidien*, 18 janvier 2007.

13 Transformez les phrases nominales en phrases verbales à la voix passive. Vous conjuguerez les verbes à l'indicatif : 1) au présent ; 2) au passé composé ; 3) au passé simple.
1. Protection d'une partie de la forêt amazonienne. 2. Sauvegarde des richesses de la forêt. 3. Pratique de la déforestation à grande échelle. 4. Regroupement de 5 millions d'animaux et de plantes. 5. Transformation des zones boisées en pâturages. 6. Menace des écosystèmes.

S'EXPRIMER

14 Décrivez en quelques phrases, à la voix passive, la tenue du poilu représenté sur l'image.

EXERCICES RÉCAPITULATIFS

Phrase simple et phrase complexe

1 **Transformez ces phrases verbales en phrases nominales.**
1. Une famille du Colorado vient de retrouver son chien, à plus de 2 000 km de chez elle. 2. Des archéologues français ont découvert le Ramesseum, un temple à la gloire de Ramsès II. 3. Paul Nicklen a passé son enfance chez les Inuits. 4. Un chasseur tombe nez à nez avec un félin. 5. L'un des quatre derniers poilus est mort à 108 ans.

2 **a. Recopiez le texte, en noir si c'est une phrase simple, en bleu si c'est une phrase complexe. b. Encadrez les propositions des phrases complexes par des crochets. c. Relevez une phrase non verbale.**
Le silence se prolongeait. Il devenait de plus en plus épais, comme le brouillard du matin. Épais et immobile. L'immobilité de ma nièce, la mienne aussi sans doute, alourdissaient ce silence, le rendaient de plomb. L'officier lui-même, désorienté, restait immobile, jusqu'à ce qu'enfin je visse naître un sourire sur ses lèvres. Son sourire était grave et sans nulle trace d'ironie. Il ébaucha un geste de la main, dont la signification m'échappa. Ses yeux se posèrent sur ma nièce, toujours raide et droite, et je pus regarder moi-même à loisir le profil puissant, le nez proéminent et mince. Je voyais, entre les lèvres mi-jointes, briller une dent d'or.
Vercors, *Le Silence de la mer*, © Le Livre de Poche, 1941.

3 **Répondez à ces questions de brevet.** `Brevet`
1) Brevet 2005 : Nommez la particularité grammaticale de cette phrase. Gorge brûlante, jambes douloureuses, et ce cartable si lourd qui la ralentit, qu'elle voudrait jeter par terre mais dont la perte l'affolerait davantage encore. (P. Péju, *La Petite Chartreuse*, © Éditions Gallimard, 2002)
2) Brevet 2005 : a. Liez ces deux propositions en utilisant une conjonction de coordination. b. Quel lien logique avez-vous mis ainsi en valeur ? Je n'étais plus une *dame*, je n'étais pas non plus un *monsieur*. (G. Sand, *Histoire de ma vie*, 1855)
3) Brevet 2004 : Faites apparaître le lien logique implicite en réunissant ces deux phrases par une conjonction de coordination. Nommez le rapport logique que vous aurez exprimé. Cette blessure n'est peut-être que superficielle. Il faut l'ignorer, ne pas en retenir l'image. (A. Chedid, *Le Message*, © Flammarion, 2000)

Propositions subordonnées

4 **Répondez à ces questions de brevet.** `Brevet`
1) Brevet 2005 : a. Remplacez le groupe nominal prépositionnel par une subordonnée de même sens. b. Donnez la nature et la fonction grammaticale de cette subordonnée. Sans le vacarme de la ville, on pourrait entendre la plainte qui coule de sa gorge. (P. Péju, *La Petite Chartreuse*, © Éditions Gallimard, 2002)
2) Brevet 2005 : a. Quelle est la valeur de la conjonction de coordination ? b. Transformez la phrase en remplaçant la coordination par un lien de subordination de même valeur. Toute la journée la banquise gronde mais j'arrive quand même à dormir. (J.-L. Étienne, *Le Marcheur du pôle*, © Laffont, 1986)
3) Brevet 2005 : a. Quel est le lien logique exprimé ? b. Réécrivez cette proposition à l'aide d'un autre moyen de subordination. Et ce projet, aussi insolite fût-il, suffisait à faire de sa vie un rêve. (M. Fermine, *L'Apiculteur*, © Albin Michel, 2002)
4) Brevet 2005 : Récrivez ce passage en remplaçant le point par une conjonction de subordination qui mettra en évidence le lien logique qui existe entre les phrases. Quel est le rapport logique ainsi souligné ? Mon père avait envie d'un petit jardin. Son désir flambait au milieu de nous comme un feu. (J. Giono, *Jean le Bleu*, © Grasset, 1932)

Types et formes de phrases

5 **Répondez à ces questions de brevet.** `Brevet`
1) Brevet 2005 : De quelle forme de phrase s'agit-il ? On ne lui a pas donné à boire. (J. Giono, *L'Eau vive*, © Éditions Gallimard, 1974)
2) Brevet 2003 : a. De quels types et formes de phrases s'agit-il ? b. Sur quel ton sont-elles prononcées ? Dis-donc, toi là-bas ! Tu n'as rien à faire ici. Va un peu plus loin ! (M. Tournier, *La Goutte d'or*, © Éditions Gallimard, 1985)
3) Brevet 2003 : Quelle est la particularité de la construction de la phrase suivante ? Ce moment de minuit que nous passions ensemble depuis quelques années à nous offrir des cadeaux, je l'ai vécu au milieu de gens démunis de tout. (M. Lévy, *Où es-tu ?*, © Robert Laffont, 2001)

La phrase à la voix passive

6 **Répondez à ces questions de brevet.** `Brevet`
Brevet 1999 : Reproduisez et complétez le tableau.

	dévoré, collé, pris, remué	je fais, je vois, je peuple, je rêve
À quelle voix sont les verbes ?		
Quels effets de la lecture évoquent-ils ?		

Je suis resté penché sur les chapitres sans lever la tête, sans entendre rien, dévoré par la curiosité, collé aux flancs de Robinson, pris d'une émotion immense, remué jusqu'au fond de la cervelle et jusqu'au fond du cœur, et en ce moment où la lune montre là-bas un bout de corne, je fais passer dans le ciel tous les oiseaux de l'île, et je vois se profiler la tête longue d'un peuplier comme le mât du navire de Crusoé ! Je peuple l'espace vide de mes pensées, tout comme il peuplait l'horizon de ses craintes ; debout contre cette fenêtre, je rêve à l'éternelle solitude et je me demande où je ferai pousser du pain...
(J. Vallès, *L'Enfant*, 1881)

RÉCRIRE `Brevet`

A **Répondez à ces questions de brevet.**
1) Brevet 1998 : Modifiez la phrase par une transformation active. Nombre de plaintes ont été déposées par les estivants tant à la mairie qu'au commissariat central, place du Marché. (J. Anouilh, *Le Bal des voleurs*, © La Table ronde, 1958)
2) Brevet 2003 : Récrivez cette phrase à la forme passive. Ce genre de détail intéressait toujours Rouletabosse (R. Escarpit, *Les Reportages de Rouletabosse*, © Magnard, 1978)
3) Brevet 1998 : a. Proposez un complément d'agent pour le verbe *« je suis porté »*. b. Réécrivez la proposition à la voix active. Une âcre odeur chimique se répand dans la salle et quelqu'un crie « Au feu ! » [...] Je ne peux dire exactement ce qui se passa pendant les minutes qui suivirent. Quelques souvenirs farouches : [...] j'avance, à n'en pas douter, j'avance ; je suis porté de couloir en couloir et, tout d'un coup, l'air humide et chaud, l'air du dehors. (G. Duhamel, *Journal de Salavin*, © Mercure de France, 1949)

Les fonctions par rapport au verbe

Le sujet – L'attribut du sujet

1. LE SUJET   Le sujet est un élément essentiel de la phrase. Il est le **thème** de la phrase, ce dont on parle.

▶ Pour reconnaître le sujet

- Remplacer le groupe nominal par un **pronom interrogatif** : *qui ?* ou *qui est-ce qui ?* pour une personne ; *qu'est-ce qui ?* pour un inanimé.
  > *L'enfant lit une comédie.* (p. déclarative) **Qui est-ce qui** *lit une comédie ?* (p. interrogative)
- Mettre en relief par les **présentatifs** : *c'est... qui* ou *ce sont... qui*.
  > ***C'est*** *l'enfant* ***qui*** *lit une comédie.* ***Ce sont*** *les élèves* ***qui*** *lisent cette comédie.*

▶ Nature du sujet

– un **groupe nominal** ou un **nom** ;   > *Cette pièce est intéressante. François lit cette pièce.*
– un **pronom** ;   > *Il lit un texte. Lis ces comédies qui te surprendront.*
– un **verbe à l'infinitif** ;   > *Lire est une activité passionnante.*
– une **proposition subordonnée conjonctive** ;   > *Qu'il répète son texte est nécessaire.*
– une **proposition subordonnée relative (dans les proverbes)**.   > *Qui m'aime me suive !*

Une phrase peut comporter un **sujet grammatical** (les **pronoms** *il* ou *c'*) et un **sujet réel**.
> *Il (C') est amusant de jouer la comédie.* équivalent à > *Jouer la comédie est amusant.*
   sujet grammatical   sujet réel

▶ Place du sujet

- En général, le sujet se place **avant le verbe**.   > *L'enfant lit une comédie.*
- Parfois le sujet est **inversé**, c'est-à-dire placé **après le verbe**. C'est le cas dans :
– les phrases interrogatives ;   > *Lisez-vous des comédies ?*
– les propositions incises qui introduisent un dialogue ;   > *« Lisez des comédies, dit le professeur. »*
– les phrases commençant par un **complément circonstanciel**. > *Au loin arrive Arlequin.*

▶ Accord du verbe avec le sujet

Le sujet commande l'accord du verbe en personne et en nombre.
Pour l'accord sujet-verbe, voir p. 362.
> *Les tragédies sont des pièces de théâtre.*

2. L'ATTRIBUT DU SUJET

▶ Définition

L'attribut du sujet exprime une **qualité** ou une **caractéristique du sujet**.
> *Cette tragédie est intéressante.*

▶ Emplois

On trouve des attributs du sujet après :
– le verbe **être** et des **verbes d'état** (ou **verbes attributifs**) : *sembler, devenir, paraître, avoir l'air, passer pour, rester, demeurer, se nommer, se montrer...* > *Cette tragédie semble passionnante.*
– certains **verbes intransitifs** : *partir, venir, arriver, vivre...*   > *Ils vécurent heureux.*
– certains **verbes au passif** signifiant : *choisir, nommer, considérer comme...* > *Il est jugé bon acteur.*
– certains **verbes pronominaux** tels que : *s'appeler, se nommer...* > *Il s'appelait Jean.*

▶ Nature de l'attribut du sujet

– un **adjectif qualificatif** ou un **participe passé** ;   > *L'intrigue est brève et construite.*
– un **groupe nominal** ;   > *Cette comédie deviendra une pièce célèbre.*
– un **nom propre** ;   > *Ce héros s'appelle Arlequin.*
– un **pronom** ;   > *Ce texte théâtral est le mien.*
– un **verbe à l'infinitif**.   > *Son plaisir est de jouer.*

FAIRE SES GAMMES

Voir aussi **Exercices p. 344**

❶ a. Relevez le sujet de chaque verbe en gras et précisez sa nature. **b.** Déterminez le sujet réel du premier verbe.

Il est bon qu'il [Cropette] **ait peur**, lui, qu'il **réfléchisse** aux inconvénients auxquels il **s'expose**. Je **commence** à bien lui pincer les fesses quand c'**est** nécessaire et je **serai** bientôt assez fort pour lui casser sa sale petite gueule, comme **dit** Petit-Jean Barbelivien qui ne l'**aime** pas.

H. Bazin, *Vipère au poing*, © Grasset, 1948.

❷ Les mots en gras sont-ils des attributs du sujet ? Si oui, précisez leur nature grammaticale.

1. Le président a été élu **à l'unanimité**. 2. Katia est élue **déléguée**. 3. Cette tortue vit **très vieille**. 4. Ce tigre vit **en Inde**.

339

Les fonctions par rapport au verbe

Les compléments essentiels

1. QU'EST-CE QU'UN COMPLÉMENT ESSENTIEL ?

- Un **complément essentiel ne peut être supprimé ni déplacé sans rendre la phrase incorrecte ou en changer le sens**. Il complète un verbe **transitif**. Parmi les compléments essentiels, on trouve des COD, COI, COS, des compléments de temps, lieu, mesure, poids et prix.
  > *Le professeur demande aux élèves de lire un roman.*

2. LE COMPLÉMENT D'OBJET DIRECT ou COD

- Le COD **complète directement un verbe**. On peut le **mettre en relief** par les expressions ***c'est... que*** ou ***ce sont... que***, appelées « présentatifs ».
  > *Le poilu a reçu **une lettre**. → **C'est** une lettre **que** le poilu a reçue.*
- La nature grammaticale d'un COD peut être un **groupe nominal** ou un **nom propre** (> *Jean aime **Marthe**.*) ; un **pronom** (> *Jean **l'**aime.*) ; un **verbe à l'infinitif** (> *Jean aime **rêver**.*) ; une **proposition subordonnée conjonctive**, **infinitive** ou **interrogative**.
  (> *Jean aime **que Marthe lui écrive**. Il voit en pensée **sa femme travailler aux champs**. Il se demande **si elle pourra tout assumer**.*)
- En général, le COD se place après le verbe. Dans les phrases interrogatives ou si le COD est un pronom personnel, il se place avant le verbe.
  > *Le poilu a reçu **une lettre**. Il **la** lit. **Que** lit-il ?*

3. LE COMPLÉMENT D'OBJET INDIRECT ou COI

- Un COI est un complément d'objet qui se construit **indirectement**, à l'aide d'une **préposition**, le plus souvent *à* et *de*. Les **pronoms personnels COI** se construisent très souvent **sans préposition**.
  > *Ces poèmes s'intéressent **à l'homme** et **aux enfants**, parlent **d'eux** et **leur** plaisent.*
- Le COI complète un verbe. On peut **le repérer en le remplaçant par un pronom interrogatif** :
  – ***À qui ? De qui ?*** pour une personne ;   > *Le poète parle **aux enfants**. → **À qui** parle-t-il ?*
  – ***À quoi ? De quoi ?*** pour un inanimé.   > *Il parle **de la vie**. → **De quoi** parle-t-il ?*
- La nature grammaticale d'un COI peut être un **groupe nominal** ou un **nom propre**, un **pronom**, un **verbe à l'infinitif**.   > *Une lettre aide **à rêver**.*
- Les pronoms adverbiaux *en* et *y* s'emploient pour des **inanimés**.
  > *Il parle **des sentiments**. → Il **en** parle.*
- En général, le COI se place **après le verbe**.   > *Il parle **aux enfants**.*
- Si le COI est un pronom, il se place généralement **avant le verbe**.   > *Il **leur** parle.*

4. LE COMPLÉMENT D'OBJET SECOND ou COS

Certains verbes se construisent avec **deux compléments essentiels** qui peuvent être :
- un **COD** et un **COI**. Le COI est alors appelé **COS**.
  > *Le théâtre propose **une histoire** **aux hommes**. Le théâtre **leur** propose **une histoire**.*
                   COD   COS   COS   COD
  Cette construction se trouve après les verbes qui expriment un **don** (*donner, offrir...*), une **parole** (*enseigner, expliquer...*) ou un **transfert** (*enlever, priver de...*).
- **deux COI**
  On appelle alors **COI** le complément introduit par *de* et **COS** le complément introduit par *à*.
  > *Le théâtre parle **aux hommes** **de la vie**. Le théâtre **leur** parle **de la vie**.*
                    COS   COI   COS   COI
  Cette construction se trouve après **quelques verbes de communication** : *parler de... à..., se plaindre de... à..., faire part de... à...*

5. LES AUTRES COMPLÉMENTS ESSENTIELS

- Les **compléments essentiels** de **temps**, de **lieu**, de **mesure**, de **poids**, de **prix** dépendent **directement du verbe**. On ne peut ni les déplacer ni les supprimer sans rendre la phrase incorrecte ou en changer le sens.
- Les **compléments essentiels de temps** accompagnent des verbes comme : *durer, dater, atteindre...*
  > *Le film dure **deux heures**.*
- Les **compléments essentiels de lieu** accompagnent des verbes comme : *aller, habiter, se rendre, vivre...*   > *Tu habites **à la campagne**.*
- Certains **compléments essentiels** précisent une **mesure**, un **poids**, un **prix**.
  > *Ce cahier mesure **vingt centimètres**, pèse **quarante grammes** et coûte **un euro**.*

OBSERVER ET REPÉRER

À notre arrivée, le Binoclard venait de remplir **sa hotte**, et se préparait *à partir*. Nous *lui* jetâmes **des boules de neige**, mais il tourna **la tête** dans toutes les directions, sans parvenir *à nous* voir, à cause de sa myopie. L'absence de lunettes faisait saillir **ses prunelles**, qui *me* faisaient penser *à celles d'un chien pékinois*, troubles et hébétées.

D. Sijie, *Balzac et la Petite Tailleuse chinoise*, © Éditions Gallimard, 2000.

1 a. Quelle est la fonction des mots et groupes de mots en gras ? b. Classez les mots et groupes de mots en italique en deux listes, selon leur fonction respective.

S'EXERCER

2 a. Quels GN sont des COD ? b. De quel verbe chacun d'eux est-il COD ? c. Donnez la nature et la fonction du mot en italique.

Quoiqu'un souvenir d'une affreuse amertume crispât tous ses traits, il ne pleura pas. Semblable aux hommes puissants, il savait refouler ses émotions au fond de son cœur, et trouvait peut-être, comme beaucoup de caractères purs, une sorte d'impudeur à dévoiler ses peines quand aucune parole humaine n'en peut rendre la profondeur, et qu'on redoute la moquerie des gens qui ne veulent pas *les* comprendre. Monsieur d'Albon avait une de ces âmes délicates qui devinent les douleurs et ressentent vivement la commotion qu'elles ont involontairement produite par quelque maladresse.

H. de Balzac, *Adieu*, 1830.

3 Observez les participes passés et remplacez chaque pronom COD par un GN de votre choix. Attention aux nouveaux accords des participes passés.

1. L'as-tu reçue la semaine dernière ? 2. Nous les avons mangés avec appétit. 3. Les avez-vous aperçues à la lisière de la forêt ? 4. Paul l'avait empruntée à la bibliothèque. 5. Le jeune homme les a offerts à sa mère. 6. Pourquoi l'a-t-il lue avec tant de conviction ?

4 a. Repérez les COD. b. Récrivez chaque phrase en remplaçant le mot ou groupe de mots COD par un pronom personnel. Attention à bien accorder les participes passés.

1. Cette année, les enfants ont parcouru les rues du village en traîneau. 2. Les fillettes ont confectionné des guirlandes en papier doré. 3. Les parents ont accroché des boules multicolores aux branches des sapins. 4. La directrice de l'école a décoré les fenêtres avec des étoiles scintillantes. 5. Avez-vous entendu les premiers chants de Noël ?

5 Relevez le COI de chaque verbe en gras et précisez sa nature.

1. Au début des années 70, on **se moquait** des vieux pêcheurs qui se perdaient en mer d'Aral. 2. L'homme **peut se passer** de manger pendant près d'un mois, mais il ne peut survivre plus d'une semaine sans boire.

G. Sinoué, *À mon fils à l'aube du troisième millénaire*, © Éditions Gallimard, 2000.

6 Récrivez les deux phrases de l'exercice 5 en remplaçant chaque COI par un pronom.

7 Relevez chaque COS et précisez sa nature grammaticale.

Un matin, la servante de l'hôtel remit à Ginevra plusieurs malles qui contenaient des étoffes, du linge, et une foule de choses nécessaires à une jeune femme qui se met en ménage […]. L'argent était accompagné d'une lettre où la mère conjurait la fille d'abandonner son funeste projet de mariage, s'il en était encore temps ; il lui avait fallu, disait-elle, des précautions inouïes pour faire parvenir ces faibles secours à Ginevra ; elle la suppliait de ne pas l'accuser de dureté.

H. de Balzac, *La Vendetta*, 1830.

8 Les mots et groupes de mots en gras sont-ils des COI ou des COS ?

1. Les bouteilles de bourgogne avaient profité **de ces années** pour se bonifier. Ma bouche ne **m'**en restituait pas le goût, mais je profitais **de l'ivresse** et **de son illusoire bien-être**. 2. M. Grichard **me** répondit par lettre qu'il me recevrait avant cette date. Nous convînmes **d'un rendez-vous** en mai. 3. La guerre était terminée depuis six mois, mais ses résidus allaient continuer **à déambuler** pendant de nombreuses années. 4. Aujourd'hui, les dommages causés par la guerre **nous** ouvrent de nouvelles perspectives.

M. Dugain, *La Chambre des officiers*, © J.-C. Lattès, 1998.

9 Indiquez si les mots et groupes de mots en gras sont des COD ou d'autres compléments essentiels dont vous préciserez le sens (temps, lieu…).

1. La ménagère a acheté **un panier de poires**. 2. Cela lui a coûté **deux euros**. 3. Elle a retiré **de l'argent** à la banque. 4. Elle a préparé **une tarte aux poires**. 5. Elle **l'**a mise au four **trente minutes**. 6. Une fois cuite, la tarte pèse **cinq cents grammes**. 7. Au goûter, elle invite **les amies de sa fille** pour déguster le chef-d'œuvre.

10 a. Indiquez si les mots et groupes de mots en gras sont des compléments essentiels. b. Indiquez ce qu'exprime chacun des compléments essentiels.

Les deux femmes marchent **en direction d'un point qui tremble dans la chaleur**. Elles ont accompli **plus de dix kilomètres**. Un puits les attend. Partiellement salubre. Elles vont **y** puiser l'eau dont elles ont besoin et repartiront **vers leur village**. En fin de journée elles auront consacré **plus de cinq heures** à ce va-et-vient, et porté **une vingtaine de kilos** à bout de bras.

G. Sinoué, *À mon fils à l'aube du troisième millénaire*, © Éditions Gallimard, 2000.

G. Vuillier, *Colomba* de P. Mérimée. Coll. Jonas / Kharbine-Tapabor

S'EXPRIMER

11 À partir de l'image, rédigez une brève histoire. Vous utiliserez au moins un COD, un COI et un COS et trois autres types de compléments essentiels. Vous soulignerez ces compléments dans votre texte.

Les fonctions par rapport au verbe

Les propositions subordonnées COD

1. DÉFINITION

- Une **proposition subordonnée COD** dépend d'une **proposition principale** ou d'une **autre proposition subordonnée**.
- La proposition subordonnée COD **complète un verbe**. C'est un **élément essentiel** de la phrase ; on ne peut **ni la supprimer ni la déplacer**.
  > [La comtesse annonce][qu'elle se retire du bal.]
      prop. principale
  > [La comtesse, [qui annonce][qu'elle se retire du bal], rentre dans ses appartements.]
      prop.   prop. sub. relative   principale
- La proposition subordonnée COD ou **complétive** peut être de **différentes natures** : **conjonctive**, **infinitive** ou **interrogative**.

2. LA PROPOSITION SUBORDONNÉE CONJONCTIVE

- La **proposition subordonnée conjonctive** introduite par la conjonction de subordination *que* est **COD du verbe** qu'elle complète.
  >[La comtesse annonce][qu'elle se retire du bal.]
                verbe   prop. sub. conjonctive objet, COD du verbe *annoncer*
- La proposition subordonnée conjonctive est écrite :
  – à l'**indicatif** si le verbe dont elle est COD est un **verbe de parole** ou **d'opinion** ;
    > *Je sais qu'il part.*
  – au **subjonctif** si le verbe dont elle est COD :
    * exprime un **doute**, un **sentiment**, une **volonté**, une **crainte**, un **regret** ; > *Je veux qu'il parte.*
    * est à la **forme négative** ; > *Je ne pense pas qu'il parte.*
    * est dans une proposition de **type interrogatif**. > *Penses-tu qu'il parte ?*

⚠️ Ne pas confondre la **proposition subordonnée relative** introduite par le pronom relatif *que*, complétant un nom (voir p. 360), avec la **proposition subordonnée conjonctive** introduite par la conjonction de subordination *que* et COD d'un verbe.
  > *La comtesse que les danseurs se disputent se nomme Vanina.* (prop. sub. relative)
  > *La comtesse annonce [qu'elle se retire du bal.]* (prop. sub. conjonctive)

3. LA PROPOSITION SUBORDONNÉE INFINITIVE

La **proposition subordonnée infinitive** comporte un **verbe à l'infinitif** ayant un **sujet propre exprimé**. Sa fonction est d'être **COD du verbe** qu'elle complète.
On la trouve après des **verbes de sensation** *(voir, entendre, sentir...)*, les verbes *laisser* et *faire*.
  > *La comtesse voit [les invités arriver dans les salons].* Les invités est sujet de *arriver*.
                verbe   prop. infinitive, COD du verbe *voir*

4. LA PROPOSITION SUBORDONNÉE INTERROGATIVE INDIRECTE

La **proposition subordonnée interrogative indirecte** est l'**équivalent d'une question directe**. Elle est introduite par un **mot interrogatif** : la conjonction *si*, pour une interrogation totale, des pronoms *(qui, que...)*, le déterminant *(quel)* ou des adverbes interrogatifs pour l'interrogation partielle *(pourquoi, comment...)*. Sa fonction est d'être **COD du verbe** qu'elle complète.

⚠️ Elle ne se termine pas par un point d'interrogation et ne comporte pas de sujet inversé.
  > *La comtesse se demandait [si le jeune homme avait été arrêté].*
                  verbe   prop. sub. interrogative indirecte, COD du verbe *se demander*

⚠️ Ne pas confondre :
– la **proposition subordonnée relative** introduite par les pronoms relatifs *qui* ou *où*, complétant un nom (voir p. 360), avec la **proposition subordonnée interrogative indirecte** introduite par un pronom interrogatif et COD d'un verbe.
  > *Je connais la ville où il habite. Je connais l'homme qui le suit.* (prop. sub. relatives)
  > *Je ne sais pas [où il habite.] Je ne sais pas [qui il est.]* (prop. sub. interrogatives indirectes)
– la **proposition subordonnée complément circonstanciel de condition**, introduite par la conjonction *si* (voir p. 354), avec la **proposition subordonnée interrogative indirecte** introduite par la conjonction *si* et COD d'un verbe.
  > *Je viendrai s'il fait beau.* (prop. sub. compl. circ. de condition)
  > *Je me demande s'il fait beau à Londres.* (prop. sub. interrogative indirecte)

OBSERVER ET REPÉRER

Mon domestique dormait par terre et je dus l'enjamber ; il se réveilla, m'aperçut et me dit que ma mère s'était encore fâchée contre moi et avait encore voulu m'envoyer chercher, mais que mon père l'en avait empêchée. [...] Le lendemain matin, quand je descendis pour le thé, ma mère me gronda, moins, cependant, que je ne m'y attendais, et me fit raconter *comment j'avais passé la soirée de la veille*.

I. Tourguéniev, *Premier amour*, © Éditions Gallimard, 1860 (voir p. 432).

❶ Relevez les trois propositions subordonnées qui dépendent du verbe *dire*. Quelle est leur fonction ?

❷ a. Par quel mot la proposition en italique débute-t-elle ? b. De quel verbe dépend-elle ? c. Donnez la nature et la fonction de cette proposition.

S'EXERCER

❸ Relevez les propositions subordonnées qui complètent les verbes en gras ; précisez entre parenthèses leur nature.
1. Le fermier **voulait** que sa fille apporte des amandes chez ses maîtres. 2. La fillette **disait** que la récolte avait été bonne et que les orages avaient épargné les récoltes. 3. La propriétaire **se demandait** si la belle enfant avait chaud et elle lui offrait un rafraîchissement. 4. La petite fille **regardait** les cuivres de la cuisine briller. 5. Pouvait-elle **penser** qu'un jour elle servirait cette dame qui l'impressionnait ?

❹ Les propositions subordonnées en gras sont-elles des conjonctives objet ou des relatives ?
1. L'histoire **que raconte Maupassant dans *Boule de Suif*** se déroule pendant la guerre de 1870. 2. Les trois couples **que Boule de Suif rencontre dans la diligence** espèrent **que la voiture les conduira à Dieppe**. 3. L'officier prussien exige **que Boule de Suif obéisse à ses ordres**. 4. L'aubergiste accueille les voyageurs **que l'officier bloque dans son auberge**. 5. Boule de suif ne veut pas **qu'on puisse l'accuser de manquer de patriotisme**. 6. Les voyageurs **que ce contre-temps agace** espèrent **qu'ils parviendront à faire céder Boule de Suif**.

❺ Conjuguez le verbe de la subordonnée conjonctive objet au présent, en utilisant le mode qui convient.
1. Croyez-vous que ces journalistes (faire) tout ce chemin pour rien ? 2. On raconte qu'ils (aller) faire tout leur possible pour rapporter des informations capitales. 3. Ils ne veulent pas que la vérité (pouvoir) leur échapper. 4. Un journaliste s'aperçoit que des témoins (vouloir) faire des déclarations discrètes, aussi craint-il que ces témoins ne (vouloir) plus s'exprimer s'ils sont filmés.

❻ Complétez chaque phrase avec une subordonnée complétive objet de votre choix.
1. Elle souhaite ✎. 2. Tu ne doutais pas ✎. 3. Imaginiez-vous ✎ ? 4. Nous désirons ardemment ✎. 5. Ils ont vu ✎.

❼ Relevez les propositions subordonnées infinitives et indiquez leur fonction.
1. Dans la lumière du soleil, deux amis virent une voile glisser à l'horizon. 2. Ils aperçurent l'embarcation s'approcher de la côte et deux marins jeter des paquets par-dessus bord. 3. L'un des deux amis prétendit qu'il avait entendu un son étrange lui parvenir aux oreilles. 4. Lorsqu'ils observèrent les deux marins scruter les alentours et sauter dans l'eau, ils ressentirent une curieuse sensation les envahir.

❽ Complétez les propositions subordonnées infinitives en gras.
1. Entendez-vous **le pianiste** ✎ ? 2. Au printemps, l'ornithologue observe **les hirondelles** ✎, **les moineaux** ✎ et **les oisillons** ✎. 3. Par la fenêtre entrouverte, on entend ✎ **siffler**, **les** ✎ **claquer**, **la** ✎ **démarrer**. 4. On distinguait au milieu de la brume **une cheminée** ✎.

❾ Relevez les propositions subordonnées interrogatives indirectes et indiquez leur fonction.
1. Le frère aîné se demandait s'il pourrait à nouveau escalader la montagne. 2. Le cadet voulait savoir si son frère accepterait de l'accompagner lors de l'expédition qu'il prévoyait. 3. Il n'osait demander à son grand frère pourquoi il avait des réticences. 4. Savait-il seulement combien cette épreuve serait rude pour tous les deux ? 5. Il s'interrogeait sur ce qu'il ferait si l'aîné refusait de collaborer.

❿ Les propositions subordonnées en gras sont-elles des interrogatives indirectes ?
1. Nous avons retenu des places pour un spectacle **qui devrait t'enchanter**. 2. Sais-tu **qui participe à la représentation théâtrale** et **où elle a lieu** ? 3. Dis-moi **qui t'accompagnera**. 4. Rappelle-moi **si tes cousins de province se joindront à nous**. 5. Tous les acteurs **qui se produisent** ont moins de vingt ans. 6. Tu me préciseras également **qui doit prendre des places pour tes parents** et **si on doit les leur envoyer**. 7. Tu as envoyé des cartons d'invitation **qui nous ont fait plaisir** mais nous n'avons pas compris **qui était concerné**. 8. Je ne sais plus **où se trouve le carnet** dans lequel tu as noté l'adresse du restaurant **où vont tes amis**. 9. Préviens-moi, **si tu le retrouves**.

⓫ Remplacez les interrogations directes par des phrases commençant par « *Dis-moi* » et contenant une interrogative indirecte. *Exemple : Que vois-tu ? → **Dis-moi** ce que tu vois.*
1. Comment a-t-il réussi son concours ? 2. Apporteras-tu tes photos de vacances ? 3. Pourquoi sont-elles parties si précipitamment ? 4. Qu'avez-vous préféré pendant votre séjour ? 5. Qui aimerait-il rencontrer ? 6. De quel personnage parlait-elle ?

⓬ Relevez les propositions subordonnées COD et indiquez leur nature respective.
1. Colin remarqua que l'homme n'avait pas une tête d'homme, mais de pigeon, et ne comprit pas pourquoi on l'avait affecté au service de la patinoire plutôt qu'à celui de la piscine. 2. Colin se mit à regarder ses pieds, par décence, et vit ceux-ci s'arrêter au second étage.

B. Vian, *L'Écume des jours*, © Fayard, 1947 (voir p. 432).

S'EXPRIMER

⓭ Rédigez, à partir de l'image, un court texte dans lequel vous emploierez plusieurs propositions subordonnées COD de différentes natures, que vous soulignerez.

EXERCICES RÉCAPITULATIFS

Sujet

1 **a.** De quel verbe chaque mot ou groupe de mots en gras est-il sujet ? **b.** Quelle est la nature grammaticale de chaque sujet ? **c.** Relevez les sujets inversés. **d.** Pour quelle raison chacun de ces sujets est-il inversé ?

– Par ici, d'Albon, par ici ! demi-tour à gauche, cria-t-**il** à son compagnon en lui indiquant par un geste une large voie pavée. *Chemin de Baillet à L'Isle-Adam* ! reprit-**il**, ainsi **nous** trouverons dans cette direction celui de Cassan, **qui** doit s'embrancher sur celui de L'Isle-Adam. [...]
– Savez-**vous**, monsieur le marquis, reprit le **militaire goguenard**[1], que **nous** avons encore plus de deux lieues[2] à faire ? **Le village** que **nous** apercevons là-bas doit être Baillet.
– Grand Dieu ! s'écria **le marquis d'Albon**, allez à Cassan, si **cela** peut vous être agréable, mais **vous** irez tout seul.

H. de Balzac, *Adieu*, 1830.

1. moqueur.
2. huit kilomètres environ. Une lieue est une ancienne mesure de distance d'environ quatre kilomètres.

2 **Relevez les sujets et précisez entre parenthèses le verbe dont chacun est sujet.**

Si vaine que soit la constitution d'un arbre généalogique, où pend toujours une quantité considérable de bois mort (cet arbre poussant dans le passé, on devrait logiquement dire une *racine généalogique*), si vaine que soit la recherche et le dosage plus ou moins truqué d'une ascendance, je ne dédaigne pas totalement ce petit jeu. L'origine de mes vingt-quatre paires de chromosomes m'intéresse. Mais surtout le dépouillement d'un registre présente en lui-même un attrait analogue à celui du miracle de Lazare. L'acte de naissance de ces morts du XVIIe siècle, qui n'ont même plus de tombe, les restitue partiellement à la vie.

H. Bazin, *Vipère au poing*, © Grasset & Fasquelle, 1948.

3 **Complétez les phrases par des sujets dont la nature vous est indiquée.** Attention à préserver la cohérence du texte ! **Brevet**

✎ *(groupe nominal)* formaient un contraste saisissant. ✎ *(pronom numéral)* était âgée de quinze ans et en paraissait quarante tandis que ✎ *(pronom numéral)*, qui pouvait avoir cinquante ans, n'en paraissait pas vingt. ✎ *(nom propre)*, ✎ *(pronom démonstratif)* était le nom de la première, avançait avec difficulté mais ✎ *(groupe nominal)* ✎ *(pronom relatif)* gambadait tel un chevreau, sautait de caillou en caillou. D'où venait ✎ *(groupe nominal)* ? ✎ *(pronom indéfini)* ne le savait.

Attribut du sujet

4 **Relevez les attributs des sujets en gras. Précisez leur nature grammaticale.**

1. Les crises de notre mère devenaient en effet si fréquentes et si pénibles qu'elle dut provisoirement relâcher sa surveillance. **2. Ce** n'est pas le nombre des vivants, **c'**est leur autorité qui meuble une maison. **3.** Certes, **nous** étions satisfaits. **4.** Ce 14 juillet, **qui** est à peine une fête légale en pays craonnais (où **la fête nationale** est plutôt celle de Jeanne d'Arc), s'achevait par un crépuscule radieux. **5. Le parc entier** nous redevint accessible.

H. Bazin, *Vipère au poing*, © Grasset & Fasquelle, 1948.

5 **Relevez les sujets auxquels renvoient les attributs du sujet en gras.**

Le patois avait été **l'unique langue de mes grands-parents**. [...] Pour mon père, le patois était **quelque chose de laid**, un signe d'infériorité. Il était **fier** d'avoir pu s'en débarrasser en partie, même si son français n'était pas **bon**, c'était **du français**. [...] À l'inverse de ma mère, soucieuse de faire évoluée, qui osait expérimenter, avec un rien d'incertitude, ce qu'elle venait d'entendre ou de lire, il se refusait à employer un vocabulaire qui n'était pas **le sien**.

A. Ernaux, *La Place*, Folio, © Éditions Gallimard, 1983.

6 **Les mots en gras sont-ils des attributs du sujet ? Si oui, précisez leur nature grammaticale.**

1. Comme les fourmis, les scorpions étaient **les vrais habitants de ce lieu**. **2.** Les scorpions furent **un jour** au centre d'une scène dramatique. **3.** Ce devait être **un dimanche matin** car il [mon père] était **à la maison**. **4.** C'était **une guerre perdue d'avance**. **5.** Après les journées brûlantes, à courir dans la savane, après l'orage et les éclairs, cette salle étouffante devenait **pareille** à la cabine d'un bateau fermée contre la nuit. **6.** Là j'étais vraiment **à l'abri**, comme à l'intérieur d'une grotte.

J.-M. G. Le Clézio, *L'Africain*, © Mercure de France, 2004.

COD, COI, COS, autres compléments essentiels

7 **Les GN en gras sont-ils des COD ou des sujets inversés ?**

Chaque fois qu'on me demande comment est **la ville de Yong Jing**, je réponds sans exception par une phrase de mon ami Luo : elle est si petite que si la cantine de la mairie fait **du bœuf aux oignons**, toute la ville en renifle **l'odeur**. En fait, la ville ne comprenait qu'**une seule rue**, de deux cents mètres environ, dans laquelle se trouvaient **la mairie, un bureau de poste, un magasin, une librairie, un lycée et un restaurant** derrière lequel il y avait un hôtel de douze chambres. À la sortie de la ville, accroché au milieu d'une colline, se trouvait **l'hôpital du district**.

D. Sijie, *Balzac et la Petite Tailleuse chinoise*, © Éditions Gallimard, 2000.

RÉCRIRE

A **Récrivez le texte en transformant les phrases interrogatives en propositions interrogatives indirectes.** Pensez à remplacer la 2e personne par la 3e personne du singulier.

La conseillère d'orientation lui pose toutes sortes de questions en lui demandant : Que veux-tu faire dans la vie ? Ne t'es-tu jamais posé la question ? Est-ce que tu aimes la campagne ? Préfères-tu la ville ? Il n'y a rien qui t'attire particulièrement ?

B **a. Récrivez le texte en remplaçant chaque ✎ par la conjonction de subordination ou le mot interrogatif qui convient. b.** Indiquez la nature et la fonction de chacune des propositions subordonnées obtenues. **Brevet**

Ma mère m'a demandé ✎ j'aimerais aller à Lune Park. Je croyais ✎ elle avait l'intention de m'y accompagner. Mais, non. Quand j'y repense aujourd'hui, je crois ✎ elle voulait tout simplement ✎ je la laisse seule cet après-midi là. [...] Elle m'a tendu un grand billet de banque et m'a dit : « Va t'amuser à Luna Park ». Je ne comprenais pas ✎ elle me donnait tout cet argent.

P. Modiano, *La Petite Bijou*, © Éditions Gallimard, 2001.

8 **Observez les participes passés et remplacez chaque pronom COD par un GN de votre choix.** Attention aux nouveaux accords des participes passés.
1. Les avez-vous appréciées lorsque vous les avez goûtées ? 2. Les soldats de 14-18 les ont endurés. 3. Balzac l'a décrit dans un de ces romans. 4. Boule de Suif l'a t-elle éprouvée ? 5. Le théâtre tragique les a mis en scène. 6. L'ont-ils déjà lue ?

9 **Relevez les COI et indiquez leur nature grammaticale.**
1. Weil parlait souvent de l'ivresse de l'altitude, quand il allait survoler les lignes allemandes. 2. Tout ce qui touchait au matériel confortait son optimisme. 3. C'était la seule odeur qui réussissait à s'imposer à moi. 4. Un vieux serviteur lui ouvrit. 5. Profitons de cette petite fête, cette période de guerre est si ennuyeuse.
M. Dugain, *La Chambre des officiers*, © J.-C. Lattès, 1998.

10 **Remplacez les GN en gras par des pronoms personnels. Précisez leur fonction.**
1. J'ai écrit **à ma meilleure amie**. 2. Il vend des caisses d'oranges **aux propriétaires de bateaux**. 3. L'artiste peintre propose une toile **à ses admiratrices**. 4. Les voisins se sont plaints **au maire** de la détérioration des trottoirs. 5. Un changement d'atmosphère offrirait une bonne solution **à cet enfant qui adore les jeux de plein air**.

11 **a. Les éléments en gras sont-ils des COI ou des COS ? Précisez leur nature. b. Quelle est la fonction de chacun des mots et GN en italique ?**
Puis, comme il restait *effaré*, elle eut un sourire, elle **lui** tendit la main, en **lui** disant d'un air de bonne camaraderie : « Voulez-vous m'épouser, Ferdinand ?... C'est encore moi qui serai *votre obligée*, car vous savez que je suis *une ambitieuse* ; oui, j'ai toujours rêvé la gloire, et c'est vous qui **me** la donnerez. »
Il balbutiait, ne se remettait pas de **cette offre brusque** ; tandis que, tranquillement, elle achevait de lui exposer son projet, longtemps mûri. Puis, elle se fit *maternelle*, en exigeant de **lui** un seul serment : celui de se bien conduire.
É. Zola, *Madame Sourdis*, 1880.

12 **a. Relevez les compléments essentiels. b. Précisez, pour chacun d'eux, s'il exprime le lieu, le temps, la mesure, le poids ou le prix.**
1. Les enfants ont acheté cent grammes de chocolats en sortant de l'école. 2. Cet équipement sportif coûte une somme considérable. 3. Cet adolescent a pris dix centimètres en six mois. 4. L'architecte se rend chez ses clients. 5. Ce parchemin date de l'époque médiévale. 6. Cette écharpe en soie sauvage vaut une fortune. 7. *Nantas*, le roman de Zola, se déroule à Paris.

13 **Indiquez si les groupes de mots en gras sont des compléments essentiels ou circonstanciels.**
1. **Au XIXe siècle**, les bourgeois parisiens habitent **de grands hôtels particuliers**. 2. **Aux premiers étages des immeubles** sont situés les salons de réception. 3. Les dames vont **à la promenade** tous les lundis après-midi. 4. Les boulevards qui conduisent **au cœur de Paris** sont larges. 5. Les serviteurs disposent des plantes exotiques **sur les balcons** dès le printemps.

S'EXPRIMER

18 À partir de l'image, rédigez un paragraphe dans lequel vous utiliserez des sujets et des attributs du sujets, des COD, COI et COS de différentes natures.

14 **Répondez à ces questions de brevet.** `Brevet`
1) **Brevet 2005 : Donnez la nature et la fonction de** « *moyens* ». La terre est la seule à nous aimer. Personne ne nous donne comme elle les moyens de se protéger. (Vairoraumati no Ra'iatea, *Arioi*, © Au vent des îles, 2001)
2) **Brevet 2005 : Quelle est la fonction de** « *l'autre* » **et celle de** « *la* » **?** L'autre ne la reconnaissait pas. (G. de Maupassant, *La Parure*, 1884)
3) **Brevet 1999 : a. Quelle est la fonction précise du groupe nominal** « *un corps vivant* » **? b. Quel est l'effet produit par la place de ce groupe dans la phrase ?** Claude, aveuglé par la pluie, tâtonna pour tirer le bouton de la sonnette ; et sa surprise fut extrême ; il eut un tressaillement en rencontrant dans l'encoignure, collé contre le bois, un corps vivant. (É. Zola, *L'Œuvre*, 1886)

Propositions subordonnées COD

15 **Relevez les propositions subordonnées complétives et donnez la nature de chacune.**
1. Croyez-vous que le décor sera prêt pour la première représentation ? 2. Les acteurs espèrent que le public leur réservera un bon accueil. 3. Pouvait-on prévoir que la salle serait comble ? 4. Les techniciens écoutent le metteur en scène faire ses dernières recommandations. 5. Les affiches du spectacle disent que la pièce n'a pas été jouée depuis vingt ans. 6. On peut se demander si la presse appréciera ce choix de décor épuré.

16 **Parmi les propositions subordonnées en gras, relevez les conjonctives.**
1. Je crois **que maman, cette fois, a ce qu'elle désire**. Je l'ai entendue dire ce matin **qu'elle ne voulait plus ici que des précepteurs du genre domestique et que celui-ci lui paraissait satisfaisant sous ce rapport**. 2. Mon père avait attendu la dernière minute. Ses mains étaient encombrées de roses du Bengale, **que nous lui avions offertes une par une, selon l'usage de la famille**. 3. Il (le missionnaire) répondit sans ambages **qu'il n'avait point quitté volontairement** *La Belle Angerie*, mais **que**, notre mère lui ayant demandé de ne point rentrer de vacances, **il n'avait pas cru devoir insister... qu'il était tout heureux de ma lettre**, car, depuis lors, il se demandait, avec anxiété, en quoi il avait pu faillir à sa tâche.
H. Bazin, *Vipère au poing*, © Grasset & Fasquelle, 1948.

17 **Répondez à ces questions de brevet.** `Brevet`
1) **Brevet 2005 : Indiquez la nature et la fonction de la subordonnée introduite par** « *que* » **dans cette phrase.** Il s'imaginait que M. Leblanc lui jetait des regards irrités. (V. Hugo, *Les Misérables*)
2) **Brevet 1998 : Indiquez la nature et la fonction des propositions subordonnées.** J'aimerais savoir où elle vivait, quel paysage elle contemplait. (S. Prou, *L'Album de famille*, © Grasset, 1994)

Les fonctions par rapport à la phrase
Les compléments circonstanciels

> **Vérifiez vos acquis**
> 1. Quels sont les compléments qui indiquent le lieu ? le temps ? la manière ? 2. La phrase reste-t-elle correcte si on supprime ces compléments circonstanciels ? 3. Peut-on déplacer ces compléments ?
> Tous les jours, dans les tranchées, les poilus guettent les balles avec angoisse.

- Les **compléments circonstanciels** peuvent **être déplacés** ou **supprimés**. Ils peuvent notamment exprimer :
  – le **temps** (un moment, une durée, une répétition) ;
  – le **lieu** (une situation dans l'espace, un déplacement, une direction) ;
  – la **manière** (une certaine manière d'agir ou d'être) ;
  – le **moyen** (l'objet concret grâce auquel une action s'accomplit).
- Pour les compléments circonstanciels de **comparaison**, **but**, **cause**, **conséquence**, **condition** (**hypothèse**), **opposition**, voir pp. 347 à 354.
- Les compléments circonstanciels peuvent être exprimés par :

	Temps	Lieu	Manière	Moyen
des **adverbes**	> aujourd'hui, jadis, hier, toujours…	> ailleurs, dehors, devant, en, ici, là, là-bas…	Principalement des adverbes en -*ment* : *respectueusement*	X
des **GN**, ou des **noms propres**, ou des **pronoms** précédés d'une **préposition**	> après (avant, durant, jusqu'à, pendant…) la nuit : avant Noël	> dans, à, derrière, devant, hors de, sous, au-dessus de… : dans la maison	> avec respect	> avec, à l'aide de, au moyen de… : avec son épée.
un **infinitif précédé** d'une **préposition**	> avant de partir, après être sorti	X	> Il est arrivé **sans crier gare**.	X
un **gérondif**	X	X	> Il part **en courant**.	X
une **proposition subordonnée introduite par une conjonction de subordination**	> Quand, lorsque, dès que comme… + indicatif > **Quand le jour se levait**, il partit. > avant que, jusqu'à ce que, … + subjonctif > Il marche **avant que le jour se lève**.	X	X	X
une **proposition subordonnée participiale**	> **La fin de l'année arrivant**, les commerçants font leur bilan.	X	X	X

> **FAIRE SES GAMMES**   Voir aussi **Exercices p. 356**

❶ a. Relevez les compléments circonstanciels de temps et de lieu. **b.** Indiquez leur nature grammaticale.

Un midi, alors que nous mangions sous un arbre, face à l'entrée de la mine, il me dit qu'il avait froid. En effet, quelques minutes plus tard, sa main se mit à trembler si fort qu'il ne parvint plus à tenir ni ses baguettes ni son bol de riz. Quand il se leva pour gagner le dortoir et s'allonger sur un lit, il marcha d'un pas oscillant.

D. Sijie, *Balzac et la Petite Tailleuse chinoise*, © Éditions Gallimard, 2000.

❷ a. Relevez les compléments circonstanciels de manière. **b.** Récrivez-les en changeant leur nature grammaticale.
1. Il sort précipitamment. **2.** Elle s'adresse à ses enfants avec tendresse. **3.** L'alpiniste progresse efficacement. **4.** Le maire aborde la situation avec le sourire.

❸ Relevez les compléments circonstanciels en indiquant s'ils expriment le moyen ou la manière.
1. Il grimpe aisément sur l'arbre à l'aide d'une échelle. **2.** Grâce aux empreintes digitales, le détective a rapidement résolu l'enquête. **3.** L'astronome observe avec soin une étoile à la lunette.

❹ a. Relevez tous les compléments circonstanciels. **b.** Quelle circonstance chacun d'eux exprime-t-il ? **c.** Indiquez leur nature grammaticale.

Mais ensuite elles [les deux mains] reprirent soudainement vie encore une fois ; elles coururent fiévreusement de la table au corps dont elles faisaient partie, grimpèrent […] le long du tronc, fouillant nerveusement dans toutes les poches, en haut, en bas, à droite et à gauche.

S. Zweig, *Vingt-quatre heures de la vie d'une femme*, © Le Livre de Poche, 1927.

Les rapports logiques
Le but

Le **but** est un **objectif à atteindre** ; il s'exprime à l'aide de **compléments circonstanciels**. On associe l'expression de la **crainte** à celle du but.

Le **complément circonstanciel de but** peut être :

• un **groupe nominal**, introduit par les prépositions *pour*, *en vue de*	> *Il s'entraîne **pour** le championnat de cette année et **en vue** des Jeux Olympiques de 2012.*
• un **verbe à l'infinitif**, introduit par les prépositions *pour*, *afin de*, *de peur de*, *de crainte de*	> *L'équipe s'entraîne **pour** gagner et **de crainte** d'être reléguée en deuxième division.*
• une **proposition subordonnée conjonctive** au **subjonctif**, introduite par *pour que*, *afin que*, *de peur que*, *de crainte que*	> *L'entraîneur encourage l'équipe **pour qu'**elle ait confiance en elle.*
• une **proposition subordonnée relative** au **subjonctif** (voir p. 360) ⚠ Cette proposition est très proche de sens de la proposition subordonnée relative au subjonctif exprimant la conséquence (voir p. 350).	> *Il cherche une salle **qui** puisse accueillir son concert.*

FAIRE SES GAMMES
Voir aussi **Exercices p. 356**

❶ Conjuguez les verbes en italique au présent du mode qui convient.
1. Je baisse la tête pour qu'il ne me *(voir)* pas. **2.** Je le rassure de peur qu'il ne *(faire)* une erreur. **3.** Le professeur nous donne des documents afin que nous les *(étudier)*. **4.** Il faut que je progresse pour que mon entraîneur ne *(rire)* pas de moi. **5.** Il désirerait trouver une activité qui *(venir)* compléter son emploi du temps.

❷ Récrivez les phrases de l'exercice 1 en exprimant le but par d'autres moyens grammaticaux que vous nommerez.

❸ Transformez chaque couple de phrases en une phrase complexe comportant une proposition principale et une proposition subordonnée de but.
1. Le père de Luc se hâte. Son fils ne l'aperçoit pas. **2.** Il murmure. Le professeur n'entend pas sa réponse. **3.** Il lève la tête. Marie ne s'aperçoit pas de son trouble. **4.** Il joue de la musique le matin. Cela ne dérange pas les voisins.

Les rapports logiques
La comparaison

La **comparaison** peut s'exprimer par **différentes constructions grammaticales** :

• un **adjectif** au **comparatif** (voir p. 325), suivi de la conjonction *que* et : – d'un **nom** (ou **GN**) – d'un **adjectif** – d'un **adverbe** – d'une **proposition subordonnée**	> *Il est **plus** malin **que** Jean, **que** son frère.* > *Il est **moins** malin **que** travailleur.* > *Il est **aussi** travailleur **qu'**autrefois.* > *Il est **plus** malin **que** tu ne le penses.*
• un **adverbe de corrélation** : *d'autant plus (moins)… que…*	> *Il est d'autant **plus** méritant **qu'**il s'est formé tout seul.*
• une **proposition subordonnée conjonctive** introduite par : *comme*, *ainsi que*, *autant que*	> *Le climat ici demeure **comme** il a toujours été.*
• des **déterminants indéfinis** : *autre*, *tel*, *même*	> ***Tel** père, **tel** fils. Il nourrit le **même** projet **que** toi.*

FAIRE SES GAMMES
Voir aussi **Exercices p. 356**

❹ Relevez les comparaisons, soulignez les mots qui les introduisent.
1. Les dangers de la drogue sont plus connus que ceux des sectes. **2.** Comme tout adolescent, Mouloud n'aime pas qu'on le contredise. **3.** Il arpente les rues, fier comme un roi de sa nouvelle mobylette. **4.** Il n'a pas du tout les mêmes projets d'avenir que moi. **5.** Moins tu bavardes et plus tu as de chances de comprendre le cours ! **6.** Tel frère, telle sœur : de vrais athlètes !

❺ Complétez les phrases de façon à exprimer la comparaison.
1. Aucun oiseau n'avait été traité 🖉 durement que lui. **2.** Le vol, c'est 🖉 chose que de sautiller d'un point à un autre. **3.** Il leur était 🖉 aisé de réussir ce vol que de comprendre les leçons de Jonathan. **4.** La nouvelle se répandit 🖉 une traînée de poudre. **5.** Elle s'avance sur le podium, 🖉 une reine.

❻ Relevez la comparaison.
Je ne puis pas vous décrire en détail les milliers d'attitudes qu'il y a dans les mains, pendant le jeu : les unes bêtes sauvages aux doigts poilus et crochus qui agrippent l'argent à la façon d'une araignée, les autres nerveuses, tremblantes, aux ongles pâles, osant à peine le toucher.

S. Zweig, *Vingt-quatre heures de la vie d'une femme*, © Le Livre de Poche, 1927.

Les rapports logiques
La cause

La **cause** se situe toujours chronologiquement **avant l'effet qu'elle produit**.
Elle peut s'exprimer **explicitement** ou **implicitement**.
Le mode habituellement employé pour exprimer la cause est l'**indicatif**.

1. LES MOYENS GRAMMATICAUX D'EXPRIMER LA CAUSE

L'expression explicite de la cause	
• la **coordination** de deux propositions ou de deux phrases par : – une **conjonction de coordination** : *car* – un **adverbe** : *en effet*…	> *Il marche mal **car** il a une entorse.* > *Il peine à marcher. **En effet**, il a une entorse.*
• un **complément circonstanciel** : – un **nom** (GN, pronom) précédé d'une **préposition** : *à cause de*, *en raison de*, *grâce à*… – une **proposition subordonnée** introduite par une conjonction de subordination : *parce que*, *comme*, *puisque*, *vu que*… – un **infinitif passé** précédé de la préposition *pour*	> *Il marche mal **à cause d'une entorse**.* > *Il marche mal **parce qu'il s'est fait une entorse**.* > *Il s'est blessé **pour** avoir voulu courir trop vite.*
L'expression implicite de la cause	
• la **juxtaposition** de deux propositions ou deux phrases.	> *Il marche mal : il s'est fait une entorse.* *Il marche mal. Son entorse le fait souffrir.*
• une **subordonnée participiale** (voir p. 333).	> ***Son entorse le faisant souffrir**, il marche mal.*
• une **subordonnée relative explicative** (voir p. 360).	> *Son entorse, **qui le fait souffrir**, l'empêche de marcher vite.*
• un **gérondif** (voir p. 312).	> ***En courant trop vite**, il s'est foulé la cheville.*
• un **adjectif qualificatif** ou un **participe mis en apposition** (voir p. 358).	> ***Trop rapide**, il s'est foulé la cheville.*

⚠️ Ne pas confondre :
- *Grâce à* + c.c. de cause (élément abstrait)   > *Il gagne **grâce à son énergie**.*
-          + c.c. de moyen (élément concret)   > *Il gagne grâce à son équipement.*
- *Comme* + c.c. de cause   > ***Comme il a froid**, il rentre.*
-          + c.c. de comparaison   > *Comme son ami, il a froid.*

2. L'EXPRESSION DES NUANCES

Le choix de certains **connecteurs** permet de **nuancer** l'expression de la cause.

• **Expliquer**
Le locuteur **informe** le destinataire d'une cause que celui-ci ignore ; il apporte une réponse à la question « Pourquoi ? » : *parce que*, *du fait que*, *à cause de*, *de*, *en raison de*.
> *Luc est absent **parce qu'**il est malade, **à cause de** la neige ; il tremble **de** froid.*

• **Justifier**
Le locuteur **démontre** une cause présentée comme connue du destinataire : *puisque*, *vu que*, *étant donné que*.
> ***Puisque** l'armistice a été signé, les poilus pourront rentrer chez eux.*

• **Ironiser**
Puisque employé dans une phrase exclamative. > ***Puisque** tu sais ta leçon, récite-la donc !*

• **Indiquer** qu'une cause est :
– douteuse : *sous prétexte de* + GN ; *sous prétexte que* + proposition subordonnée
– bénéfique : *grâce à* + GN
– intense : *à force de* + GN

• **Nier une cause**
Non que + subjonctif (cause niée) ; *mais parce que* + indicatif (cause réelle)
> *Je ferai cet exposé, **non que** le sujet m'ait été imposé, **mais parce qu'**il me passionne.*

OBSERVER ET REPÉRER

À partir de ce jour, le cinéma devient une passion, une obsession, un mode de vie. Ma providence aussi, **car**, d'un adolescent tournant à vide et embarrassé par lui-même, je deviens un jeune homme passionné, enthousiaste et ambitieux. Plus rien ne peut m'arriver **puisque** j'ai désormais une destination. Je ne regarde plus les films *comme* avant, en simple spectateur, mais deviens un familier **puisque** je sais qu'un jour [...] des gens que je ne connais pas seront émus, amusés, effrayés par des histoires que j'aurais inventées.

M. Ollivier, *Celui qui n'aimait pas lire*, © La Martinière Jeunesse, 2004.

1 a. Quel est le rapport logique exprimé par les connecteurs en gras ? b. Quelle est la nature grammaticale de chacun d'eux ? c. *« Comme »* en italique introduit-il un complément circonstanciel de cause ?

S'EXERCER

2 Complétez les phrases par la préposition qui convient : *à force de, grâce à, en raison de, par, pour, sous l'effet de*.
1. Les poilus ont trouvé du réconfort ✎ soins des infirmières. 2. Le trafic ferroviaire est interrompu ✎ un incident technique. 3. Il a été puni ✎ bavardage. 4. ✎ peur d'être en retard, il a pris le train précédent. 5. La vigilance des conducteurs est considérablement diminuée ✎ la drogue. 6. ✎ insister, il a fini par obtenir gain de cause.

3 Relevez les expressions de la cause et indiquez leur nature grammaticale.
1. Une image ne peut se prétendre objective car le témoin a vu avec sa propre subjectivité. 2. Le genre du docu-fiction est périlleux ; en effet, la qualité d'une telle œuvre se juge sur deux critères pas toujours compatibles : le respect des faits et l'efficacité de la mise en scène. 3. L'opinion publique n'est pas fiable en raison de son caractère changeant. 4. À force de regarder la télévision, la capacité de concentration des adolescents s'émousse. 5. Les variations d'audience étant enregistrées toutes les deux minutes, on peut savoir quel genre de sujet intéresse, quel autre fait zapper.

4 Remplacez les ✎ par une conjonction de subordination qui convienne.
1. Ce roman a une intensité émouvante ✎ l'auteur y relate la vie qu'il a vécue dans les tranchées. 2. ✎ en temps de guerre une vie humaine n'a pas d'importance, les autorités ont pu déclarer le jour de la mort du narrateur « À l'Ouest, rien de nouveau ». 3. Les poilus restent indifférents aux cadavres qui s'amoncellent autour d'eux, ✎ qu'ils soient devenus inhumains mais ✎ ils s'y habituent.

5 Récrivez les phrases de l'exercice 3 en exprimant la cause à l'aide d'une proposition subordonnée conjonctive. Vous varierez les conjonctions de subordination.

6 a. Dans chaque phrase, quelle est la proposition qui exprime le rapport de cause ? b. Récrivez ces phrases de façon à expliciter le rapport de cause.
1. La timidité est son point faible ; il n'ose pas faire un exposé. 2. Ils ont un comportement violent ; ils font régner la terreur. 3. Jean est tenace ; il a fini par remporter le titre de champion de France. 4. Elsa a choisi de s'engager politiquement : les menaces sur la planète ne la laissent pas indifférente.

7 Pour chaque phrase, indiquez quelle est la nuance de cause exprimée.
1. Puisque la télévision privée dépend de la publicité, elle ne peut pas être indépendante 2. Le cavalier ne participera pas à la compétition sous prétexte que son cheval est blessé. 3. Le texte fut retiré à la demande de la Commission, non qu'elle le trouvât absurde, mais parce que les sanctions prévues lui semblaient disproportionnées. 4. Vu qu'il n'a pas encore seize ans, il ne peut pas avoir son permis. 5. Puisque tu te crois si malin, va donc passer cette épreuve ! 6. « Pourquoi ne viens-tu pas à cette soirée ? – Parce que je n'y suis pas invitée. »

8 En soulignant les connecteurs, relevez les mots qui expriment : 1) une explication ; 2) une démonstration.
Pourquoi l'Amérique ne s'appelle-t-elle pas la Colombie ? Réponse évidente : parce que Colomb s'était trompé. Il n'a pas donné son nom à la nouvelle terre, puisqu'il pensait avoir seulement découvert une autre route pour l'Asie.
Mais alors pourquoi « L'Amérique » ? À cause d'une seconde erreur, celle du cartographe Waldseemulter qui, en 1507, publie une carte du monde qui comporte quatre continents : « Europa », « Asia », « Africa » et « America ». Pourquoi America ? Parce qu'il pensait, à tort, que ce continent avait été découvert par le navigateur d'origine florentine Amerigo Vespucci. En effet, ce diable d'Amerigo s'était attribué la paternité de la découverte en antidatant des lettres et des comptes rendus de voyage. Tricheur ! Quand Waldseemulter réalise son erreur, il est trop tard. Le mot America a presque fait le tour de la planète. Car les mots voyagent plus vite que les bateaux. Jusqu'à preuve du contraire...

D'après P. Vandel, *Pourquoi, encore des pourquoi*, 1994.

9 a. Relevez toutes les expressions de la cause. b. Comparez, dans tout ce texte sauf la dernière phrase, les causes et les conséquences qui en découlent : leur importance est-elle égale ? Que l'auteur veut-il prouver ?
Tout m'a tourné jusqu'ici d'une façon bien étrange. J'ai été condamné à l'amende pour avoir vu passer une chienne ; j'ai pensé être empalé pour un griffon ; j'ai été envoyé au supplice parce que j'avais fait des vers à la louange du roi ; j'ai été sur le point d'être étranglé parce que la reine avait des rubans jaunes, et me voici esclave avec toi parce qu'un brutal a battu sa maîtresse. Allons, ne perdons pas courage ; tout ceci finira peut-être.

Voltaire, *Zadig*, 1747.

S'EXPRIMER

10 À la manière du texte de l'exercice 8, faites un développement d'une dizaine de lignes qui commence par la question « *Pourquoi ?* ». Soulignez les connecteurs de cause que vous emploierez.

11 Imaginez une petite histoire qui explique pourquoi le chien est mis à la porte.

Les rapports logiques
La conséquence

> **Vérifiez vos acquis**
> **1.** Il pleut : je prends mon parapluie. **2.** Il pleut, donc je prends mon parapluie.
> Quelle est la cause ? Quelle est la conséquence ? Quelle est la phrase où l'expression de la conséquence est explicite ?
> Quel est le connecteur logique employé ?

• La **conséquence** se situe **chronologiquement** après un **autre fait**, après une **cause**.

1. L'EXPRESSION SIMPLE DE LA CONSÉQUENCE

La **conséquence** peut s'exprimer par :

• la **coordination** de deux phrases ou de deux propositions, reliées par : – la **conjonction de coordination** *donc* – une **locution prépositionnelle** ou un **adverbe**, encore appelé **connecteur** : *par conséquent, en conséquence, c'est pourquoi, ainsi, aussi* (+ inversion du sujet), *dès lors*...	> *Il se passionne pour le XIXe siècle ; il connaît donc Balzac.* > *Il se passionne pour le XIXe siècle ; c'est pourquoi il connaît Balzac.*
• une **proposition subordonnée conjonctive, complément circonstanciel**, introduite par une **locution conjonctive** : *si bien que, de telle sorte que, de manière que* (+ indicatif)	> *Il se passionne pour le XIXe siècle, si bien qu'il connaît Balzac.*

2. L'EXPRESSION RENFORCÉE DE LA CONSÉQUENCE

Pour souligner l'**intensité** d'une conséquence, on peut employer :

• une **locution conjonctive** : *à tel point que, au point que* + indicatif	> *Il joue à la perfection à tel point qu'il nous impressionne tous.*
• un **corrélatif**, placé dans la proposition principale et suivi de *que* (+ indicatif) – *si, tellement* (+ adjectif ou adverbe)... *que* – *tellement, tant* (+ verbe)... *que* – *tel, tant de* (+ GN)... *que*	> *Son jeu est si remarquable qu'il nous impressionne.* > *Il a tellement excellé qu'il nous a impressionnés.* > *Il a un tel talent qu'il nous impressionne.*
• les locutions *trop (assez) pour que* + subjonctif	> *Il est trop fort pour que je puisse rivaliser avec lui.*
• un **verbe à l'infinitif**, introduit par *au point de, trop (assez)... pour*...	> *Il est trop fort pour avoir des rivaux.*

3. L'EXPRESSION IMPLICITE DE LA CONSÉQUENCE

La conséquence peut aussi s'exprimer de façon implicite par :

• la **juxtaposition** de deux phrases ou de deux propositions	> *Il joue à la perfection : chacun retient son souffle en l'écoutant.*
• une **proposition subordonnée relative au subjonctif** (voir p. 360). ⚠ Cette proposition est très proche de sens de la proposition subordonnée relative au subjonctif exprimant le but (voir p. 347).	> *Il cherche une salle qui puisse accueillir son concert.*

OBSERVER ET REPÉRER

Qu'on se figure ce personnage affublé d'un habit dont les basques[1] étaient si courtes qu'elles laissaient passer cinq à six pouces[2] du gilet, et les pans si longs qu'ils ressemblaient à une queue de morue, terme alors employé pour les désigner. Une cravate énorme décrivait autour de son cou de si nombreux contours que la petite tête qui sortait de ce labyrinthe de mousseline justifiait presque la comparaison gastronomique. [...] Enfin, pour dernier enjolivement, le col de sa chemise et celui de l'habit montaient si haut que sa tête paraissait enveloppée comme un bouquet dans un cornet de papier. [...] Ce costume, tout à fait baroque, semblait avoir été inventé pour [...] montrer qu'il n'y a rien de si ridicule que la mode ne sache consacrer.

H. de Balzac, *Les Chouans*, 1834.

[1]. partie découpée du vêtement qui descend au-dessous de la taille.
[2]. ancienne mesure équivalant à 2,7 cm.

❶ a. Relevez toutes les propositions exprimant la conséquence en soulignant les mots qui les introduisent.
b. Quelle impression se dégage ainsi de ce portrait ?

S'EXERCER

2 Relevez les expressions de la conséquence et indiquez leur nature grammaticale.
1. La période des fêtes approche ; c'est pourquoi les rues s'illuminent. 2. À l'approche de Noël, il y a tellement de monde dans les magasins que l'atmosphère est irrespirable. 3. La fin de l'année est devenue une vaste foire commerciale. Par conséquent, chacun se sent obligé de consommer. 4. Il déteste cette frénésie d'achats ; il choisit donc de confectionner lui-même des cadeaux.

3 a. Dans chaque phrase, par quel moyen grammatical la conséquence est-elle exprimée ? b. Récrivez les phrases en employant un autre moyen grammatical.
1. Il ne peut pas se passer de son téléphone portable si bien qu'il l'utilise même à table. 2. Elle passe tout son temps sur Internet au point de ne plus en dormir la nuit. 3. Les jeux vidéo exercent un tel attrait sur Pierre qu'il se ruine pour les acheter. 4. Luis est passionné d'*Harry Potter* ; par conséquent, il n'hésite pas à attendre des heures dans le froid pour acheter le livre dès sa parution.

4 a. Recopiez les phrases en soulignant les locutions conjonctives ou les corrélatifs exprimant la conséquence. b. Quelles sont les phrases qui expriment l'intensité de la conséquence ?
1. Pour vendre, les experts en marketing disposent de recettes simples, qui ont tellement servi que l'on se demande comment elles marchent encore. 2. L'actualité quotidienne est si tragique que les journaux télévisés n'y accordent plus guère d'attention. 3. Pour faire de l'événement, il faut absolument passer à la télévision si bien que les dirigeants du monde s'attardent à poser devant les caméras. 4. La force de l'image peut être telle et notre crédulité si grande que nous la prenons pour l'exact reflet de la réalité.

5 Reliez les propositions juxtaposées de façon à expliciter l'expression de la conséquence. Variez les moyens utilisés.
1. Le nombre d'enfants obèses croît ; une campagne de sensibilisation est organisée. 2. Trop d'enfants se nourrissent de bonbons ; la surcharge pondérale des plus jeunes devient inquiétante. 3. Elle suit un régime diététique adapté ; son obésité régresse. 4. La mode est à la minceur ; on ne trouve pas de vêtements de grandes tailles. 5. Il fait du jogging tous les jours ; il a une excellente forme physique.

6 Enchaînez les deux phrases juxtaposées avec un lien de conséquence que vous choisirez. Attention : vous devrez parfois changer l'ordre des phrases.
1. Le drap leur couvrait la tête et les enveloppait jusque par-dessous les pieds. Il était impossible de les distinguer l'une de l'autre. (D'après G. Sand, *La Mare au diable*) 2. J'étais heureux du soulagement que j'éprouvais. Je faisais part de ma joie à tous mes amis. (G. de Nerval, *Aurélia*) 3. Je suis presque fâchée qu'il ne sorte jamais le soir. Ce garçon n'a que son métier en tête. (F. Kafka, *La Métamorphose*) 4. Il ne se fâcha pas. Il était ému lui-même. (A. Daudet, *Le Petit Chose*) 5. Avec une folle indulgence mon père fermait les yeux, à la seule condition que ni mes frères ni les domestiques ne l'apprissent. Il me suffisait de dire que je partais à cinq heures du matin, comme le jour de ma promenade à la forêt de Sénart. (R. Radiguet, *Le Diable au corps*)

7 Reliez les propositions de façon à expliciter l'expression de la conséquence. Veillez à exprimer l'intensité de la conséquence et faites toutes les modifications nécessaires.
1. Ce groupe musical a un grand succès ; il fait salle comble à chaque concert. 2. Les chanteurs de slam ont désormais un vaste public ; ils sont conviés dans toutes sortes de manifestations musicales. 3. La mode a une grande influence sur les adolescents ; elle leur fait acheter des vêtements qui ne les flattent pas. 4. La modernité dérange toujours beaucoup ; à toutes les époques, des bâtiments novateurs ont déclenché des polémiques. 5. La tour Eiffel déplaisait à de nombreux artistes ; ils ont réclamé sa démolition.

8 a. Associez une phrase de la liste A à une phrase de la liste B, en repérant celles qui sont d'un niveau de langue familier. b. Reliez ces couples en formulant la conséquence dans un niveau de langue courant ou soutenu, en faisant les modifications nécessaires. *Brevet*

A] a. Charles a été renvoyé de son école. b. Manon ne répondait pas au téléphone. c. Lisa a vécu longtemps en France. d. Un blessé a été détecté par les chiens sauveteurs. e. Elle fait beaucoup de sport et mange sainement. f. Elle n'avait pas beaucoup révisé. g. Il roulait très vite. h. Jean avait très mal au ventre.

B] 1. J'ai donc appelé un docteur. 2. Par conséquent, elle est en pleine forme. 3. Alors je lui ai envoyé un courriel. 4. C'est pourquoi elle n'a pas réussi l'examen. 5. C'est pour cela qu'elle parle si bien français. 6. Résultat : les policiers l'ont arrêté. 7. Et maintenant il va devoir étudier par correspondance. 8. Alors, la course contre la montre est engagée pour le sortir des décombres.

9 Récrivez chaque phrase en transformant le rapport de cause en rapport de conséquence et en recourant à des moyens grammaticaux différents. *Brevet*
1. Les organisateurs l'ont renvoyé parce qu'il protestait sans cesse. 2. Comme l'enfant était tombé sur la tête, on dut lui faire une radio. 3. Les bateaux sont restés au port en raison de la tempête. 4. Étant donné qu'ils n'ont pas répondu, je considère qu'ils sont d'accord. 5. On ne pouvait pas les déranger parce qu'elles étaient submergées de travail.

10 Parmi les propositions subordonnées relatives, quelles sont celles qui expriment la conséquence ?
1. Ce savant a monté une expédition qui fait grand bruit. 2. Ce bateau, le premier qui soit capable de résister aux tempêtes du Grand Nord, sera son domicile pendant les six mois qu'il passera au pôle. 3. Avant de se lancer dans l'aventure, il doit encore trouver un mécène qui veuille bien financer les instruments de mesure qui permettront de savoir quelle est l'épaisseur de la glace.

S'EXPRIMER

11 Décrivez le personnage en exprimant le caractère ridicule de son accoutrement par plusieurs expressions de la conséquence.

Les rapports logiques

L'opposition – La concession

1. DÉFINITION

- **L'opposition** confronte deux éléments, deux faits, deux arguments **qui existent indépendamment l'un de l'autre**.
  > *Livia est blonde **alors que** son frère est brun.*
  > *Ce roman dénonce le progrès **tandis que** celui-ci le vante.*
- La **concession** est une **forme nuancée de l'opposition**.
  – Elle **oppose deux faits**, dont **l'un aurait dû empêcher l'autre**.
  > ***Bien qu'il soit timide**, c'est un excellent orateur.*
  – Elle **oppose deux faits, deux arguments**, non pas en totalité, mais **en partie** ; c'est pourquoi elle est souvent employée dans l'**argumentation**.
  > ***Certes**, j'approuve ce programme, **mais** il comporte des points qui me déplaisent.*
- Il n'est pas toujours facile de faire la différence entre opposition et concession.

2. L'OPPOSITION   L'opposition peut s'exprimer par :

• la **coordination** de deux phrases ou de deux propositions reliées par : – une **conjonction de coordination** : *mais*, *or*, *et*	> *J'adore la poésie **mais** le roman policier m'ennuie.* *J'aime le slam **et** pas du tout le rock.*
– un **adverbe** ou une locution adverbiale : *cependant*, *pourtant*, *en revanche*, *au contraire*, *néanmoins*, *toutefois*	> *J'adore la poésie, **au contraire**, le roman policier m'ennuie.*
• une **proposition subordonnée conjonctive** complément circonstanciel introduite par : *tandis que*, *alors que* + **indicatif**	> *J'adore la poésie **alors que** le roman policier m'ennuie.*
• la **juxtaposition**, de manière implicite	> *Marion est maigre ; son frère est obèse.*

3. LA CONCESSION   La concession peut s'exprimer par :

• l'emploi d'un **adverbe**, *certes*, *assurément*, suivi de la **conjonction de coordination** *mais*	> ***Certes**, il est timide, **mais** il excelle à l'oral.*
• un **nom** ou un **GN**, complément circonstanciel, précédé d'une **préposition** : *malgré*, *en dépit de*, *au lieu de*	> ***Malgré sa timidité**, il excelle à l'oral.*
• une **proposition subordonnée conjonctive** complément circonstanciel introduite par : – une **conjonction de subordination** : *bien que*, *quoique*, *sans que* (+ **subjonctif**) ; *même si* (+ **indicatif**) ; après *quoique* et *bien que*, le verbe *être* est souvent sous-entendu	> ***Quoiqu'il soit timide**, il excelle à l'oral.* > ***Même s'il est timide**, il excelle à l'oral.*
– un **corrélatif**, *tout*, *quelque*, *si* + adjectif ou adverbe, suivi de *que* + **subjonctif**	> ***Quoique timide**, il parle bien en public.* > ***Tout timide qu'il soit**, il excelle à l'oral.*

– un **pronom** ou un **déterminant** + *que* + **subjonctif** :
    qui que, *quoi que*
    quel que
    quelque + GN + *que*
	> ***Quoi que tu aies fait**, tu es le bienvenu.*
	 > ***Quel que soit ton passé**, tu es le bienvenu.*
	 > ***Quelque motif que tu aies de te venger**, tuer reste un crime.*

• un **gérondif**	> ***Tout en étant timide**, il excelle à l'oral.*
• la locution *avoir beau*	> ***Il a beau faire des efforts**, il ne surmonte pas sa timidité.*

OBSERVER ET REPÉRER

Sur la zone la plus large (quoique progressivement rétrécie) se concentre la bruyante et fumante accumulation de véhicules à moteur, en proie à la fureur des embouteillages. Juste à côté d'eux se déroule la bande des cyclistes et des rollers. [...] Quoiqu'ils respirent l'air très pollué de la bande voisine, ils manifestent un arrogant sentiment de conquête puisque leur zone est une création récente au détriment des voitures. Mais les cyclistes regardent également avec dédain la population de la troisième bande (l'ancien trottoir), constituée de piétons et de chiens.

B. Duteurtre, *Le Grand Embouteillage*, © Éditions du Rocher, 2002.

❶ a. Relevez toutes les expressions de l'opposition et de la concession en soulignant le(s) mot(s) qui les introduisent. b. Quelle image donnent-elles de la vie en ville ?

S'EXERCER

2 Relevez les expressions de l'opposition et de la concession en indiquant leur nature grammaticale.
1. En dépit de tout son savoir, il ne sait pas mettre ses idées en ordre. 2. Alors que cette voie professionnelle est difficile, il souhaite s'y engager. 3. Son choix est fait : il suivra une formation en alternance au lieu de faire des études longues. 4. On lui a conseillé ce métier ; cependant, cela ne le tente pas. 5. Pedro veut être vétérinaire ; sa sœur déteste les animaux.

3 Conjuguez les verbes entre parenthèses au mode et au temps qui conviennent.
1. Quoi que tu *(dire)*, ce projet est risqué. 2. Il se hasarde à parler tandis que ses camarades *(vouloir)* lui couper la parole. 3. Alors que la classe *(être)* bavarde, Juan est un élève très silencieux. 4. Bien qu'il ne *(savoir)* pas sa leçon, il demande à être interrogé.

4 a. Complétez chaque phrase avec un connecteur d'opposition ou de concession qui convienne. **b.** Indiquez la nature grammaticale du connecteur employé.
1. La télévision offre le spectacle non pas de la réalité, ✎ de sa représentation. 2. ✎ les émissions de téléréalité soient très répétitives, elles font de l'audimat. 3. ✎ des apparences clinquantes, cette émission n'a pas coûté cher à réaliser. 4. ✎ je n'y connaisse pas grand-chose en politique internationale, j'essaie de me tenir au courant. 5. ✎ soit le décor, les émissions de téléréalité ne sont que pure illusion. 6. ✎ étant passionné de football, il a suivi la coupe du monde de rugby avec intérêt.

5 Relevez les expressions de la concession en soulignant les termes introducteurs.
Le duc a toujours eu une irrésolution habituelle. […] Nous voyons les effets de cette irrésolution, quoique nous n'en connaissions pas la cause. Il n'a jamais été guerrier, quoiqu'il fût très soldat ; il n'a jamais été par lui-même bon courtisan, quoiqu'il ait eu toujours bonne intention de l'être ; il n'a jamais été bon homme de parti, quoique toute sa vie il y ait été engagé.
Cardinal de Retz, *Portrait du duc de la Rochefoucauld*, 1677.

6 Relevez les expressions de la concession en soulignant les mots qui les introduisent.
1. Quel que soit le parcours de cet élève, il réussira grâce à sa volonté. 2. En dépit des précautions qu'il a prises, ses propos ont déplu. 3. Son projet n'a pas été retenu en raison de son coût même s'il était très brillant. 4. Quoi qu'il entreprenne, il réussit toujours. 5. Si difficile que soit cette voie professionnelle, il s'y engage avec enthousiasme. 6. Quel que soit le métier choisi, l'essentiel est d'avoir envie de s'y impliquer.

7 Récrivez les phrases de l'exercice **6** en exprimant la concession avec un autre moyen grammatical que vous soulignerez.

8 a. Relevez les expressions de l'opposition ou de la concession et soulignez les connecteurs. **b.** Indiquez la nature grammaticale des connecteurs.
1. Il faut vous dire, mes officiers, que, quoique Bug-Jargal, dit Pierrot, fût un grand nègre, bien doux, bien fort, bien courageux, et le premier brave de la terre […], je n'en étais pas moins bien animé contre lui, ce que je ne me pardonnerai jamais, quoique mon capitaine me l'ait pardonné. (V. Hugo, *Bug-Barjal*, 1818) 2. Malgré des comportements regrettables, les newsmagazines diffusent une information générale de qualité, mais ce ne sont pas, et de très loin, les périodiques commerciaux les plus performants. (A. du Roy, *La Mort de l'information*, © Stock, 2007)

9 Remplacez les ✎ par : *quoi que, qui que, quel que, quelque... que*.
1. ✎ tu rencontres pendant ton stage, interroge-le sur son cursus. 2. ✎ on te montre pendant le stage, pense à prendre des notes. 3. ✎ métier ✎ tu veuilles faire par la suite, ce stage te fera découvrir le monde de l'entreprise. 4. ✎ soit la taille de l'entreprise, il y a quelque chose à retenir du stage. 5. ✎ exubérant ✎ il soit par nature, Xavier s'est montré très réservé pendant son stage.

10 Remplacez chaque ✎ par un connecteur exprimant la concession : *bien que, en dépit de, malgré, quel que*. Pensez à faire les accords qui s'imposent.
1. ✎ le mot « discrimination » soit difficile, cherchons à le comprendre. 2. ✎ soient nos origines, notre couleur de peau, notre apparence physique, nous sommes tous égaux. 3. ✎ ses diplômes, la candidature de cet handicapé n'a pas été retenue : c'est de la discrimination. 4. ✎ son obésité, il a été embauché comme vendeur par cette entreprise qui lutte contre la discrimination. 5. Chacun a droit au respect, ✎ soient son âge, son handicap, son état de santé.

11 Récrivez les phrases en explicitant l'opposition ou la concession par le moyen grammatical de votre choix ; variez les tournures.
1. Les journaux devraient être étroitement dépendants de l'actualité ; ils le sont bien plus des souhaits de leurs consommateurs. 2. Internet est une ouverture possible sur le monde ; c'est aussi un possible repli sur soi. 3. L'information sur Internet se développe ; la presse écrite gratuite connaît un franc succès. 4. La publicité envahit le petit écran en France : on est loin de la situation américaine.

S'EXPRIMER

12 Présentez cette image en en soulignant les aspects contradictoires ; pour exprimer les oppositions, vous emploierez un groupe nominal, un adverbe, une conjonction de subordination.

13 Faites un portrait moral par concession d'un personnage de votre choix, en commençant par : « *Certes, il (elle) a toujours eu…, mais…* ». Rédigez ce portrait en quatre ou cinq phrases exprimant la concession.

W. Shakespeare, *Roméo et Juliette*, mise en scène B. Lavigne.
© R. Senera / Agence Bernand

Les rapports logiques

L'hypothèse (la condition)

Le complément circonstanciel de condition exprime l'**hypothèse** (la **condition**) à partir de laquelle on envisage une action.

1. DANS UNE PHRASE SIMPLE

Le **complément circonstanciel de condition** (d'**hypothèse**) peut être :
- un **groupe nominal** précédé des prépositions *en cas de*, *dans le cas de* ;
  > *En cas d'intempérie*, le vol spatial est annulé.
- un **verbe à l'infinitif**, précédé de la préposition *à condition de* ;
  > *À condition de t'exercer*, tu peux réussir cet examen.
- un **gérondif**. > *En apprenant plus ses leçons*, il réussirait davantage.

2. DANS UNE PHRASE COMPLEXE

- Le **complément circonstanciel de condition** (d'**hypothèse**) peut être une proposition subordonnée introduite, en général, par la **conjonction de subordination** *si*, toujours suivie de l'**indicatif**. L'emploi des temps de la proposition subordonnée et celui des modes et des temps de la proposition principale varient selon les nuances à exprimer.

Types d'hypothèse	Exemples	Mode et temps dans la proposition	
		subordonnée	principale
La condition simple pour une condition envisagée comme une certitude	> *S'il s'exerce*, il peut (pourra) réussir son brevet.	présent de l'indicatif	présent ou futur de l'indicatif
Le potentiel pour une hypothèse réalisable	> *Si, un jour, il se mettait à travailler*, il pourrait réussir. (Mais il est très paresseux.)	imparfait de l'indicatif	présent du conditionnel
L'irréel du présent pour une hypothèse irréalisable	> *Si, aujourd'hui, je savais ma leçon*, je réussirais ce devoir facile (Mais je ne l'ai pas apprise.)	imparfait de l'indicatif	présent du conditionnel
L'irréel du passé pour une hypothèse envisagée dans le passé et jamais réalisée	> *Si j'avais appris mon vocabulaire*, j'aurais réussi le contrôle d'hier. (Mais je ne l'avais pas appris.)	plus-que-parfait de l'indicatif	passé du conditionnel

⚠️ Seul le contexte permet de distinguer le potentiel et l'irréel du présent.
Quand plusieurs subordonnées d'hypothèse se suivent, la conjonction *si* peut être reprise par la conjonction *que*.
> *S'il fait trop froid* et *que la neige bloque les routes*, nous n'irons pas à la montagne.

- La proposition subordonnée de condition peut aussi être introduite par :
  – la **locution conjonctive** *au cas où*, suivie du **conditionnel**.
    > Je te conseille ce livre *au cas où l'envie de lire te prendrait*.
  – les **locutions conjonctives** *à condition que*, *pourvu que*, *en supposant que*, *à moins que*, *pour peu que*, *soit que... soit que*, suivies du subjonctif.
    > Ils seront là pour Noël *pourvu que la route ne soit pas enneigée*.

- La condition peut s'exprimer, **de façon implicite** :
  – par la **coordination** de deux propositions dont la première est injonctive ;
    > *Travaille*, et tu réussiras. (*Si tu travailles*, tu réussiras.)
  – par la **juxtaposition** de deux propositions dont les deux verbes sont conjugués au **conditionnel** ;
    > *Il serait malade*, il me l'aurait dit. (*S'il était malade*, il me l'aurait dit.)
  – par la **juxtaposition** de deux phrases dont la première est interrogative.
    > *Vous aimez rire ?* Lisez Molière. (*Si vous aimez rire*, lisez Molière.)

OBSERVER ET REPÉRER

Il n'y a pas d'illusions à me faire, je suis un goéland. De par nature un être borné. Si j'étais fait pour apprendre tant de choses sur le vol, j'aurais des cartes marines en guise de cervelle. Si j'étais fait pour voler à grande vitesse, j'aurais les ailes courtes du faucon et je me nourrirais de souris et non de poisson. Mon père avait raison. Il me fallait oublier toutes ces folies.

R. Bach, *Jonathan Livingston le goéland*, © Flammarion, 1973.

1 **a.** Relevez les propositions subordonnées d'hypothèse introduites par la conjonction *si*. **b.** Quels sont le mode et le temps des verbes de ces subordonnées ? des verbes des propositions principales ? **c.** L'hypothèse est-elle présentée comme envisageable ou comme impossible ? Justifiez.

S'EXERCER

2 Relevez tous les groupes de mots exprimant l'hypothèse et indiquez leur nature.
1. S'il voulait, il pourrait faire une carrière politique. 2. En cas de nécessité, n'hésitez pas à m'appeler. 3. Tu peux compter sur moi, à condition de ne pas en abuser. 4. En adoptant une autre attitude, il s'intégrerait mieux. 5. Il pourra avoir son brevet, pourvu qu'il fasse des progrès en mathématiques. 6. Tu veux progresser en anglais ? Regarde des films en version originale.

3 Relevez les propositions subordonnées d'hypothèse et indiquez quelle nuance chacune exprime.
1. Si on voulait supprimer Internet, ce serait impossible et stupide. 2. Si j'en avais eu le temps, j'aurais volontiers créé un blog. 3. Si tu ne sais pas te servir d'un tableur, tu ne peux pas avoir ton B2i. 4. Si mon frère était là, il m'apprendrait à créer un site ; mais il travaille à l'étranger. 5. S'il fallait se passer d'Internet, ce serait maintenant difficile dans nos sociétés modernes.

4 Même consigne que l'exercice 3.
1. Si nous ne vous faisons pas trop peur, vous verrez que l'on peut encore s'amuser à la fête de notre village. 2. Bien sûr, la vie de Damien aurait été complètement différente s'il n'avait pas neigé la semaine passée et s'il avait donné sa moto à réviser à M. Pinson le jour initialement prévu. 3. Ce mardi-là, en prenant le car, il aurait rencontré Solène. 4. Si j'entreprenais de faire ton portrait, je n'omettrais pas de dessiner dans un coin le transistor, dans un autre ce calendrier. 5. Il m'a paru évident soudain que si je ne fermais pas moi-même ce chapitre de ma vie, mes enfants hériteraient tôt ou tard de ma correspondance et ne sauraient pas quoi en faire.

5 Écrivez les verbes entre parenthèses au mode et au temps qui conviennent.
1. Si Claude Gueux n'avait pas voulu nourrir sa famille, il *(ne pas voler)* un pain. 2. Si Victor Hugo *(ne pas écrire)* cette histoire, elle aurait été oubliée de tous. 3. Si tous les enfants pouvaient aller à l'école, la vie sur terre *(être)* meilleure. 4. Si je le *(pouvoir)*, j'irais plus tard alphabétiser des enfants qui en ont besoin. 5. Si on cessait, dans certains pays, de recruter des enfants soldats, ceux-ci *(accéder)* à une vie digne. 6. Au cas où tu le ne *(savoir)* pas, la peine de mort a été abolie en France en 1981.

6 Complétez les phrases ; vous veillerez à employer le mode et le temps qui conviennent.
1. Vous feriez bien de ne pas gaspiller, ✎ 2. Il aurait pu remporter ce concours, si ✎ 3. Si tu l'avais voulu, ✎ 4. ✎, vous seriez partis dès l'aube. 5. Nous aurions pu réussir à vous convaincre, ✎ 6. Il se laisserait persuader, ✎

7 **a.** Relevez les groupes de mots exprimant une condition et indiquez leur nature. **b.** Remplacez les mots relevés par une proposition subordonnée conjonctive.
1. Pris au piège, il ne pourrait pas se dégager. 2. À condition d'investir dans un canon à neige, cette station peut attirer de la clientèle. 3. En cas de risque d'avalanche, les pistes sont fermées. 4. En investissant dans de nouveaux équipements, ce village peut devenir attractif. 5. Soyez prudents, et le voyage se passera bien.

8 Récrivez les phrases de façon à expliciter la condition.
1. Il apprendrait son texte, il le saurait. 2. Cessez de bavarder, et vous comprendrez mieux mes explications. 3. Vous voulez devenir architecte ? Il faudrait améliorer votre niveau en géométrie. 4. Il aurait fait plus attention, il n'aurait pas provoqué cet accident.

9 Remplacez les propositions subordonnées conjonctives en exprimant l'hypothèse de façon implicite. Variez les tournures.
1. S'il voulait ce jeu, il n'avait qu'à le dire. 2. Si vous m'aidez pour ce projet, je vous récompenserai. 3. Si on a de la fièvre, on ne tient pas sur ses jambes. 4. Si vous lisiez ses lettres, vous sauriez quel genre d'homme il est. 5. Si vous montrez votre badge, on vous ouvre.

10 Identifiez les « *si* » introduisant une proposition subordonnée conjonctive d'hypothèse.
1. Il m'aurait demandé des explications s'il l'avait voulu. 2. Il m'a demandé s'il pouvait sortir. 3. Il est si timide qu'il a renoncé à faire son exposé. 4. Si sa timidité n'était pas si grande, il n'aurait pas renoncé à faire son exposé. 5. Prends des cours de théâtre si tu veux surmonter ta timidité.

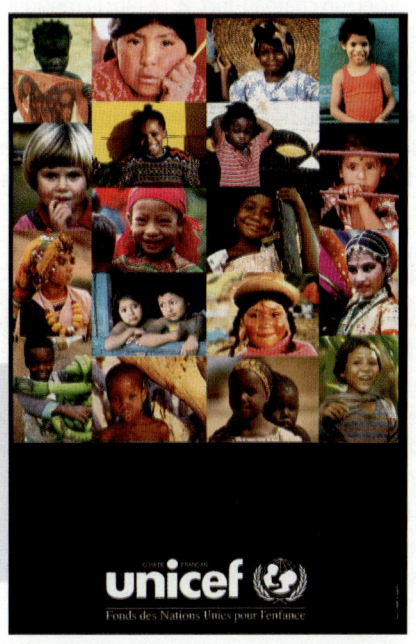

S'EXPRIMER

11 Imaginez un paragraphe qui commence par l'expression de cette condition : « *Si tous les pays du monde pouvaient...* ».

12 Imaginez un paragraphe qui commence par l'expression de cette condition : « *Si j'avais pu imaginer...* ».

EXERCICES RÉCAPITULATIFS

Relever et analyser les rapports logiques

1 **Relevez les compléments de but et indiquez leur nature grammaticale.**

Son sommeil lui était prétexte pour mettre son bras autour de mon cou, et une fois réveillée, les yeux humides, me dire qu'elle venait d'avoir un rêve triste. Elle ne voulait jamais me le raconter. Je profitais de son faux sommeil pour respirer ses cheveux, son cou, ses joues brûlantes, et en les effleurant à peine pour qu'elle ne se réveillât pas.

R. Radiguet, *Le Diable au corps*, © Grasset, 1923.

2 **a. Dans les phrases, classez les propositions subordonnées circonstancielles en subordonnées de cause ou de conséquence. b. Indiquez quelles conjonctions, locutions conjonctives ou corrélations sont utilisées.**

1. Comme il est déjà tard, nous devons rentrer chez nous. 2. Il faut vous soigner, puisque vous êtes malade. 3. Elle a évoqué ses souvenirs avec tant de force que nous avons été émus. 4. Dominique s'est mis en colère parce qu'on se moquait de lui. 5. Le coupable ne s'est pas désigné, de sorte que tout le monde a été puni. 6. La chaussée était défoncée, vu qu'il pleuvait sans relâche depuis trois jours. 7. La voiture allait à vive allure, si bien que son conducteur n'aperçut l'obstacle que quand il fut trop tard.

3 **a. Quel est le rapport logique** (but, cause, conséquence, comparaison, condition, opposition) **exprimé dans chaque phrase ? b. Par quel connecteur logique chacun de ces rapports est-il exprimé ?**

1. Le B2i devient obligatoire parce que l'informatique fait partie de notre vie dorénavant. 2. Pour que tous les élèves maîtrisent l'informatique, il faut qu'ils soient formés dans les collèges. 3. Les ordinateurs sont des outils aussi nécessaires que le tableau noir. 4. Bien que des efforts soient déployés, la planète reste menacée. 5. La planète se réchauffe tellement que chacun s'inquiète pour son sort futur. 6. Si l'on n'y prête pas garde, la planète court à sa perte.

Employer les rapports logiques

4 **Comparez ces éléments en utilisant des adjectifs au comparatif, puis des conjonctions de subordination.**

1. Un gratte-ciel ; un château-fort. 2. Le rap ; la musique classique. 3. Les vacances en famille ; les vacances en centre de loisirs. 4. Une revue ; un journal télévisé. 5. Le football ; le rugby.

5 **a. Quel est le rapport logique exprimé dans l'ensemble des phrases ci-après ? b. Récrivez les phrases en exprimant le rapport logique inverse. Vous varierez les moyens grammaticaux.**

1. Les collèges se dotent peu à peu d'ordinateurs car c'est un outil pédagogique efficace. 2. Les élèves ont à signer une charte informatique, en effet ils doivent prendre conscience de leurs responsabilités. 3. Ces élèves sont devenus très compétents en informatique parce qu'ils ont monté un site Internet avec leur professeur. 4. Comme Paul n'aime pas la technique, il ne veut pas acheter d'ordinateur.

6 **a. Quel est le rapport logique exprimé dans l'ensemble des phrases ? b. Récrivez les phrases en exprimant le rapport logique inverse.**

1. Cet organisme survole en hélicoptère la ville à l'affût des déperditions de chaleur ; il peut donc avertir chaque citoyen. 2. La banquise fond si vite que les ours polaires se retrouvent isolés sur de minuscules plaques de glace. 3. Nous émettons trop de CO_2 si bien que la couche d'ozone est menacée. 4. La pollution est telle que l'on doit porter des masques.

7 **a. Conjuguez les verbes entre parenthèses au mode et au temps qui conviennent. b. Quel est le rapport logique commun à toutes ces phrases ?**

1. Si on apprenait à décrypter la télévision, les téléspectateurs *(devenir)* plus critiques. 2. Si le Journal n'avait pas détruit la réputation de Katharina Blum, elle *(ne pas tuer)* le journaliste. 3. Si la presse écrite *(peiner)* à garder sa clientèle, c'est parce que les habitudes de vie changent. 4. Si le public ne *(rechercher)* pas les faits divers scandaleux, la télévision n'en parlerait pas. 5. Je regarderai cette émission documentaire au cas où elle m'*(apporter)* des informations pour mon exposé.

Distinguer les différents rapports logiques

8 **a. Dans chaque phrase, relevez le(s) groupe(s) de mots qui exprime(nt) un rapport logique. b. Indiquez leur nature et précisez le rapport logique exprimé.**

1. Nantas, le héros éponyme de la nouvelle de Zola, monta à Paris pour devenir riche, grâce à ce qu'il nommait « sa force ». 2. Il voulut se suicider parce qu'il ne trouvait pas d'emploi. 3. Il accepta sans hésiter le marché de Mlle Chuin puisqu'il n'avait guère d'autre solution. 4. La différence sociale entre sa femme et lui était telle que celle-ci le méprisa. 5. Malgré ce mépris, il réussit dans les affaires et devint si important qu'il fut nommé ministre des Finances. 6. Quoique son succès fût total, il était malheureux parce que sa femme le méprisait.

9 **Même consigne que l'exercice 8.**

1. Souvent, on écrit un journal intime parce qu'on a besoin de se confier ; c'est pourquoi les fabricants proposent des carnets qui ferment à clé, afin de préserver les secrets intimes. 2. Certains écrivent leur autobiographie pour se libérer de mauvais souvenirs. 3. Parce qu'il avait été séparé de son père pendant son

RÉCRIRE

A **Récrivez les couples de phrases en établissant un rapport grammatical de cause, puis de conséquence. Vous varierez les moyens grammaticaux.**

1. La règle est tombée. Elle est cassée. 2. Il a plu pendant trois jours. Le sol est entièrement détrempé. 3. J'étais plongée dans un roman passionnant. J'ai oublié l'heure. 4. Ma montre s'est arrêtée. Elle est tombée dans la piscine. 5. La côte est très dangereuse à cet endroit. Les baignades sont interdites. 6. Les parapluies des passants se retournent. Le vent souffle en rafales. 7. Je reprendrai de ce gâteau. Il est très bon. 8. La vieille dame est un peu sourde. Il faut parler fort.

Brevet

B **Récrivez les phrases en employant :** *bien que, quoique, quoi que, quelque que.*

1. Malgré sa détermination, il ne parvenait pas à trouver un emploi. 2. Ginevra prenait des précautions mais ses amies de l'atelier de peinture devinèrent qu'elle cachait un secret. 3. Les danseurs débitaient des compliments à Vanessa mais elle ne les écoutait pas. 4. On dit n'importe quoi à Vanina, elle n'écoute pas.

enfance, Le Clézio eut de la peine à trouver une complicité avec lui ; ce père avait vécu si longtemps en Afrique qu'il ne comprenait plus les mentalités européennes. **4.** Bien qu'emprisonné en camp de concentration, Primo Levi a écrit des mémoires dépourvus de haine. **5.** Tout en vivant en France avec son père, Nathalie Sarraute n'oubliait pas ses origines russes.

Discerner les rapports logiques implicites

10 a. Quel est le rapport logique exprimé implicitement dans chaque phrase ? b. Par quel moyen grammatical chacun de ces rapports est-il exprimé ? c. Récrivez les phrases de façon à expliciter le rapport logique.

1. Les journaux devraient être étroitement dépendants de l'actualité ; ils le sont bien plus des souhaits de leurs consommateurs. **2.** L'Internet peut-il être la panacée (le remède parfait) de ce double mal de notre système d'information ? On en rêve, on y croit, et c'est absurde.

11 a. Relevez les gérondifs et indiquez s'ils expriment la cause, l'opposition ou la condition. b. Récrivez les phrases en explicitant le rapport logique par un autre moyen grammatical.

1. En faisant plus attention, il aurait eu une meilleure note. **2.** Tout en faisant des efforts en classe, il ne se met pas au travail chez lui. **3.** En travaillant comme un fou, il a réussi à atteindre la moyenne. **4.** En regardant des films en version originale, il pourrait améliorer son anglais. **5.** En regardant des films en version originale, il a progressé en anglais.

12 a. Quel rapport logique chaque proposition subordonnée relative exprime-t-elle ? b. Récrivez les phrases en explicitant le rapport logique par un autre moyen grammatical.

1. Il a cherché un roman qui puisse te plaire. **2.** Ce roman, qui défend une thèse, peut être considéré comme argumentatif. **3.** Cette pièce, qui est pourtant difficile, a intéressé les élèves. **4.** Antigone refuse d'obéir à une loi qui l'obligerait à ne pas enterrer son frère selon les rites ancestraux. **5.** Les précieuses, qui voulaient corriger le langage de tout le monde, finissaient par se couvrir de ridicule. **6.** La haine de leurs familles, que rien ne pouvait apaiser, a provoqué la mort de Roméo et Juliette.

Identifier des rapports logiques   **Brevet**

13 Répondez à ces questions de brevet.

1) Brevet 2005 : Quel rapport de sens logique la conjonction de coordination « *car* » exprime-t-elle ici ? Je me ris de la tempête car le souffle de ma mère est plus fort que tous les vents contraires. (E. Pépin, *Coulée d'or*, © Gallimard Jeunesse, 2005)

2) Brevet 2004 : Quel est le rapport logique entre l'étroitesse de la rue et le nom qu'on lui donne ? Délimitez et analysez les propositions qui constituent la phrase. Il existe dans la médina[1] de Fès une rue si étroite qu'on l'appelle « la rue pour un seul ». (T. ben Jelloun, *La Rue pour un seul*, © Flohic, 1998)

3) Brevet 2006 : Quel rapport logique est exprimé par « *tandis que* » ? Car le grenier est tourné vers le passé, sa fonction est de mémoire et de conservation, tandis que la cave mûrit la saison prochaine. (M. Tournier, *Le Miroir des idées*, © Éditions Gallimard, 1996)

4) Brevet 2003 : Quelle est la nature grammaticale de « *pourtant* » ? Quel lien logique exprime-t-il ? Et pourtant je fais toujours ce que l'on m'avait dit de faire. (J. Supervielle, « La Fable du monde », *Poésies* © Éditions Gallimard, 1987)

[1]. partie ancienne de la ville.

Expliciter et récrire des rapports logiques   **Brevet**

14 Répondez à ces questions de brevet.

1) Brevet 2004 : Récrivez la phrase en faisant apparaître une proposition subordonnée de conséquence. Elle[1] était mate et rugueuse et, pour écrire le plus de texte possible, il fallait adopter une écriture minimaliste. (D. Sijie, *Balzac et la Petite Tailleuse chinoise*, © Editions Gallimard, 2000)

2) Brevet 2004 : Transformez ces deux phrases en une seule, en utilisant une conjonction de coordination ou une conjonction de subordination. Quel rapport logique avez-vous exprimé ? Elle ne le voit pas. Elle n'a d'yeux que pour trois ou quatre vaches qui divaguent paisiblement dans le pré. (M. Tournier, *Le Coq de bruyère*, © Éditions Gallimard, 1980)

3) Brevet 2005 : Liez ces deux propositions en utilisant une conjonction de coordination. Quel lien logique avez-vous ainsi mis en valeur ? Je n'étais plus une dame, je n'étais pas non plus un *monsieur*. (G. Sand, *Histoire de ma vie*, 1855)

15 Répondez à ces questions de brevet.

1) Brevet 2004 : Quel rapport logique établissez-vous entre ces deux phrases ? Par quel connecteur pouvez-vous traduire ce rapport ? Pour une « générale[2] », nous avions senti le public bien disposé à notre égard. Anouilh débarqua sur scène avec son sourire sarcastique[3] et furieux. (B. Cremer, *Un certain jeune homme*, © Le Livre de Poche, 2003)

2) Brevet 2005 : Quelle est la valeur de la conjonction de coordination ? Transformez la phrase en remplaçant la coordination par un lien de subordination de même valeur. Toute la journée la banquise gronde mais j'arrive quand même à dormir. (J. L. Étienne, *Le Marcheur du pôle*, © Laffont, 1986)

[1]. la peau de mouton sur laquelle le personnage écrit.
[2]. première représentation d'une pièce de théâtre.
[3]. ironique et mauvais.

S'EXPRIMER

16 Racontez la scène de l'image en employant trois rapports logiques que vous soulignerez.

Les expansions du nom

L'épithète – Le complément du nom – L'apposition

> **Vérifiez vos acquis**
> La façade *en pierre taillée*, ornée *d'un porche majestueux*, était percée de *hautes* fenêtres *qui laissaient pénétrer le soleil levant*.
> Quels sont les noms qui sont développés par les expansions du nom en italique ?

1. DÉFINITION

On nomme **expansions du nom** les **mots** et **groupes de mots qui développent un nom** en le précisant.
Elles sont de différentes **natures** : **adjectifs qualificatifs** (ou participes passés employés comme adjectifs), **noms** ou **groupes nominaux**, **infinitifs**, **propositions subordonnées relatives** (voir p. 360).
Leurs **fonctions** (**épithète, complément du nom, mis en apposition, complément de l'antécédent**, voir p. 360) varient selon leur nature.

2. L'ÉPITHÈTE

▌ Définition

- Une **épithète** est un **adjectif** ou un **participe passé** employé comme adjectif.
- L'épithète **qualifie** directement un nom sans l'intermédiaire d'un verbe d'état (attributif) ni d'un signe de ponctuation. Elle fait partie du GN. > Des cheveux **ondulés** encadrent son visage **rond**.
- Si plusieurs adjectifs épithètes **se rapportent à un même nom**, ils sont séparés par une virgule ou par une conjonction de coordination. > La pièce s'orne de meubles **anciens**, **lourds** et **majestueux**.

▌ Place

- Le plus souvent, l'épithète se place **après le nom**.
  > Sa bouche **menue** est surmontée d'un nez **pointu**.
- En général, on place **avant le nom des adjectifs courants et brefs**.
  > De **petits** yeux illuminent son **beau** visage.

3. LE COMPLÉMENT DU NOM

▌ Définition

- Un **complément du nom** est un **nom** ou un **groupe nominal**, parfois un **verbe à l'infinitif**, qui **complète un nom** en lui apportant une précision.
  > Un meuble de **jardin**, une salle à **manger**.
- Toujours placé après le nom, il est en général **relié** à celui-ci par une **préposition** : à, de, par, en, pour, sans...
  > La grille du manoir, un moulin à vent, une statue en pierre, un homme sans morale.
- Parfois, le complément du nom complète directement le nom. > Un meuble **Empire**.

▌ Identifier un complément du nom

Un complément du nom complète un nom et pas un verbe.
> Il observe la grille du château.   ≠   > Il parle du château.
    GN › complément du nom   verbe › COI

4. L'APPOSITION

▌ Définition

- Une **apposition** est **séparée du nom par un signe de ponctuation**, le plus souvent une virgule ou deux points. > Cet homme, **trop grand**, ne passe pas sous le porche.
- L'apposition qualifie un nom ou un pronom mais sa position, **entre virgules**, **la met en relief**.
  > Ce fameux romancier du XIXe siècle, **nommé Zola**, est un écrivain français.
  > **Observateur de la société**, il écrivait des romans sociaux.

▌ Nature grammaticale

L'apposition est en général :
- un **groupe nominal** ;   > Le manoir, bâtisse ancienne, jouxte la forêt.
- un **adjectif qualificatif** ou un **participe passé** ;   > Le manoir, secret et fermé, jouxte la forêt.
- un **infinitif** ;   > Le manoir a un pouvoir : charmer les visiteurs.
- une **proposition subordonnée relative**.   > Ce manoir, qu'on appelle La Grenadière, domine la Loire.

OBSERVER ET REPÉRER

La **mâchoire** inférieure saillante, le **nez** légèrement écrasé, il avait de beaux **yeux** marron, la **face** d'un chien joyeux et bon enfant. Sa grosse **figure** frisée se tenait tout debout. Il gardait la **peau** tendre de ses vingt ans.

É. Zola, *L'Assommoir*, 1877.

1 a. Relevez les expansions des noms en gras. b. Les expansions relevées confèrent-elles au portrait un caractère inquiétant ou rassurant ?

S'EXERCER

2 Relevez : 1) les épithètes ; 2) les compléments du nom.
Au coin de la rue des Moines et de la rue Nollet, la boutique, avec ses grilles rouges et ses têtes de bœuf dorées, avait un air riche. Des quartiers de bête pendaient sur des nappes blanches, tandis que les files de gigot, dans des cornets de papier à bordure de dentelle, comme des bouquets, faisaient des guirlandes.

É. Zola, *Jacques Damour*, 1880.

3 a. Relevez ceux des adjectifs et participes passés qui sont épithètes. b. Indiquez entre parenthèses le nom que chacun d'eux qualifie.
1. Et c'était une abondance, un épanouissement de santé dans la boutique claire, pavée de marbre, ouverte au grand jour, une bonne odeur de viande fraîche qui semblait mettre du sang aux joues de tous les gens de la maison. 2. Là-dedans, dans les gais reflets, dans la lueur rose de la boutique, elle était très fraîche, de cette fraîcheur pleine et mûre des femmes qui ont dépassé la quarantaine.

É. Zola, *Jacques Damour*, 1880.

4 Relevez chaque complément du nom et précisez le nom qu'il complète.
Gervaise regardait par les vitres, entre les bocaux de fruits à l'eau-de-vie, le mouvement de la rue, où l'heure du déjeuner mettait un écrasement de foule extraordinaire. Sur les deux trottoirs, dans l'étranglement étroit des maisons, c'était une hâte de pas, des bras ballants, un coudoiement sans fin.

É. Zola, *L'Assommoir*, 1877.

5 Relevez chaque complément du nom et indiquez sa nature grammaticale.
1. Après la faillite de l'entreprise familiale, elle vendit son service à thé, ses cuillers en argent, ses bibelots en porcelaine, le fusil de chasse de Jean. 2. Le marquis prit sa tabatière en or, son tabac à priser, poussa un soupir sans fin, et se pencha sur le document à étudier.

6 Les mots ou groupes de mots en gras sont-ils des compléments du nom ou des compléments d'un verbe ?
1. Elle s'évertua à **cacher** sa déception. 2. Sa tendance à tout **dépenser**, dès qu'elle disposait d'une **somme** d'**argent**, la rendait une proie toute trouvée pour les **vendeurs** du grand **magasin**. 3. Le saut à **ski** est un spectacle à **vous couper le souffle**. 4. Il s'intéresse à **l'art**, il a une passion particulière pour **l'architecture**. 5. Son culte de **l'argent** est tel qu'il ne croit plus à **aucune valeur**.

7 Relevez les adjectifs et participes mis en apposition. Précisez le nom complété par chacun.
1. De ténébreux insectes invisibles, casqués comme des belligérants de science-fiction, munis de terrifiantes antennes, poursuivent sous terre leurs sombres destins de prédateurs. 2. À leur image, les hommes, armés, belliqueux, se sont remis une fois de plus en état de guerre et de carnage. 3. Vide, dramatiquement vide, la rue les défiait. 4. Vacante, solitaire, nue, elle étendait devant leurs yeux son espace désertique. 5. Toujours agrippé à son arme, dont il n'arrivait pas à se débarrasser, il décampa en vitesse.

A. Chedid, *Le Message*, © Flammarion, 2007.

8 Les adjectifs et participes en italique sont-ils épithètes ou apposés ?
Et, en bas, ainsi que dans une vasque, dormaient les étoffes *lourdes*, les armures *façonnées*, les damas[1], les brocarts[2], les soies *perlées* et *lamées*, au milieu d'un lit *profond* de velours, tous les velours, *noirs*, *blancs*, [...] *creusant* avec leurs taches mouvantes un lac *immobile*.

1. et 2. sortes de tissu. É. Zola, *Au Bonheur des dames*, 1883.

9 Recopiez le texte en rétablissant la ponctuation nécessaire aux mots en apposition.
1. Une dame accompagnée d'une femme de charge[1] et de deux enfants vint à Tours y chercher une habitation. 2. Quelques rougeurs foncées et mobiles couperosaient son teint blanc jadis frais et coloré. 3. Des rides précoces flétrissaient un front de forme élégante couronné par de beaux cheveux châtains. 4. Un faux sourire empreint d'une tristesse douce errait habituellement sur ses lèvres pâles.

H. de Balzac, *La Grenadière*, 1832.

1. personne en charge de l'intendance de la famille.

10 Relevez les expansions des noms en gras en indiquant la nature grammaticale et la fonction de chacune d'elles.
1. Quelques **mèches** plates et grises, placées de chaque **côté** de sa tête, descendaient sur le **collet** de son habit crasseux et boutonné jusqu'au cou. 2. Dans l'après-midi, **Jules**, seul dans une **calèche** de voyage lestement menée par la **rue** de l'Est, déboucha sur l'**esplanade** de l'Observatoire au moment où ce **vieillard**, appuyé sur un arbre, se laissait prendre sa canne au milieu des **vociférations** de quelques **joueurs** pacifiquement irrités.

H. de Balzac, *Ferragus*, 1833.

11 Répondez à ces questions de brevet. **Brevet**
1) **Brevet 2005** : Donnez la classe et la fonction grammaticale des groupes de mots en italique.
Elle s'accroupit, *grenouille triste*, résignée, *grenouille écarlate*. (P. Péju, *La Petite Chartreuse*, © Éditions Gallimard, 2002)

2) **Brevet 2005** : a. Donnez la fonction de chacune des expansions du nom en italique. b. À quel type de texte appartient cette phrase ? Le petit garçon était vêtu d'un costume de *golf en velours noir* ; mais un très beau foulard *rouge*, plein d'anges d'or, bouillonnait autour de son cou. (J. Giono, *L'Eau vive*, © Éditions Gallimard, 1974)

S'EXPRIMER

12 Décrivez l'image en employant au moins un adjectif épithète, un complément du nom et un groupe nominal mis en apposition.

F. Skrabal, photographie colorisée, *Jeune garçon russe*, 1910.
© Scheufler coll. / Corbis

Les expansions du nom
La proposition subordonnée relative

1. DÉFINITION
- La proposition subordonnée relative est introduite par un **pronom relatif** (voir p. 321).
  > *La comtesse est séduite par un jeune homme [**qui danse fort bien**.]*
- C'est une **expansion du nom** ; elle est un **élément du groupe nominal**.
  > *La comtesse traverse le salon **qui est tout illuminé**.*
  >   groupe nominal
- Souvent, la proposition subordonnée relative **coupe une autre proposition**.
  > *[Quand la comtesse [**que tous attendent**] traverse la salle de bal,] [les invités se figent.]*
  >   proposition   [prop.sub. relative]   subordonnée conjonctive   proposition principale

2. FONCTION GRAMMATICALE
- Comme la proposition subordonnée relative complète un nom, un GN ou un pronom démonstratif, appelé *antécédent*, sa fonction est d'être **complément de l'antécédent**.
  > *La comtesse [**que tous admirent**] est la reine du bal.* (complément de l'antécédent *comtesse*)
  > *Elle représente ce [**que son père a de plus cher**.]* (complément de l'antécédent *ce*)
- Un même antécédent peut être complété par plusieurs propositions subordonnées relatives.
  > *La comtesse traverse le salon [**qui est illuminé**] et [**qu'encombrent les danseurs**.]*

3. RÔLES
Une proposition subordonnée relative permet :
- d'**éviter la répétition du nom** qu'elle complète ;
  > *La comtesse attire tous les regards. Cette comtesse se nomme Vanina.*
  > *La comtesse [**qui se nomme Vanina**] attire tous les regards.*
- d'**enrichir** le nom, le GN ou le pronom qu'elle complète : elle apporte une précision, une description ;
  > *Les flambeaux **qui illuminaient le parc** lui donnaient un air féerique.*
- de **donner une explication** ; elle est alors placée entre virgules. Cette **relative explicative exprime implicitement la cause** (voir p. 348).
  > *Ce médicament, **qu'on n'a pas assez expérimenté**, ne peut pas encore être commercialisé.*
  >   (= parce qu'on ne l'a pas assez expérimenté)

4. L'EMPLOI DES MODES
- Le **verbe** de la proposition subordonnée relative est en général conjugué à l'**indicatif**.
  > *Ils ont acheté une maison [**qui a vue sur la mer**].*
- Le **verbe** de la proposition subordonnée relative est conjugué au **subjonctif** :
  – pour marquer l'**incertitude** (le déterminant de l'antécédent est alors un indéfini) ;
  > *Auriez-vous une chambre ? [**qui ait une vue sur la mer**.]* (Il n'est pas sûr qu'il en existe.)
  – pour exprimer un **but** ou une **conséquence** ;
  > *Il te faut un équipement [**qui soit assez chaud**.]* (= pour avoir assez chaud)
  > *Je cherche une maison [**qui ait une vue sur la mer**.]* (= telle qu'elle ait une vue sur la mer)
  – après un antécédent comportant un **superlatif** ou les adjectifs **premier**, **dernier**, **seul**, **unique**.
  > *Cette pièce est la plus amusante [**que nous ayons vue** depuis longtemps.]*

⚠ Ne pas confondre la **proposition subordonnée relative** introduite par le pronom relatif *que*, complétant un nom, avec la **proposition subordonnée conjonctive** introduite par la conjonction de subordination *que* et COD d'un verbe (voir p. 333, p. 342).
> *La comtesse **que les danseurs se disputent** se nomme Vanina.* (prop. sub. relative)
> *La comtesse annonce **qu'elle se retire du bal**.* (prop. sub. conjonctive)

⚠ Ne pas confondre la **proposition subordonnée relative** (> *Je connais la ville **où il habite**.*) avec la **proposition subordonnée interrogative indirecte**, introduite par un pronom interrogatif.
(> *Je ne sais pas **où il habite**.*)

OBSERVER ET REPÉRER

Ils retrouvaient, au fond de leur passion et de leur égoïsme, ces raisons premières [qui les avaient décidés à tuer Camille], pour goûter ensuite les joies [que, selon eux, leur assurait un mariage légitime]. [...] Ils étaient penchés, en quelque sorte, l'un sur l'autre, comme sur un abîme [dont l'horreur les attirait].

É. Zola, *Thérèse Raquin*, 1868.

❶ a. Observez les propositions subordonnées entre crochets : quel pronom relatif les introduit ? **b.** Quel nom antécédent chaque proposition complète-t-elle ?

S'EXERCER

❷ Recopiez chaque antécédent en gras et la proposition subordonnée relative qui le complète.

1. Les marchands se contentent, pour tout éclairage, des maigres **rayons** que les becs de gaz envoient à leurs vitrines ; ils allument seulement, dans leur boutique, une **lampe** munie d'un abat-jour, qu'ils posent sur un coin de leur comptoir, et les passants peuvent alors distinguer **ce** qu'il y a au fond de ces **trous** où la nuit habite pendant le jour. **2.** Il y a quelques années, en face de cette marchande, se trouvait une **boutique** dont les boiseries d'un vert bouteille suaient l'humidité par toutes leurs fentes.

É. Zola, *Thérèse Raquin*, 1868.

❸ Relevez les propositions subordonnées relatives et précisez entre parenthèses leur antécédent.
1. Venise, que je n'avais jamais vue et que j'avais tellement désiré voir, parlait plus à mes sens qu'à mon esprit : ses monuments dont je ne connaissais point l'histoire, dont je ne comprenais pas la beauté, m'importaient moins que l'eau verte, le ciel étoilé, la lune argentée, les vents dorés et surtout la gondole noire dans laquelle, allongée, je me laissais aller. **2.** J'abandonnais dans l'eau, jusqu'au coude, mon bras nu, baignant la dentelle qui ornait la manche courte.

C. Boito, *Senso*, © Actes Sud, 1983.

❹ a. Recopiez le texte en ajoutant les pronoms relatifs qui manquent : *laquelle, où, que, qui.* **b. Mettez les propositions subordonnées relatives entre crochets. c. Soulignez les antécédents.**
Il devait nous arriver un malheur, en effet, dans cette ville ✎ traversait notre fiacre muet. La maison ✎ la voiture nous descend fait le coin de la rue. L'entrée est misérable, avec des pierres ✎ branlent sur le seuil, un escalier vermoulu et une galerie en bois moisi à ✎ il manque des membres. Nous faisons trembler ce bois sous nos mains, ces pierres sous nos pieds – ce ✎ gêne tout le monde.

D'après J. Vallès, *L'Enfant*, 1875.

❺ Récrivez les phrases en transformant les propositions en italique en subordonnées relatives. **Brevet**
1. Grand-mère se remit un peu du chagrin ; *son chagrin l'avait accablée.* **2.** Elle recommença à donner des réceptions ; *à ces réceptions, on invitait surtout des enfants.* **3.** Un bruit de rires nous parvenait du rez-de-chaussée : *au rez-de-chaussée, les invités étaient réunis.* **4.** Occupé à relire la leçon, *(je n'avais pas appris la leçon)*, je sursautai en entendant un bruit de caoutchoucs[1] ; *on enlevait des caoutchoucs.* **5.** Les découvertes ne m'inspiraient aucune idée précise ; *j'avais fait des découvertes.*

D'après L. Tolstoï, *Enfance et adolescence*, 1852.

[1]. protection qu'on met en Russie sur les chaussures à cause de la neige.

❻ Récrivez les phrases en remplaçant les expansions du nom en italique par une proposition subordonnée relative. **Brevet**
1. La jeune fille, *meurtrie par les sarcasmes des danseurs*, se retira. **2.** Les bienfaits *de ce produit cosmétique* restent à démontrer. **3.** Les militants *pour la paix* défilent dans les rues de Paris. **4.** Les lumières *de la boutique rutilante* attiraient la fillette. **5.** L'équipe de France a fait honneur à l'enthousiasme *national*.

❼ Relevez les propositions subordonnées relatives et indiquez celle qui est explicative.
Blondet et Rastignac, qui connaissaient d'Arthez, promirent à madame d'Espard de la déterminer à venir dîner chez elle. Cette promesse eût été imprudente sans le nom de la comtesse dont la rencontre ne pouvait être indifférente à ce grand écrivain. Daniel d'Arthez, un des hommes rares qui de nos jours unissent un beau caractère à un beau talent, avait obtenu déjà non pas toute la popularité que devaient lui mériter ses œuvres mais une estime respectueuse à laquelle les âmes choisies ne pouvaient rien ajouter.

H. de Balzac, *Les Secrets de la princesse de Cadignan*, 1844.

❽ Récrivez les phrases en exprimant la cause à l'aide de propositions subordonnées relatives explicatives. Pensez à la ponctuation ! **Brevet**
1. Les deux amis se portent une confiance absolue, car ils se connaissent depuis la petite enfance. **2.** Cet enfant doit quitter la ville polluée car il est asthmatique. **3.** Le projet a été voté à l'unanimité parce qu'il était très bien préparé. **4.** Cet athlète a perdu l'homologation de son record ; en effet, il a été convaincu de dopage.

❾ Conjuguez les verbes entre parenthèses au mode et au temps qui conviennent.
1. Il est le seul homme auquel elle *(faire)* confiance aujourd'hui. **2.** L'homme auquel elle *(faire)* confiance depuis toujours est son vieil oncle. **3.** Elle veut un chapeau qui *(aller)* avec sa robe. **4.** Elle a déniché un chapeau qui *(aller)* à ravir avec sa nouvelle robe. **5.** Toi qui *(militer)* pour la cause écologique, il faut que tu choisisses une voiture qui *(être)* économe en carburant.

❿ Relevez chaque proposition subordonnée relative en indiquant entre parenthèses son antécédent et chaque proposition subordonnée conjonctive en précisant le verbe qu'elle complète.
1. À chaque coup de poing que je lui portais, à ce malheureux, je me figurais que je semais une graine, que je plantais une espérance dans le champ de l'avancement paternel. **2.** Elle sait bien qu'il me manque derrière l'oreille une mèche de cheveux puisque c'est elle qui me l'a arrachée un jour. **3.** J'ai toujours la cicatrice de la blessure que je me suis faite en tombant.

J. Vallès, *L'Enfant*, 1875.

⓫ Répondez à ces questions de brevet. **Brevet**
1) Brevet 2006 : Quelle est la classe grammaticale de chacune des expansions qui caractérise le nom *« rencontre »* ?
Il s'agissait d'une rencontre de prestige qui se déroulait chaque année en avril. (B. Godbille, *Los Montes*, © Anne Carrière, 2005)
2) Brevet 2006 : Relevez dans ce quatrain trois expansions du nom de natures grammaticales différentes en précisant quel nom chacune d'elle complète.

Tout plein, c'est un fouillis de vieilles vielleries,
De linges odorants et jaunes, de chiffons
De femmes ou d'enfants, de dentelles flétries,
Des fichus de grand-mère où sont peints des griffons.

(A. Rimbaud, « Le buffet », *Poésies*, 1870)

S'EXPRIMER

⓬ Décrivez l'image en employant au moins quatre propositions subordonnées relatives. Vous utiliserez, pour chaque proposition, un pronom relatif différent.

Sophocle, *Antigone*, mise en scène M. Bozonnet, J. Bollack.
© B. Enguerand / Agence Enguerand

L'orthographe grammaticale

L'accord sujet-verbe

Vérifiez vos acquis
Boule de Suif et les autres voyageurs arrivèrent à l'auberge qu'occupait le Prussien. Il refusa de les laisser repartir et consentit à les recevoir. Ils restèrent bloqués plusieurs jours.

1. Quels sont les sujets des verbes ?
2. Quel est le sujet inversé ?

1. RÈGLE GÉNÉRALE

- **Le sujet commande toujours l'accord du verbe.**
  > *Tu lis. Nous lisons. Les élèves lisent des romans.*
- Un sujet peut être sujet de plusieurs verbes.
  > *Les élèves découvrent et lisent des romans.*
- **Le verbe s'accorde avec le sujet, en personne et en nombre.**
- Quand le verbe est conjugué avec l'auxiliaire *être*, le participe passé s'accorde aussi en genre et en nombre avec le sujet. > *Le roman est lu. La nouvelle est lue. Les nouvelles sont lues.*

2. CAS PARTICULIERS

Il convient de bien repérer le sujet pour accorder correctement le verbe.

▶ Place du sujet

- En règle générale, le sujet est **placé avant le verbe**. > *Les élèves lisent ce roman.*
- Le sujet peut être placé après le verbe, on l'appelle alors **sujet inversé**.
  > *Au détour d'un chemin apparut la diligence.*
- Le sujet peut être placé loin du verbe. > *Les personnages, étant donné la guerre, sont bloqués à l'auberge.*

Il ne faut pas confondre avec le sujet les pronoms personnels compléments d'objet placés avant le verbe.
> *Ce roman passionne les enfants. Il les passionne.*
  sujet   COD   sujet COD
> *Ces romans nous expliqueront le monde.*
  sujet   COS

▶ Nombre de sujets

- Quand un verbe possède **plusieurs sujets**, il s'accorde au pluriel.
  > *L'auteur et l'illustrateur forment une équipe.*
- Quand un verbe conjugué avec l'auxiliaire *être* possède plusieurs **sujets de genres différents**, le participe passé s'accorde au masculin pluriel.
  > *L'auteur et l'illustratrice sont séduits par la maquette.*

▶ Nature du sujet

- Si le sujet est un **groupe nominal** :
  – comportant un **complément du nom**, le verbe s'accorde en général avec le nom-noyau ;
  > *Les personnages de ce roman sont décrits avec précision.*
  – commençant par un **adverbe** (beaucoup, peu, la plupart, trop, combien de), le verbe s'accorde à la 3ᵉ personne du pluriel ; > *La plupart de ces romans expliquent le monde.*
  – commençant par un **déterminant indéfini** (aucun, chaque, nul), le verbe s'accorde au singulier.
  > *Chaque roman est différent.*
- Si le sujet est un **pronom indéfini** (on, nul, rien, personne, chacun), le verbe s'accorde à la 3ᵉ personne du singulier. > *On a écrit beaucoup de romans au XXᵉ siècle.*
- Si le sujet est le **pronom relatif** *qui*, le verbe s'accorde avec l'antécédent du pronom relatif.
  > *Nous lisons des romans qui nous surprennent.*
                  antécédent   pronom sujet

OBSERVER ET REPÉRER

Je pass**ai** deux ou trois ans à la ville. Je remont**ais** au village pour les vacances et, à peine arrivé, ne pens**ais** plus qu'à Vanguélio. Saisies d'une sorte de jalousie, ma mère et ma sœur commenc**èrent** à prendre ombrage de cet attachement. « Mon pauvre enfant, me dis**ait** ma mère, quel miel **a** donc cette fille pour t'attirer à ce point ? »
I. Kondylakis, *Premier amour*, 1919, trad. V. P. Coavoux, © L'Harmattan, 2005.

❶ Justifiez l'accord des verbes dont la désinence est en gras.

S'EXERCER

❷ Recopiez le texte, soulignez les sujets des verbes et accordez ceux-ci en les conjuguant à l'imparfait.

Sur tout ce qu'elle (faire) et (dire), sur chacun de ses gestes (voltiger) un charme fin et léger, dans tous ses actes (apparaître) une force pétillante, originale. Son visage aussi (changer) constamment, (pétiller) également : il (exprimer) presque en même temps l'ironie, la rêverie et la passion. Les sentiments les plus divers, légers, rapides comme les ombres des nuages par un jour de soleil et de vent, (passer) à tout instant dans ses yeux et sur ses lèvres.

I. Tourguéniev, *Premier amour*, © Éditions Gallimard, 1860 (voir p. 432).

3 **Accordez les verbes en les conjuguant au passé simple.**
Mme Loisel (connaître) la vie horrible des nécessiteux. Elle (prendre) son parti, d'ailleurs, tout d'un coup, héroïquement. [...] Elle (connaître) les gros travaux du ménage, les odieuses besognes de la cuisine. Elle (laver) la vaisselle, usant ses ongles roses sur les poteries grasses et le fond des casseroles. Elle (savonner) le linge sale, les chemises et les torchons, qu'elle faisait sécher sur une corde ; elle (descendre) à la rue, chaque matin, les ordures, et (monter) l'eau, s'arrêtant à chaque étage pour souffler.

G. de Maupassant, « La parure », *Contes du jour et de la nuit*, 1884.

4 **Récrivez le texte de l'exercice 3 au passé simple, en remplaçant** *« Mme Loisel »* **par** *« Les dames ».* **Faites toutes les modifications nécessaires.** Brevet

5 **Recopiez les phrases, soulignez chaque sujet, accordez le verbe en le conjuguant au temps de l'indicatif demandé.**
1. Comment (penser, présent)-tu réaliser ton rapport de stage ? 2. Tout cela nous (impressionner, imparfait). 3. Je (pouvoir, imparfait) facilement l'aider et ne (savoir, imparfait) pas comment le lui suggérer. 4. Ils nous (apprécier, futur simple) en fonction de nos résultats. 5. Dans la plaine neigeuse (se distinguer, imparfait) quelques rares arbres noirs. 6. Comment (prévoir, imparfait)-ils de supporter une chaleur aussi forte ? 7. Je le (surprendre, présent) par mon courage.

6 **Accordez correctement les verbes.**
1. Ni son frère ni son oncle n'(envisager, imparfait) de quitter le village. 2. Sa perspicacité et la rapidité de sa décision me (surprendre, passé simple). 3. La plupart des récits de poilus (témoigner, présent) des terribles conditions de vie dans les tranchées. 4. Peu d'auteurs (parvenir, présent) à créer un univers tel que celui de La Comédie humaine. 5. Combien de pièces de Shakespeare (se jouer, présent) encore aujourd'hui ? 6. Trop de gens (croire, présent) que la représentation théâtrale n'aura pas lieu.

7 **Accordez correctement les verbes.**
Présent de l'indicatif : Cette récompense, les participants au concours la (souhaiter). Après l'annonce des résultats, les gagnants la (montrer) à tous. Elle les (passionner), elle les (entraîner) à poursuivre leurs efforts.
Futur de l'indicatif : Nos amis nous (attendre) à l'aéroport. Nous les y (rejoindre), puis nous les (conduire) chez nous. Nous (mettre) au point une exposition de photos animalières et nous les (présenter) dans le hall de la mairie. Nous (disposer) les photos et nos amis les (commenter).

8 **a. Transformez chaque phrase en remplaçant le groupe nominal COD par un pronom personnel. b. Transposez les phrases obtenues au passé composé.** Brevet
1. Le vieux remarque des traces de griffures. 2. Les indigènes annoncent une nouvelle surprenante. 3. Les animaux sauvages encerclent le village. 4. Le vieux connaît les habitudes des jaguars.

9 **a. Relevez chaque sujet et indiquez sa nature. b. Accordez correctement le verbe avec son sujet.**
1. On (croire, plus-que-parfait) que la pirogue ne repartirait pas. 2. Chacun des passagers (donner, imparfait) son avis sur la solution qui lui (paraître, imparfait) la plus appropriée. 3. Personne ne (crier, imparfait), chacun (observer, imparfait) avec prudence, tant le maire du village et le médecin (émettre, imparfait) des doutes sur la suite de l'expédition. 4. Un groupe de scientifiques (préférer, passé simple) rester quelques nuits au village ; chacun à son tour (saluer, passé simple) le maire ; plusieurs d'entre eux (fabriquer, passé simple) un camp de fortune. 5. Peu d'étrangers (connaître, présent) vraiment ces rivages d'Amazonie ; ce (être, futur simple) l'occasion pour eux de les découvrir.

10 **Recopiez le texte, soulignez chaque sujet et accordez les verbes aux temps indiqués. Vous retrouverez ainsi le texte de Maupassant.**
On (s'entretenir, passé simple) de la guerre naturellement. On (raconter, passé simple) des faits horribles des Prussiens, des traits de bravoure des Français ; et tous ces gens qui (fuir, imparfait) (rendre, passé simple) hommage au courage des autres. Les histoires personnelles (commencer, passé simple) bientôt et Boule de Suif (raconter, passé simple), avec une émotion vraie, avec cette chaleur de parole qu'(avoir, présent) parfois les filles pour exprimer leurs emportements naturels, comment elle (quitter, plus-que-parfait) Rouen.

G. de Maupassant, *Boule de Suif*, 1880.

11 **a. Relevez l'antécédent de chaque pronom relatif. b. Accordez le verbe au temps demandé.**
1. Le bélier bêlait, tirait sur son licol vers toutes les femelles qui (s'en aller, imparfait), ingrates, en balançant leur croupe, sans le regarder. 2. Plus loin, ce fut Marie Lavalloud, une amie d'enfance, qui l'(interpeller, passé simple). 3. Elle avait un visage aux rides aimables, un dos rond et des mains gonflées de veines, qui (pendre, imparfait) sur sa jupe comme des outils. 4. Par habitude, avant de rentrer chez lui, Isaïe jeta un regard sur les pics de granit qui (repousser, imparfait) le ciel. 5. Tiens, regarde : une photo de l'épave, prise par le pilote qui l'(survoler, passé composé). 6. Dans le silence qui (suivre, passé simple), on entendit un paquet de neige qui (glisser, imparfait) du toit.

H. Troyat, *La Neige en deuil*, © Flammarion, 1952.

S'EXPRIMER

12 **Décrivez l'image en employant au moins six verbes dont vous soulignerez les sujets avant de les accorder.**

L'orthographe grammaticale

Les accords avec le nom

> **Vérifiez vos acquis**
> Des prés bas, [...] des chemins creux qui exigent le chariot à roues géantes, d'innombrables haies vives qui font de la campagne un épineux damier.
> H. Bazin, *Vipère au poing*, © Grasset & Fasquelle, 1948.
>
> Justifiez l'accord des adjectifs qualificatifs.

1. LES ACCORDS DANS LE GROUPE NOMINAL

Les déterminants, les adjectifs qualificatifs, les participes passés employés comme adjectifs **s'accordent en genre et en nombre avec le nom** auquel ils se rapportent dans le groupe nominal.
> Balzac a écrit une œuvre importante avec de nombreux personnages vifs et passionnés.

▶ Accord des déterminants (voir p. 318)

- Devant un **nom masculin singulier** commençant par une voyelle, le **déterminant démonstratif** *ce* devient *cet*.
  > *Ce romancier, cet auteur.*

▶ Accord de l'adjectif qualificatif

- Il faut faire attention à la **formation du féminin et du pluriel de l'adjectif** (voir p. 324).
- Si un adjectif **qualifie plusieurs noms**, il se met au **pluriel**.
  > *Un récit et une description réalistes.*
- Si l'**un des noms** est au **masculin**, l'adjectif qualificatif se met au **masculin**.
  > *Des lieux et des scènes surprenants.*
- Les adjectifs *demi* et *nu*
  – Placés **devant un nom**, ils restent **invariables** et se joignent au nom par un trait d'union.
    > *Le poilu marcha nu-pieds durant une demi-journée.*
  – Placés **après le nom**, *demi* s'accorde en **genre** et *nu* s'accorde en **genre et en nombre**.
    > *Il marcha pieds nus durant une journée et demie.*
- Les **adjectifs de couleur**

– **simples**	Ils **s'accordent** en genre et en nombre avec le(s) nom(s) ou le(s) pronom(s) au(x)quel(s) ils se rapportent.	> *Des livres verts, des couvertures vertes.*
– **composés** de **deux mots**	Ils restent **invariables**.	> *Des couvertures rouge sang.*
– **dérivés** d'un **nom** Exceptions : *rose, fauve, mauve, pourpre, écarlate*, devenus de véritables adjectifs qualificatifs.	Ils restent **invariables**. Ils **s'accordent** en genre et en nombre avec le(s) nom(s) ou le(s) pronom(s) au(x)quel(s) ils se rapportent.	> *Des couvertures orange.* > *Des couvertures roses.*

- Les **adjectifs composés**

– de **deux adjectifs**	Ils **s'accordent** en genre et en nombre avec le(s) nom(s) ou le(s) pronom(s) au(x)quel(s) ils se rapportent.	> *Des plats sucrés-salés.*
– d'un **mot invariable**, une **abréviation**, ou un **adjectif employé comme adverbe**.	Cet élément reste **invariable**.	> *Des fusées ultra-rapides, des liens italo-français, des gens haut-placés.*

2. L'ACCORD DE L'ADJECTIF APPOSÉ

L'adjectif qualificatif (ou le participe passé employé comme adjectif) **apposé s'accorde en genre et en nombre avec le nom ou le pronom auquel il se rapporte**. Il peut se trouver loin du nom ou du pronom, ou avant celui-ci.
> *Malades, éloignés de leur famille, les poilus ont vécu l'enfer.*
> *Seule dans la nuit, Marthe pense à son mari.*

3. L'ACCORD DE L'ADJECTIF ATTRIBUT

L'adjectif qualificatif **attribut s'accorde en genre et en nombre avec le sujet** auquel il se rapporte. Il faut donc chercher le sujet.
> *Marthe était songeuse. Les poilus, auxquels elle pensait, étaient malheureux et souffrants.*

OBSERVER ET REPÉRER

Amalou est le champ d'oliviers et de figuiers laissé par Ahmed à ses trois filles. C'est une petite parcelle située au creux d'une profonde vallée, parcourue par un torrent capricieux, au lit tourmenté, rocailleux et étroit. Un petit sentier bordé de ronces et de lentisques court en zigzagant du village à Amalou.
M. Feraoun, *Le Fils du pauvre*, © Le Seuil, 1954, coll. Points, 1995.

1 a. Relevez les GN comportant des adjectifs ou des participes passés employés comme adjectifs. **b.** Soulignez les noms. **c.** Entourez la désinence des adjectifs. **d.** Rappelez la règle d'accord dans le GN.

S'EXERCER

2 Accordez les adjectifs et les participes.
1. Son départ fut la cause *(principal)* de sa maladie. **2.** Il eut la sensation *(effrayant)* de ne plus retrouver les *(précieux)* marques *(essentiel)* de son enfance. **3.** La *(vieux)* et *(pauvre)* bâtisse où il se trouvait avait une façade *(décrépi)*, des volets *(disjoint)*. **4.** Ses anciennes voisines *(enjoué)* et *(rieur)* lui manquaient infiniment. **5.** Elles avaient des sourires *(désarmant)*, des rires *(sonore)*. **6.** Une *(sombre)* forêt *(planté)* de *(grand)* sapins et *(parcouru)* d'*(étroit)* sentiers *(bordé)* de *(haut)* fougères jouxtait la bâtisse.

3 Accordez les adjectifs ou participes, après avoir repéré les noms auxquels ils se rapportent.
Il [un jeune Français] se faisait agréablement remarquer, non seulement par son élégance *(discret)*, mais surtout par sa beauté très *(grand)* et tout à fait *(sympathique)* : au milieu d'un visage *(étroit)* de jeune fille, une moustache *(blond)* et *(soyeux)* caressait ses lèvres, d'une *(chaud)* sensualité ; au-dessus de son front très *(blanc)* bouclaient des cheveux *(doré)* et *(ondulé)*.
S. Zweig, *Vingt-quatre heures de la vie d'une femme*, © Le Livre de Poche, 1927.

4 Accordez les adjectifs et les participes.
Elle gardait un souvenir *(délicieux)* de cette *(fou)* journée *(printanier)*. *(Vif)*, *(gracieux)*, elle avait descendu la colline *(vêtu)* de son *(nouveau)* ensemble taillé dans la plus *(doux)* des étoffes. Les œillades *(admiratif)* des passants *(matinal)* la rassuraient sur son allure.

5 Accordez correctement les déterminants.
1. *(Chaque)* soldat attendait une lettre de sa famille. **2.** *(Quelque)* rats couraient dans *(ce)* tranchées. **3.** *(Ce)* endroit était glacial et rempli d'armes de *(tout)* natures. **4.** *(Quel)* stratégie fallait-il adopter ? **5.** *(Quel)* n'était pas le soulagement de *(ce)* *(quelque)* poilus qui regagnaient l'arrière ! **6.** *(Ce)* tirs étaient les plus dangereux.

6 Accordez correctement les mots entre parenthèses, après avoir souligné les noms auxquels ils se rapportent.
Sur la tribune *(dressé)* au milieu de la cité, le maire d'Épinay-la-Jolie et le représentant du préfet encadraient King Josper, le *(jeune)* sculpteur *(venu)* tout spécialement du Bronx pour travailler à la phase *(final)* de la réhabilitation du quartier des poètes. Les costumes *(sombre)* des officiels mettaient en valeur son uniforme d'artiste *(urbain)*, baskets *(montant)*, jean *(troué)*, blouson *(tagué)*, *(rehaussé)* d'étoiles *(argenté)*, écharpe *(palestinien)*, casquette *(rouge)* à *(long)* visière.
D. Daeninckx, « Rodéo d'or », *Leurre de vérité*, © Denoël, 1992.

7 Accordez correctement les adjectifs et le déterminant.
L'avoué était pourtant un homme fort *(adroit)*. [...] *(Petit)*, *(remuant)*, avec un *(fin)* visage de fouine, il s'occupait passionnément de son étude. [...] *(Son)* femme, au contraire, passait pour une des femmes *(intelligent)* et *(distingué)* de la ville. Elle était *(né)* de Villebonne.
É. Zola, *Naïs Micoulin*, 1877.

8 Récrivez le texte de l'exercice 7 en remplaçant « *l'avoué* » **par** « *la juge* », « *femme* » **par** « *mari* ». **Vous ferez toutes les transformations nécessaires.** `Brevet`

9 Accordez correctement les adjectifs de couleur.
1. Tout dans ce jardin était *(coloré)*. **2.** Les géraniums *(rouge carmin)* ressemblaient à des boules de Noël *(écarlate)*. **3.** Une lourde frondaison de glycines *(mauve)* retombait sur des parterres de fleurs *(rose)*. **4.** De gracieuses clochettes *(bleu)* se balançaient près d'un bassin d'eau *(argenté)*. **5.** Les feuilles *(vert foncé)* des lauriers brillaient au soleil. **6.** Le chapeau *(noir)* à bords *(fauve)* du jardinier était suspendu à un clou. **7.** Une petite coccinelle *(marron)* à pois *(orange)* y avait élu domicile.

10 Accordez les adjectifs composés.
1. Les deux conflits *(franco-allemand)* du XXᵉ siècle firent de nombreuses victimes. **2.** Ces instruments anciens émettent une note *(aigre-doux)*. **3.** Ce souvenir donne lieu à des rencontres *(pluri-annuel)*. **4.** A-t-il mis en fonction des éclairages *(infra-rouge)* ? **5.** Ce traitement nécessite des infiltrations *(sous-cutané)*. **6.** On peut visiter des appartements *(ultra-moderne)* lors du salon de la décoration.

11 Accordez les adjectifs et participes passés apposés.
1. Les trois hommes aussi, *(rapproché)* par un instinct de conservateurs à l'aspect de Cornudet, parlaient argent d'un certain ton dédaigneux pour les pauvres. **2.** Alors, *(entouré)* de gens qui mangeaient, *(suffoqué)* par les émanations des nourritures, le comte et la comtesse de Bréville [...] souffrirent ce supplice odieux. **3.** Alors Boule de Suif, *(rougissant)* et *(embarrassé)*, balbutia en regardant les quatre voyageurs. **4.** La jeune actrice, *(pétrifié)* d'épouvante, voulut crier. **5.** Le comte et la comtesse parurent ensuite, *(suivi)* du manufacturier et de sa femme. **6.** La grosse fille, encore *(ému)*, raconta tout, et les figures, et les attitudes, et l'aspect même de l'église.
G. de Maupassant, *Boule de Suif*, 1880.

12 Accordez les adjectifs attributs.
1. Les lèvres de la jeune fille étaient *(fin)*, *(délicat)* et *(doux)*. **2.** Sa chevelure paraissait *(soyeux)*. **3.** Dans l'encadrement de sa coiffure, ses yeux semblaient *(brillant)* et *(lumineux)*. **4.** Ses petites oreilles étaient *(orné)* de pendentifs en or. **5.** Toute sa personne semblait *(mystérieux)* et *(attachant)*. **6.** Seules ses mains, à vrai dire, avaient l'air *(rêche)* et *(crevassé)*.

S'EXPRIMER

13 Faites brièvement le portrait de ce personnage en utilisant au moins quatre adjectifs qualificatifs.

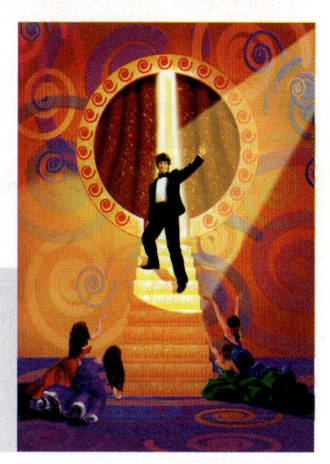

L'orthographe grammaticale

Les accords du participe passé

Vérifiez vos acquis
Il était arrivé. Les jeunes filles, invitées à la fête, avaient esquissé de charmants sourires.
Relevez les trois participes passés et expliquez leur accord.

1. TERMINAISONS D'UN PARTICIPE PASSÉ

- Un participe passé peut avoir **cinq terminaisons au masculin singulier** : **é, i, u, s, t**.
1er groupe > cherch**é** • 2e groupe > réuss**i** • 3e groupe > n**é**, sent**i**, aperç**u**, pr**is**, di**t**.

- Ces terminaisons sont **variables** en **genre** et en **nombre**.
> *Un obus lancé, une grenade lancée, des obus lancés, des grenades lancées.*

- Pour trouver la lettre finale d'un participe passé au masculin singulier, on peut mettre le participe passé au féminin singulier. On repère ainsi s'il y a une consonne muette finale (voir p. 312).
> *Un obus découvert, une grenade découverte.*

⚠️ Ne pas confondre les participes passés en [i] et en [y] avec la 3e personne du passé simple.
> *Il a fini (il finit), elle a pris (elle prit), on a bu (on but).*

2. PARTICIPE PASSÉ EMPLOYÉ SANS AUXILIAIRE

Le participe passé, **employé sans auxiliaire**, **s'accorde**, comme un adjectif qualificatif, en **genre** et en **nombre avec le nom auquel il se rapporte**.
> *Ce soldat évite la grenade lancée. Les soldats arrêtés hier sont innocents.*

3. PARTICIPE PASSÉ EMPLOYÉ AVEC L'AUXILIAIRE ÊTRE

Le participe passé **employé avec l'auxiliaire *être*** **s'accorde** en **genre** et en **nombre avec le sujet** du verbe.
> *La grenade est évitée par le soldat. Les soldats sont envoyés au front.*

OBSERVER ET REPÉRER

Dans la rue, à quarante pas de moi, devant la fenêtre ouverte d'une petite maison de bois, me tournant le dos, se tenait mon père ; sa poitrine était appuyée contre le rebord de la fenêtre et dans la maison était assise une femme habillée d'une robe sombre, à demi cachée par un rideau.
I. Tourguéniev, *Premier amour*, © Éditions Gallimard, 1860 (voir p. 432).

1 a. Relevez les participes passés employés comme adjectifs et justifiez leur accord. **b.** Relevez les participes passés employés avec l'auxiliaire *être* et justifiez leur accord.

S'EXERCER

2 a. Quel est le participe passé des verbes : *boire, vendre, mordre, falloir, mourir, plaire, pleuvoir, perdre, savoir, valoir, tenir* ? **b.** Quel est l'intrus ?

3 Relevez, parmi ces formes verbales, celles qui sont des participes passés : *accueilli, remis, fuit, frit, finit, senti, assoupi, dit, ri, saisi, repris, envahit, ravi*.

4 Quel est le masculin singulier de ces participes passés : *requise, assise, séduite, feinte, remise, tue, construite, disjointe, dépeinte, soumise, entreprise* ?

5 Accordez ces participes passés employés comme adjectifs.
Il n'avait jamais vu un avion de près. [...] *(Déchiqueté)*, *(rompu)*, il gisait sur le ventre dans la neige, telle une bête *(blessé)* à mort. [...] L'une des ailes, *(arraché)*, avait dû glisser le long de la pente. [...] Deux larges trous béants, *(ouvert)* dans le fuselage, livraient à l'air des entrailles de tôles *(disloqué)*, de cuirs *(lacéré)* et de fers *(tordu)*. [...] Par contraste, les flancs nus et gris, *(labouré)*, *(souillé)* de traînées d'huile, paraissaient encore plus sales.
H. Troyat, *La Neige en deuil*, © Flammarion, 1952.

6 Soulignez le sujet de chaque verbe, puis accordez les participes passés.
1. Le couloir de la cuisine était clair, *(vitré)* des deux côtés. **2.** La dinde était parfaitement *(calibré)*. **3.** Le tout est *(commandé)* par des contacts électriques et des relais. **4.** Les plaques de protection ne sont pas *(vissé)*. **5.** En peu de temps, les neuf dixièmes des patineurs étaient *(rassemblé)* là. **6.** Isis, en dix-huit ans d'âge, était *(parvenu)* à se munir de cheveux châtains, d'un sweat-shirt blanc et d'une jupe jaune.
B. Vian, *L'Écume des jours*, © Fayard, 1947 (voir p. 432).

7 Même consigne que l'exercice **6**.
1. Octavine était très *(affaibli)* par une mauvaise pneumonie. **2.** Or la vieille Aurélienne était *(décédé)* l'hiver précédent. **3.** C'était là une pensée sordide qui, comme toutes les autres aussi sombres, devait être *(combattu)*. **4.** Toutes les deux appréciaient aussi beaucoup que leurs époux soient *(resté)* une paire d'amis. **5.** Elle avait appris que Jean et Édouard [...] avaient été *(incorporé)* dans le 326e de ligne.
C. Michelet, *En attendant minuit*, © Robert Laffont, 2002.

8 a. Relevez les participes employés avec *être*. En quoi renseignent-ils sur le narrateur ? **b.** Récrivez le texte en considérant que plusieurs hommes s'expriment. Faites toutes les modifications nécessaires. **Brevet**
Donc ce soir-là, étant entrée au Casino, après être passée devant deux tables plus qu'encombrées et m'être approchée d'une troisième, au moment où je préparais déjà quelques pièces d'or, j'entendis avec surprise [...] un bruit très singulier, un craquement et un claquement, comme provenant d'articulations qui se brisent. Malgré moi, je regardai étonnée de l'autre côté du tapis. Et je vis là (vraiment, j'en fus effrayée !) deux mains comme je n'en avais encore jamais vu.
S. Zweig, *Vingt-quatre heures de la vie d'une femme*, © Le Livre de Poche, 1927.

4. PARTICIPE PASSÉ EMPLOYÉ AVEC L'AUXILIAIRE *AVOIR*

- Le participe passé **employé avec l'auxiliaire** *avoir* **ne s'accorde jamais avec le sujet du verbe**.
- Le verbe n'a pas de COD : **le participe passé ne s'accorde pas**, c'est-à-dire qu'il s'écrit au masculin singulier.
  > *Les journalistes ont enquêté. Les femmes ont pleuré.*
- Le verbe a un COD qui est placé après le verbe : **le participe ne s'accorde pas**, il s'écrit au masculin singulier.
  > *La journaliste a rencontré les témoins.*
- Le verbe a un COD qui est placé avant le verbe : **le participe passé s'accorde avec le COD, en genre et en nombre.**
  – Le COD est placé avant le verbe quand il est un pronom personnel.
  > *La journaliste a rencontré les témoins et elle les a écoutés.*
  >   COD   COD avant l'auxiliaire *avoir*
  – Le COD est placé avant le verbe quand il est un pronom relatif.
  > *La journaliste a rencontré les témoins qu'elle a écoutés.*
  >   COD
  – Le COD peut aussi être placé avant le verbe dans certaines phrases interrogatives.
  > *Quelles personnes a-t-elle rencontrées ? Combien de témoins a-t-elle écoutés ?*
  >   COD   COD

OBSERVER ET REPÉRER

Un soir, dans l'escalier, mon père m'a dit une phrase que je n'ai pas très bien comprise sur le moment – l'une des rares confidences qu'il m'ait faites : « On ne doit jamais négliger les petits détails… Moi, malheureusement, j'ai toujours négligé les petits détails… »

P. Modiano, *Un pedigree*, © Éditions Gallimard, 2005.

9 **a.** Relevez les COD. **b.** Justifiez l'accord de chaque participe passé en fonction de la place du COD.

S'EXERCER

10 **a.** Soulignez les COD. **b.** Accordez les participes passés.
1. Quelle poésie as-tu *(appris)* ? 2. La muse est la figure féminine que les poètes ont *(célébré)*. 3. Rimbaud a *(évoqué)* les amours que sa jeunesse lui a *(inspiré)*. 4. Jeanne Duval, que Baudelaire a *(chanté)*, est une jeune femme que le poète a *(rencontré)* après son séjour à l'île Maurice. 5. Ses mains, il les a admirablement *(dépeint)*. 6. Cette poésie, il l'a *(déclamé)*. 7. Quels poètes avez-vous *(découvert)* cette année ?

11 Soulignez les COD. Accordez les participes passés.
1. Je le vis porter machinalement ses doigts à la poche du gilet, pour donner un pourboire, mais après l'avoir *(tâté)* jusqu'au fond, ils en sortirent vides. 2. Dix fois, j'avais déjà *(réuni)* toutes mes forces. 3. De la seconde la plus épouvantable que j'avais *(vécu)* dans toute mon existence, naissait en moi, comme une sœur, une autre seconde. 4. De la honte et du chagrin que j'avais *(eu)*, rien ne subsistait plus en moi. 5. Sa sœur qui était mariée vint à son aide en payant les dettes qu'il avait *(contracté)*.

S. Zweig, *Vingt-quatre heures de la vie d'une femme*, © Le Livre de Poche, 1927.

12 Conjuguez les verbes au passé composé et accordez les participes passés.
1. L'histoire qu'il *(lire)* se passe en Amazonie. 2. Des Indiens, que le héros *(rencontrer)*, l'*(initier)* aux mystères de la forêt. 3. La pirogue qu'il *(voir)* accoste au rivage. 4. Les Jivaros sont les indigènes qu'il *(décrire)*. 5. Les expériences que le vieux *(faire)* dans sa vie lui ont permis de pister le jaguar. 6. Les décisions que le chef *(prendre)*, les *(tenir)*-il ? 7. Quels détails le vieux *(observer)* ? 8. Les preuves, il les *(fournir)* au maire du village.

13 **a.** Relevez les COD. **b.** Récrivez les phrases en remplaçant chaque COD par un pronom personnel et accordez les participes passés.
1. On a rangé les tables sans parler. 2. On a réuni les vêtements de mon père. 3. Je n'ai vu qu'une seule fois mon grand-père. 4. Les sœurs de mon père, employées de maison dans des familles bourgeoises, ont regardé ma mère de haut. 5. Ils ont trouvé un fonds de café-épicerie-bois-charbons dans un quartier décentré. 6. Les clients ont toujours utilisé cette pièce comme passage entre l'épicerie et le café. 7. Quand mon père n'avait pas réussi des poireaux […], il y avait du désespoir en lui. 8. Ce dimanche-là, il avait fait la sieste.

A. Ernaux, *La Place*, Folio © Éditions Gallimard, 1983.

14 Récrivez le texte en remplaçant « *la jeune femme* » par « *les jeunes gens* » et « *le comte et la comtesse* » par « *le couple* ». Faites toutes les modifications nécessaires. **Brevet**

La jeune femme que l'on avait présentée au comte et à la comtesse les avait agréablement surpris. Dès qu'ils l'eurent engagée à leur service, tous les notables de la région les avaient enviés d'avoir trouvé une personne aussi qualifiée. Ils l'ont traitée avec respect et l'ont encouragée à prendre des initiatives.

S'EXPRIMER

15 Imaginez les pensées de ce personnage, en employant le passé composé. Vous soulignerez les participes passés et entourerez leur terminaison.

© www.antique-prints.de

367

5. PARTICIPE PASSÉ EMPLOYÉ AVEC UN VERBE PRONOMINAL

- Un **verbe pronominal** se forme à l'aide d'un **pronom personnel réfléchi**.
  > *Je me rappelle, tu te rappelles, il (elle) se rappelle, nous nous rappelons, vous vous rappelez, ils (elles) se rappellent.*

  Bien que conjugué avec l'auxiliaire *être*, un verbe pronominal peut avoir un COD. C'est le cas des verbes pronominaux de **sens réfléchi** ou de **sens réciproque**.
  – Sens réfléchi > *Il s'est lavé* (= il a lavé lui-même) ; *il s'est lavé les mains* (= il a lavé ses mains).
  – Sens réciproque > *Pierre et Jean se sont frappés.* (Pierre a frappé Jean et vice-versa.)

- **Règle générale d'accord**
  L'**accord du participe passé des verbes pronominaux conjugués à un temps composé** se fait avec le **COD** s'il y en a un et s'il est **placé avant l'auxiliaire**.
  > *Elle s'est lavée.* (le pronom *se* est COD)
  > *Elle s'est lavé les mains.* (le pronom *se* est COS)
  > *Les mains qu'elle s'est lavées.* (le pronom *se* est COS, le COD est le pronom *que*)
  > *Pierre et Paul se sont parlé.* (= Pierre a parlé à Paul, Paul a parlé à Pierre ; le pronom *se* est COI)

- **Cas particuliers**
  L'**accord du participe passé** se fait avec le **sujet** pour les verbes pronominaux :
  – qui ne s'emploient qu'à la voix pronominale ; > *Elle s'est évanouie.*
  – qui sont employés de façon passive.
  > *Les vendanges se sont faites en octobre.* (Les vendanges ont été faites en octobre)

  Les **participes passés** des verbes *se plaire, se complaire, se rire de, se jouer de, se rendre compte* sont invariables.
  > *Elles se sont rendu compte qu'elles avaient raison.*

OBSERVER ET REPÉRER

16 a. Relevez les participes passés des verbes pronominaux. **b.** Justifiez l'accord de chacun.

Quelle est cette farce ? Ma mère est née, elle est venue, elle s'est réjouie de son fils, elle s'est réjouie de ses robes, elle a ri, elle a tant espéré, elle s'est donné tant de peine, [...]. Et tout cela pourquoi ?

A. Cohen, *Le Livre de ma mère*, © Éditions Gallimard, 1954.

S'EXERCER

17 a. Pour chaque verbe pronominal, indiquez s'il est de sens réfléchi ou réciproque, s'il est employé de façon passive ou exclusivement pronominale. **b.** Mettez les phrases au passé composé en veillant à bien accorder le participe passé.
1. Elles s'envoient des messages. 2. Elles se contredisent tout le temps. 3. Elle s'apprête à parler. 4. Le jour et la nuit se succèdent pour former un cycle. 5. Ils se plaisent à découvrir de nouvelles destinations. 6. Ces deux amies se confient leurs secrets. 7. Les hirondelles s'envolent au-dessus du village.

18 Conjuguez les verbes en gras au passé composé en accordant correctement les participes passés.
1. Adossés au mur de la tranchée, ils **s'essuient** la figure avec leurs mouchoirs ou leurs manches. 2. Et il **se met** à déblatérer, en haletant encore, sur la longueur et les difficultés du trajet qu'il vient d'accomplir. 3. Cependant, ils **se jettent** sur la nourriture et mangent, debout, accroupis. 4. Ils **se bousculent** tous et criaillent à qui mieux mieux pour placer leur mot. 5. Mais qui **s'aperçoit** de ce détail ? 6. Lamuse interpose sa main pacifique [...] entre ces deux hommes qui **s'empoignent** du regard et **se déchirent** en paroles.

H. Barbusse, *Le Feu*, 1915.

19 Mettez les phrases au plus-que-parfait de l'indicatif.
1. Différents invités se succèdent dans le salon. 2. Les jeunes filles se souhaitent la bienvenue. 3. Une vieille marquise s'approche du buffet et se rend compte qu'il est très copieux. 4. Deux messieurs fatigués s'écroulent sur des fauteuils. 5. Les jeunes femmes se disputent l'honneur d'être invitées pour la première danse. 6. C'est alors que se montre la comtesse.

20 Mettez les phrases au futur antérieur de l'indicatif. Veillez à l'accord du participe passé.
1. Les enfants se souviendront de ce voyage. 2. Ces deux sœurs se chamailleront toute leur vie. 3. Les joueurs ne s'expliqueront pas cette défaite. 4. Les pâtisseries se vendront très bien à la fête de l'école. 5. Les jeunes écoliers se lèveront à l'arrivée du directeur. 6. Caroline se conduira de façon exemplaire. 7. Les deux associées se contrediront souvent.

21 Conjuguez les verbes en gras au passé composé. Accordez les participes passés lorsque cela est nécessaire.
1. Il ramassa une planchette et **se mit** à la façonner, sans plaisir, avec son couteau. 2. Des chiens mouillés **se séchaient** derrière le poêle en fonte. 3. Tous les regards **se tournèrent** avec respect vers la petite caisse de bois marron. 4. Les conversations **s'arrêtèrent**.

H. Troyat, *La Neige en deuil*, © Flammarion, 1952.

S'EXPRIMER

22 À partir de l'image, racontez la rencontre entre les deux personnages. Vous utiliserez des verbes pronominaux conjugués au passé composé.

L'orthographe grammaticale
Les homophones grammaticaux (1)

1. HOMOPHONES DIFFÉRENCIÉS PAR UN ACCENT

Homophones	Nature grammaticale	Exemples
a	• verbe ou auxiliaire *avoir*	> Il **a** du courage, il **a** pris la parole.
à	• préposition + GN + pronom + verbe à l'infinitif	 > Il parle **à** la Cour. > Il s'intéresse **à** elle. > Il a un texte **à** dire
la	• article (suivi d'un nom) • pronom personnel COD (suivi d'un verbe)	> **La** pièce est drôle. > Il **la** joue.
là	• adverbe de lieu	> Il habite **là**.
ou	• conjonction de coordination	> Préfères-tu la poésie **ou** le théâtre ?
où	• adverbe interrogatif ; pronom relatif	> **Où** pars-tu ? Là **où** je suis né.

2. HOMOPHONIE ET NATURE GRAMMATICALE DES MOTS

Homophones	Nature grammaticale	Exemples
est et	• 3ᵉ pers. du sing. du verbe *être* • conjonction de coordination	> Le drapeau **est** bleu, blanc **et** rouge.
ce se	• déterminant démonstratif • pronom personnel réfléchi	> **Ce** livre **se** lit aisément.
ses ces	• déterminant possessif • déterminant démonstratif	> **Ses** amis lui ont offert **ces** livres.
c'est (c'était) s'est (s'était)	• pronom démonstratif + *être* • pronom personnel réfléchi + *être*	> **C'est** un roman superbe. > Il **s'est** passionné pour ce roman.
leur leurs	• pronom personnel pluriel • déterminant possessif singulier • déterminant possessif pluriel	> Il **leur** suggère de prendre **leur** livre et **leurs** cahiers.
quand quant qu'en	• conjonction de subordination ou adverbe interrogatif • *quant à* + pronom personnel ou GN • conjonction *que* + *en*	> **Quand** il lit, il oublie tout. > **Quant** à son frère, il préfère la poésie. > **Qu'en** penses-tu ?

3. HOMOPHONIE ET CONSTRUCTION DE PHRASES

Homophones	Nature grammaticale	Exemples
ni n'y	• négation • négation + pronom ou adverbe *y*	> Il n'avait **ni** voiture **ni** vélo : il **n'y** est pas allé.
si s'y	• conjonction de subordination • pronom personnel *se* + *y*	> **Si** le temps était beau, la fête avait lieu : tous les villageois **s'y** rendaient.
ont on on n'	• 3ᵉ pers. du pl. du verbe *avoir* • pronom indéfini • pronom indéfini + négation	> Ils **ont** fini leur travail. > **On** a bien travaillé. > **On n'**a pas bien travaillé.
quelle(s) qu'elle(s)	• déterminant interrogatif ou exclamatif • conjonction de subordination ou pronom relatif *que* + pronom personnel *elle(s)*	> À **quelle** fête vas-tu ? **Quelle** chance ! > Il faut **qu'elle** aille à cette fête. > La fête **qu'elle** aime le plus, c'est Noël.
la l'a	• pronom personnel COD • pronom personnel élidé + *avoir*	> Il **la** voit. > Il **l'a** vue.
qui la qui l'a qu'il a	• p. relatif sujet + p. pers. COD (p. = pronom) • p. interrogatif sujet + p. pers. COD • p. relatif sujet + p. pers. COD + *avoir* • p. interrogatif sujet + p. pers. COD + *avoir* • conjonction *que* + p. pers. sujet + *avoir* • p. relatif *que* + p. pers. sujet + *avoir*	> C'est l'idée **qui la** séduit. > **Qui la** veut ? > C'est le sport **qui l'a** motivé. > **Qui l'a** voulue ? > Je crois **qu'il a** lu cette pièce. > Il lit le livre **qu'il a** reçu.

OBSERVER ET REPÉRER

Martine voulait que ça **se** fasse en dehors de la ville, aux Moulins par exemple, **là** où il **n'y** a pas trop de monde, mais Titi a dit que **c'était** mieux en pleine ville, au contraire, là où il y **a** des gens qui passent. [...] Au fond, en pleine ville ou aux Moulins, **c'est** la même chose.

J.-M. G. Le Clézio, « La ronde », *La Ronde et autres faits divers*,
© Éditions Gallimard, 1982.

1 **a.** Donnez la nature des mots homophones en gras.
b. Relevez dans le texte un couple d'homophones.

S'EXERCER

2 Récrivez le texte en choisissant un des homophones indiqués.
(Quand / Quant / Qu'en) Tarmanella arrête le moteur de la camionnette bâchée, *(c'est / s'est)* le lever du jour sur la rivière. Il *(c'est / s'est)* arrêté en contrebas de la route [...]. Il allume une cigarette, *(et / est)* il entend les voix des hommes qui *(s' / c')* ébrouent à l'arrière de la camionnette, avant de descendre. Il *(leur / leurs)* crie encore une fois, de sa voix enrouée : « Terminus ! Terminus ! »

J.-M. G. Le Clézio, « Le passeur », *La Ronde et autres faits divers*,
© Éditions Gallimard, 1982.

3 Récrivez le texte en remplaçant chaque ✎ par un de ces homophones : *a / à – ce / se – c'est / s'est – est / et*.
En tout cas ✎ n'est pas Martine qui ✎ eu l'idée. ✎ n'✎ peut-être pas Titi non plus, mais ✎ elle qui en ✎ parlé la première. Martine n'✎ pas eu l'air bien surprise, elle n'✎ pas poussé de hauts cris. Elle ✎ seulement haussé les épaules, et ✎ comme cela que les deux jeunes filles ✎ sont mises d'accord.

J.-M. G. Le Clézio, « La ronde », *La Ronde et autres faits divers*,
© Éditions Gallimard, 1982.

4 Récrivez le texte en remplaçant « *Luc* » par « *Luc et son assistant* ». Soulignez les formes de *leur* que vous aurez employées. Faites les transformations nécessaires. **Brevet**
Luc s'est adressé à ses employés pour leur parler de son nouveau projet. Il s'est montré convaincant : son discours a démontré que ses idées n'étaient pas fantaisistes.

5 Récrivez les phrases en remplaçant chaque GN en gras par un pronom personnel ou adverbial.
1. Il a parlé **aux élèves**. **2.** Il s'est intéressé **à ce film**. **3.** Il n'a pas pensé **à ce contrôle**. **4.** Nous n'avons pas cru **à sa sincérité**. **5.** Elle s'est adressée **à un organisme spécialisé**. **6.** Il a envoyé ses vœux **à ses grands-parents**.

6 Transposez le texte à la 3ᵉ pers. du pluriel et au présent de l'indicatif. Faites les transformations nécessaires. **Brevet**
C'était l'hiver. Je me promenais dans un paysage éblouissant : le champ de neige s'étendait à perte de vue. Je me rappelais ce qui avait tant marqué mon enfance : les batailles de boules de neige qui se succédaient avec mon père.

7 Remplacez les ✎ par les homophones *ni / n'y* ou *si / s'y*.
1. Katharina ne ✎ trompa pas. **2.** Si le journaliste Götten la contactait, ce n'était ✎ par amitié ✎ par sympathie.
3. Il ✎ avait aucun geste désintéressé à attendre de cet individu.
4. ✎ Katharina était ✎ méfiante, c'était parce qu'elle connaissait les manières de cet homme : elle ✎ était déjà frottée.

8 Remplacez les ✎ par un des groupes de ces mots homophones : *qui la / qui l'a / qu'il a*.
1. Le jeune soldat était mourant : c'est une jeune fille ✎ soigné. **2.** La jeune fille ✎ menacée s'est enfuie. **3.** Le jeune homme ✎ regarde est blessé. **4.** C'est elle ✎ caché à la police. **5.** C'est elle ✎ cachée à la police. **6.** La mansarde ✎ louée est misérable.

9 Récrivez les phrases en remplaçant « *nous* » par « *on* ».
1. Nous avons lu une nouvelle de Zola, *Nantas*. **2.** Nous avons cherché à deviner l'intrigue mais nous n'avons pas réussi à le faire. **3.** Nous avons découvert la société du Second Empire ; nous n'avions pas imaginé que la réussite sociale y était si importante.

10 Remplacez les ✎ par les homophones : *on / on n' / ont*.
1. Balzac et Zola ✎ écrit tous les deux une fresque sociale, l'un *La Comédie humaine* et l'autre *Les Rougon Macquart*. **2.** Mais ✎ ne doit pas les confondre : elles ✎ chacune leurs caractéristiques propres. **3.** ✎ y trouve pas la même écriture. **4.** ✎ appréciera l'analyse psychologique chez Balzac et ✎ oubliera pas le naturalisme de Zola.

11 **a.** Transposez au passé composé les phrases rédigées au présent de l'indicatif. **b.** Transposez au présent les phrases rédigées au passé composé. Faites attention à l'orthographe des pronoms.
1. Le danseur se consacre à Vanina ; il ne la quitte pas des yeux. **2.** La jeune fille ne le remarque pas, elle ne se détourne même pas. **3.** Seul le fugitif la préoccupe. **4.** Celui-ci l'enthousiasme. **5.** Elle s'est juré de le retrouver.

12 Complétez les phrases avec un de ces homophones : *qu'elle(s)* ou *quelle(s)*.
1. Sais-tu ✎ est l'héroïne de *La Vendetta* ? **2.** ✎ femme courageuse Balzac a peinte ! **3.** ✎ décision courageuse a-t-elle donc prise ? **4.** Je me souviens ✎ a tenu tête à son père, mais j'ai oublié en ✎ occasion. **5.** J'ignore ✎ conséquences sa décision a eues. **6.** Quant à ses compagnes de l'atelier de peinture, je sais ✎ l'ont abandonnée.

13 Complétez les phrases avec *leur* ou *leurs*.
1. Le responsable du camp de vacances réunit les jeunes ; il ✎ demanda d'apporter ✎ équipement de canoë au bord de la rivière. **2.** ✎ plus grande appréhension était de ne pas savoir manier ✎ pagaies et de renverser ✎ canot. **3.** ✎ moniteurs arrivèrent et calmèrent vite ✎ crainte.

14 Complétez le texte à l'aide d'homophones du tableau p. 369.
La grande plaine ✎ j'avais vécu jusque-✎, cette plaine si riche, ✎ pauvre aussi, cédait la place aux premières pentes du Fouta-Djallon. Le lendemain, je repris le train et un revirement ✎ fit en moi : était-✎ l'accoutumance déjà ? Je ne sais. Je regardais avec ravissement ✎ succéder cimes et précipices. Le spectacle était un peu terrifiant ✎ le train ✎'approchait par trop des précipices. ✎ une terre heureuse ✎ qui paraissait heureuse. D'innombrables troupeaux paissaient, ✎ les bergers nous saluaient au passage.

D'après C. Laye, *L'Enfant noir*, 1953.

S'EXPRIMER

15 Décrivez l'image (p. 371) en employant au moins cinq homophones de la page 369, que vous soulignerez.

L'orthographe grammaticale

Les homophones grammaticaux (2) : *tout*

L'orthographe de *tout* varie selon sa **nature grammaticale**. Sa **prononciation** donne des indications pour l'orthographier correctement.

1. TOUT : [tu]   Prononcé [tu], ce mot peut être :
– un **déterminant indéfini masculin** qui s'accorde avec le nom auquel il se rapporte ;
> ***Tout** le collège, **tous** les élèves.*
– un **pronom indéfini** ;   > *Il a **tout** mangé.*
– un **adverbe invariable** ;   > *Il est **tout** fier. Ils sont **tout** fiers. **Tout** habile qu'il soit, il n'a pas réussi.*
– un **nom**.   > *Il a emporté le **tout**.*

2. TOUT : [tus]   Prononcé [tus], il s'agit d'un **pronom indéfini masculin pluriel**.
> ***Tous** se taisent. Il les a **tous** étonnés.*

3. TOUT : [tut]   La **prononciation** [tut] peut être due à :
– l'**accord au féminin** ;   > ***Toute** une classe, **toutes** les filles.* (déterminant indéfini)
– une **liaison** avec la voyelle du mot suivant ; *tout* peut alors être :
  * un **déterminant indéfini** ;   > ***Tout**_un collège.*
  * un **adverbe**.   > *Il (elle) est **tout**_excité(e).*

⚠ **Remarque :** pour des raisons d'harmonie, avant un adjectif féminin commençant par une consonne, l'adverbe **tout** s'écrit **toute(s)**.
> *Elle est **toute** fière. Elles sont **toutes** fières. **Toutes** fières qu'elles soient, elles n'ont pas grand mérite.*

OBSERVER ET REPÉRER

1 Relevez les formes de *tout*, indiquez leur nature et justifiez leur orthographe.

À la rentrée des classes, regarde tous les élèves et remarque qu'ils sont tous différents, que cette diversité est une belle chose. [...] Toute vie mérite le respect. En respectant un être, on rend hommage, à travers lui, à la vie dans tout ce qu'elle a de beau, de merveilleux, de différent et d'inattendu.
T. Ben Jelloun, *Le Racisme expliqué à ma fille*, © Le Seuil, 1998.

S'EXERCER

2 a. Quelle est la nature grammaticale de chaque forme de *tout* ? **b.** Justifiez chaque orthographe de *tout*.
1. Toute la ville est illuminée pour les fêtes. **2.** Les rues sont tout éclairées. **3.** Tous les enfants regardent les vitrines toutes décorées. **4.** Ils ont tous un air émerveillé. **5.** Tout nouveau jouet provoque des cris d'admiration.

3 a. Indiquez la nature grammaticale de chaque forme de *tout*. **b.** Complétez les phrases en orthographiant *tout* correctement.
1. *(Tout)* savoir est fondamental pour la culture générale. **2.** *(Tout)* les enfants n'y ont pas accès. **3.** Les humoristes n'ont pas *(tout)* la même façon de représenter la société. **4.** *(Tout)* cultivés qu'ils soient, ils ne connaissent pas Ionesco. **5.** *(Tout)* les pièces de Brecht critiquent la société. **6.** Ils sont *(tout)* impatients d'assister à la représentation d'*Arturo Ui* : *(tout)* homme d'État devrait voir cette pièce pour en tirer un enseignement. **7.** Les sorcières de Ionesco tournent *(tout)* autour de Macbett, *(tout)* gesticulantes.

4 a. Récrivez le texte en remplaçant les ✏ par une forme de *tout*. **b.** Justifiez l'orthographe de chaque forme.
1. La diversité est une chance pour ✏ l'humanité. **2.** ✏ ces élèves viennent d'horizons divers, ils sont ✏ capables de t'apporter des choses que tu n'as pas. **3.** Sache enfin que ✏ visage est un miracle. **4.** Tu ne rencontreras jamais deux visages ✏ identiques. **5.** Qu'importe la beauté ou la laideur. Ce sont des choses ✏ relatives.
D'après T. Ben Jelloun, *Le Racisme expliqué à ma fille*, © Le Seuil, 1998.

S'EXPRIMER

5 Décrivez l'image en employant au moins quatre formes de *tout* que vous soulignerez.

H. J. Dubouchet, *Le Rouge et le Noir* de Stendhal, 1834, Bibliothèque nationale. © Giraudon / Bridgeman

L'orthographe grammaticale
Les homophones grammaticaux (3) : *quelque, quel que*

Quelque peut être **déterminant indéfini** ou **adverbe** ; selon sa **nature grammaticale** et son **sens**, il **s'accorde ou non**.

1. DÉTERMINANT INDÉFINI

- Le déterminant indéfini *quelque* s'emploie :
  – au **singulier**, avec le sens de « **un certain, un quelconque** » ; > *Il est resté quelque temps.*
  – au **pluriel**, avec le sens de « **plusieurs** ». > *Il est resté quelques instants.*
- Il s'emploie aussi dans la locution *quelque* + **nom** + **pronom relatif** + **subjonctif** ; il **s'accorde** alors avec le **nom** auquel il se rapporte. Il signifie « **quel que soit** ». (Voir L'expression de la concession, p. 352)
  > *Quelque imagination dont il ait fait preuve, il n'a pas su imposer son projet.*
  > *Quelques précautions qu'il ait prises, son secret a été dévoilé.*

2. ADVERBE

Quand *quelque* est adverbe, il est **invariable**.
- Il s'emploie **avant un déterminant numéral**, avec le sens de « **environ** ».
  > *Il demeure à quelque trois cents mètres de chez moi.*
- Dans la locution *quelque* + **adjectif (ou adverbe)** + *que* + **subjonctif**, il est synonyme de *si* ou de *tout*.
  > *Quelque rapide qu'il soit, il n'a pas fait le meilleur temps.*

3. QUELQUE ou QUEL QUE ?

Il ne faut pas confondre :
- *quelque* + **adjectif** (*quelque* invariable) ou *quelque* + **nom** (*quelque* accordé avec le nom) ;
  > *Quelque hésitantes que soient tes opinions, il faut voter.*
  > *Quelques hésitations que tu aies, il faut voter.*
- *quel* (*quels, quelle, quelles*) *que* + **verbe être** au subjonctif (*quel* accordé avec le sujet du verbe *être*).
  > *Quelle que soit ton opinion, il faut voter.*

OBSERVER ET REPÉRER

1. Nous sommes de toute évidence sur quelque planète dont le ciel est vert. 2. Quelque soin qu'il prît à mettre en jeu dans ces exercices toutes ses facultés, il perdait aux vitesses élevées tout contrôle sur ses mouvements. 3. Il énonçait bien encore quelques idées folles qu'ils ne parvenaient pas à saisir. 4. Quelle que fût sa façon de dire, ce n'était pour eux que l'expression de quelque plaisante construction de l'esprit.

R. Bach, *Jonathan Livingston le goéland*, © Flammarion, 1973.

1 **a.** Dans les phrases, relevez les groupes de mots comportant *quelque*. **b.** Indiquez la nature grammaticale de chaque forme de *quelque* et justifiez-en l'orthographe. **c.** Quel homophone de *quelque* relevez-vous ?

S'EXERCER

2 Indiquez la nature de chaque forme de *quelque*. Orthographiez-la correctement.
1. Son raisonnement comporte (quelque) arguments convaincants. 2. (Quelque) convaincants que soient ses arguments, il a perdu l'élection. 3. (Quelque) cinq cents voix lui ont manqué pour battre son adversaire. 4. Il a (quelque) habitude du combat politique : cela fait (quelque) huit ans qu'il se présente à des élections. 5. (Quelque) démarches qu'on entreprenne auprès de lui, on est sûr d'obtenir une réponse.

3 Recopiez les phrases en remplaçant chaque ✏ par *quelque* ou *quel que*, correctement orthographié, et en soulignant le mot dont il est suivi.
1. Dans le lycée voisin, il n'y a que ✏ options parmi celles proposées dans la brochure de l'ONISEP. 2. ✏ option que tu veuilles garder en 2de, il faut l'indiquer sur ce document. 3. Il a toujours été original : il a déniché ✏ option rare qui ne se trouve que dans deux lycées en France ! 4. ✏ soient les options que tu as retenues, il en faut au moins deux.

S'EXPRIMER

4 Rédigez un bref paragraphe à propos de l'image. Vous emploierez deux fois *quelque* ou *quel que*.

Les Arts décoratifs, Musée de la Publicité, Paris
© Photo les Arts décoratifs/J. Tholance, © DR.

L'orthographe grammaticale

Des désinences verbales

Vérifiez vos acquis

Elle se dirige vers la porte : face à elle, Charles et une inconnue. Que lui répond-elle quand il lui présente Yasmine ? Sa réponse, elle l'oublie aussitôt tant son cœur crie de douleur. Charles, gêné, prend la parole : « Yasmine et moi, nous nous disions que nous ne te voyions pas assez souvent ; c'est pourquoi nous te rendons ainsi visite. »

E. E. Schmitt, *L'Intruse*, © Albin Michel, 2006.

1. Comment prononcez-vous le « d » dans « *répond-elle* » ?
2. Relevez les formes verbales qui comportent un « e » muet : à quel groupe appartiennent-elles ?
3. À quel temps la forme « *nous voyions* » est-elle conjuguée : à quoi le remarquez-vous ?

1. DÉCALAGE ENTRE L'ÉCRITURE ET LE SON

- Les **verbes du premier groupe** en **-ier** et **-uer** comportent un « **e** » **muet** :
  – au présent et au futur de l'indicatif ; > *Je crie, tu cries, il crie, ils crient, je crierai.*
  – au présent du subjonctif ; > *Que je crie, que tu cries, qu'il crie, qu'ils crient.*
  – au présent de l'impératif ; > *Crie.*
  – au présent du conditionnel (ou au futur dans le passé). > *Je crierais.*

- Les verbes en **-andre, -endre, -erdre, -ondre, -ordre, -oudre** se terminent par un « **d** » **muet** à la 3ᵉ personne du singulier, au présent de l'indicatif. Attention, en consonne de liaison, ce « d » se prononce « t ».
  > *Il per**d** la raison. Per**d**-il la raison ?*

- À l'**imparfait de l'indicatif**, dans les verbes dont le **radical** se termine par **-i** ou par **-y**, le « **i** » des **désinences** (terminaisons) **-ions** et **-iez** ne s'entend pas (ou très peu).
  > *Nous cri**i**ons, vous pay**i**ez, nous ri**i**ons, vous voy**i**ez.*

- La **consonne finale** de nombreuses désinences est **muette**. Il faut :
  – penser à mettre un **-s** à la **2ᵉ personne du singulier** ;
  > *Tu remue**s**, tu gémi**s**, tu voi**s**, tu remua**s**, tu finira**s**.*
  – ne pas confondre, au **futur de l'indicatif**, au pluriel, la 1ʳᵉ personne en **-ons** et la 3ᵉ personne en **-ont**. > *Nous parler**ons**, ≠ ils parler**ont**.*

2. CONFUSIONS DE TEMPS

Il ne faut pas confondre :

- l'**imparfait** et le **passé simple de l'indicatif** des verbes du 1ᵉʳ groupe, à la 1ʳᵉ personne du singulier : **-ais** / **-ai**. On peut transposer à la 3ᵉ personne du singulier pour repérer la différence ;
  > *Je parl**ais*** (Il parlait). *Je parl**ai*** (Il parla).

- le **futur** (simple et antérieur) **de l'indicatif** et le **futur dans le passé**, à la 1ʳᵉ personne du singulier : **-ai** / **-ais**. On peut transposer à la 2ᵉ personne pour repérer la différence.
  > *Demain, quand j'aur**ai** travaillé, je lir**ai**. Demain, quand tu auras travaillé, tu liras.* (futur de l'indicatif)
  > *Je me demand**ais** quand je lir**ais** ce volumineux roman. Tu te demandais quand tu lirais ce volumineux roman.* (futur dans le passé)

OBSERVER ET REPÉRER

– Ne pourriez-vous apprendre le français à mes filles ? reprend-il.
Prise de court, je balbutie :
– Est-ce bien nécessaire ?
– On ne sait jamais. Ça peut servir. Quelques mots par-ci par-là [...].
Je souris malgré moi, surprise de déceler un sentiment paternel sous cette enveloppe grossière.
– Volontiers, dis-je.
– Je vous paierai pour ça.

H. Troyat, *La Gouvernante française*, © Flammarion, 1989.

❶ a. Relevez dans le texte une forme verbale dont la consonne finale s'écrit et se prononce différemment. **b.** Relevez les verbes qui comportent un « e » muet : à quel groupe appartiennent-ils ? **c.** Conjuguez chacun d'eux au futur de l'indicatif, à toutes les personnes : que constatez-vous ?

S'EXERCER

❷ Conjuguez les verbes au temps et au mode indiqués.
1. Le pêcheur (*replier, présent de l'indicatif*) sa canne à la fin de la journée. **2.** Tu (*envier, futur de l'indicatif*) ses résultats. **3.** Il faut qu'il (*multiplier, présent du subjonctif*) les démarches pour faire aboutir son projet. **4.** Nous (*prier, conditionnel présent*) l'entraîneur de ne pas partir s'il voulait nous quitter. **5.** (*Se justifier, 2ᵉ pers. du présent de l'impératif*).

❸ Conjuguez les verbes au présent de l'indicatif : attention au groupe du verbe !
Je (*sourire*). Tu (*envier*). Il (*gémir*). Elle (*répartir*). Je (*photographier*). Il (*trier*). Tu (*châtier*). Tu (*fléchir*). Il (*s'allier*). Je (*parier*).

❹ Transformez les phrases déclaratives en phrases interrogatives de niveau soutenu.
1. Il entend ce que je lui dis. **2.** Il se tord le cou pour voir le spectacle. **3.** Il vend tous ces produits. **4.** Elle prétend avoir raison. **5.** Elle coud une robe de mariée. **6.** Il se détend pendant les vacances.

5 **Récrivez les phrases en conjuguant les verbes à l'imparfait.** Brevet

1. Nous essayons de trouver un stage. 2. Nous payons de notre personne dans nos démarches. 3. Vous enviez cet homme ayant obtenu un stage à la télévision. 4. Vous criez de joie ; ce stage, vous n'y croyez plus ! 5. Nous essuyons refus sur refus. 6. Vous multipliez les tentatives.

6 **Conjuguez chaque verbe au temps de l'indicatif demandé.**

1. Tu *(militer, passé simple)* avec ardeur. 2. Tu *(s'évertuer, présent)* aujourd'hui à prendre la parole, mais tu ne *(parvenir, imparfait)* pas hier à te faire entendre. 3. Tu *(feindre, imparfait)* d'être convaincu mais tu n'en *(penser, imparfait)* pas moins que son raisonnement ne *(tenir, imparfait)* pas. 4. Tu *(prétendre, futur simple)* te faire élire. 5. Tu *(mentir, passé simple)* de façon incroyable mais toi, tu ne *(se laisser, passé simple)* pas duper. 6. Tu *(assister, imparfait)* tous les soirs à cette représentation tant elle te *(séduire, imparfait)*.

7 **a. Conjuguez les verbes au passé simple. b. Récrivez le texte en remplaçant « Roger » par la 2ᵉ personne du singulier. Faites les modifications nécessaires.** Brevet

Roger *(pousser)* un cri de rage. Il *(tirer)* en tremblant son poignard, et un instant *(regarder)* Gabrielle avec des yeux égarés ; puis rassemblant toutes ses forces, il *(jeter)* l'arme à ses pieds et *(s'échapper)* de l'appartement.

P. Mérimée, *La Partie de trictrac*, 1830.

8 **Conjuguez les verbes au futur.**

1. Nous *(lire)* une nouvelle de Zola puis nous *(étudier)* un court roman de Balzac. 2. Les personnages nous *(étonner)*, leurs passions nous *(surprendre)*. 3. Nous *(poursuivre)* par une nouvelle de Stendhal. 4. Nous les *(comparer)* et *(repérer)* le style propre à chaque romancier. 5. Ces études nous *(préparer)* au travail demandé au lycée. 6. Ces courts romans *(plaire)*-ils à toute la classe ? Nous le *(voir)* bien.

9 **Relevez les verbes conjugués à la 1ʳᵉ personne du singulier ; soulignez les désinences et indiquez leur temps.**

Ce soir-là même je passai fort tard devant son appartement, et voyant de la lumière chez lui, j'entrai pour emprunter un livre. Je le trouvai fort occupé à écrire [...]. Je m'assis près de lui et contemplai ses traits. Tout d'un coup je remarquai une lettre qui m'était adressée. Je l'ouvris aussitôt. Pendant que je lisais, il écrivait toujours.

D'après P. Mérimée, *La Partie de trictrac*, 1830.

10 **Récrivez le texte en conjuguant chaque verbe au temps indiqué.** Brevet

Je ne pense *(imparfait)* ni à ma mère, ni au Bon Dieu, ni à ma classe : et voilà que je me mets *(passé simple)* à bondir ! Je me fais l'effet *(imparfait)* d'un animal dans un champ [...] et je grogne *(passé simple)*, et je caracole *(passé simple)* comme un cabri, au grand étonnement de mon camarade qui me regarde *(imparfait)* et s'attend *(imparfait)* à me voir brouter. J'en ai *(imparfait)* presque envie.

J. Vallès, *L'Enfant*, 1875.

11 **a. Récrivez le texte en remplaçant « aujourd'hui » par « demain » et en conjuguant les verbes au futur. b. Récrivez le texte en faisant précéder le passage par « Je savais que bientôt… » et en conjuguant les verbes au futur dans le passé.** Brevet

Aujourd'hui, j'existe, je voyage, j'ai à mon tour fondé une famille, je me suis enraciné dans d'autres lieux.

J.-M. G. Le Clézio, *L'Africain*, © Mercure de France, 2004.

---

3. CONFUSIONS DE MODES

Il ne faut pas confondre :
- **présent** ou **passé simple de l'indicatif** avec le **participe passé**, pour certains verbes.

Terminaisons en	Indicatif	Participe passé
[i]	Présent > *Je dis, tu dis, je finis.* Passé simple > *Il prit, tu finis, il finit.*	> *Dit(s), pris, fini(e)(s).*
[y]	Passé simple > *Je voulus, tu voulus, il voulut.*	> *Voulu(e)(s).*

- **futur de l'indicatif** (simple et antérieur) et **conditionnel** (présent et passé), à la 1ʳᵉ personne du singulier : **-ai / -ais**. On peut transposer à la 2ᵉ personne pour repérer la différence.
  > *Je partir**ai** quand **j'aurai** terminé.* (*Tu partiras quand tu auras terminé.*) (futur)
  > *Si je pouvais, je lir**ais**.* (*Si tu pouvais, tu lirais.*) *Si j'avais pu, **j'aurais** lu.* (*Si tu avais pu, tu aurais lu.*) (conditionnel)

- **présent de l'indicatif** et **présent du subjonctif**.

	Présent de l'indicatif	Présent du subjonctif
	-s, -s, -t	-e, -es, -e
aux trois pers. du sing., pour les verbes *courir, fuir, rire, croire, voir, exclure…*	> *Je cours, tu cours, il court.* > *Je ris, tu ris, il rit.*	> *Que je coure, que tu coures, qu'il coure.* > *Que je rie, que tu ries, qu'il rie.*
	-ons, -ez	-ions, -iez
aux deux premières pers. du pl., pour les verbes en *-aindre, -eindre, -oindre* et les verbes *rire, croire, assaillir, fuir, voir, asseoir…*	> *Nous plaignons, vous plaignez.* > *Nous croyons, vous croyez.*	> *Que nous plaignions, que vous plaigniez.* > *Que nous croyions, que vous croyiez.*

• **passé simple de l'indicatif** et **imparfait du subjonctif**.
L'**imparfait du subjonctif** est un temps littéraire, formé sur le passé simple.
Il s'en distingue à l'écrit, à la **3ᵉ personne du singulier**, par la désinence **-ât** pour les verbes du premier groupe, par un **accent circonflexe** pour tous les autres verbes. Pour le repérer, on peut le remplacer par un subjonctif présent.

Passé simple	Subjonctif imparfait (présent)
> Il avoua	qu'il avou**ât** (qu'il avoue)
> Il finit	qu'il fin**ît** (qu'il finisse)
> Il sut	qu'il s**ût** (qu'il sache)
> Il vint	qu'il v**înt** (qu'il vienne)
> Il fut	qu'il f**ût** (qu'il soit)
> Il eut	qu'il e**ût** (qu'il ait)

S'EXERCER

12 a. Orthographiez correctement les formes verbales entre parenthèses en tenant compte du temps de l'indicatif (simple ou composé) indiqué. b. Parmi les formes employées, quelles sont celles qui comprennent des participes ? c. Soulignez les participes.
1. Elle *(mettre, plus-que-parfait)* tous ses espoirs en moi. 2. Malheureusement, je *(ne pas devenir, passé composé)* une grande artiste. 3. Je *(prendre, passé simple)* l'enveloppe. 4. Je *(sentir, passé composé)* un poids sur mon cœur. 5. Paule *(gémir, présent)* ; les images qu'elle *(voir, passé composé)* l'*(marquer, passé composé)*.

13 Conjuguez les verbes au futur ou au conditionnel.
1. Quand je *(être)* riche, je t'*(acheter)* une voiture. 2. Si on avait une voiture, je ne me *(crotter)* pas par des temps pareils. 3. Dire que si j'étais tombée sur un autre homme, j'*(avoir)* aujourd'hui cinquante mille livres de rentes ! 4. Je te le promets, demain je te *(rapporter)* cent mille livres. 5. En rentrant, je te *(rassurer)* et plus jamais tu ne me diras : « Ah si mon mari était moins stupide, je *(vivre)* à l'aise. »

14 Orthographiez correctement les verbes en indiquant si vous les avez conjugués au présent de l'indicatif ou à celui du subjonctif.
1. Il faut que tu *(fuir)* au plus vite et que tu *(courir)* jusqu'à la prochaine ferme ; il se peut que nous te *(rejoindre)*. 2. Pour que tu *(voir)* à quoi tu t'engages, nous ne *(craindre)* pas de te convier à nos réunions. 3. Nous t'*(assaillir)* de questions. 4. Je veux que tu me *(croire)*. 5. Vous *(craindre)* de vous engager, bien que nous vous *(enjoindre)* de le faire. 6. Avant que le parti ne l'*(exclure)*, ce poète a milité activement. 7. Maintenant, nous *(s'astreindre)* à lire régulièrement le journal. 8. Notre engagement empêche que nous *(se plaindre)* sans cesse.

15 Classez les formes verbales selon qu'elles sont conjuguées : 1) à l'indicatif, 2) au subjonctif, 3) aux deux modes.
Il sourie, nous éloignions, tu croies, vous adjoignez, elle parcoure, nous payions, vous appuyez, vous fuyiez, nous geignions.

16 Récrivez les verbes en italique en transposant le pronom sujet singulier en pronom pluriel ou vice-versa. **Brevet**
1. Il s'en va avant que nous n'*ayons* le temps de réagir. 2. La situation n'est pas assez grave pour que je la *craigne*. 3. Quoique tu les *peignes* sous un jour favorable, je n'apprécie pas ces gens-là. 4. Faut-il que je *rie* de cette plaisanterie ? 5. Je ne pense pas qu'ils *croient* à cette histoire. 6. Que tu *feignes* d'être malade, c'est ton choix ; mais, très peu pour moi !

17 Mettez les verbes au passé simple ou au subjonctif imparfait.
1. Il ne *(reparaître)* plus. 2. Il me *(faire)* de la peine tout de même. 3. Elle *(saluer)* bien qu'on *(être)* grossier. 4. J'aurais voulu que ma mère le *(savoir)*, que mon père le *(comprendre)*. 5. Il fallait qu'il *(prouver)* qu'il ne favorisait pas son fils. 6. Quel soupir de joie j'aurais poussé ! – à la porte seulement – de peur que ma mère ne *(m'entendre)* et ne *(vouloir)* me reprendre !
J. Vallès, *L'Enfant*, 1885.

18 Récrivez les phrases en transposant le présent de l'indicatif en passé simple et le présent du subjonctif en imparfait du même mode.
1. Il faut qu'elle fasse preuve de courage. 2. Son destin veut qu'elle ne respecte pas les lois. 3. La fierté de Vanina empêche qu'elle prenne les devants. 4. Elle s'enferme dans un silence profond jusqu'à ce que le fugitif s'adresse à elle. 5. Elle affronte les geôliers de la prison pour que son ami puisse s'évader.

S'EXPRIMER

C. Chas-Laborde, *Une vie* de Maupassant, 1938.

19 À partir de l'image, rédigez un texte à la 1ʳᵉ personne du singulier au passé simple. Vous emploierez les verbes *avoir, enlacer, être, rêver, sourire, vouloir*. **Vous conjuguerez au moins un verbe au subjonctif (3ᵉ pers. sing.) et un verbe au conditionnel.**

Les mots et leurs sens

Les différents sens d'un mot

Vérifiez vos acquis
1. Les poilus ont combattu pendant la guerre de 1914-1918.
2. Ces deux entreprises se livrent une guerre économique.

1. Le nom « *guerre* » a-t-il le même sens dans les deux phrases ?
2. Dans quelle phrase est-il employé au sens propre ? au sens figuré ?

1. LES MOTS À UN SENS OU À PLUSIEURS SENS

▶ Mots à un seul sens
Les mots ayant un seul sens appartiennent, en général, à un **vocabulaire technique**, **scientifique**.
> *Avion, hélice.*

▶ Polysémie
- La plupart des mots ont **plusieurs sens** : c'est ce qu'on nomme la **polysémie**.
  > *Un champ (de blé) ; un champ (d'action).*
- Certains mots ont un **sens propre** et un **sens figuré**.
  – Le **sens propre** est le sens premier d'un mot, celui qui apparaît en général en premier dans un dictionnaire.
    > *Au dessert, les enfants ont mangé des grenades.* (grenades : fruits exotiques renfermant de nombreuses graines rouges)
  – Le **sens figuré**, souvent imagé, est le sens supplémentaire que peut prendre un mot.
    > *Pendant la Première Guerre mondiale, on a utilisé des grenades.* (grenades : projectiles légers explosifs)

▶ Sens d'un mot d'après le contexte
Pour comprendre le sens d'un mot, il faut s'aider du **contexte**, du **domaine** (en particulier scientifique ou technique) dont il est question.
> *Dans la vie courante, une opération est une série de mesures en vue d'atteindre un résultat, par exemple : une opération de sauvetage. En mathématiques, une opération est un calcul. En médecine, une opération est une intervention pratiquée par un chirurgien sur un malade ou un blessé. Dans le domaine militaire, une opération représente l'ensemble des combats et des manœuvres exécutés en vue d'un objectif précis.*

▶ Dénotation et connotation
- La **dénotation** d'un mot est la **définition acceptée par tous**, le **sens objectif**.
  > *Rat : mammifère rongeur, très nuisible, originaire d'Asie.*
- La **connotation** d'un mot est l'**information subjective** qui s'ajoute au mot.
  > *Le rat connote, dans la culture occidentale, la maladie, la saleté, la répugnance.*

La connotation n'est pas toujours mentionnée dans un dictionnaire ; elle dépend du **contexte**, de la **subjectivité** de chacun, du **niveau de langue**.

Le *rat* peut connoter :
- l'avarice ; > *Il n'offre jamais rien, c'est un vrai rat.*
- la culture livresque exagérée ; > *C'est un rat de bibliothèque.*
- la malhonnêteté ; > *Ce filou est un rat d'hôtel.*
- la jeunesse liée à la grâce. > *Cette fillette est un petit rat de l'Opéra.*

2. LE CHAMP SÉMANTIQUE

L'ensemble des sens que recouvre un mot se nomme un **champ sémantique** (qui a rapport au sens). Voici par exemple le champ sémantique du nom *classe*.
- Ensemble de personnes ayant en commun un même niveau social. > *Une classe sociale.*
- Grade ou échelon attribué à certaines personnes. > *Un soldat de troisième classe.*
- Ensemble des qualités d'une personne ou d'une chose qui se distingue par son mérite.
  > *Un musicien de classe internationale.*
- Ensemble des élèves placés sous la direction d'un enseignant. > *Une classe de troisième.*
- Enseignement donné. > *La classe de musique est assurée par un jeune professeur.*
- Salle où se donne cet enseignement. > *La classe de technologie.*
- Grande division d'un embranchement d'êtres vivants. > *La classe des vertébrés.*

OBSERVER ET REPÉRER

Lorsque son **secrétaire** fut arrivé, il eut avec lui un entretien : le secrétaire devait porter sur-le-champ le projet de budget aux Tuileries, et fournir certaines explications, si l'empereur **soulevait** des objections nouvelles. Dès lors, Nantas crut avoir assez fait. Il laissait tout en ordre, il ne **partirait** pas comme un banqueroutier frappé de démence. [...] Mais comme il allait quitter son **cabinet**, en emportant le revolver, il eut une dernière amertume à **boire**.

É. Zola, *Nantas*, 1878.

1 a. Expliquez le sens qu'ont, dans le texte, les mots en gras. b. Lesquels sont employés dans un sens figuré ? c. Proposez au moins un autre sens pour chacun d'eux.

S'EXERCER

2 Pour chaque mot en gras : a. Indiquez s'il est employé au sens propre ou figuré. b. Expliquez le sens qu'a le mot ici.
1. Le cocher attend dans la **cour** de l'hôtel particulier. • Les jeunes aristocrates font la **cour** à Vanina. • Son acte sera jugé devant la **cour**. 2. Les scientifiques étudient la **course** du satellite dans l'espace. • Le messager est arrivé à bout de **course**. • Ce taxi a accompli une longue **course**. 3. Un vent **frais** soufflait sur la forêt. • Ce restaurateur ne prépare que du poisson **frais**. • Un parfum **frais** émanait de sa chevelure.

3 a. Remplacez les ✎ par l'un de ces verbes : *peser, élever, cerner, fendre, bâtir, chasser*, conjugué au présent de l'indicatif. b. Indiquez si le verbe est employé dans son sens propre ou dans un sens figuré.
1. Il ✎ de tout son poids sur un levier. Elle ✎ ses paroles lorsqu'elle s'adresse à son directeur. 2. Après la guerre de 14-18, on ✎ des monuments aux morts dans toutes les communes de France. Pour se faire entendre, le conférencier ✎ la voix. 3. Il ✎ les difficultés en traitant chaque problème séparément. À la chasse, les chiens ✎ le gibier. 4. Le bûcheron ✎ le tronc d'un coup de hache. Sa peine nous ✎ le cœur. 5. Nantas ✎ un véritable empire financier. L'architecte ✎ la plus haute tour du monde. 6. En France, on ne ✎ pas l'ours. Cette bonne nouvelle ✎ sa tristesse.

4 Employez chaque mot dans une phrase où il aura : 1) son sens propre ; 2) un sens figuré.
Recette, étoile, froid, gâter, s'asseoir, four, imprimer.

5 Expliquez le sens du verbe « *engager* » dans chaque phrase.
1. Un serment engage Nantas vis à vis de Mademoiselle Chuin. 2. Pour obtenir de l'argent, certaines personnes engagent leurs bijoux. 3. Le baron a engagé des domestiques à son service. 4. Les deux partis en présence engagent des négociations. 5. Les parents engagent leurs enfants à étudier. 6. Cet homme d'affaires engage des capitaux dans un nouveau projet. 7. Le cocher engage sa voiture dans une ruelle.

6 a. Donnez le sens du nom « *feu* » dans chaque phrase. b. Expliquez quelle est l'idée commune à tous ces emplois.
1. Un grand feu s'est déclaré dans le hangar. 2. Ces dames se sont réunies pour une causerie au coin du feu. 3. Avez-vous du feu sur vous ? 4. Les poilus ont combattu sous le feu de l'ennemi. 5. Les feux de ce diamant sont magnifiques. 6. Sous le feu de la colère, il a brisé son bâton. 7. *Les feux de l'amour* ont été une célèbre série télévisée.

7 Faites correspondre, à chaque expression contenant le nom « *feu* », la définition qui lui convient.
Expressions : avoir la bouche en feu • aller au feu • être tout feu tout flamme • ne pas faire long feu.
Définitions : agir avec ardeur et zèle • être voué à l'échec • partir au combat • éprouver une sensation de brûlure.

8 Déterminez le sens des mots en gras en vous aidant du contexte.
1. Ces avocats travaillent au cœur de Londres, dans la **Cité**. Les étudiants logent dans les immeubles de la **cité** universitaire. Lorsqu'il a fait ses preuves, ce jeune artisan a obtenu son droit de **cité** auprès des maîtres d'œuvre. Les jeunes des **cités** ne veulent plus être montrés du doigt. 2. Dans ses œuvres, Primo Levi a porté **témoignage** de sa vie dans les camps. Lors du procès, les témoins se sont succédé à la barre pour déposer leur **témoignage**. Lors du décès de son père, ses amis lui ont manifesté de nombreux **témoignages** de sympathie.

9 Expliquez le sens des mots en gras dans les phrases.
1. Un contingent **de jeunes bleus** est arrivé au front. 2. Les supporters encouragent leur équipe : allez **les verts** ! 3. **Les rouges** ont mené une action révolutionnaire. 4. **Le maillot jaune** n'est pas en tête de l'étape. 5. Ces **blancs-becs** sont bien insolents envers leur grand-père.

10 a. Quelles connotations associez-vous à ces adjectifs de couleur ?
Rouge, bleu, vert, blanc.
b. Choisissez une de ces quatre couleurs et rédigez une phrase pour chacune des connotations envisagées.

S'EXPRIMER

11 Rédigez un bref paragraphe qui illustre une des expressions de l'exercice **7**.

12 Employez chaque expression dans un bref paragraphe qui illustrera son sens. Sous la coupe de, coupe sombre, coupe claire.

13 Quelles connotations associez-vous à cette image publicitaire ?

Les Arts décoratifs, Musée de la Publicité, Paris
© Photo les Arts décoratifs/L. Sully Jaulmes, © DR.

Les mots et leurs sens

Les relations entre les mots

> **Vérifiez vos acquis**
> Solide, chétif, timoré, énergique, volontaire, mou, veule, aguerri.
> Classez ces adjectifs en deux listes selon qu'ils sont synonymes ou antonymes de l'adjectif *fort*.

1. SYNONYME

▶ Définition

- Un **synonyme** est un mot de **même sens** ou de **sens voisin** par rapport à un autre mot.
  > *Un soldat, un militaire, un guerrier.*
- Les synonymes ont très rarement exactement le même sens. Des **nuances de sens** les différencient selon :
  – le **niveau de langue** ;   > *Courageux* (courant), *vaillant* (soutenu).
  – l'**intensité**.   > *Hideux* indique une laideur plus grande que *laid*.

▶ Emploi

- Les synonymes servent à :
  – **définir un mot** ; c'est pourquoi on les trouve dans les articles de dictionnaire ;
  > *Force : énergie, solidité.*
  – **éviter les répétitions dans un texte** ;
  > *Nantas fit preuve d'une force incroyable. Son énergie fut récompensée.*
  – **enrichir un texte**.
  > *Tout me paraissait sans éclat, terne et effacé.* (S. Zweig, *Vingt-quatre heures de la vie d'une femme*)
- Pour proposer le synonyme d'un mot, il faut tenir compte de la nature grammaticale de ce mot. On peut ainsi associer :
  – un **nom** à un **nom** ou à un **groupe nominal** ;   > *force, vaillance, grande énergie.*
  – un **verbe** à un **verbe**, à un **groupe verbal**, à un **groupe nominal** ;
  > *vaincre, gagner, avoir le dessus, action de triompher.*
  – un **adjectif** à un **adjectif**, à un **participe passé**.   > *vieux, ancien, vieilli.*

2. ANTONYME

- Un **antonyme** est un mot de **sens contraire** par rapport à un autre mot.
  > *Fort ≠ faible. Le jour ≠ la nuit.*
- Pour proposer l'antonyme d'un mot, il faut tenir compte de la nature grammaticale de ce mot. On peut ainsi associer :
  – un **nom** à un **nom** ou à un **groupe nominal** ;
  > *La force ≠ la faiblesse, le manque d'énergie.*
  – un **adjectif qualificatif** à un **adjectif** ou à un **participe passé** ; > *Faible ≠ fort, aguerri.*
  – un **verbe** à un **verbe**.   > *Embarquer ≠ débarquer.*

3. HYPERONYME

On nomme **hyperonyme** un mot de **sens général** qui recouvre tout un ensemble de mots de sens plus restreint.
> *Mouvement* est l'hyperonyme de *déplacement, traction, balancement, ondulation…*

4. CHAMP LEXICAL

- Un **champ lexical** est l'**ensemble des mots qui se rapportent à une notion** dans un texte et qui forment un réseau de sens.
- Un champ lexical comporte des **mots de natures grammaticales différentes** : noms, adjectifs qualificatifs, verbes, adverbes. Dans ce texte de Stefan Zweig, on trouve un champ lexical qui crée une impression de mort.
  > *Elles [Les mains]* **retombèrent** *toutes les deux, véritablement* **mortes** *et non pas seulement épuisées ; elles* **retombèrent** *avec une expression si accusée d'***abattement** *et de* **désillusion**, *comme* **foudroyées** *et* **à bout de course**, *que mes paroles sont impuissantes à le décrire.*
  > S. Zweig, *Vingt-quatre heures de la vie d'une femme*, © Le Livre de Poche, 1927.

OBSERVER ET REPÉRER

De taille exiguë, il [Loiseau] présentait un ventre en ballon surmonté d'une face rougeaude entre deux favoris grisonnants. Sa femme, grande, forte, résolue, avec la voix haute et la décision rapide, était l'ordre et l'arithmétique de la maison de commerce, qu'il animait par son activité joyeuse.

G. de Maupassant, *Boule de Suif*, 1880.

1 **a.** Relevez les adjectifs employés pour qualifier 1) M. Loiseau, 2) Mme Loiseau. **b.** Parmi ces adjectifs, lesquels sont antonymes ? **c.** Que Maupassant veut-il souligner dans le portrait de ce couple ?

S'EXERCER

2 Classez les mots en deux listes de synonymes.
Important, inestimable, impossible, essentiel, utopique, irréalisable, majeur, infaisable.

3 **a.** Classez les mots en quatre listes de synonymes. **b.** Classez-les par antonymes.
Jeunesse, dépendance, grand âge, affranchissement, assujettissement, jouvence, liberté, ancienneté, asservissement, émancipation, adolescence, vieillesse.

4 Complétez les phrases à l'aide de mots de l'exercice 3.
1. Ginevra refuse de rester sous la ✏ de son père ; elle marque son ✏ en épousant Luigi. 2. Le baron di Piombo ne comprend pas que sa fille puisse préférer sa ✏ au respect de la ✏ de son père.

5 Classez les adjectifs qualificatifs par couples d'antonymes.
Livide, plantureux, indifférent, déprimé, sanguin, diligent, maigre, attentionné, revigoré, oisif.

6 Complétez les phrases à l'aide d'adjectifs de l'exercice 5 et faites les accords nécessaires.
1. Lorsque di Piombo apprend la décision de sa fille d'épouser Luigi, son visage devient ✏. 2. Vanina est très ✏ envers le carbonaro qu'elle aime. 3. Boule de Suif, comme son nom l'indique, n'est pas ✏ mais plutôt ✏.

7 Relevez dans chaque extrait un mot hyperonyme.
1. Elle en sortit d'abord une petite assiette de faïence, une fine timbale en argent, puis une vaste terrine dans laquelle deux poulets entiers, tout découpés, avaient confit sous leur gelée, et l'on apercevait encore dans le panier d'autres bonnes choses enveloppées, des pâtés, des fruits, des friandises, les provisions préparées pour un voyage de trois jours. (G. de Maupassant, *Boule de Suif*, 1880) 2. Devant le café de Joseph, un groupe d'hommes lui barra la route : le père Joseph lui-même, le maire Belacchi, le gendarme Coloz, et Bardu, le braconnier attitré de la commune. (H. Troyat, *La Neige en deuil*, © Flammarion, 1952) 3. Les brebis entrèrent en se bousculant dans l'écurie. Isaï leur avait préparé une litière de débris de sapin et de feuilles de bouleau séchées. Le râtelier était bourré de foin. L'eau du baquet avait été renouvelée à l'aube. (H. Troyat, *La Neige en deuil*, © Flammarion, 1952)

8 Relevez un mot hyperonyme dans chaque extrait et listez les mots que recouvre chacun d'eux.
1. Figurez-vous un monde encore en chaos, une tempête de montagnes que séparent des ravins étroits où roulent des torrents ; pas une plaine, mais d'immenses vagues de granit et de géantes ondulations de terre couvertes de maquis ou de hautes forêts de châtaigniers et de pins.
2. On ne rencontre jamais un morceau de bois travaillé, un bout de pierre sculptée, jamais le souvenir du goût enfantin ou raffiné des ancêtres pour les choses gracieuses et belles. C'est là même ce qui frappa le plus en ce superbe et dur pays : l'indifférence héréditaire pour cette recherche des formes séduisantes qu'on appelle l'art.

G. de Maupassant, « Le Bonheur », *Contes du jour et de la nuit*, 1884.

9 Associez les mots par couple de synonymes en indiquant le niveau de langue de chaque mot.
Notoire, mordant, judicieux, indigent, caustique, émérite, reconnu, harassant, épuisant, expérimenté, sensé, misérable.

10 Complétez les phrases à l'aide de mots de l'exercice 9 et faites les accords nécessaires.
1. Au début de sa vie, Nantas était ✏ avant de devenir un financier ✏. 2. Balzac est un romancier ✏ du XIXe siècle. 3. Brecht dans *La Résistible Ascension d'Arturo Ui* brosse une critique ✏ de la dictature. 4. Pendant la Première Guerre mondiale, les femmes dont les maris étaient au front ont vécu des journées ✏.

11 Quel est le champ lexical dominant dans le texte ? Relevez les mots qui forment ce champ lexical.
Chaque pays, dit civilisé comme, par exemple, les États-Unis, la Russie, et aussi la France, possesseur de la bombe atomique, s'est acharné à en construire beaucoup d'exemplaires. Au point d'avoir de quoi pulvériser notre planète plusieurs centaines de fois. Les ravages de la bombe d'Hiroshima – une « bombinette » en regard de celles existantes aujourd'hui – ont été effroyables. De nombreuses victimes ont péri dans l'instant ou ont souffert le martyr des suites de très graves brûlures dues aux radiations.

A. Grousset, *10 façons d'assassiner notre planète*, © Flammarion, 2007.

S'EXPRIMER

12 Décrivez l'image en employant au moins quatre mots du champ lexical des livres.

Giuseppe Arcimboldo (1527-1593), *Le Bibliothécaire*, 1566, Monastère de Sko, Suède. © Akg-Images/E.Lessing

Les mots et leurs sens

Les figures de style

Les **figures de style** sont des **procédés d'écriture** qui donnent plus d'originalité, d'expressivité au texte. Voici quelques figures de style, regroupées en fonction du lien qu'elles établissent entre les mots.

1. LES FIGURES PAR RESSEMBLANCE

• La comparaison	> *Peuple de fond en comble retourné* **Comme une terre en labours**. R. Depestre, *Minerai noir*.	Mise en relation de deux éléments grâce à un connecteur (*comme, tel que*).
• La métaphore	> *Le* **minerai** *noir*. R. Depestre, *Minerai noir*.	Comparaison implicite, sans connecteur (*la main-d'œuvre noire exploitée comme un minerai*). Si la métaphore se poursuit dans le texte, on parle de **métaphore filée**.
• La périphrase	> *La capitale de la France*.	Le fait de désigner un mot par un groupe de mots qui en décrit une caractéristique.
• Le parallélisme	> *Le soleil chaud faiblit, le vent âpre gémit*.	Succession de deux groupes de mots de même construction (ici : nom, adjectif, verbe).

2. LES FIGURES PAR CORRESPONDANCE

• La métonymie	> *Il brandit son* **fer** *(son épée)*. > *Je bois* **un verre** *de vin*. > *Il vend du* **cachemire**. > **Le trône de France** *a été renversé*. > **Un poilu** *de la guerre de 14-18*	Désignation d'un objet ou d'une personne par un élément qui lui est lié : – un détail pour l'ensemble ; – le contenant pour le contenu ; – le nom du lieu dont l'objet provient ; – le signe symbolique d'un pouvoir ; – un personnage par l'une de ses caractéristiques.

3. LES FIGURES PAR ANIMATION

• La personnification	> *Vous dont* **la maison ne pleure pas** R. Char, *Feuillets d'Hypnos*.	Un objet présenté comme une personne ou un animal.
• L'allégorie	> *La balance*.	Représentation concrète (*une balance*) d'une idée abstraite (*la justice*).

4. LES FIGURES PAR OPPOSITION

• L'antithèse	> *Je vis, je meurs ; je me brûle et me noie*. L. Labé, *Sonnets*.	Opposition de deux termes de même nature (*vivre / mourir : se brûler / se noyer*).
• L'antiphrase	> *La bousculade des soldes :* **un vrai paradis**, *non ?*	Le fait de suggérer le contraire de ce qui est écrit (ici, *un paradis* signifie *un enfer*).

5. LES FIGURES PAR EXAGÉRATION ou d'INSISTANCE

• L'énumération ou accumulation	> *Les souffles de la mort* **nous poussent, nous soulèvent, nous balancent**. H. Barbusse, *Le Feu*.	Succession de termes plus ou moins synonymes pour renforcer une caractéristique.
• La gradation	> *Il gémit, il cria, il hurla*.	Énumération de termes de plus en plus forts.
• L'hyperbole	> *Il n'avait pas UN camarade Mais* **des millions et des millions** P. Eluard, *Avis*.	Exagération d'une caractéristique, par un superlatif, des adverbes d'intensité, une indication de nombre ou un synonyme de sens plus fort.
• L'anaphore	**Afrique** *mon Afrique* **Afrique** *des fiers guerriers dans les savanes ancestrales* **Afrique** *que chante ma grand-mère* D. Diop, *Coups de pilon*.	Répétition d'un mot ou d'une même construction en début de vers ou de phrases pour insister.

6. LES FIGURES PAR ATTÉNUATION

• L'euphémisme	> *Il s'est éteint sans souffrir*.	Utilisation d'un mot faible ou imagé pour atténuer une réalité pénible (ici, *s'éteindre* pour *mourir*).
• La litote	> *C'est peu brillant !* (= c'est très mauvais)	Atténuation apparente pour, en fait, renforcer le propos.

OBSERVER ET REPÉRER

Aucune aube ne blanchissait dans le ciel mort, les hauts fourneaux seuls flambaient, ainsi que les fours à coke, ensanglantant les ténèbres, sans en éclairer l'inconnu. Et le Voreux, au fond de son trou avec un tassement de bête méchante, s'écrasait davantage, respirait d'une haleine plus grasse et plus longue, l'air gêné par sa digestion pénible de chair humaine.

É. Zola, *Germinal*, 1885.

1 a. Quelles figures de style repérez-vous dans la première phrase ? b. À quoi la mine de charbon du Voreux est-elle comparée ? Citez des expressions du texte et indiquez quelles sont les figures de style employées. c. Quelle impression se dégage de la description de cette mine ?

S'EXERCER

2 Quelle est la métaphore filée dans le texte de l'exercice **1** ? Justifiez en relevant des mots du texte.

3 Relevez et nommez les figures de ressemblance.
1. Le savoir ressemblait pour lui à un vieillard au visage ridé par le soleil et par le vent. (J. D. Bredin, *Un enfant sage*) **2.** Comme un chat à l'affût, j'étudiais l'itinéraire. (H. Lopes, *Le Chercheur d'Afrique*) **3.** J'habite la cascade de ses rires. J'habite la forêt de ses paroles. J'habite les profondeurs de ses silences. J'habite le cyclone de ses contrariétés et de ses peines. (E. Pépin, *Coulée d'or*)

4 a. Associez chaque périphrase de la liste A à un nom de la liste B. b. Employez chaque périphrase dans une phrase qui mette son sens en valeur.
A] la der des ders • le toit du monde • le dieu des Enfers • le septième art.
B] L'Himalaya • le cinéma • la guerre de 14-18 • Hadès.

5 Cherchez des euphémismes employés pour désigner : *la mort, les personnes âgées, les pauvres.*

6 Quelles sont les figures de style employées dans ces extraits ? Nommez-les et relevez les groupes de mots.
1] Dans le ciel c'est le mât qui fait des cercles
Et désigne toutes les étoiles du doigt
B. Cendrars, *Feuilles de routes*, © Éditions Denoël, 1947.
2] La Déroute, géante à la face effarée [...]
Se lève grandissante au milieu des armées
La Déroute apparut au soldat qui s'émeut
Et, se tordant les bras, cria : sauve qui peut !
V. Hugo, *Les Châtiments*, 1853.

7 Vinca semble en harmonie avec la nature environnante : relevez deux figures de style qui le prouvent. **Brevet**
Vinca aux yeux couleur de pluie printanière, répondit qu'elle allait, en effet, à la pêche. Son chandail reprisé en témoignait et ses espadrilles racornies par le sel. [...] Ses cheveux courts s'éparpillent en paille raide et bien dorée, qu'elle laisse pousser depuis quatre mois, mais qu'on ne peut ni tresser ni rouler.
Colette, *Le Blé en herbe*, © Flammarion, 1923.

8 a. Relevez et nommez les figures de style employées. b. Quel est l'effet produit ? **Brevet**
Forêts déracinées, rivages dévastés par des montagnes d'eau, qui se précipitaient comme des mascarets[1], navires jetés à la côte, que les relevés du *Bureau-Veritas* chiffrèrent par centaines, territoires entiers nivelés par des trombes qui broyaient tout sur leur passage, plusieurs milliers de personnes écrasées sur terre ou englouties en mer : tels furent les témoignages de sa fureur qui furent laissés après lui par ce formidable ouragan.
J. Verne, *L'Île mystérieuse*, 1874.
1. masse d'eau en forme de barre qui remonte le courant d'un fleuve au moment du flux.

9 Quelles sont les figures d'exagération (d'insistance) employées dans ces extraits ?
1] Horloge ! dieu sinistre, effrayant, impassible,
Dont le doigt nous menace et nous dit : « *Souviens-toi !*
Les vibrantes Douleurs dans ton cœur plein d'effroi
Se planteront bientôt comme dans une cible. »
C. Baudelaire, « L'horloge », *Les Fleurs du Mal*, 1857.
2] Dans ce magma, les hommes glissaient, sautaient, nageaient, [...] pataugeaient, s'enlisaient, perdaient le fond, plongeaient dans la flotte jusqu'au menton, se cramponnaient à des pieux ou à des bouts de planche.
B. Cendrars, *La Main coupée*, © Éditions Denoël, 1947.

10 a. Quelle est la figure de style employée dans la dernière phrase ? b. Quel est le ton de ce récit ?
On dit adieu à l'Église. On s'aime, on s'accorde, on s'épouse ! On est au plus mal avec les père et mère, à qui l'on fait des sommations pour arriver à ce mariage de la débine et de la misère. Je suis le premier enfant de cette union bénie.
J. Vallès, *L'Enfant*, 1885.

11 Répondez à ces questions de brevet. **Brevet**
1] Citez le nom de la figure de style. Épaves de barges, de jeeps, de tanks, barbelés, casques, couteaux, fusils, grenades, bombes... sculptures compressées d'une bataille qui ensanglanta la mer et dont les restes, conquis par les algues et poissons avaient résisté aux courants. (J. Garcin, *Théâtre intime*).
2] Relevez deux figures de style et nommez-les. Quelle image donnent-elles de l'autoroute ? Ce matin-là, l'aire du Muguet avait des couleurs si riantes sous le jeune soleil que l'autoroute pouvait paraître en comparaison un enfer de bruit et de béton. [...] Le feuillage tendre bruissait de chants d'oiseaux et de voix d'insectes. [Pierre] respira à pleins poumons, comme s'il se retrouvait enfin à l'air libre après un long tunnel asphyxiant. (M. Tournier, « L'aire du Muguet », *Le Coq de bruyère*, © Éditions Gallimard, 1978)
3] Quelle figure de style est employée dans la dernière phrase ? Quelle idée cette figure met-elle en valeur ? Et c'est dans la puanteur et l'inconfort de l'humidité brûlante que grossissaient au-dessus de la tête [des ouvrières] les écheveaux de soie. Ainsi la soie somptueuse naissait-elle dans l'odeur de la mort. (M. Rouanet, *Le Crin de Florence*, © Éditions Climats, 1986)

Aigle royal poursuivant un lièvre.
© Hachette Livre

S'EXPRIMER

12 Décrivez en quelques lignes l'illustration en employant au moins quatre figures de style que vous soulignerez et nommerez entre parenthèses.

La cohérence d'un texte
Les niveaux de langue

> **Vérifiez vos acquis**
>
> 1. **a.** Tu as vu ? **b.** Il est pas tombé dans les pommes.
> 2. **a.** As-tu vu ? **b.** Il n'a pas perdu connaissance.
> 3. **a.** Est-ce que tu as vu ? **b.** Il ne s'est pas évanoui.
>
> 1. Indiquez le niveau de langue de chacun des couples de phrases.
> 2. Qu'est-ce qui différencie les niveaux de langue des phrases **a.** des phrases **b.** ?

1. LES TROIS NIVEAUX DE LANGUE

Il faut savoir adapter son niveau de langue à la situation de communication.
- Le **niveau familier** s'emploie uniquement à l'oral et avec des personnes très proches : famille, amis ou camarades.   > *J' suis crevé*.
- Le **niveau courant** s'emploie dans une langue orale plus officielle : au collège, dans les relations professionnelles, dans la presse audiovisuelle ; à l'écrit dans les lettres, la presse, les romans de jeunesse, ainsi que dans les transcriptions de dialogues.   > *Je suis fatigué*.
- Le **niveau soutenu** s'emploie à l'écrit dans la langue littéraire.   > *Je suis éreinté*.

2. DU NIVEAU FAMILIER AU NIVEAU COURANT

Il existe des particularités du niveau familier, acceptées ni à l'écrit ni à l'oral de niveau courant.

	Incorrect	Correct
La **syntaxe** La **négation** : – la particule *ne* supprimée – la particule *pas* déplacée Le **sujet** : – le sujet **supprimé** – le sujet **redoublé** L'**interrogation sans inversion du sujet**	> *Il sait pas*. > *Il faut qu'il travaille pour pas qu'il redouble*. > *Faut qu'il parte*. > *Ma mère, elle est sévère*. > *Tu viens ?* > *Il dit quoi ?*	> *Il ne sait pas*. > *Il faut qu'il travaille pour qu'il ne redouble pas*. > *Il faut qu'il parte*. > *Ma mère est sévère*. > *Est-ce que tu viens ? Viens-tu ?* > *Qu'est-ce qu'il dit ? Que dit-il ?*
La **suppression du « e »**	> *J'm'en veux*.	> *Je m'en veux*.
Les **mots abrégés**	> *l'prof*	> *le professeur*
Les **changements de mots** – **à** au lieu de **de** – **ça** au lieu de **cela** – **malgré que** au lieu de **bien que** – **desfois** au lieu de **quelquefois** – **trop** au lieu de **très** – le vocabulaire provenant de l'**argot** ou du **verlan**	> *le frère à mon père* > *Ça me réconforte*. > *Je viendrai malgré que j'aie beaucoup de travail*. > *Desfois, il me fait peur*. > *Ce film est trop drôle*. > *le fric, la meuf*	> *le frère de mon père* > *Cela me réconforte*. > *Je viendrai bien que j'aie beaucoup de travail*. > *Quelquefois, il me fait peur*. > *Ce film est très drôle*. > *l'argent, la femme (jeune fille)*

> **FAIRE SES GAMMES**

1 a. Quel est le niveau de langue de l'expression en gras ? **b.** Relevez d'autres expressions du même niveau de langue. **c.** Récrivez en langage courant.

Sur l'herbe même, il y avait […] des moutons éventrés avec leurs organes **en pagaïe**, […] On s'engueulait ferme entre escouades à propos de graisses, et de rognons surtout, au milieu des mouches comme on en voit que dans ces moments-là, importantes et musicales comme des petits oiseaux.

L.-F. Céline, Voyage au bout de la nuit,
© Éditions Gallimard, 1952.

2 Corrigez ces phrases en utilisant un niveau de langue courant et une syntaxe correcte.

1. On a pas voyagé avec l'oncle à mon père. 2. Desfois, les bleus avaient moins la frousse que les vieux bidasses. 3. Faut que Paul, il se dépêche de canarder, il va se faire trouer. 4. T'as flairé cette affaire ? 5. Malgré que je l'aie apprise, je crains pour l'interro. 6. Ce bouquin, il est trop chouette.

3 a. Quel est le niveau de langue de ce passage ? **b.** Proposez un synonyme courant de : *tacites, complaisances, excelle, ecclésiastique, inintelligence, conspiration*.

Soit par une de ces ententes tacites, de ces complaisances voilées, où excelle quiconque porte un habit ecclésiastique, soit simplement par l'effet d'une inintelligence heureuse, d'une secourable bêtise, la vieille religieuse apporta à la conspiration un formidable appui.

G. de Maupassant, Boule de Suif, 1880.

La cohérence d'un texte
La ponctuation

> **Vérifiez vos acquis**
>
> PROSPERO : Sans moi, que serais-tu ?
> CALIBAN : Sans toi ? Mais tout simplement le roi ! Le roi de l'île ! Le roi de mon île, que je tiens de Sycorax, ma mère.
> A. Césaire, *Une tempête*, I, 2, © Seuil, 1969.
>
> 1. À quoi repère-t-on un début de phrase ?
> 2. Précisez le type de chaque phrase.
> 3. Quel signe de ponctuation forte est employé pour chaque type de phrases ?

1. LES SIGNES DE PONCTUATION

- Signes de **ponctuation forte** : le **point**, le **point d'interrogation** et le **point d'exclamation**. Ces signes **terminent une phrase** et sont suivis d'une majuscule.
- Autres signes : la **virgule**, le **point-virgule**, les **deux points**, les **points de suspension**, les **parenthèses**, les **tirets** ; ils marquent une **pause** dans la phrase ; ils séparent des mots ou des propositions. Tantôt obligatoire, tantôt facultative, leur présence est souvent déterminée par le type de texte. La **virgule** est **obligatoire** pour détacher une **apposition**.
- Pour les dialogues, on utilise une ponctuation particulière (voir p. 394).

2. PONCTUATION ET TYPES DE TEXTE

Textes narratifs		
exprimer une **succession rapide d'actions** ; donner du **rythme** à un récit	virgules, points-virgules ou points	> *Au repas du soir, tout le monde parlait, mangeait, buvait avec entrain lorsque soudain…*
mettre en **relief** des **compléments circonstanciels**	virgules	
ménager une **pause**, un **suspense**	points de suspension	
insérer des **paroles**	deux points, guillemets, tiret	> *La fermière cria : « Venez à table. »*
Textes descriptifs		
juxtaposer des éléments de la description	points-virgules	> *Dans la cour de l'auberge, se trouvait une charrette ; sur celle-ci, avaient grimpé des animaux : un chat, des poules et des poussins.*
séparer des éléments qu'on énumère	virgules	
mettre en valeur les **compléments circonstanciels** (notamment de **lieu**)	virgules	
Textes explicatifs		
donner des **précisions**	deux points, parenthèses ou tirets	> *On distingue trois catégories de matières organiques : glucides, protides, lipides.*
énumérer des **éléments**	virgules	
Textes argumentatifs		
introduire le développement ou la conclusion d'une argumentation	deux points	> *« Semaine sans télé », cette – bonne – publicité invite le spectateur à ne pas absorber passivement toutes les émissions proposées : journaux, débats, docu-fictions, jeux.*
placer les **exemples**	virgules	
placer les **citations**	guillemets	
valoriser un **commentaire personnel**	tirets ou parenthèses	

FAIRE SES GAMMES

❶ a. De quel type de texte s'agit-il ? **b.** Remplacez les ✎ par des signes de ponctuation.

Le présent recueil ✎ au titre volontairement provocateur ✎ associe l'écologie à la science-fiction ✎ Cette littérature a toujours eu un rôle de prospective ✎ de mise en garde ✎ en se penchant sur l'évolution de notre société ✎

A. Grousset, *10 façons d'assassiner notre planète*, © Flammarion, 2007.

❷ a. Quels types de textes l'extrait comporte-t-il ? **b.** Rétablissez ponctuation et majuscules.

les trois hommes montèrent et furent introduits dans la plus belle chambre de l'auberge où l'officier les reçut étendu dans un fauteuil les pieds sur la cheminée fumant une longue pipe de porcelaine et enveloppé par une robe de chambre flamboyante dérobée sans doute dans la demeure abandonnée de quelque bourgeois de mauvais goût il ne se leva pas ne les salua pas ne les regarda pas il présentait un magnifique échantillon de la goujaterie naturelle au militaire victorieux.

G. de Maupassant, *Boule de Suif*, 1880.

❸ Rétablissez la ponctuation.

Ce passage a trente pas de long et deux de large au plus il est pavé de dalles jaunâtres usées descellées suant toujours une humidité âcre

É. Zola, *Thérèse Raquin*, 1868.

La cohérence d'un texte

Les reprises nominales et pronominales

Vérifiez vos acquis

L'employé du ministère ne paraissait pas avoir plus de trente ans, tandis que le militaire, qui était âgé de trente ans, semblait en avoir quarante. Quelques cheveux gris s'échappaient de dessous la casquette du colonel ; de belles boucles blondes ornaient les tempes du magistrat.

D'après Balzac, *Adieu*, 1830.

1. Quels sont les mots qui reprennent le GN en gras ? le GN souligné ?
2. Quelle est la nature grammaticale de ces mots de reprise ?

1. DÉFINITION

- Les reprises nominales et pronominales sont des procédés qui servent à évoquer **des éléments** (personnes ou choses) **dont on a déjà parlé** dans un texte mais en les désignant différemment.
- Ces procédés permettent d'**éviter les répétitions**, d'**enrichir le sens des textes** en ajoutant des explications, de **livrer un point de vue** sur un personnage, un lieu...

2. LES REPRISES NOMINALES

- Une reprise nominale reprend un élément par un **nom** ou un **groupe nominal**. En principe, un élément est désigné la première fois par un **nom propre** ou par un **nom commun** précédé d'un article indéfini.
- Les reprises nominales peuvent consister à :
  - **répéter** un nom précédé d'un autre déterminant ; > *Le militaire, ce militaire.*
  - **utiliser un synonyme** ; > *La casquette, le képi.*
  - utiliser un groupe nominal qui **apporte une information nouvelle** ; > *Le militaire, le colonel.*
  - utiliser un groupe nominal ou une périphrase qui **livre un autre point de vue**, mélioratif ou péjoratif. > *Le soldat, l'expert en tir, le guerrier sanguinaire, le vétéran de Verdun.*
- Les reprises nominales peuvent reprendre :
  - un groupe verbal ; > *Le magistrat est parti ; son départ a été remarqué.*
  - une proposition ou une phrase. > *Le magistrat a parlé. Son discours a ému.*

3. LES REPRISES PRONOMINALES

- Une reprise pronominale reprend un élément par un pronom personnel, démonstratif, relatif, indéfini.
  > *Le militaire qui est âgé de trente ans porte une casquette.*
- Cas particuliers : **ce (c'), cela** peuvent reprendre toute une phrase ou une proposition.
  > *Que cet homme ait trente ans, cela est difficile à croire.*
  Dans cette fonction de reprise, les pronoms relatifs *qui*, *que (qu')*, *quoi*, *dont* peuvent être précédés des pronoms démonstratifs *celui*, *celle*, *ce*, *ceux*, *celles*.
  > *Le militaire est celui qui porte une casquette.*

FAIRE SES GAMMES

1 a. Relevez les reprises nominales et pronominales qui correspondent aux mots en gras. **b.** Quelles sont les reprises nominales qui révèlent la nature du personnage ?

Parmi tant de femmes remarquables il fut question de décider quelle était la plus belle : le choix resta quelque temps indécis ; mais enfin **la princesse Vanina Vanini**, cette jeune fille aux cheveux noirs et à l'œil de feu, fut proclamée la reine du bal. Aussitôt les étrangers et les jeunes Romains, abandonnant tous les autres salons, firent foule dans celui où elle était.

Stendhal, *Vanina Vanini*, 1830.

2 a. Relevez les reprises pronominales qui correspondent à « *Pauline* ». **b.** Le « *vous* » souligné est-il un « *vous* » de politesse ou de pluriel ? Justifiez. **c.** Quel GN le pronom « *le* » reprend-il ?

Et maintenant, continua Pauline, je vous rappelle sur votre honneur le serment que *vous* m'avez fait de ne rien révéler de ce terrible drame tant que vivra encore un des trois principaux acteurs qui y ont joué un rôle. Je *le* lui renouvelai.

A. Dumas, *Pauline*, 1838.

3 Récrivez le texte **2** [Brevet] en remplaçant « *Pauline* » par « *Pauline et Claire* » et en considérant qu'elles s'adressent à plusieurs personnes.

4 Remplacez les répétitions par des reprises nominales ou pronominales.

M. Chabre était un ancien marchand de grains retiré. M. Chabre avait une belle fortune. Bien que M. Chabre eût mené la vie chaste d'un bourgeois enfoncé dans l'idée de devenir millionnaire, M. Chabre traînait à quarante-cinq ans des jambes alourdies de vieillard. Sa face blême, usée par des soucis d'argent, était plate et banale comme un trottoir. Et M. Chabre se désespérait, car un homme qui a gagné cinquante mille francs de rente a certes le droit de s'étonner qu'il soit plus difficile d'être père que d'être riche.

D'après É. Zola, *Les Coquillages de M. Chabre*.

La cohérence d'un texte

La progression d'un texte

1. DÉFINITION
- Dans la progression d'un texte, on nomme **thème** ce dont on parle et qui est connu, **propos** ce qu'on apprend de nouveau. ➤ *Vanina aperçut le carbonaro.*
  thème   propos
- Pour qu'un texte soit clair et compréhensible, thèmes et propos doivent s'enchaîner de façon logique. Il existe **trois types d'enchaînement** (ou **progressions thématiques**), qui peuvent se combiner.

2. PROGRESSION PAR REPRISE (À THÈME CONSTANT)
- Dans une progression à thème constant, **toutes les phrases ont le même thème (A)** sur lequel on donne des informations différentes.
- C'est la progression qui convient le mieux au **récit** : elle permet de **centrer le récit sur un personnage**.
  ➤ *Naïs attendait dans le vestibule. Elle portait une corbeille de fruits. Elle la posa.*
     A   A   A

3. PROGRESSION PAR ENCHAÎNEMENT (À THÈME LINÉAIRE)
- Dans une progression à thème linéaire, **le propos (B) de la première phrase devient le thème de la phrase suivante**.
- Cette progression est fréquente dans les textes **narratifs** et **descriptifs** : **l'intérêt** du lecteur **se déplace vers un nouvel élément** du récit ou de la description.
  ➤ *La corbeille regorgeait de fruits. Ces trésors du verger embaumaient. Leur parfum se répandait.*
     A   B   B   C   C

4. PROGRESSION PAR ÉCLATEMENT (À THÈME ÉCLATÉ OU DÉRIVÉ)
- Dans une progression à thème éclaté ou dérivé, les phrases qui se succèdent ont chacune un **thème différent** mais ces thèmes forment les **parties d'un tout** annoncé au début.
- Cette progression est particulièrement adaptée aux textes **descriptifs**, **explicatifs** et **argumentatifs** : elle permet de **détailler les descriptions, les explications et l'argumentation**.
  ➤ *Les enfants sont les victimes de la guerre : des millions sont morts ou mutilés, des millions*
     A   A1   A2
  sont sans abri et bien d'autres encore sont confrontés à la malnutrition.
     A3

FAIRE SES GAMMES

❶ Indiquez le type de progression suivi dans chaque extrait.

1. Et, l'après-midi, après les vêpres, il y eut un autre spectacle, une procession à un calvaire planté au bout du village. Un paysan marchait le premier, tenant une bannière de soie violette brochée d'or, à hampe[1] rouge. Puis deux longues files de femmes s'espaçaient largement. Les prêtres venaient au milieu [...]. Enfin, derrière, à la suite d'une bannière blanche portée par une grosse fille aux bras hâlés, piétinait la queue des fidèles, qui se traînait avec un fort bruit de sabots, pareille à un troupeau débandé.
É. Zola, *Les Coquillages de M. Chabre*, 1876.
1. manche en bois.

2. Puis, dans l'antichambre, une cohue se pressait, des solliciteurs, des hommes d'affaires, des hommes politiques, tout Paris devant la puissance.
E. Zola, *Nantas*, 1878.

❷ Pour chaque extrait, indiquez le type de texte, le type de progression suivi et l'effet produit.

1. Je jetai autour de moi un regard effaré : j'aperçus sur le lit une forme humaine que trahissait le linceul[2] déjà étendu sur elle : alors je sentis tout mon courage s'évanouir, je m'appuyai contre la porte.

2. Alors je commençai mon récit à partir de mon arrivée à Trouville. Je lui racontai tout : comment j'avais été surpris par l'orage et poussé sur la côte ; comment, en cherchant un abri, j'étais entré dans les ruines de l'abbaye ; comment, réveillé au milieu de mon sommeil par le bruit d'une porte, j'avais vu sortir un homme du souterrain ; comment cet homme avait enfoui quelque chose sous une tombe, et comment, dès lors, je m'étais douté d'un mystère que j'avais résolu de pénétrer.
A. Dumas, *Pauline*, 1838.
2. drap dans lequel on ensevelit un mort.

❸ Pour chaque extrait, indiquez le type de texte et le type de progression suivi.

1. La drogue n'est un bienfait que pour les assassins qui s'enrichissent. Ceux-là mêmes qui n'en consomment jamais, pour conserver l'esprit clair et pouvoir mieux t'inoculer leur poison.

2. La drogue est un faux refuge, une béquille de papier. Elle transforme la vie de ses victimes en un cauchemar sans fin. Elle enlève à l'homme ce qui lui appartient de plus sacré : sa dignité. Elle l'entraîne à tuer, à dévaster tout sur son passage, à briser les siens, pour la seule satisfaction d'une sensation éphémère qu'il faut sans cesse, encore, toujours renouveler.
G. Sinoué, *À mon fils à l'aube du troisième millénaire*, © Éditions Gallimard, 2000.

❹ Poursuivez le texte en adoptant un type de progression que vous nommerez : *La jeune fille ouvrit la porte...*

L'énonciation
Énoncés et situation d'énonciation

1. DÉFINITION

1er cas Énoncé ANCRÉ dans la situation d'énonciation	2e cas Énoncé COUPÉ de la situation d'énonciation
> *Je **suis** sûr **maintenant**, qu'**hier**, **vous** m'avez donné un bon conseil. Dès **demain**, je suivrai **votre** proposition.* • Cet énoncé ne se comprend que si l'on connaît la situation dans laquelle il a été prononcé. Il est lié au moment où on l'exprime et à la personne qui l'énonce (le locuteur). • Le moment où le locuteur s'exprime et celui des faits dont il parle est le même. Le temps dominant est le **présent**, on est dans le **système du discours**. • Le locuteur s'adresse directement à d'autres personnes. • Ce type d'énoncé se trouve à l'**oral**, dans les **lettres**, les **dialogues de théâtre** (p. 392), le **discours direct dans un récit** (p. 394).	> *Pierre, **ce jour-là**, remercia **ses parents** pour le conseil qu'**ils lui** avaient donné **la veille**. **Il** était résolu à suivre **leur** proposition **dès le lendemain**.* • Cet énoncé se comprend même si l'on ne connaît pas la situation dans laquelle il a été prononcé. Il n'est pas lié au moment où il est exprimé ni à la personne qui l'énonce. • Le narrateur se situe dans le présent ; les faits qu'il rapporte sont situés dans le passé. Les temps dominants sont ceux du **passé**, on est dans le **système du récit**. • Les paroles ne sont pas rapportées directement. • Ce type d'énoncé se trouve dans les **récits au passé** (p. 401), les **dialogues rapportés indirectement dans un récit au passé** (p. 396).

⚠️ **ATTENTION** Pour les **récits autobiographiques**, la situation est complexe car on a une **double énonciation**. Pour les **souvenirs** racontés au **passé** (passé simple, imparfait, plus-que-parfait), l'énoncé est **coupé de la situation d'énonciation**. Le **moment de l'écriture**, lui, est **ancré dans la situation d'énonciation**.

> *Chantal **venait** me voir tous les soirs avec sa deux-chevaux.* (souvenir) *Ma mémoire **a** du mal à contourner le douloureux moment de notre séparation, quinze ans plus tard. **Aujourd'hui** encore je **me réjouis** quand je **vois** une deux-chevaux.* (moment de l'écriture)

V. Alexakis, *Je t'oublierai tous les jours*, © Stock, 2005.

2. LES MOTS À EMPLOYER

	1er cas (énoncé **ancré** dans la situation d'énonciation)	2e cas (énoncé **coupé** de la situation d'énonciation)
Pronoms personnels dominants : – sujets – complément	*je, nous* *tu, vous* *me, moi, nous* *te, toi, vous*	*il, elle, ils, elles* *il, elle, ils, elles* *le, la, les, lui, (à) elle(s), leur, (à) eux* *le, la, les, lui, (à) elle(s), leur, (à) eux*
Déterminants possessifs	*mon, ma, mes, ton, ta, tes* *notre, nos, votre, vos*	*son, sa, ses* *leur, leurs*
Pronoms et déterminants démonstratifs	*celui-ci, celle(s)-ci, ceux-ci, ceci, ce* soir	*celui-là, celle(s)-là, ceux-là, cela, ce* soir*-là*
Indicateurs de **lieu** Indicateurs de **temps**	*ici, là-bas* *maintenant, aujourd'hui, ce matin,* *hier, avant-hier* *demain, après-demain* *le mois dernier, prochain*	*là, y* *ce jour-là, ce matin-là* *la veille, l'avant-veille* *le lendemain, le surlendemain* *le mois précédent, suivant*
Temps des verbes	présent de l'indicatif passé composé futur simple, futur antérieur	imparfait, passé simple plus-que-parfait, passé antérieur, futurs dans le passé

OBSERVER ET REPÉRER

Un petit village Volcano[1] regroupait les employés du domaine. Morvan y avait conduit Charley le premier soir. Il l'avait présenté à Shahinez, adorable Volcanette au nez retroussé et au regard brillant. Mais dès le lendemain, il l'avait ramené avec lui à La Saline, l'installant dans le grenier d'un bâtiment de l'aile droite. C'est là, assis sur des poutres transversales de la charpente, qu'ils étaient en train de bavarder. Dehors, le soir tombait.

« Demain soir mon père revient. Je te présenterai à lui. Je suis sûr qu'il acceptera que tu restes à La Saline. »

D. Martinigol, *Les Oubliés de Vulcain*, © Hachette Livre, 1995.

1. Volcano est le nom d'un peuple dans ce roman de science-fiction.

❶ a. Pour chaque paragraphe, indiquez les temps de l'indicatif employés, relevez les pronoms personnels et les déterminants possessifs et indiquez à quelles personnes ils sont. **b.** Relevez les indicateurs de temps. **c.** De quel type d'énoncé s'agit-il dans le 1er paragraphe ? dans le 2e ?

S'EXERCER

❷ Complétez les phrases avec l'indicateur de temps ou de lieu qui convient.
1. J'arriverai *(demain, le lendemain)* par le train de 14 h 16.
2. Le baron avait quitté la Corse *(hier, la veille)*.
3. Les soldats rêvaient des fermes de l'arrière : c'était *(ici, là)* qu'ils se reposaient après le front.
4. *(Avant-hier, l'avant-veille)*, ma mère m'a interrogé sur mon orientation.
5. Boule de suif *(ce soir, ce soir-là)* se sentit trahie par les passagers de la diligence.

❸ a. Quels sont les temps de l'indicatif, les pronoms personnels et les déterminants possessifs, les indicateurs de temps ? **b.** De quel type d'énoncé s'agit-il ?

Mon cher Poil de carotte,
Ta lettre de ce matin m'étonne fort. Je la relis vainement. Ce n'est plus ton style ordinaire et tu y parles de choses bizarres qui ne me semblent ni de ta compétence ni de la mienne. D'habitude, tu nous racontes tes petites affaires, tu nous écris les places que tu obtiens, les qualités et les défauts que tu trouves à chaque professeur, les noms de tes nouveaux camarades, l'état de ton linge, si tu dors et si tu manges bien. Voilà ce qui m'intéresse. Aujourd'hui, je ne te comprends plus.

J. Renard, *Poil de carotte*, 1894.

❹ a. Quels sont les temps verbaux employés dans les passages en italique ? **b.** Relevez un indicateur de temps. **c.** Quels sont les temps des verbes dans le reste du texte ? **d.** Dans quelle partie du texte l'énoncé est-il coupé de la situation d'énonciation ?

– *Eh bien, si c'est la guerre, on se battra,* dit Adolphe en frisant ses moustaches et en bombant le torse ; *on mangera des rats, comme pendant le siège. Allons vous venez ?* ajouta-t-il avec impatience en se tournant vers les femmes : *nous allons manquer le feu d'artifice.*
– *Ce soir, sans faute, je ferai ma demande,* se dit Martial, et, chose étrange, il comprit que cette fois-ci il la ferait, qu'il ne reculerait pas.

I. Nemirovsky, *Les Feux de l'automne*, © Albin Michel, 1957.

❺ Pour le passage en italique, indiquez les temps employés, relevez les indicateurs de temps et précisez le type d'énoncé utilisé.

Un bruit de pas précipités annonça le retour d'Arcade sur la terrasse.
– Nous avons fait connaissance, père ! s'écria-t-il avec une expression de triomphe et de bonté. *Théodosie Nikolaïevna est effectivement un peu souffrante aujourd'hui et ne viendra que plus tard. Mais comment ne m'avais-tu pas dit que j'avais un petit frère ? Je l'aurais dès hier soir embrassé sur les deux joues comme je viens de le faire.*

I. Tourguéniev, *Père et fils*, trad. F. Flamant, © Éditions Gallimard, 1982.

❻ a. Observez les temps des verbes et les pronoms personnels sujets : quel est le passage dans lequel l'énoncé est ancré dans la situation d'énonciation, celui qui en est coupé ? **b.** De quel genre de récit ce texte est-il extrait ?

L'Afrique avait mis en (mon père) une marque qui se confondait avec les traces laissées par l'éducation spartiate de sa famille à Maurice[1]. L'habit à l'occidentale qu'il endossait chaque matin pour aller au marché devait lui peser. Dès qu'il rentrait chez lui, il enfilait une large chemise bleue à la manière des tuniques des Haoussas du Cameroun, qu'il gardait jusqu'à l'heure de se coucher. C'est ainsi que je le vois à la fin de sa vie.

J.-M. G. Le Clézio, *L'Africain*, © Mercure de France, 2004.

1. l'île Maurice, dans l'océan Indien.

❼ a. Quels sont les temps dominants dans le texte ? Cet énoncé est-il ancré dans la situation d'énonciation ou en est-il coupé ? **b.** À quels temps les verbes en gras sont-ils conjugués ? Ces temps verbaux ancrent-ils l'énoncé dans la situation d'énonciation ou l'en coupent-ils ? **c.** À quel genre littéraire ce texte appartient-il ?

Quand ma grand-mère rencontra pépé Duperray, elle élevait ses enfants en tenant un café-tabac. Dur travail pour une femme seule, qu'elle assumait durant dix-huit heures par jour pour nourrir les siens. [...] Cette rencontre fut peut-être le seul vrai cadeau que la vie lui offrit. [...] **Je n'ai jamais su** qui était vraiment ce faux grand-père. [...] **Je sais simplement** qu'il gagnait sa vie comme coiffeur, mais que musicien, aquarelliste, magicien à ses heures, il était artiste dans l'âme.

A. Duperey, *Le Voile noir*, © Éditions du Seuil, 1992, coll. Points, 1995.

❽ Récrivez les phrases en coupant les énoncés de la situation d'énonciation.
1. Je n'ai aujourd'hui presqu'aucun souvenir de cet appartement.
2. J'ai embrassé mon frère sur les deux joues dès hier soir.
3. Hier, j'ai longuement fouillé dans les photographies de mon grand-père.
4. Ce matin, j'ai décidé que, l'an prochain, je suivrai un apprentissage.

S'EXPRIMER — Brevet

❾ Récrivez le second paragraphe du texte de l'exercice ❶ en y insérant les verbes de parole : « Morvan lui *annonça que*... Il *ajouta que*... ». Faites les modifications nécessaires.

L'énonciation

Objectivité et subjectivité – La modalisation

Selon la situation de communication, celui qui écrit ou parle peut ou non exprimer son opinion.

1. OBJECTIVITÉ ET SUBJECTIVITÉ

- Si l'énonciateur **ne donne pas son opinion**, on parle d'**objectivité** (on se place du point de vue de l'« objet » évoqué). Les **textes documentaires**, **explicatifs** sont écrits en général de façon objective.
  > *La tour Eiffel* **mesure 300 mètres**.
- Si l'énonciateur **donne son opinion**, on parle de **subjectivité** (on se place du point de vue du « sujet », de celui qui s'exprime). La plupart des **textes narratifs** et **descriptifs** et des textes **argumentatifs** sont écrits de façon subjective. > *La tour Eiffel est* **un squelette disgracieux**.
- Dans un **texte argumentatif**, l'opinion peut se présenter sous la forme d'un discours objectif, qui se veut neutre, ou sous la forme d'un discours volontairement subjectif.

2. LA MODALISATION

- Le locuteur peut **plus ou moins adhérer** à ce qu'il dit ou écrit ; il peut nuancer ses propos, prendre ses distances ou manifester des certitudes. Ce degré d'adhésion du locuteur à ce qu'il dit ou écrit se nomme la **modalisation**.
- Pour cela, on emploie des **modalisateurs** qui expriment :

le **doute**, en particulier dans les récits fantastiques, dans certains articles de presse	– adverbes – verbes attributifs – mode conditionnel – périphrases – phrases interrogatives	> *peut-être…* > *sembler, paraître…* > *une sorte de…* > *Serait-ce l'assassin ?*
la **certitude**	– adverbes – verbes – mode indicatif	> *certainement, sans aucun doute…* > *attester, assurer, certifier…*
un **jugement mélioratif** ou **péjoratif**	– des suffixes péjoratifs – des adjectifs – des reprises nominales – des verbes – des figures de style (métaphore, hyperbole, anaphore, antiphrase…).	> *cri**ard**, jaun**asse**…* > *superbe ≠ affreux* > *ce vaurien ≠ ce héros* > *éblouir ≠ révulser*
une **mise à distance**	– des guillemets – des prépositions	> *selon, suivant, d'après…*

OBSERVER ET REPÉRER

La ville de Paris va-t-elle donc s'associer plus longtemps aux baroques, aux mercantiles imaginations d'un constructeur de machines, pour s'enlaidir irréparablement et se déshonorer, car la tour Eiffel, dont la commerciale Amérique ne voudrait pas, c'est, n'en doutez pas, le déshonneur de la France ! Chacun le sait, chacun le dit, chacun s'en afflige, et nous n'en sommes qu'un faible écho de l'opinion universelle et légitimement alarmée.

« La protestation des artistes », lettre publiée dans *Le Temps*, 14 février 1887.

❶ Ce texte est-il objectif ou subjectif ? Justifiez à l'aide de mots du texte : comment nomme-t-on ce type de mots ?

S'EXERCER

❷ L'opinion de l'auteur est-elle présentée de façon objective ou subjective ? Justifiez.

Dans certains pays, des enfants et des femmes surtout, doivent travailler pour rien ou pour des salaires de misère. Adoptée par les Nations unies en 1948, la Déclaration des droits de l'homme interdit l'esclavage et la traite. Pourtant, de nouvelles formes subsistent un peu partout dans le monde : traite des femmes, prostitution, travail forcé, servitude pour dettes. On estime à environ 25 millions le nombre de « nouveaux esclaves », aujourd'hui, à travers le monde.

G. Dhôtel, *Le Monde des ados*, 28.11.2007.

❸ Le portrait des invités sur le plateau de télévision est-il objectif ou subjectif ? Justifiez.

Cette fois c'était mon tour d'être interviewé, les autres se contentaient pendant ce temps de garder leur meilleure pose, de ne pas trop perdre le bon profil, de soupeser dans les écrans de contrôle à quel moment ils n'étaient plus cadrés.

S. Joncour, *L'Idole*, © Flammarion, 2004.

S'EXPRIMER — Brevet

❹ Récrivez le texte de l'exercice 2 en y introduisant des modalisateurs pour exprimer votre subjectivité.

❺ Rédigez en prose un éloge de la tour Eiffel en employant des modalisateurs que vous soulignerez.

L'énonciation

Les actes de parole – L'implicite

1. LES ACTES DE PAROLE

S'adresser à autrui, c'est **exercer sur le destinataire une forme d'action**, adaptée ou non, directe ou indirecte.

▶ Les actes de parole directs

- Certaines paroles peuvent agir directement sur leur destinataire : une phrase interrogative sert à **questionner**, une phrase à l'impératif à **donner un ordre** ; dans une phrase déclarative, des verbes comme *promettre*, *accuser*, *insulter* expriment aussi un acte de parole direct.

- Si ces actes de parole ne sont **pas adaptés** à la situation, ils provoquent **malentendus**, **quiproquos** ou **affrontements**, en particulier au théâtre ou dans un dialogue argumentatif.
  > CRÉON – *Tu ne sais plus ce que tu dis. Tais-toi.*
  > ANTIGONE – *Si, je sais ce que je dis, mais c'est vous qui ne m'entendez pas.* (J. Anouilh, *Antigone*)

▶ Les actes de parole indirects

- On peut **donner un ordre indirectement** par :
  – une **phrase déclarative** au conditionnel ;   > *Tu ferais bien de te taire.*
  – une **phrase interrogative**.   > *Vas-tu te taire ?*

- On peut affirmer par une fausse question ou par une fausse négation.
  > *Ne serais-tu pas le coupable ? Je n'irais pas jusqu'à dire qu'il est coupable.*

2. EXPLICITE ET IMPLICITE

- On s'exprime de façon **explicite** si l'on **donne directement son opinion**, si l'on **enchaîne des arguments par des connecteurs** qui expriment les rapports logiques.
  > *La vie dans les tranchées est insupportable. Faisons donc la paix.*

- On s'exprime de façon **implicite** si l'on **donne son avis indirectement**, à travers le **point de vue d'un narrateur ou d'un personnage**, et/ou au moyen de **figures de style** (voir p. 380), si l'on **juxtapose** des arguments. > *La vie dans les tranchées est un enfer.*
  L'implicite sert à créer une **complicité avec le lecteur**, à rendre **les propos encore plus forts** ou encore à **échapper à la censure** (le contrôle des écrits par le pouvoir politique). Il dépend souvent du contexte culturel et fait appel à la culture du lecteur.

OBSERVER ET REPÉRER

On repart. On roule vite. On se double à cent trente, cent quarante, serrés les uns contre les autres. Les yeux sur le compteur, on insulte ceux qui traînent sur la file rapide. On se lance des regards de haine entre les deux pare-brise. [...] L'automobile est un criminel en puissance.
B. Duteurtre, *Le Grand Embouteillage*, © Éditions du Rocher, 2002.

❶ a. Relevez une phrase dans laquelle l'auteur livre explicitement son opinion. **b.** Par quels moyens implicites cette opinion se manifeste-t-elle ?

S'EXERCER

❷ a. Dans le texte, relevez les actes de parole. b. Sont-ils directs ou indirects ? Justifiez.
– Nous avons des choses plus sérieuses à faire que de parler football. Téléphone aux quinze chefs de groupe. Dis-leur simplement « Rex », ils comprendront. Pendant ce temps je passe voir les responsables du secteur. Rejoins-moi devant Pigmy-Radio avec la voiture d'ici trois quarts d'heure.
D. Daeninckx, *Meurtres pour mémoire*, © Éditions Gallimard, 1984.

❸ Récrivez les phrases avec des actes de parole indirects.
1. Mets la table. **2.** Vous êtes un indécrottable paresseux. **3.** Ne passe pas autant de temps devant ton ordinateur. **4.** Rangez votre chambre. **5.** Mon adversaire est un escroc.

❹ Transformez les actes de parole indirects en actes de parole directs.
1. Ce serait bien de te dépêcher. **2.** Tu ferais mieux d'apprendre ta leçon. **3.** Ne pourrais-tu te pousser un peu ? **4.** Ne te serais-tu pas trompé de chemin, par hasard ? **5.** Vous n'avez pas oublié le règlement intérieur, que je sache.

❺ Explicitez les rapports logiques implicites qui relient ces phrases.
1. Le nouveau musée attire le public : son architecture est révolutionnaire. **2.** Ce film est ennuyeux : il n'est resté qu'une semaine à l'affiche. **3.** Les docu-fictions ne sont pas toujours véridiques : ils font beaucoup d'audimat. **4.** La planète est en danger : chacun de nous doit se sentir concerné.

❻ Que dénoncent implicitement les exemples énumérés dans ce texte ?
En Chine, des enfants fabriquent des feux d'artifice. En Sierra Leone, ils sont dans des mines de diamant. Au Bénin, ils produisent du coton. En Côte d'Ivoire, ils cueillent des fèves de cacao.
G. Dhôtel, *Le Monde des ados*, 28.11.2007.

S'EXPRIMER

❼ Rédigez un tract dans lequel vous expliciterez ce que dénoncent les exemples de l'exercice 6 et vous appellerez à une mobilisation de façon directe.

L'énonciation
Le point de vue – Le narrateur

Le **narrateur**, qu'il ne faut pas confondre avec l'auteur, est celui qui raconte l'histoire.
La **présence du narrateur** peut être **explicite** ou **implicite**.
Le **point de vue** est le choix que fait le narrateur pour raconter ou décrire. Il existe **plusieurs points de vue**.

1. LE POINT DE VUE OMNISCIENT

Le **point de vue omniscient** est celui du **narrateur** qui **sait tout** (du latin *omnis*, « tout » ; *scio*, « savoir ») au sujet des différents personnages : leur passé, leur avenir, ce qu'ils ressentent au fond d'eux. Le narrateur livre au lecteur ses commentaires de façon **subjective**.
> *Le colonel et Miss Nevil trouvèrent singulier qu'il eût en Corse des familles où l'on fût ainsi caporal de père en fils.* P. Mérimée, *Colomba*, 1841.

2. LE POINT DE VUE INTERNE

On parle de **point de vue interne** quand le récit et les descriptions sont vus par le regard d'un **personnage de l'histoire**. Le lecteur est amené à adopter le point de vue de ce personnage (ses sentiments, ses émotions…), il ne connaît que ce que le personnage connaît lui-même.
On emploie un point de vue interne :
– dans des **récits à la 3ᵉ personne** ;
> *La duchesse reconnut avec un bonheur inexprimable que cet homme de caractère ne mentait pas à sa parole.* H. de Balzac, *La Duchesse de Langeais*, 1843.

– dans des **récits à la 1ʳᵉ personne**, notamment des **récits autobiographiques**.
> *Je reconnais la fenêtre sur la photo, le voilage démodé, le store. Oui, c'est bien la fenêtre de notre chambre.* A. Duperey, *Le Voile noir*, © Seuil, 1982.

3. LE POINT DE VUE EXTERNE

Les événements, les lieux, les personnages sont **vus de « l'extérieur »**. Le lecteur ne connaît les personnages qu'à travers leurs actions, leurs paroles, les expressions de leur visage. Ce type de **narration objective** peut créer plusieurs effets : mise à distance, effet de réalisme, création d'un certain suspense.
> *La jeune femme s'est arrêtée d'écrire ; elle regarde attentivement la photo.*

OBSERVER ET REPÉRER

La jeune femme, interdite par l'étrange accueil des Lorilleux, mal à l'aise, sous leurs regards obliques, avait un bourdonnement d'oreilles qui l'empêchait d'entendre. Elle trouvait la femme très vieille pour trente ans, l'air revêche, malpropre avec ses cheveux queue de vache, roulés sur une camisole défaite. Le mari, d'une année plus âgé seulement, lui semblait un vieillard, aux minces lèvres méchantes.
É. Zola, *L'Assommoir*, 1877.

❶ a. De qui le lecteur partage-t-il les sentiments ? Justifiez. **b.** Quel est le point de vue dans cet extrait ?

S'EXERCER

❷ Pour chaque extrait, de quel point de vue s'agit-il ?
1. L'homme était parti de Marchiennes vers deux heures. […] Une seule idée occupait sa tête vide d'ouvrier sans travail et sans gîte, l'espoir que le froid serait moins vif après le lever du jour. (É. Zola, *Germinal*, 1885) **2.** Le 15 septembre 1840, vers six heures du matin, *La Ville-de-Montereau*, près de partir, fumait à gros tourbillons devant le quai Saint-Bernard. Des gens arrivaient hors d'haleine ; des barriques, des câbles, des corbeilles de linge gênaient la circulation. (G. Flaubert, *L'Éducation sentimentale*) **3.** Un jeune homme, beau comme était le jour de ce jour-là, mis avec goût, aisé dans ses manières (disons le secret), un enfant de l'amour, le fils naturel de lord Dudley et de la célèbre marquise de Vordac, se promenait dans la grande allée des Tuileries. (H. de Balzac, *La Fille aux yeux d'or*, 1835)

❸ a. Relevez les verbes exprimant des pensées et des sentiments. **b.** Quel est le point de vue adopté ? **c.** Quel est l'effet produit sur le lecteur ?
Dès lors Félicité pensa exclusivement à son neveu. Les jours de soleil, elle se tourmentait de la soif ; quand il faisait de l'orage, craignait pour lui la foudre. En écoutant le vent qui grondait dans la cheminée et emportait les ardoises, elle le voyait battu par cette même tempête, au sommet d'un mât fracassé.
G. Flaubert, *Un cœur simple*, 1877.

❹ a. Le lecteur connaît-il les sentiments des personnages ? **b.** La bagarre est-elle racontée du point de vue d'un personnage ? **c.** Quel est le point de vue adopté ?
La bataille recommença, muette, sans un cri, sans une injure. Elles ne se prenaient pas corps à corps, s'attaquaient à la figure, les mains ouvertes et crochues, pinçant, griffant ce qu'elles empoignaient. Le ruban rouge et le filet en chenille bleue de la grande brune furent arrachés ; son corsage, craqué au cou, montra sa peau, tout un bout d'épaule.
É. Zola, *L'Assommoir*, 1877.

❺ Qui le pronom personnel « *je* » désigne-t-il ? De quel point de vue s'agit-il ? Quel est le genre littéraire de ce texte ?
Rarement, je passai des heures, je ne dirai pas aussi joyeuses (car j'éprouvais une sorte de gêne à m'abandonner à la gaieté), mais aussi plaisantes et heureuses que les quatre jours que dura notre voyage.
L. Tolstoï, *Adolescence*, 1854.

L'énonciation

Les emplois du présent de l'indicatif

Vérifiez vos acquis

1. Une polémique est un conflit en paroles. **2.** Le 11 novembre 1918, les belligérants signent l'armistice. **3.** V. Hugo déclara : « Je vote pour l'abolition pure, simple et définitive de la peine de mort. »

Dans quel(s) exemple(s) le présent de l'indicatif exprime-t-il une généralité ? le moment où l'on parle ? est-il un temps de récit ?

1. LE PRÉSENT D'ÉNONCIATION
Il est ancré dans la situation d'énonciation ; le fait est vrai au moment où il est exprimé.
> *Il lui déclara : « Mais je **suis** sûr de ma réponse ! »*

2. LE PRÉSENT DE NARRATION
Il rapporte des actions passées. Le présent de narration permet de rendre plus vivant un épisode dans un récit au passé ou situé dans le passé. Il est aussi employé dans certains romans modernes ou de jeunesse.
> *Il avança, s'arrêta, hésita, puis se décida. D'une voix assurée, il **prend** alors la parole.*

3. LE PRÉSENT DE GÉNÉRALITÉ
On emploie le présent de généralité ou présent de vérité générale pour les définitions, pour ce qui est toujours vrai.
Dans un récit, il permet au narrateur de faire un commentaire ou d'apporter une précision.
> *Claude Gueux fut envoyé à Clairvaux, qui **est** une prison pour hommes.*

C'est le temps employé dans les textes explicatifs.
> *Les shrapnels **sont** des obus redoutés pour la dispersion de leurs billes de plomb.*

4. PASSÉ OU FUTUR PROCHES
Le présent peut parfois exprimer un futur proche ou un passé récent. Généralement, un indicateur de temps aide à situer l'action dans le passé ou le futur.
> *Vous l'avez manqué de peu : il **sort** à l'instant.* > *Demain, je vous **apporte** ces documents.*

FAIRE SES GAMMES

❶ Relevez les verbes au présent de l'indicatif ; de quel emploi s'agit-il ?
Noël 2000. Tu viens de t'asseoir en face de moi, dans la cuisine en désordre, sur la chaise de ta femme. Tu desserres ton poing gauche sur tes chaussettes qui s'affaissent, entre ta cuillère et ton bol. Je te les enfile, en te demandant pour la forme si tu as bien dormi.
D. Van Cauwelaert, *Le Père adopté*, © Albin Michel, 2007.

❷ Relevez les verbes au présent de l'indicatif et indiquez pour chacun sa valeur.
Les premières sondes automatiques résolurent quelques-uns des mystères de Titan[1], mais comme c'est toujours le cas, soulevèrent une multitude d'autres problèmes. [...] Duncan secoua la tête :
– Je ne peux pas imaginer.
– Tu es un garçon très sage. L'intuition est un guide dangereux, quoique parfois, ce soit le seul que nous ayons. Personne ne pourrait jamais deviner la bonne réponse. Il existe plus de *deux mille* manières différentes de placer ces douze pièces dans leur boîte. Pour être précise : 2339. Que penses-tu de cela ?
A. C. Clarke, *Terre, planète impériale*, © D. R.
1. nom de la planète où vit Duncan.

❸ a. Relevez les verbes au présent de l'indicatif et indiquez leur valeur. b. En quoi nous renseignent-ils sur le genre littéraire de ce récit ?
Tu ne t'es jamais séparée de ton vieux poste de radio. Je le revois sur le radiateur de l'hôpital et sur l'appui de ta fenêtre à Tinos. Sa place habituelle à Néa Philadelphia était sur la table de la cuisine. [...] Ton mari s'exprimait encore moins. Il ne parlait ni avec nous ni avec toi, comme s'il avait été en froid avec sa famille. Je me souviens pourtant de vous avoir vu discuter une fois : c'était à l'époque où il t'avait demandé de dessiner et de confectionner les costumes dont il avait besoin pour jouer l'*Avare* de Molière. Ces vêtements se trouvent à présent chez moi, à Athènes.
V. Alexakis, *Je t'oublierai tous les jours*, © Stock, 2005.

❹ Récrivez ce texte au présent de narration : à quel temps sont conjugués les verbes que vous devez modifier ?
Elle remarqua un jeune homme, un étudiant. [...] Ce garçon avait une beauté pâle, avec de grands cheveux de poète et une moustache d'officier. Thérèse le trouva distingué. Elle en fut amoureuse pendant une semaine, amoureuse comme une pensionnaire. Elle lut des romans, elle compara le jeune homme à Laurent, et trouva ce dernier bien épais, bien lourd. La lecture lui ouvrit des horizons romanesques qu'elle ignorait encore.
É. Zola, *Thérèse Raquin*, 1866.

S'EXPRIMER — Brevet

❺ À partir de l'image, rédigez un bref récit au passé simple dans lequel vous intégrerez un passage au présent de narration.

Les paroles rapportées

Le dialogue au théâtre

> **Vérifiez vos acquis**
> BÉRALDE – Hé bien, mon frère, qu'est-ce ? Comment vous portez-vous ?
> ARGAN – Ah ! mon frère, fort mal.
> Molière, *Le Malade imaginaire*, II, 9, 1673.
>
> **1.** À quoi repérez-vous qu'il s'agit d'un dialogue de théâtre ? **2.** Relevez deux interjections. **3.** Quels sont les types de phrases employés ?

1. DÉFINITION

- Le dialogue théâtral, mode d'expression de l'**oral**, rapporte directement les paroles des personnages. Il est **ancré dans la situation d'énonciation** puisque ce que dit le personnage est rattaché au moment où il le dit.
- La particularité du dialogue théâtral est de s'adresser à la fois aux personnages de la pièce et au public : il a donc un **double destinataire**.
- Dans le dialogue théâtral, les personnages racontent, expliquent ce qui s'est passé en dehors de la scène, expriment leurs sentiments, s'affrontent, jouent avec les mots.

2. PRÉSENTATION

- On change de ligne à chaque **réplique**. Les **noms des personnages** qui parlent sont indiqués en tête de réplique, dans la marge, en général en petites majuscules.
- Une réplique particulièrement longue se nomme une **tirade**.
- Quand un personnage est seul en scène et parle seul, il s'agit d'un **monologue**.
- Quand un personnage se parle à lui-même, de façon que les autres ne l'entendent pas, il s'agit d'un **aparté**. > HARPAGON **(à part)** – J'enrage !
- Les **didascalies**, en italique, souvent entre parenthèses, servent à exprimer les intonations du personnage, à désigner l'interlocuteur, à indiquer des gestes ou des déplacements, à donner des indications de décor. Destinées au metteur en scène, aux acteurs et au lecteur, elles fournissent des informations sur le dialogue, mais n'en font pas partie et ne se lisent donc pas à l'oral.
   > ARGAN **(en colère)** – Ah ! traîtresse !

3. NIVEAUX DE LANGUE

- Dans les **farces** et les **comédies**, le **niveau de langue** est souvent **familier**. On trouve des onomatopées, des interjections, des jurons, des injures, sous forme de **phrases exclamatives**. Les **apostrophes** – mots par lesquels on s'adresse à quelqu'un – sont souvent des insultes.
   > ARGAN – Ah ! **chienne** ! ah ! **carogne** !...
- Dans les **tragédies**, souvent écrites en **vers** (en alexandrins), on trouve un **niveau de langue soutenu**. > ANDROMAQUE – Vous qui **braviez** pour moi **tant de périls divers**.
  Les **apostrophes** révèlent souvent le rang de l'interlocuteur ou le rapport social entre les personnages. > ANDROMAQUE – **Seigneur**, voyez l'état où vous me réduisez.
  La tragédie recourt à un **vocabulaire spécifique et souvent métaphorique**, celui de l'honneur, de l'amour, du destin notamment. La syntaxe peut suivre un **ordre des mots inhabituel**.
   > ORESTE – Comment puis-je sitôt servir votre **courroux** ?
   Quel chemin **jusqu'à lui** peut conduire mes coups ?

4. PROGRESSION DU DIALOGUE

- Voici les **enchaînements de répliques** les plus fréquents :
  – une phrase interrogative suivie d'une phrase déclarative ;
  – une phrase déclarative reprise par une phrase interrogative ;
  – une phrase affirmative reprise sous forme négative ;
  – une phrase injonctive suivie d'une phrase déclarative ou interrogative ;
  – une coupure avec des points de suspension.
- L'enchaînement des répliques peut révéler les **difficultés des personnages à échanger** :
  – les personnages s'expriment parallèlement, **sans s'entendre** ;
  – les personnages ne s'écoutent pas : on parle de **dialogue de sourds** ;
   > ARGAN – Je reçois, monsieur...
   MONSIEUR DIAFOIRUS – Nous venons ici, monsieur...
   ARGAN – Avec beaucoup de joie...
   MONSIEUR DIAFOIRUS – Mon fils Thomas et moi...
  – les personnages ne se comprennent pas : ce malentendu se nomme **quiproquo** (prendre quelqu'un ou quelque chose pour quelqu'un ou quelque chose d'autre).
   > HARPAGON – Je veux que tu me confesses en quel endroit tu me **l'**as enlevée (l' = sa cassette)
   VALÈRE – Moi ? Je ne **l'**ai point enlevée, et elle est encore chez vous. (l' = Élise, la fille d'Harpagon)
  Ces procédés sont souvent utilisés dans un **but comique**.

OBSERVER ET REPÉRER

HERMIONE
Hé quoi ! toujours injuste en vos tristes discours,
De mon inimitié vous plaindrez-vous toujours ?
Quelle est cette rigueur tant de fois alléguée ?
J'ai passé dans l'Épire où j'étais reléguée.
Mon père l'ordonnait : mais qui sait si depuis
Je n'ai point en secret partagé vos ennuis ?
Pensez-vous avoir seul éprouvé des alarmes ?
Que l'Épire n'ait jamais vu couler mes larmes ?
Enfin, qui vous a dit que, malgré mon devoir,
Je n'ai pas quelquefois souhaité de vous voir ?

ORESTE
Souhaité de me voir ! Ah ! divine princesse...
Mais, de grâce, est-ce à moi que ce discours s'adresse ?
                    Racine, *Andromaque*, II, 2, 1667.

1 **a.** Ce texte est-il extrait d'une comédie ou d'une tragédie ? Justifiez. **b.** Qui s'adresse à qui ? Quel est le statut social des deux personnages ? Justifiez. **c.** Que signifie ici : *inimitié, tristes, rigueur, ennuis* ? Quels sont les sentiments évoqués ?

S'EXERCER

2 **a.** Recopiez le dialogue en rétablissant la ponctuation. **b.** Qui pose les questions ? À qui ? **c.** Quel état d'esprit du personnage l'emploi de phrases interrogatives révèle-t-il ? **d.** Lisez votre texte avec expressivité.

LOUISON – C'est mon papa qu'il est venu un homme dans la chambre de ma sœur comme j'y étais
ARGAN – Hé bien
LOUISON – Je lui ai demandé ce qu'il demandait et il m'a dit qu'il était son maître à chanter
ARGAN – Hom, hom Voilà l'affaire Hé bien
LOUISON – Ma sœur est venue après
ARGAN – Hé bien
LOUISON – Elle lui a dit Sortez sortez sortez Mon Dieu sortez vous me mettez au désespoir
ARGAN – Hé bien
LOUISON – Et lui il ne voulait pas sortir
ARGAN – Qu'est-ce qu'il lui disait
                    Molière, *Le Malade imaginaire*, II, 8, 1673.

3 **a.** Recopiez cet extrait en rétablissant le dialogue entre *Arnolphe* (le vieux tuteur) et *Agnès* (la jeune fille qu'il veut épouser et qu'il tient enfermée). Veillez à respecter la structure en alexandrins. **b.** Qui se fait couper la parole ? À quoi le remarquez-vous ? Quel effet particulier Molière tire-t-il de ce procédé ?

Le monde, chère Agnès, est une étrange chose. Voyez la médisance, et comme chacun cause : quelques voisins m'ont dit qu'un jeune homme inconnu était en mon absence venu à la maison, que vous aviez souffert sa vue et ses harangues ; mais je n'ai point pris foi sur ces méchantes langues, et j'ai voulu gager que c'était faussement... Mon Dieu, ne gagez pas : vous perdriez vraiment. Quoi ! c'est la vérité qu'un homme... ? Chose sûre. Il n'a presque bougé de chez nous, je vous jure.
                    Molière, *L'École des femmes*, II, 5, 1662.

4 **a.** Relevez plusieurs enchaînements de répliques différents dans ce dialogue entre *Prospero* (le duc) et *Caliban* (l'esclave). **b.** Qui se moque de l'autre dans ce passage ?

CALIBAN : [...] J'ai quelque chose d'important à te dire.
PROSPERO : D'important ? Alors, vite, accouche.
CALIBAN : Eh bien, voilà : j'ai décidé que je ne serai plus Caliban.
PROSPERO : Qu'est-ce que cette foutaise ? Je ne comprends pas !
CALIBAN : Si tu veux, je te dis que désormais je ne répondrai plus au nom de Caliban.
PROSPERO : D'où ça t'est venu ?
CALIBAN : Eh bien, y a que Caliban n'est pas mon nom. C'est simple !
PROSPERO : C'est le mien peut-être !
CALIBAN : C'est le sobriquet dont ta haine m'a affublé et dont chaque rappel m'insulte.
PROSPERO : Diable ! On devient susceptible ! Alors propose... [...]
CALIBAN : Appelle-moi X. Ça vaudra mieux. Comme qui dirait l'homme sans nom. Plus exactement, l'homme dont on a *volé* le nom.
                    A. Césaire, *Une tempête*, 1, 2,
                    © Éditions du Seuil, 1969, coll. Points, 1997.

5 Ajoutez une didascalie à chaque réplique de l'exercice 4 pour indiquer des intonations des personnages, une indication de lieu et des gestes.

6 Recopiez cette tirade en y replaçant ces noms caractéristiques du langage tragique : *alarmes, cruel, dessein, larmes, pitié, transport*. N'oubliez pas que ces vers sont écrits en alexandrins.

HERMIONE
Où suis-je ? Qu'ai-je fait ? Que dois-je faire encore ?
Quel ✎ me saisit ? Quel chagrin me dévore ?
Errante et sans ✎, je cours dans ce palais.
Ah ! ne puis-je savoir si j'aime ou si je hais ?
Le ✎ ! de quel œil il m'a congédiée :
Sans ✎, sans douleur au moins étudiée !
L'ai-je vu se troubler et me plaindre un moment ?
En ai-je pu tirer un seul gémissement,
Muet à mes soupirs, tranquille à mes ✎,
Semblait-il seulement qu'il eût part à mes ✎ ?
                    J. Racine, *Andromaque*, V, 1, 1667.

S'EXPRIMER — Brevet

7 Transposez l'extrait de l'exercice 4 en un dialogue de tragédie classique. Pour cela, vous modifierez le niveau de langue et ferez des modifications syntaxiques. L'emploi de l'alexandrin n'est pas obligatoire.

8 En vous inspirant de l'image, imaginez un dialogue théâtral entre deux personnages : vous ferez alterner les types et formes de phrases pour dynamiser l'enchaînement des répliques, vous créerez des didascalies, un aparté et une coupure de parole.

Molière, *L'École des femmes*,
mise en scène C. Roumanoff.
© Roumanoff

Les paroles rapportées

Les paroles rapportées dans le récit

> **Vérifiez vos acquis**
>
> « Je vais vous conduire, dit-elle, c'est au lit 29. »
> Et elle se mit à marcher devant l'officier. Puis elle indiqua une couchette :
> « C'est là. »
> On ne voyait rien qu'un renflement des couvertures.
>
> G. de Maupassant, « Le lit 29 », *Contes*, 1884.
>
> **1.** Grâce à quels signes de ponctuation distingue-t-on le récit du dialogue ?
> **2.** À quel temps et à quelle(s) personne(s) sont conjugués les verbes du récit ? ceux du dialogue ?

1. LE DISCOURS DIRECT : DÉFINITION

- Dans un récit, le discours direct **rapporte directement les paroles des personnages**, telles qu'ils les émettent.
- Le discours direct crée un **effet de réel** : il permet de reproduire les hésitations, les accents, les défauts de prononciation des personnages. Il renseigne aussi sur le caractère, les sentiments et les émotions des personnages.
- Le plus souvent, il s'agit de **dialogues**, mais cela peut être des **monologues**.
- Le discours direct est **ancré dans la situation d'énonciation** puisque ce qu'on dit est rattaché au moment où on le dit.
- Le discours direct se nomme aussi **style direct**.

2. UNE PONCTUATION PARTICULIÈRE

- Pour insérer un dialogue dans un récit, on recourt à des signes de ponctuation caractéristiques.
  Les **deux points** introduisent le dialogue.
  Les **guillemets** ouvrent le dialogue et le ferment.
  Les **tirets** indiquent un changement de locuteur (celui qui parle).
  Les **virgules** séparent le dialogue du verbe de parole qui le suit ou encadrent le verbe de parole inséré dans le dialogue.
- Remarques : Un bref passage de récit peut s'intercaler entre deux répliques du dialogue sans fermeture ni réouverture des guillemets.
  L'utilisation de ces signes de ponctuation peut varier selon les éditions.
  Généralement, on passe à la ligne pour marquer le début et la fin d'un dialogue.

3. LES VERBES DE PAROLE

- Les verbes de parole **insèrent le dialogue dans le récit** ; ils font partie du récit. Ils sont conjugués au temps du récit (passé simple ou présent de narration). Ils ne sont pas obligatoires.
- Un verbe de parole peut se situer **avant les paroles, à l'intérieur des paroles** ou **après les paroles** ; dans ces deux derniers cas, il est employé dans une **proposition incise**, placée entre virgules et construite avec un sujet inversé.
  > *« Je vais vous conduire, dit-elle, c'est au lit 29. »*
- Les verbes de parole servent à **repérer les différents interlocuteurs**, surtout si ces derniers sont nombreux.
  De plus, ils précisent :

une **situation particulière de communication**	déclaration : *annoncer, avertir, déclarer…* demande : *interroger, prier, s'enquérir, s'informer, supplier…* refus : *refuser, réfuter, s'opposer à…*	réponse : *avouer, intervenir, répliquer…* ordre : *ordonner, enjoindre, intimer l'ordre…* conseil : *recommander, suggérer…* interdiction : *défendre de…*
l'**organisation du dialogue**	début : *commencer, se lancer…* reprise : *ajouter, continuer, enchaîner, poursuivre…*	interruption : *couper, interrompre, intervenir, objecter…* conclusion : *achever, conclure, finir…*
des **sentiments**	la colère : *s'écrier, gronder, rugir…*	la joie : *plaisanter, jubiler, s'esclaffer…*
un **jugement**	positif : *féliciter, louer…*	négatif : *accuser, condamner…*
une **intention**	hostile : *menacer, injurier, se moquer, vociférer, blâmer, reprocher…*	gentille : *encourager, féliciter, remercier, louer…*
l'**intensité**	forte : *clamer, crier, hurler, tonner…*	faible : *murmurer, susurrer, glisser…*
une **intonation**	*grogner, gémir, se lamenter, hoqueter, se plaindre, insinuer…*	
un **défaut de prononciation**	*bégayer, zézayer, zozoter…*	

OBSERVER ET REPÉRER

À la vérité, M. Chabre s'agitait. [...] La conversation de sa femme avec le nageur inconnu commençait à le surprendre. Estelle songea tout à coup qu'il n'avait peut-être pas reconnu Hector.
« Je vais lui crier que c'est vous », dit-elle.
Et, lorsqu'elle put être entendue de la jetée, elle haussa la voix.
« Tu sais, mon ami, c'est ce monsieur de Guérande qui a été si aimable.
– Ah ! très bien, très bien », cria à son tour M. Chabre.
Il ôta son chapeau et salua.
« L'eau est bonne, monsieur ? demanda-t-il avec politesse.
– Très bonne, monsieur », répondit Hector.

É. Zola, *Les Coquillages de M. Chabre*, 1876.

1 a. À quoi repérez-vous les paroles rapportées ?
b. Pourquoi donnent-elles l'impression de la réalité ?

S'EXERCER

2 Recopiez le texte en remplaçant chaque ✎ par un des verbes de parole : *balbutier, dire, gémir, murmurer, répéter, reprendre*. Plusieurs solutions sont possibles. Vous les conjuguerez au passé simple de l'indicatif.

La mère Malivoire, n'entendant plus marcher, se retourne et demeure stupéfaite.
« Qué qu't'as ? ✎-elle. »
Et la fille, Céleste, une grande rousse aux cheveux brûlés, aux joues brûlées, tachées de son comme si des gouttes de feu lui étaient tombées sur le visage, un jour qu'elle peinait au soleil, ✎ en geignant doucement comme font les enfants abattus :
« Je n'peux pu porter mon lait ! »
La mère la regardait d'un air soupçonneux. Elle ✎ :
« Qué qu't'as ? »
Céleste ✎, écroulée par terre entre ses deux seaux, et se cachant les yeux avec son tablier :
« Ça me tire trop. Je ne peux pas. »
La mère, pour la troisième fois ✎ :
« Qué que t'as donc ? »
Et la fille ✎ : « Je crois ben que me v'là grosse. »
Et elle sanglota.
La vieille à son tour posa son fardeau, tellement interdite qu'elle ne trouvait rien à dire. Enfin elle ✎ :
« Te… te… te v'là grosse, manante, c'est-il ben possible ? »

G. de Maupassant, « L'aveu », *Contes du jour et de la nuit*, 1884.

3 Recopiez le texte en restituant la présentation du dialogue.

L'après-midi et selon un principe maintenant bien établi, Marthe organisa l'emploi du temps. Vous mère et vous mémé, vous allez commencer à rentrer les gerbes, les premières, celles qu'on a moissonnées avec Jean, voici dix jours, les enfants vous donneront la main. Et vous, vous ferez quoi pendant qu'on va travailler ? demanda Octavine d'un ton acide. Portez pas peine, je transpirerai moi aussi ! Je vais aller couper le froment chez Francette, il n'y a plus personne chez elle capable de le faire. Ah ? Très bien ! Alors vous trouvez qu'on manque d'occupations chez nous ? ricana Octavine.

C. Michelet, *En attendant minuit*, © Robert Laffont, 2002.

4 Récrivez le texte en insérant, pour chaque réplique un verbe de parole. Conjuguez-le à la personne et au temps voulus. Variez la position des verbes de parole.

La vieille femme me rejoignit et, torturée par cette curiosité qui vit toujours au fond des âmes les plus résignées :
« Alors, vous venez de France ?
– Oui, je voyage pour mon plaisir.
– Vous êtes de Paris, peut-être ?
– Non, je suis de Nancy. [...]
– Alors, vous connaissez du monde à Nancy ?
– Mais oui, presque tout le monde.
– La famille de Sainte-Allaize ?
– Oui, très bien ; c'étaient des amis de mon père. »

G. de Maupassant, « Le bonheur », *Contes du jour et de la nuit*, 1884.

5 Remplacez chaque verbe *dire* par un verbe de parole plus précis. Conjuguez ces verbes au temps voulu.

– Mais où prends-tu tout cet argent ? dit Colin.
Chick s'assombrit.
– Ça me coûte très cher, mais je ne peux pas m'en passer, dit-il. J'ai besoin de Partre. Je suis collectionneur. Il me faut tout ce qu'il a fait.
– Mais il n'arrête pas d'en faire ! dit Colin. Il publie au moins cinq articles par semaine…
– Je sais bien… dit Chick.
Colin lui fit reprendre du courage.
– Comment est-ce que je pourrais revoir Chloé ? dit-il.
Chick le regarda et sourit.
– C'est vrai, dit-il, je te bassine avec mes histoires de Jean-Sol Partre. Je veux bien t'aider… Qu'est-ce qu'il faut que je fasse ?
– C'est terrible, dit Colin, je suis à la fois désespéré et horriblement heureux.

B. Vian, *L'Écume des jours*, © Fagard, 1947 (voir p. 432).

6 Pour chaque situation, indiquez trois verbes de parole que vous pourriez employer pour rédiger un dialogue.
1. Une fillette surprise vient trouver sa mère. **2.** Un élève veut savoir auprès d'un surveillant si les bulletins de notes ont été envoyés aux parents. **3.** Trois amies ont une conversation sur le dernier accessoire acheté. **4.** Un élève se présente devant une secrétaire pour un stage en entreprise.

S'EXPRIMER

7 Rédigez un récit d'une dizaine de lignes correspondant à une des situations de l'exercice **6**. Vous insérerez un dialogue au discours direct.

8 Racontez la scène en faisant alterner récit et dialogue et en variant les verbes de parole.

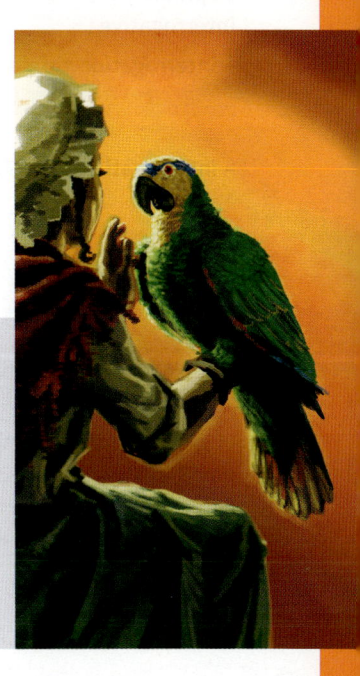

Les paroles rapportées

Du discours direct au discours indirect

Dans un récit, les paroles peuvent être rapportées indirectement. Elles sont alors intégrées au récit dont elles ne rompent pas la progression.
Comme ce procédé, nommé **discours indirect** (ou **style indirect**) est un **énoncé coupé de la situation d'énonciation**, il impose de nombreuses transformations dans la phrase qui sont regroupées dans le tableau ci-dessous.

	Discours direct	**Discours indirect**

Ponctuation	Deux points, guillemets, tirets
	> *Elle annonça :*
	  « Je me nomme Mlle Chuin.
	  Il répondit :
	  – Nantas ! »
		Pas de ponctuation
		> *Elle annonça qu'elle se nommait Mlle Chuin.*
		  Il répondit qu'on l'appelait Nantas.

Insertion dans le récit	Verbe de parole placé avant les deux points, en incise ou après les paroles rapportées, derrière une virgule. > *Elle **annonça** : « Je me nomme Mlle Chuin. »*	**Verbe de parole suivi d'une subordonnée COD** > *Elle annonça **qu'elle se nommait** Mlle Chuin.*
Pronoms personnels	1ʳᵉ et 2ᵉ personnes (principalement) > *Elle ajouta : « Si **vous** voulez, **je vous** aiderai. »*	**3ᵉ personne** > *Elle ajouta que, s'**il** voulait, **elle l'**aiderait.*
Déterminants possessifs	1ʳᵉ et 2ᵉ personnes (principalement) > *Elle précisa : « **Je** connais **votre** vie. »*	**3ᵉ personne** > *Elle précisa qu'elle connaissait **sa** vie.*
Indicateurs : **– de lieu** **– de temps**	*y, ici* (proche), *là, là-bas* (lointain) *avant-hier, hier, ce matin, ce soir, aujourd'hui, demain, après-demain* > *Elle dit : « Je suis arrivée **ici** hier. »*	*y, là, l'avant-veille, la veille, ce matin (soir)-là, le jour même, le lendemain, le surlendemain…* > *Elle dit qu'elle était arrivée **là** la veille.*
Temps des verbes	Présent de l'indicatif > *Elle annonça :* *« Je me **nomme** Mlle Chuin. »* Passé composé > *Elle annonça : « **J'ai voulu** vous parler. »* Futur simple > *Elle ajouta : « **J'attendrai** votre décision. »*	**Imparfait de l'indicatif** > *Elle annonça qu'elle se **nommait** Mlle Chuin.* **Plus-que-parfait** > *Elle annonça qu'elle **avait voulu** lui parler.* **Futur dans le passé** > *Elle ajouta qu'elle **attendrait** sa décision.*
La phrase injonctive	Verbe à l'impératif > *Elle ordonna : « **Pardonnez**-moi. »*	**Verbe à l'infinitif** > *Elle lui ordonna **de** lui **pardonner**.* **Verbe au subjonctif** > *Elle ordonna **qu'il** lui **pardonne**.*
La phrase interrogative :	Un point d'interrogation	**Pas de point d'interrogation**
– interrogation totale	*Est-ce que* ou inversion du sujet > *Elle demanda : « **Est-ce que** vous acceptez ? »* > *Elle demanda : « Acceptez-vous ? »*	**Pas d'inversion du sujet** **Subordonnée interrogative introduite par *si*** > *Elle demanda **s'il acceptait**.*
– interrogation partielle	Le pronom interrogatif *que* ou *qu'est-ce que* > *Elle demanda : « **Que** faites-vous ?* ***Qu'est-ce que** vous faites ? »* Autres pronoms interrogatifs, adverbes interrogatifs > *Elle demanda : « **Qui** êtes-vous ? **Où** vivez-vous ? »*	**– Le pronom interrogatif *ce que*** > *Elle demanda **ce qu'**il faisait.* **– Les mêmes adverbes et pronoms interrogatifs** > *Elle demanda **qui** il était et **où** il vivait.*
Le niveau de langue	Familier ou courant > *J'ai **pas** pu venir.*	**Courant ou soutenu** > *Il déclara qu'il **n'**avait **pas** pu venir.*
Les onomatopées et les injections, les phrases exclamatives	Présentes > *Oh ! Ah ! Brrr ! Que j'ai eu peur !*	**Absentes** > *Il dit qu'il avait eu terriblement peur.*

OBSERVER ET REPÉRER

Au commissariat, ils m'ont demandé comment ça c'était passé et ils ont tapé à la machine ma déposition. Pas grand chose. Je leur ai expliqué que l'homme s'était affaissé sur la table peu de temps après avoir bu sa grenadine.

P. Modiano, *Livret de famille*, © Éditions Gallimard, 1977.

1 a. Relevez les passages rapportant des paroles. b. Quels mots introduisent les subordonnées contenant ces paroles ? c. Quels sont les verbes de parole dans ce texte ?

S'EXERCER

2 a. Relevez les passages en discours indirect et indiquez s'il s'agit d'une déclaration, d'un ordre ou d'une question. b. Récrivez les phrases en discours direct.
1. La femme déclara que les enfants n'auraient pas de récréation. 2. Elle prétendit qu'elle avait vu de la lumière dans les chambres. 3. Son mari lui suggéra d'être plus tolérante. 4. Elle se demanda s'il avait bien entendu la proposition. 5. Elle n'admit pas que la punition avait été injuste. 6. Elle promit qu'elle sévirait davantage à l'avenir. 7. Le précepteur a imposé que les enfants se lavent à l'eau froide.

3 a. Relevez les verbes du discours indirect en les classant en trois colonnes : imparfait, plus-que-parfait, futur dans le passé. b. Transposez le discours indirect en discours direct.
1. Surprise, elle avoua qu'elle était bien descendue au jardin la veille. Elle ajouta qu'elle était enchantée par la roseraie et que tout le reste était sans valeur à ses yeux. 2. Depuis longtemps elle se demandait si les nouvelles plantations la séduiraient et si elles parfumeraient les allées. 3. Elle confia au jardinier que les parterres avaient beaucoup embelli et qu'il lui avait sans doute fallu beaucoup de travail pour un tel résultat. 4. Elle précisa que le parc était devenu un des plus beaux de la région. 5. Elle déclara que les premiers plants avaient trente ans déjà.

4 Transformez les phrases en employant le discours indirect. Faites attention aux indicateurs de temps. **Brevet**
1. Le metteur en scène déclara à ses figurants : « Ce matin, je vais filmer la scène de l'arrivée au village. » 2. Il ajouta : « Demain, vous interviendrez le matin et l'après-midi. » 3. Il ordonna à ses machinistes : « Préparez le matériel ce soir pour que tout soit prêt demain. » 4. Un des éclairagistes demanda au metteur en scène : « Pensez-vous que les zones d'ombre seront suffisantes ? » 5. Un acteur lui demanda à son tour : « Quand avez-vous pris la décision de tourner la scène en extérieur ? » 6. Le metteur en scène répondit : « Avant-hier soir, j'ai eu une intuition qui s'est confirmée hier. »

RÉCRIRE — **Brevet**

A Transformez les phrases en employant le discours indirect. Attention, dans certains cas, vous devrez modifier le verbe de parole.
1. Il l'interrompit : « Ce n'est pas la bonne solution. » 2. Son coéquipier lui suggéra : « Fais plus attention ! » 3. « Approchez-vous pour voir le robot du siècle », lança le bonimenteur aux passants. 4. « Qu'est-ce que cela veut dire ? », hurla le sergent. 5. « Qu'aimez-vous lire ? », interrogea le bibliothécaire. 6. « Vous devriez vous reposer », lui suggéra le médecin.

5 a. Parmi ces verbes de parole, quels sont ceux que l'on peut faire suivre de paroles rapportées au discours indirect ?
Ex. : *Il répliqua que..., il voulut savoir si...*
Demander, s'enquérir, annoncer, questionner, hurler, observer, rétorquer, hésiter, interroger.
b. Faites une phrase rapportant des paroles au discours indirect avec chacun des verbes retenus.

6 Parmi les propositions subordonnées commençant par « *si* », lesquelles sont des propositions interrogatives indirectes ?
1. Cette salle ne sera pas assez grande si tous les invités répondent présents. 2. La question est de savoir si les acteurs joueront en costume d'époque. 3. La presse sera avertie si l'on décide d'annuler la représentation. 4. Cet acteur ne serait pas ce qu'il est s'il ne perfectionnait pas autant son jeu. 5. L'accessoiriste demanda s'il fallait prévoir des ombrelles.

7 Faites ces exercices de réécriture donnés au brevet :
1) **Brevet 2006 : En respectant les temps du récit, récrivez le passage suivant sous forme de paroles rapportées indirectement, en commençant la phrase par : «** *La dame lui demande...* **»**
– Comment elle est ta maison ? Quelle est sa couleur ? Comment s'appelle-t-elle ? (É. Pépin, *Coulée d'or*, © Éditions Gallimard, 1999)

2) **Brevet 2006 : Récrivez ce passage en commençant par** « *Le directeur du centre affirma que* ». **Faites les transformations nécessaires.**
« Vous pouvez l'emmener en promenade ! [...] Elle participe aux sorties en groupe, mais personne ne l'a jamais emmenée marcher, toute seule, sur les chemins autour du centre. »
(P. Péju, *La Petite Chartreuse*, © Éditions Gallimard, 2006)

8 Transformez ce dialogue en passant du discours direct au discours indirect. Ajoutez des verbes de parole quand c'est nécessaire et procédez à toutes les modifications.
– Vous savez semer au moins ? lui avait demandé [Octavine] en voyant son hésitation à puiser les grains dans le sac [...].
– Non, je ne l'ai jamais fait ; mais j'ai vu semer mon père, et Jean aussi, alors...
– Alors ? Eh bien, ma pauvre petite, vous allez voir la différence qu'il y a entre voir et savoir ! Allez ! moi aussi je veux voir, c'est bien mon tour de rire un peu !
Marthe avait commencé en avançant de quelques pas.

C. Michelet, *En attendant minuit*, © Robert Laffont, 2002.

S'EXPRIMER

9 En vous inspirant de l'image, imaginez un bref récit qui comporte ces groupes de mots : *Anne affirma que... Elsa repartit que... Elle lui demanda si... Elsa l'assura que... Son amie lui demanda pourquoi...*

Les paroles rapportées

Le discours indirect libre – Le discours narrativisé

1. LE DISCOURS INDIRECT LIBRE

- Le **discours indirect libre** est une forme de **discours intermédiaire** entre le discours direct et le discours indirect.

Discours direct	Discours indirect	Discours indirect libre
> *Lise avouait : « Ma décision est prise, demain j'irai au bal. »*	> *Lise avouait que sa décision était prise, que le lendemain elle irait au bal.*	> *Lise l'avouait, sa décision était prise, le lendemain elle irait au bal.*
Ponctuation spécifique : « », –	Pas de ponctuation spécifique	Pas de ponctuation spécifique
Pronoms des 1re et 2e personnes	Pronoms de la 3e personne	Pronoms de la 3e personne
Indicateurs de temps et de lieu du discours	Indicateurs de temps et de lieu du récit	Indicateurs de temps et de lieu du récit
Verbes au présent, au passé composé, au futur	Verbes à l'imparfait, au plus-que-parfait, au futur dans le passé	Verbes à l'imparfait, au plus-que-parfait, au futur dans le passé
Absence de subordonnant	Verbe de parole suivi d'une subordonnée COD	Absence de subordonnant
Phrases interrogatives et exclamatives	Absentes	Phrases interrogatives et exclamatives

- Le **discours indirect libre** crée une **continuité avec le récit**, sans alourdir la phrase, et conserve le **caractère vivant du discours**. Il peut intégrer le niveau de langue familier, les interjections et les onomatopées.

2. LE DISCOURS NARRATIVISÉ

- Les paroles peuvent être **suggérées à l'intérieur d'une phrase de récit**, sans être réellement rapportées.
Ce discours, présenté comme un **élément de la narration**, se nomme **discours narrativisé**. Le **verbe** qui exprime les paroles est conjugué au **temps du récit** (passé simple ou présent de narration).
  > *Quand le candidat entra dans la salle, les membres du jury l'accueillirent cordialement et l'invitèrent à s'asseoir. Puis ils l'interrogèrent à tour de rôle.*
- Le discours narrativisé permet de **dramatiser les paroles** *(accueillirent cordialement)* ou de résumer le dialogue *(interrogèrent)*.

S'EXERCER

1 Repérez dans les phrases les passages de discours indirect libre.
1. La petite fille se lamentait ; elle avait très mal, elle n'arriverait pas à rentrer seule à la maison. **2.** Ses parents la harcelaient de questions. Avait-elle bien mangé ? S'était-elle fait des amis ? **3.** Le maître grondait après son chien ; dorénavant, il ne le conduirait plus au parc, il le tiendrait en laisse.

2 Repérez les passages de discours indirect libre. Justifiez.
Jacinto commença à jargonner, mais Alves l'interrompit brutalement :
« Pas maintenant, imbécile, quand j'aurai fini. »
Il reprit son discours : les terres appartenaient au gouvernement, mais celui-ci n'avait jamais empêché personne d'y travailler, et sans les faire payer encore. Le gouvernement voulait bien leur donner les terres, la Compagnie, ses graines. Que leur restait-il donc à faire sinon rembourser la Compagnie en coton ?
C. Soromenho, *Virage*, trad. M. Meyer, © Éditions Gallimard, 1962.

3 Récrivez les phrases de l'exercice **1** en transposant les passages de discours indirect libre en discours direct.

4 Récrivez les textes de l'exercice **2** en transposant les passages de discours indirect libre en discours direct.

5 Dans chaque couple de phrases, quelle est celle qui exprime un discours narrativisé ?
1. Ils posèrent quelques questions. / Ils posèrent les paniers sur la table. **2.** Elle exprima le jus de plusieurs citrons. / Elle exprima son vif désaccord. **3.** L'avocat défendit son client par une poignante plaidoirie. / Le garde défend l'entrée du château.

6 Identifiez les différentes façons de rapporter les paroles.
1. Au palais de justice, les juges présentèrent la dernière loi. **2.** François demanda à Vincent s'il irait à la piscine le week-end. **3.** Paul interrogea ses amis sur le match. **4.** « N'oublie pas de fermer les volets », m'a recommandé ma mère.

7 Rédigez une phrase de discours narrativisé correspondant à chaque situation.
1. La visite d'un musée par une conférencière. **2.** Le discours d'un candidat en campagne présidentielle. **3.** Un point radiophonique sur la circulation routière. **4.** Une discussion animée entre amis sur le meilleur achat de rollers.

S'EXPRIMER

8 Imaginez un paragraphe de récit dans lequel vous insèrerez une de ces phrases de discours narrativisé. **1)** *Ils discutèrent du match tout l'après-midi.* **2)** *Chacun exprima son point de vue.* **3)** *Ils félicitèrent longuement les joueurs.*

Le récit complexe
L'organisation d'un récit

> **Vérifiez vos acquis**
>
> Le dénouement (ou élément de résolution) – les péripéties – l'élément déclencheur (ou perturbateur) – la situation initiale – la situation finale.
>
> Replacez dans l'ordre les étapes du schéma narratif.

L'organisation chronologique d'un récit est soulignée par des **indicateurs de temps** : **adverbes**, **groupes nominaux** ou **verbaux à l'infinitif**, introduits ou non par des prépositions, **propositions subordonnées circonstancielles** de temps.

1. LE DÉROULEMENT CHRONOLOGIQUE

Les indicateurs temporels servent à :
– **dater une action** ; *> Le 11 novembre 1918, lors de l'armistice...*
– exprimer la **succession des actions** ; *> D'abord, puis, ensuite, enfin, par la suite...*
– **situer les actions** les unes par rapport aux autres en exprimant l'**antériorité** (*> la veille, auparavant...*), la **simultanéité** (*> au même moment...*), la **postériorité** (*> le lendemain...*) ;
– **souligner** la **durée** ou la **brièveté** d'une action.
> Longtemps, pendant dix ans... en un clin d'œil, en un instant...

2. LE RETOUR EN ARRIÈRE

- Ce procédé (nommé *flash back* au cinéma), fréquent dans un récit complexe, permet de **revenir** sur le **passé d'un personnage**, sur l'**origine d'un événement**.
- Le retour en arrière doit partir d'un moment clairement daté dans le récit. Il est précisé par des **indicateurs de temps**. *> Dix jours auparavant (plus tôt), le mois précédent...*
- Dans un récit au passé, les verbes racontant un retour en arrière sont conjugués au **plus-que-parfait**. *> Au bal où se rendit Vanina, on parla d'un carbonaro. Il **avait attaqué** les soldats et il **s'était enfui**...*

OBSERVER ET REPÉRER

Et comme des fiacres passaient à ce moment-là devant le casino, j'en appelai un, où nous montâmes. [...] Le cocher, indifférent, inondé de pluie, fit partir les chevaux. [...] Au bout de quelques minutes, la voiture s'arrêta. Je descendis la première et je payai le cocher, tandis que l'autre, tout somnolent, refermait la portière. Nous étions maintenant devant la porte d'un petit hôtel que je ne connaissais pas.

S. Zweig, *Vingt-quatre heures de la vie d'une femme*, © Le Livre de Poche, 1927.

1 **a.** Indiquez les actions dans l'ordre de leur succession. **b.** Relevez les indicateurs de temps.

S'EXERCER

2 **a.** Quelles sont les actions qui se succèdent ? **b.** Relevez les indicateurs de temps qui expriment la simultanéité. **c.** Quelles sont les actions simultanées ?

1. Au moment où d'Albon saisissait son arme, le colonel l'arrêta par un geste, et lui montra du doigt l'inconnue qui avait si vivement piqué leur curiosité. **2.** Aussitôt que la voiture atteignit l'avenue de L'Isle-Adam, d'Albon envoya le laquais chez le médecin du bourg ; en sorte qu'au moment où le colonel fut couché, le docteur se trouva au chevet de son lit.

H. de Balzac, *Adieu*, 1830.

3 Récrivez le texte en y ajoutant des indicateurs de temps (adverbes et GN).

Les voyageurs séjournèrent à l'auberge. Ils dînèrent tous ensemble. Ils ne furent pas autorisés à quitter l'auberge. Les hommes demandèrent un rendez-vous à l'officier prussien. Ils se rendirent au rendez-vous et n'obtinrent pas satisfaction.

4 **a.** Relevez les verbes et indiquez à quel temps ils sont conjugués. **b.** Quel passage constitue un retour en arrière ? **c.** Par quel indicateur temporel est-il annoncé ?

[Les femmes], sans en parler, pressentaient aussi que leur fatigue, leurs courbatures, [...] et surtout leur épuisement seraient quand même insuffisants pour que, dès la nuit venue, ne surgissent pas l'angoisse et la douleur générées par l'absence de leurs hommes. Il n'y avait pourtant que cinquante-six jours qu'ils étaient partis. Mais déjà, un mois plus tôt, le 31 août, un jeune de Coste-Blanc, un de la classe 12, était tombé, une balle en plein front, du côté de Voncq.

C. Michelet, *En attendant minuit*, © Robert Laffont, 2002.

5 Répondez à cette question de brevet. **Brevet**

Brevet 2005 : **Les événements sont-ils racontés dans l'ordre chronologique ? Vous justifierez votre réponse d'après les temps des verbes.**

Aurélien savait qu'à force de chercher (l'or), il en manquerait probablement toute sa vie. Mais il avait surtout l'intuition que son existence serait faite de liberté et de bonheur. Un jour, alors qu'il était enfant, une abeille, chargée de pollen, était venue se poser sur sa main et lorsqu'elle s'était envolée, il lui était resté sur la paume comme une poudre d'or qui coupait sa ligne de vie. De ce jour, il avait rêvé de miel et avait choisi d'être apiculteur.

M. Fermine, *L'Apiculteur*, © Albin Michel, 2000.

S'EXPRIMER

6 À partir de l'image, rédigez un paragraphe de récit en faisant un retour en arrière.

Le récit complexe
Le rythme d'un récit

1. VARIATION DE RYTHME

Un récit peut **comporter des passages descriptifs** (voir p. 404), **explicatifs** (voir p. 407), **des paroles rapportées directement** ou **indirectement** (voir p. 396), qui marquent des pauses ou dynamisent le rythme du récit.

2. RYTHME DU RÉCIT ET RYTHME DE L'HISTOIRE

- Il faut **distinguer** le rythme du récit et celui de l'histoire racontée : ils sont rarement identiques. Un récit peut **s'attarder** sur un événement ou l'**évoquer rapidement** ou même le **passer sous silence**.
- Dans un récit au passé simple, on distingue :
  – la pause, souvent descriptive ou explicative ; dans ces passages, les verbes sont en général conjugués à l'imparfait ; > *Il arriva à Rome.* **Cette ville respirait le raffinement**...
  – la scène, qui peut comporter un dialogue ; le rythme du récit est alors plus ou moins le même que celui de l'événement raconté ;
  – le sommaire, qui permet de résumer les faits en une phrase ou un paragraphe court ;
    > *Dès lors, sa vie devint aventureuse.*
  – l'ellipse, qui passe sous silence un événement moins important.
    > *Le cœur déchiré, il quitta Rome.* **Deux ans après**, *il entreprit un voyage.*

OBSERVER ET REPÉRER

Après avoir remonté ce chemin vers la route de Paris, ils se trouvèrent devant une grande grille, et virent alors la façade principale de cette habitation mystérieuse. De ce côté, le désordre était à son comble. D'immenses lézardes sillonnaient les murs de trois corps de logis bâtis en équerre.

H. de Balzac, *Adieu*, 1830.

1 a. Quel verbe introduit une pause descriptive dans le récit ? b. Relevez les verbes de la description : à quel temps sont-ils conjugués ?

S'EXERCER

2 Parmi ces indicateurs de temps, quels sont ceux qui peuvent servir à exprimer une ellipse ?
Pendant ce temps, quelques minutes (heures, jours, mois, années) plus tard, dix ans, durant son séjour, bien plus tard, le surlendemain, la veille.

3 Remplacez le passage en gras par une ellipse, en employant un des indicateurs retenus dans l'exercice **2**.
Alors Boniface, ne doutant plus qu'un crime s'accomplissait en ce moment-là même, chez le percepteur, partit à toutes jambes, **retraversa le petit jardin, s'élança à travers la plaine, à travers les récoltes, courant à perdre haleine, secouant sa sacoche qui lui battait les reins**, et il arriva, exténué, haletant, éperdu, à la porte de la gendarmerie.

G. de Maupassant, « Le crime au père Boniface », *Contes du jour et de la nuit*, 1884.

4 Dans le texte, délimitez ce qui correspond à : 1) un sommaire ; 2) une ellipse. Justifiez vos réponses.
Les années passaient, Vanguélio ne se mariait pas et je continuais à l'aimer. J'atteignis ainsi huit ans, puis dix. Mais il me fallut alors quitter le village pour l'école de la ville, à plus d'une journée de marche. Personnellement, je ne voulais pas, n'ayant pas l'ambition de m'instruire davantage, et peu soucieux de voir du pays. Le village suffisait à mon bonheur, puisque Vanguélio s'y trouvait, ainsi que ma famille et mes camarades. [...] Je passai deux ou trois ans à la ville. Je remontais au village pour les vacances et, à peine arrivé, ne pensais plus qu'à Vanguélio.

I. Kondylakis, *Premier amour*, © L'Harmattan, 2005.

5 Insérez dans le texte **4** une pause descriptive à propos de *« l'école de la ville »*.

6 Observez le temps des verbes et indiquez quelles formes de rythme du récit se trouvent dans ce texte : *ellipse, pause, scène, sommaire*.
Un soir, après une dispute, Antoine Saverini fut tué traîtreusement, d'un coup de couteau, par Nicolas Ravolati, qui, la nuit même, gagna la Sardaigne. Quand la vieille mère reçut le corps de son enfant, que des passants lui rapportèrent, elle ne pleura pas, mais elle demeura longtemps immobile à le regarder ; puis étendant sa main ridée sur le cadavre, elle lui promit la vendetta. Elle ne voulut point qu'on restât avec elle, et elle s'enferma auprès du corps avec la chienne qui hurlait. [...] Elles restèrent là, toutes les deux, la femme et la bête, jusqu'au matin. Antoine Saverini fut enterré le lendemain, et bientôt on ne parla plus de lui dans Bonifacio.

G. de Maupassant, « Une vendetta », *Contes du jour et de la nuit*, 1884.

S'EXPRIMER

7 Poursuivez le texte de l'exercice **6** en rédigeant une scène.

8 À partir de l'image, rédigez un récit qui comporte une scène, une pause descriptive à l'imparfait, un sommaire et une ellipse.

Le récit complexe
Le récit au passé

> **Vérifiez vos acquis**
> Le soleil se couchait derrière les grands arbres de l'hôtel Danvilliers, un soleil d'automne dont les rayons d'or allumaient les feuilles jaunies. Nantas se leva comme attiré par cet adieu de l'astre.
> É. Zola, *Nantas*, 1878.
> **1.** Relevez les verbes en indiquant leur temps. **2.** Quel est le temps employé pour le récit ? celui employé pour la description ?

1. LES TEMPS DU RÉCIT
- Le **passé simple** est le temps du récit dans les textes littéraires ou dans la **langue écrite soutenue**.
  > *Vers minuit, une nouvelle **se répandit** dans le bal.*
- Le **passé composé** remplace le passé simple dans la **langue courante**, à l'oral ainsi que dans les **articles de presse**.
  > *Hier, un bébé tigre **est né** en captivité.*

2. LE PREMIER PLAN ET L'ARRIÈRE-PLAN DANS UN RÉCIT
- Le **passé simple** s'utilise pour raconter les **actions importantes** dans leur succession. Il exprime le **premier plan** du récit auquel il donne sa cohérence.
- L'**imparfait** s'utilise pour exprimer tout ce qui n'est pas l'action principale. Il exprime l'**arrière-plan** du récit : des **actions secondaires** ou des **éléments descriptifs**, des **portraits**.

Premier plan		Arrière-plan
Action importante : **passé simple**	*Le soleil **brillait** déjà bien, quand ils **entrèrent** dans la maison.*	Description : **imparfait**

OBSERVER ET REPÉRER

1. Comme un homme ivre, il descendit en trébuchant les marches du Casino, d'où l'employé le regarda encore un moment avec un sourire d'abord méprisant, avant de comprendre.
2. Jeudi soir, un homme d'une cinquantaine d'années a trouvé la mort en dévalant les marches du casino.

❶ a. À quel temps les verbes sont-ils conjugués dans l'extrait **1** ? dans l'extrait **2** ? **b.** Quel extrait est issu d'un roman ? d'un article de journal ?

S'EXERCER

❷ Pour chaque verbe, indiquez à quel temps il est conjugué et justifiez l'emploi de ce temps.
Frédéric et Naïs ne se donnèrent pas de rendez-vous. Ce fut une nuit qu'ils se retrouvèrent sous un olivier au bord de la falaise. Pendant le repas, leurs yeux s'étaient rencontrés plusieurs fois avec une fixité ardente. La nuit était très chaude.

❸ Poursuivez le texte de l'exercice 1 en conjuguant les verbes aux temps qui conviennent.
Frédéric *(fumer)* des cigarettes à sa fenêtre jusqu'à une heure, interrogeant l'ombre. Vers une heure, il *(apercevoir)* une forme vague qui *(se glisser)* le long de la terrasse. Alors, il n'*(hésiter)* plus. Il *(descendre)* sur le toit d'un hangar, d'où il *(sauter)* ensuite à terre, en s'aidant de longues perches, posées là, dans un angle ; de cette façon, il ne *(craindre)* pas de réveiller sa mère.
É. Zola, *Naïs Micoulin*, 1878.

❹ a. Recopiez le texte en écrivant chaque verbe au temps qui convient. b. Justifiez l'emploi des temps utilisés.
Arrivé au château, le comte *(sauter)* à bas de son cheval, *(aider)* ma mère à descendre ; puis m'*(offrir)* sa main à mon tour. [...] Je *(sentir)* qu'il y *(laisser)* un billet. [...] Je ne connais pas de supplice pareil à celui que j'*(éprouver)* jusqu'au moment où je *(rentrer)* dans ma chambre : ce billet me *(brûler)* la poitrine ; il *(sembler)* qu'une puissance surnaturelle *(rendre)* chacune de ses lignes lisible pour mon cœur, qui le *(toucher)* presque : ce papier *(avoir)* une vertu magnétique.
A. Dumas, *Pauline*, 1838.

S'EXPRIMER

❺ Rédigez au passé un court paragraphe racontant l'arrivée d'un personnage dans un lieu ; vous insérerez un bref portrait de ce personnage.

RÉCRIRE

Ⓐ Récrivez le texte au passé en conjuguant les verbes au temps qui convient : imparfait ou passé simple.
Une ombre crépusculaire noie les profondeurs de la grange. Il y a encore beaucoup à faire pour boucher les trous. Deux faux et trois râteaux sont pendus à des chevilles de mélèze. Isaïe contourne la masse de foin, se penche par la trappe et crie de nouveau :
– Qu'est-ce que c'est ?
Puis il se met à descendre la raide échelle de bois.
D'après H. Troyat, *La Neige en deuil*, © Flammarion, 1952.

Brevet

Ⓑ Même exercice que l'exercice A.
Le chargement s'opère. Un des deux hommes prend avec le sien le fusil de son coéquipier. Celui-ci remue et dégage, non sans peine, du tas, un long madrier boueux et glissant qui pèse bien quarante kilos, ou bien une claie de branchages feuillus, grande comme une porte et qu'on peut tout juste maintenir sur son dos, les mains en l'air et cramponnées sur les bords.
H. Barbusse, *Le Feu*, 1915.

Le récit complexe

La concordance des temps : antériorité, postériorité

1. L'ANTÉRIORITÉ

- Une action est **antérieure** à une autre lorsqu'elle se passe **avant** celle-ci. Un **temps composé** marque l'antériorité par rapport au **temps simple** qui lui correspond :
  - passé composé / présent ;   > *Quand il **a déjeuné**, il **part** travailler.*
  - plus-que-parfait / imparfait ;   > *Quand il **avait déjeuné**, il **partait** travailler.*
  - passé antérieur / passé simple ; > *Quand il **eut déjeuné**, il **partit** travailler.*
  - futur antérieur / futur simple. > *Quand il **aura déjeuné**, il **partira** travailler.*
- Dans un **récit complexe**, pour faire un **retour en arrière**, on emploie généralement des verbes **au plus-que-parfait** de l'indicatif (voir p. 399).
  > *Alors Nantas pensa qu'il **avait** bien **fait** d'accepter le marché.*

2. LA POSTÉRIORITÉ

- Une action est **postérieure** à une autre lorsqu'elle se passe **après** celle-ci.
- Dans un **contexte au présent**, la postériorité s'exprime par un **futur simple**, parfois accompagné d'un **futur antérieur**.
  > *Il ne se presse pas : il n'y **aura** aucun bus tant que le jour ne **se sera** pas **levé**.*
- Dans un **récit au passé**, la **postériorité** s'exprime par des **futurs dans le passé**, à un temps simple ou composé (voir p. 401).
  > *Il ne se pressait pas : il n'y **aurait** aucun bus tant que le jour ne **se serait** pas **levé**.*

Passé composé		Présent	Futur antérieur	Futur simple
Passé antérieur		Passé simple	Futur composé	Futur simple
Plus-que-parfait		Imparfait	dans le passé	dans le passé

3. LA SIMULTANÉITÉ

Deux actions sont **simultanées** quand elles se déroulent en même temps.

OBSERVER ET REPÉRER

Félix m'avait offert une place dans sa voiture. Mais je me suis échappé, je voulais être seul ; et je n'ai pas pris de fiacre, heureux de marcher à pied, dans le silence et la solitude des rues. Je me sentais fiévreux, comme à l'approche de quelque grande maladie.

É. Zola, *Madame Neigeon*, 1879.

1 À quels temps les verbes sont-ils conjugués ? Quel est le temps qui exprime une antériorité dans ce texte ?

S'EXERCER

2 a. Conjuguez les verbes aux temps de l'indicatif demandés. **b.** Quelles actions sont antérieures aux autres ?

Ils *(se diriger, passé simple)* vers la ligne russe, sur les batteries qui *(foudroyer, plus-que-parfait)* si cruellement la masse de malheureux gisant sur le bord de la rivière. Quelques moments après leur départ, le galop de deux chevaux *(retentir, imparfait)* sur la neige […]. Le généreux aide de camp *(succomber, plus-que-parfait)*.

H. de Balzac, *Adieu*, 1830.

3 a. Conjuguez chaque verbe au temps qui convient. **b.** Nommez ce temps et justifiez votre choix.

1. Après que les voyageurs *(arriver)* à l'auberge, l'aubergiste prépara le dîner. **2.** Quand l'officier *(voir)* Boule de Suif pour la première fois, elle descendait de la diligence. **3.** Quand les voyageurs *(finir)* leur dîner, ils allèrent se coucher. **4.** L'officier est de très mauvaise humeur car Boule de Suif ne *(vouloir)* pas répondre à ses avances. **5.** Dès qu'ils *(obtenir)* le droit de partir, les voyageurs quitteront l'auberge. **6.** Boule de Suif pressentait que, au cours de cette aventure, elle *(jouer)* un grand rôle.

4 Relevez le verbe qui exprime une action antérieure. À quel temps est-il conjugué ?

Il venait de réussir au certificat avec deux de ses camarades. L'examen avait eu lieu à Fort-National, à une vingtaine de kilomètres du village, une vraie ville, avec beaucoup de Français, de grands bâtiments, de belles rues, de beaux magasins.

M. Feraoun, *Le Fils du pauvre*, © Éditions du Seuil, 1954, coll. Points, 1995.

5 a. Remplacez les compléments circonstanciels de temps en gras par des subordonnées circonstancielles de temps. **b.** Indiquez le rapport chronologique exprimé par la proposition subordonnée.

1. À mon signal, vous partirez. **2. Pendant vos derniers congés**, vous avez visité les Alpes. **3. Avant de partir**, les élèves ont rangé les chaises. **4. Après avoir attendu une heure**, il a vu passer le convoi. **5. En ouvrant la porte du garage**, le petit garçon verra le sapin.

6 Récrivez les phrases au passé. **Brevet**

1. Les enfants demandent si le spectacle sera maintenu. **2.** Le professeur de danse ignore si la couturière terminera les costumes qu'elle lui a promis. **3.** Le directeur de l'école de danse déclare que les répétitions seront bientôt terminées.

7 Relevez les actions postérieures à « *Si je ne domestique pas* ».

Si je ne domestique pas un peu et tout de suite ces visions, elles vont venir me torturer dès que j'aurai étouffé la lampe, et le cauchemar éveillé sera aussitôt là, comme un chien enragé que rien n'arrête.

C. Michelet, *En attendant minuit*, © Robert Laffont, 2002.

Le récit complexe

Les valeurs d'aspect

En français, les temps de l'indicatif peuvent exprimer la façon dont une action se déroule ou est accomplie : cela se nomme l'**aspect du verbe**.

1. ASPECT PONCTUEL ET ASPECT HABITUEL

- L'**aspect inhabituel**, **ponctuel** d'une action s'exprime au **passé simple**. Il peut être souligné par des **indicateurs de temps**.
  > À ce moment-là, à cet instant...
  > Ce matin-là, il lui **arriva** une aventure incroyable.

- L'**aspect répétitif** ou **habituel** (encore nommé **itératif**) d'une action peut s'exprimer par :
  – le **présent** ; > Tous les matins, il **promène** son chien.
  – l'**imparfait**. > Tous les matins, il **promenait** son chien.

L'**aspect répétitif** d'une action peut être souligné par des indicateurs de temps.
  > chaque semaine, tous les mois, à chaque fois que...

2. ASPECT ACHEVÉ ET ASPECT INACHEVÉ

- On parle d'**aspect achevé** (ou **accompli**) pour une action longue ou brève mais **située dans des limites précises**. Cet aspect peut s'exprimer par l'emploi :
  – du **passé simple** ; > Il entra, resta longuement silencieux, puis il prit la parole.
  – du **passé composé**. > Quand il a perdu, il s'en prend à tout le monde.

- On parle d'**aspect inachevé** (ou **inaccompli**) pour une action qui est présentée **en train de se dérouler**. Cet aspect peut s'exprimer par l'emploi :
  – de l'**imparfait** ; > L'orateur parlait encore quand l'estrade s'effondra.
  – du **présent**. > L'orateur parle avec enthousiasme.

OBSERVER ET REPÉRER

Le dernier dimanche avant les grandes vacances, Robert Fly et mon père m'accompagnent le soir en DS à l'école du Montcel et attendent que j'achève de faire ma valise. Après l'avoir rangée dans le coffre de la DS, je quitte définitivement Jouy-en-Josas par l'autoroute de l'ouest.

P. Modiano, *Un pedigree*, © Éditions Gallimard, 2005.

1 a. À quel temps les verbes à l'indicatif sont-ils conjugués ? **b.** Ce temps présente-t-il les actions comme achevées ou en train de s'accomplir ?

S'EXERCER

2 Relevez les verbes conjugués : 1) au passé simple ; 2) à l'imparfait. Indiquez la valeur d'aspect de chaque temps.

Lorsque revint l'été, il lui fallut aller remuer la bête dans sa côte[1]. C'était loin. Le goujat[2], plus furieux chaque matin, partait de son pas lourd à travers les blés. Les hommes qui travaillaient dans les terres lui criaient, par plaisanterie :
« Hé, Zidore, tu f'ras mes compliments à Coco. »
Il ne répondait point ; mais il cassait, en passant, une baguette dans une haie et, dès qu'il avait déplacé l'attache du vieux cheval, il le laissait se remettre à brouter ; puis, approchant traîtreusement, il lui cinglait les jarrets.

G. de Maupassant, « Coco », *Contes du jour et de la nuit*, 1884.

1. sur le côteau.   2. homme mal élevé, grossier.

3 a. Relevez les verbes conjugués : 1) au passé simple ; 2) à l'imparfait. **b.** Indiquez la valeur d'aspect de chaque temps.

Se haussant sur la pointe des chaussures, Isaïe répéta la manœuvre. Cette fois-ci, ses doigts atteignirent la lèvre du surplomb, grattèrent la couche vitrifiée, se crispèrent violemment dans des alvéoles de glace. La main gauche bondit à son tour et se figea, à côté de la main droite. Position trop allongée. Rétablissement difficile. Le froid de la pierre pénétrait dans ses paumes, gagnait le long de ses bras, emprisonnait ses épaules. C'était comme un fluide d'ombre et de mort qui remontait dans ses artères.

H. Troyat, *La Neige en deuil*, © Flammarion, 1952.

4 a. Récrivez l'extrait au passé. Vous soulignerez les passés simples en rouge, les imparfaits en bleu. **b.** Quelle est la valeur d'aspect de chaque imparfait ?

Un matin, vers la fin d'avril, on rapporte, rue des Envierges, Eugène sur un brancard. Il a reçu une balle en pleine poitrine, aux Moulineaux. Comme on le monte, il expire dans l'escalier. Quand Damour rentre le soir, il trouve Félicie silencieuse auprès du cadavre de leur fils. C'est un coup terrible, il tombe par terre, et elle le laisse sangloter, assis contre le mur, sans rien lui dire, parce qu'elle ne trouve rien.

D'après É. Zola, *Jacques Damour*, 1880.

S'EXPRIMER

5 En vous aidant de l'image, rédigez un paragraphe qui commence par : « *Tous les jours...* ».

6 En vous aidant de l'image, rédigez un paragraphe qui commence par : « *Un beau jour...* ».

La description
Rôles et construction du texte descriptif

> **Vérifiez vos acquis**
>
> Les vives senteurs de ces arbustes se mêlaient alors aux sauvages parfums de la nature montagnarde, aux pénétrantes odeurs des jeunes pousses du mélèze, des peupliers et des pins gommeux.
> H. de Balzac, *Le Médecin de campagne*, 1833.
>
> **1.** Dans ce texte descriptif, à quel temps le verbe est-il conjugué ?
> **2.** Quelle est la nature grammaticale des mots soulignés ? des groupes de mots en gras ?

1. RÔLES ET INSERTION

▶ Les rôles et les visées de la description

- Une **description** donne à **voir** un **lieu** ou un **objet**. Un **portrait** peint une **personne**, un **personnage** ou **un animal**.
- Dans un **texte documentaire**, la description est objective. Elle vise à expliquer et à informer.
- Dans un **texte littéraire**, la description est le plus souvent subjective. Elle vise à créer une impression dominante, à provoquer chez le lecteur des sentiments.

▶ L'insertion de la description dans un récit

Pour insérer la description dans le récit	vocabulaire de la perception, souvent des verbes de vue > *Admirer, distinguer...*
Pour rédiger les passages descriptifs dans un récit au passé	imparfait de l'indicatif > *L'homme avança, il se tenait droit.*
Pour faire une pause descriptive dans les textes documentaires et, parfois, dans les textes littéraires	présent de vérité générale > *Un homme suivait à cheval le chemin qui monte au pic.*

OBSERVER ET REPÉRER

Pépé lui-même, qui ne lâchait pas la main de sa sœur, ouvrait des yeux énormes. D'abord, ils furent séduits par un arrangement compliqué : en haut, des parapluies, posés obliquement, semblaient mettre un toit de cabane rustique ; dessous, des bas de soie, pendus à des tringles, montraient des profils arrondis de mollets, les uns semés de bouquets de roses, les autres de toutes nuances [...] ; enfin, sur le drap de l'étalage, des gants étaient jetés symétriquement.
É. Zola, *Au Bonheur des dames*, 1883.

❶ a. Relevez l'expression qui introduit la description. **b.** Relevez les verbes du passage descriptif : à quel temps sont-ils conjugués ? **c.** Quelle impression se dégage du grand magasin ? **d.** Cette description est-elle objective ou subjective ? Relevez un mot à l'appui de votre réponse.

S'EXERCER

❷ a. Le texte d'où est extraite cette description est-il un documentaire ou un récit ? Justifiez. **b.** À quel temps les verbes sont-ils conjugués ? Quelle en est la valeur ?
Glandon, situé à 1924 m, permet le franchissement entre la vallée de la Maurienne et le massif de l'Oisan, ainsi que la ville de Grenoble. En contrebas du col, sur le versant iserois, s'étend le lac de Grand Maison, retenue artificielle construite pour les besoins de l'hydroélectricité.
http://www.maurienne.fr

❸ a. Quelle différence faites-vous entre ce texte et celui de l'exercice 2 ? Justifiez. **b.** À quel temps les verbes de la description sont-ils conjugués ? Quelle en est la valeur ?
Ce bourg est le chef-lieu d'un canton populeux circonscrit par une longue vallée. Un torrent à lit pierreux souvent à sec, alors rempli par la fonte des neiges, arrose cette vallée serrée entre deux montagnes parallèles, que dominent de toutes parts les pics de la Savoie et ceux du Dauphiné. Quoique les paysages compris entre la chaîne des deux Maurienne aient un air de famille, le canton à travers lequel cheminait l'étranger présente des mouvements de terrain et des accidents de lumière qu'on chercherait vainement ailleurs.
H. de Balzac, *Le Médecin de campagne*, 1833.

❹ Relevez les expressions qui introduisent les différentes étapes de la description.
Julien, debout sur un grand rocher, regardait le ciel, embrasé par un soleil d'août. Les cigales chantaient dans le champ au-dessous du rocher ; quand elles se taisaient tout était silence autour de lui. Il voyait à ses pieds vingt lieues de pays. Quelque épervier parti des grandes roches au-dessus de sa tête était aperçu par lui, de temps à autre, décrivant en silence ses cercles immenses. L'œil de Julien suivait machinalement l'oiseau de proie. Ses mouvements tranquilles et puissants le frappaient, il enviait cette force, il enviait cet isolement.
Stendhal, *Le Rouge et le Noir*, 1830.

RÉCRIRE — Brevet

Ⓐ Récrivez le texte de l'exercice 3 (jusqu'à « *Dauphiné* »), en conjuguant les verbes à l'imparfait.

S'EXPRIMER

❺ Insérez la description de l'exercice 2, dans un passage narratif.

2. CONSTRUCTION ET ÉCRITURE

▶ La construction du texte descriptif

• Ordre de la description	en général, **de haut en bas**, **du plus éloigné au plus proche**, **de l'ensemble au détail**.
• Indicateurs de lieu (souvent situés en début de phrase ou de proposition)	• Des **adverbes** ou **locutions adverbiales** ; > *Là, en haut…* • Des **groupes nominaux compléments circonstanciels de lieu**. > *Dans la vallée, on distinguait le village.*

• Progression d'une description	• Description **statique** (le narrateur ne bouge pas) : on y emploie surtout la **progression à thème éclaté** (voir p. 385) ;
	  > *Il fit une pause : à sa droite, la vallée s'élargissait, à sa gauche, la montagne se dressait, majestueuse.*
	• Description **dynamique** ou en mouvement (le narrateur se déplace) : on y emploie surtout la **progression linéaire** (voir p. 385).
	  > *Au détour du chemin, il découvrit le torrent ; celui-ci dévalait la pente, emportant dans sa course des rochers. Ces pierres amoncelées formaient plus bas un barrage naturel.*

▶ La construction du texte descriptif

Les verbes	
• **attributifs** suivis d'un attribut du sujet > *Être, paraître, rester, demeurer…*	> *Il **semblait** bien timide.*
• à la **voix passive** > *Être placé, posé…*	> *Le salon **était éclairé** par un chandelier.*
• à la **voix pronominale** > *S'étendre…*	> *Les façades **s'alignaient** à perte de vue.*
• **descriptifs précis** > *Fleurir, pousser, s'étager, s'étirer…*	> *Les vignes **s'étageaient** à flanc de montagne.*
Les expansions du nom • adjectif épithète • nom ou GN complément du nom • apposition • proposition subordonnée relative	> *Les deux **hautes** (adjectif épithète) murailles **de granit** (GN complément du nom) s'élèvent, **séparées** (apposition) seulement par le torrent **qui rugit dans les cascades** (prop. sub. relative).*
Le vocabulaire des sens	> *À tout moment le ciel **changeait de lumière**. Les **senteurs** des pins se mêlaient au **parfum** des roses.*
Un champ lexical dominant	> *Homme de **haute taille**, le voyageur se tenait **droit** et **raide** comme un **bâton**.*
Les figures de style : • comparaison • métaphore • personnification • hyperbole	> *Les tuiles luisaient **comme des écailles**.* > *La vallée offre **un tapis** de verdure.* > *La montagne veille, **maternelle**, sur le village.* > *La tour Eiffel, **le plus hideux des monstres**.*
Le vocabulaire mélioratif et péjoratif • suffixes péjoratifs *-âtre, -asse, -ard* ; • adjectifs exprimant un jugement • adjectifs qualificatifs au superlatif • noms à valeur **positive** ou **négative** • verbes de **jugement** ou de **sentiment**	> *Une tign**asse** jaun**âtre**.* > *Un spectacle **admirable**, **révoltant**.* > *Une **très haute** tour.* > *Une **demeure** ≠ une **masure**.* > *Il **admirait** le paysage.*

OBSERVER ET REPÉRER

(Gervaise) retourna s'accouder à la fenêtre, elle reprit son attente de la nuit, interrogeant les trottoirs au loin. […] Elle regardait à droite, du côté du boulevard de Rochechouart, où des groupes de bouchers, devant les abattoirs, stationnaient en tabliers sanglants ; et le vent frais apportait une puanteur par moment, une odeur fauve de bêtes massacrées. Elle regardait à gauche, enfilant un long ruban d'avenue s'arrêtant presque en face d'elle, à la masse blanche de l'hôpital Lariboisière, alors en construction.

É. Zola, *L'Assommoir*, 1877.

❶ **a.** Cette description est-elle statique ou en mouvement ? Justifiez en citant le texte. **b.** Relevez les indicateurs de lieu. **c.** Comment la description est-elle organisée ? **d.** Quels sont les sens sollicités ? Répondez en citant des mots du texte. **e.** Quelle impression se dégage du paysage à droite de Gervaise ? Justifiez avec des mots du texte.

S'EXERCER

❷ Relevez dans le texte de l'exercice **1** : 1) les épithètes ; 2) les compléments du nom ; 3) les mots mis en apposition.

3 a. Cette description est-elle statique ou dynamique ? b. Quelle est la progression thématique employée ? Justifiez en relevant des mots du texte. c. Quel est le sens sollicité dans cette description ? Justifiez.

Lentement, tous deux traversèrent le sous-sol. Les soupiraux, de place en place, jetaient une clarté pâle ; et, au fond des coins noirs, le long d'étroits corridors, des becs de gaz brûlaient, continuellement. C'étaient dans ces corridors que se trouvaient les réserves, des caveaux barrés par des palissades, où les divers rayons[1] serraient[2] le trop-plein de leurs articles.

É. Zola, *Au Bonheur des dames*, 1883.

1. vendeurs des différents rayons du grand magasin.   2. rangeaient.

4 Dans le texte de l'exercice **3**, relevez : 1) un verbe à la voix pronominale ; 2) des verbes descriptifs précis.

5 Relevez les adjectifs qualificatifs et les participes épithètes : quelle impression se dégage de ce portrait physique ?

Ils (les deux gendarmes) se retirèrent sur un signe du juge, et Cabuche resta seul au milieu du cabinet, ahuri, avec un hérissement fauve de bête traquée. C'était un gaillard, au cou puissant, aux poings énormes, blond, très blanc de peau, la barbe rare, à peine un duvet doré qui frisait, soyeux. La face massive, le front bas disaient la violence de l'être borné, tout à la sensation immédiate, mais il y avait comme un besoin de soumission tendre, dans la bouche large et dans le nez carré de bon chien.

É. Zola, *La Bête humaine*, 1885.

6 a. Dans le texte de l'exercice **5**, quel est le sens sollicité ? Justifiez. b. Quelle figure de style identifiez-vous ? Justifiez en relevant les mots rattachés à cette figure de style.

7 a. Quelle impression le grand magasin, *Au Bonheur des dames*, produit-il sur Denise ? Justifiez. b. Quelles figures de style identifiez-vous ? Justifiez avec des mots du texte. c. Quel sens est sollicité dans cette description ?

Denise, cédant à la séduction, était venue jusqu'à la porte, sans se soucier du rejaillissement des gouttes, qui la trempait. À cette heure de la nuit, avec son éclat de fournaise, le *Bonheur des dames* achevait de la prendre toute entière. Dans la grande ville, noire et muette sous la pluie, dans ce Paris qu'elle ignorait, il flambait comme un phare, il semblait à lui seul la lumière et la vie de la cité.

É. Zola, *Au Bonheur des dames*, 1883.

8 Dans le texte **7**, la description est-elle statique ou dynamique ? Justifiez. Quelle est la progression thématique ?

9 a. Sur quelle figure de style repose cette description de Paris ? Justifiez. b. Précisez les autres figures de style employées en relevant, pour chacune, au moins un mot du texte. c. Quelle est la valeur du présent dans ce texte ?

En ce temps-là, Paris avait la fièvre des constructions. Si Paris est un monstre, il est assurément le plus maniaque des monstres. Il s'éprend de mille fantaisies : tantôt, il bâtit comme un grand seigneur qui aime la truelle ; puis, il laisse sa truelle et devient militaire ; il s'habille de la tête aux pieds comme un garde national.

H. de Balzac, *Ferragus*, 1831.

10 a. Relevez le vocabulaire mélioratif ou péjoratif en le classant selon les catégories de la leçon p. 405. b. Quelle impression se dégage de cette description ? c. Quels sont les sens sollicités ? d. Quelles sont les progressions thématiques employées ?

La cheminée en pierre [...] est ornée de deux vases pleins de fleurs artificielles, vieillies et encagées, qui accompagnent une pendule en marbre bleuâtre du plus mauvais goût. Cette première pièce exhale une odeur sans nom dans la langue, et qu'il faudrait appeler l'*odeur de pension*. Elle sent le renfermé, le moisi, le rance ; elle donne froid, elle est humide au nez, elle pénètre les vêtements ; elle a le goût d'une salle où l'on a dîné ; elle pue le service, l'office, l'hospice.

H. de Balzac, *Le Père Goriot*, 1835.

11 a. Quel point de vue est adopté pour le portrait de Maxime ? Justifiez. b. Relevez les connecteurs qui organisent ce portrait. c. Ce portrait est-il fait de façon statique ou dynamique ? d. Relevez une figure de style et nommez-la. e. Relevez en deux colonnes les groupes nominaux et les adjectifs attributs qui caractérisent Maxime d'une part, Eugène de Rastignac d'autre part : quel sentiment de Rastignac est expliqué par ces relevés ?

Maxime regardait alternativement Eugène et la comtesse d'une manière assez significative pour faire décamper l'intrus. « Ah çà, ma chère, j'espère que tu vas mettre ce petit drôle à la porte ! » Cette phrase était une traduction claire et intelligible des regards du jeune homme impertinemment fier que la comtesse Anastasie avait nommé Maxime, et dont elle consultait le visage de cette intention soumise qui dit tous les secrets d'une femme sans qu'elle s'en doute. Rastignac se sentit une haine violente pour ce jeune homme. D'abord les beaux cheveux blonds et bien frisés de Maxime lui apprirent combien les siens étaient horribles. Puis Maxime avait des bottes fines et propres, tandis que les siennes, malgré le soin qu'il avait pris en marchant, s'étaient empreintes d'une légère teinte de boue. Enfin Maxime portait une redingote qui lui serrait élégamment la taille et le faisait ressembler à une jolie femme, tandis qu'Eugène avait à deux heures et demie un habit noir.

H. de Balzac, *Le Père Goriot*, 1835.

S'EXPRIMER

12 Décrivez en un paragraphe l'image en en soulignant l'aspect positif par un vocabulaire et des figures de style appropriés. Vous veillerez à l'insérer dans un passage de récit.

L'explication
L'écriture et l'organisation du texte explicatif

1. DÉFINITION
- Un **texte explicatif** sert à **répondre à une question**, à **apporter des informations**.
- Les textes explicatifs sont le plus souvent des **textes documentaires** (articles de presse, de dictionnaire, d'encyclopédies, manuels), dans lesquels on donne souvent la parole à des personnes expertes. Il peut aussi s'agir de modes d'emploi.
- On trouve des **passages explicatifs** dans des **textes de fiction**.

2. ÉCRITURE ET ORGANISATION

▶ **Le temps des verbes**
Le texte explicatif utilise généralement le **présent de généralité**.
> *Le naturalisme **est** un mouvement littéraire.*

▶ **Un vocabulaire spécifique**
Le texte explicatif emploie un **vocabulaire spécifique au domaine concerné** et expliqué : dans des notes, par des illustrations, ou dans le texte lui-même.

▶ **Des procédés pour définir**
Pour définir les caractéristiques d'un phénomène ou le sens d'un mot technique, on emploie :
– des **signes de ponctuation** (virgule, tirets, parenthèses, deux points, guillemets) ;
– des **verbes attributifs** *(être, demeurer, devenir)*, suivis d'attributs du sujet ;
– des **verbes introduisant un terme technique** *(appeler, nommer, s'appeler…)* ;
– des **expansions du nom** (propositions subordonnées relatives, appositions…).

▶ **Des connecteurs**
- Pour fournir une **succession d'explications** ou **expliquer l'historique** d'un phénomène : des **connecteurs temporels**. > *D'abord, premièrement, puis, ensuite…*
> *Le docu-fiction a **d'abord** suscité de la méfiance, **puis** obtenu un très bon audimat.*
- Pour **expliquer les causes** et/ou **les conséquences** d'un phénomène :
  – des **connecteurs logiques** ; > *Car, en effet, par conséquent, c'est pourquoi…*
  – des **propositions subordonnées circonstancielles de cause et de conséquence** ;
  – du **vocabulaire exprimant la cause** *(découler de, provenir de, cause, facteur, raison…)* ou **la conséquence** *(agir, entraîner, provoquer, conséquence, effet, résultat…)*.
> *Les docu-fictions font de l'audimat **car** ils distraient le public.*

OBSERVER ET REPÉRER

En Asie, en Afrique, en Amérique latine, la forêt tropicale perd chaque jour du terrain. Il y a moins d'un siècle, elle occupait 15 % de la surface du globe. Aujourd'hui, elle en recouvre 5 %. Coupée pour être débitée en planches ou brûlée pour libérer des terres cultivables, la jungle est en danger de mort. D'après Emmanuelle Grundmann, spécialiste des grands singes et auteur d'un livre en forme de cri d'alarme (*Ces forêts qu'on assassine*), « ce drame écologique met en péril notre propre survie ». Car les arbres et les végétaux sont un des « climatiseurs » de la planète : ils absorbent d'énormes quantités de dioxyde de carbone – ou CO^2 –, ce gaz en partie responsable de la hausse des températures dans le monde.

C. Pangrazzi, « Stop au massacre de la forêt tropicale », *Géo Ados*, septembre 2007.

❶ **a.** Quel est le temps employé dans le texte ? **b.** Relevez les connecteurs : lesquels expliquent l'évolution du phénomène ? apportent une explication ? **c.** Relevez tous les groupes de mots en apposition qui apportent une précision. **d.** Relevez une citation : quel signe de ponctuation l'introduit ? **e.** Quels sont les signes de ponctuation qui introduisent des explications ou des précisions ?

S'EXERCER

❷ **a.** Relevez les verbes servant à exprimer la cause d'un phénomène, puis ceux qui nomment ce phénomène. **b.** Quelle est la nature de la proposition en italique ? **c.** À quoi les deux points servent-ils ? **d.** Relevez un groupe nominal complément circonstanciel de cause. **e.** De quel genre de roman ce texte est-il extrait ? Justifiez.

Une partie de sa chaleur inattendue provenait de l'effet de serre, son atmosphère d'hydrogène captant comme dans un piège les faibles rayons du soleil lointain mais une autre partie importante était due à des sources internes : la zone équatoriale de Titan abondait en ce *qui par manque d'une meilleure expression, pourrait être appelé des volcans froids*. En de rares occasions, de certains d'entre eux jaillissait effectivement de l'eau à l'état liquide.

A. C. Clarke, *Terre, planète impériale*, © D. R.

S'EXPRIMER

❸ Rédigez un paragraphe explicatif, au choix, sur : *la guerre des tranchées, les chromosomes, l'autobiographie*. Vous emploierez un verbe attributif, une proposition subordonnée relative, un connecteur de cause et vous utiliserez une ponctuation appropriée.

L'argumentation

Présence de l'énonciateur et du destinataire

Une **argumentation** est un ensemble d'arguments. Par l'argumentation, l'**énonciateur** (le locuteur) cherche à **convaincre** un **destinataire** (interlocuteur ou lecteur) d'une opinion, d'un jugement qu'il démontre ou à le faire agir dans un certain sens. Pour cela :
– il développe ses arguments, selon un raisonnement logique qui obéit à des règles de construction ;
– il prend en compte son destinataire qu'il cherche à **persuader**, pour emporter son adhésion, en agissant sur ses sentiments et ses émotions.

1. MARQUES DE LA PRÉSENCE DE L'ÉNONCIATEUR ET DU DESTINATAIRE

▶ Les marques des personnes

- Le locuteur **s'implique** dans ses propos par l'emploi de **pronoms personnels** et de **déterminants possessifs** de la **1re personne**.
  > *La grande avancée technique qui modifie le comportement de **mes** contemporains est le téléphone portable.* (A. Jacquart)
- Il implique son **destinataire** en s'adressant directement à lui à la **2e personne**, que le destinataire soit physiquement présent ou non. Il emploie aussi des **apostrophes** pour l'interpeller.
  > *Ô jeunesse, jeunesse ! je **t**'en supplie, songe à la grande besogne qui **t**'attend. **Tu es** l'ouvrière[1] future.* (É. Zola)   1. celle qui doit œuvrer, réaliser.

▶ Types de phrases

Pour faire réagir le destinataire, on emploie :
– des **phrases interrogatives** qui peuvent être des questions oratoires (fausses interrogations) ;
  > *Et alors, étranger, où est la solution ?*
– des **phrases injonctives**.   > *Garde ceci bien ancré dans ta tête.*

2. L'EXPRESSION DE LA SUBJECTIVITÉ

Dans un texte argumentatif, le narrateur ou l'auteur exprime une **opinion personnelle** qu'il cherche à faire partager. Pour cela, on emploie :
– du **vocabulaire mélioratif** ou **péjoratif** ;
  > *Le journal télévisé est un **spectacle cauchemardesque**.*
– des **adverbes modalisateurs** qui **atténuent** ou **renforcent** un **jugement** ;
  > *Il est **peut-être (assurément)** le plus grand des poètes.*
– des **figures de style méliorative** ou **péjoratives** (métaphores, périphrases, hyperboles) ;
  (voir p. 380) > *La planète va-t-elle devenir une **gigantesque poubelle** ?*
– des **antiphrases** (pour dire le contraire de ce que l'on veut dire, par ironie) (voir p. 380) ;
  > *S'écraser dans les magasins surchauffés au moment des soldes, **quel rêve** !*
– des **énumérations**, des **accumulations** pour **souligner l'idée énoncée** ou **critiquée**.
  > *Ces malfaiteurs n'ont jamais connu **l'espoir, ni la beauté, ni la noblesse du cœur, ni la générosité et encore moins l'amour**.*

3. LES MODALISATEURS DE DOUTE ET DE CERTITUDE

Le locuteur peut vouloir afficher un argument avec certitude ou, au contraire, prendre ses distances.
- Pour exprimer la **certitude**, on emploie :
  – des **adverbes** tels que *certes, assurément, sans aucun doute, à coup sûr*...
  – le **mode indicatif**.
  > *Le journal télévisé **est devenu assurément** un spectacle cauchemardesque.*
- Pour exprimer le **doute**, on emploie :
  – des **adverbes** tels que *peut-être, sans doute, vraisemblablement, éventuellement* ;
  – des **verbes de doute** comme *insinuer, présumer, prétendre, supposer* ;
  – le **conditionnel** ; > *La planète **serait** en danger mortel.*
  – des **phrases interrogatives** ; > *La planète est-elle en danger mortel ?*
  – des **guillemets**. > *La planète, un **« dépotoir d'ordures »** : n'est-ce pas une vision excessive ?*
  Ces procédés sont couramment employés dans **la presse**, soit pour souligner que l'information n'a pas encore pu être vérifiée, soit pour livrer une information qui n'est pas prouvée mais que le public retiendra (en particulier dans la presse à scandale).
  > *Un attentat **aurait eu lieu** ce matin, si nos informations sont exactes.*
  > *Le suspect **aurait-il commis** ce meurtre abominable ? **Serait**-il un « monstre » ?*

OBSERVER ET REPÉRER

Notre atmosphère est une ressource rare, et nous risquons la pénurie. Mais comment privatiser l'air ? La taxation des émissions de carbone est un instrument fondamental. Si vous croyez aux vertus du marché, il est nécessaire d'envoyer un signal clair dans cette direction. C'est une révolution complète. Pourtant, les politiques et le marché ne donnent pas l'impression d'avoir pris la mesure du problème et de le combattre. Sans doute parce que certaines industries tirent encore bénéfice de l'utilisation des ressources fossiles.

J. Stiglitz, dossier « Leurs solutions pour la planète »,
© *L'Express*, 06.12.07.

❶ **Relevez : 1) des marques de la présence du locuteur et du destinataire ; 2) des mots exprimant l'opinion du locuteur ; 3) un modalisateur de doute ; 4) une phrase interrogative.**

S'EXERCER
Voir aussi **Exercices p. 414**

❷ **Relevez : 1) des modalisateurs qui expriment la certitude des locuteurs ; 2) ceux qui leur permettent de nuancer.**
Proclamer l'égalité juridique et politique est de toute évidence insuffisant pour éliminer le mode de pensée raciste et les pratiques qui s'en inspirent, l'histoire le démontre. Il n'en reste pas moins que l'affirmation du principe d'égalité ne reste pas sans effets. L'histoire des relations entre Blancs et Noirs aux États-Unis a été tragique, le souvenir de l'esclavage continue à peser sur ces relations. Mais c'est tout de même au nom de l'égalité des citoyens que les Noirs ont pu progressivement organiser les mouvements de revendication politique, combattre le système des discriminations dont ils étaient les victimes et finalement, au moins pour une partie d'entre eux, participer à la vie politique.

D. Schnapper, S. Allemand, *Questionner le racisme*,
© Éditions Gallimard, 2000.

❸ **a. Relevez les expressions par lesquelles le locuteur exprime explicitement son opinion. b. À qui la question posée dans l'extrait s'adresse-t-elle ? Reformulez-la en une phrase verbale.**
Rien ne permet d'affirmer, cela est trop clair, qu'à âge égal, les jeunes gens d'aujourd'hui sont plus mûrs que ceux d'hier. Pour ma part, j'affirmerais même sans hésiter le contraire : ils sont moins mûrs. Des preuves ? Disons plutôt, en une matière aussi flottante, des présomptions : en voici quelques-unes.

R. Ikor, *Je porte plainte*, © Albin Michel, 1981.

❹ **a. Relevez des expressions par lesquelles la journaliste s'exprime directement. b. Par quels autres moyens exprime-t-elle son opinion ? c. Quel est le ton de ce texte ? Justifiez en citant des mots du texte.**
Des Lego pour Noël ? Un livre en tissu ? Un ours en peluche ? Ringard, ringard, ringard. Comparé aux promesses de Baby First, cette chaîne lancée en octobre et dédiée aux 6 mois – 3 ans, avec sa « Récré des mots », son « Jardin des émotions », sa « Parade des nombres ». Attention, elle n'est pas vendue comme une banale chaîne mais comme « un tout nouvel outil d'éducation ». Et comme il n'est jamais trop tôt pour préparer HEC[1], cela mérite l'attention. On y apprend des termes anglais, des formes géométriques. [...] La perspective d'HEC, c'est bien, mais – disons-le – celle de pouvoir maîtriser ou rendormir en pleine nuit les piailleurs grâce à « des images apaisantes et réconfortantes », vingt-quatre heures sur vingt quatre (!), est largement aussi tentante.

V. Groussard, « Cerveaux disponibles », © *Télé Obs*, décembre 2007.

[1]. École des hautes études commerciales, école de commerce prestigieuse.

❺ **Par quels moyens Jean Jaurès implique-t-il son auditoire dans ce discours prononcé dans son ancien lycée d'Albi à l'occasion de la distribution des prix ?**
Non, je ne vous propose pas un rêve décevant ; je ne vous propose pas non plus un rêve affaiblissant. Que nul de vous ne croie que dans la période encore difficile et incertaine qui précédera l'accord définitif des nations, nous voulons remettre au hasard de nos espérances la moindre parcelle de la sécurité, de la dignité, de la fierté de la France. Contre toute menace et toute humiliation, il faudrait la défendre : elle est deux fois sacrée pour nous, parce qu'elle est la France, et parce qu'elle est humaine.

J. Jaurès, *Discours à la jeunesse*, 1903.

❻ **a. Relevez dans cet extrait d'un journal à scandale les modalisateurs et les moyens employés pour exprimer le doute. b. Dans quel but ces procédés ont-ils été employés ?**
1. La police présume que la femme Blum est depuis assez longtemps déjà mêlée à la conjuration. **2.** Son appartement était-il le quartier général d'une bande organisée, servait-il de cache d'armes ? **3.** Katharina B. aurait-elle par hasard participé aux malversations de M. Fehnern, le commissaire aux comptes de sinistre réputation ?

H. Böll, *L'Honneur perdu de Katharina Blum*,
trad. S. et G. de Lalène, © Éditions du Seuil, 1975, coll. Points, 1996.

S'EXPRIMER

❼ **Récrivez le texte de façon à introduire le doute sur les méfaits de la civilisation de l'automobile.**
Je déteste la civilisation de l'automobile, cette obligation faite à l'homme de s'adapter aux lois de la production, sans aucune considération pour la beauté ou le plaisir de vivre. Depuis longtemps déjà, la société a privilégié ce projet pour l'humanité : circuler, bitumer les campagnes, transformer les villes en juxtaposition de zones reliées par des échangeurs, fermer les petites lignes de chemin de fer, imposer la brutalité du transport routier...

B. Duteurtre, *Le Grand Embouteillage*, © Éditions du Rocher, 2002.

L'argumentation
Des connecteurs logiques pour convaincre

Pour **convaincre**, le locuteur fait appel à la **logique du raisonnement**. Pour cela, il recourt aux **rapports logiques** (voir pp. 386 à 391) et emploie des **connecteurs logiques** pour **structurer son discours**. Ces connecteurs peuvent être des **conjonctions de coordination** ou de **subordination**, des **adverbes** ou **locutions adverbiales**.

Les différents emplois	Les connecteurs
• Pour **développer une idée** – expliquer, prouver – ajouter un élément – insister – atténuer	*c'est-à-dire*, *en d'autres termes*, *en effet*, *effectivement*, *de fait*… *d'ailleurs*… *même*, *notamment*, *voire*… *du moins*, *tout au moins*…
• Pour **enchaîner des idées** – ajouter une idée – énumérer – comparer des idées – hiérarchiser des idées	*et*, *de plus*, *en outre*, *par ailleurs*… *d'abord*, *aussi*, *encore*, *ensuite*, *enfin*, *d'une part… d'autre part*, *non seulement… mais aussi*… *ainsi que*, *de même que*, *comme*, *de la même manière*… *avant tout*, *en premier lieu*, *principalement*, *surtout*…

• Pour **confronter des idées**
(voir L'expression de l'opposition, p. 352)
– une **opposition** :
  * simple
  * faible
  * forte
 	
– une **concession**
	
	mais, *or*
	néanmoins, *toutefois*…
	au contraire, *cependant*, *pourtant*, *en revanche*, *alors que*, *tandis que*
	malgré, *en dépit de*, *bien que*, *quoique*, *quelque… que*, *quoi que* ; *certes… mais*

• Pour **établir un rapport de cause à effet** – la **cause** (voir L'expression de la cause, p. 348) – la **conséquence** (voir L'expression de la conséquence, p. 350)	 *car*, *en effet*, *parce que*, *puisque*, *comme*, *en raison de*, *grâce à*… *donc*, *par conséquent*, *en conséquence*, *si bien que*, *si… que*…
• Pour exprimer **le but** (voir L'expression du but, p. 347)	*pour*, *afin de*, *en vue de*, *dans le but de*, *pour que*, *afin que*…
• Pour exprimer **l'hypothèse** (voir L'expression de l'hypothèse, p. 354)	*à condition de*, *en cas de* ; *si*, *au cas où*…
• Pour **insérer des exemples**	*par exemple*, *ainsi*, *comme*…

OBSERVER ET REPÉRER

Traduire signifie exprimer ce qui a été écrit par un autre texte en croyant dire la même chose alors qu'on ne sait pas ce qu'est la chose du texte. Or la chose du texte, c'est le style, ce sont les mots. Traduire, c'est donc négocier, se mettre d'accord. […] La traduction n'est pas la transposition mot à mot d'un texte dans une langue à un texte dans une autre langue. Car il n'y a pas de synonymie parfaite. Même « père » et « padre » ne sont pas totalement synonymes en italien. De plus, quand on traduit un roman, on traduit un texte, pas un vocabulaire. Il faut donc négocier continuellement.

U. Eco, « L'art a le pouvoir de rendre aimable la laideur »,
© *Lire*, décembre 2007.

❶ **a.** Relevez une conjonction de coordination qui sert à développer une idée : 1) en exprimant l'opposition ; 2) en exprimant la conséquence. **b.** Quel est le connecteur qui sert à ajouter une idée ? celui qui sert à insister ?

S'EXERCER
Voir aussi **Exercices p. 414**

❷ **Relevez les connecteurs et précisez leur rôle.**
Le cinéma est le loisir numéro un de tous les jeunes. En effet, une minorité de jeunes préfère voir un film à la télévision plutôt que dans une salle de cinéma. Sans doute parce que la télévision, on la regarde le soir en famille. Elle fait en quelque sorte partie des meubles. Le cinéma, en revanche, permet de sortir de chez soi. Il a donc une saveur d'évasion, de liberté, de plaisir partagé.

❸ **a.** Relevez une conjonction de coordination exprimant la conséquence : quels groupes de mots relie-t-elle ?
b. Relevez les connecteurs qui enchaînent les responsabilités des villes : combien en comptez-vous ?
La lutte contre le réchauffement se joue en grande partie dans nos vies quotidiennes, là où nous habitons, donc dans nos villes. Celles-ci sont en première ligne dans le déclenchement

et le développement de la révolution écologique. Elles ont d'abord la responsabilité d'organiser les déplacements de leurs habitants, de faire fonctionner des transports non polluants, de rendre les espaces publics aux cyclistes et aux piétons. Elles sont aussi responsables des politiques de collecte et de traitement des déchets, notamment de leur recyclage. Responsables encore, d'une gestion plus raisonnée de leurs ressources en eau.

A. Juppé, Dossier « Leurs solutions pour la planète »,
© *L'Express*, 06.12.07.

4 Complétez le texte à l'aide des connecteurs : *car, d'ailleurs, mais aussi, surtout, parce que.*

Toutes les théories de la traduction qui existent me semblent insatisfaisantes [...]. ✎, ces théories sont faites par des gens qui n'ont jamais traduit. Je me trouve dans une situation différente ✎ j'ai traduit Nerval et Queneau ✎ ✎ j'ai travaillé dans une maison d'édition où je contrôlais les traductions des autres ; et, ✎, en tant qu'écrivain, j'ai été traduit dans de très nombreuses langues.

U. Eco, « L'art a le pouvoir de rendre aimable la laideur »,
© *Lire*, décembre 2007.

5 Récrivez le texte en y insérant ces connecteurs et en précisant s'ils expriment la conséquence, l'opposition ou la concession : *certes, donc, mais (2 fois).*

Les deux termes le plus souvent associés au mot « héros » sont « sacrifice » et « justice ». Mettre sa vie en jeu reste ✎ une dimension essentielle ; ✎ c'est la façon de le faire qui a changé. [...] Il s'agit d'un sacrifice moderne qui n'a ni pour condition ni pour finalité le fait de mourir. [...] Comment comprendre cela ? ✎, en France, aujourd'hui, il n'y a pas d'enjeux guerriers risquant de mettre en péril la vie des hommes à l'échelle collective. ✎ étant donné l'ouverture des préoccupations des jeunes à la réalité internationale des échanges et des conflits, cette explication n'est guère satisfaisante.

D'après *TDC* n° 943, « La fabrique du héros », CNDP 2007.

6 a. Quel rapport logique établissez-vous entre l'ensemble du texte et la dernière phrase ? b. Enchaînez la dernière phrase avec un connecteur adapté.

Giton a le teint frais, le visage plein et les joues pendantes, l'œil fixe et assuré, les épaules larges, l'estomac haut, la démarche ferme et délibérée. Il parle avec confiance ; il fait répéter celui qui l'entretient, et il ne goûte que médiocrement tout ce qu'il lui dit. [...] Il interrompt, il redresse ceux qui ont la parole : on ne l'interrompt pas, on l'écoute aussi longtemps qu'il veut parler ; on est de son avis, on croit les nouvelles qu'il débite. S'il s'assied, vous le voyez s'enfoncer dans un fauteuil, croiser ses jambes l'une sur l'autre, froncer le sourcil, abaisser son chapeau sur ses yeux pour ne voir personne, ou le relever ensuite, et découvrir son front par fierté et par audace. Il est enjoué, grand rieur, impatient, présomptueux, [...] ; il se croit des talents et de l'esprit. Il est riche.

La Bruyère, *Caractères*, 1688.

7 a. Relevez les connecteurs logiques. b. Indiquez, pour chacun, quel est son emploi.

THOMAS DIAFOIRUS — Monsieur, je viens saluer, reconnaître, chérir et révérer en vous un second père, mais un second père auquel j'ose dire que je me trouve plus redevable qu'au premier. Le premier m'a engendré, mais vous m'avez choisi. Il m'a reçu par nécessité, mais vous m'avez accepté par grâce. Ce que je tiens de lui est un ouvrage de son corps, mais ce que je tiens de vous est un ouvrage de votre volonté ; et, d'autant plus que les facultés spirituelles sont au-dessus des corporelles, d'autant plus je vous dois.

Molière, *Le Malade imaginaire*, II, 5, 1673.

8 a. Relevez les connecteurs logiques. b. Indiquez, pour chacun, quel est son emploi.

(Étienne) débutait par un historique rapide de la grève. [...] D'abord, il dit sa répugnance contre la grève : les mineurs ne l'avaient pas voulue, c'était la Direction qui les avait provoqués, avec son nouveau tarif de boisage. Puis, il rappela la première démarche des délégués chez le directeur, la mauvaise foi de la Régie. [...] Maintenant, on en était là, il établissait par des chiffres le vide de la caisse de prévoyance, indiquait l'emploi des secours envoyés [...]. Donc, la situation s'aggravait de jour en jour, la Compagnie [...] menaçait d'embaucher des ouvriers en Belgique.

É. Zola, *Germinal*, 1885.

Les Arts décoratifs, Musée de la Publicité, Paris.
© Photo les Arts décoratifs / L. Sully Jaulmes, © DR.

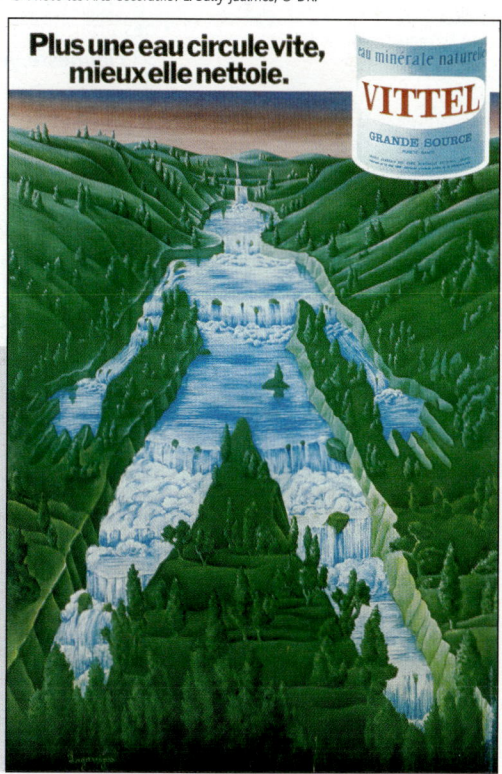

Plus une eau circule vite, mieux elle nettoie.
VITTEL GRANDE SOURCE

S'EXPRIMER

9 En employant la même structure et les mêmes connecteurs que dans le texte de l'exercice 2, rédigez un bref paragraphe, sur le thème des jeux vidéo.

10 Pour développer la thèse que l'eau est une amie de l'homme, rédigez une phrase pour chaque argument ou exemple et enchaînez les phrases avec des connecteurs logiques.

A] Bien-être : *1) activités nautiques ; 2) cures thermales.*
B] Apports économiques : *1) voies de communication ; 2) pêche et aquaculture ; 3) électricité, source d'énergie.*
C] Nécessité : *1) irrigation, pluie pour les cultures ; 2) hygiène : corps, nettoyage, travaux ménagers ; 3) eau nécessaire à la vie.*

L'argumentation
Des procédés pour persuader

Pour amener le destinataire à partager son opinion, le locuteur cherche à le **persuader**, c'est-à-dire à jouer sur les sentiments et les émotions du destinataire. Pour cela, **à l'écrit**, il recourt à plusieurs **procédés d'écriture**.

1. TYPES ET FORMES DE PHRASES

▶ Types de phrases
Pour **exprimer ses sentiments** et les faire partager, on emploie :
- des **phrases exclamatives** ;
  > *Mais toi, toi, jeunesse qui dois être acquise à toutes les misères, à toutes les pitiés !* (É. Zola)
- des **phrases interrogatives** appelées **questions oratoires**, car, sous l'apparence de questions, le locuteur affirme.
  > *Mais un jeans plus « vert » ne vaut-il pas quelques dollars de plus ?* (P. Vennetier)

▶ Formes de phrases
Pour **mettre en valeur** un argument, on recourt à la **phrase emphatique** (voir p. 334).
> *Ce que je sais, c'est que de ce vol il résulta trois jours de pain et de feu pour la femme et pour l'enfant, et cinq ans de prison pour l'homme.* (V. Hugo, *Claude Gueux*)

2. FIGURES DE STYLE

Le locuteur peut recourir à toutes les figures de style (voir p. 380) :
- d'**exagération** (énumération, accumulation hyperbole) ; > *La tour Eiffel, **ce monstre hideux**.*
- de **ressemblance** (comparaison, métaphore, périphrase) ou par **animation** (personnification, allégorie) pour embellir ou assombrir la présentation des faits et pour frapper le destinataire avec des représentations concrètes ;
  > *La tour Eiffel, **cette haute et maigre pyramide**.* (G. de Maupassant)
- d'**opposition** (antithèse, antiphrase) pour réfuter un argument ou une thèse.
  > *La tour Eiffel […] dont la base semble faite pour porter **un formidable monument de Cyclope** et qui **avorte en un ridicule et mince profil de cheminée d'usine**.* (G. de Maupassant)

3. RYTHME

L'argumentation a commencé dans l'Antiquité par les discours d'orateurs dont elle a gardé certaines caractéristiques, dont l'**importance accordée au rythme de la phrase**. C'est pourquoi on emploie :
- des phrases au **rythme binaire** (à deux temps) ou **ternaire** (à trois temps) ;
  > ***Partout où la peine de mort** est prodiguée, la barbarie domine ; **partout où la peine de mort** est rare, la civilisation règne.* (V. Hugo)
  > *Je vote pour l'abolition **pure, simple et définitive** de la peine de mort.* (V. Hugo)
- des **anaphores**, qui donnent de l'ampleur au rythme du passage ;
  > *Ô **jeunesse, jeunesse** ! je t'en supplie […] **Jeunesse, jeunesse** ! souviens-toi…* (É. Zola)
- des **interjections**, des **adverbes de renforcement**. > *Oh ! Hélas ! Oui ! Non !*

OBSERVER ET REPÉRER

Dans ce conte philosophique, les personnages sont des oiseaux (un merle et sa femelle, la merlette).

« Ah ! mademoiselle, m'écriai-je, ou plutôt, madame, car je vous considère dès à présent comme mon épouse légitime, est-il croyable qu'une créature si charmante se trouvât sur terre, sans que la renommée m'apprît son existence ? Bénis soient les malheurs que j'ai éprouvés et les coups de bec que m'a donnés mon père, puisque le ciel me réservait une consolation si inespérée ! Jusqu'à ce jour, je me croyais condamné à une solitude éternelle, et, à vous parler franchement, c'était un rude fardeau à porter ; mais je me sens, en vous regardant, toutes les qualités d'un père de famille. Acceptez ma main sans délai. »

A. de Musset, *Histoire d'un merle blanc*, 1842.

❶ **a. Quels sont les types de phrases employés ? b. Relevez les hyperboles liées : 1) à la merlette ; 2) au merle blanc. Que Musset cherche-t-il à faire ressortir ? c. À quel type de discours se livre-t-il ici ?**

S'EXERCER
Voir aussi **Exercices p. 414**

❷ **Sur quelles figures de style repose ce réquisitoire de V. Hugo contre le bagne et la peine de mort ?**

Le corps social a un vice dans le sang. Vous voilà réunis en consultation au chevet du malade : occupez-vous de la maladie. Cette maladie, vous la traitez mal. Étudiez-la mieux. Les lois que vous faites, quand vous en faites, ne sont que des palliatifs et des expédients. […] La peine de mort est une amputation barbare.

V. Hugo, *Claude Gueux*, 1834.

❸ **Relevez les procédés employés pour persuader : types et formes phrases, rythme, figures de style ?**

Réduire un homme à l'esclavage, l'acheter, le vendre, le retenir dans la servitude, ce sont de véritables crimes, et des crimes pires que le vol. En effet, on dépouille l'esclave, non seulement de toute propriété mobilière ou foncière, mais de la faculté d'en acquérir, mais de la propriété de son temps, de ses forces, de tout ce que la nature lui a donné pour conserver sa vie ou satisfaire à ses besoins.

Condorcet, *Réflexions sur l'esclavage des nègres*, 1781.

L'argumentation

L'insertion des exemples et des citations

Tout **argument abstrait** doit être étayé, confirmé, renforcé par un ou plusieurs **exemples concrets**. Ces exemples prennent souvent la forme de **citations**, de **paroles rapportées**. Quand on cite une personne qui fait autorité dans son domaine, on parle d'**argument d'autorité**.

1. LES EXEMPLES

Pour introduire les exemples, on a recours à :
- des **signes de ponctuation** :
  – la **virgule** ; > *On assiste à des phénomènes extrêmes, **ouragans**, **cyclones**, **inondations**.*
  – les **deux points** ; > *On assiste à des phénomènes extrêmes : **ouragans**, **cyclones**, **inondations**.*
  – les **tirets** ; > *On assiste à des phénomènes extrêmes – **ouragans**, **cyclones**, **inondations** –.*
  – les **parenthèses**. > *On assiste à des phénomènes extrêmes (**ouragans**, **cyclones**, **inondation**).*
- des **connecteurs** *(comme, tel, tel que)*
  > *On assiste à des phénomènes naturels **tels que** **ouragans**, **cyclones**, **inondations**.*

2. LES CITATIONS

Pour citer des titres d'œuvres, l'usage est de les indiquer **en italique** dans un **texte imprimé** et de les **souligner** dans un **texte manuscrit**.
> *Nous avons lu Nantas de Zola.* > *Nous avons lu La Vendetta de Balzac.*

Pour introduire des citations, on a recours à :
- des **discours rapportés** :
  – le **discours direct** (voir p. 394)
    > *Christine Ockrent explique : « L'information est un domaine gigantesque. »*
  – le **discours indirect** (voir p. 396)
    > *Christine Ockrent explique que l'information est un domaine gigantesque.*
  – l'**intégration de la citation dans l'argument formulé par l'auteur** ; la citation est alors indiquée par des guillemets et/ou des italiques (dans un texte imprimé).
    > *Pour Christine Ockrent, « l'information est un domaine gigantesque ».*
- des **prépositions** *(selon, suivant, d'après, pour…)*.
  > *Pour Christine Ockrent, l'information est un domaine gigantesque.*

Dans un **commentaire littéraire**, on introduit des citations de la même manière. Si on fait une coupe, on l'indique par des crochets […] ; si on doit changer la personne ou le temps du verbe pour les harmoniser avec le reste de la phrase, on les met entre parenthèses.
> *Dans Claude Gueux, V. Hugo plaide contre la misère du peuple et contre la peine de mort en déclarant que « Le peuple a faim, le peuple a froid », qu'il faut « (avoir) pitié du peuple, […] que la peine capitale est une amputation barbare ».*

S'EXERCER

Voir aussi **Exercices p. 414**

1 a. Comment les exemples et les citations sont-ils introduits dans ces extraits ? **b.** Quels titres d'œuvres pouvez-vous relever ? À quoi les avez-vous reconnus ?
1. Comme il est écrit dans *Zadig*, un autre conte philosophique de Voltaire, les hommes ne sont que « des insectes se dévorant les uns les autres sur un atome de boue ». **2.** Le fanatisme des religions, constate Voltaire, incite les hommes à la haine de l'Autre. **3.** « Je crois qu'il ne faut pas avoir peur du mélange, dans toutes les dimensions du film. Par exemple, pour donner à voir le Versailles "d'avant", on a eu recours à de nombreux trucages – incrustations, images, reconstitutions en 3D […] », explique T. Binisti, le réalisateur.

2 Recopiez le texte en insérant les exemples et les citations indiqués en gras. Vous varierez les modes d'insertion.
Tout le monde peut désormais connaître **son quart d'heure de célébrité**, selon l'expression de l'artiste du pop art Andy Warhol (1928-1987). Les valeurs de l'héroïsme **vaillance, bravoure, courage…** se sont incarnées dans beaucoup d'autres domaines que l'art de la guerre : il existe désormais des héros de la politique **Nelson Mandela Martin Luther King Che Guevara…**, du sport **les champions de football, de natation, de rugby…**, de la musique **Jimmy Hendrix, Jim Morrison**.
Revue *Virgule*, n°46, novembre 2007, © Éditions Faton.

3 a. Dans ces phrases, les noms propres sont-ils des noms de héros ou des titres d'œuvre ? **b.** Récrivez les phrases comportant des titres en adoptant le code qui convient.
1. Vanina Vanini est une nouvelle de Stendhal. **2.** Nantas se voulait être un homme fort. **3.** Boule de suif n'hésita pas à partager ses victuailles. **4.** L'Africain est un récit signé Le Clézio. **5.** Le réalisateur de Boule de Suif est Christian-Jaque.

S'EXPRIMER

4 Faites un rapide commentaire littéraire de ce portrait : vous insérerez des citations pour illustrer votre analyse.
Laurent, grand, fort, le visage frais, l'étonnait. Elle contemplait avec une sorte d'admiration son front bas, planté d'une chevelure noire, ses joues pleines, ses lèvres rouges, sa face régulière, d'une beauté sanguine. Elle arrêta un instant son regard sur son cou ; ce cou était large et court, gras et puissant.

É. Zola, *Thérèse Raquin*, 1867.

EXERCICES RÉCAPITULATIFS
Présence de l'énonciateur

❶ Relevez les modalisateurs (mots et expressions) par lesquels les auteurs de cette préface livrent leur opinion.

Ce serait un symbole magnifique si l'année 2000, achevant un millénaire, permettait d'entamer le prochain avec la conscience que la Terre et les humains ont un besoin impérieux et vital d'inventer la paix dans ce monde. Parce que les seules armes des écrivains sont les mots, et qu'avec des mots qui appartiennent à tous, ils disent nos rêves et nos blessures mieux que nous les ressentons, il était juste de demander à des auteurs que nous aimons de nous aider à inventer la paix.

Préface des éditions Librio à Inventons la paix…
Huit écrivains racontent …, © E.J.L., 2000.

Des connecteurs logiques pour convaincre

❷ a. Quel rapport logique le connecteur logique en gras exprime-t-il ? b. Relevez d'autres connecteurs exprimant le même rapport. c. De quoi Kafka cherche-t-il à convaincre son père ?

Très cher père,
Tu m'as demandé récemment pourquoi je prétends avoir peur de toi. Comme d'habitude, je n'ai rien su te répondre, en partie justement **à cause de** la peur que tu m'inspires, en partie parce que la motivation de cette peur comporte trop de détails pour pouvoir être exposée oralement avec une certaine cohérence. Et si j'essaie maintenant de te répondre par écrit, ce ne sera encore que de façon très incomplète, parce que, même en écrivant, la peur et ses conséquences gênent mes rapports avec toi et parce que la grandeur du sujet outrepasse[1] de beaucoup ma mémoire et ma compréhension.

F. Kafka, Lettre au père, trad. M. Robert, © Éditions Gallimard, 1957.

1. dépasse.

❸ Remplacez chaque ✎ par un connecteur approprié.

Les musées devraient être considérés comme un outil de politique culturelle, sociale et éducative, au même titre que les bibliothèques, qui, elles, sont gratuites. ✎ les droits d'entrée, en forte augmentation, sont pour certaines personnes un obstacle […]. La gratuité va accroître la fréquentation. ✎, pour avoir des effets durables, cette mesure doit être accompagnée d'autres dispositifs, dans les domaines de la médiation et de l'accueil, à l'adresse, ✎, des publics qui ne sont pas familiers des lieux. L'enseignement de l'histoire de l'art à l'école serait ✎ souhaitable. La gratuité priverait, dit-on, les musées de rentrées financières importantes. ✎ ce que le visiteur économise aux caisses, il peut le dépenser à la boutique et à la librairie, à condition qu'elles soient attrayantes.

Interview de J. M. Tobelem, © L'Express, 03.01.08.

Des procédés pour persuader

❹ a. Quels sont les différents procédés (types de phrases, figures de style, vocabulaire) employés par le vieux Tahitien pour persuader l'explorateur Bougainville ? b. De quoi le vieil homme veut-il persuader l'homme blanc ?

Tu n'es pas esclave : tu souffrirais plutôt la mort que de l'être, et tu veux nous asservir[1] ! Tu crois donc que le Tahitien ne sait pas défendre sa liberté et mourir ! Celui dont tu veux t'emparer comme de la brute, le Tahitien est ton frère. Vous êtes deux enfants de la nature ; quel droit as-tu sur lui qu'il n'ait pas sur toi ? Tu es venu : nous sommes-nous jetés sur ta personne ? avons-nous pillé ton vaisseau ? t'avons-nous saisi et exposé aux flèches de nos ennemis ?

D. Diderot, Supplément au voyage de Bougainville, 1796.

1. réduire en esclavage.

❺ a. Quels procédés V. Hugo emploie-t-il pour répondre à ceux qui défendent la valeur d'exemple de la peine de mort ? b. Vise-t-il ici à persuader ou à convaincre ? Justifiez.

Si, malgré l'expérience, vous tenez à votre théorie routinière de l'exemple, alors rendez-nous le hideux étal du bourreau, sans cesse garni de chair fraîche. Rendez-nous Montfaucon[1], ses piliers de pierre, ses brutes assises, ses caves à ossements, ses brochettes de squelettes, son éminence[2] de plâtre tachetée de corbeaux, ses potences succursales[3], et l'odeur de cadavre que par le vent de nord-est, il répand à larges bouffées.

V. Hugo, Le Dernier Jour d'un condamné, préface, 1829.

1. gibet, situé au nord de Paris, où les rois de France faisaient pendre les condamnés à mort ; il fut détruit en 1760.
2. hauteur, butte.   3. ici, secondaires, annexes.

❻ Catilina prépare un coup d'État mais vient narguer les sénateurs romains en assistant à une séance du Sénat. Par quels procédés Cicéron cherche-t-il à le provoquer ?

Jusques à quand abuseras-tu de notre patience, Catilina ? Combien de temps encore ta fureur se jouera-t-elle de nous ? […] Jusqu'où ton audace effrénée s'emportera-t-elle ? […] Tu ne sens pas que tes projets sont dévoilés ? Tu ne vois pas que ta conjuration, connue de nous tous ici, est contenue ? Ce que tu as fait la nuit dernière, ce que tu as fait la nuit précédente, où tu es allé, quels hommes tu as réunis, quelles résolutions tu as prises, penses-tu qu'un seul de nous l'ignore ?

Cicéron, Première Catilinaire, 63 av. J.-C.

Les exemples et les citations

❼ a. Comment les citations sont-elles rapportées ? b. Récrivez les phrases en insérant autrement les citations.
1. Roger Gicquel précise : « Ce n'est pas parce qu'il n'y a pas d'images qu'il n'y a pas d'information. ». 2. « La Terre n'est pas à nous. En trente ans, nous avons perdu près de 30 % des espèces

---

RÉCRIRE

Ⓐ Récrivez le paragraphe suivant en ajoutant des connecteurs logiques et des mots ou des figures de style qui fassent, au choix, l'éloge ou la critique du film. Vous soulignerez les éléments ajoutés.

Ce film, sorti en 2007, raconte la vie de Molière. Le réalisateur, Laurent Tirard, imagine ce que Molière a pu faire pendant quelques années pour lesquelles on ne sait rien de sa vie. Le film mêle des éléments de la vie de l'écrivain et des personnages de ses pièces. Le rôle de Molière est incarné par Romain Duris et celui de Mme Jourdain, dont il est amoureux, est tenu par Laura Morante.

Ⓑ Récrivez le texte de l'exercice 11 en y ajoutant des connecteurs logiques pour souligner les nuances du jugement.

Ⓒ Récrivez le texte A sous la forme d'un bref discours à la classe pour conseiller ou non d'aller voir le film. Vous insérerez des apostrophes, des pronoms de la 1ʳᵉ et de la 2ᵉ personne, des phrases interrogatives et exclamatives.

et de la biodiversité », scande Yann Arthus Bertrand. **3.** Le professeur Lagrue, chef de service en tabacologie, reconnaît que, pour le noyau dur de très grands dépendants, la pression va être terrible avec le décret interdisant de fumer dans les lieux publics.

Les procédés du discours argumentatif

❽ a. Relevez les connecteurs logiques, les figures de style et les modalisateurs par lesquels le locuteur livre son opinion. b. Quelle est sa thèse à propos de l'automobile ?

Depuis près d'un siècle, l'automobile est la reine des marchandises et la plus rentable pour l'économie. Aucun objet n'engage autant de dépenses (chez l'acheteur), de profits (chez le vendeur), ni d'activité dans tous les secteurs. La plus ardente activité promotionnelle se déploie donc pour entretenir une certaine idée de la voiture comme point d'ancrage de l'existence. En avoir une est le premier rêve de l'enfant et le premier but de l'adulte. Posséder tel modèle définit une identité sociale et personnelle.

B. Duteurtre, *Le Grand Embouteillage*, © Éditions du Rocher, 2002.

❾ a. Relevez la conjonction de coordination qui organise l'extrait en deux parties : quel rapport logique établit-elle ? b. En quoi les noms cités font-ils autorité ? c. Qui s'exprime dans le passage entre guillemets ? Qu'apporte cette citation à l'argumentation ? d. Quelle figure de style repérez-vous dans l'expression « riche idée » ? e. De quel côté de « la polémique » la journaliste se range-t-elle ? Citez des mots du texte et du paratexte à l'appui de votre réponse.

Cette riche idée (d'une chaîne de télévision pour les enfants de 6 mois à 3 ans) est née dans l'esprit de Guy Oranim et Sharon Rechter, deux Américains dont la carrière a traversé la publicité et les études de marché. En France, elle a reçu de forts soutiens : celui de Marc Tessier, ancien patron de France Télévision, pressenti pour la présidence du conseil de surveillance du *Monde*. Et de personnalités du monde médical. Mais, bug dans la communication, le pédopsychiatre Stéphane Clerget, mentionné sur le site Internet de la chaîne, refuse de jouer les cautions : « J'ai saisi un avocat pour que mon nom disparaisse, cette chaîne est au mieux inutile, au pire, dangereuse. » Il n'est pas le seul à s'insurger. Il y a deux ans, Baby TV, la première du genre, n'avait suscité qu'une discrète polémique. Cette fois, des sommités médicales de la petite enfance, rejointes par le Collectif interassociatif enfance et media (CIEM), fédération d'associations familiales, sonnent l'alerte rouge avec une pétition visant à interdire la commercialisation de Baby First. Ils en appellent au CSA, garant de la protection des mineurs.

V. Groussard, « Cerveaux disponibles », © *Télé Obs*, décembre 2007.

❿ a. Relevez des mots ou expressions qui marquent la présence de l'orateur et d'autres qui désignent le destinataire. b. Relevez et nommez la ou les figures de style employée(s) dans le premier paragraphe ; dans le deuxième. c. Quel moyen V. Hugo emploie-t-il dans le troisième paragraphe pour démontrer sa thèse ?

La misère, Messieurs, j'aborde ici le vif de la question, voulez-vous savoir où elle en est, la misère ? Voulez-vous savoir jusqu'où elle peut aller, jusqu'où elle va, je ne dis pas en Irlande, je ne dis pas au Moyen Âge, je dis en France, je dis à Paris, et au temps où nous vivons ? Voulez-vous des faits ? [...] Voici donc ces faits :

Il y a dans Paris, dans ces faubourgs de Paris que le vent de l'émeute soulevait naguère si aisément, il y a des rues, des maisons, des cloaques, où des familles, des familles entières, vivent pêle-mêle, hommes, femmes, jeunes filles, enfants, n'ayant pour lits, n'ayant pour couvertures, j'ai presque dit pour vêtements, que des monceaux infects de chiffons en fermentation, ramassés dans la fange du coin des bornes, espèce de fumier des villes, où des créatures humaines s'enfouissent toutes vivantes pour échapper au froid de l'hiver.

Voilà un fait. En voici d'autres : Ces jours derniers, un homme, mon Dieu, un malheureux homme de lettres, car la misère n'épargne pas plus les professions libérales que les professions manuelles, un malheureux homme est mort de faim, mort de faim à la lettre, et l'on a constaté après sa mort qu'il n'avait pas mangé depuis six jours. Voulez-vous quelque chose de plus douloureux encore ? Le mois passé, pendant la recrudescence du choléra, on a trouvé une mère et ses quatre enfants qui cherchaient leur nourriture dans les débris immondes et pestilentiels des charniers de Montfaucon !

V. Hugo, *Discours sur la misère* (prononcé à l'Assemblée législative), 1849.

⓫ a. Relevez les mots par lesquels l'auteur exprime son avis sur le film *Molière*. b. Quel est l'effet produit ?

Si Molière avait su ce que c'était, il aurait salué d'une standing ovation le film de Laurent Tirard. [...] Le réalisateur laisse vagabonder ses idées et de ces savoureuses supputations naît une reconstitution historique tendre et comique sur le Molière qu'on aurait aimé connaître. Les protagonistes des différentes pièces de messire Poquelin se croisent dans un étrange imbroglio amoureux. Résultat : une comédie presque aussi drôle que les farces du maître en personne.

Delphine Drieu la Rochelle, © *Première*, 2007.

S'EXPRIMER

⓬ *Pour ou contre le téléchargement de musique ?* **Rédigez un bref paragraphe argumentatif dans lequel vous vous impliquerez ainsi que votre destinataire ; vous emploierez au moins un connecteur logique et vous utiliserez des procédés d'écriture pour persuader.**

⓭ Choisissez une des deux thèses : *« La corrida est un grand spectacle »* **ou** *« La corrida est une boucherie sadique »*. **Rédigez un paragraphe dans lequel vous emploierez des modalisateurs et des figures de style pour exprimer votre opinion. Vous terminerez en vous adressant à vos lecteurs.**

⓮ Rédigez un paragraphe dans lequel vous emploierez des modalisateurs et des figures de style pour exprimer votre opinion sur la privation de la liberté.

La versification

1. LES VERS

- **Le décompte**
  Le décompte des syllabes dans un vers ne tient pas compte du **« e » muet** suivi d'une voyelle ou du « e » muet en finale de vers.
  Une diphtongue (deux voyelles qui, associées, produisent un nouveau son : u + i = ui) peut être prononcée en **synérèse** (une syllabe) ou en **diérèse** (deux syllabes).
  > /lion / ou /li/on/

- **Les différents vers**
  - Les **vers pairs** sont les plus fréquents et les plus classiques.
    L'**alexandrin** est un vers de douze syllabes.
    > On/ n'est/ pas/ sé/ri/eux/ quand/ on/ a/ dix/-sept/ ans. (A. Rimbaud)
    Le **décasyllabe** est un vers de dix syllabes.
    > Sous/ le/ pont/ Mi/ra/beau/ cou/le/ la/ Seine. (G. Apollinaire)
    L'**octosyllabe** est un vers de huit syllabes.
    > Ô/ tris/te/, tris/te é/tait/ mon/ âme (P. Verlaine)
  - Les **vers impairs**, plus rares, peuvent être associés à des vers pairs ou employés seuls dans un poème, comme l'**heptasyllabe** (vers de sept syllabes).
    > Vien/ne/ la/ nuit/ son/ne/ l'heure (G. Apollinaire)
  - Les **vers libres** ou **irréguliers** sont employés à partir de la fin du XIXe siècle. Le poète fait se succéder des vers de longueurs très différentes.

2. LES RYTHMES

- **Le rythme interne au vers**
  La coupe normale d'un alexandrin est au milieu du vers : c'est la **coupe à l'hémistiche** (césure). > On/ n'est/ pas/ sé/ri/eux // quand/ on/ a/ dix/-sept/ ans. (A. Rimbaud)
  Certains vers ont un **rythme binaire**, en deux temps ; ou **ternaire**, en trois temps.
  > Je vois se dérouler // des rivages heureux (6 // 6) (C. Baudelaire)
  > Je vois un port // rempli de voi//les et de mâts (4 // 4 // 4)

- **Le rythme externe au vers**
  La pause, à la fin d'un vers, est marquée le plus souvent par un signe de ponctuation.
  - Si une phrase se poursuit, sans pause, sur deux vers, on parle d'**enjambement**.
    > Je vois un port rempli de voiles et de mâts
    > Encor tout fatigués par la vague marine, (C. Baudelaire)
  - Si une phrase commencée dans un vers se termine au début du vers suivant, sans pause à la fin du premier vers, on parle de **rejet**.
    > – Voilà qu'on aperçoit un tout petit chiffon
    > **D'azur sombre**, encadré d'une petite branche, (A. Rimbaud)
  Ces procédés mettent en valeur certains mots.

3. LES RIMES

On nomme **rimes** les répétitions de sons à la fin des vers. Si le vers se termine par un « e » muet, il s'agit de **rimes féminines** > br*anche* / bl*anche* ; sinon, ce sont des **rimes masculines**.

- **La disposition des rimes**
  Pour symboliser les rimes, on emploie des lettres : A, B, C, etc. Les rimes peuvent être disposées en **rimes suivies** (AABB), **rimes embrassées** (ABBA) et **rimes croisées** (ABAB).

- **La richesse des rimes**
  - Les **rimes pauvres** font rimer un son commun.   > envah*it* / tressaill*i*
  - Les **rimes suffisantes** font rimer deux sons communs.   > r*omans* / ch*armant*
  - Les **rimes riches** font rimer trois sons communs.   > limo*nade* / prome*nade*

4. LES SONORITÉS

- Une **allitération** est la répétition d'un son consonantique.
  > Qui *p*al*p*ite là comme une *p*etite *b*ête... (A. Rimbaud)
- Une **assonance** est la répétition d'un son vocalique.
  > Elle arr*i*va*i*t des Somal*ies* L*i*ly (P. Perret)

5. LES STROPHES

Selon le nombre de vers qu'elles comportent, les strophes portent des noms différents : un **distique** est une strophe de deux vers ; un **tercet**, une strophe de trois vers ; un **quatrain**, une strophe de quatre vers ; un **sizain**, une strophe de six vers.

6. LES TYPES DE POÈMES

- **Le sonnet**
  Un sonnet est écrit en **alexandrins** ; il est composé de deux **quatrains**, suivis de deux **tercets**. Les rimes sont en général embrassées dans les quatrains ; dans les tercets, on rencontre différentes dispositions (voir « Parfum exotique », C. Baudelaire, p. 104).

- **Le poème en vers libre**
  La longueur des strophes et des vers varie ; le poème ne comporte pas nécessairement des rimes, mais des échos sonores (voir « Je t'aime », P. Eluard, p. 102).

- **Le poème en prose**
  Le poème en prose, disposé en courts paragraphes, se caractérise par son niveau de langue soutenu, la musique des mots, le rythme des phrases.

OBSERVER ET REPÉRER

Je suis venu, calme orphelin,
Riche de mes seuls yeux tranquilles,
Vers les hommes des grandes villes ;
Ils ne m'ont pas trouvé malin.

P. Verlaine, « Gaspard Hauser chante », *Sagesse*, 1880.

❶ a. Comment la strophe se nomme-t-elle ? **b.** Quel est le nom des vers ? **c.** Quel est le système de rimes employé ?

S'EXERCER

❷ Comment doit-on prononcer les diphtongues en gras ? Justifiez.

Les sanglots longs
Des **vio**lons
  De l'automne
Blessent mon cœur
D'une langueur
  Monotone.

Tout suffocant
Et blême, quand
  Sonne l'heure,
Je me sou**viens**
Des jours an**ciens**
  Et je pleure ;

P. Verlaine, « Chanson d'automne », *Poèmes saturniens*, 1866.

❸ Recopiez le texte en reconstituant le sonnet.
Quand vous serez bien vieille, au soir à la chandelle, assise auprès du feu, dévidant[1] et filant, direz chantant mes vers, en vous émerveillant : « Ronsard me célébrait du temps que j'étais belle ; » Lors vous n'aurez servante oyant[2] telle nouvelle, déjà sous le labeur à demi sommeillant, qui au bruit de Ronsard ne s'aille réveillant, bénissant votre nom de louange immortelle. Je serai sous la terre, et fantôme sans os par les ombres myrteux[3] je prendrai mon repos ; vous serez au foyer une vieille accroupie, regrettant mon amour et votre fier dédain. Vivez, si m'en croyez, n'attendez à demain : cueillez dès aujourd'hui les roses de la vie.

P. de Ronsard, *Sonnets pour Hélène*, 1578.

[1]. mettant le fil en écheveau. [2]. entendant.
[3]. un bois de myrtes accueillait aux Enfers les amoureux séparés.

❹ Quel est le rythme interne à chacun des vers ?
La sottise, l'erreur, le péché, la lésine[1],
Occupent nos esprits et travaillent nos corps,
Et nous alimentons nos aimables remords,
Comme les mendiants nourrissent leur vermine.

[1]. avarice   C. Baudelaire, « Au lecteur », *Les Fleurs du Mal*, 1857.

❺ Retrouvez la structure de cette strophe en remettant les vers dans l'ordre et en respectant le schéma de rimes : ABABCCDEDE. Vous respecterez les enjambements entre les vers 1 et 2 ; 5, 6 et 7 ; 9 et 10. Le premier vers est : « *Sire, jetez un peu vos yeux* ».
De mille trépas tous les jours.
De quelques morgueurs[1] inhumains
Sur le précipice où je tombe ;
Si vous ne m'arrachez des mains
L'hiver me donnera secours :
Sainte image du roi des cieux,
En me tuant il me délivre
Rompez les maux où je succombe.
Sire, jetez un peu vos yeux
À qui mes maux donnent à vivre,

T. de Viau, « Requête au Roi », *La Conciergerie*, 1623.

[1]. personnes qui travaillent à la morgue.

❻ Relevez les enjambements et précisez quels mots sont mis en valeur par les rejets.
Sois tranquille, cela viendra ! Tu te rapproches,
tu brûles ! Car le mot qui sera à la fin
du poème, plus que le premier sera proche
de ta mort, qui ne s'arrête pas en chemin.

Ne crois pas qu'elle aille s'endormir sous des branches
ou reprendre souffle pendant que tu écris.
Même quand tu bois à la bouche qui étanche
la pire soif, la douce bouche avec ses cris

doux, même quand tu serres avec force le nœud
de vos quatre bras pour être bien immobiles
dans la brûlante obscurité de vos cheveux,

elle vient, Dieu sait par quels détours, vers vous deux,
de très loin ou déjà tout près, mais sois tranquille,
elle vient : d'un à l'autre mot tu es plus vieux.

P. Jaccottet, « Sois tranquille, cela viendra ! », *L'Effraie et autres poésies*, © Éditions Gallimard, 1953.

S'EXPRIMER

❼ Trouvez le plus possible de mots finissant par les sons : [on], [u], [ə], [ɛr] et composez un quatrain en utilisant deux de ces rimes.

❽ Écrivez un paragraphe de poème en prose en utilisant des mots pour évoquer : 1) quelque chose de fluide, 2) quelque chose de heurté. Listez des mots comportant le son [l] ou le son [s] pour traduire la fluidité, puis des mots comportant le son [k] ou le son [p] pour traduire les chocs.

AVOIR

Indicatif

Présent
j'**ai**
tu **as**
il **a**
nous av**ons**
vous av**ez**
ils **ont**

Imparfait
j'av**ais**
tu av**ais**
il av**ait**
nous av**ions**
vous av**iez**
ils av**aient**

Passé simple
j'**eus**
tu **eus**
il **eut**
nous e**ûmes**
vous e**ûtes**
ils **eurent**

Futur simple
j'aur**ai**
tu aur**as**
il aur**a**
nous aur**ons**
vous aur**ez**
ils aur**ont**

Conditionnel

Présent
j'aur**ais**
tu aur**ais**
il aur**ait**
nous aur**ions**
vous aur**iez**
ils aur**aient**

Subjonctif

Présent
que j'**aie**
que tu **aies**
qu'il **ait**
que nous a**yons**
que vous a**yez**
qu'ils **aient**

Impératif

Présent
aie
a**yons**
a**yez**

Passé composé
j'ai eu
tu as eu
il a eu
nous avons eu
vous avez eu
ils ont eu

Plus-que-parfait
j'avais eu
tu avais eu
il avait eu
nous avions eu
vous aviez eu
ils avaient eu

Passé antérieur
j'eus eu
tu eus eu
il eut eu
nous eûmes eu
vous eûtes eu
ils eurent eu

Futur antérieur
j'aurai eu
tu auras eu
il aura eu
nous aurons eu
vous aurez eu
ils auront eu

Passé
j'aurais eu
tu aurais eu
il aurait eu
nous aurions eu
vous auriez eu
ils auraient eu

Passé
que j'aie eu
que tu aies eu
qu'il ait eu
que nous ayons eu
que vous ayez eu
qu'ils aient eu

Participe

Présent
ay**ant**

Passé
(ayant) **eu**

ÊTRE

Indicatif

Présent
je **suis**
tu **es**
il **est**
nous **sommes**
vous **êtes**
ils **sont**

Imparfait
j'ét**ais**
tu ét**ais**
il ét**ait**
nous ét**ions**
vous ét**iez**
ils ét**aient**

Passé simple
je **fus**
tu **fus**
il **fut**
nous **fûmes**
vous **fûtes**
ils **furent**

Futur simple
je ser**ai**
tu ser**as**
il ser**a**
nous ser**ons**
vous ser**ez**
ils ser**ont**

Conditionnel

Présent
je ser**ais**
tu ser**ais**
il ser**ait**
nous ser**ions**
vous ser**iez**
ils ser**aient**

Subjonctif

Présent
que je soi**s**
que tu soi**s**
qu'il soi**t**
que nous so**yons**
que vous so**yez**
qu'ils soi**ent**

Impératif

Présent
sois
so**yons**
so**yez**

Passé composé
j'ai été
tu as été
il a été
nous avons été
vous avez été
ils ont été

Plus-que-parfait
j'avais été
tu avais été
il avait été
nous avions été
vous aviez été
ils avaient été

Passé antérieur
j'eus été
tu eus été
il eut été
nous eûmes été
vous eûtes été
ils eurent été

Futur antérieur
j'aurai été
tu auras été
il aura été
nous aurons été
vous aurez été
ils auront été

Passé
j'aurais été
tu aurais été
il aurait été
nous aurions été
vous auriez été
ils auraient été

Passé
que j'aie été
que tu aies été
qu'il ait été
que nous ayons été
que vous ayez été
qu'ils aient été

Participe

Présent
ét**ant**

Passé
(ayant) **été**

Maria du Fresnay, illustration pour *Le Lys dans la vallée* d'Honoré de Balzac, Musée Balzac, Paris

S'EXPRIMER

1. Observez l'image et faites une liste de tous les verbes qui vous viennent à l'esprit. Vous les emploierez au temps composé choisi par votre enseignant.

2. D'après cette image, inventez un bref récit dans lequel vous emploierez cinq de ces verbes conjugués au(x) temps indiqué(s) par votre professeur : appeler, avancer, se diriger, envoyer, essayer, exiger, habiller, se figer, jouer.

LAVER
1er GROUPE - VOIX ACTIVE

Indicatif

Présent
je lave
tu laves
il lave
nous lavons
vous lavez
ils lavent

Imparfait
je lavais
tu lavais
il lavait
nous lavions
vous laviez
ils lavaient

Passé simple
je lavai
tu lavas
il lava
nous lavâmes
vous lavâtes
ils lavèrent

Futur simple
je laverai
tu laveras
il lavera
nous laverons
vous laverez
ils laveront

Conditionnel

Présent
je laverais
tu laverais
il laverait
nous laverions
vous laveriez
ils laveraient

Subjonctif

Présent
que je lave
que tu laves
qu'il lave
que nous lavions
que vous laviez
qu'ils lavent

Impératif

Présent
lave
lavons
lavez

Passé composé
j'ai lavé
tu as lavé
il a lavé
nous avons lavé
vous avez lavé
ils ont lavé

Plus-que-parfait
j'avais lavé
tu avais lavé
il avait lavé
nous avions lavé
vous aviez lavé
ils avaient lavé

Passé antérieur
j'eus lavé
tu eus lavé
il eut lavé
nous eûmes lavé
vous eûtes lavé
ils eurent lavé

Futur antérieur
j'aurai lavé
tu auras lavé
il aura lavé
nous aurons lavé
vous aurez lavé
ils auront lavé

Passé
j'aurais lavé
tu aurais lavé
il aurait lavé
nous aurions lavé
vous auriez lavé
ils auraient lavé

Passé
que j'aie lavé
que tu aies lavé
qu'il ait lavé
que nous ayons lavé
que vous ayez lavé
qu'ils aient lavé

Participe

Présent
lavant

Passé
(ayant) lavé

VERBES IRRÉGULIERS
1er GROUPE - VOIX ACTIVE

Indicatif Présent

Appeler
j'appelle
tu appelles
il appelle
nous appelons
vous appelez
ils appellent

Jeter
je jette
tu jettes
il jette
nous jetons
vous jetez
ils jettent

Acheter
j'achète
tu achètes
il achète
nous achetons
vous achetez
ils achètent

Balancer
je balance
tu balances
il balance
nous balançons
vous balancez
ils balancent

Plonger
je plonge
tu plonges
il plonge
nous plongeons
vous plongez
ils plongent

Envoyer
j'envoie
tu envoies
il envoie
nous envoyons
vous envoyez
ils envoient

Indicatif Imparfait

Appeler
j'appelais
tu appelais
il appelait
nous appelions
vous appeliez
ils appelaient

Jeter
je jetais
tu jetais
il jetait
nous jetions
vous jetiez
ils jetaient

Acheter
j'achetais
tu achetais
il achetait
nous achetions
vous achetiez
ils achetaient

Balancer
je balançais
tu balançais
il balançait
nous balancions
vous balanciez
ils balançaient

Plonger
je plongeais
tu plongeais
il plongeait
nous plongions
vous plongiez
ils plongeaient

Envoyer
j'envoyais
tu envoyais
il envoyait
nous envoyions
vous envoyiez
ils envoyaient

Indicatif Passé simple

Appeler
j'appelai
tu appelas
il appela
nous appelâmes
vous appelâtes
ils appelèrent

Jeter
je jetai
tu jetas
il jeta
nous jetâmes
vous jetâtes
ils jetèrent

Acheter
j'achetai
tu achetas
il acheta
nous achetâmes
vous achetâtes
ils achetèrent

Balancer
je balançai
tu balanças
il balança
nous balançâmes
vous balançâtes
ils balancèrent

Plonger
je plongeai
tu plongeas
il plongea
nous plongeâmes
vous plongeâtes
ils plongèrent

Envoyer
j'envoyai
tu envoyas
il envoya
nous envoyâmes
vous envoyâtes
ils envoyèrent

Indicatif Futur simple

Appeler
j'appellerai
tu appelleras
il appellera
nous appellerons
vous appellerez
ils appelleront

Jeter
je jetterai
tu jetteras
il jettera
nous jetterons
vous jetterez
ils jetteront

Acheter
j'achèterai
tu achèteras
il achètera
nous achèterons
vous achèterez
ils achèteront

Balancer
je balancerai
tu balanceras
il balancera
nous balancerons
vous balancerez
ils balanceront

Plonger
je plongerai
tu plongeras
il plongera
nous plongerons
vous plongerez
ils plongeront

Envoyer
j'enverrai
tu enverras
il enverra
nous enverrons
vous enverrez
ils enverront

LAVER

VOIX PASSIVE

Indicatif

Présent
je suis lavé(e)
tu es lavé(e)
il (elle) est lavé(e)
nous sommes lavé(e)s
vous êtes lavé(e)s
ils (elles) sont lavé(e)s

Imparfait
j'étais lavé(e)
tu étais lavé(e)
il (elle) était lavé(e)
nous étions lavé(e)s
vous étiez lavé(e)s
ils (elles) étaient lavé(e)s

Passé simple
je fus lavé(e)
tu fus lavé(e)
il (elle) fut lavé(e)
nous fûmes lavé(e)s
vous fûtes lavé(e)s
ils (elles) furent lavé(e)s

Futur simple
je serai lavé(e)
tu seras lavé(e)
il (elle) sera lavé(e)
nous serons lavé(e)s
vous serez lavé(e)s
ils (elles) seront lavé(e)s

Passé composé
j'ai été lavé(e)
tu as été lavé(e)
il (elle) a été lavé(e)
nous avons été lavé(e)s
vous avez été lavé(e)s
ils (elles) ont été lavé(e)s

Plus-que-parfait
j'avais été lavé(e)
tu avais été lavé(e)
il (elle) avait été lavé(e)
nous avions été lavé(e)s
vous aviez été lavé(e)s
ils (elles) avaient été lavé(e)s

Passé antérieur
j'eus été lavé(e)
tu eus été lavé(e)
il (elle) eut été lavé(e)
nous eûmes été lavé(e)s
vous eûtes été lavé(e)s
ils (elles) eurent été lavé(e)s

Futur antérieur
j'aurai été lavé(e)
tu auras été lavé(e)
il (elle) aura été lavé(e)
nous aurons été lavé(e)s
vous aurez été lavé(e)s
ils (elles) auront été lavé(e)s

Conditionnel

Présent
je serais lavé(e)
tu serais lavé(e)
il (elle) serait lavé(e)
nous serions lavé(e)s
vous seriez lavé(e)s
ils (elles) seraient lavé(e)s

Passé
j'aurais été lavé(e)
tu aurais été lavé(e)
il (elle) aurait été lavé(e)
nous aurions été lavé(e)s
vous auriez été lavé(e)s
ils (elles) auraient été lavé(e)s

Subjonctif

Présent
que je sois lavé(e)
que tu sois lavé(e)
qu'il (elle) soit lavé(e)
que nous soyons lavé(e)s
que vous soyez lavé(e)s
qu'ils (elles) soient lavé(e)s

Passé
que j'aie été lavé(e)
que tu aies été lavé(e)
qu'il (elle) ait été lavé(e)
que nous ayons été lavé(e)s
que vous ayez été lavé(e)s
qu'ils (elles) aient été lavé(e)s

Impératif

Présent
sois lavé(e)
soyons lavé(e)s
soyez lavé(e)s

Participe

Présent
étant lavé(e), (s), (es)

Passé
(ayant été) lavé, lavée, lavés, lavées

VOIX PRONOMINALE

Indicatif

Présent
je me lave
tu te laves
il se lave
nous nous lavons
vous vous lavez
ils se lavent

Imparfait
je me lavais
tu te lavais
il se lavait
nous nous lavions
vous vous laviez
ils se lavaient

Passé simple
je me lavai
tu te lavas
il se lava
nous nous lavâmes
vous vous lavâtes
ils se lavèrent

Futur simple
je me laverai
tu te laveras
il se lavera
nous nous laverons
vous vous laverez
ils se laveront

Passé composé
je me suis lavé(e)
tu t'es lavé(e)
il (elle) s'est lavé(e)
nous nous sommes lavé(e)s
vous vous êtes lavé(e)s
ils (elles) se sont lavé(e)s

Plus-que-parfait
je m'étais lavé(e)
tu t'étais lavé(e)
il (elle) s'était lavé(e)
nous nous étions lavé(e)s
vous vous étiez lavé(e)s
ils (elles) s'étaient lavé(e)s

Passé antérieur
je me fus lavé(e)
tu te fus lavé(e)
il (elle) se fut lavé(e)
nous nous fûmes lavé(e)s
vous vous fûtes lavé(e)s
ils (elles) se furent lavé(e)s

Futur antérieur
je me serai lavé(e)
tu te seras lavé(e)
il (elle) se sera lavé(e)
nous nous serons lavé(e)s
vous vous serez lavé(e)s
ils (elles) se seront lavé(e)s

Conditionnel

Présent
je me laverais
tu te laverais
il se laverait
nous nous laverions
vous vous laveriez
ils se laveraient

Passé
je me serais lavé(e)
tu te serais lavé(e)
il (elle) se serait lavé(e)
nous nous serions lavé(e)s
vous vous seriez lavé(e)s
ils (elles) se seraient lavé(e)s

Subjonctif

Présent
que je me lave
que tu te laves
qu'il se lave
que nous nous lavions
que vous vous laviez
qu'ils se lavent

Passé
que je me sois lavé(e)
que tu te sois lavé(e)
qu'il (elle) se soit lavé(e)
que nous nous soyons lavé(e)s
que vous vous soyez lavé(e)s
qu'ils (elles) se soient lavé(e)s

Imparfait
que je me lavasse
que tu te lavasses
qu'il se lavât
que nous nous lavassions
que vous vous lavassiez
qu'ils se lavassent

Plus-que-parfait
que je me fusse lavé(e)
que tu te fusses lavé(e)
qu'il (elle) se fût lavé(e)
que nous nous fussions lavé(e)s
que vous vous fussiez lavé(e)s
qu'ils elles) se fussent lavé(e)s

Impératif

Présent
Lave-toi, lavons-nous, lavez-vous

Participe

Présent
se lavant

Passé
(s'étant) lavé, lavée, lavés, lavées

FINIR

2ᵉ GROUPE - VOIX ACTIVE

Indicatif

Présent
je finis
tu finis
il finit
nous finissons
vous finissez
ils finissent

Imparfait
je finissais
tu finissais
il finissait
nous finissions
vous finissiez
ils finissaient

Passé simple
je finis
tu finis
il finit
nous finîmes
vous finîtes
ils finirent

Futur simple
je finirai
tu finiras
il finira
nous finirons
vous finirez
ils finiront

Passé composé
j'ai fini
tu as fini
il a fini
nous avons fini
vous avez fini
ils ont fini

Plus-que-parfait
j'avais fini
tu avais fini
il avait fini
nous avions fini
vous aviez fini
ils avaient fini

Passé antérieur
j'eus fini
tu eus fini
il eut fini
nous eûmes fini
vous eûtes fini
ils eurent fini

Futur antérieur
j'aurai fini
tu auras fini
il aura fini
nous aurons fini
vous aurez fini
ils auront fini

Conditionnel

Présent
je finirais
tu finirais
il finirait
nous finirions
vous finiriez
ils finiraient

Passé
j'aurais fini
tu aurais fini
il aurait fini
nous aurions fini
vous auriez fini
ils auraient fini

Subjonctif

Présent
que je finisse
que tu finisses
qu'il finisse
que nous finissions
que vous finissiez
qu'ils finissent

Passé
que j'aie fini
que tu aies fini
qu'il ait fini
que nous ayons fini
que vous ayez fini
qu'ils aient fini

Impératif

Présent
finis
finissons
finissez

Participe

Présent
finissant

Passé
(ayant) fini

J. P. **Jauzenque**, *Scène de bal*, 2008.

S'EXPRIMER

À l'aide de cette illustration, inventez un bref récit comportant une dizaine de verbes de la liste que vous conjuguerez au temps indiqué par votre professeur.

Liste : *accomplir, agir, blêmir, choisir, établir, frémir, pâlir, réfléchir, resplendir, réussir, saisir, unir.*

METTRE — 3ᵉ GROUPE - VOIX ACTIVE

Indicatif

Présent
- je mets
- tu mets
- il met
- nous mettons
- vous mettez
- ils mettent

Imparfait
- je mettais
- tu mettais
- il mettait
- nous mettions
- vous mettiez
- ils mettaient

Passé simple
- je mis
- tu mis
- il mit
- nous mîmes
- vous mîtes
- ils mirent

Futur simple
- je mettrai
- tu mettras
- il mettra
- nous mettrons
- vous mettrez
- ils mettront

Passé composé
- j'ai mis
- tu as mis
- il a mis
- nous avons mis
- vous avez mis
- ils ont mis

Plus-que-parfait
- j'avais mis
- tu avais mis
- il avait mis
- nous avions mis
- vous aviez mis
- ils avaient mis

Passé antérieur
- j'eus mis
- tu eus mis
- il eut mis
- nous eûmes mis
- vous eûtes mis
- ils eurent mis

Futur antérieur
- j'aurai mis
- tu auras mis
- il aura mis
- nous aurons mis
- vous aurez mis
- ils auront mis

Conditionnel

Présent
- je mettrais
- tu mettrais
- il mettrait
- nous mettrions
- vous mettriez
- ils mettraient

Passé
- j'aurais mis
- tu aurais mis
- il aurait mis
- nous aurions mis
- vous auriez mis
- ils auraient mis

Subjonctif

Présent
- que je mette
- que tu mettes
- qu'il mette
- que nous mettions
- que vous mettiez
- qu'ils mettent

Passé
- que j'aie mis
- que tu aies mis
- qu'il ait mis
- que nous ayons mis
- que vous ayez mis
- qu'ils aient mis

Impératif
Présent : mets, mettons, mettez

Participe
Présent : mettant
Passé : (ayant) mis

ALLER — 3ᵉ GROUPE - VOIX ACTIVE

Indicatif

Présent
- je vais
- tu vas
- il va
- nous allons
- vous allez
- ils vont

Imparfait
- j'allais
- tu allais
- il allait
- nous allions
- vous alliez
- ils allaient

Passé simple
- j'allai
- tu allas
- il alla
- nous allâmes
- vous allâtes
- ils allèrent

Futur simple
- j'irai
- tu iras
- il ira
- nous irons
- vous irez
- ils iront

Passé composé
- je suis allé(e)
- tu es allé(e)
- il (elle) est allé(e)
- nous sommes allé(e)s
- vous êtes allé(e)s
- ils (elles) sont allé(e)s

Plus-que-parfait
- j'étais allé(e)
- tu étais allé(e)
- il (elle) était allé(e)
- nous étions allé(e)s
- vous étiez allé(e)s
- ils (elles) étaient allé(e)s

Passé antérieur
- je fus allé(e)
- tu fus allé(e)
- il (elle) fut allé(e)
- nous fûmes allé(e)s
- vous fûtes allé(e)s
- ils (elles) furent allé(e)s

Futur antérieur
- je serai allé(e)
- tu seras allé(e)
- il (elle) sera allé(e)
- nous serons allé(e)s
- vous serez allé(e)s
- ils (elles) seront allé(e)s

Conditionnel

Présent
- j'irais
- tu irais
- il irait
- nous irions
- vous iriez
- ils iraient

Passé
- je serais allé(e)
- tu serais allé(e)
- il (elle) serait allé(e)
- nous serions allé(e)s
- vous seriez allé(e)s
- ils (elles) seraient allé(e)s

Subjonctif

Présent
- que j'aille
- que tu ailles
- qu'il aille
- que nous allions
- que vous alliez
- qu'ils aillent

Passé
- que je sois allé(e)
- que tu sois allé(e)
- qu'il (elle) soit allé(e)
- que nous soyons allé(e)s
- que vous soyez allé(e)s
- qu'ils (elles) soient allé(e)s

Impératif
Présent : va, allons, allez

Participe
Présent : allant
Passé : (étant) allé, allée, allés, allées

FAIRE — 3ᵉ GROUPE - VOIX ACTIVE

Indicatif

Présent
- je fais
- tu fais
- il fait
- nous faisons
- vous faites
- ils font

Imparfait
- je faisais
- tu faisais
- il faisait
- nous faisions
- vous faisiez
- ils faisaient

Passé simple
- je fis
- tu fis
- il fit
- nous fîmes
- vous fîtes
- ils firent

Futur simple
- je ferai
- tu feras
- il fera
- nous ferons
- vous ferez
- ils feront

Passé composé : j'ai fait…

Plus-que-parfait : j'avais fait…

Passé antérieur : j'eus fait…

Futur antérieur : j'aurai fait…

Conditionnel

Présent
- je ferais
- tu ferais
- il ferait
- nous ferions
- vous feriez
- ils feraient

Passé : j'aurais fait…

Subjonctif

Présent
- que je fasse
- que tu fasses
- qu'il fasse
- que nous fassions
- que vous fassiez
- qu'ils fassent

Passé : que j'aie fait…

Impératif
Présent : fais, faisons, faites

Participe
Présent : faisant
Passé : (ayant) fait

VENIR

3ᵉ GROUPE - VOIX ACTIVE

Indicatif

Présent	Imparfait	Passé simple	Futur simple
je vien**s**	je ven**ais**	je v**ins**	je viendr**ai**
tu vien**s**	tu ven**ais**	tu v**ins**	tu viendr**as**
il vien**t**	il ven**ait**	il v**int**	il viendr**a**
nous ven**ons**	nous ven**ions**	nous v**înmes**	nous viendr**ons**
vous ven**ez**	vous ven**iez**	vous v**întes**	vous viendr**ez**
ils vienn**ent**	ils ven**aient**	ils v**inrent**	ils viendr**ont**

Passé composé	Plus-que-parfait	Passé antérieur	Futur antérieur
je suis venu(e)...	j'étais venu(e)...	je fus venu(e)...	je serai venu(e)...

Conditionnel
Présent
je viendr**ais**
tu viendr**ais**
il viendr**ait**
nous viendr**ions**
vous viendr**iez**
ils viendr**aient**

Passé
je serais venu(e)...

Subjonctif
Présent
que je vien**ne**
que tu vien**nes**
qu'il vien**ne**
que nous ven**ions**
que vous ven**iez**
qu'ils vien**nent**

Passé
que je sois venu(e)...

Impératif
Présent
vien**s**, ven**ons**, ven**ez**

Participe
Présent — ven**ant**
Passé — (étant) ven**u**, ven**ue**, ven**us**, ven**ues**

DIRE

3ᵉ GROUPE - VOIX ACTIVE

Indicatif

Présent	Imparfait	Passé simple	Futur simple
je di**s**	je dis**ais**	je d**is**	je dir**ai**
tu di**s**	tu dis**ais**	tu d**is**	tu dir**as**
il di**t**	il dis**ait**	il d**it**	il dir**a**
nous dis**ons**	nous dis**ions**	nous d**îmes**	nous dir**ons**
vous di**tes**	vous dis**iez**	vous d**îtes**	vous dir**ez**
ils dis**ent**	ils dis**aient**	ils d**irent**	ils dir**ont**

Passé composé	Plus-que-parfait	Passé antérieur	Futur antérieur
j'ai dit...	j'avais dit...	j'eus dit...	j'aurai dit...

Conditionnel
Présent
je dir**ais**
tu dir**ais**
il dir**ait**
nous dir**ions**
vous dir**iez**
ils dir**aient**

Passé
j'aurais dit...

Subjonctif
Présent
que je dis**e**
que tu dis**es**
qu'il dis**e**
que nous dis**ions**
que vous dis**iez**
qu'ils dis**ent**

Passé
que j'aie dit...

Impératif
Présent
di**s**, dis**ons**, di**tes**

Participe
Présent — dis**ant**
Passé — (ayant) di**t**

PRENDRE

3ᵉ GROUPE - VOIX ACTIVE

Indicatif

Présent	Imparfait	Passé simple	Futur simple
je prend**s**	je pren**ais**	je pr**is**	je prendr**ai**
tu prend**s**	tu pren**ais**	tu pr**is**	tu prendr**as**
il prend	il pren**ait**	il pr**it**	il prendr**a**
nous pren**ons**	nous pren**ions**	nous pr**îmes**	nous prendr**ons**
vous pren**ez**	vous pren**iez**	vous pr**îtes**	vous prendr**ez**
ils prenn**ent**	ils pren**aient**	ils pr**irent**	ils prendr**ont**

Passé composé	Plus-que-parfait	Passé antérieur	Futur antérieur
j'ai pris...	j'avais pris...	j'eus pris...	j'aurai pris...

Conditionnel
Présent
je prendr**ais**
tu prendr**ais**
il prendr**ait**
nous prendr**ions**
vous prendr**iez**
ils prendr**aient**

Passé
j'aurais pris...

Subjonctif
Présent
que je pren**ne**
que tu pren**nes**
qu'il pren**ne**
que nous pren**ions**
que vous pren**iez**
qu'ils pren**nent**

Passé
que j'aie pris...

Impératif
Présent
prend**s**, pren**ons**, pren**ez**

Participe
Présent — pren**ant**
Passé — (ayant) pri**s**

A. Boyer, illustration pour *Le Voyage de Monsieur Perrichon*, E. Labiche, coll. Bibliocollège, 2007.

S'EXPRIMER

À l'aide de cette illustration, rédigez une phrase pour chaque verbe *aller, dire, faire, permettre, revenir*, **que vous conjuguerez au temps indiqué par votre professeur.**

© Hachette Livre

DEVOIR
3ᵉ GROUPE - VOIX ACTIVE

Indicatif

Présent	Imparfait	Passé simple	Futur simple
je dois	je devais	je dus	je devrai
tu dois	tu devais	tu dus	tu devras
il doit	il devait	il dut	il devra
nous devons	nous devions	nous dûmes	nous devrons
vous devez	vous deviez	vous dûtes	vous devrez
ils doivent	ils devaient	ils durent	ils devront

Passé composé	Plus-que-parfait	Passé antérieur	Futur antérieur
j'ai dû…	j'avais dû…	j'eus dû…	j'aurai dû…

Conditionnel
Présent
je devrais
tu devrais
il devrait
nous devrions
vous devriez
ils devraient

Passé
j'aurais dû…

Subjonctif
Présent
que je doive
que tu doives
qu'il doive
que nous devions
que vous deviez
qu'ils doivent

Passé
que j'aie dû…

Impératif
Présent
non utilisé

Participe
Présent — devant
Passé — (ayant) dû

FALLOIR
3ᵉ GROUPE - VOIX ACTIVE

Indicatif

Présent	Imparfait	Passé simple	Futur simple
il faut	il fallait	il fallut	il faudra

Passé composé	Plus-que-parfait	Passé antérieur	Futur antérieur
il a fallu	il avait fallu	il eut fallu	il aura fallu

Conditionnel
Présent — il faudrait
Passé — il aurait fallu

Subjonctif
Présent — qu'il faille
Passé — qu'il ait fallu

Participe passé
fallu

POUVOIR
3ᵉ GROUPE - VOIX ACTIVE

Indicatif

Présent	Imparfait	Passé simple	Futur simple
je peux	je pouvais	je pus	je pourrai
tu peux	tu pouvais	tu pus	tu pourras
il peut	il pouvait	il put	il pourra
nous pouvons	nous pouvions	nous pûmes	nous pourrons
vous pouvez	vous pouviez	vous pûtes	vous pourrez
ils peuvent	ils pouvaient	ils purent	ils pourront

Passé composé	Plus-que-parfait	Passé antérieur	Futur antérieur
j'ai pu…	j'avais pu…	j'eus pu…	j'aurai pu…

Conditionnel
Présent
je pourrais
tu pourrais
il pourrait
nous pourrions
vous pourriez
ils pourraient

Passé
j'aurais pu…

Subjonctif
Présent
que je puisse
que tu puisses
qu'il puisse
que nous puissions
que vous puissiez
qu'ils puissent

Passé
que j'aie pu…

Impératif
Présent
non utilisé

Participe
Présent — pouvant
Passé — (ayant) pu

SAVOIR
3ᵉ GROUPE - VOIX ACTIVE

Indicatif

Présent	Imparfait	Passé simple	Futur simple
je sais	je savais	je sus	je saurai
tu sais	tu savais	tu sus	tu sauras
il sait	il savait	il sut	il saura
nous savons	nous savions	nous sûmes	nous saurons
vous savez	vous saviez	vous sûtes	vous saurez
ils savent	ils savaient	ils surent	ils sauront

Passé composé	Plus-que-parfait	Passé antérieur	Futur antérieur
j'ai su…	j'avais su…	j'eus su…	j'aurai su…

Conditionnel
Présent
je saurais
tu saurais
il saurait
nous saurions
vous sauriez
ils sauraient

Passé
j'aurais su…

Subjonctif
Présent
que je sache
que tu saches
qu'il sache
que nous sachions
que vous sachiez
qu'ils sachent

Passé
que j'aie su…

Impératif
Présent
sache, sachons, sachez

Participe
Présent — sachant
Passé — (ayant) su

VALOIR

3ᵉ GROUPE - VOIX ACTIVE

Indicatif

Présent	Imparfait	Passé simple	Futur simple
je vaux	je valais	je valus	je vaudrai
tu vaux	tu valais	tu valus	tu vaudras
il vaut	il valait	il valut	il vaudra
nous valons	nous valions	nous valûmes	nous vaudrons
vous valez	vous valiez	vous valûtes	vous vaudrez
ils valent	ils valaient	ils valurent	ils vaudront
Passé composé	**Plus-que-parfait**	**Passé antérieur**	**Futur antérieur**
j'ai valu...	j'avais valu...	j'eus valu...	j'aurai valu...

Conditionnel

Présent
je vaudrais
tu vaudrais
il vaudrait
nous vaudrions
vous vaudriez
ils vaudraient
Passé
j'aurais valu...

Subjonctif

Présent
que je vaille
que tu vailles
qu'il vaille
que nous valions
que vous valiez
qu'ils vaillent
Passé
que j'aie valu...

Participe

Présent
valant
Passé
valu

VOIR

3ᵉ GROUPE - VOIX ACTIVE

Indicatif

Présent	Imparfait	Passé simple	Futur simple
je vois	je voyais	je vis	je verrai
tu vois	tu voyais	tu vis	tu verras
il voit	il voyait	il vit	il verra
nous voyons	nous voyions	nous vîmes	nous verrons
vous voyez	vous voyiez	vous vîtes	vous verrez
ils voient	ils voyaient	ils virent	ils verront
Passé composé	**Plus-que-parfait**	**Passé antérieur**	**Futur antérieur**
j'ai vu...	j'avais vu...	j'eus vu...	j'aurai vu...

Conditionnel

Présent
je verrais
tu verrais
il verrait
nous verrions
vous verriez
ils verraient
Passé
j'aurais vu...

Subjonctif

Présent
que je voie
que tu voies
qu'il voie
que nous voyions
que vous voyiez
qu'ils voient
Passé
que j'aie vu...

Impératif

Présent
vois, voyons, voyez

Participe

Présent	Passé
voyant	(ayant) vu

VOULOIR

3ᵉ GROUPE - VOIX ACTIVE

Indicatif

Présent	Imparfait	Passé simple	Futur simple
je veux	je voulais	je voulus	je voudrai
tu veux	tu voulais	tu voulus	tu voudras
il veut	il voulait	il voulut	il voudra
nous voulons	nous voulions	nous voulûmes	nous voudrons
vous voulez	vous vouliez	vous voulûtes	vous voudrez
ils veulent	ils voulaient	ils voulurent	ils voudront
Passé composé	**Plus-que-parfait**	**Passé antérieur**	**Futur antérieur**
j'ai voulu...	j'avais voulu...	j'eus voulu...	j'aurai voulu...

Conditionnel

Présent
je voudrais
tu voudrais
il voudrait
nous voudrions
vous voudriez
ils voudraient
Passé
j'aurais voulu...

Subjonctif

Présent
que je veuille
que tu veuilles
qu'il veuille
que nous voulions
que vous vouliez
qu'ils veuillent
Passé
que j'aie voulu...

Impératif

Présent
veuille, veuillez

Participe

Présent
voulant
Passé
(ayant) voulu

S'EXPRIMER

Observez l'image, rédigez un paragraphe en utilisant au moins trois verbes de cette double page. Vous les conjuguerez au temps indiqué par votre professeur.

A. de Musset, *On ne badine pas avec l'amour*, mise en scène I. Ronayette, Perdican (R. Carteaux), Camille (O. Cote), Théâtre Jean Vilar, Suresnes, 2003.

© R. Senera / Agence Bernand

GLOSSAIRE Les mots à connaître en 3ᵉ

A

Abstrait Que l'on perçoit par l'esprit ou par les sentiments (ex. *la liberté, la joie*).

Accumulation Succession de termes plus ou moins synonymes pour renforcer une caractéristique.

Alexandrin Vers de douze syllabes.

Allitération Répétition d'un son consonantique.

Allégorie (figure de style) Représentation concrète (*une balance*) d'une idée abstraite (*la justice*).

Anachronisme Erreur qui consiste à ne pas situer un événement à sa date ou à son époque.

Anaphore (figure de style) Répétition d'un mot ou d'une même construction en début de vers ou de phrases pour insister.

Angle de prise de vue Prise de vue en plongée, plan frontal ou contre-plongée, selon que l'on regarde d'en haut, à même hauteur ou d'en bas.

Anthologie Ensemble de textes ou de poèmes choisis selon un ou plusieurs critère(s) (période, lieu, auteur, thème...)

Antiphrase (figure de style) Le fait de suggérer volontairement le contraire de ce qui est écrit pour renforcer son propos.

Antithèse (figure de style) Opposition de deux termes de même nature.

Antonyme Mot de sens contraire.

Aparté Parole exprimée par un acteur, qui, par convention théâtrale, n'est entendue que des spectateurs.

Argument Idée au service d'une thèse à soutenir.

Assonance Répétition d'un son vocalique.

Autobiographie Récit que quelqu'un fait de sa propre vie.

B

Biographie Récit de la vie de quelqu'un.

C

Cadrage Choix d'une échelle de plans.

Champ / Hors-champ Espace qu'embrasse une image. / Espace extérieur au champ.

Champ lexical Ensemble des mots qui se rapportent à une notion dans un texte et qui forment un réseau de sens.

Champ sémantique Ensemble des sens que recouvre un mot.

Chapeau (Chapô) Texte court qui précède un article de journal et le résume.

Chronologie Organisation temporelle d'un récit.

Comique Au théâtre, se dit d'une pièce dont le but est de divertir en présentant les défauts humains.

Comparaison (figure de style) Mise en relation de deux éléments grâce à un connecteur (*comme, tel que*).

Composition des mots Système de formation des mots à partir d'un radical auquel peuvent s'adjoindre préfixe(s) et suffixe(s).

Concret Que l'on perçoit par les sens.

Connecteurs (spatiaux, temporels, logiques) Mots qui organisent un texte et qui relient phrases et propositions.

Connotation Information subjective qui s'ajoute à un mot ou à une image.

Convaincre Faire partager son opinion en faisant appel à la raison du destinataire.

D

Décasyllabe Vers de dix syllabes.

Destinataire Celui à qui s'adresse un message (auditeur, lecteur).

Dénotation Définition d'un mot acceptée par tous, le sens objectif.

Didascalie Passage en italique dans une pièce de théâtre qui signale des éléments de décor, de costume, des indications de jeu, de ton, de destinataire.

Discours **1.** Propos tenu. **2.** Allocution publique. **3.** Énoncé produit dans une situation d'énonciation précise, dans une intention particulière. On distingue les discours : narratif, descriptif, explicatif, argumentatif. **4.** Paroles rapportées (discours direct, indirect, indirect libre).

E

Ellipse Fait de passer sous silence certains événements.

Enjambement Poursuite d'une phrase, sans pause, sur deux vers.

Énoncé ancré ou coupé Acte de parole qui ne se comprend que si l'on connaît la situation dans laquelle il a été prononcé (ancré), qui se comprend même si l'on ne connaît pas la situation dans laquelle il a été prononcé (coupé).

Énonciation (double) Mode de communication spécifique au théâtre (les personnages s'adressent aux autres personnages et au public).

Étymologie Racine d'un mot.

Euphémisme (figure de style) Utilisation d'un mot faible ou imagé pour atténuer une réalité pénible.

Explicite Ce qui est directement exprimé.

F

Famille de mots Ensemble de mots qui relèvent de la même étymologie (racine).

Figures de style Procédés d'écriture qui donnent plus d'originalité, d'expressivité au texte.

Formation des mots (voir **Composition**)

GLOSSAIRE

G

Genre littéraire Catégorie à laquelle appartient une oeuvre (conte, roman, nouvelle, poésie, théâtre, épistolaire, essai...).

Gradation (figure de style) Énumération de termes de plus en plus forts.

H

Hémistiche Moitié d'un alexandrin.

Humour Forme d'esprit qui met en valeur avec drôlerie le caractère ridicule ou absurde de certains aspects du réel.

Hymne Chant destiné à louer.

Hyperbole (figure de style) Exagération d'une caractéristique, par un superlatif, des adverbes d'intensité, une indication de nombre ou un synonyme de sens plus fort.

Hyperonyme Mot de sens général qui recouvre tout un ensemble de mots de sens plus restreint.

I

Implicite Ce qui est indirectement exprimé.

Incipit Début de roman.

Intrigue Scénario d'une pièce de théâtre.

Ironie Procédé qui consiste à faire entendre autre chose que ce que l'on dit.

L

Litote (figure de style) Atténuation apparente pour, en fait, renforcer le propos.

Locuteur Celui qui adresse un message (émetteur).

Lyrique (lyrisme) Expression de soi associée à une forme de musicalité.

M

Mélioratif Se dit d'une présentation qui souligne les aspects positifs.

Métaphore (figure de style) Comparaison implicite, sans connecteur.

Métonymie (figure de style) Désignation d'un objet ou d'une personne par un élément qui lui est lié : Il brandit son fer *(son épée)*.

Modalisateurs Mots et procédés qui créent la subjectivité d'un texte.

Monologue Réplique d'un personnage seul en scène.

Mythe Récit d'une histoire imaginaire, transmis par la tradition, mettant en scène des dieux et des hommes aux pouvoirs surnaturels qui réalisent des actions admirables ou abominables, visant à apporter une réponse aux grandes questions de l'humanité.

N

Narrateur Personne qui conduit un récit.

Naturalisme Mouvement littéraire fondé par Zola, qui montre l'interaction entre l'homme et le milieu dans lequel il vit.

Niveau de langue (familier, courant, soutenu) Manière de s'exprimer qui varie selon la situation d'énonciation.

Nouvelle Récit bref qui développe une action simple et comportant un nombre restreint de personnages.

Néologisme Mot nouveau.

O

Objectif Se dit d'un récit, d'une description, d'une explication, d'un argument pour lesquels on ne livre pas son opinion, on reste neutre en se plaçant du côté de l'objet évoqué, non de celui qui s'exprime.

Octosyllabe Vers de huit syllabes.

Omniscient (narrateur) Qui sait tout sur tous les personnages.

P

Parallélisme (figure de style) Succession de deux groupes de mots de même construction.

Paratexte Éléments qui accompagnent le texte (références, chapeau introducteur, biographie de l'auteur, notes).

Parodie Imitation d'une oeuvre en vue de s'en moquer.

Péjoratif Se dit d'une présentation qui souligne les aspects négatifs.

Périphrase (figure de style) Le fait de désigner un mot par un groupe de mots qui en décrit une caractéristique.

Personnification (figure de style) Le fait de présenter un objet comme une personne ou un animal.

Persuader Faire partager son opinion en faisant appel aux sentiments du destinataire.

Photogramme Image extraite d'un film.

Plan (d'ensemble, moyen, rapproché, gros, très gros) Cadrage d'une image.

Plongée (contre-plongée) Angle de prise de vue lorsqu'on regarde un personnage, un objet d'en haut (d'en bas)

Point de vue Choix que fait le narrateur pour raconter ou décrire (point de vue externe, interne, omniscient).

Polémique Violent débat par écrit sur un sujet problématique.

Polysémie Ensemble des sens d'un mot.

Préfixe Élément qui se place avant le radical d'un mot.

Propos Ce qu'on apprend de nouveau dans une phrase.

Prose Se dit d'un texte qui n'est pas écrit en vers.

GLOSSAIRE

Q

Quatrain Strophe de quatre vers.

Quiproquo Malentendu entre des personnages, en particulier au théâtre.

R

Radical Élément constitutif d'un mot, auquel on peut ajouter un préfixe et/ou un suffixe.

Réalisme En littérature et en art, manière de représenter la réalité telle qu'elle est.

Recueil Ensemble de textes ou de poèmes réunis par leur auteur.

Réfutation Reprise des éléments d'une argumentation pour la contester.

Rejet En poésie, se dit d'une phrase commencée dans un vers qui se termine au début du vers suivant, sans pause à la fin du premier vers.

Réplique Au théâtre, prise de parole d'un personnage.

Rime Répétitions de sons à la fin des vers.

Rubrique Dans un journal, dans une revue, partie regroupant des articles sur le même genre de sujets (*rubrique politique, économique…*).

Rythme **1.** En poésie, le rythme d'un vers se compte en syllabes (voir versification p. 416). **2.** Dans un récit, le rythme est l'alternance de scènes détaillées, de pauses descriptives, d'ellipses, de résumé des faits sous forme de sommaire.

S

Satire Écrit, discours qui se moque de quelqu'un ou de quelque chose.

Scène **1.** Au théâtre, il y a changement de scène à chaque entrée ou sortie d'un personnage. **2.** Dans un récit, on nomme *scène* un passage narratif développé qui imite le rythme des faits racontés.

Schéma narratif Construction d'un récit en cinq étapes : la situation initiale, l'élément perturbateur, les péripéties, l'élément de résolution, la situation finale.

Sensation Ce que l'on perçoit par les cinq sens (vue, odorat, ouïe, toucher et goût).

Sens propre / Sens figuré Sens premier d'un mot, celui qui apparaît en général en premier dans un dictionnaire ; le sens figuré, souvent imagé, est le sens supplémentaire que peut prendre un mot.

Sentiment Ce que l'on perçoit, l'on ressent avec son cœur (*joie, tristesse…*).

Séquence cinéma Ensemble de plusieurs scènes formant une unité narrative.

Sommaire **1.** Liste des chapitres d'un livre. **2.** Dans un récit, résumé des faits en une phrase ou un paragraphe court.

Sonnet Poème à forme fixe, écrit en alexandrins, composé de deux quatrains et de deux tercets, qui obéit à un schéma particulier de rimes.

Subjectif Se dit d'un récit, d'une description, d'une explication, d'un argument pour lequel on livre son opinion (celle du « sujet » qui s'exprime).

Suffixe Élément qu'on ajoute au radical d'un mot.

Symbole Être, objet, image qui représentent de façon concrète une idée abstraite (*le lion est le symbole du courage*).

Synonyme Mot de même sens.

T

Témoignage Le fait de raconter, de rapporter des faits que l'on a vus ou vécus.

Tercet Strophe de trois vers.

Thème Ce dont on parle.

Thèse Opinion que l'on soutient par des arguments.

Tirade Au théâtre, suite de phrases qu'un personnage dit sans interruption.

Ton (ou **tonalité**) En littérature, manière d'exprimer sa pensée, ses sentiments. Le ton peut être comique, tragique, humoristique, ironique, satirique, lyrique, pathétique…

Tragique Au théâtre, se dit d'un conflit intérieur où un personnage est tiraillé entre des valeurs nobles.

V

Valeur des temps Emploi des temps : les temps peuvent indiquer une durée, situer des faits les uns par rapports aux autres, présenter l'action comme achevée ou en cours de déroulement.

Vers En poésie, assemblage de mots mesurés et rythmés selon certaines règles fixes et déterminées.

Versification Ensemble des règles qui régissent la poésie.

Index des notions étudiées dans les séquences et les ateliers

En noir, les notions littéraires ; en orange, les notions de langue.

A

accords > pp. 29, 49, 85, 151, 175, 201
adaptation filmique > pp. 54-63
adverbe > p. 277
alexandrin > pp. 100, 104, 161, 166, 170
allégorie > pp. 36, 194
allitération > pp. 38, 101, 105
anaphore > pp. 48, 102, 105, 114-116, 165, 168, 171, 174-175
anthologie (florilège) > p. 172
antonyme > pp. 48, 84, 114, 129, 150, 200, 255, 268
argument, argumentation > pp. 27, 157, 165, 177, 180-205, 185, 206-209, 224, 229, 239, 242-273, 274-295
assonance > p. 38
auteur > pp. 28, 64-89, 83-84, 90, 112, 140, 149, 173, 228-229, 231, 235
autobiographie > pp. 47, 109-110, 120-155, 172
autoportrait > pp. 139, 142-145

B

bande dessinée > p. 46
biographie > pp. 28, 79, 84, 90, 112, 140, 144-145

C

champ lexical > pp. 39, 48, 67, 75, 84, 95, 104, 111, 114, 139, 236, 247, 290
champ sémantique > pp. 48, 75, 150
chanson > pp. 108-110, 160, 166-167, 169-172, 178
chronologie > pp. 17, 75, 90-97
comédie > pp. 214-216, 217-219, 255
comique > pp. 232, 236
comparaison > pp. 41, 113
complément circonstanciel
– cause > pp. 191, 202
– conséquence > pp. 191, 202, 261
– opposition (concession) > pp. 267, 269
complément d'objet > p. 50
complément du nom (voir expansions)
conditionnel > p. 291
conjugaisons > pp. 237, 291
connecteurs (temporels) > pp. 30, 43
connecteurs (logiques) > pp. 73, 187, 191, 195, 261
connotation > p. 263
conte philosophique > pp. 182-184
convaincre > pp. 199-200, 253, 267
couverture (de livres) > pp. 26-27, 44-45

D

débat > pp. 157, 268, 250
décasyllabe > pp. 103, 105, 107, 175
dénotation > p. 263
désinences verbales > pp. 115, 237, 291
dessin d'humour > pp. 196, 258-259, 261, 264-265
destinataire > pp. 186, 235
déterminants > p. 124
dialogue dans le récit (voir discours)
dialogue au théâtre > pp. 239, 254-255
discours (direct, indirect, narrativisé) > pp. 43, 50, 54-63, 69, 81, 253, 271
discours
– descriptif > pp. 70, 73, 81, 87, 93
– explicatif > pp. 39, 186-187
– narratif > pp. 14-34, 26-27, 34-53, 54-63
– argumentatif > pp. 180-205, 206-209, 242-273
discours (oratoire) > pp. 194-195, 246, 249-251
drame > pp. 212-213

E

ellipse > pp. 17, 25
engagé(e) (poésie, roman, théâtre) > pp. 158-179, 184, 222-225, 226-229, 248-249
énoncé, énonciation > pp. 133, 149, 152, 201, 235, 292
énumération > p. 42
essai > p. 266
étymologie > pp. 48, 268
expansions du nom > pp. 86, 163, 167, 174
explicite > p. 25

F

fable > pp. 198, 209, 256, 272
famille de mots > pp. 48, 84, 114, 150
fantastique > pp. 16-17
farce > pp. 230-233
figures de style > pp. 37, 40-41, 70, 101-103, 107, 110, 116, 131, 133, 137, 161, 164, 168, 189, 195-196, 213, 221, 224, 262-263, 283
film > pp. 54-63, 140-141, 288
fonction > pp. 74, 86
formation des mots (préfixe, radical, suffixe) > pp. 84, 176, 265
formes de phrases > pp. 127, 193, 216, 219

H

heptasyllabe > p. 118
homonymie > p. 112
humour (voir dessins d')
hyperbole > pp. 40, 42, 164

I

image (lecture de) > pp. 36, 46, 54-63, 125, 140-141, 187, 196-197, 203, 258-259, 263, 271, 280-281, 283, 290

impératif > p. 237
implicite > pp. 25, 193
incipit > pp. 66, 72
interne (narrateur, point de vue) > pp. 18-19
interview > pp. 146, 184, 231, 282

J
journal intime > p. 122

L
lettre > pp. 37, 51, 156, 188
lyrisme, lyrique > pp. 98-119

M
métaphore > p. 113
mise en scène > pp. 210-241
modalisateurs > pp. 200, 277
monologue > p. 232

N
narrateur > pp. 19-20, 134
nature > pp. 74, 86
néologisme > p. 112
niveau de langue > pp. 41, 236
nouvelle > pp. 14-34, 54-63, 90-97, 288

O
octosyllabe > pp. 106, 116, 170
omniscient (voir narrateur, point de vue)

P
parodie > pp. 209, 230-234, 239, 272
paroles rapportées > pp. 43, 50, 54-63, 69, 81, 253, 271
paronymie > p. 112
participes passés > pp. 49, 151
pause descriptive > pp. 25, 93
personnage > pp. 67, 80, 92, 113
personnification > p. 40
persuader (procédés pour) > pp. 199, 253, 262, 267
photogramme > pp. 54-63, 191
phrase > pp. 50, 116, 127, 216
poème, poésie, poète > pp. 38, 48, 98-119, 148, 178-179, 198, 209
poème en prose > p. 114
point de vue > pp. 19-20, 67, 97, 257
polysémie > pp. 84, 236
ponctuation > pp. 40, 116
portrait > pp. 82, 87, 93
presse > pp. 182-183, 186-187, 200, 207, 209, 231, 244-245, 247, 262, 264, 274-295
procédés (voir figures de style)
pronoms > pp. 110, 124, 128, 137, 174
propositions subordonnées > pp. 116, 163, 174

publicité > pp. 197, 203, 263

R
récit complexe > pp. 17, 34-53, 90-97
réfutation > p. 267
relative (proposition subordonnée) > pp. 163, 174
reprise (nominale – pronominale) > pp. 69, 86
réalisme > pp. 18-20, 192-193, 72-82
résumé > pp. 54, 71, 230
retour en arrière > p. 25
rimes > pp. 38, 103
roman > pp. 26-27, 64-89, 112-113, 185, 206, 244-251, 252, 266, 278
– anticipation > p. 206
– aventure > p. 184
– documentaire > p. 44
– historique > pp. 76-77, 82, 90
– naturaliste > pp. 66-71
– psychologique > pp. 78, 112-113, 190
– réaliste > pp. 72-82
– social > pp. 71, 82, 244-251, 266, 278-279
rythme > pp. 102-103, 107, 113, 161, 168, 176
rythme du récit > pp. 75, 176

S
satire > pp. 226-229, 230-234, 260, 262, 264, 288
scène (récit) > pp. 17, 92, 94-95, 97
scène (théâtre) > pp. 210-241
sommaire (dans un récit) > pp. 17, 92
son > pp. 62, 290
sonnet > pp. 104, 106
subjectif > pp. 25, 111, 193, 200, 202, 287
subjonctif > pp. 237-238
suite de texte > pp. 90-97, 177, 239
synonyme > pp. 48, 84, 112, 114, 150, 200, 255, 268
synopsis > p. 56

T
témoignage > pp. 47, 136-139, 172
temps (emplois) > pp. 30, 75, 152
théâtre > pp. 210-241, 254-255
thèse > pp. 257, 261, 263, 265, 267, 271
tirade > pp. 228, 232
ton > pp. 176, 216, 228
tragédie > pp. 220-221, 222-225
tragique > pp. 220-221, 230-233
types de phrases > pp. 116, 127, 195, 196, 216, 219, 238
types de textes (voir discours)

V
verbes de parole > pp. 253, 268
vers libre > pp. 102, 109-110, 114, 160-162, 164-165, 168-169, 170-171, 174-176
versification > pp. 101-102, 105, 107, 113, 161

Index des auteurs cités dans les séquences et les ateliers

- **Anouilh J.**, *Antigone*, pp. 222, 237
- **Apollinaire G.**, *Poèmes à Lou*, p. 38, *Alcools*, pp. 103, 115
- **Aragon L.**, *Le Fou d'Elsa*, p. 105, *Le Roman inachevé*, p. 170, *Le Musée Grévin*, pp. 174, 175
- **Balzac H. de**, *La Vendetta*, pp. 72, 74, 77, 81, 82, 86, *Le Lys dans la vallée*, p. 94, *Adieu*, p. 86
- **Barbery M.**, *L'Élégance du hérisson*, p. 291
- **Baudelaire C.**, *Les Fleurs du Mal*, p. 104
- **Barbusse H.**, *Le Feu*, pp. 40, 49
- **Bard P.**, *La Frontière*, p. 204
- **Beauvoir S. de**, *Mémoires d'une jeune fille rangée*, p. 152
- **Ben Jelloun T.**, *La Rue pour un seul*, p. 150, *Le Racisme expliqué à ma fille*, p. 266
- **Böll H.**, *L'Honneur perdu de Katharina Blum*, p. 278
- **Bouillier G.**, *Rapport sur moi*, p. 153
- **Brecht B.**, *La Résistible Ascension d'Arturo Ui*, p. 226
- **Brontë C.**, *Jane Eyre*, p. 190
- **Burollet T.**, *Les Mots de la Grande Guerre*, p. 39
- **Cadou R.-G.**, *Poésie la vie entière*, p. 174
- **Carrier F.**, *L'Ombre étoilée*, p. 48
- **Cayrol J.**, *Poèmes de la nuit et du brouillard*, p. 170
- **Céline L.-F.**, *Voyage au bout de la nuit*, p. 41
- **Cendrars B.**, *La Main coupée*, p. 42
- **Césaire A.**, *Cahier d'un retour au pays natal*, p. 176, *La Tempête*, pp. 237, 238
- **Char R.**, *Fureur et Mystère*, p. 169
- **Chedid A.**, *Arrêt sur image*, p. 21, *On n'aime guère que la paix*, p. 160, *Le Message*, p. 266, *L'Enfant multiple*, pp. 29 à 31
- **Cohen A.**, *Le Livre de ma mère*, pp. 134, 152
- **Daeninckx D.**, *Cannibale*, p. 26, *Leurre de vérité*, p. 288
- **Depestre R.**, *Minerai noir*, p. 164
- **Desnos R.**, *Corps et Biens*, p. 114, *L'Honneur des Poètes*, p. 171
- **Diop D.**, *Coups de pilon*, p. 165
- **Druon M.**, *Le Chant des partisans*, p. 169
- **Duperey A.**, *Le Voile noir*, p. 154
- **Eluard P.**, *Le Phénix*, p. 102, *Au rendez-vous allemand*, pp. 170, 174
- **Ernaux A.**, *La Place*, p. 151
- **Ferrat J.**, *Ma France*, p. 166
- **Ferré L.**, *Y a une étoile*, p. 174
- **Flaubert G.**, *L'Éducation sentimentale*, p. 95
- **Frank A.**, *Journal*, p. 152
- **Grand Corps Malade**, *Les Voyages en train*, p. 109
- **Hikmet N.**, *Il neige dans la nuit*, p. 168
- **Hugo V.**, *Les Contemplations*, p. 118, 174, *Les Châtiments*, p. 161, *Claude Gueux*, pp. 244 à 250, *Discours à l'Assemblée nationale sur l'enseignement*, p. 202, *Discours devant l'Assemblée constituante*, p. 246
- **Ionesco E.**, *Macbett*, pp. 230 à 234, 238
- **Japrisot S.**, *Un long dimanche de fiançailles*, p. 49
- **Kessel J.**, *Le Chant des partisans*, p. 169
- **La Fontaine J. de**, *Le Laboureur et ses enfants*, p. 198, *L'Avantage de la science*, p. 256
- **Labé L.**, *Sonnets*, p. 106
- **Laborit E.**, *Le Cri de la mouette*, p. 124
- **Le Clézio J.-M. G.**, *L'Africain*, p. 146, *La Ronde et autres faits divers*, p. 192
- **Leiris M.**, *L'Âge d'homme*, p. 130
- **Levi P.**, *Si c'est un homme*, pp. 136, 175
- **Maupassant G. de**, *Boule de Suif*, pp. 54 à 63, *Une vie*, p. 252, *Mademoiselle Fifi*, pp. 60, 62
- **Meyer P.**, *Le Progrès fait rage*, p. 262
- **Michelet C.**, *En attendant minuit*, p. 44
- **Modiano P.**, *Un pedigree*, p. 132
- **Molière**, *L'École des femmes*, pp. 214, 237, 238, *Les Femmes savantes*, p. 254, *Dom Juan*, p. 236, *Le Malade imaginaire*, p. 237
- **Musset A. de**, *La Nuit d'octobre*, p. 148, *On ne badine pas avec l'amour*, pp. 217, 237
- **Nothomb A.**, *Métaphysique des tubes*, pp. 26, 30, 31
- **Pagnol M.**, *Le Temps des secrets*, p. 135
- **Perret P.**, *Lily*, p. 178
- **Pinguilly Y.**, *Album*, p. 160, *Un tirailleur en enfer*, p. 50
- **Prévert J.**, *Paroles*, p. 114, *Grand Bal du printemps*, p. 162
- **Quint M.**, *Effroyables jardins*, p. 26
- **Racine J.**, *Andromaque*, p. 220
- **Remarque E. R.**, *À l'ouest rien de nouveau*, p. 42
- **Rimbaud A.**, *Roman*, p. 100
- **Ronsard P. de**, *Odes*, p. 116
- **Rousseau J.-J.**, *Les Confessions*, p. 129
- **Rouaud J.**, *Les Champs d'honneur*, p. 52
- **Roy C.**, *Les Circonstances*, pp. 175, 177
- **Sarraute N.**, *Enfance*, p. 128
- **Schmitt E.-E.**, *Odette Toulemonde et autres histoires*, pp. 18, 19, *Oscar et la dame rose*, p. 27, *Le visiteur*, p. 240
- **Senghor L. S.**, *Hosties noires*, p. 176, *Œuvres poétiques*, p. 174
- **Serres M.**, *Interview*, p. 282
- **Semprun J.**, *L'Écriture ou la Vie*, p. 138
- **Sepulveda L.**, *Le Vieux qui lisait des romans d'amour*, pp. 182 à 184
- **Shakespeare W.**, *Roméo et Juliette*, p. 212
- **Siméon J.-P.**, *Toucher terre*, p. 161
- **Sinoué G.**, *Lettre à mon fils à l'aube du troisième millénaire*, p. 188
- **Stendhal**, *Vanina Vanini*, pp. 90 à 97, *Lucien Leuwen*, p. 94, *Le Rouge et le Noir*, p. 94, *Le Lys dans la vallée*, p. 94
- **Sternberg J.**, *Contes glacés*, p. 17
- **Tolstoï L.**, *Enfance et Adolescence*, p. 126
- **Tournier M.**, *Le Coq de bruyère*, p. 32, *La Goutte d'or*, p. 29
- **Tsvetaïeva M.**, *Le Ciel brûle*, p. 107
- **Van Cauwelaert D.**, *Hors de moi*, p. 26, *Le Père adopté*, p. 133
- **Vargas F.**, *Les Jeux de l'amour et de la mort*, p. 26
- **Vallès J.**, *L'Enfant*, p. 124
- **Verlaine P.**, *Romances sans paroles*, p. 106
- **Vian B.**, *L'Écume des jours*, pp. 112, 113, 115, *À tous les enfants*, p. 160
- **Zola É.**, *Nantas*, pp. 66 à 70, *Lettre à la jeunesse*, p. 194, *Jacques Damour*, p. 86, *Le Ventre de Paris*, p. 88, *Au Bonheur des dames*, p. 269

Crédits Portraits

Adagp
p. 21 (Hélion) Photo Clovis Vail, 1970, © Adagp, Banque d'images, Paris 2008

Akg-Images
p. 126 (Tolstoï) NICOLAJ NICOLAJEVITCH GAY, 1884, Galerie Tetriakov ; p. 212 (Shakespeare) National Portrait Gallery ; p. 278 (Böll)

Archives Hachette
pp. 66, 83 (Zola) ; pp. 198, 256 (La Fontaine) ; pp. 214, 254 (Molière)

Bertagna
p. 37 (Thoumyre)

Bridgeman (ou The Bridgeman Art Library)
pp. 54, 83, 252 (Maupassant) FRANÇOIS NICOLAS AUGUSTIN FEYEN-PERRIN, 1876, Musée de Versailles © Lauros/Giraudon ; p. 79 (Balzac) Maison de Balzac © Giraudon ; p. 83 (Balzac) LOUIS BOULANGER, 1829, Musée des Beaux-Arts, Tours © Giraudon ; p. 83 (Flaubert) EUGÈNE GIRAUD, Musée de Versailles © Lauros/Giraudon ; p. 83 (Hugo) © Giraudon ; p. 102 (Eluard) © Bibliothèque nationale/Archives Charmet ; p. 104 (Baudelaire) EMILE DEROY, 1844, Musée de Versailles © Giraudon ; p. 106 (Verlaine) FANTIN-LATOUR, *Coin de table* (détail), 1872, Musée d'Orsay ; p. 106 (Labé) ; p. 124 (Vallès) GUSTAVE COURBET, 1864, Musée de la vie romantique © Lauros/Giraudon ; p. 190 (Brontë) J. H. THOMPSON © Brontë parsonage Museum, Haworth, UK ; p. 246 (Hugo) LOUIS BOULANGER, Maison de Victor Hugo, Lauros/Giraudon

Collection Christophel
p. 55 (Christian-Jaque)

Corbis
p. 128 (Sarrraute) © Bassouls/Sygma ; p. 130 (Leiris) © Bassouls/Sygma

Gamma
p. 124 (Laborit) © Manuelle Toussaint

Leemage
pp. 18, 28 (Schmitt) © Effigie ; p. 42 (Cendrars) YVES BRAYER, 1946, Musée Anacréon, Grandville © Selva/Leemage © Adagp, Paris 2008 ; pp. 83, 90 (Stendhal) Johan Olaf Sodermark, 1840, Musée de Versailles © Photo Josse ; p. 100 (Rimbaud) ; p. 137 (Levi) © Effigie/Dondero ; p. 138 (Semprun) © Effigie ; p. 194 (Zola) © Bianchetti ; p. 220 (Racine) © Josse/Leemage ; p. 226 (Brecht) © Farabola

Opale
p. 16 (Sternberg) © Ph. Dollo ; p. 22 (Chedid) © J. Sassier/Gallimard ; p. 40 (Barbusse) © Collection Basile/DR ; p. 46 (Tardi) © Jean-Luc Vallet ; p. 132 (Modiano) © J. Sassier/Gallimard ; p. 132 (Van Cauwelaert) © Witti de Terra ; p. 134 (Cohen) © J. Sassier ; p. 140 (Satrapi) © Basso Cannarsa ; p. 164 (Depestre) © Jean-Claude Gilbert ; p. 188 (Sinoué) © Hannah ; p. 192 (Le Clézio) © Daniel Mordzinski ; p. 220 (Racine) JEAN BAPTISTE SANTERRE, Musée du Château de Versailles © Photo Josse ; p. 288 (Daeninckx) © Corrieras

Rue des Archives
p. 105 (Aragon) © PVDE ; p. 107 (Tsvetaïeva) © RDA ; p. 124 (Vian) © Agip ; p. 128 (Sarraute enfant) © PVDE ; p. 222 (Anouilh) © Louis Monier ; p. 282 (Serres) © Louis Monier

RMN
p. 129 (Rousseau) MAURICE QUENTIN DE LA TOUR, Musée Antoine Lécuyer, Saint-Quentin © Gérard Blot ; p. 148 (Musset) ; p. 217 CHARLES GIRAUD © Gérard Blot

Roger-Viollet
p. 41 (Céline) © Studio Lipnitzki ; p. 42 (Remarque) © Albert Harlingue ; p. 55 (Jeanson) ; p. 162 (Prévert) © Lipnitzki

Sipa
p. 166 (Ferrat) © Max Colin ; p. 168 (Hikmet) © Ozkok ; p. 231 (Ionesco) © Delahaye

Crédits complémentaires Tableaux

p. 51 : 1. **André Ducuing,** *Le Bombardement,* 1916, coll. privée. © Photo Josse/Leemage, © DR

2. **Ludwig Meidner** (1884-1966), *Paysage d'Apocalypse,* 1913, Milwaukee (USA), coll. M. & J. Fischman. © L. Meidner-Archiv, Musée Juif, Francfort AKG-Images

p. 103 : **Glyn Morgan** (artiste contemporain), *La Seine à Paris,* 1951, coll. privée. © The Bridgeman Art Library

Crédits complémentaires Textes

Patrick Bard, *La Frontière,* © Éditions du Seuil, coll. *Points,* 2002, 2003.

Heinrich Böll, *L'Honneur perdu de Katharina Blum,* traduction S. et G. de Lalène, © Éditions du Seuil, 1975, coll. *Points,* 1996.

Anny Duperey, *Le Voile noir,* © Éditions du Seuil, 1992, coll. *Points,* 1995.

Jean Ferrat, *Ma France,* paroles et musique de Jean Ferrat, © 1969 Productions Alleluia, 4 rue Albert de Mun – 75016 Paris.

Léo Ferré, *Y'a une étoile,* paroles et musique de Léo Ferré, © 1954 by Les Nouvelles Éditions Méridian – Paris, © 1996 assigned to Les Nouvelles Éditions Méridian – Paris et La Mémoire et la Mer – Monte-Carlo. Publié avec l'autorisation des Nouvelles Éditions Méridian – Paris – France et les Éditions de la Mémoire et la Mer – Monte-Carlo.

Anne Frank, *Journal,* traduction Philippe Noble, Isabelle Rosselin-Bobulesco, © Calmann-Lévy, 1991, 2001.

Jean-Pierre Gueno, Yves Laplume, *Paroles de poilus (lettres et carnets du front 1914-1918),* © Librio, © Radio France Édition, 1998.

Sébastien Japrisot, *Un long dimanche de fiançailles,* © Éditions Denoël, 1991, 2004.

Léopold Sédar Senghor, *Œuvre poétique,* © Éditions du Seuil, 1990, coll. *Points Essais,* 2006, coll. *Points Poésie.*

Ivan Tourguéniev, *Premier amour,* traduction Edith Scherrer, © Éditions Gallimard, 1998.

Boris Vian, *L'Écume des jours,* © Société Nouvelle des Éditions Pauvert 1979, 1996 et 1998, © Librairie Arthème Fayard 1999 pour l'édition en œuvres complètes.

Achevé d'imprimer en Italie par Rotolito Lombarda
Dépôt légal : Aout 2009 - Collection n°13 - Edition 02
12/5506/6

📖 Le renvoi indique dans quel autre manuel de la collection *Fleurs d'encre* est présenté l'écrivain ou l'artiste.

Écrivains et œuvres littéraires

- Honoré de Balzac (1799-1850) 📖 4ᵉ, **3ᵉ** (séq. 3)
- Charles Baudelaire (1821-1867) 📖 4ᵉ, **3ᵉ** (séq. 4)
- Charlotte Brontë (1816-1855) **3ᵉ** (séq. 7)
- François-René de Chateaubriand 📖 4ᵉ
- Alexandre Dumas (1802-1870) 📖 4ᵉ, **3ᵉ** (séq. 2)
- Gustave Flaubert (1821-1880)
  📖 4ᵉ, **3ᵉ** (séq. 3, Atelier d'écriture)
- Théophile Gautier 📖 4ᵉ
- E.T.A. Hoffmann 📖 4ᵉ
- Victor Hugo (1802-1885) 📖 6ᵉ, 4ᵉ, **3ᵉ** (séq. 4, 6, 9)
- Alphonse de Lamartine 📖 4ᵉ
- Leconte de Lisle 📖 4ᵉ
- Guy de Maupassant (1850-1903)
  📖 4ᵉ, **3ᵉ** (séq. 3, 9, Atelier cinéma)
- Prosper Mérimée 📖 4ᵉ, **3ᵉ** (séq. 3)
- Alfred de Musset (1810-1857) 📖 4ᵉ, **3ᵉ** (séq. 3, 5, 8)
- Gérard de Nerval 📖 4ᵉ
- Edgar Allan Poe 📖 4ᵉ
- Arthur Rimbaud (1854-1891) 📖 5ᵉ, 4ᵉ, **3ᵉ** (séq. 4)
- George Sand 📖 4ᵉ
- Stendhal (1783-1842) **3ᵉ** (Atelier d'écriture)
- Robert Louis Stevenson 📖 6ᵉ, 5ᵉ, 4ᵉ
- Paul Verlaine (1844-1896) 📖 6ᵉ, 5ᵉ, 4ᵉ, **3ᵉ** (séq. 4)
- Jules Verne 📖 4ᵉ
- Émile Zola (1840-1902) 📖 4ᵉ, **3ᵉ** (séq. 3, 7)

- Jean Anouilh (1910-1987) **3ᵉ** (séq. 8)
- Guillaume Apollinaire (1880-1918) 📖 6ᵉ, 5ᵉ, **3ᵉ** (séq. 2, 4)
- Louis Aragon (1897-1982) **3ᵉ** (séq. 4, 6)
- Henri Barbusse (1873-1935) **3ᵉ** (séq. 2)
- René Barjavel 📖 4ᵉ
- Hervé Bazin (1911-1996) **3ᵉ** (séq. 5)
- Bertolt Brecht (1898-1956) **3ᵉ** (séq. 8)
- René-Guy Cadou (1920-1951) **3ᵉ** (séq. 6)
- Jean Cayrol (1911-2005) **3ᵉ** (séq. 6)
- Louis-Ferdinand Céline (1894-1961) **3ᵉ** (séq. 2)
- Blaise Cendrars (1887-1961) **3ᵉ** (séq. 2)
- Aimé Césaire (1911) **3ᵉ** (séq. 6, 8)
- René Char (1907-1988) **3ᵉ** (séq. 6)
- Andrée Chedid (1920) 📖 5ᵉ, **3ᵉ** (séq. 1, 6, 9)
- Albert Cohen (1895-1981) **3ᵉ** (séq. 5)
- Robert Desnos (1900-1945) 📖 6ᵉ, **3ᵉ** (séq. 4, 6)
- David Diop (1927-1961) **3ᵉ** (séq. 6)
- Conan Doyle 📖 4ᵉ

XIXᵉ siècle

- Gustave Caillebotte 📖 4ᵉ
- Eugène Delacroix 📖 5ᵉ, 4ᵉ
- Gustave Doré 📖 6ᵉ
- Paul Gauguin 📖 5ᵉ, 4ᵉ, **3ᵉ** (séq. 4)
- Gustav Klimt 📖 5ᵉ
- Edouard Manet 📖 5ᵉ, 4ᵉ
- Claude Monet 📖 5ᵉ, 4ᵉ
- Auguste Renoir (1841-1919) 📖 4ᵉ, **3ᵉ** (séq. 4)
- Douanier Rousseau 📖 4ᵉ
- Georges Seurat 📖 4ᵉ
- Alfred Sisley 📖 5ᵉ
- Vincent van Gogh 📖 6ᵉ, 5ᵉ, 4ᵉ

- Willy Aractingi (1930-2003) 📖 6ᵉ, 5ᵉ, **3ᵉ** (séq. 9)
- Francis Bacon (1909-1992) **3ᵉ** (séq. 5)
- Pierre Bonnard (1867-1947) 📖 4ᵉ, **3ᵉ** (séq. 5)
- Erik Boulatov (1933) **3ᵉ** (séq. 5)
- Bernard Buffet (1928-1999) **3ᵉ** (séq. 1)
- Marc Chagall 📖 5ᵉ
- Didier Chamizo (1951) 📖 4ᵉ, **3ᵉ** (séq. 9)
- Camille Claudel (1864-1943) **3ᵉ** (séq. 4)
- Honoré Daumier (1808-1879) 📖 5ᵉ, **3ᵉ** (séq. 9)
- Otto Dix (1891-1969) **3ᵉ** (séq. 2)
- Robert Doisneau 📖 5ᵉ

Artistes et œuvres d'art